Bibliothèque nationale de France

Direction des collections

Département Littérature et Art

ÉTUDES

POUR SERVIR A UN GLOSSAIRE ÉTYMOLOGIQUE

DU

PATOIS PICARD

PAR

J-B. JOUANCOUX,

Membre correspondant de la Société d'Emulation d'Abbeville
et de l'Académie d'Amiens.

PREMIÈRE PARTIE

A — F.

AMIENS,

IMPRIMERIE DE T. JEUNET,

Rue des Capucins, 43.

—

1880.

ÉTUDES

POUR SERVIR A UN GLOSSAIRE ÉTYMOLOGIQUE

DU

PATOIS PICARD

PAR

J.-B. JOUANCOUX,

Membre correspondant de la Société d'Emulation d'Abbeville
et de l'Académie d'Amiens.

PREMIÈRE PARTIE

A — F.

AMIENS,

IMPRIMERIE DE T. JEUNET,

Rue des Capucins, 43.

1880.

AVERTISSEMENT.

Ces Études ont été publiées par fragments dans le *Journal d'Amiens*. La lettre
par laquelle j'ai annoncé leur publication, indiquant nettement le but que je me
suis proposé, je ne crois pouvoir mieux faire que de la reproduire : elle me dis-
pensera de faire une préface.

A Monsieur T. JEUNET, Directeur du *Journal d'Amiens*.

MONSIEUR,

Il y a environ quarante ans qu'on a commencé à s'apercevoir que le Moyen-
Age n'est pas une époque aussi barbare qu'on se l'imaginait au dix-huitième
siècle. On s'est pris d'une juste admiration pour les monuments gothiques,
cathédrales, églises, beffrois, châteaux : on les a examinés curieusement, étu-
diés dans leur ensemble et leurs détails, puis décrits avec soin, et — ce qui est
mieux, consolidés et en partie restaurés. D'un autre côté, le besoin de remonter aux sources de notre histoire nationale, dans le but de restituer aux hommes
d'autrefois leur physionomie originale, aux évènements leur vrai caractère, a
fait remuer les vieux cartulaires, déchiffrer les chartes, consulter les documents.
Le passé nous est apparu alors sous un jour nouveau. Ce qu'on a fait sous ces
deux rapports depuis cinquante ans est immense et constituera sans doute une
des gloires impérissables du dix-neuvième siècle. La Picardie, patrie de Du
Cange, s'est distinguée par la part qu'elle a prise dans les travaux archéolo-
giques et historiques. Une chose, une seule, mais importante, est restée chez
nous en dehors de ce beau mouvement d'investigations patientes et laborieuses:
c'est notre patois. Il y a pourtant là, je ne dis pas des antiquités en parfait état
de conservation, mais des débris très-respectables et très-curieux d'antiquités, des
débris qui sont plus vieux que nos vieux plus monuments et que nos plus vieilles
chartes, puisque, en immense majorité, les mots du patois picard remontent par

notre dialecte à la langue que parlaient les Romains, conquérants des Gaules. C'est assez vous dire, Monsieur, que notre patois ouvre devant nous un nouveau et vaste champ d'investigations, nous indique toute une série de travaux à entreprendre et une mine aussi curieuse que féconde à exploiter.

Je n'ignore point qu'il y a un Glossaire picard. Mais, à l'époque où il a été publié, la science étymologique n'existait pas encore en France : la tentative, de l'aveu de tous les hommes compétents, ayant pour cette raison complétement échoué (1), c'est une œuvre à reprendre sur un nouveau plan et d'après les données positives que fournit actuellement la philologie.

Je ne me dissimule nullement les difficultés d'un pareil travail. Il s'agit non-seulement de dresser une liste aussi complète que possible de tous les mots picards, mais encore de rechercher leur origine, et surtout — c'est là le point important — de justifier scientifiquement cette origine. J'ai indiqué, dans mon *Essai sur la formation du patois picard*, la méthode à suivre, formulé les lois générales qui président à la transformation des mots, appliqué ces lois à la recherche de quelques étymologies, en un mot tracé la voie et indiqué le but à atteindre. A l'aide de ces règles qu'il est facile de s'approprier, tous les hommes qui ont étudié le latin, avocats, médecins, curés, notaires, etc., peuvent arriver à remonter à l'origine d'une foule de mots et devenir ainsi des auxiliaires précieux. Vous voyez, Monsieur, que j'ai fait mon plan de campagne et pris soin de me ménager des alliances. Ce n'est pas pourtant que j'élève bien haut mes prétentions. Je voudrais simplement, je ne dis pas composer un Glossaire, mais en jeter les fondements, amasser des matériaux, commencer un édifice que d'autres, avec moi ou après moi, continueraient et achèveraient, contrôlant mes assertions, rectifiant mes erreurs, réparant mes omissions.

Pour réaliser cette tentative, j'ai besoin de publicité, et je viens vous demander l'hospitalité des colonnes de votre estimable journal. Je puis vous livrer immédiatement le commencement de mon travail, c'est-à-dire la lettre A, et continuer les autres à mesure que vous aurez de la place. J'inviterai en même temps tous ceux qui connaissent des mots par moi oubliés à me les adresser, tous ceux qui trouveront mes assertions erronées à me faire parvenir les observations, rectifications, etc., qu'ils jugeront convenables. De cette façon, il m'arrivera une foule de mots, de documents, de notes, surtout de critiques, toutes choses qui sont indispensables pour la composition d'un Glossaire, œuvre

---

(1) Voyez plus loin la lettre de Littré, et à la page 224 l'opinion du Dr Neumann, professeur de philologie à l'Université d'Heidelberg.

évidemment au-dessus des forces d'un seul homme. Toute réflexion faite, je préfère ce mode de procéder à la constitution d'un comité dans lequel manqueraient, comme il arrive toujours, deux choses absolument nécessaires pour la réussite d'une entreprise : l'initiative et la responsabilité personnelle.

Je résume en deux mots cette lettre déjà bien longue.

Le titre de mon travail — *Etudes pour servir à un glossaire étymologique du patois picard* — montre que mon intention est de commencer une collection de mots, de les ranger en ordre et de chercher leur étymologie. Il faut, à mon avis du moins, se mettre à faire, pour notre patois, ce qu'on a fait pour nos monuments qu'on a décrits, dessinés, photographiés, pour nos vieilles chartes qu'on a déchiffrées et classées, pour les monnaies qu'on a collectionnées et réunies par époques. L'étude du Moyen-Age recevra ainsi, en ce qui concerne la Picardie, le complément qui lui est indispensable pour qu'on n'oublie rien de ce qui fait son originalité. J'ajoute qu'avec du temps et du travail, nous aurons enfin ce que je demande la permission d'appeler un musée philologique picard.

Je termine en renouvelant l'appel que j'ai fait en 1872. « Il est temps, disais-« je dans mon *Essai*, de se mettre au travail : ni la science, ni l'érudition, ni « les documents, ni les hommes de bonne volonté ne manquent dans notre « chère Picardie. A l'œuvre donc tous ceux qui s'intéressent aux vieux restes « du passé ! Travailleur obscur et inconnu, j'apporte ma pierre. Que d'autres « apportent la leur, et peu à peu s'élèvera un monument qui ne sera pas sans « intérêt pour la génération actuelle, ni surtout pour celles qui viendront « après nous. »

J.-B. JOUANCOUX.

Cachy (par Villers-Bretonneux), le 4 août 1876.

LETTRE DE M. LITTRÉ A M. JOUANCOUX.

Monsieur,

J'ai reçu votre opuscule : *Essai sur l'origine et la formation du patois picard*, et, comme il est court, j'ai pu le lire et vous répondre tout de suite. Je vous en remercie et vous en fais compliment. Il est inspiré par les saines doctrines de la science des mots.

C'est pourquoi je vous encourage de toutes mes forces à entreprendre un glossaire picard. Ce que nous possédons là-dessus est insuffisant, et c'est une lacune à combler.

Je vous engage à n'épargner aucun soin pour rendre votre travail aussi complet que possible. Consultez les vieillards, les curés, les médecins, les notaires, et écoutez bien les paysans et les ouvriers quand ils parlent entre eux. Mais je n'ai pas de conseil à vous donner à vous qui vivez au milieu d'un patois encore en plein exercice.

Agréez, Monsieur, l'assurance de ma haute considération.

E. LITTRÉ.

Versailles, 27 novembre 1872.

PRINCIPES DE LA TRANSFORMATION DES MOTS.

Des lettres disparaissent :

1° Au commencement des mots : *ablatum*, blé ; *avunculus*, oncle ; *Guibrantium* Yvrench (nom de village).

2° A la fin des mots : *amatus*, aimé ; *caritatem*, querté (cherté) ; *Longum pratum*, Longpré (nom de village).

3° Au milieu des mots : Vinarcourt, Henrissart, Sauveuse, Costenchy au XIVe siècle, aujourd'hui Vinacourt, Hérissart, Saveuse, Cottenchy. On retrouve l'apocope au commencement des mots dans es noms Sabelle, Laïde, Colas, Gustin, etc., pour Adélaïde, Isabelle, Nicolas, Augustin.

Principe d'addition.

Au commencement des mots : *stabulum*, étave (étable) ; *lamella*, alemelle (lame de couteau) ; *altus*, heut (haut). Le patois dit : *éleunettes*, *érouillé* pour *lunettes*, *rouillé*, et appelle l'*Auvergne* la *Louvergne*.

Au milieu des mots : *macionem*, manchon (maçon) ; *perdicem*, pertrix (perdrix) ; de même *Contenchy*, *Saint-Grantien* pour Cottenchy, Saint-Gratien. Dans certaines localités on dit *pingeon* pour *pigeon*.

Principe d'assimilation.

Butyrus (but'rus) burre (beurre) ; *matrina*, marraine. C'est en vertu du même principe qu'on dit Doullens, autrefois Dourlens.

Principe de transposition ou métathèse.

Firminus, Fremin ; *pro*, pour ; *formaticum*, fromage. C'est ainsi que le patois dit *Bertaine*, *Verly*, pour *Bretagne*, *Vrely* (nom de village.)

ACCENT TONIQUE.

On appelle accent tonique l'élévation de la voix sur une syllabe d'un mot à l'exclusion de toutes les autres : *a* dans Ambiani, *i* dans *sentire*, *o* dans *stolidus*, *e* dans *avena*.

Dans les mots de deux syllabes, l'accent tonique est toujours sur la première : *lupus*, leu (loup) ; *rota*, reue (roue) ; *Nemus*, Nans (au XIVe siècle) aujourd'hui *Namps* dans le nom du village de *Namps-au-Val* du latin *Nemus ad Vallem; Incra*, Encre (ancien nom d'Albert).

Dans les mots qui ont plus de deux syllabes, il est toujours sur la pénultième, si elle est longue : *gallina*, gleine(poule); *Casnetum*, Quesnoy (nom de village) ; *sentire*, sentir ; sur l'antépénultième, si la pénultième est brève : *rapide*, rade (rapidement) ; *gabata*, gatte (jatte).

La syllabe latine qui porte l'accent tonique persiste toujours dans la transformation des mots : *avena*, avaine (avoine) ; *affibulare*, afuler (coiffer) ; *articellus*, harchèle (petite hart) ; *Casnetum*, Quesnoy ; *Castellum*, Castel ; *Vaccaria*, la Vaquerie ; *Dominus Martinus*, Dommartin ; *Morolium*, Moreuil ; *Dominus Vedastus*, Donvast ; *Bernardi villa*, Bernaville ; *Nova villa*, Neuville ; *Auberti curtis*, Aubercourt ; *Dominus Audoenus*, Démuin, originairement Domouen ; *Martini Sartum*, Martinsart, etc., etc.

VOYELLES.

Les voyelles brèves se diphthonguent toujours : *manus*, main ; les longues par position persistent : *septem*, sept ; les longues par nature subissent des modifications en descendant l'échelle vocale *a,e,i,o,u*, sans jamais la remonter.

Les voyelles inaccentuées, autrement dites atones, lorsqu'elles sont à la fin des mots, disparaissent ou deviennent muettes : *mucere*, musir (moisir), *bonus*, boin (bon) ; *causa*, cose (chose) ; *badare*, beyer (regarder).

Voici les principales modifications que subissent les voyelles.

A bref = *ai* : *manus*, main ; long = *e* : *nasus*, nez ; en position reste *a* : *carrus*, car (char).

E bref = *ie* : *ferus*, fier ; long reste : *crudelis*, cruel ; en position persiste : *terra*, terre.

I bref = *oi* : *pilus*, poil ; long persiste : *spica*, épi ; en position = *oi* : *digitus* (dig'tus) doigt.

O bref = *eu* : *mola*, meule ; long = *o* : *hora*, heure ; en position persiste : *corpus*, corps.

U bref = *ou* : *lutra*, loutre ; long persiste : *aculus*, agu (aigu) ; en position = ou : *gutta*, goutte.

J'observe que *e* long = *oi* à l'origine dans *Tilletum*, Tilloi ; *Cœpetum*, Chepoi, *Cardonnetum*, Cardonnoi ; *Hulicetum*, Houssoi, etc., (noms de villages).

U bref = *eu* dans *lupus*, leu : église et chaussée *Saint-Leu* à Amiens.

I qui, chez les Romains, avait le même son que *j*, se consonnifie parfois en *j*, *g*, *ch* : *rabies* (rabje-) rage ; *pipionem* (pipjonem), pigeon ; *calopedia* (calopedja) galoche.

Toute voyelle atone placée entre la tonique et la finale disparaît toujours : *femina* (fem'na) femme ; *carpinus* (carp'nus) carne (charme) ; *panticem* (pant'cem) panche (panse) ; *cadere* (cad're) quère (choir, tomber) ; *anima* (an'ma) âme, etc. Il y a alors contraction. C'est en suivant ce principe que le patois dit *borrier*, *coutrier*, *paron*, *gouron*, pour *bourrelier*, *couturier*, *paleron*, *gouleron* (goulot).

Toute voyelle atone placée immédiatement avant la tonique disparaît toujours si elle est brève : *positura* (pos'tura) posture ; *dolorosus* (dol'rosus) doreux (sensibl-) ; *Fraxinetum* (Frax'netum) Fresnoy ; mais persiste si elle est longue : *ornamentum*, ornement ; *cœmeterium*, chimentière, cimetière.

Toute voyelle atone séparée de la tonique par une autre voyelle persiste toujours : *sanitatem* (san'tatem) santé ; *Coryletum* (lieu planté de coudriers) Corroy (le), nom de localité ; *Salicetum* (lieu planté de saules) ; *Seuchoi*, Saulchoix.

CONSONNES.

1re Catégorie. **Liquides** : l, m, n, r.
2e — **Gutturales** : fortes c (k. q.) ; douces : g. j.
3e — **Dentales** : fortes t, s, (x) ; douces d, z, (s.)
4e — **Labiales** : fortes p, f ; douces : b, v.

Les permutations ont lieu dans la même catégorie de sons et toujours des fortes aux douces : *aculus*, agu ; *adjulare*, aidier ; *separare* (sep'rare) sevrer.

Les liquides permutent facilement : *proterorium*, ploutroir (rouleau, instr. agric.) ; *libellus*, nivieu (niveau) ; *altare*, autel. Dans le patois, les permutations de cette nature sont très fréquentes et parfois très-singulières : *coronel*, colonel ; *miloir*, miroir, *luméro*, numéro ; *rale*, rare ; *ginofrée*, giroflée ; *caïelle* pour *caïère*, ce dernier du latin *cathedra*, siège, en français *chaire* et *chaise*. On trouve *Valoyles* (nom d'une abbaye) pour *Valoire*, dans une charte du XIVe siècle.

L. Cette lettre a persisté dans notre dialecte dans les finales venant des finales latines *abilis* ; mais elle a disparu dans le patois : *amabilis*, aimabe (aimable) ; *admirabilis*, admirabe ; elle a disparu aussi dans *diabe*, diable, de *diabolus*, etc.

AL = *au*, *eu* : *falcare*, fauquer ou feuquer (faucher) ; *Albiniacum*, Aubigny ; *Vallis*, Vaux ; *Salicetum*, Sauchoy ou Seuchoy ; *Miro vallis*, Mirevaux ou Mirevaux.

ELLUS = *el*, *au*, *iau*, *eu* : *Hamellus*, Hamel ; *tignellus*, tinel qu'on prononce tiné (long morceau de bois pour porter une seille) ; *vitellus*, vieu (veau) à l'origine *véel* ; *novellus*, nouvieu ou nouviau, à l'origine *nouvel*.

OL = *au*, *eu* : *pollicem*, pauc, qu'on prononce *pau*, ou *peuc*, pouce ; *solidus*, (sol'dus) ; sau ou seu (*sou*, pièce de monnaie).

UL = *ou* : *cucullus*, coucou ; *cultellum*, coutieu (couteau, vi.fr. *coutel*) ; ou *eu* : *satullus* (sa'ullus) ; seu (soûl, rassasié ou en ribotte).

R. Cette lettre qui avait persisté dans le dialecte dans la dernière syllabe des mots terminés en *tre*, *dre*, a disparu dans le patois : *magister* (ma'ister), moite (maître) ; *mordere*, morde (mordre) ; *Thalemars* au XIVe siècle, aujourd'hui *Talmas* (nom de village).

O (dur devant *a*, *o*, *u*.) Sonne *k*, *qu* : *Vacca*, vake dans le dialecte (vache) ; *Franca villa*, Franqueville (nom de village) ; *campus*, Camps (nom de village de l'Amiénois) ; *carruca*, carue ou cairue (charrue) ; *gascaria*, gaquière (jachère) ; *masticare* (masto'are) mâquer (mâcher). Médian disparaît souvent : *secare* (se'are), soïer (scier); *carricare* (carri'are) carier (charrier); *plicare* (pli'are ployer (plier.)

C (doux devant e, i) = *s* ou *ch* : *racemus*, roisin (raisin); *porcellus*, porcheu (pourceau); *Lucellum*, Lucheu ; *Marcellum*, Marchel dans le nom de village *Marchelcave*, Marcelcave.

Ct = it : *lactem*, lait.

Cl = il : *maculatus* (mac'latus) maillé (tacheté.)

C doux entre deux voyelles disparaît souvent à la fin des mots : *jocus* ju (jeu).

G. Médian ou final disparaît souvent avant ou après la voyelle accentuée : *ligare* (li'are) loyer (lier) ; *plaga* (pla'a) plaie. Remonte à *c* dans quelques mots du patois : *pergamena*, parcmin (parquemin) parchemin ; *Vindigonia* (Vind'gonia) Vicogne (la), nom d'un village et d'une ancienne forêt entre Amiens et Doullens.

H. Médian disparaît : *trahere* (tra'ere) traire; initial tombe : *hordeum*, orge.

T. S'adoucit en *d* : *adjutare*, aidier (aider) ; *orbitaria* (orb'taria) *ordière* (ornière; disparaît souvent au milieu des mots : *maturus* (ma'urus) meur (mûr) ; *patella* (pa'ella) payelle ou poyelle (poële à frire); *cathedra* (ca'edra) caïère ou caïelle (chaise)

Tl = *ll* : *situla* (sit'la) seille.

Tr médian = *rr*, *dr* : *matrina*, marraine; *putrere*, porrir (pourrir); *materiarius* (mat'rarius) madrier.

S. Initial et médian = parfois *c* : *salsitia*, seucisse (saucisse); ou *ch* : *sicera*, chide ou cidre. C'est ainsi que Gaysart au 14° siècle est aujourd'hui Gueschart (nom de village).De même *Freselcurtis* au 12° siècle est aujourd'hui Frechencourt. S = aussi *x* : *Flissicourt* au 14° siècle, aujourd'hui Flixecourt ; parfois *z* : *nasus*, nez.

D. Médian disparaît souvent : *medulla* (me'ulla) moëlle ; *sudare* (su'are) suer ; *Vedastus* (Ve'astus) Vast, au 14° siècle *Vaast* dans *Donvaast*, Donvast ; *Medardus* (Me'ardus) Mard dans *Domart* (*Dominus Medardus*) qu'on devrait écrire *Domard*, comme on écrit *Saint-Mard* de *Sanctus Medardus* (nom d'un village près de Roye.)

P. Médian = *b* ou *v* : *capanna*, cabenne; *rapa*, rave ; *capa* (chapelle), dans *Marcelli capa*, Marcelcave (nom de village), chapelle ou sanctuaire de saint Marcel.

Pr médian = *vr* : *capronem*, cavron (chevron).

Pt = *t* : *rupta*, route ; *accaptare* acater (acheter).

Observation. — De deux consonnes c'est toujours la première qui disparaît : *tignellum*, tinel ; *derupta*, déroute ; *Carpinetum* (Carp'netum) Carnoy (nom de village); *pipionem* (pipjonem) pigeon ; *orbitaria* (orb'taria) ordière (ornière).

B. Médian = *v* ou disparaît : *habere*, avoir ; *caballus*, guevau (cheval); *tabanus* (ta'anus), taon que le patois prononce *ta on* ; *flebilis*, flève (faible), dans la locution *quère flève* (tomber faible).

V. Initial persiste presque toujours : *vacca*, vaque ; devient *w* sous l'influence du *w* germanique : *vastare*, water (gâter) ; fait parfois *f* : *vicem*, fois ; médian disparaît : *pavorem* (pa'orem) peur ; final = *f* : *nervus*, nerf.

Je ne puis, en si peu de pages, donner autre chose que les principes généraux de la transformation.

On en trouvera une exposition détaillée dans la *Grammaire historique* et le *Dictionnaire étymologique* de Brachet pour tout ce qui concerne le français. Quant à notre patois, on peut consulter mon *Essai sur l'origine et la formation du patois picard*, dans lequel j'ai appliqué les principes ci-dessus exposés à la recherche de quelques étymologies.

ÉTUDES

POUR SERVIR A UN GLOSSAIRE ÉTYMOLOGIQUE

DU PATOIS PICARD

Par J.-B. JOUANCOUX.

A, préposition; du latin *ad* qui se réduisit à *a* dans le bas latin. Cette préposition forme le préfixe d'un grand nombre de mots : *adouchir*, *adviner*, etc., mais souvent sans ajouter aucune force à l'expression. Je ne m'en occuperai point dans l'indication des transformations.

ABEUBI, étonné, effrayé. C'est le participe du verbe *abeubir*, dérivé lui-même de l'adjectif latin *balbus*, bègue, et, par extension, interdit au point de bégayer ou de ne pouvoir plus parler. Ce participe suppose le verbe *abeubir*, du latin populaire *abalbire* par changement de *al* en *eu*, comme dans *ieupe* (taupe) de *talpa*. Le dialecte picard disait *abaubir*. Je lis dans le *Fragment d'une Anthologie picarde* par M. Boucherie, *Peines d'amour*, p. 21 :

> « Il n'est nuls qui pensast mie
> Envers vous folour;
> Car cascuns de vo valour
> S'**abaubist** et humelie. » (1)

La forme *abaubir*, *abeubir*, est essentiellement picarde.

Je crois devoir placer ici une observation importante :

Je suis d'avis qu'une foule de mots latins qui n'ont laissé de traces ni dans le français, ni dans les dialectes, n'en ont pas moins été jadis employés. « Les « textes, dit Littré, sont certainement « loin de représenter toute la langue « parlée. »

(1) Je dois à l'obligeance de M. Fournier, avocat à Amiens, communication de cette **Anthologie** qui reproduit des pièces de vers très-curieuses en dialecte picard retrouvées dans un manuscrit de la bibliothèque de Montpellier, par M. Boucherie qui les fait remonter au XIII⁰ siècle et les rattache à la grande éccle lyrique du Nord de la France.

Nous n'avons donc pas tous les mots qui ont été en usage dans le parler populaire pendant une longue suite de siècles. Prenons un exemple. C'est un fait incontestable qu'un participe implique, à un moment donné, l'existence d'un verbe. *Abeubi* n'a pu venir que du latin populaire *abalbire* transformé en *abaubir* dans le dialecte picard, d'où notre *abeubi* du patois. Ce qui est possible pour un mot qui a laissé des traces, l'est également pour d'autres qui n'en ont laissé aucune dans aucun texte ou document. C'est ce qui a fait dire à l'éminent philologue que je viens de citer : « A l'aide de règles « appliquées avec une critique rigou« reuse, on parvient à reproduire les « formes d'où émanent immédiatement « les mots romans... Diez est pénétré de « la nécessité de reconstruire les formes « du bas latin : il n'a pas manqué d'en « montrer la voie. » De cette observation aussi juste que profonde, il résulte que le même procédé peut et doit être appliqué à l'étymologie des mots d'un patois. On ne s'étonnera donc point de me voir, à mes risques et périls, tâcher de reproduire la forme latine d'un certain nombre de mots picards : il y en a qui sont vraiment très-curieux, les uns par leur dérivation, les autres par leur transformation, tous par l'antiquité de leur origine et la persistance à travers les siècles des formes qu'ils ont données.

ABEYER, montrer une curiosité indiscrète. Des deux mots latins *ad* et *badare*, bayer, regarder vers, par la chute du *d* médial et le changement de *are* en *er* (1).

(1) Je ne connaissais point le mot **abeyer**. Je l'ai trouvé dans une liste de mots que M. Devauchelle, juge de paix à Villers-Bocage, a mise à ma disposition avec une obligeance dont je suis

1.

Abeyer a donné, en picard, l'adjectif *abeyant*, gourmand, désireux d'avoir, regardant vers quelque chose bon à manger avec le désir d'en avoir. De *beyer* est venu aussi l'adjectif *rebeyant* (r'beyant), regardant, chiche, difficile, avare. *Beyer* est très en usage au sens de *voir, examiner* et surtout de *prendre garde*. Il a ce dernier sens dans le curieux dicton suivant qui contient un de ces jeux de mots si chers aux Picards :

« Beye à ti,
Garnis ti
Veut (vaut) miux (mieux) qu'**Beati**. »

« Prendre ses précautions et avoir le
« gousset garni, écrit l'abbé Corblet,vaut
« mieux que d'avoir ses péchés pardon-
« nés. » La traduction qui précède indi-
querait que le mot latin *Beati* était le premier d'une formule employée pour la rémission des péchés.

Je trouve le participe passé de *beyer* dans la locution *cour bée*, cour banale, cour *ouverte*, non close, autrement en picard *cour wague*. On trouve souvent dans le vieux français *baée, baye*, au sens de *ouverte*.

« Pinabel ont saisi, qui gist goule (bouche) **baée**. »
(RONCIS.)
—« Qui vers lui s'en venoit (une ourse) courant
gueule **baée**. » (BERTE.)
—« Nous avons beau coucher en raye,
L'oreille au vent, la gueule **baye**. »
(VILLON.)

heureux de lui témoigner toute ma reconnaissance. J'ajoute que ces mots sont accompagnés
d'excellentes définitions, de documents,etc., qui
dénotent des recherches patientes et judicieu-
sement poursuivies et une érudition assurément
peu commune.

Je dois les mêmes remercîments à un amateur
de Compiègne, M. H. Lescot, qui a bien voulu
m'envoyer une excellente liste de mots picards
rangés par ordre analogique.

Puisque j'en suis à mon compte de débiteur,
je ne puis oublier de témoigner ma reconnaissance à M. H. Daussy, conseiller à la Cour d'A-
miens : sa profonde connaissance des langues
vivantes et surtout de l'allemand m'est un précieux et puissant secours pour ce qui concerne
les origines germaniques du patois picard. Il
examine avec moi tous les mots, et mon travail
bénéficie largement de la sûreté de ses appré-
ciations et de ses critiques judicieuses.

Enfin j'ai été encouragé dans ces **Etudes**, et,
sur bien des points, rectifié par les observations
de M. G. Raynaud, ancien élève de l'Ecole des
Chartes, archiviste paléographe, auteur d'une
remarquable **Etude sur le dialecte picard dans
le Ponthieu, d'après des chartes des XIII⁰ et
XIV⁰ siècles.**

ABLAIE (ablé), récolte de blé mois-
sonné mais encore dans les champs. Ce mot vient du bas latin *abladia* qui est dans Du Cange, par la chute du *d* médial donnant *abla'ia*, d'où *ablaie*. C'est un dérivé du latin *ablatum*, qui a donné *blatum*, d'où *blat*, *blad* (blé) en provençal, puis *bladum*, d'où *bled* en vieux français, *blé* dans l'orthographe actuelle : on le rencontre dans les coutumes d'Amiens, de Péronne et du Ponthieu.

On trouve aussi la forme *ablais* au sens de *récoltes sur pied*. Dans un acte de 1506, le bailli de Boves donne main-levée d'une saisie qui avait été pratiquée sur « ung fief séant au terroir de Cayeux et « sur les *ablais croissans* sur icelluy. » On trouve dans un autre acte de 1506 le participe *ablayé* : « Et à ce faire, paier « et furnir à ledit... obligé, une pièce de « terre *ableyée* de blé... » (Communication de M. Devauchelle.)

ABLOC (ablo), partie de *solin* en grès ou en pierre dure. Autrefois toutes les constructions rurales étaient en charpente, sauf la partie inférieure qui sup-
portait la *sole*. Cete partie se faisait soit en moëllons de craie, soit en gros silex nommés, en picard, *cailleus bis* ou *cailleus cornus :* c'est assez dire qu'elle n'a-
vait pas beaucoup de force. Pour remé-
dier à ce grave inconvénient, on établis-
sait de distance en distance, mais surtout aux angles et sous les poteaux princi-
paux, une maçonnerie plus solide faite de grès superposés. Cette maçonnerie s'ap-
pelait *abloc*, mot qui vient de *bloc*, lequel est lui-même l'ancien haut allemand *bloc*, bloc. Tout naturellement on disait d'une construction qu'elle était *abloquée* : on trouve en effet dans les *Coutumes d'A-
miens, art.* 198. « *Edifices abloquiez et* « *solinez,* » ce qui prouve qu'on distin-
guait, dans les *solins* (1), ce qui en for-
mait les *ablocs*. Par métaphore, on dit d'un homme bien bâti, solide, robuste, qu'il est bien *abloqué* ou *ablouquié* selon les localités.

Bloc a donné le diminutif picard *blo-
quel* (prononcez *bloqué*), petit bloc en bois pour découper la viande, mot qui

____
(1) On voit que « solin » a donné le verbe dérivé
« soliner. De *sole* est venu le dérivé rassoler, remettre des « soles » à une construction, et, par
extension, en réparer les parties inférieures.

existait dans le vieux français, ainsi que le témoigne le passage suivant de la *Chronique de Rains* :

« Et fu appareillés uns varlés, une « grans haches en sa main et uns *blokiel* « en l'autre. »

Je retrouve *bloc* (blo) dans *ju d' bloc*, sorte de *jeu* de palet. L'enjeu, composé de pièces de monnaie, est placé sur un bouchon ou sur un petit *billot* qu'il s'agit d'abattre. Il y a là quelque chose de l'idée de *support* comme dans *abloc* et une espèce d'assimilation avec un *bloquel* ou gros *billot*.

ABLUQUETTES, aiguillettes en cuir servant de cordons aux souliers. Diminutif de *blouque*, venu du latin *bucula*, anneau, par transposition de l'*l* et qui a donné le verbe *ablouquer*. On dit encore *blouquette*, mais au sens de petite boucle de soulier.

Ablouquer a donné le dérivé *ablouquement* (abloukmeint). On dit l'*ablouquement du soir* pour indiquer la fin du jour, le moment où le jour finit et où commence la nuit, parce que, alors, le jour et la nuit se joignent, se tiennent, s'*ablouquent*. *Ablouquement* vient de *ablouquer* comme *accouchement*, en français, vient de *accoucher*.

ABOUTANT, aboutissant. On dit : « No pièche ot deux *aboutants* du côté d'èche meulin » ; notre pièce (de terre) a deux *aboutissants*... Ce mot est un dérivé de *bout*, dérivé lui-même du haut allemand *bozen*, bouter, pousser, qui a donné, en picard, *abouter*. De *abouter* est venu *abouture*, petite pustule qui se termine d'ordinaire par suppuration.

ABRACHER, entourer des bras. Se dit surtout en parlant d'entourer un arbre des bras. Dérivé de *brache* qui signifie proprement *étendue des bras* et qui est venu du latin *brachia*, pluriel de *brachium*, bras. Le vieux français disait *brace* pour les deux bras :

« Li reis a pris Tierri entre sa **brace**. »
(Ch. de Rol.)

Abracher s'emploie aussi au sens de *se préparer à asséner un grand coup* : c'est ainsi qu'on dit *abracher* ou *abrécher* un coup de bâton ou un coup de poing, c'est-à-dire étendre ou lever les bras pour frapper. En général, la terminaison de l'infinitif pour les verbes de la première conjugaison est *er*, du latin *are*, comme on l'a vu à *beyer* de *badare*. On trouve pourtant des localités, surtout dans le Vermandois et l'Artois, où cette terminaison est *ier* : *aidier* de *adjutare*, *mengier* (manger) de *manducare*, etc. Dans les environs de mon village, cette terminaison est *i* : *mengi* ; *donni* (donner) de *donare*, *acati* (acheter) de *acaptare*, etc. On la rencontre même dans des substantifs : *dangi* (danger) de *dominiarium* ; *seuli* (soulier) de *solarium*.

Elle est commune au Picard et au Wallon qui dit *monpli* pour *multiplier*, *dangi* pour *danger* ; *araisni* pour *araisnier* (adresser la parole) du latin *arratiocinare*. Cette similitude m'a paru assez curieuse pour mériter d'être signalée : j'observe seulement qu'elle est particulière à un petit nombre de localités.

ABRET, petit arbre. C'est un diminutif de *abre*, venu du latin *arborem* régulièrement contracté en *arb'rem*. Le patois a laissé tomber le premier *r* qui, placé tout près du second, était difficile à prononcer ; il a même laissé tomber le second, de sorte qu'aujourd'hui on dit *abe*. Ce dernier fait se reproduit dans les infinitifs terminés en *dre*, *tre* : *morde*, mordre, *naîte*, naître, etc. Il n'a rien d'étonnant si l'on songe que *tempora* a donné *tempe* en français. Je trouve le mot *abe*, arbre, dans une chanson picarde, citée par l'abbé Corblet et extraite d'un manuscrit de 1649. On la chantait dans les environs de Doullens, le jour du *Bouhourdis*, en dansant dans les vergers :

« Al jor (jour) de Béhourdis des prés,
Entor (autour) des **abes** j'ai tant ballé (dansé)
Que j'ay men solé (soulier) desquiré.
Trou la lirette
Trou la liré. »

Je suis bien aise, avant d'aller plus loin, de placer ici quelques réflexions.

J'aurais pu, à propos du mot *arbre*, pousser les recherches au-delà du latin *arbor*, montrer que ce mot se rattache au zend *urvara*, arbre, au sanscrit *urvard*, terre fertile, à l'allemand *urbar*, au celtique *arbara*, plante à grain, et qu'il y a là un radical *arb* ou *urb* exprimant ce qui pousse, ce qui est fécond. Je ne l'ai point fait pour les raisons suivantes que j'emprunte à Littré :

« L'étymologie est primaire ou secon-

« daire : primaire quand il s'agit d'une
« langue à laquelle, historiquement, on
« ne connaît point de mère ; secondaire,
« quand il s'agit d'une langue histori-
« quement dérivée d'une autre. Ainsi l'é-
« tymologie romane, et, en particulier,
« française, est secondaire, remontant
« pour la plupart des mots au latin, à
« l'allemand, au grec, etc. L'étymologie
« latine, ou grecque, ou allemande, est
« primaire : ces idiômes n'ont pas d'as-
« cendants que nous leur connaissions ;
« mais ils ont des frères, le sanscrit, le
« zend, le slave, le celtique ; ce sont au-
« tant de termes pour l'étymologie pri-
« maire qui s'efforce d'isoler les radi-
« caux irréductibles, de déterminer quel
« en fut le sens et d'en faire la nomen-
« clature. »

Si l'étymologie française est secondaire,
à plus forte raison celle des patois a-t elle
ce caractère. Toute la question, pour ce
qui concerne le nôtre, est donc de chercher à découvrir les ascendants immé-
diats et historiques des mots qui le composent (1). Telle qu'elle est, toute restreinte même qu'elle est, cette question
est encore assez vaste ; c'est, dans tous les
cas, la seule dont je me sois occupé. En
revanche, je ne manque pas, toutes les
fois que cela est possible ou nécessaire,
de comparer les formes picardes à celles
du vieux français ou des autres patois : la
comparaison facilite les recherches, confirme leurs résultats et présente souvent
par elle-même un très-vif intérêt.

ABRIER, abriter, couvrir. Du latin
apricare par la chute du *c* médial donnant *apri'are*, et le changement de *p* en
sa douce *b*, comme dans *duplus*, double.
On trouve dans Paulin de Nole, poète

---

(1) Je ferai, quand je terminerai ces **Etudes**,
une statistique des mots du patois picard, afin
de déterminer exactement dans quelle proportion les éléments latin, germanique, celtique,
etc., ont concouru à sa formation. J'ai fait cette
recherche l'année dernière dans mon **Excursion
philologique dans un village de Picardie**, mais
sur une échelle restreinte, puisque je n'opérais
que sur 340 mots environ. Voici le résultat auquel je suis arrivé :

Elément latin 300
   —   germanique. . . 30
   —   celtique. 8

C'est, à peu de chose près, la proportion qu'a
trouvée Brachet en faisant la statistique du
français.

chrétien, *apricare tecto*, recevoir dans
sa maison, donner abri à quelqu'un : le
sens s'est étendu à celui d'*abrier*. Ce mot
existait dans le vieux français

« Si ot d'une chape forrée
Moult bien, si com je me recors,
Abrié et vestu son cors. »
(La Rose.)

« La très précieuse couronne que Jésus
« Christ eut en sa teste, si comme Juïs
« l'en *abrièrent*. » (Du Cange, *abrica*.)
Nous avons, en picard, un verbe *abrisser* qui signifie garantir du froid ou du
vent et qui me semble être un dérivé du
latin *apricitas*, température douce, dans
Pline. Le patois du Berry a le verbe
abrisser.

ACAILLER, assaillir à coups de *cailloux* ou de pierres. Dérivé d'un radical
cail ou *caille* du latin *calculus*, caillou,
contracté en *calc'lus* qui a donné *caie* en
wallon, *caille* dans le patois du Berry,
chail dans celui de la Saintonge. J'observe que le celtique avait le mot *cal*, dur,
d'où certains étymologistes tirent *caillou*,
en picard *cailleu*, sans qu'on puisse ni
avec *cail*, *chail*, *caie*, ni avec *cal*, rendre
suffisamment compte du suffixe *ou*, *eu*, *au*,
selon les localités. Le Lorrain possède un
mot qui est l'équivalent de *acailler* : c'est
arocher, jeter une pierre, un roc à quelqu'un.

ACANER, insulter, provoquer, poursuivre d'injures. Des deux mots latins *ad*
et *carinare*, injurier. On trouve, dans
Ennodius, *carinans*, qui injurie, *chartæ
carinantes*, écrits injurieux. *Acarinare*
s'est contracté régulièrement en *acar'nare* ; la chute de l'*r* difficile à prononcer
(voyez *Abret*) a laissé *acanare*, d'où, par
changement de *are* en *er*, *acaner* (1).

---

(1) L'étymologie de ce mot telle que je l'ai
indiquée dans mon **Essai**, n'est pas acceptable :
adcanere qui est accentué sur l'antépénultième
ne peut donner que **acandre**.
Je profite de l'occasion pour faire une autre recti-
fication. Dans mon **Excursion philologique**, j'ai
tiré **Santerre**, nom d'une contrée de l'ancienne
province de Picardie, des deux mots latins **Sata
terra**, terre ensemencée, terre fertile. J'étais
près, très-près même de l'étymologie pour le
sens et pour toutes les observations topographi-
ques et historiques ; mais **sa** dans **sata** ne donne
pas **sa**. **Santerre** vient non de **sata terra**, contrée
ensemencée, fertile, mais de **sarta terra**, contrée
défrichée ; l'*r* de **sarta** est tombé comme dans

J'écris avec un seul *c*, *acaner*, *acarienne*, etc.; avec une seule *f afeuder*, *afolure*, *afulure*, etc.; avec un seul *p apoier*, *aponer*, etc.; avec un seul *t atrempure*, etc., par la raison suivante :

Avant le quatorzième siècle, c'est-à-dire dans la période romane, les écrivains ne doublaient pas ces lettres : ils écrivaient *acointance*, *acompaigner*, *acorder*, *acourcir*, *aficher*, *afranchir*, *aparence*, *apeler*, *aprendre*, *aracher*, *atacher*, *atendre*, *atirer*. Or, les patois sont descendus directement de la langue parlée à l'époque où l'on ne doublait pas ces lettres : on ne doit donc pas les doubler, et c'est un anachronisme que d'écrire ces mots comme on commença à le faire vers le temps de la renaissance des lettres.

ACAR dans le mot composé *fidacar* (fi d'acar), fil d'archal. *Fi* est le reste du mot *fil*, venu du latin *filum*. *Acar* vient du latin *orichalcum*, laiton. Ce dernier s'est contracté en *orc'halcum*, qui par changement de *o* en *a*, la chute de l'*r* (voyez *abret*), et la permutation de l'*l* en *r*, donne *acarc* à l'origine, puis *acar*.

ACARIENNE, adj. qui se dit d'une femme d'humeur difficile. Dérivé du vieux verbe *acarier*, confronter, tenir tête dans la confrontation, lequel est venu lui-même des deux mots latins *ad* et *cara*, face, visage, dans le poëte chrétien Corippus qui écrivait au VIe siècle.

ACATER, acheter. Des deux mots latins *ad* et *captare*, prendre, par réduction de *pt* à *t* comme dans *route* de *rupta*. Ce mot existait dans le vieux français.

« Se un gentix hons et une gentix feme **acatent** un fief. »
(Beaumanoir.)
— « Quiconque **acater** piscon (poisson) en ceste vile (ville). »
(Tailliar, Recueil.)
— « Quant on **acate** denrée k'uns autre a adésée. »
(Bibl. de l'École des Chartes.)

Je trouve notre mot picard *acater* dans une pièce d'Adam de la Halle, le *Jeu de*

una foule de mots : (voy. **Abret, Acaner, Azir,** etc.) Quant à l'**n,** elle est adventice comme dans les mots **manchon,** maçon, **chimentière,** cimetière, **Contenchy,** Cottenchy, autrefois Cotenchy, etc., etc.

Robin et de Marion, la plus ancienne des pastorales françaises. Je cite ce passage avec d'autant plus de plaisir que, au rapport de l'abbé Corblet, la première strophe se chante encore dans quelques villages du nord de la Picardie. Une jeune fille, Marion, dit :

> « Robins m'aime, Robins m'a ;
> Robins me demande : il m'ara.
> Robins m'**acata** cotele
> D'escarlate bone et bele,
> Souscanie et cheinturele ;
> A leur y ra !
> Robins m'aime, Robins m'a ;
> Robins me demande : il m'ara.

Dérivés : *Racater*, racheter
Acateux, acheteur.

ACHEINDRE, saisir, attraper, prendre, etc. Du latin *accingere*, ceindre, entourer. *Accingere*, se contracte régulièrement en *acing're* ; le *g* tombe laissant *acin're*, lequel, par changement, de *c* en *ch* et de *i* en *ei*, et par insertion d'un *d* euphonique, laisse *acheindre*, mot commun au picard et au vieux Français.

ACHEMMER, coiffer, parer. Ce mot est signalé comme picard dans le dictionnaire de Robert Estienne (1549). J'ignore s'il est encore en usage quelque part : il vient d'un radical *com* qui est dans le latin *comere*, arranger les cheveux, et, par extension, parer. Le vieux français avait la forme *acesmer* et le participe *acesmé*, paré.

« Dame de valor, bele et bone et **acesmée.** »
(Couci.)
— « Il ressembloit une pointure,
Tantère (était) biaus et **acesmés.** »
(La Rose.)

Le vieux français disait *ressembler quelqu'un* ou *quelque chose*.

« Par tels paroles vous **ressemblez** enfant. »
(Ch. de Rol.)

Le Picard a conservé cette habitude, témoin un dicton bien connu qu'on applique d'ordinaire à un homme qui répond lui-même aux questions qu'il pose :

« I r'sanne (ressemble) ch' curé d' Camon :
I cante et i répond. »

On vient de voir *ch'* pour *che* : *ch' curé*, le curé. *Che* seul signifie aujourd'hui *le*. On le trouve dans le dialecte picard pour *ce*, pronom démonstratif. Jean Bodel, dans le *Jeu de Saint Nicolas*, met en scène trois larrons qui veulent enlever un trésor. Le plus hardi s'aperçoit que ses forces n'y suffiront pas : il dit à son complice :

« A! vif diable ! Que il poise (pèse) !
Pinchedé, met che sac plus près :
Chi escrins poise comme un grés. »

On trouve aussi *ches* pour *les*

« Tu aras jà ches piaus (peaux) de martre.»
(JEAN BODEL.)
Ches meïmes cleus (clous) prist le sains (saint.)
G. DE MONTREUIL.)

Adam de la Halle et Jean Bodel, que je viens de citer, appartiennent à la pléïade d'Arras. Ils ont écrit dans le dialecte picard et tiennent une place importante dans l'histoire de la littérature dramatique en France. « Nous trouvons dans le
« *Jeu de Saint Nicolas* la première image
« du drame moderne, avec son caractère
« historique, la variété de ses person-
« nages, l'emploi du merveilleux, celui
« de la langue commune, l'extrême mo-
« bilité du lieu de la scène, en un mot,
« avec toutes les libertés que s'attri-
« buaient de nos jours les jours les nova-
« teurs qui ont réclamé, pour ce genre
« inconnu en France, l'héritage de la tra-
« gédie dégénérée... Le *Jeu d'Adam* se
« rattache à cette poësie chantée dont il
« donna le premier modèle dans une
« autre composition. Elle offre assez de
« verve et de finesse pour qu'un savant
« critique ait cru pouvoir l'appeler la
« première de nos comédies. Le *Jeu de*
« *Robin et de Marion* nous offre la pre-
« mière de ces combinaisons où la mu-
« sique associée à la poésie légère, a pro-
« duit deux genres éminemment français :
« le vaudeville et l'opéra-comique. »
(H. TIVIER, *Hist. de la Litt.*
dram. en Fr.)

ACHER ou HACHER, irriter, agacer (en parlant des dents). Nous disons en picard, avoir les dents *achées* pour *agacées*, et à quelqu'un : « tu me *aches* » pour : « tu me fais mal, tu m'ennuies, tu me fatigues. *Acher* vient du vieil haut allemand *hazjan*, harceler, et, par extension, *irriter* : la forme *hâcher* reproduit l'aspiration qui est dans l'allemand *hazjan*. Le vieux français avait le verbe *aacer*

« De la noix vont rongeant l'escorce,
Mais ne savent qu'il a dedens ;
Pechez leur aace les dents. »
(SAINT LEOCADE).

Nous avons en picard le verbe *agacher* qui signifie *taquiner, provoquer* en gestes et surtout en paroles ; mais il ne me semble pas avoir la même origine que *acher* : je suis, sur ce point, opposé à l'opinion de Littré, qui penche pour un radical *agace*, « pie » commun aux deux mots. Le lecteur a sans doute déjà remarqué que des mots par moi cités sont communs au picard et au français. En principe, je le sais, ces mots devraient être exclus d'un glossaire picard ; mais je les donne pour les raisons suivantes :

Tout d'abord ces *Etudes* passeront sous les yeux des habitants de l'ancienne province de Picardie, et il est intéressant pour mes compatriotes de voir que beaucoup de mots de leur patois se confondent avec ceux du vieux français pendant la période romane, et qu'ils ont une origine commune soit dans les vocables du latin populaire, soit dans les termes importés par les invasions germaniques. C'est un fait aujourd'hui hors de conteste que, jusqu'au XIV⁰ siècle, le picard, le normand, le bourguignon et le français ou dialecte de l'Ile de France, sont restés absolument égaux en puissance et en influence, puisque non-seulement il n'y avait ni centre littéraire, ni langue prédominante, ni types de mots acceptés et reconnus comme tels, mais que la syntaxe était partout la même, les éléments constitutifs des mots partout à peu près les mêmes, les différences ne portant que sur les formes dialectales. Les mots communs au picard et au vieux français ne sont donc ni plus ni moins d'origine française que d'origine picarde, et réciproquement.

Nous pouvons, après un usage et une possession de sept à huit siècles, les revendiquer à aussi juste et aussi ancien titre que le français, puis qu'ils ont été non empruntés au français, mais tirés du fond latino-germanique commun aux populations qui en ont fait sortir les quatre grands dialectes de la langue d'oïl. J'ajoute que le picard a exercé une grande influence sur notre langue nationale non-seulement par le nombre considérable de poètes qu'il a fournis, mais encore et surtout par l'originalité et la diversité de leurs productions. Le picard eût pu, comme le dialecte de l'Ile-de-France, être pris pour type de la langue com-

mune : ce dernier dialecte n'a dû sa prépondérance qu'à celle que prit la royauté sur la féodalité. « En Picardie, par exem-
« ple, le français s'établit à la place du
« picard, en le remplaçant d'abord dans
« les actes officiels émanant des agents
« du vainqueur, c'est-à-dire des Fran-
« çais, puis bientôt dans les écrits et les
« œuvres littéraires, enfin dans le lan-
« gage des gens de bon ton. Rebelle à
« cette invasion, le peuple seul garde son
« ancien langage et refuse d'accepter le
« français. Cessant tout-à-coup de s'é-
« crire, le picard, livré alors à des alté-
« rations incessantes, descend du rang
« de *dialecte* (c'est-à-dire de langue
« écrite et parlée), à celui de *patois*,
« c'est-à-dire d'idiome simplement parlé
« et que ne reconnaît plus la langue fran-
« çaise (1). » (*Brachet, hist. de la langue fr.*)

ACHERMENTER (achermeinter), assommer à coups de bâton. C'est un dérivé de *sarmentum*, tige, branche d'arbre : l's s'est changée en *ch*, comme dans *chucher* (sucer), de *succiare; churquer* ou *chorquer* (prendre des souris) du bas latin *soricare*, dérivé de *soricem*, souris; *Fréchencourt* (nom d'un village) de *Freselcurte* dans une charte du XIIe siècle, etc.

La permutation de *s* en *ch* est très importante et donne la clef d'une foule de transformations autrement injustifiables : elle explique aussi *ch* venu de *c* sonnant comme *s* dars *chent* (cheint) cent, *chinquante*, cinquante, *chonq*, cinq, mots qu'on trouve dans de vieilles épitaphes ; et dans *r'chiner*, goûter, prendre une collation, du latin *recœnare*, dîner de nouveau :

« L'an mil **chonc chent** et un quarteron
Chy (ici) fut planté maître Quignon.

(1) « Les patois ne sont point, comme on le
« croit communément, du français littéraire
« corrompu dans la bouche des paysans : ce
« sont les débris des anciens dialectes provin-
« ciaux, que les événements politiques ont fait
« déchoir du rang de langues officielles et litté-
« raires, à celui de langues purement parlées.
« L'histoire des patois nous montre leur impor-
« tance pour l'étude de la langue française, et
« l'on ne saurait trop louer l'Académie des In-
« scriptions de proposer ses prix aux meilleurs
« travaux sur nos patois. » (**Brachet, Hist. de la langue fr.**)

Quand l'jugement de Dieu varo (viendra),
S'a (si à) Dieu plait, il revardiro. » (Reverdira, repoussera, ressuscitera.)

ACLIQUER, fermer (une porte). Dérivé de *cliquet*, pièce de fer ou de bois mobile qui sert à *fermer* une porte. Ce dernier a donné le diminutif *cliquette* qui a le même sens et qui existe dans le vieux français.

« Le vassal ne trouvant point son sei-
« gneur en son hostel, doit heurter par
« trois fois à sa porte, l'appeler par trois
« fois, et après avoir baise la *cliquette* ou
« verrou d'icelle, faire pareille déclara-
« tion que dessus. » (*Loisel.*)

ACŒURÉ. On emploie ce mot pour signifier atteint, pénétré jusqu'au fond. On dit, par exemple, en examinant si une tourbe est bien sèche, qu'elle n'est pas encore *acœurée*, c'est-à-dire pénétrée, atteinte à fond par la sécheresse. *Acœuré* est un dérivé de *cœur* ou le participe du verbe aujourd'hui inusité *acœurer*. *Cœur* a donné encore le dérivé *décœuré* que les Picards emploient pour dire que leur estomac est vide, et que, par suite, les forces leur manquent.

ACORCHEU, tablier. C'est, à mon avis du moins, un dérivé du vieux français *cors* (du latin *corpus*) qui, par *corsel*, a donné le diminutif *corselet*, espèce de petite cuirasse. Le tablier constitue en effet une sorte de défense qui protége les vêtements contre tout ce qui peut salir. *Corcheu* vient de *corsel* par le changement essentiellement picard de *s* en *ch* indiqué au mot *achermenter*, et celui de *el* en *eu* comme dans *porcheu* de *porchel* en latin *porcellus* La dérivation de *coriaceus*, donnée par l'abbé Corblet, est inadmissible, par la double raison que la syllabe initiale *co* donne *cui* — *corium*, cuir — et que le suffixe *aceus* fait *ache* — *tilliaceus*, tillache, mot picard qui signifie dur (résistant) — de sorte que *coriaceus* ne peut donner que *cuiriache*, ce qui nous met à cent lieues de *acorcheu*. J'ajoute qu'il y a peu de tabliers en cuir, et qu'en immense majorité, ils sont en simple toile. La forme *écorcheu* ou plutôt *aicorcheu* vient d'un changement de *a* en *ai* qui est signalé au mot *ais*.

ACOUFETER, ACOUVETER, couvrir, recouvrir. *Couvrir* qui existe en picard vient du latin *cooperire* dont le primitif est *operire*. Ce dernier verbe avait donné le frequentatif *opertare* (dans Ennius) ; avec le préfixe *ad* il a donné dans le latin populaire *acopertare* qui, par le changement de *o* en *ou*, celui de *p* en *f*, comme dans *mespilum*, nèfle, et la chute de l'*r* (voyez *acaner*) a laissé *acoufeler*. La forme *acouveler*, que Nicod, dans son dictionnaire (1614), donne comme picarde, s'explique par le changement de *p* en *v*, qu'on rencontre aussi souvent en picard qu'en français.

ACOUFE, attache qui unit la *bate* du fléau au *mainien*. De *a* et de *copula*, chaîne, lien, par contraction régulière en *cop la* et changement de *o* en *ou*. A l'origine ce mot etait *acouple* : le patois a laissé tomber l'*l* comme dans *admirable*, *aimable*, dont il a fait *admirabe*, *aimabe*. La chute de l'*l* dans cette position est de règle générale en picard.

ACOUTE, dans la locution *être à l'acoute*, être aux écoutes, être attentif à ce qu'on dit. Substantif participial venu du verbe *acouter*, du latin *auscultare* (écouter), que le peuple, au troisième siècle, prononçait *ascultare*. L'ancienne forme picarde est *esculter*, *escouter*, comme dans le vieux français : la forme *acouter* est postérieure, c'est-à-dire particulière au patois et relativement moderne. Je la trouve dans un proverbe picard bien connu et cité par l'abbé Corblet :

« Ch'ti (celui) qu'**acoute** s'femme et sen (son) curé
N'manque point d'pauverté. »

« Parce que, dit l'abbé Corblet, la fem-
« me appauvrit le ménage par ses dé-
« penses de toilette et le curé par ses de-
« mandes d'aumônes. »

ACRAVANTER, appesantir, fatiguer. Dérivé de l'un des deux adverbes latins *gravatim*, pesamment, *gravaté*, avec peine, par le changement de *g* en *c*, et l'addition de *n* devant la dentale *t* comme dans *peinture* de *pictura*. *Contenchy* (nom de village) pour *Cottenchy*, et *acripennis* pour *agripennis*. Le changement de *g* en *c* est assez rare ; on trouve pourtant les formes bas-latin *burcus* pour *burgus* dans Du Cange ; et *pergamenum* a donné, en picard, *parcmin* (parkmin), parchemin.

ADÉ, adieu. Ce mot est une locution elliptique pour (*soyez*) à *Dé*, *ad Deum*, ou plutôt *a Deo*, puisqu'on trouve *a* pour *ad* dès le VIIe siècle. *Dé*, *Des* pour Dieu se rencontre souvent soit sous cette forme, soit sous celle de *Dex*, *Diex*, selon qu'il est au cas sujet ou au cas régime. Voici des exemples de la forme *Dé*.

« Quand tu ce crois que Mahomet soit **Dé**. »
(Ch. d'Ant.)

— « Beau sires niés (neveu), entendez-moi
pour **Dé** » (Roncis.)
— « Berthe s'est éveillie, si se commande à
Dé. » (Berte)
— « Douce dame, car m'otroiez pour **Dé**
Un douz regard de vous. » (Couci.)

Le provençal a conservé la locution complète et dit toujours *A dessias — à De sias —* soyez à Dieu. Je lis dans un poëme heroï comique très-célèbre dans les environs d'Avignon et de Montpellier : (1)

« Aco sufis. **Adessias**, péras :
Quanca part à vostras preieras. »
(Cela suffit. **Adieu**, père : quelque part dans vos
prières.)
(**Lou siége de Cadaroussa**,
par l'abbé Favre.)

ADEVANCHER, aller au-devant de quelqu'un qu'on attend. De *a* et *devant*.

ADIAULE, cri que font entendre les enfants en poursuivant les masques de leurs huées. Ce mot signifie *au diable* ; il vient de *a* et du latin *diabolus*, diable, par adoucissement de *b* en *v* et vocalisation de *v* en *u* comme dans le vieux français *paraule*, parole, de *parabola* ; *taule*, table, de *tabula*, et dans le picard *éteule*, chaume, du latin *stipula*, dans lequel le *p* est descendu à *b*, puis à *v*.

On trouve *diaule* pour *diable* dans le *Chant d'Eulalie* au Xe siècle.

« Voldreut (ils voulurent) la faire **diaule** servir. »

Au douzième siècle, saint Bernard écrit : « Persévérer el mal est *diaulie* » (diablerie).

---

(1) Ce poème est un modèle d'entrain, de finesse, d'esprit gaulois, et peut à juste titre être comparé au **Lutrin** de Boileau, et au **Vert-Vert** de Gresset. Lorsque j'habitais la Provence en 1866, un de mes voisins, M. P. Cappeau, de Roquemaure, en préparait une traduction en vers français que Gustave Duré devait illustrer et que devait publier à Avignon l'éditeur Roumanille. J'ignore si cet excellent projet a été exécuté.

ADITÉ, participe du verbe aujourd'hui inusité *aditer*. On n'emploie guère ce mot que dans deux acceptions. On dit : « Au jour *adité*, il est arrivé », c'est-à-dire au jour *désigné, fixé*. On dit encore en parlant d'une maison où l'on va souvent : « Maison *adilée* », maison où l'on va habituellement et de préférence. A ce dernier sens, on serait tenté de le tirer du latin *aditare*, aller fréquemment; mais *i* est bref, et *aditare* ne donne que *adter, ater*. L'origine de *adité* reste donc inconnue.

ADORDER (s') et **ADORDELER** (s'), s'endormir d'un sommeil fréquent et léger. Je n'ai jamais entendu les paysans picards employer le premier de ces deux verbes à l'infinitif; mais j'ai souvent entendu dire en parlant d'un vieillard : « i s'adorde toujours; » l'existence de *adorder* est donc indubitable. *Adorder* vient des deux mots latins *ad* et *dormitare* (sommeiller) fréquentatif de *dormire*, dormir.

Dormitare, contracté régulièrement en *dorm'tare*, a laissé tomber l'*m*, et, par l'adoucissement de la dentale forte *t* en sa douce *d*, a laissé *adorder*. *Adordeler* est le fréquentatif d'*adorder* : il en a été formé comme *apâteler* de *apâter*.

ADOREMUS (faire des), faire des courbettes. « Aux bénédictions, écrit l'abbé Corblet, on chante une prière suivie de génuflexions qui commence par *Adoremus*. » Nous avons, en picard, dans la même catégorie de mots, *agios* au sens de *discours, cérémonies, kyrielle de phrases. Agios* est le premier mot, et, pour ainsi dire le refrain de versets qui se chantent trois fois à l'office du Samedi Saint : il a aussi le sens de *façons, cérémonies, kyrielle*. On dit encore, en picard, *Sanctus* (faire des *Sanctus*) au sens de *façons, cérémonies*. J'ajoute que, pour dire *c'est tout, c'est fini*, nos paysans disent souvent : *ite missa es* (sic) ou bien *amen*.

ADRÉCHER, réussir ou tomber à faire quelque chose. Dérivé du bas latin *drictum*, contraction de *directum*, qui a dû donner une forme *drictiare* au sens de *mettre à droit*, et, par extension, *aller droit à, réussir. Adrèche* a le sens de *habileté, dextérité*.

AERDRE ou **AHERDRE**, saisir. Ce mot est commun au picard et au vieux français : il vient du latin *adhærere*, s'attacher, et, par extension, saisir, serrer. On trouve dans les auteurs classiques *hærere in terga (Liv.). tergis (Tac.) in tergis hostium (Curt.), serrer de près* les fuyards. Pour tirer *aerdre* de *adhærere*, il faut nécessairement admettre un déplacement de l'accent tonique : c'est là un phénomène très-rare, mais dont les exemples ne manquent point d'une manière absolue. Accentué sur l'antépénultième, *adhærere* se contracte en *adhær're*, prend un *d* euphonique entre les deux liquides et donne *aerdre* ou *aherdre* par insertion d'une *h* aspirée. On trouve souvent ce mot dans le vieux français.

« Cil par la gorge l'**aert** » (la Rose)
— « Un fust (bâton) **aerst** » (Rou)
— « Cume li muls vint suz (sous) un grand « chaigne (chêne) et ki mult out branches, une « des brauches **aerst** Absalon par la tresce. » (Rois.)
— « Un païsant feme aveit épousée
Qui esteit de ses mains **aerdant**. » (Rou).
De ses mains aerdant signifie ici **voleuse**.
Dérivés : **Raerdre**, resaisir, reprendre.
Aerse, subst. verb. accident, malheur, accès grave au cours d'une maladie.
Aerche, entrain, force, dans la locution **aller d'boine aerche**, aller de bon entrain, employer toute sa force.

Pour le changement de *s* en *ch*—*aerse, aerche* — voyez *achermenter*.

AFEUDER, donner un festin, régaler ses amis, partager son repas avec quelqu'un qui arrive à l'improviste. Orig. inc.

AFILÉE (d'), de file, sans désemparer. Ce mot est un dérivé de *fil*, du latin *filum*, fil, qui a donné *filée*, rangée ininterrompue *suivant un fil*, c'est-à-dire en ligne droite.

AFISTOLER, ajuster, arranger, parer. Je crois que *afistoler* est un mot composé. Il y a là, à mon avis du moins, un radical *afi* venu de *affingere*, arranger, (*supin affictum*) et le mot *stola*, robe de toilette. *Afistoler* serait donc, à l'origine, arranger ou ajuster la robe, et, par extension, ajuster, parer ; il existe dans le patois lorrain au sens de *orner*.
Dérivés : *Rafistoler*, réparer, arranger de nouveau.
Rafistolage, réparation.

Nous retrouvons le radical *afi* dans le mot *afiquets*, objets servant à la parure des femmes, lequel est commun au picard et au vieux français. *Afiquet* est un diminutif d'*affique*, forme essentiellement picarde autrefois en usage.

« D'avoir et de riqueches (richesses) le vaissel
[bien querqua (chargea) :
Couronnes et capiaus (chapeaux) et **affiques** la. »
(Baud. de Séb.)

Un petit vocabulaire latin-français du XIIIe siècle tiré par M. Chassant d'un manuscrit de la bibliothèque d'Evreux traduit *monile* par *afiquet*.

De *afique* est venu le diminutif *afiquette* qui signifie *épingle*, à moins que ce mot ne soit un dérivé de *fiquer*, ficher, attacher, enfoncer, venu de *figicare* contracté en *fig'care*, fréquentatif bas latin de *figere*, enfoncer.

AFLAQUIR (s') (aflakir), devenir flasque. Dérivé du bas latin *flaxidus*, mou. *Flaxidus*, équivalent de *flacsidus*, a donné par transposition *flascidus*, puis *flasquidus*, d'où probablement un verbe bas latin *flasquidire*, lequel a perdu le *d* médial pour laisser *flasqui'ire* qui donne *aflaquir*.

Cette dérivation est confirmée par le fait que le provençal a aussi le verbe *aflaquir* venu, comme notre mot picard, d'une forme bas latin *flasqu'ire*, rendre mou, faible.

« Counouissès ben pau la famina
Que l'**aflaqais** e que la mina ! »

(« Vous connaissez bien peu la famine
Qui l'**affaiblit** et qui la ruine ! »)
(Lou Siege de Cadaroussa.)

AFLÉBOYER, affaiblir. Dérivé du latin *flebilis*, miserable, puis faible, qui a donné, en picard, *flève*, autrefois *flèbe*. *Afléboyer* a dû être formé avant que le *b* ne fût descendu à *v* pour donner *flève* dans la locution picarde *kère flève*, tomber faible. (*Cadere flebilis*.) Le vieux français disait *afébloier*, par une métathèse que le picard n'a pas opérée.

« Lors sa parole prist à **afébloier**. »
(Roncis.)
« Molt me vois mais **afebleiant**. »
(Benoit.)

AFLIGÉ. Ce mot a, en picard, le sens d'*estropié* : *Affligé d'un bras*, estropié d'un bras. En wallon, *affligi* signifie bossu. Le verbe *affliger*, du latin *affli-gere*, n'est pas de formation populaire.

AFOITIURES (afouétiures), vidanges de poisson. Dérivé de *foie*, du latin *ficatum*, foie d'oie engraissée avec des figues, foie (en général) dans Emporius. Le sens de *foie* s'est étendu à celui d'*entrailles*.

AFOLURE, blessure, lésion. Dérivé de *afoler* venu d'une forme bas latin supposée, *fullare*, dérivé de *fulloncm*, foulon. *Afolure* a été formé sur le modèle de *vêture* venu de *vestitura* par suite des transformations suivantes *vest'tura*, *vestura*, *vesteüre*, *vesture* (1). On trouve dans Du Cange la forme *affolare*; mais ce n'est là qu'un calque servile de *afoler* qui est commun au picard et au vieux français. Le petit vocabulaire latin-français déjà cité, traduit *enervare* par *afoler*. Du Cange dit qu'il signifie *leviter lædere*, en quoi l'abbé Corblet prétend que ce savant homme a eu tort. C'est là, du reste, une question peu importante. On rencontre souvent ce mot dans les auteurs du Moyen-Age.

« Défendez-moi de honte et d'afoler. »
(Ronc.)

« Li *afolez* aura le tiers de l'avoir à celui qui l'*afolera*. »
(Du Cange, *affolare*.)

AFULURE, coiffure et manière de se coiffer. Dérivé de *afuler*, coiffer, venu du bas latin *affibulare* (contracté en *affib'lare*) dont le sens primitif d'*agrafer* s'est étendu, en français, à celui d'*habiller ridiculement*, tandis qu'il s'est restreint, en picard, à celui de *coiffer*.

Dérivés : *Défuler*, décoiffer et *rafuler*, recoiffer.

Afulette, voile noir pour les femmes : c'est un synonyme de *aotoir*.

(1) Leur vesteüre fu commune, » lit-on dans la **Vie du Pape Grégoire-le-Grand**.
Vestitura existe en latin : il est dans le poète comique Laberius. Bien qu'on n'ait pas dans les documents les formes **afolatura, afulatura, allatura**, etc., il est probable qu'elles étaient en usage dans le parler populaire. **Afoitiures** qu'on vient de voir a sans doute une origine identique, ou a été formé sur ce modèle. Plusieurs mots d'origine germanique ont été coulés dans le même moule : tels sont **dékirure**, vieil haut-allemand **skërran**, déchirer ; **brisiure**, ancien haut-allemand **bristan**, briser ; **abouture**, moyen haut allemand **bôzen**, pousser, etc.

On trouve *affulette* dans un inventaire fait à Amiens en 1617. « Dix collerettes, « quatre *affulettes* de nuit. »

On rencontre aussi *affubloir, affuloir* au sens de *coiffe* : « Ung *affubloir* de fine « toille (toile) prisé XL sols. » (*Inv. de 1599 à Mirvaux.*)

— « Ung *affuloir* de drap noir à usage « de femme prisé VI livres. » (*Inv. de 1609 à Amiens.*)

Je dois cette communication à l'obligeance de M. Devauchelle.

Défuler, est une contraction de *désafuler*. C'est en vertu du même principe que les Picards disent *desbiller* pour *deshabiller*, *démorcer* pour *désamorcer*, *découtumer* pour *désaccoutumer*, *déchorcheler* pour *désensorceler*, etc. J'ajoute que l'on trouve *deffuler* dans le vieux français au sens de *ôter sa coiffure*.

« Et l'empereur se **deffula** et le mercia. »
(*Christ. de Pis.*)

AFUTIAUX, petits morceaux de bois ou baguettes dont les femmes se servent pour tricoter. Dérivé du latin *fustis*, bâton, qui a dû donner la forme bas latin *fustellum*, d'où, par changement de *ellum* en *au*, comme dans *pennau* de *pannellum*, et la chute de l's, comme dans *pâture* de *pastura*, le mot picard *afutiau*. *Pennau* est un mot picard qui signifie *lambeau, morceau* : il vient de *pannellum*, diminutif de *pannus*, morceau. On sait que les paysans s'enveloppent les pieds de morceaux de toile en guise de chaussettes.

On dit *afutaille, afuteile* au même sens que *afutiaux*.

AFUTIEUX, homme qui va souvent à l'affût. Dérivé de *affût* venu lui-même des deux mots latins *ad* et *fustis*, bâton, bois. On sait que l'*afutieu* se place derrière un buisson ou un arbre sur la lisière des bois. On dit aussi *afutier*. *Affût* a donné, en picard, la locution adverbiale *d'afute* qui signifie *d'adresse*. On dit : « Pierre, t'os eine femme *d'afute*, » tu as une femme adroite, parce que l'action d'aller à l'affût entraîne, dans les idées populaires, celle de ruse, d'expérience, d'adresse. Notre locution *d'afute* est l'équivalent de l'adjectif français *futé*, rusé, adroit.

AGACHE, pie (oiseau). Du haut allemand *agalstra*, pie. Du Cange cite le passage suivant d'un vieil auteur dans lequel on retrouve la forme picarde *agache* :

« Et tout aussi comme l'**agache**
Par son crier et agachier
Nul oisel ne laisse anichier
Près de li, ains les fait fuir. »

C'est de *agache* et non de *aacer* que vient le verbe picard *agacher* qui signifie surtout *provoquer par des paroles*, essayer par exemple de faire rire un petit enfant en lui disant des choses drôles, en faisant des grimaces. Nous avons même le diminutif *agachette, aguchette* au sens de *taquinerie amicale*. *Agacher* a aussi le sens de *bavarder, commérer*. On appelle les femmes du village d'Eramecourt, qui ont la réputation d'avoir la langue bien pendue, les *agaches d Eramecourt*.

En picard les cors aux pieds s'appellent *nids d'agaches*. Littré observe qu'on trouve dans Olivier de Serres, *agassin* au sens de *bourgeon sur le bois dur* et de *cor aux pieds* : le premier sens explique le second et rend compte de notre expression *nid d'agache*.

AGALIR, endurcir, affermir. Ce mot est un dérivé venu du latin *callum*, cal, calus, durillon : il y a eu changement de la forte *c* en sa douce *g*. Il se dit surtout en parlant des chemins et des terres.

Dérivés : **Regalir**, raffermir, rendurcir, et, par extension, réparer.
Régaleux, cantonnier, homme qui répare les chemins.

On a vu plus haut, au mot *acailler*, que le celtique avait le mot *cal*, dur. Nous avons ici, en rapprochant *callum* et *cal*, un cas d'identité de radical entre le latin et le celtique, comme on en trouvera d'autres entre le celtique et l'allemand aux mots *agroncher, aisiulé*, etc.

AGAMER, enjamber. Dérivé de *game*, jambe, autrefois *gambe*, du latin *gamba*, jarret dans Végèce. On emploie *agamer*, au figuré, pour *surpasser* : « Tu l'os agamé, » tu l'as surpassé. Le *b* est tombé dans *game* de *gambe*, comme dans notre mot picard *teumer*, incliner, pencher, choir, qui est d'origine germanique : ancien scandinave, *tumba*, tomber, ou comme dans *ome*, ombre, du latin *umbra*.

AGES ou AGIS, êtres d'une maison. Selon Du Cange répété par l'abbé Corblet, ce mot viendrait de *aggestus*. Quand on réfléchit que *aggestus* signifie *action de réunir ou d'entasser*, il est absolument impossible d'admettre cette étymologie. *Agés* ou *Agis* vient plutôt, à mon avis, du latin *accessus*, accès, entrée, lieu par où l'on entre, manière d'entrer quelque part (voyez Quicherat, *Dict. lat.-fr*), et par extension êtres d'une maison. Quant à la transformation de *accessus* en *agés*, elle résulte du changement si fréquent de la gutturale forte *c* en sa douce *g*, comme dans *includinem*, enclume, en picard *engleume* (ingleume).

AGEINCHER, habiller, arranger l'habillement. D'une forme bas latin *agentiare* par changement de *tia* en *ch*. *Gentiare* est un dérivé de *genitus*, né, bien né à l'origine, puis beau, *gens* à l'origine, puis *gent*, d'où l'adjectif *gentil* (1). Nous avons aussi, en picard, la forme *aguincher* dans laquelle le *g* dur devient inexplicable parce qu'il constitue un phénomène contraire à toutes les analogies.

AGLAVER (de soif), avoir très-soif, mourir de soif. *Orig. inc*

AGOBILLES ou AGAUBILLES, objets qu'on a besoin d'avoir avec soi. *Orig. inc.*

AGONIR, insulter, accabler d'injures. Ce mot est commun au picard et au français. Il vient des deux mots latins *ad* et *gannire*, criailler, grogner, gronder. On trouve dans Plaute : *gannit omni familia*, il grogne contre toute la maison ; dans Martial : *gannitibus lacessere*, poursuivre de criailleries. C'est bien là, avec une légère extension de sens, la signification de *agonir*, crier vers ou contre, du latin *agannire*, par changement de *a* en *o* comme dans *tabanus*, ta'anus, taon, *phiala*, fiole, etc.

AGRAPIN, petite agrafe. D'un radical *grap* qui est d'origine germanique, allemand *krappen*, crochet, crampon, qui a donné *agraper* en vieux français ; il y a eu adoucissement de *k* en *g*.

« Et si aucunes gens viennent à ols pour
« ols soscorre, si plungent ensemble o
« (avec) ceols qu'il puyent *agrappeir*. »
(SAINT BERNARD.)
« Quan qu'il en porront *agraper*. »
(LA ROSE.)

(1) « Li chevaliers fu biaus et gent. »
(LA ROSE.)
— « D'un aguiller mignot et gent
« Si pris l'aguille... »
(LA ROSE.)

AGRONCHER, accrocher. De *a* et d'un radical *gro* venu, par adoucissement de *c* en *g*, d'une forme qui est également germanique et celtique : anc. scand. *krôkr*, angl. *crook*, kymr. *crog*, crochet. L'*n* dans *agroncher* est adventice. Il y a plusieurs formes : *agrincher* (1), *acrincher*, *acrinquer* qui est rare, *inglocher* et *déglocher* (décrocher) dans lesquels l'*r* s'est transformé en *l*; *incrincher* qui, au figuré, a le sens de *hypothéquer*. « Tous ses biens sont *incrinchés* », disent les paysans, locution équivalente de celle qu'emploient les ouvriers des villes quand ils disent : « Ma montre est au *croc* ou au *clou*. » La finale *cher* des différentes formes ci-dessus indiquées ne me semble pas picarde, et ce mot pourrait bien être originaire de l'Île de France où le *c* était chuintant. Je suis confirmé dans cette idée par le fait que nous avons une autre forme qui paraît devoir être rattachée à ce même radical *gro* : c'est, selon les localités, le verbe *agroer* ou *agrauer*, *agreuer*, dont le sens est saisir, empoigner, c'est-à-dire le même, au fond, que *agroncher*. Le dialecte picard avait le mot *grau*. On lit dans la *Chr. de Rains* : « Et fu li vaissiaus (une outre) « sacies (retiré) fors à *graus* de fier (fer), « et fu aportés à terre. » C'est de *grau*, croc, crochet, à mon avis du moins, que vient la forme *agrauer*, *agreuer*, *agrouer*.

Littré est disposé à rattacher *grau* à un radical *grap* qui est dans *grappin* ; mais, quand il composait la lettre C de son Dictionnaire, il ne connaissait point notre mot picard *agrauer*, *agroer*.

AGU, aigu, pointu. Ce mot est commun au picard et au vieux français : il vient du latin *aculus*, aigu, par changement de *c* en *g* et celui du suffixe *utus* en *u*.

« Li pis (poitrine) est haus, li ventre bas,
« Lex (yeux) enfossés, *agus* (pointu) li nes (nez.)
(GUI DE CAMBRAI.)

Dérivés : *Aguisier*. aiguiser.
« E ces de Israel veneient as Philistins por
[*aguisier* le soc. »
(ROIS.)
— « Tybert, leissiez le menacier,
Et sor moi lor denz *aguisier*. »
(REN.)

(1) L'abbé Corblet tire ce mot du bas latin *incroare*. *Incroare* donne *ingroer*, *ingrauer*, mais ne peut faire *agrincher*.

— « Li uns tient un tinel, l'autre perche **aguisie.** »
(Guescl.)

Ragutster, faire couper, repasser.

Aguile, aiguille, mot commun au picard et au vieux français.

> « Lors trais une **aguille** d'argent
> D'un aguiller mignot et gent,
> Si pris l'**aguille** à enfiler. »
(La Rose.)

« Quatre pièches (pièces) de courtines et le tour de lict (lit) faict à l'**aguile**. (**Invent.** 1598. **Amiens.**)

AHURTÉ, opiniâtre, entêté. Dérivé du vieux verbe *hurter* dont l'origine est inconnue et qui était commun au picard et au français.

> « Del bot devant va son mestre **hurter.** »
(Bat. d'Alesch.,)

C'est de *hurter* qu'est venu l'adjectif picard *hurtoire* : *l'aque hurtoire*, (hurtouère) vache qui heurte. J'étudierai plus loin le suffixe *oire* qu'on rencontre, au féminin, dans beaucoup d'adjectifs, *berdeloire*, *cafouilloire*, *mentoire*, etc., etc.

Hurter a donné, dans le dialecte picard, le substantif *hurtement* (hurtemeint), action de *heurter*, de *pousser*.

> « Ne le moine pour encliner,
> Ne chevalier pour acoler,
> Ne du keute le **hurtement.** »
(Anthol. pic.)

Keute signifie *coude*. Voyez plus loin *Aqueuter*, dérivé du latin *cubitus*, coude.

AHU, maladroit, niais, embarrassé pour rien. C'est, par apocope, un dérivé de *ahuri* : participe de *ahurir*, dérivé de *hure*. On a dû dire successivement, *ahuri*, *ahur*, *ahu*, par la chute de l'*r*. Le sens s'explique par le fait très-naturel qu'un homme qui est *ahuri*, interdit, troublé, devient embarrassé et ne fait plus rien de bien.

AIÈVE, élève. Ce mot se dit aussi bien d'un enfant que d'une génisse ou d'un poulain : il me semble correspondre à une forme latine *alleva*, de *allevare*, faire croître, vieux français, *alever*, élever (1). Les deux *l* donnent *l* mouillée (*allium*,

---

(1) Le vieux français, comme le picard actuel, disait **alever** pour **élever.**

« Depuis l'avons céans norrie et **alevée.** »
(Berte.)

Norrir, nourrir, **norriture**, nourriture, se disent encore en picard.

ail) ; *e* se diphthongue en *ie*, et *va* donne *ve*. L'existence dans le latin populaire du mot *alleva* est confirmée par le fait que le subjonctif *allerem* de *allevare* donne en picard, *que j'aiere* : l'équivalence de forme implique à mes yeux identité d'origine ou plutôt d'éléments constitutifs.

AIGNEU ou AINGNEU, agneau. Du latin *agnellus* qui est dans Plaute, par changement de *a* en *ai*, et de *ellus* en *el* (à l'origine) adouci ensuite en *eu*. La forme *agnel* est commune au vieux picard et au vieux français.

> « Et simple comme **aignel.** »
(Sax.)

> — Dehors semblans **aigniaus** pitables.
> Dedens sommes leus (loups) ravissables. »
(La Rose.)

Dérivé : *Ainelin*, petit agneau. Ce mot signifie aussi *laine d'agneau*.

« Quarante livres d'**aignelains** au prix de III solz la livre. » (Inv. de 1557, Amiens).

Nous avons encore, en picard, un assez grand nombre de mots terminés en *el* qu'on prononce *é* : *musel*, *linel*, *monchel*, *jornel*, *bloquel*, *flayel*, *cantel*, *prayel*, *rotel*, *murel*, etc. Le même fait existe dans le provençal qui dit *coutel*, couteau, *vedel*, veau, *capel*, chapeau, *agnel*, agneau, *pel*, peau, etc., etc. Ni d'un côté ni de l'autre ne s'est opéré l'adoucissement de *el* en *eu*, *au* comme dans le français.

AIRES. C'est le nom particulier des terrains maraîchers situés entre Camon et la Neuville-lès-Amiens. *Aire* vient du latin *area* : il implique l'idée d'un terrain bien aplani.

AIRNAU, charrue. Le mot latin *aratrum* a donné *araire* en français, *érère* en wallon, *arare* ou *araire* en provençal, *aratro* en italien. Notre forme picarde qui est, au fonds, la même que le berrichon *areau*, *ariau*, ne vient pas de *aratrum* : elle implique une finale *ellum*, et, par là, l'existence dans le bas latin d'une forme *aratrellum*, peut-être *artrellum*, puisqu'on trouve dans Pline *artrare* pour *aratrare*, labourer. La forme berrichonne *areau* s'explique facilement par la chute du *l* : il n'en est pas de même en picard. En effet, il faut admettre non-seulement que le *l* est tombé, mais encore que, par principe de dissimilation, le second *r* s'est changé en *n*. C'est là la seule explication que je puisse

4.

donner, bien que je n'aie aucun doute sur cette étymologie. Quant à l'existence, dans le latin vulgaire, d'une forme terminée en *ellum*, elle est confirmée par le fait que nous avions autrefois le mot *érelle* au même sens que *airnau*. Un inventaire de 1596 porte : « Il y a six jour-« naulx de terres labourées de une roies « d'*hérelle*, au prix de deux escus chas-« cun journel. » (*Communication de M. Devauchelle.*)

AIRNILE, araignée et toile d'araignée. Cette double signification existait dans le mot latin *aranea*; araignée dans Virgile, toile d'araignée dans Pline. Mais *airnile* ne vient point d'*aranea* qui a donné *araigne* en vieux français, tandis que *araneata* a donné *araignée* signifiant *toile d'araignée*. Le latin avait bien le diminutif *araneola* qui est dans Cicéron; mais ce mot ne peut donner *airnile*. On sait que le latin populaire a adjoint aux primitifs des suffixes diminutifs, tout en conservant aux mots la plénitude de leur sens originaire : c'est ainsi que de *corvus* il a tiré *corbellus*, de *agnus agnellus*, de *domina dominicella*, etc. Il est très-probable que de *aranea* il a fait *aranella*, lequel accentué sur la pénultième s'est contracté en *ar'nella* et par changement de *a* en *ai* et de *e* en *i* a donné *airnile*.

On dit aussi *iraigne, araigne* du latin *aranea;* l'emploi de *airnile* est plus fréquent.

AIRNIQUER ou HAIRNIQUER, faire, arranger ou réparer quelque chose avec difficulté ; lambiner, travailler sans arriver à un bon résultat. Ce mot me semble venir du même radical que *harnacher* (en picard *airnacher*), celt. *haiarnaz*, attirail de fer, équipement. L'action de *airnacher* implique des allées et venues, des lenteurs, certaines difficultés pour prendre, mettre à leur place et ajuster les différentes parties du *harnais*. Cela est d'autant plus probable que jadis *harnais* signifiait tout à la fois équipement complet d'un cavalier et de son cheval. Mais *airniquer* est une forme secondaire. Ce qu'écrit l'abbé Corblet confirme mon opinion ; je cite : « *A herniquer*, harnacher, ancien picard *ahernechier. Airniquer* a donc la même origine, et, primitivement, le même sens que *harnacher;* seulement *airniquer* est une contraction de *aherni-*quer comme *desbiller* de *désabiller*, démorcer de *désamorcer*, etc.

Dérivés : *Airniqueux,* lambin.

Déairniquer, défaire, ôter, tirer (au sens de *déharnacher.*)

Je trouve *déairniquer* à ce dernier sens dans une chanson qu'on chantait dans mon enfance à Villers-Bretonneux, à Cachy et à Gentelles. Une mère, voyant venir chez elle le fiancé de sa fille, disait à celle-ci d'aller faire un bout de toilette :

« Catleine (Catherine), **déairnique** ten (tein, **ton**)
      gardcul (**gardcul**, jupon de travail),
V'lo (voilà) Charlot qui vient t' (te) vire (1);
      (**vire,** voir)
Mets rade (vite) t' boyette dins ten cul (**boyette,**
      jupon des dimanches),
Sors ed (de) no came (chambre) sans rire. »

On vient de voir *ten*, pronom possessif, pour *ton*. On trouve *sen* pour *son* dans le dialecte picard, comme *se* (s) pour *sa* :

« Quiconkes querke (charge, confie) l'âme de lui
      à son enfant,
  L'onneur de lui à **se** femme,
  Le gouvrenement de **sen** ostel (maison) à
      sen prestre,
  Et **se** porrée à **se** truie,
  Aussi bien est gouvrenés li uns que li autre.»
      (**Anthol. pic.** SENTENCES.)

La forme picarde *sen* est très ancienne : on la trouve au Xe siècle dans le *Fragment de Valenciennes.* « Un edre (lierre) sore *sen* cheve (tête). » Le même document contient la forme *sun.* « Cel edre li donat à *sun* repausement. »

« Soixante ruques (ruches) d'**aix** prisés quarante
      sols la ruque. »
      (Inv. de 1610, Amiens).

AIS (aize), abeille. Du latin *apis,* abeille, qui n'a rien donné en français puisque *abeille* vient du diminutif *apicula.* Je l'écris *ais* et non *eps,* comme le fait l'abbé Corblet, parce que l'*a* latin donne *ai* quand il est accentué et bref : *aire* de *area, aime* (j') de *amo,* etc. On retrouve dans les *Plaids de Boves* (années 1508 et 1509) l'orthographe étymologique *aiz, ays,* c'est-à-dire *a* latin donnant *ai* :

(1) Le vieux français avait la forme **veir**, qui existe encore en picard dans certaines localités. « Par cel jugement pot (peut) on **veir** », écrit Beaumanoir. On trouve la forme **vir**, contraction de **veir**, dans Froissart :

« Ne puet (peut) mie à tous deux servir,
A sa femme et aux livres **vir**. »
      (**Poés. manusc.**)

Je mets **vire** avec un **e** pour le faire rimer avec **rire**, comme le faisaient nos bons aïeux.

On trouve dans le vieux français *écs,*
es.

« Il m'avironnèrent comme es »
(Psautier).

— « Et se il trovent aucun ées en la foret, cil
qui i seront trovés feront au seigneur 60
sols d'amende » (DuCange, Apicularii).

Dans un manuscrit du XVᵉ siècle, intitulé *Rebus de Picardie illuminés,* on
voit une *ès* (abeille) *su* (sur) une *porte,*
pour signifier *es suporte,* je supporte.

AISIUTÉ, facilité, commodité, avantage. Dérivé du vieux verbe *aisier,* rendre facile, qui a donné l'adjectif *aisié* en
picard et en vieux français. On lit dans
Joinville : « De quoi je suis certein que
« se il eussent esté en leur cloître, il ne
« fussent pas si *aisié* comme il sont avec
« le roy. » Mot d'origine incertaine. « Il
« y a, dit Littré, dans l'allemand et dans
« le celtique, une racine *adh, az, ais,* qui
« est sans doute la source du mot. »

AISSELLE, étagère pour les plats et
les assiettes. C'est un diminutif de *ais,*
planche, lequel vient du latin *assis,*
planche, tablette : il a tous les éléments
de la forme diminutive *assilla* ou *assella,*
puisque le latin vulgaire employait l'une
pour l'autre les voyelles *i, e,* disant *fes-*
cum, selva pour *fiscum, silva,* etc. Le
mot *aisseau,* petit ais, a la même origine:
Sa finale *eau* implique une forme latine
assellum, comme *pennau* implique *pan-*
nellum.

AIUDE, aide, secours. Ce mot est commun au picard et au vieux français : c'est
un substantif verbal venu du latin *adjuta*
dérivé de *adjutare,* aider, que les Romains prononçaient *aïutare. Aïuta* a
donné *aïude* par adoucissement de *t* en
d, adoucissement qu'on trouve déjà opéré au milieu du IXᵉ siècle, puisque le
Serment de Strasbourg porte : « *Salvarei*
« *eo cist meon fradre Karlo et in AD·*
« *JUDA et in cadhuna cosa...* »

« De Mahomet jà n'i aurez aiude. »
(Ch. de Rol.)
« Bien a Diex et sa mère hui esté eu m'aiue. »
(Berte.)
« Quand Eve vit qu'elle a perdue
Sa brebiz, s'ele n'a aine,
Bret (pleure) et crie forment, ha ! ha !
(Ren.)

AJOLIER, rendre beau, joli. C'est un
dérivé de *joli* dont la signification primitive était *joyeux* et qui était lui-même

un dérivé du vieux scandinave *jul,* fête,
joie.

AKEULURE, action de se préparer à
faire quelque chose (prendre son élan, se
préparer à sauter); précaution ; détour.
On dit : *il ot mal print s'n'akeulure,* il a
mal pris ses dispositions. *Prendre eine*
akeulure, c'est prendre un détour.

Ce mot est un substantif verbal venu du
verbe *accolligere,* rassembler, contracter,
recueillir, réfléchir. On trouve dans Si-
lius *collectus in arma,* ramassé sous ses
armes, c'est-à-dire disposé à faire un
grand effort. *Akeulure* implique la forme
bas latin *acollectura,* comme *vêture* implique *vestitura, ferrure, ferratura,* etc.
(Voyez *afolure*). Le vieux français avait
escueil (le *excolligere*) au sens d'*élan,*
un véritable synonyme d'*akeulure.*

« Prist son escueil, si s'est évertuez
Vingt et cinq piez est sailliz mesurez. »
(Bat. d'Alesch.)

ALBRAN ou HALBRAN. Terme de mépris. On dit d'un homme : *ch'est un al-*
bran, c'est-à-dire un mauvais sujet, un
être nuisible et dangereux. Ce mot serait-
il le même que *halbran,* nom d'un canard
sauvage qui était ennemi du faucon, le
poursuivait et le maltraitait à l'occasion ?
J'observe qu'on dit d'un homme : c'est un
ours, un chien, un loup, etc.

ALDOSSER, frapper, blesser. Il y a là
un radical *doss* qui est dans *dosse,* forme
féminine (en picard) de *dos,* dans *dosser,*
donner une réprimande ou une roulée.
Mais ce sont là des indications insuffisantes et sans rapport entre elles. En résumé, l'étymologie de *aldosser* reste inconnue.

ALÉGUEUX, qui élève des prétentions
mal fondées ; raisonneur ; difficile en affaires. Au féminin *aléguoire,* même sens.
Dérivé de *aléguer,* donner pour excuse,
apporter des raisons, du latin *allegare.*

ALEMELLE ou ALEUMELLE, lame
d'un couteau. Ce mot, commun au picard
et au vieux français, vient du latin *la-*
mella, petite lame de métal dans Suétone
et Vitruve : il y a eu simple addition d'un
a initial.

« Et l'alemele d'un poitevin acier. »
(Cheval. d'Ogier.)
— « Et ont Irlandais couteaux aigus devant,
« à large allumelle. »
(Froiss.)

— « Il fit ouvrir l'huis de la prison et vint à
« son fils, et tenoit l'alemelle de son coutel
« (couteau) par la pointe. »
(*Ibid.*)
— « Quand si veŸst Dido la bele
Sor la pointe de l'alemele. »
(LA ROSE.)

ALIE, fruit de l'alisier, arbre de la famille des rosacées. Le picard dit, par contraction, *alier* pour *alisier*. *Alie* est commun au picard et au vieux français et vient de l'ancien haut allemand *eliza* (alise): ce fruit sauvage n'était guère plus prisé au moyen-âge que de nos jours.

« Il ne valt (vaut) pas la moitié d'une **alie**. »
(RONC.)
« Jà n'i prendras une **alie**. »
(RAOUL DE CAMBRAY.)
« Bien veoit que courtoisie
N'y valoit vaillaut une **allie**. »
(LIV. DU BON JEHAN.)

ALOTER, distribuer, partager en *lots* ou portions (des terres, des arbres, etc.) Dérivé de *lot*, portion, qui est d'origine germanique, angl. *lot*, flam. *lot*, lot.

ALOUIÈRE, adj., se dit d'une vache qu'on a menée plusieurs fois au taureau sans qu'elle devienne pleine. On dit aussi par contraction *oulère*, *œulère* : j'ai entendu employer ces deux derniers mots plus souvent que le premier. *Orig. inc.*

AMARRAI (j'), j'amènerai : futur du verbe *amener*, forme commune au picard et au vieux français.

« Là une anesse troverez
Liée ; vous la deslierez
Et la m'**amarrez** maintenant. »
(LA PASSION DE N. S. J. C.)

AMASÉ, garni d'une habitation (en parlant d'un fond de terre.) C'est un dérivé de *manse* venu du bas latin *mansa*, demeure, résidence dans une étendue de terrain jugée nécessaire pour nourrir une famille : l'*n* est tombé dans le dérivé *amasé* comme dans *maison*, *meson* de *mansionem*, dans le provençal *mas* habitation, ferme, maison rurale.

AKIÉNÉ, acharné. Ce mot se dit d'un homme qui travaille avec acharnement, d'un jeune homme amoureux fou d'une jeune fille. C'est un dérivé de *kien* (chien) du latin *canis*. Cette expression est-elle venue du fait que les chiens lâchent difficilement ce qu'ils tiennent dans la gueule, ou bien de ce qu'ils sont acharnés lorsqu'ils poursuivent une chienne en folie ? On peut choisir l'une ou l'autre de ces deux explications, qui du reste ne s'excluent point.

AMATIR, rendre faible ou lourd par l'effet de la chaleur. Dérivé de l'adjectif *mat*, aujourd'hui à peu près inusité et venu de l'allemand *matt*, faible, sans vigueur.

Amatir existe dans le français moderne au sens de *ôter le poli* ou le *brillant* : il avait autrefois celui de rendre faible, misérable, accablé.

« Rome a bien la tierce partie
De clercs faits serfs et **amatis**. »
(ADAM DE LA HALLE.)
— « Quant li sainz veit venir les suens à lui fuitiz
Et les eufanchunetz pendre as mères as piz
(PIZ, poitrine)
E que lui et les sueus aveit li reis proscriz,
Mielz volsist estre morz : mult fort est
[**amatiz**. »
(TH. LE MART.)

Le sens primitif qui s'est complétement perdu dans le français moderne, s'est jusqu'à un certain point conservé dans le picard.

AMER (amére,) rancune. On dit d'un enfant : « I n'ot point d'*amér*, » il n'a pas de *rancune*. *Amer* se dit du fiel des poissons et même du bœuf : l'*amer* du brochet. « La nature, écrit au XIIIᵉ siè- « cle le médecin picard Alebrant, à une « vessie qui se tient à une des brances « du foie qui est apelée l'*amer* (1). » *Amer* est la qualité du *fiel* prise pour le fiel lui-même, et l'on sait que, au figuré, *fiel* signifie ressentiment, rancune. Cette expression était usitée à ce sens au moyen-âge : rien d'étonnant qu'elle ait persisté dans un patois. On lit dans le *Jeu des trois Rois* :
« Vrais Diex, eu qui n'a point d'*amer*, vueilles nous secourir ! » Les paysans picards appellent *feul amér* ou *feule amére* la vésicule biliaire des poissons et même de plusieurs animaux. *Feul* est-il ici le *fel* (fiel) latin, et distinguent-ils ainsi la *vésicule* qui est *amère* et ne peut être mangée, du *foie* lui-même qui peut se manger ? Je suis très porté à le croire.

AMERETTE, petite armoire. Diminutif de *amére* du vieux français *armaire* venu du mot latin *armarium*, armoire pourser-

---

(1) **Manusc. de la Bibl. nat. fonds fr. nº 7929.**

rer l'argent, secrétaire : le picard a laissé tomber le premier *r* comme dans *abret*. Dans certaines localités on dit *amoinelle*, de *amoine* venu lui aussi de *armarium* par le changement du second *r* en *n*. *Armarium* a donné plusieurs formes : *aurmoile*, *aumoile*, *ormoile*, etc.

On trouve les formes *aumaille*, *aumelles*, etc, dans les inventaires :

« Une paire d'**aumailles** servant à mettre es- « tain (vaisselle d'étain). » (1595).

— « Une paire d'**aumelles** prisée XXX sols. » (1608).

— « Des **aumaires** à quatre huissetz (portes) « de bois de chesne servans à mettre confitures.» (1615).

— « Une paire de grandes **aumaires** servans « à mettre les habits de la damoiselle. » (1615).

(Communic. de M. Devauchelle.)

AMEUR ; folie amoureuse des animaux. Se dit surtout des pigeons. Du latin *amor*, amour.

AMICABLEMENT (amicablemeint) , amicalement. A première vue, ce mot paraît être un affreux barbarisme : il n'en est rien. On trouve dans Cassius et Apulée l'adjectif latin *amicabilis*, amical, lequel combiné avec le suffixe adverbial *mente* signifiant *manière*, a fourni *amicablement*.

AMIÉLER, allécher, adoucir. Dérivé de *miel* du latin *mel* : je crois que *amioler* n'est qu'une corruption d'*amiéler* dont il a la signification exacte.

AMITEUX (adj.) qui montre amitié, caressant. Encore un mot qui semble être un barbarisme et qui vient du latin d'une façon très-régulière. Examinons.

Amitié, en vieux français *amistié*, ne vient pas de *amicitiam*, mais de *amicitatem*, forme secondaire créée par le latin populaire. L'origine du mot *amitié* explique celle de *amiteux*. Le latin vulgaire a tiré du substantif *amicitas* l'adjectif *amicitosus* qui, contracté régulièrement en *amic'tosus*, a laissé tomber le *c*, changé *osus* en *eux* et laissé ainsi *amiteux*, mot très-joli et très-expressif qui manque en français. Ni la forme *amicitas* d'où *amitié* en français, ni la forme *amicitosus* d'où *amiteux* en picard ne sont données dans les documents ; mais on peut, des éléments français et picards, remonter aux éléments latins. J'ai fait dans mes *Lettres sur le patois picard* une démonstration analogue, c'est-à-dire par méthode inductive, pour le mot *Lucheu*, nom d'un grand village situé près de la *forêt* de ce nom à six kilomètres de Doullens.

Un antiquaire picard très-distingué et plein d'érudition a écrit plus de vingt pages grand in-8° pour trouver *les éléments phonétiques de Lucheu* (1). Ce qu'il y a mis de soin, de travail, de citations, etc., est quelque chose de vraiment incroyable : il a tout fouillé, tout retourné, tout mis à contribution, tout appelé à son secours, le latin, le celtique, l'hébreu, le russe, le basque, l'arabe, l'indien, la mythologie, le druidisme, le sabéisme, l'histoire, la géographie, la poésie, etc., tout cela pour arriver à des conclusions inacceptables, à des énormités étymologiques réellement prodigieuses (2). Rien de plus simple cependant que la recherche des *éléments phonétiques* en question : on va en juger.

La finale *eu* de *Lucheu* indique un suffixe latin en *ellus*, comme le prouvent *aigneu* (agneau) de *agnellus* et cinquante autres mots.

Ch décèle un *c* doux latin, témoin *porcheu* (pourceau) de *porcellus*, et cinquante autres mots : la syllabe *cheu* dans *Lucheu* équivaut donc à *cellus* en latin.

Quant à la syllabe initiale *lu*, elle peut être une syllabe *lu* originaire, comme dans *lumière* de *luminaria*, etc.

Réunissant les éléments latins fournis par leurs équivalents picards, nous trouvons *lucellus*, dérivé de *lucus* et signifiant comme lui *bois* (en général), *forêt*. Six lignes, on le voit, suffisent largement pour remonter aux *éléments phonétiques* de *Lucheu*, et cela sans vain appareil historique ou philosophique, surtout sans aucune hypothèse. Le village s'est appelé *Lucheu*, forêt, comme *Fresnoy* de *fraxinetum*, lieu planté de *frênes*; *Quesnoy* de *Casnetum*, lieu planté de *quesnes* (chê-

(1) Voyez **Mémoires de la Société des Antiquaires de Picardie**, Tom. XIII. **Lettres sur le château de Lucheux**, par M. A. Labourt. (Amiens, Imp. Duval, 1854).

(2) Ce travail très-soigné d'ailleurs, et appuyé — ce sont les expressions de l'auteur — sur des **autorités incontestables**, constitue un curieux spécimen des extravagances dans lesquelles le défaut de méthode et l'ignorance absolue des lois de la transformation des mots peuvent entraîner un homme d'un mérite incontestable et, je le répète, plein d'érudition.

nes) ; *Seuchoi* (Saulchoix) de *Salicetum,*
lieu planté de *seus* (saules) ; *Rouvroy* de
Roboretum, lieu planté de *rouvres, chênes* d'une espèce très-dure ; *Carnoy* de
Carpinetum, lieu planté de *carnes* (char-
mes) ; *Tilloy* de *Tilletum,* lieu planté de
tilleuls, etc., etc.

AMOLIER, amollir, adoucir, apaiser.
De *a* et de l'adjectif *mol,* du latin *mollis,*
mou. *Amolier* est commun au picard et
au vieux français qui avait deux formes :
amolir et *amolier* ou *amoloier.*

> « Molt les a fait **amollier**
> Li biaus parlers dou chevalier. »
> **(Lai d'Ign.)**

— « Et il i venist, et parlèrent ensamble, à tant
que li empereres s'**amollia.** (H. DE VALENC.)

— « Cet exemple **amollia** le courage du roi
d'Angleterre. »
(FROISS.)

AMONNE, aumône. Du latin *eleemo-
syna,* aumône, qu'on trouve transformé
en *almosna* dans le latin du IXe siècle,
almosne au Xe dans le *Fragment de
Valenciennes :* « Faites vos *almones.* »
Le picard, au lieu de changer *al* en *eu,*
a laissé tomber l'*l ;* j'ajoute que, dans la
prononciation, il fait sonner deux *n.* Ce
fait m'est rappelé par des vers assez curieux qu'avait faits il y a environ quatre-
vingts ans un pauvre instituteur de village qui disait moitié en chantant, moitié
en parlant :

Dominus vobiscum   (Le Curé.)
N'iro mie à l'âmonne :
Cum spiritu tuo,   (L'Instituteur.)
S'I n' meurt point, il iro.

AMUSEROLLE, amusette ; bagatelle ;
objet ou conte frivole. Dérivé de *amuser,*
lequel est lui-même composé de *a* et du
verbe *muser* dont l'origine est inconnue.
J'observe que *muser* a laissé l'adjectif picard *musoire* (musouère) qui se dit d'une
femme boudeuse, difficile et souvent de
mauvaise humeur.

ANCELLE. Les tisserands appellent *ancelle* la pièce de leur métier autour de laquelle est enroulée la chaîne. Ce mot
vient du latin *ancilla,* servante, parce que
la pièce qui porte ce nom tient continuellement la chaîne à la disposition de l'ouvrier. On le traduit encore aujourd'hui
par le mot *servante* dans les inventaires
qu'on fait à la campagne. C'est une métaphore comme celle qui a fait donner le

nom de *mequinelle* (petite servante) à un
trépied en fer sur lequel on pose la poêle
à frire, parfois un plat en terre, et qui
dispense la ménagère d'être toujours là.

ANDER, mesurer (par pas). C'est un
dérivé de *andain,* pas, espace compris
entre les deux jambes dans le mouvement
de la marche, venu du bas latin *andena.*
La forme *andain* est commune au picard
et au vieux français. « Il y a deux formes,
« dit Littré : l'une avec un *n, andain ;*
« l'autre avec *l, andellus.* La première
« paraît se rattacher au radical du verbe
« *andare,* aller, et serait très-importante
« si elle était sûre, en montrant que la
« forme *ander* n'est pas exclusive à l'ita-
« lien ou à l'espagnol, et qu'elle a eu
« cours aussi dans le Nord de la France.»
Ander, on le voit, existe en Picardie au
sens de *mesurer par pas.*
Littré donne plusieurs citations dans
lesquelles se trouve le mot *andain.*

> « Près de moi en dormant oï (ouïs)
> Deus choses qui moult haut plédièrent:
> A moins d'un **andain** de moi ièrent. »
> **(Fabl. anc.)**

Ici *andain* marque la distance : on l'emploie encore aujourd'hui de cette façon.
« Item un *andain* de pré joignant au
pré du curé. » (*Du Cange, Andellus.*)
Ici *andain* marque une étendue.
Nous disons encore *andée* pour petit
espace de temps : « J'y serai en deux *an-
dées.* » C'est le temps mesuré par l'espace.
Mais nulle part, à ma connaissance du
moins, *andain* n'a le sens que lui donne
Littré : *étendue que le faucheur peut faucher de pas en pas.* Nous avons, pour exprimer ce fait, le mot *gein* qui correspond
à peu près, pour le sens, au provençal
endallado, étendue fauchée par une succession de coups de *dail* ou *faulx,* ou plus
clairement encore, largeur d'un coup de
faulx. En conséquence la forme *andellus*
me semble devoir être écartée pour *ander*
et *andain,* et il reste prouvé que la forme
ander a eu cours dans le Nord de la
France.

ANE, aune (mesure de longueur). Du
bas latin *alena* contracté en *al'na* par
chute de l'*l* comme dans *amône* de *almosna.*
On trouve *aulne* du genre masculin :
« Deux *aulnes l'un* de Paris, l'aultre d'A-

« miens prisez ensamble II solz. » (*Inv. de 1575, Amiens*).

ANEL, aune (*betula alnus*). Se dit dans dans la vallée de l'Authie. Diminutif de *aune*, du latin *alnus*, lequel a donné la forme *alnellus* d'où *anel* par la chute de l'*l* ci-dessus signalée. L'existence dans le bas latin de la forme *alnellus* est confirmée par le fait que le rouchi dit *auniau* par changement de *al* en *au* et de *ellus* en *iau*.

ANETTE, AINETTE (à Saint-Valery), femelle du canard. C'est un diminutif de *ane* (canard) venu du latin *anas*, canard (dans Cicéron) par addition du suffixe *ette*. *Ane* existait dans le vieux français.

> « La vile seoit en un bos :
> Moult i ot gelines et cos,
> **Anes**, malarz et jars et oes. »
> (Ren.)

Quant au mot *cane*, certains étymologistes le tirent de *ane* par épenthèse d'un *c ;* d'autres de l'allemand *kahn*, bateau, « avec raison, dit Littré, comme le mon-« tre le bas latin *canardus*, sorte de na-« vire, mot qui se trouve dans Orderic « Vital, auteur du commencement du « XII° siècle. » Brachet est de l'avis de Littré.

ANGLIEU. Terme de charpente. Les palissades en bois des granges ou des maisons ont toujours deux pièces inclinées l'une vers l'autre et appelées *liens :* de la disposition des *liens* résultent dans les palissades des espaces en forme d'*angles* qu'on remplit avec des morceaux nommés *anglieux*. *Anglieu* est un dérivé de *angle* venu du latin *angulus* régulièrement contracté en *ang'lus*.

ANICHER, blottir. Les mères picardes emploient ce mot lorsque, mettant un enfant au lit en temps de froid, elles lui recommandent de bien s'*anicher*, de se faire comme un *nid* dans le lit. *Anicher* vient des deux mots latins *ad* et *nidicare* (dérivé de *nidicus* dans Varron), regulièrement contracté en *nid'care*. Je ne puis m'expliquer par quelle anomalie le *c* dur est devenu chuintant dans ce mot : peut-être nous vient-il de l'Ile-de-France.

ANNIEU, AIGNIEU, anneau. Du latin *annellus* donnant à l'origine *ainiel, anel*, puis *anieu, aignieu* par adoucissement de

el en *eu, au*. On trouve les deux formes dans le vieux français :

> « Et li met l'**anel** au doit (doigt) qui sénéfie roi.»
> (**Ass. de Jérus**.)

> — « Et li deit (doit) oster l'**aniau** dou bras. »
> (**Ibid**)

ANTENOIS (ant'noué), adjectif, se dit de tout animal âgé d'un an. C'est un mot commun au picard et au vieux français. Dérivé de *ante annum* qui a dû donner une forme bas latin *antanuensis* ou *antanensis*, laquelle par changement de *a* en *e* et de *ensis* en *ois* — *burgensis*, bourgeois — a donné *antenois*.

On lit dans le *Diclier de Verjus* : « Deux viaux *antenois*. »

AOCQUER ou Ahocquer, accrocher. Dérivé du haut allemand *Krok*, croc, dont le picard par apocope a fait *oc* ou *hoc*, croc, crochet. De même que *croc* a donné en français le diminutif *crochet*, de même *oc* a donné, en picard, le diminutif *ocquet*, croc qui sert à décharger le fumier. De même encore que *croc* combiné avec le préfixe *a* a donné en français le verbe *accrocher*, de même *oc*, combiné avec le préfixe *a*, a donné en picard le verbe *aoquer*, dans certaines localités *ahoquer* par insertion d'une *h* aspirée.

Dérivés : Déoquer, décrocher ;
            Raoquer, raccrocher ;
            Aoque, petit crochet ; au fig.
            accroc, dérangement, contre-
            temps.

Le patois lorrain a le verbe *ahoquier*, accrocher.

AOTOIR ou Ahotoir (a-o-touère), voile, pièce d'étoffe noire dont les femmes se *couvrent* la tête et les épaules. D'une forme bas latin *adopertorium*, dérivé de *adoperire*, couvrir. La chute du *d* médial donne tout d'abord *a'opertorium ;* l'*e* tombe comme dans *supersaltus, sup'r-saltus* (sursaut) : de là *aop'rtorium*, lequel, laissant tomber l'*r* difficile à prononcer (voyez *abrei*) et le *p* comme dans *rup-ta*, route, laisse *aotorium*, et, par changement de *orium* en *oir, aotoir*, dans certaines localités *ahotoir* par insertion d'une *h* aspirée comme dans *aoquer, ahoquer.*

Ce mot s'employait jadis dans les inventaires. « Ung *ahotoir* de sarge noir » (*Invent. de 1609. Amiens*).

« Je donne mon *ahotoir* à ma sœur

Marie. » *Testament reçu par le curé d'Aumont, doyenné d'Airaines. — 19 juillet 1628).*

(Communication de M. Devauchelle.)

Dérivé : Ahoter, couvrir ; *s'ahoter*, se couvrir la tête, se cacher la figure en relevant sa blouse ou sa jupe par-dessus la tête.

J'ai noté plus haut *afulette* comme synonyme de *aotoir*. Dans les environs de Warloy et de Mailly, on n'emploie ni l'un ni l'autre : on dit *poêle*, du latin *petalum*, voile qu'on étend sur la tête des mariés, et, par extension, voile ordinaire des paysannes, *aotoir*.

AOUIR (a ouir) entendre, ouir. Du latin *audire* qui a donné régulièrement à l'origine *auir, oir, ouir* en français et dans le dialecte picard, tandis que, par un phénomène inverse, le son *ou* est retourné à *a ou* dans le patois. La prononciation picarde *a ou* est la même que celle des Italiens : j'ai entendu le P. Ventura dire *a oudite* pour *audite*.

Je cite ce mot uniquement parce qu'il a fourni un excellent dérivé, *échouir*, empêcher d'entendre, assourdir, rendre sourd, fatiguer de bruit. *Echouir* vient du latin *exaudire — exsaudire —* par changement de *s* en *ch* indiqué au mot *achermenter* et la chute du *d* médial. On sait que *è, ex*, marquent privation : *exhœres*, déshérité, *exonerare*, décharger, etc. *Exaudire* qui est classique, avait le sens de *entendre de loin*; c'est un amoindrissement du primitif : le picard n'a fait que rendre plus fort cet amoindrissement.

APATELER, donner la nourriture, appâter. Dérivé de *appât*, du bas latin *appastum* venu du classique *pastum*, nourriture, pâture : il a donné *apatelle*, nourriture que les mères d'oiseaux portent à leurs petits. On trouve *apâteler* dans un dicton picard assez usité. Pour exprimer le fait que d'ordinaire les parents rendent plus de services à leurs enfants que ceux-ci ne leur en rendent, les Picards disent:

« Chés (les) jonnes cornelles (jeunes corneilles, jonne du latin **juvenis**) n'apatèlent point chés vielles. » (vieilles.)

Le Picard mouille rarement l'*l* : il dit *cornelle*, corneille ; *vielle*, vieille ; *solel*, soleil ; *voleile*, volaille (1) ; *feule*, feuille; *bétcl*, bétail ; *ereile*, oreille.

Cette manière de prononcer et même d'écrire est déjà ancienne. On en trouve des exemples dans le dialecte picard.

« En ce lieu un poŸ (peu) avant,
Tout droit deviers (du côté de) **solel** levant. »
(G. DE MONTREUIL. **Vie de Saint-Eloy.**)

— « Et je souhaide le mort as mesdisans
Si ke jamais nuls naistre ne péûst,
Et s'il naissoit, qu'il fuat si meskéans
Que iex (yeux) ne bouche ne **orelle** (oreille)
n'eûst. »
(ANTHOL. PIC.)

On lit dans un acte de 1627 que la rivière d'Avre « est navigable depuis *Morcul* (Moreuil) jusques Amyens. »

Je remarquerai, à propos des deux derniers mots de cette citation que les Picards évitent l'hiatus et qu'ils disent toujours *j'irai Amiens* pour j'irai *à* Amiens. Ils ont aussi l'habitude de supprimer la préposition *de* indiquant la possession; disant *l moison Pierre* pour la maison *de* Pierre, *ch'gardin Nicolas* pour le jardin *de* Nicolas, *l'vaque ma tante* pour la vache *de* ma tante, etc... (2) Près de mon village se trouve un bois dit *bois l'Abbé* et porté ainsi sur les cartes. Cette dénomination qui paraît singulière s'explique facilement quand on sait que ce bois appartenait jadis à *l'abbé* du couvent de Corbie : *bois l'Abbé* est pour bois *de* l'abbé.

Cette suppression de la préposition *de* n'est pas particulière au picard ; on la retrouve dans le vieux français où les exemples sont innombrables.

« Por tout l'or Deu (l'or de Dieu) ne volt estre couard »
(CH. DE ROL.)
— « Devant la table le roy (table **de le roi**) mangeoit Monseigneur le roy de Navarre. »
(JOINVILLE.)

---

(1) On trouve la forme **voleille** dans le vieux français :

« Je connui toutes les **voleilles** dou ciel. »
(**Psautier**).

(2) On trouve souvent **le** pour la dans le dialecte picard. **Le** se prononçait sans doute l, comme dans le patois actuel : « l'**cour**, l'**sœur**, etc. »

« Et puis li mist on **le** croche (la crosse) en main. »
(CHR. DE RAINS.)
— « Et cette proeve (preuve) si est **le** meilleur, le plus clère et le mains (moins) couteuse. »
(BEAUMANOIR.)

— « Que li cors Dieu (corps de Dieu) te hon-
nie. »   (Ronc.)
— « Lai (laisse) saint iglise aveir ses décrez et
[ses leis :
Ele est espuse Deu... (épouse de Dieu.)
                              (Th. le Mart.)
— « En ses banières portoit les armes l'empereur (les armes de l'empereur). »
                              (Joinville.)
— « En la maison Simon (maison de Simon), en
la foret antie. »   (Berte.)

APIER, réunion de logettes disposées
dans un colombier pour servir de nids
aux pigeons. Du latin *apiarium*, lieu où
sont les rûches, lieu de réunion pour les
abeilles, parce que le colombier ainsi disposé peut être comparé à une rûche d'a-
beilles qui, elle aussi, a ses petites logettes.

On appelle aussi *apied* une planchette
ou un bâton sur lesquels les pigeons peuvent s'arrêter ou se reposer en rentrant
au colombier. Cette planche ou ce bâton
sent un *à pied*, un endroit où les pigeons
restent *à pied*, se reposent, se recon-
naissent, roucoulent et font joli cœur.

J'allais oublier que les *logettes* du colombier portent le nom de *manotes*. *Ma-
note* est un diminutif ; il est de la même
famille que *manoir*, résidence d'un seigneur, *maner* au XII° siècle dans le
Mystère d'Adam : il vient par dérivation
du verbe latin *manere*, rester, résider.

APLOMMER (s'), s'assoupir. Serait-ce
un dérivé de l'adjectif latin *plumbeus*, qui
est de plomb, qui est lourd ? Je n'ose rien
affirmer ; je note seulement une certaine
ressemblance entre *aplommer* et *plom-
mée*, quantité de travail exécutée par un
maçon sans qu'il change son fil *à plomb*.

Ploumer, *plomer*, existait dans le
vieux français au sens propre de *plomber :*

« Il ne portent o (avec) els (eux) ne lance ne espée,
Mais gisarme esmolue et machue (massue)
plomée. »   (**Ch. d'Ant.**)

APLONQUER (s'), s'appuyer (en se
baissant sur les jarrets). Du bas latin
applumbicare, par contraction régulière
en *applumb'care*, chute du *b* et changement de *um* en *on*.

APLOPIN, ouvrier maladroit, apprenti.
(*Orig. inc.*)

APOÏER (apoué yer), appuyer. Du bas
latin *appodiare*, par la chute du *d* médial.

Appodiare est un dérivé du classique
podium, balcon, soutien.

Apoïer est commun au picard et au
vieux français.

« L'espée il **apoia**, par vertu l'a boutée. »
                              (Ronc.)
— « Li dus s'apoia. » (Sax.)
— « Mes voisins pot apoier son merien contre
mon mur qui joint à li. »
                              (Beaumanoir.)
« Por ceu ke (pour ce que) li piet (pied) de
« ceos (ceux) ki à lei se vorront) voudront **apoier**,
« ne puist glacier (glisser) en la voie. »
                              (St. Bernard.)
« Hersent qui n'estoit mie loins (loin)
S'estoit à un huis (porte) **apoié**. »
                              (M. S. Fabliaux.)

Dérivé : A*poïette*, petit appui, accou-
doir.

APONER et **S'APONER**, courber et se
courber, se baisser (en repliant le corps
sur lui-même). Du latin *appronare*, par
la chute de l'*r* (V. *abret* et *acaner*) donnant *app'onare*. On trouve dans Apulée
le verbe *appronare* (dérivé de *pronus*)
au sens de *courber*, et dans Sidoine Apol-
linaire *pronare* à celui d'*incliner en
avant*.

APRÈS-EUT (aprézeu), arrière-saison.
C'est la saison qui vient *après l'eût*,
après août, après la moisson ; car *eût*, en
picard, comme *aoust* en vieux français,
signifie *moisson*. Nous avons encore le
vieux mot *aouteux*, *éouteux*, moissonneur.

« Le pays est si chaud que à l'entrée du
« mois de juin, l'*aoust* (la moisson) y est
« passé. (*Froiss.*)
— « Quand ils vendangent et **aoustent**,
Pour ce leur pain rongent et broustent.»
                    (Du Cange, **Augustare**).

Eût est une contraction de *aoust* venu
du latin *augustus* par la chute du *g* médial : les Picards prononcent *a oût* comme *ta on*, taon, de *tabanum*.

On trouve dans Du Cange la forme bas
latin *augustare*, aoûter, moissonner.

On retrouve *eût* dans les mots suivants :

Mois-d'eût, mois d'août, mois de la
moisson., par extension *moisson*..

Mois-d'eût est encore le nom d'une
grosse sauterelle couleur vert tendre,
ainsi nommée *(un mois'eût)* du mois où

6.

elle paraît dans nos contrées : les gamins en attrapent et leur arrachent successivement les pattes et les ailes pour voir combien de temps elles vivent encore après ces mutilations.

Varlet-d'eût, ouvrier de moisson, surtout celui qui fauche, qui aide à rentrer la récolte ou à faire des meules.

APRIVEUDER, apprivoiser. Le mot latin *privus*, propre, particulier, a donné le bas latin *apprivitiare*, apprivoiser, et le dérivé *privalitatem*, action d'être moins farouche, familiarité, privauté. *Privalitatem*, régulièrement contracté en *prival'tatem*, a dû donner une forme *privaltare* qui, par addition du préfixe *a*, le changement de *al* en *eu* — *teupe*, taupe, de *talpa* — et celui de *t* en *d*, a donné *apriveuder*. J'observe que ce mot signifie non-seulement *apprivoiser*, mais encore et surtout *rendre familier*, *ami*.

Le vieux français disait *privé* au sens de *ami*, *ami préféré*. Lorsque dans *Adam*, drame anglo-normand du XII° siècle, Abel demande à Caïn pourquoi i veut *l'occire*, celui-ci répond :

> « Jo l'tol dirrai :
> Trop te fais de Deu **privé**. »

AQUEUTER (s'), s'accouder. Du latin *accubitare* par contraction régulière en *accub'tare* et changement de *u* en *eu*. *Accubitare* est dans le poète chrétien *Sedullus* au sens de *être couché à table en s'appuyant sur le coude* (en picard *queute*) comme le faisaient les Romains qui mangeaient couchés sur des lits. *Aqueuter* existait dans le vieux français.

> « Dessus une fenestre s'est alé **aqueuter**. » ·
> (Guescl. dans Du Cange, accubitus.)
> — « Et Renart, qui tant à mal est,
> Dessus le puis (puits) s'est **acoutez**. »
> (Ren.)

Dérivé : *Queuter*, toucher ou pousser du *coude*, en picard *queute* (de *cubitus*, *cub'tus*).

ARCANCIER, changeant, variable. C'est le mot *arc-en-ciel* sous forme d'adjectif : création très-originale et qui n'a besoin d'aucune explication.

ARCASSIER, trompeur, chicaneur, malin. Serait-ce, par métathèse, une corruption de *tracassier*, dérivé du verbe *traquer* qui est d'origine germanique, néerlandais *trekken*, rabattre le gibier ?

ARGOTÉ, fin, rusé, malin. Ce mot semble être un dérivé de *argot*, langage particulier aux vagabonds et aux voleurs, dont l'origine est très-obscure. Littré rattache *argot* au latin *argutari*, disputer, lequel vient d'*arguere*, répéter sans cesse, caqueter. *Argoté* est commun au picard et au wallon.

ARI, bruit, tapage, charivari. Faire un *ari* à quelqu'un, c'est le huer en criant dans les mains placées en forme de porte-voix : *Hou! Hou! Ahou!* L'origine de *ari* est inconnue. Il forme le préfixe de *caribari*; combiné avec *hou*, il donne *houari* qui nous met bien près de *hourvari*, mot qui signifie aussi bruit, confusion, tumulte. C'est encore à *ari* qu'on peut rapporter *aria*, encombrement, tumulte, et, par extension, travail embarrassant. Mais, en résumé, l'origine de *ari* reste inconnue.

ARLAND, chicaneur, homme de mauvaise foi. C'est une contraction du vieux français *averland*, maquignon : il a donné le dérivé *arlander*, chicaner, balloter quelqu'un en faisant un marché, et, au besoin, le tromper.

ARLUSER, amuser (un petit enfant.) Dérivé, par permutation de *l* en *r*, du latin *allusio* qui est dans Apulée au sens de *badinage*, *caresse*, *action de jouer*.

ARNER ou AIRNER, éreinter, casser les reins. Corruption ou plutôt contraction (voir *Défuler* au mot *affuler*) d'un verbe *esrener*, de *ex* privatif et d'un dérivé de *rein* venu du latin *ren*, rein. *Arner* existait dans le vieux français et Ronsard a pu encore dire : « S'ils portent le harnais, ils ont l'échine *arnée*. »

AROQUÉ. Ce mot se dit du pis d'une vache quand il est durci outre mesure par le lait qui s'y est accumulé. *Aroqué* est un dérivé de *roque*, motte de terre dure, venu du latin *rupica* régulièrement contracté en *rup'ca* : il a pour synonyme *aroufté* dont l'origine est inconnue.

AROUTINER (S'), prendre ou acquérir l'habitude de quelque chose. Fréquentatif de *arouter*, mettre en train, dérivé de *route*.

AROYER (arouéyer), tracer un premier *sillon*, en picard une *roie*, du bas latin *riga* qui a le sens de *sillon* dans un

texte du XIe siècle : « Cœpit terram fodere et in modum sulci *rigam facere.* »
Il est même possible que le latin populaire ait eu le verbe *arrigare* qui donne *aroyer* par la chute du *g* médial et le changement de *i* en *oi*.

Nous avons aussi, en picard, le verbe *déroyer*, tracer le dernier *sillon*, la dernière *roie*, et le substantif *deroyement*, action de laisser une *roie* ouverte entre deux pièces de terre.

On lit dans la *Somme* de Bouteiller : « Si ne doit-on ahanner (labourer) trre « qui marcisse (soit limitrophe) au grand « chemin, que ce ne soit en retournant la « terre en sa *roye* de l'aheunage, et non « pas sur le chemin... Mais peut bien le « ahenneur sur le chemin tourner sa « charrue pour *arroyer* sa *roye*, sans « meffait ne amende. »

ASSEING (Assein) borne. Les cantons d'un terroir ont des bornes en grès : ls subdivisions du canton entre les divers propriétaires n'ont souvent que des *asseings*, bornes faites d'un petit amas de cailloux placés presque à fleur de terre.

Il y a là un radical latin *sign* qui est dans le mot *assignare*, répartir, partager, assigner, et dans *signum*, signe, marque pour reconnaître. Cette dérivation me paraît préférable à celle que j'ai indiquée dans mon *Excursion philologique. Asseing* vient d'une forme bas latin *adsignum, assignum*, par métathèse de *gn* en *ng*, comme dans *étang* de *stagnum, puing*, poing, de *pugnus*, etc.

On trouve ce mot sous la formme *assens* dans les *Coutumes de Lille :*

« Pour deitement mettre bonnes (bornes) et assens entre deux confins. »
— « Et illec faire asseoir et mettre lesdictes bonnes et assens, faisant défenses de non toucher à telles bonnes et assens, ne fouyir (bêcher) à ung pied d'icelles. » (1533).
— « Anciens fossez et blanches espines sont « réputez assens entre héritages circonvoisins. »
(*Communication de M. Devauchelle.*)

ASSODER, raccommoder un vêtement en y mettant des pièces. C'est un synonyme de *rataconner* : il vient des deux mots latins *ad* et *solidare* (consolider) contracté régulièrement en *sol, dare* d'où sont venus en français *souder*, en picard *soder, seuder.*

De *assoder* est venu *rapsoder*, raccommoder tant bien que mal, mais surtout des bas et des chaussettes, et, par extension, exécuter un travail peu délicat. *Rapsoder* est à peu près synonyme de *raveuder*, lequel suppose dans le latin populaire la forme *readvalidare* contractée en *r'adval'dare, ravaldare*. La lettre *p* dans *rapsoder* est adventice : elle s'explique par une confusion populaire amenée par le mot *rapsodies*, propos ennuyeux et sans suite. On dit, selon les localités, *rapsoder* ou *rapsauder* ou *rapseuder*, comme *pauc* (pau), *peuc* (peu) pouce, du latin *pollicem* par permutation de *ol* en *au* ou en *eu*.

M. Devauchelle, qui me transmet le mot *assoder*, m'écrit qu'on ne le trouve dans aucun dictionnaire des patois de la France. C'est Edouard Paris, ajoute-t-il, qui l'a entendu de la bouche d'une bonne femme disant qu'avec des morceaux d'étoffe elle venait d'*assoder eine* (une) *blouse à sen* (son) *fieu* (fils.)

Il y a dans le vieux provençal un verbe *assouidar* qui signifie, lui aussi, achever, consolider : il vient, comme *assoder*, du latin populaire *assolidare* et confirme l'étymologie de notre mot picard.

Le dérivé *rapsoder* est commun au picard et au français. Littré dit qu'*il a été fait à l'imitation de rhapsodie*. La confusion a pu amener la lettre *p* et faire dire *rapsoder* pour *rassoder* ; mais l'origine du mot est, dans tous les cas, le picard *assoder.*

ASTU, adresse, vivacité d'imagination, génie. On dit : « *C'hest un homme d'astu* », c.-à-d. un homme de ressources. *Astu* vient du latin *astus*, ruse, astuce, fourberie, qu'on trouve dans Virgile et Tacite : il y a eu une légère et naturelle extension de sens.

ATACHE. Ce mot, qui est évidemment emprunté au français, s'emploie au sens de *attention*. On dit : prendre ou faire *atache* à quelque chose.

ATELÉE, demi-journée de travail d'un laboureur avec ses chevaux, parce que d'ordinaire on les *attèle* deux fois par jour pour aller aux champs. *Atelée* est un dérivé de *ateler* venu lui-même de *astelet*, nom donné au bois du collier dont une portion se dit encore *atèle* en picard. On dit adverbialement : *tout d'eine atelée*, pour *sans désemparer.*

ATÉRIR, attendrir; gâter en parlant du bois qui commence à pourrir. Dérivé de l'adjectif *ter*, tendre, du latin *tener*, tendre, mou. On trouve de même dans le dialecte picard *amenrir*, amoindrir, diminuer, dérivé de *menre*, moindre, du latin *minor*.

« Et je souhaide en ma bourse cinq sous,
Sans **amenrir**, tant en sétisse oster. »
(Anthol. pic.)

On trouve la forme *atenrir* dans le vieux français.

« Rolant l'entent, li cuers li **atenrie**. »
(RONC.) .

La forme *amenrir* est commune au picard et au vieux français.

« Il laissa le pleuvoir, s'**amenri** la froidure. »
(BERTE.)

ATÈTER, quereller, injurier; arrêter quelqu'un avec des dispositions malveillantes. Du radical *tête* (en latin *testa*, crâne, dans Ausone) dans la locution *tenir tête*, et, par extension, quereller, etc.

ATIER, atelier; toute réunion d'ouvriers occupés à un même travail. Il a aussi le sens de grande exploitation agricole, industrielle, etc. *Atier* est la contraction du français *atelier*, à l'origine *astelier* (de menuiserie), du bas latin *hastellarius*. Dans ce mot, le peuple pousse avec une étonnante logique le principe de contraction jusqu'à ses dernières conséquences : on en aura de nouvelles preuves plus loin aux mots *borrier*, bourrelier, *tondier*, tonnelier, *poullier*, poulailler, *râtier*, râtelier, etc. C'est en vertu du même principe que les Picards disent *corette* pour *collerette*, et *dérent* (déreint), limite, pour *différent* ou *différend*, substantif qui signifie *séparation*, *borne* en picard.

ATRAINQUILLAGE, attirail, bagage ; ensemble d'outils, surtout d'instruments de labour, d'objets de toute espèce servant à une exploitation agricole. Il s'emploie même au pluriel : « J'ai prins tous mes *atrainquillages*, » c'est-à-dire tous les *objets* qui me sont nécessaires.

Ce mot est composé de plusieurs éléments. J'y vois d'abord *train* venu du bas latin *tragimen* contracté en *tra'imen* et dont le sens est *succession, suite, réunion, quantité*. Reste *quillage*. Nous disons (en mauvaise part) : *Mé vlo bien quillé*, c'est-à-dire : me voilà *bien lôti, bien équipé, bien instrumenté;* c'est-à-dire encore, avec un beau *bagage*. Il existe une locution : *preinde ses quiles et ses baquilles*, dont le sens est *prendre son bagage* (1).

Quillage dans le cas qui nous occupe a donc le sens de *bagage, attirail*, et *atranquillage* vient de *a*, de *train*, dont l'origine est claire, et de *quillage*, dérivé de *quille*, bâton, jambe dans le langage populaire.

On trouve les formes *atrinquillure, acrainquillage*, etc.; la dernière s'explique par le changement de *t* en *c* qu'on retrouve dans *airèke*, arête, et dans plusieurs autres mots.

ATREMPURE (atreimpure) et Trempure, pièce qui sert à régler le travail d'une charrue et surtout d'un moulin.

Ce mot vient du latin *temperatura*, dérivé de *temperare*, régler, gouverner, modérer. Par transposition de l'*r* et contraction régulière, *temperatura* a donné *tremp'atura* qui, laissant tomber le *t* médial-*maturus, ma'urus*, mur—) donne à l'origine *tremp'éüre*, puis *trempure*. (Voyez *Afolure*).

ATUIR, dire *tu* à quelqu'un, tutoyer. Le bas latin avait *tuissare, tibissare*, tutoyer. Erasme emploie *tuissare*, et l'on trouve *tibissando loqui* dans Œneas Sylvius. Mais ni l'un ni l'autre n'a pu donner *atuir* qui vient d'une forme disparue dont le radical était le pronom latin *tu*, probablement *tuire* précédé de *ad*. L'abbé Corblet donne la forme *atuiser* qui vient de *tuissare*. Je n'ai jamais entendu prononcer ce mot ; mais je sais que, dans certaines localités, on dit *atuer*.

AUBETTE (du jour), aube du jour. Diminutif de *aube* du latin *alba*, blanc, parce que l'horizon *blanchit* à mesure que le jour arrive. Les Picards disent plus volontiers *piquette du jour*.

AUR, malheur. Du latin *augurium*, présage, chance heureuse ou malheu-

(1) Le provençal a le même mot et la même locution que le picard.

« Chascun pren soun sac et sas **quilhas**. »
(LOU SIÉGE DE CADAROUSSA).

La forme bas latin **quillia** qu'on trouve dans Du Cange est un calque du mot français **quille**, lequel est venu de l'ancien haut allemand **Kegil** contracté en **Keg'l** dont le sens était **objet** allongé de forme conique, quille.

reuse, par réduction de *au* à *a* donnant *agurium*, puis par la chute du *g* médial laissant *a'urium* d'où *aür*. Je n'ai jamais entendu prononcer ce mot; mais je le trouve dans l'ouvrage de l'abbé Corblet qui a dû ne le donner qu'à bon escient : je n'ai pas la prétention de connaître tous les mots picards.

AVALANT, gorgée. « I n'ot mie bu deux *avalants*, » il n'en a pas pris deux *gorgées*. C'est un dérivé de *avaler* dont la signification propre est *faire descendre* et qui est venu lui-même de *aval*, du latin *ad vallem*, en suivant la vallée, en descendant.

AVANTEUR, profondeur. On emploie, en français, *avant* pour *profondément* : il en est de même en picard. *Avant* qui signifie *loin* (en allant devant soi) vient du latin populaire *abanté* par changement de *b* en *v*. Le picard emploie *avant* comme adjectif : *treu avant*, trou profond ; *mare avante*, mare profonde. De l'adjectif *avant*, profond, il a tiré le substantif *avanteur*, profondeur, qui est d'un usage général et très-fréquent.

AVEINDRE, prendre, saisir quelque chose (en haut). Ce mot est commun au picard et au vieux français : il vient du latin *advenire*. *Advenire* a donné deux formes *aveindre* et *avenir*, comme *gemere* et *fremere* ont donné *geindre* et *gémir*, *freindre* et *frémir*. *Avenir* signifie atteindre à, réussir dans une entreprise, parvenir à mettre les deux bouts ensemble. *Aveindre* a fourni le dérivé *raveindre*, retirer quelque chose (d'en bas) ; enlever les taches de saleté sur le linge, nettoyer.

AVENÉE (avnée), exhalaison, odeur bonne ou mauvaise, mais plus souvent mauvaise.

Je ne puis donner sur ce mot qu'une simple conjecture.

La finale *ée* indique un substantif participial comme *tranchée*, *fauchée*, etc., et dénonce une finale latine *ata*. Je ne vois qu'un seul mot latin qui exprime l'idée de *souffle*, *exhalaison* : c'est *afflare* qui a donné le substantif *afflatus*, émanation (dans Ovide). *Afflare* a pu, dans le latin populaire, se réduire à *aflare* et donner *aflata*. Mais de *aflata* à *avenée*, il y a bien loin. Il faut admettre non-seu-

lement que l'*f* est descendue à *v*, ce qui pourrait se justifier par des analogies, mais encore qu'il y a eu changement de *l* en *n*. Les permutations seraient les suivantes : *afflata*, *aflata* donnant *aflée*, *afelée*, *aveléc*, *avenée*. Je ferai observer que les liquides *l*, *n* permutent très-facilement et que le picard dit *mianer*, *braner* pour *miauler*, *branler*, ce qui justifierait *avnée* pour *avlée* : l'*e* de *avenée* serait adventice. Cependant, on doit voir que je ne donne cette étymologie que sous forme de simple conjecture, non comme une affirmation positive.

AVÉTIES, récoltes sur pied. Dérivé de *vêtir*, du latin *vestire*, couvrir d'un vêtement. C'est ainsi que Virgile a dit : *terra se gramine vestit*, la terre se couvre de gazon. J'ajoute qu'on trouve *vestitus* au sens de *ce qui couvre, ce qui revêt la terre*, *parure*, d'où dans des documents picards *advest*, *vest*, *advestures*, *vestures*, récoltes pendantes par racines.

AVEU ou **AVU**, avec. Des deux mots latins *apud hoc*, près de cela. *Apud* se réduisit de bonne heure à *ap ; hoc* laissa tomber l'*h* initial : de là *ap oc, apoc*. Par changement de *p* en *v*, *apoc* devint *avoc*, d'où par la chute du *c* qui ne se prononçait point et par diphthongaison picarde de *o* en *eu*, le mot *aveu* dans certaines localités, *avu* dans d'autres par réduction de *eu* à *u*. Il arrive encore que la prononciation reproduit parfois le *c* originaire de *apoc*, lorsque, par exemple, les paysans disent *avuc li*, *aveuc mi*, avec lui, avec moi.

Je trouve la forme picarde *aveuc* dans une charte de 1277 que me communique M. Daussy. « Jou Jehans Roussiaus es-« cuyers fas (fais) savoir ke jou oblige « envers le vile d'Encre ke li maires et li « juré d'Encre puissent tailler (imposer) « *aveuc* chou (ce) qui est dict devant tous « mes hyretages que jou ai dedens le vile « d'Encre de chent (cent) livres de Paris « (livres parisis) par an. »

AVOIEMENT (avouèmeint), commencement d'avoir, de possession, d'économies, d'avances. C'est un dérivé de *avoyer* lequel vient de *ad* et *viare* dérivé de *via*, chemin, au figuré, moyen. Il ne vient pas de *avoir*, bien, fortune, qui existe en picard et qui d'ailleurs n'a pas le même sens. *Avoiement* a été tiré de *avoyer*, mettre en train, comme *accouchement* de *accoucher*, peut-être d'une forme bas latin *aviamentum*. J'observe, en terminant, que *viaticum*, dérivé de *via*, a le sens de *pécule, économies* (du soldat) ; au figure celui de *moyens, ressources*.

AVULE, aveugle. Ce mot la a même origine que *aveugle* du français : il vient du bas latin *aboculus*, privé d'yeux, mot composé de la particule privative *a* et de *oculus*, œil. On le trouve dans le vieux français :

« Li mort en sunt ressuscité, li **avule** renluminés. » (Du Cange, **avoculatus**.)
Dérivés : **Avuler**, aveugler qu'on trouve dans le vieux français :
« Et s'a ll gloua Gaufrois si le monde **avulé**. »
(Baud. de Seb.)

Nous avons aussi la locution adverbiale *à l'avulette*, à l'aveugle, à tâtons, sans y voir.

AZIR, brûler légèrement, roussir. Du latin *ardire*, forme populaire de *ardere*, brûler.

Ardere est accentué sur la pénultième, comme *gemere, fremere*. Or ces deux derniers mots ont donné deux formes, *gémir* et *geindre*, *frémir* et *freindre*, parce que, à côté des formes classiques *gemere, fremere*, il y avait les formes populaires *gemire, fremire*. *Ardere* n'a pu donner *ardre* en vieux français que par déplacement de l'accent tonique reculant de la pénultième sur la syllabe initiale *ar*. Notre forme picarde *azir* implique donc l'existence de la forme vulgaire *ardire* qui a donné, à l'origine, *ardir*. Le changement assez rare en picard, mais fréquent dans d'autres patois, de *d* en *z*, a donné *arzir ;* puis l'*r* est tombé (voyez *abret*) et il est resté *azir* dont le sens s'est affaibli et est descendu à celui de *brûler légèrement*, roussir.

Le vieux français avait les substantifs *arson, arsin*, incendie, et le verbe *arsir*, incendier :

« **Arsons** mist en sez viles (villes). » (**Rou.**)
— « Depuis la destruction et **arsin** de la ville. »
(**Froiss.**)
— (Disant). « Que ce seroit bien fait que la vile on **arsist**. (**Berte.**)

J'ai dit tout à l'heure que le changement de *d* en *z* est rare en picard. Nous en avons cependant quelques exemples. Ainsi on dit *Morziu* (espèce de juron qui signifie originairement *par la mort Dieu*) pour *mortdiu*. Je ferai la même remarque pour *nom dé zeu*, autre espèce de juron, qui est pour *nom de Dieu*. Quant aux finales *ieu, iu* qui sont dans *zeu* pour *Dieu*, dans *ziu* pour *Diu*, je ferai remarquer que la première est dans le français *Dieu* dont la finale est assez difficile à expliquer, et qu'on retrouve la seconde, qui est essentiellement picarde, dans les auteurs du moyen-âge :

« Tu es tardiu (tardif) d'a **Diu** aler. »
(**Gui de Cambrai.**)

La permutation, ci-dessus signalée, avait lieu antérieurement à la formation des langues romanes, c'est-à-dire dans le latin populaire lui-même. Au témoignage de Servius, de Pompeius et d'Isidore, le d devant i suivi d'une voyelle, au milieu des mots, devenait sifflant : **meridsies** pour **meridies**, et, chez le peuple, au commencement : **zes** pour **dies**, **zaconus** pour **diaconus**, etc. Du V° au X° siècle, cette prononciation s'étendit à toutes les classes. Faible dans le Nord, son influence a été plus forte dans le Midi où le provençal dit **cazer** de **cadere**, **sézer** de **sedere**, etc. J'ajoute que, tout près de nous, le patois normand dit **alauser**, louer, vanter, du latin **allaudare**, combler d'éloges, et que le provençal dit **lauser**, louer, comme le prouve le passage suivant du poëme héroï-comique de l'abbé Fabre :

« Lous mouines, tout **lausant** soun zéla
Alóugeiravon lou paquet. »
(**Lou siége de Cadaroussa.**)

BABAILLE et **BABAYE**. La première forme est donnée par Corblet, la seconde est dans Cotgrave ; mais c'est, au fond, le même mot qu'on rencontre dans la locution *faire la babaille*, bailler ou rester la bouche *baye*, ouverte, c'est à-dire littéralement *faire une bouche d'étonnement* devant quelqu'un ou quelque objet. Il y a là la particule *ba* venue du latin *bis*, lequel a pris, en passant dans les langues romanes, un sens péjoratif et s'est transformé en *bes, ber, bar*, ce dernier réduit assez souvent à *ba* par la chute de l'*r*. *Baille* et *baye* sont des dérivés le premier de *bailler*, le second de *beyer* : le primitif est *badare*, beyer, qui a donné le diminutif *badaculare*, bailler. Au radical *bad* qui est dans ces deux mots, se rattache le mot picard *beyeux*, spectateur, du verbe *beyer*, regarder, penser à, qu'on trouve souvent dans le vieux français :

« Qui honeur cace (chasse, recherche), honeur ataint,

Et ki à peu **bée** à peu vient. »
(BL. et JEHAN.)

— « Sire de Joinville, foi que doi vous, je ne « **bée** mie si tost à partir de ci. »
(JOINVILLE.)

J'ai souvent entendu mes bons voisins, les paysans du village de Gentelles, employer un curieux dérivé de *beyer* : c'est *débeyer*, loucher. *Débeyer* est proprement regarder mal, regarder de travers : de là le sens de *loucher*. Cet emploi de la particule *dé* au sens péjoratif se reproduira dans plusieurs mots picards, par exemple dans *décairier* (dérivé de *cairier*, charrier), qui se dit d'une voiture qui va de travers ou ne reste pas dans la voie.

Corblet donne *babaille* comme adjectif féminin signifiant *niaise, solle*, et cite le latin *babulus* comme pouvant avoir donné *babaille*. Sans compter qu'il est passablement étrange qu'un adjectif venu d'un adjectif latin n'ait pas de masculin, j'observerai que si *babulus* avait donné quelque chose, il n'eût pu faire que *bable*, *bavle*, et, par la chute de *l*, *bave*, absolument comme *stabulum* a fait *étable*, *étavle*, *étave*, comme *tabula* a fait *table*, *tavle*, *tave*. Dans son *Etude sur le Dialecte picard* (1), M. Raynaud a prouvé par des documents que le *b* de la finale *abilis* du latin se change en *v* dans notre dialecte — *agréavle, amiavle, waaignavle*, etc. — et que *tavle* rime parfaitement avec les adjectifs en *avle* du latin *abilis*. J'ajoute une preuve vivante, c'est qu'on dit toujours *tavlée*, tablée, *s'atavler*, s'attabler. Cet essai pour donner une étymologie, essai fort rare chez Corblet, n'est pas très heureux : *babaille* de *babulus* ou plutôt de *babula*, puisque *babulus* est resté stérile, est de la même catégorie et de la même force que *abrier* de *arbor*, *affiquer* de *affixare*, *ahure* de à et *heure*, *anuit* de *anté noctem*, *aïude* de *adjutorium*, etc., etc. Je cite ces mots dont je pourrais facilement grossir la liste, non pour le vain plaisir de critiquer, mais dans l'unique but de montrer l'insuffisance de l'ouvrage couronné par la Société des Antiquaires de Picardie, et de justifier ainsi la reprise de ce travail avec une nouvelle méthode et sur un nouveau plan.

BACAUDER, faire la lessive, laver. D la particule péjorative *ba* dont l'origine vient d'être indiquée et du latin populaire *caldare*, chauffer, par extension, laver, lessiver. C'est ainsi que *écauder*, laver (la vaisselle), relaver, est venu de *excaldare* : il y a eu, de chaque côté, changement de *al* en *au*. Quant à la forme *caldare* pour *calidare*, je ferai remarquer que, à Rome même, et dès le temps d'Auguste, on disait *caldus* pour *calidus*. On lit en effet dans Quintilien : « Augustus, « in epistolis ad C. Cæsarem scriptis. « emendat quòd is dicere *calidum* quàm « *caldum* malit, non quia non sit latinum, sed quia sit odiosum. »

(1) **Etude sur le Dialecte picard dans le Ponthieu, d'après les chartes des XIIIe et XIVe siècles**, par M. G. Raynaud (Paris, lib. Vieweg, 67, rue Richelieu, 1876).

BACHINOIRE (bachinouère), bassinoire. Dérivé de *bachin*, bassin, du latin *bacchinon*, vase, mot cité par Grégoire de Tours comme d'usage rustique : « *Pa-* « *terœ* quas vulgò *bacchinon* vocant. » La forme *bachin* se rencontre dans le vieux français :

« Si demanda plain **bachin** d'aigbe (eau); et
« maintenant li couru une varlès aporter en un
« **bachin** d'argent, et li mist en la main. »
(CHR. DE RAINS.)

Bachinoire s'employait autrefois avec le mot *paielle*, *poille*, poële : on disait une *paielle-bachinoire*, comme on dit une *table-bureau*. On trouve dans des documents ce qui suit :

« Deux paielles **bachinoires**. »
(*Inv.* 1598, *Amiens.*)
— « Une poille **bachinoire** prisé xx sols. »
(*Inv.* 1618, *Amiens.*)
(Communic. de M. DEVAUCHELLE.)

BACHON, brassée (de paille, de fourrage, etc.) C'est un diminutif. Il vient de *brache*, en vieux français *brace*, étendue des bras (V. *Abracher*) d'où en vieux français *brachie*, en picard *bachon* par la chute de l'*r* et l'addition du suffixe diminutif *on*. *Brachie* et *Bachon* ont exactement le même sens, c'est-à-dire celui de *brassée*.

On trouve dans le vieux français la forme *brachie*, brassée :

« De son lit saut (saute) tot effreez, (tot, tout)
Ses chiens apele et sa mesnie.
Du fuerre (feurre) prent une **brachie**,
Et si l'a el fournier jeté. »
(REN.)

Dérivé : *Bachonner*, mettre ou arranger de la paille, du fourrage, etc., en petites portions à peu près égales à des brassées ; prendre la longue paille du blé battu pour la mettre en bottes. Corblet donne à ce mot le sens de *bâcler*. Je ne lui connais point personnellement cette signification ; mais, je le répète, je n'ai point la prétention de connaître tous les mots picards avec toutes leurs acceptions. Dans tous les cas, j'observe qu'il n'y a aucun rapport d'origine entre *bachonner* et *bâcler*. *Bâcler* vient du latin populaire *baculare* (dérivé de *baculus*, bâton) dont le sens primitif est *fermer une porte avec un bâton*, et, par extension, exécuter un travail à la hâte. *Bâcler* et *bachonner* se ressemblent quelque peu, comme *général* et *caporal* ; mais rien de plus.

BACOUET, Bacouais, Bacouel (ba coué) ou Bacouois (bacoué) niais, sot.

L'orthographe de ce mot est aussi inconnue que son origine : c'est assez dire qu'à défaut d'éléments positifs, on est réduit à faire de simples conjectures.

Bacouet vient-il de la particule péjorative *ba* et de *cous* (cou) qui signifiait jadis *cocu*, par extension, *sot*, *niais*, et du suffixe diminutif *et* ? Ces éléments réunis donnent *ba couet*.

Faut-il écrire *bacouel* prononcé *bacoué* (voyez Aigneu) et voir là, avec la particule péjorative *ba*, le mot picard *couel* (coué) qui signifie *pot*, *marmite* ? On dit *bête commé un couel* ou comme un *pot*.

Tout cela est simple conjecture, faible conjecture même : l'absence de tout document laisse la question pendante.

Les paysans appellent les Amiénois des *bacouris*. Au rapport de Corblet, ce sobriquet daterait de l'époque où Amiens s'est laissé prendre par les Espagnols à l'aide de quelques sacs de noix. Cette opinion qui ne s'appuie sur aucun document, pourrait bien être une conjecture aussi faible que la mienne sur le mot qui nous occupe.

BACULER, prendre quelqu'un d'un côté par les pieds, de l'autre par les bras, et lui frapper le cul contre la terre. D'un radical *bat* qui est dans *battre* et de *cul* du latin *culus*. Dans mon enfance, nous ne manquions jamais de *baculer* un camarade qui, par une dénonciation, nous avait attiré une punition. *Baculer* a donné le dérivé *bacule*, dénomination d'une peine qu'on infligeait jadis à un homme qui avait manqué aux devoirs de sa charge auquel on appliquait sur le cul des coups de pelle de bois. On ne saurait confondre ni *baculer*, ni *bacule* avec *basculer* et *bascule* : ces derniers mots existent en picard et ont absolument le même sens qu'en français. On lit dans Du Cange au mot *Vanna* : « Vous devez « être vanné (berné) ou *baculé*. » J'ajoute que nous avons, en français, le mot *bacul*, large croupière des bêtes de voiture qui leur *bat* sur les cuisses.

BADACHE ou BADAGE, simple d'esprit, innocent, idiot. Ce mot a le même radical que *badaud*, dérivé de *badare*, regarder quelque chose comme un homme qui n'a jamais rien vu, et, par extension, niais, sot. On retrouve ce radical dans le wallon *bada*, femme étourdie, ce qui nous met bien près de *badache*. Le suffixe *ache* est l'équivalent picard du suffixe français *asse* : c'est un péjoratif. Notre mot a en effet ce caractère et vient d'un radical *bad*, comme *mollasse, fadasse*, etc., viennent de *mol, fol*. La forme *badage* s'explique par un amoindrissement ou adoucissement de *ch* en *ge*.

BADESTAMIER, ouvrier qui travaille au métier à faire des bas. Des deux mots *bas*, abréviation de *bas de chausses*, et *estame*, laine, venu du latin *stamen*, fil de la quenouille. On disait autrefois *bas d'estame* pour *bas de laine, bas tricotés* : de là *badestamier*.

Ce mot est employé dans les actes de l'état civil des villages qui se trouvent près de Corbie, Moreuil, Rosières, Villers-Bretonneux. Il en en est de même du mot *tricotier*, ouvrier qui travaille sur un métier à faire tricot, autrement dit métier à faire la *cote anglaise*.

BADOU. Se dit en parlant d'un enfant: « Qué gros *badou!* » Ce mot signifie gros, replet, rebondi. On peut le rapprocher de *bedon* qui signifiait jadis *tambour* ; mais il est difficile d'aller plus loin.

BADOULAGES, bavardages, rapports, médisances. Dérivé de *bagoul* (bagou), bavardage : il y a eu changement insolite de *g* en *d* et addition du suffixe *age*. Quant à *bagoul*, il vient de la particule péjorative *ba* et du vieux mot *goule*, gueule, du latin *gula*.

BADRÉE, marmelade, toute chose à l'état de marmelade; boue liquide. Ce mot dont l'origine est ignorée a donné le dérivé *badroule* ou *badrouille*, boue très-liquide.

BAFE, soufflet. Le vieux français avait *buffet*, coup sur la joue, *baufrée*, soufflet. On trouve dans Du Cange la forme *buffa* au même sens. Il y a dans notre mot picard un radical *baf* signifiant *lèvre*, de l'allemand *bappe*, muffle, qui se retrouve dans *bafouer, bafrer*, sans qu'on puisse expliquer nettement ces formes. Ce qui est certain c'est qu'on rencontre *baufrée* au sens de *soufflet*. Du Cange cite le passage suivant : « Le suppliant dit que si « on faisait son devoir, on bailleroit à

« icellui Julien une *baufrée* au long des « joues. » Diez cite *bafe* comme mot picard signifiant *gourmand* : je n'ai jamais entendu ce mot à ce sens. Le dialecte de l'Ile de France avait *buffe*, soufflet, *buffer*, frapper. Aucun dialecte n'est resté aussi près que le picard de l'allemand *bappe*.

BAFOUILLER, bredouiller, parler mal. Du même radical que *bafouer* dont le sens primitif est *remuer les lèvres*. *Bafouiller* paraît être un fréquentatif de *bafouer* comme *pertrouiller*, manier salement, de *pertrir*, pétrir. Le wallon a *farfouiller*, bredouiller; mais, en picard, *farfouiller* signifie *fouiller partout*. On ne peut donc pas rattacher au wallon le mot qui nous occupe.
Dérivé : *Bafouilleux*, qui bredouille ; au féminin, *bafouilloire*, même sens.

BAGNOLE, maison misérable. Cotgrave signale comme picard le mot *baignolet*, maison ou établissement de bains, dérivé sous forme de diminutif du latin *balneolum*, petit bain. D'un autre côté, le français a *bagnolet*, prélart, toile goudronnée de grande dimension qui sert à couvrir les câbles et les marchandises à bord des vaisseaux non pontés. Enfin *bagne* vient, dit-on, de ce fait qu'il y eut à Constantinople un local de *bains* employé accidentellement à renfermer des prisonniers.

Tous ces mots ont le même radical que *bagnole* : c'est, sinon une certitude, du moins une présomption qu'ils ont la même origine dans le latin *balneolum*.

Au même radical se rattache le verbe *baingnier, baignier*, baigner, qu'on trouve dans le vieux français.

« Dedens le cors (corps) son espié a baingnie. »
(RONC.)
— « S'on le trueve (trouve) noiés où il fust ac-« coutumé d'aler, si com por (pour) **baignier**, ou « por avoir de l'yaue (eau), ou por pesquier (pê-« cher. » (BEAUMANOIR.)

BAGUET, noyau (d'un fruit). Dérivé du latin *bacca*, baie, nom générique des graines des arbres et des arbrisseaux. *Baguet* suppose un primitif *baque*, transformé ultérieurement en *bague* par adoucissement de *q* en *g*, d'où, par addition du suffixe diminutif *et*, notre mot *baguet*.

BAHU, baü ou bauc (bau), grand coffre, huche, meuble ancien en forme d'armoire, toute espèce de vieux meuble de peu de valeur. Le vieux français a les formes *baüs*, *bahut*, *bahu* qui sont dissyllabiques; le provençal a *baug*, qu'on prononce *bau*, l'espagnol a *baul*, toutes formes qui sont monosyllabiques. Le picard a deux formes dissyllabiques et une monosyllabique. M. Devauchelle a relevé dans des inventaires la forme *bahur* qu'on ne rencontre nulle part :

« Trouvé dans un autre **bahur**... » (1611.)
— « Ung petit coffre à **bahur**. » (1575.)

L'expression *coffre à bahur* devient très-intéressante, si on la rapproche d'un passage dans lequel Olivier de Serres parle d'une peau propre à *couvrir des coffres à bahu*. J'ajoute que le picard emploie *baü* et *bauc* (bau) au sens de *vieillerie*, *chose de peu de valeur*, imitant en cela le vieux français dans lequel on trouve :

« Et uns vieus **baüs** (**vieus baüs**, vieillard)
Ocist (tua) quatre dus (ducs),
Son corps défendant »
(**Fatrasies**, Edit. JUBINAL.)

On n'a que des conjectures sur le mot qui nous occupe. Voici la mienne. Les formes monosyllabiques, provençal *baug*, espagnol *baul*, picard *bauc* ont pu venir de l'ancien allemand *balkr*, cloison, mot qui implique l'idée de contenir, de renfermer : il y aurait eu extension du sens de *cloison* à celui de *coffre*, fait qui n'a rien d'étonnant si l'on songe que les *cloisons* ou ridelles d'un tombereau ont été jadis appelés *huches*, ainsi qu'on le voit dans un Inventaire de 1596 : « Ung boujon de fer servant à une *huche* de bléneau. »

Balkr laissant tomber l'*r* final très-difficile à prononcer change *al* en *au*, et, par adoucissement de *c* en *g*, donne la forme provençale *baug*. Notre forme picarde monosyllabique *bauc* ponocé *bau* a conservé le *c* comme on le verra tout à l'heure par les dérivés qui en sont venus.

Les formes dissyllabiques *baüs*, *bahu* sont la forme primitive prononcée en deux émissions de voix : *ba u*, comme *a ouïr*, ouïr, *ta on*, taon, etc. Quant à la lettre *h*, elle est adventice.

La forme *bahur* qu'on trouve dans des inventaires semble provenir d'une transformation dans laquelle le *k* de *balkr* serait tombé pour laisser persister l'*r*, de sorte qu'au lieu de dire *bauc* (bau) ou *ba u*, *ba hu*, on aurait dit *ba ur*, *bahur*. Étymologiquement la forme *bahur* me paraît très-favorable à ma conjecture sur l'origine du mot qui nous occupe.

Au radical *bauc* se rattache le mot *baucailles*, petits objets mobiliers de peu de valeur que les commissaires-priseurs réunissent en un seul lot et mettent en adjudication sous le titre de *lot de baucailles* : le suffixe *aille* est un péjoratif qu'on retrouve dans *ferraille*, *racaille*, etc. Il y a une parenté évidente et une identité de sens frappante entre *baucaille* et *baüs* dans la citation donnée ci-dessus, l'idée de *vieillerie* et d'*objet de peu de valeur* étant, au fond, la même.

Dans mon enfance, j'ai vu les bas employés des communes et des paroisses, bergers, gardes-champêtres, bedeaux, sonneurs de cloches, chantres, et même les instituteurs, faire à Pâques dans chaque maison une quête pour ramasser des œufs, du lard, de la tarte, des flans, etc. Cette quête s'appelait *baucage*. Comme tous ces gens-là ramassaient des choses de peu de valeur et de nature différente, je crois que *baucage* a le même radical que *baucailles*.

BAILLE, barrière. Du latin *baculum*, bâton, par changement de *aculum* en *aille*, comme dans *tenaculum*, tenaille. On sait qu'à la campagne une simple perche, transversalement placée sur des supports, constitue une barrière suffisante pour empêcher le passage des charrettes ou des bestiaux. On trouve dans le vieux français la forme *baile* qui est encore en usage dans plusieurs localités :

« Il ont le premier **baile** outré (passé)
Clos de fossetz et de palis. »
(LAI DE L'OMBRE).

BAISSELETTE, jeune fille. J'ignore si ce mot se dit encore; mais il existait dans le dialecte picard. « *Item* je lais (laisse) à « Maroie, me nieche (ma nièce) XL. saus « (sous) de parisis, et veul (veux) que ses « peres ne mere n'en soient bail ne war- « de, mais qu'on les multeploit (place à « intérêt) à le dite *baisselette* anchois « (jusque) qu'ele eust sen aage (age), et « se il defalloit de le dite *baisselette* an- « chois qu'ele eust sen aage, je veul que « les XL saus reviengnent à ses sereurs « (sœurs) autant à l'une comme à l'au- « tre. » (*Testament de Jehans le Sellier*

(1315), cité par M. Raynaud dans son *Etude sur le Dialecte picard, p. 35.*) Le wallon a la forme *bacéle,* le rouchi le diminutif *bacelette,* la même au fond que *baisselette* du dialecte picard et du vieux français :

« Et se (si) ce est vallet (garçon)
Si lui quiere un auget ;
Et se c'est **baisselette** (fille)
Si lui quiere minette. »
(De l'oustillerie au Vilain).

Littré dit que ce mot a, dans l'ancien français, le sens de *servante.* Je ne crois pas qu'il ait eu ce sens dans le dialecte picard : Jehan le Selier, homme riche pour son temps, n'avait probablement pas une de ses nièces dans l'humble condition de *servante.* J'incline au contraire à penser que *baisselette* était, au XIVᵉ siècle, un terme sinon honorifique, du moins amical. Quant à l'étymologie, je suis de l'opinion de Littré : le primitif est *basse,* féminin de *vassus,* serviteur, qu'on trouve dans la *Lex Alamanorum :* « Si alicujus seniscalcus qui servus est, « et dominus ejus XII *vassos* infra domum « habet, occisus fuerit... » De *basse* est venu *bacelle, bacelette* « qui semble, dit Littré, si bien correspondre à *vasselet,* jeune garçon. » Le sens de *vaslet,* originairement *écuyer,* ne s'est avili comme celui de *basse, bacéle,* etc., qu'au déclin du moyen-âge.

BAJEU ou BAJU. On nomme ainsi les murs ou côtés d'une cave pris depuis le pavé jusqu'à la naissance de la voûte. Quand les paysans parlent d'une cave pleine de pommes de terre, de betteraves, etc., ils disent qu'il y en a jusqu'aux *bajeux,* jusqu'à la hauteur des *côtés. Bajeu* vient de la particule *ba* et du mot latin *gabata,* écuelle, jatte, dans Martial. *Gabata* est devenu *gavata* dans Ennodius, puis *gauta* dans le latin du moyen-âge. Ce dernier laissant tomber le *t* médial a changé *g* en *j* comme dans *gaudere,* jouir, puis *au* en *eu* et est resté ainsi *jeu,* lequel avec la particule *ba* a donné *bajeu* ou *baju* par réduction de *eu* à *u.* L'extension de sens n'a rien qui puisse surprendre, si l'on songe que *gabata* a donné *joe,* joue, en vieux français:

« La dextre **joe** en a tute (toute) sanglante. »
(Ch. de Rol.)

J'ajoute que nous avons, en français, le mot *bajoyer* qui signifie paroi en maçon-
nerie revêtant la chambre d'une écluse et qui a évidemment la même origine que *bajeu.* Ce n'est pas tout. Le vieux français avait le substantif *bajoe,* nom d'une espèce de panier. On lit dans le *Livre des Métiers :* Porter leur pain en leurs corbeillons ou en leurs *bajoes.* »

Il résulte de ce qui précède que les mots *bajeu* du picard, *bajoe* du vieux français et *bajoyer* du français moderne ont leur origine commune dans la particule *ba* et le radical *jeu, joe* du latin *gauta.*

BAJOUAIS (ba joué,) drôle, singulier, plaisant. On dit d'un homme : « Il ot ein « (un) nom *bajouais,* » il a un nom drôle, singulier, un sobriquet. Les paysans, avec leur fausse apparence de bonhomie, sont terribles pour donner des sobriquets : aucune infirmité naturelle ou accidentelle, aucun défaut de caractère, aucun travers d'esprit ne trouve grâce devant leur malice. L'adjectif *bajouais* implique l'idée de dérision, de moquerie, tout au moins de plaisanterie. Je ne vois là qu'un seul mot latin qui ait ces diverses significations : c'est *jocus.* Je suis donc porté à croire que *jocus,* plaisanterie, d'où le verbe *jocari* (plaisinter) dans le latin classique, a pu donner dans le latin populaire un adjectif *jocacem* signifiant *plaisant, badin :* c'est ainsi que l'adjectif *niais* est venu de *nidacem* dérivé de *nidus,* nid, ainsi encore que *punais* est venu d'une forme supposée *putnacem,* du classique *putidus. Bajouais,* à mon avis, vient donc de la particule péjorative *bis* et de *jocacem,* lequel perdant le *c* médical devient *jo'acem* qui change *o* en *ou, acem* en *ais* et laisse ainsi *bajouais.* Au même radical se rattache l'adjectif *bajouate,* qui aime à folâtrer, à jouer. Le suffixe picard *ate,* équivalent du suffixe français *âtre* étant un péjoratif, *bajouate* doit s'entendre en mauvaise part.

BALER, faiblir. Ce mot a plusieurs acceptions. Il a le sens de *faiblir* quand on dit que le commerce *bale. Baler* présente les éléments du latin *ballare,* danser ; mais comment passer du sens de *danser* à celui de *faiblir?* Il y a là, pour moi du moins, un obstacle que je ne puis lever.

Il est plus facile de rattacher à *baler,* danser, le mot picard *balons,* pendants d'oreilles, ornements qui s'agitent et *dansent* au moindre mouvement de la tête.

Nous avons encore en picard le mot *baliant* dans la locution *rester les bras baliants*, rester les bras pendants, à rien faire. *Baliant* ne vient pas de *baler*, mais d'une forme *balier*, du latin populaire *ballicare*, flotter, fréquentatif de *ballare*. Cette forme est commune au picard et au vieux français :

« Brandist la lance où l'enseigne **balie** (flotte). »
(Ronc.)
—« Et prent l'espieu à or resplendissant,
« A cinq clox (clous) d'or l'enseigne **bauliant**. »
(Raoul de Cambray.)

Baler a aussi, en picard, le sens de vider une brouette ou un tombereau d'un seul coup et pour ainsi dire d'un *seul paquet* par suite d'un rapide mouvement de bascule. A ce sens *baler* doit s'écrire *baller* ; car il vient de *balle*, gros *paquet* de marchandises.

BALONCHEUX, qui se balance de côté et d'autre en marchant; qui marche mal. Dérivé du verbe *baloncher*, balancer, venu de *balonche*, balance, du latin *bilancem* par changement insolite de *i* en *a* et par la permutation picarde de *c* en *ch* signalée au mot *achermenter*. *Balonche* est relativement moderne : on disait jadis *balanche* :

« Une paire de **balanche** à plateaux d'airain. »
(Inv. 1598, Amiens.)

BALOUFES, grosses lèvres. Se dit en mauvaise part. De la particule *ba* et de *lèvre* avec une finale péjorative dans laquelle le *b* du latin *labrum*, lèvre, est devenu *f*, tandis qu'il s'est adouci en *v* dans le français *balèvre* qui signifie *ensemble des lèvres* avec un sens de mépris.

La finale dépréciative *ouf*, *oufe*, se trouve dans plusieurs mots picards et paraît être la même que *oufle* du français : *maroufle* de *maraud*. Nous avons, en picard, dans cette catégorie de mots : *potouf* ou *poutouf*, gros lourdaud, forme péjorative de *pataud* (qui a de grosses pattes, qui est lourd), et qui n'est elle-même qu'une altération de *patou*. Tel est encore *bénouf*, beffroi, forme péjorative de *beu*, beffroi, deux mots qui ne se disent qu'à Amiens dans le langage trivial du peuple, et dont le premier, qui n'est qu'une espèce de sobriquet, a été — sur le dire incomplet de Corblet — donné par Littré comme une forme générale du picard, tandis qu'elle est exclusivement particulière à Amiens.

BANQUÉ. Se dit d'un homme ou d'une femme dont les *bans* de mariage sont publiés. C'est un dérivé de *ban*, publication, proclamation, du vieil haut allemand *bannan*, ordonner. *Banqué* a été formé dans le langage populaire comme s'il venait de *banc*, long siége pour s'asseoir, lequel est d'origine germanique ou celtique, ancien haut allemand *banc*, kymri, *banc*.

Ban se trouve dans *ban-cloque*, cloche à ban, cloche qui, au moyen-âge, servait à convoquer à l'assembiée les membres d'une commune. La Charte de Saint-Valery (1376) porte : « *Item*. Nous avons « donné et accordé Echevinage, *ban-* « *cloque* grande et petite, pilori, seel... »

Ban a donné les dérivés *bannée* et *bannier*.

Bannée avait le sens de *banalité*, droit qu'un seigneur possédait d'obliger ses sujets à faire moudre leur blé à son moulin, cuire leur pain à son four, etc... On le trouve souvent dans les Coutumes de Picardie.

Bannier se disait des hommes qui étaient soumis aux droits de *bannée*. Une enquête du 2 septembre 1290 relative au village de Hailles, situé entre Moreuil et Boves, porte : « Au temps devant dict, le « (les) vile (villages) de Cachy, Gentelles, « etc., estoient *bannières*, et venoient « moudre par ban au dict moulin de « Paveri. » (*Communic. de M. Devauchelle*.)

On remarquera ici le mot *vile* pour *village*. *Ville* vient du latin *villa*, ferme, métairie, maison de campagne. Une *villa* était, à l'époque gallo-romaine, une grande exploitation agricole et souvent la résidence d'un riche propriétaire. Les *villæ* gallo-romaines ont donné naissance à une foule de villages et même de villes, témoin Abbeville, de *Abbatis villa, ferme de l'Abbé* (de Saint-Riquier.)

Le suffixe *ville* se retrouve dans le nom de plus de soixante localités du seul Département de la Somme : *Bernaville* de *Bernardi Villa*, *Tronville* de *Tironis Villa*, *Neuville* de *Nova Villa*, etc., etc. Le mot *village* vient du bas latin *villaticum*, réunion de *villas* ou fermes, et ne remonte guère qu'au XIVe siècle. Monstrelet disait *villes champêtres* pour *villages*, et on trouve encore *ville* pour *village* dans le passage suivant de Froissart : « Et vinrent (les Anglais) jusques « à une grosse *ville* qu'on appelle Fon-« taine sur Somme ; si l'ardirent (brulè-« rent) toute et robèrent (pillèrent ;) car elle n'était point fremée (fermée, entou-« rée de murs.) »

Au XIII° siècle, *ville* signifiait également *ville* et *village*, c'est-à-dire localité fortifiée habitée par des bourgeois et localité non fortifiée habitée par des paysans. Une charte de 1239 porte : « Jou « (je) Hues de Castillon, cuens (comte) de « Saint-Pol et de Blois, fach (fais) savoir « que jou de le volenté Marie me (ma) « feme, ai donné et ottroié (accordé) au « maieur et as (aux) jurés et à tous mes « bourgois de le *ville* d'Encre tous les « marés (marais) qui sont assis entre le « *ville* d'Encre et le *ville* d'Aveluis. »

(*Communic. de M. H. Daussy.*)

Au XIII° siècle Encre, aujourd'hui Albert, était déjà une *ville* dans l'acception actuelle du mot, et Aveluy n'était alors comme aujourd'hui qu'un simple *village*. Une charte picarde de 1280 citée par M. G. Raynaud porte : « Comme « Jehans d'Espaigne ait vendu hyretavle-« ment à l'abbé de Notre Dame du Gart « et au couvent de chu (ce) meisme lieu « kank'il avoit ou pooit avoir en le *vile* « de Soues et es appendanches de chelle « meisme *vile*...»

Soues (aujourd'hui du canton de Picquigny) n'a jamais été qu'un village.

BAPTISIOT (batiziot,) baptême ; repas fait à l'occasion d'un baptême. C'est, sous forme de diminutif, un dérivé du verbe *baptisier*, forme picarde de *baptiser*, qu'on rencontre dans le vieux français.

« C'est grant faute quand l'en (l'on) ap-« proprie au dyable l'omme (l'homme) ou « la femme qui est donné à Dieu dès qu'il « fu *baptisiés*. »

(JOINVILLE.)

— « Car circoncis fus à la lettre
Et **baptizié** pour nous démettre (racheter)
Du péchié (péché) que tu maudeïs. »

(J. DE MEUNG.)

— « Si recevez mon palefroi,
Et as (aux) gens irez demander
S'il i a cors (corps) à enterrer,
Ne nul enfant à **bautizier**. »

(REN.)

Les Picards disent d'un homme ignorant et grossier qu'il n'est qu'une *bête baptisiée*. Ils ont du verbe *baptisier* un dérivé très-régulier quant à la forme, mais dont le sens me paraît fort difficile à expliquer : ils disent *se débalisier* de quelqu'un ou de quelque chose, au sens de *se débarrasser, se tirer d'une mauvaise situation, se démener contre*.

BAQUETÉE (bactée), contenu d'un *baquet* lequel est un diminutif de *bac* venu du néerlandais *bak*, bâteau.

BARAI (je), je donnerai. Futur du verbe *bailler*, donner, fournir. C'est une contraction de *baillerai* comme *lairai* de *laisserai*, *amarai* de *aménerai*, etc., etc. Elle existait dans le vieux français :

« Voirs est que li demanderes qui se « veut aidier des letres (lettres), ne les « *baurra* pas, s'il ne li plet (plait), au « defenderes. »

(BEAUMANOIR.)

— « A dit (la partie) qu'elle *barra* de « moiens en dedens huictaine. »

(PLAIDS DE BOVES, 1653.)

BARBOIR ou BARBOIRE (barbouère), masque, visage, figure. Ce mot est des deux genres. Il est très-vieux : on le trouve traduit par *larva*, dans le vocabulaire du XIII° siècle publié par Chassant. Du sens primitif de *masque*, on a passé facilement à celui de *figure, visage*, sens qu'il a en picard dans le langage familier. *Barboir* est un dérivé du latin *barba*, barbe. On le rencontre au féminin dans le vieux français :

« Il ot, d'après lui, une **barboire**
Comme diable cornu et noire. »

(PH. MOUSKES.)

Au même radical se rattachent les mots suivants :

Berbion, barbe des épis, longues arêtes des graminées.

Barbelée ou *berbelée* (berblée), gelée blanche, parce que les brins d'herbe, quand il a gelé, ressemblent à des *barbes* de plumes.

Berblette, fleur du coudrier, du noyer, etc.

Les deux formes *berbion* et *berblette* sont des diminutifs dans lesquels l'affaiblissement de *a* en *e*, du latin *barba*, n'a rien d'étonnant, puisqu'il se retrouve dans l'adjectif *imberbis* et dans l'adjectif

9.

picard *berbu*, barbu : *blé berbu*, blé qui a de la barbe. J'ajoute qu'on trouve dans Pline *barba*, duvet des plantes.

Barbioire, adjectif, dans la locution *bachin barbioire* jadis en usage pour *plat à barbe, cuvette de barbier*. On lit dans un compte de 1433 : « Ung fer à waufres « (gaufres), ung bachin *barbioire*, une « payello (poêle) d'airain. »
(Communic. de M. Devauchelle).

BARRACHER (se), s'embarrasser, se moquer. D'un radical *barras* venu du bas latin *barra* qui est le celtique *bar*, branche, et, par extension, obstacle, empêchement, embarras. *Barre* avait, dans l'ancienne jurisprudence, le sens de *opposition, fin de non-recevoir, exception*. « Et ai renoncé à toutes exceptions, « raisons, *bares*, défenses... » lit-on dans Beaumanoir. On trouve la forme *bare* du vieux français dans le dialecte picard. Une charte de 1319 citée par M. G. Raynaud dans son *Etude sur le dialecte picard dans le Ponthieu*, porte : « Et a « che (cela) tenir a li dis Jehans obligié et « oblige li et ses hoirs et tous ses biens, « cateus et hiretages pour saisir, prendre, « vendre et despendre, à justichier par « toutes justiches, et a renonchié à tous « privilèges de crois prinze et à prendre, « à toutes *bares*,.....»

BARU ou BÉRU, tombereau, charrette pour le fumier. On trouve, dans le Code Théodosien et dans les *Notæ Tironis*, le mot *birota* au sens de *voiture à deux roues*, de *bis*, deux, et *rota*, roue. Du Cange donne la forme *birotum* d'où est venu *baru, béru*.

Dérivés : **Barucheux**, charretier qui conduit un tombereau.
Baruchée, contenu d'un tombereau.

Dans bien des localités on appelle aussi *baru* la brouette des maçons et des cantonniers, parce qu'elle est, comme le tombereau, fermée de planches de tous côtés. Dans d'autres, on emploie le diminutif *barot*, petite voiture légère, espèce de tombereau. De là le dérivé *barotteur*, à Soissons *barottier*, conducteur d'un *barot*. *Barotteur* vient de recevoir une quasi-consécration officielle par l'officier de l'état-civil d'Amiens dans un acte de mariage en date du 5 juillet dernier dans lequel le sieur Pascal Ducroquet est qualifié *barotteur*. Je signale avec plaisir le privilége accordé à un mot picard obtenant ainsi droit de cité en l'an de grâce 1876. Reste à savoir si l'Académie ratifiera le privilége octroyé par la prose municipale : dans tous les cas, il faudra du temps.

Du primitif latin *birota* a dû venir, dans le vieux français, le mot *beroue* qui a donné le diminutif *brouette*, originairement *beurouaite, bourouaite*.

« Carettes (charrettes) [ils] ont quises (cherché) et cars (chariots) *bourouaites*, ribaus, sommiers... »
(Du CANGE, *birotum*.)

Brouette a donné le dérivé *broutée*, contenu d'une brouette, et *Broutoire* (broutouére), femme qui porte à la *brouette* la tourbe extraite au grand louchet. Le Picard dit *brouter* pour brouetter.

Du Cange donne la forme bas latin *berocata* et la traduit par *brouette*. Ce savant homme s'est trompé en cette occurrence : le suffixe *ata* ne pouvant jamais donner que *ée*, il est évident que *berocata* signifie *béruchée*. Quant à la forme *broeta* qu'il a prise, dans une charte de 1357 relative à la ville de Corbie, elle a été formée sur le modèle du vieux français à l'époque où s'était déjà opérée la contraction de *beurouaite, bourouaite* en *brouaite, brouette*.

La forme picarde *brouette* est la même que celle du français : le provençal et le berrichon disent encore *berouette*, le wallon *berwéte* comme à l'origine du mot, c'est-à-dire sans avoir opéré la contraction.

BASSURE. Les paysans du Santerre appellent *bassure* toute étendue de pays située dans une vallée arrosée par un cours d'eau, et *bassuriers* les habitants des villages qui s'y trouvent. *Bassure* a été tiré de l'adjectif *bas* venu du latin populaire *bassus*.

BATE, partie du fléau qui frappe sur le blé, qui le *bat*. Dérivé du verbe *battre*, vieux français *batre*, venu du latin *batere*, forme populaire de *batuere* qui est dans Pline. J'écris *bate* avec un seul *t* parce que, comme je l'ai fait remarquer plus haut, le vieux français ne connaissait pas les lettres doubles :

« Bien le **batirent** à fus (fût, bois) et à bastons. »
CH. DE ROL.

Je trouve ce mot avec un seul *t* dans une de ces curieuses épitaphes dont l'ancien cimetière Saint Denis à Amiens semble avoir eu le privilége (1), et que mon vieil et excellent ami H. Dusével donne dans son *Histoire d'Amiens* :

« Ci gist Janotin Epiphane
Qui toudis (toujours) **batoet** es (sa) feme ;
Il n'avoet d'autre vice en ly : (ly, lui)
Pour che (cela) Diu li fache merchy. »

Dérivés : *Batèrie*, aire de grange où l'on bat le blé, et, depuis quelques années seulement, batteuse mécanique.

Batée (de beurre), quantité de beurre battue en une fois.

Baterole, pièce de la baratte qui bat le beurre.

Batoir (batouère), petite enclume portative sur laquelle les moissonneurs battent leur faux pour rétablir le taillant. Le *batoir* et le petit marteau s'appelaient jadis *batement* (batemeint). On lit dans un inventaire de 1615 : « Deux dardz (faux), ung *batlement*, une cœuche (queux). »

Batelet, petit instrument en bois dont une pièce mobile frappe sur une planchette en faisant du bruit, et dont les enfants se servent en guise de crécelle pour annoncer les offices de la semaine sainte.

Bateler, annoncer les offices au bruit du *batelet*. Ce mot s'emploie aussi au sens de *battre* en parlant du cœur : c'est un fréquentatif. On dit: « leu cœur *batèle*, » pour « leur cœur bat avec force, avec violence, plus vîte que d'ordinaire. » *Bateler*, à ce dernier sens, est un fort joli fréquentatif qui manque au français. De *batre* était venu encore *bature*, mot qu'on employait autrefois en picard au sens de blessure résultant d'un coup volontairement porté. On lit dans les Plaids de Boves, année 1507 : « Pour raison de « certaines *batures* et navrures faictes, « lesquelles *batures* estoient de coupz de « cousteaux qu'ils avoient donnez au « corps. »

(Communic. de M. Devauchelle).

---

(1) Le tombeau de la famille Hémart portait l'inscription suivante, dans laquelle l'auteur semble jongler avec le verbe **passer** :

« **Passants**, tous nos jours sont enfin **passez** :
En **passant**, priez pour les **trépassez** !
Car pensez que si nous sommes **passés**,
Vous **passerez** avec les **trépassés**. »

Batre avait jadis le sens de *écraser* dans *batre écorches*, écraser des *écorces* de chêne pour en faire du tan. On lit dans une charte de 1296 relative à la ville d'Encre : « Et de rechief avons livré au « maïeur et as jurez de notre vile d'Encre « nostre molin qui est dis (appelé) de *ba-* « *tescorches* qui bat waides escorches et « olietes. »

(Communic. de M. Daussy).

BAUQUE (bauke), poutre. Ce mot se dit surtout quand il s'agit d'une poutre de grange ou d'étable: celles des maisons s'appellent à Amiens *baud* (bau), ailleurs *beud* (beu). *Bauque* vient de l'allemand *balken*, solive. En effet les poutres des granges ne sont guères que de fortes solives, par la raison qu'elles n'ont point de grenier à supporter.

A *bauque* se rattachent *bauchet*, fléau de balance et *embauchure* (eimbauchure) compartiment ou division d'une grange. Une observation est ici nécessaire.

Le *c* dur latin et le *k* allemand donnent régulièrement *qu* dans le dialecte picard, de sorte que *bauque* eût dû donner *bauquet*, *embauqure*. Mais il y a des exceptions, et ces exceptions, comme l'a montré M. Raynaud dans son *Étude sur le Dialecte picard*, portent sur les mots les plus usités et les plus communs : *chascuns*, *chevaliers*, *choses*, etc. Il est probable que c'est l'influence *française* qui a amené quelques formes chuintantes en remplacement de nos *c* durs picards. De ce nombre me semblent être *bauchet* et *embauchures*, deux mots d'un emploi commun et fréquent.

Revenons à l'étymologie des mots qui nous occupent.

Bauchet, petite poutre, prenant le sens de *fléau de balance*, n'est pas plus étonnant que *fléau* (à battre le blé) venu du latin *flagellum* dont le sens primitif est *jeune branche*, *rejeton*, *surgeon*. Arrivons à *embauchures*, dans certaines localités *embeuchures* par adoucissement de *au* en *eu*.

On sait que les granges sont divisées par des *bauques* ou poutres qui maintiennent l'écartement des palissades en bois et supportent les montants sur lesquels repose le faîte. Ces divisions sur la largeur de la construction se nomment *embauchures*, mot composé de *en* et *bau-*

chure et signifiant l'espace compris entre chaque poutre ou *bauque*. J'ajoute qu'on emploie le mot *embaucher* (eimbaucher) pour *entasser* au sens de ranger du blé, de l'avoine en bottes dans les compartiments ou divisions dites *embauchures*, et qu'on dit d'une grange qu'elle a *deux, trois, quatre embauchures*, c'est-à-dire deux, trois, quatre compartiments. Cotgrave donne comme picarde la forme *baucher*, ranger, poser d'une manière égale : c'est le sens de *eimbaucher*, entasser.

Bauque et surtout ses dérivés *bauchet* et *embauchures* me paraissent très-importants. Ils montrent que le mot picard *baud* (bau) à Amiens, *beud* (beu) ailleurs, lequel signifie *grosse poutre*, n'a pas la même origine que *bauque*. Par suite, si j'avais raison, le mot français *bau* (nom de chacune des grosses poutres qui soutiennent le pont des navires)ne viendrait pas de *balken* et il faudrait le rattacher au picard *beud*, *baud*, qu'on verra plus loin.

J'ajoute qu'il me semble difficile d'expliquer comment *balken* eût pu donner en même temps *bauque* qui est féminin en picard et *bau* qui est masculin en français comme en picard.

BAVOIRE (bavouère), adjectif, qui bavarde, qui ment. Se dit d'une femme; au masculin *baveux*, même sens. On trouve dans Du Cange la forme bas latin *bavosus* au sens de *stultus*, sot; mais ce mot a été formé sur *bave* qui est, dit-on, une onomatopée.

De *bave* le picard a tiré les mots suivants :

Bavions (on ne l'emploie qu'au pluriel) signifiant *bave*. On dit *essuyer les bavions d'un enfant*, c'est-à-dire la salive qui sort de sa bouche.

Baverette (bavrette), pièce d'étoffe qu'on met sous le menton des petits enfants, et, par extension ou métaphore, menton qui pend, menton double, triple, énorme. Les Picards qui ne se piquent guères de délicatesse, disent aussi bien d'un homme que d'un porc qu'il a une fameuse *baverette*, c'est-à-dire, un énorme menton. *Baverette* est aussi la dénomination picarde du *rabat* que portent les ecclésiastiques.

On retrouve *baverette* dans l'expression *chinoir* (chinouère) à *baverette*, tablier qui monte jusques sous le menton.

Quant à *bavoire*, bavarde, menteuse, il a été formé sur le modèle de *cantoire* (cantouère), chanteuse, *mentoire* (meintouère), menteuse, etc., dont le suffixe *oire* (ouère) implique les formes latines *cantitoria*(de *cantitare*, chanter souvent, dans Cicéron, Varron, etc), *mentitoria*, régulièrement contractées en *cant'toria*, *ment toria*, d'où, par changement de *oria* en *oire* — *historia*, histoire, *gloria*, gloire — les formes picardes *cantoire*, *mentoire*. Je retrouve la finale *oire* au féminin dans un passage du *Recueil de Tailliar* : « Quiconques portera coutel « (couteau) à pointe ou tele arme *meur-* « *trissoire*. »

La prononciation *oué* pour *oi* dans le picard est celle du vieux français. Le comte Jaubert observe, dans son *Glossaire*, qu'elle s'est conservée jusqu'à présent chez nos compatriotes du Canada.

BAYETTE et BOYETTE, jupon de dessus en étoffe de laine. Il y avait jadis une étoffe de laine nommée *baye*, *boye* : c'était une espèce de flanelle non croisée, fort lâche et tirée à poil d'un côté. M. Devauchelle a relevé dans des *Inventaires* de 1576 et 1617 à Amiens ce qui suit !

« Une vielle courtinette de **baye** verte. »
— « Deux estilles (métiers à tisser) à faire
[**boye.** »

Baye, *boye* est venu de l'allemand *boy*, étoffe de laine. Quant à *boyette*, jupon, il a été formé de *boye*, étoffe, absolument comme *bonette*, bonnet de femme, de *bonnet* (1), étoffe dont on faisait des *bonettes*. On trouve assez souvent dans les *Inventaires* les deux formes *baiette*, *boiette*.

« Ung hault de chausses de drap blanc, une **baiette**, etc. »

(1593, **Amiens**).

---

(1) **Bonette** n'existe pas en français. On trouve la forme bas latin **bonneta**, étoffe, dans le passage suivant de Guillaume de Nangis qui dit en parlant de Saint Louis : « Ab illo tempore num- « quam indutus est squarletâ vel panno viridi « seu bonnetâ. » On trouve aussi dans le vieux français **bonnet**, au sens d'étoffe : plusieurs textes disent **chapel** (chapeau) de **bonnet**.
L'origine de **bonnet, bonnette**, étoffe, est inconnue.

— « Une **baiette** de tirtaine prisé V solz. »
(1608, Amiens).

— « Une **baiette** sans manches de drap blancq. »
(XVIe siècle, Amiens).

— Ung seon de drap brinsoir et une **boiette** de drap blanc. »
(1576, Amiens).
(*communic. de M. Devauchelle.*)

Dérivé : *Bayot*, jupon de dessous doublé.

BÉ, baiser. « *Donne li ein bé* » donne lui un bec, un baiser, disent les Picards. *Bé* est une abbréviation de *bec*, comme l'adjectif *sé* pour *sec*. *Bec* vient du latin *beccus*, mot signalé par Suétone comme étant d'origine gauloise : il a donné plusieurs dérivés qui sont presque tous communs au picard et au français, mais qui ont tous une forme essentiellement picarde parce qu'ils ont conservé le *c* dur :

Béquer, piquer avec le bec, n'existe point dans le français moderne ; mais on le trouve dans le vieux français : « Cil « bel oiseau, dit Froissart, ne fit compte « de ceux qui le tenoient, mais les *béquoit*. « Il a aussi le sens de *commencer à poindre* en parlant du blé qui lève. Le vieux français avait la forme *beschier*, *béchier* dans laquelle le *c* était chuintant et qui était l'équivalent du picard *béquer* ; mais elle a été remplacée, au sortir du Moyen-Age, par la forme *becqueter* dans laquelle le *c* dur picard reparaît. Notre *c* dur existe dans le français *haussebecquer*, se moquer, proprement *hausser le bec* en signe de mépris (Voyez ce mot dans Littré). Il est resté encore dans *becquabo*. *becquebois*, en picard *bequebos* (becho), nom vulgaire du pivert, oiseau qui *béque* ou pique le *bois*, en picard *bos* (bo), avec son bec. De même dans *rebecquer*, répondre avec audace, mot commun au picard et au français, et dans *béquée*, ce que contient le bec d'un oiseau.

Les dérivés de *bec* particuliers au picard sont *bécot*, jeune bécassine qui n'a encore qu'un *bécot*, un petit *bec*, et *béquet*, autre diminutif de *bec*, qui signifie moitié d'une tête (d'un *bec*) de porc partagée en deux dans sa longueur.

On trouve dans les documents *becq*, *becque* pour *bêche :*
Deux **becqs** servans au jardin. »
(*Inv. 1612, Amiens.*)
« Ung fourquier, une **becque**. »
(*Inv. 1596, Amiens)*
(Communic. de M. Devauchelle.)

On trouve la forme *besque* dans Beaumanoir : « Et se (si) c'est feme (femme), « la *besque* à li enfouir li doit estre bail-« lie (donnée) présente. »
Je remarquerai en passant que dans bien des localités on prononce encore *fème*, femme (fame).

BÉCHIRE, beau-frère. Se dit dans l'est de la Picardie. Orig. inc.

BÉGU. On appelle *bégu*, parfois *bigu*, un mouton qu'un vice de conformation des mâchoires empêche de brouter, parce que les dents des deux mâchoires ne coïncident pas, l'une se trouvant être plus longue que l'autre. Ce mot me semble être le même que *bécu*, dérivé de *bec* par adoucissement de *c* dur en *g*. Cette origine s'expliquerait, pour le sens, en disant que les mâchoires mal conformées de ce mouton en font un animal *bécu*, c'est à-dire ayant comme un *bec*, infirmité qui le rend incapable de brouter. *Bécu* existait dans le vieux français au sens de *qui a un gros bec* ou un bec long et pointu :

« N'est pas camuse ne **bèkue**. »
(Bl. et Jéh.)
— « Si chantons, **bécus** et camus,
    Chascun **Te Deum laudamus**. »
(La Nat. de N. S. J. C., Mystère.)

Je suis porté à rapporter au radical *beg* de *bégu* notre mot picard *béguer*, bégayer, ce dernier étant venu, d'après Littré, d'un primitif *béguer*, exprimant quelque infirmité. Il est tout naturel que le peuple ait attribué le bégaiement à un vice de conformation des mâchoires ou de l'appareil buccal.
Béguer a donné les adjectifs *bégueux*, *béguoire*, qui bégaie.

BÉNIEU ou BÉGNIEU, tombereau. Diminutif de *benne* du latin *benna*, mot signalé par Quicherat comme étant d'origine celtique et qu'on rencontre dans Festus au sens de voiture en osier ou à claire-voie. On trouve en effet dans le celtique, kymri : *ben ;* gaël : *fen*, voiture.

10.

Bénieu implique l'existence dans le latin populaire d'une forme *bennellus*, d'où à l'origine *bennel* qu'on trouve dans Cotgrave et qui a été employée par Monstrelet, liv. I⁰ʳ : « Ilz furent amenés moult « honteusement et deshonnestement, sur « un *bannel*, du Louvre en la cour du pa- « lais. » Le rouchi a encore *bénel*, tombereau. Le mot *bénelle* (panier en osier) qui se dit dans le Boulonnais, et qui est un diminutif, montre que la forme *benne* a existé dans le picard. Les Amiénois disent *bégniau*, *béniau*. On trouve cette dernière forme dans le dialecte picard : « A Robert Vachot, pour sen sallaire (sa- « laire) de aidier à kierkier (charger) les « *béniaus* .. » (*Caffiaux, Rég. d'Aubert de Bavière.*)

On rencontre la forme *bléneau* dans laquelle se trouve l'intercalation de la lettre *l*.

« Ung **bléneau** avecq deulz (deux) rones prisé
[II escus. »
(*Inv. 1596, Amiens*)
« Ung **bléneau** avec les menoires. »
(*Ibid.*)

Par transposition *bléneau* avait donné *bellenée*, contenu d'un *bléneou* On lit dans un inventaire fait au XVI⁰ siècle à Amiens, chez un pareur de drap : « Une « *bellenée* de terre de foulon... Deux « *bellenées* de terre de foulon. » (*Communications de M. Devauchelle.*)

BÉNITOIR (bénitouére), bénitier. Je ne sais si ce mot se dit encore ; on l'employait certainement aux XVI⁰ et XVII⁰ siècles. Les inventaires portent souvent : « Ung *bénitoir* d'arain, ung *bénitoir* « d'estain, de tierchain, de cuivre. »

BENNE, bande (de toile, d'étoffe, de fer). Le celtique avait *bann*, bande, lien ; mais le dérivé *bender*, bandar, montre que *benne*, originairement *bende*, vient de l'ancien haut allemand *band* qui a le même sens.

On trouve la forme *bende* dans le vieux français:

« Les **bendes** sont de fer et roides les chevilles.»
(Ch. d'Ant.)

Le verber *bender* avait autrefois en picard le sens de *border:*

« Une robbe (robe) de drap noir à queue ben-
dée de vellours. »
(*Inv. 1598, Amiens.*)

« Ung casaquin de drap noir **bendé** de velloura tout alentour » (**Ibid.**)
(*Communic. de M. Devauchelle.*)

BERBIS, brebis. Du latin *berbicem* forme populaire de *berbecem* qui est dans Petrone et qui est une autre forme de *vervecem*. *Berbicem* se trouve dans la *Loi Salique* qui porte : « Si quis *berbicem* furaverit. » On trouve souvent dans le vieux français la forme picarde *berbis*:

« Cil qui avéir escut u (ou) chivalz u buefs
« (bœufs) u porcs u **berbiz**. »
(L. de Guil.)
— « En sa possession fut set (sept) milliers de
[**berbiz.** »
Rois)
— « Li fous Den (feu de Dieu) chaYt (tomba)
« del ciel, si dégastat les **berbiz**. »
(Job.)
— « D'un len (loup) raconte qui jadis,
Vit un corbel (corbeau) qui fu (fut) assis
De sur (dessus) le dos d'une **berbis** »
(Du Cange, berbix.)

Berbis a donné le dérivé *berbitier*, qui se dit d'un homme, fermier ou ménager, qui possède des brebis et les donne à garder au berger communal : c'est un synonyme de *hertier.*

Au même radical se rattache *berquier*, berger, du latin du cinquième siècle *berbecarius* qu'on trouve contracté en *bercarius* dans un texte de l'époque carlovingienne. Le picard a conservé le *c* dur latin qui s'est adouci en *g* dans le français *berger*. Il en est de même dans *berquerie*, bergerie, qu'on rencontre encore en usage à Amiens dans un acte de 1596 : « Maison, court (cour,) estables, « *berquerie.* »

BERCHET, ridelle de charrette. Une charrette a d'ordinaire les deux côtés garnis d'une claire-voie tantôt fixe, tantôt mobile, surtout quand elle sert à transporter des bottes de blé ou de fourrage : ce sont ces côtés que les Picards appellent *berchets*. Aujourd'hui les *berchets* sont en bois; mais, dans mon enfance, j'en ai vu en treillage d'osier, et peut-être en existe-t-il encore dans certaines localités. *Berchet* est un diminutif de *bers* (ber) venu du bas latin *bersa* qu'on trouve dans Du Cange au sens de *claie d'osier, treillage*. *Bers* a donné *berchet* par permutation picarde de *s* en *ch* (voyez *Achermenter*) et addition du suffixe diminutif *et*.

On trouve le primitif *bers* dans les documents :

« Deulz (deux) **berqs** à car (chariot). »
(**Inv.** 15?6, **Amiens.**)
— « Ung chariot à quatre roues avecq les deulz **bertz.** »
(**Inv.** 160?.)

Au même radical se rattache le vieux mot picard *berchoire*, berceau :

« Une **berchoire** de blancq bois. »
(**Inv. du** 16ᵉ **siècle, Amiens.**)
(Communications de M. Devauchelle.)

BERDALE, gros ventre, bedaine. Orig. inc.

Berdale a donné le dérivé *berdalée*, ventrée, repas plantureux. On trouve aussi *berdalier* au sens de *ventru* dans la pièce de vers intitulée *Suite du célèbre mariage de Jeannin et de Prignon*.

Coigrave donne comme picardes les formes *bredaille*, gros ventre, bedaine, et *bredailler*, ventru, goulu.

BERDELER (ber d'er), parler sans cesse, murmurer, gronder. *Ber* dans *berdeler*, comme dans beaucoup d'autres mots picards, est une méthathèse de *bre* ; *berdeler* est donc pour *bredeler*. Ce mot vient par affaiblissement de *a* en *e* de *bredaler*, terme de fileuse au rouet. Un fuseau *bredale*, en picard *berdale*, quand il est percé trop gros proportionnellement à la broche. On a assimilé au bruit continuel et ennuyeux du fuseau l'action de parler sans cesse, et, par extension, celle de murmurer, gronder, trouver à redire à tout.

Dérivés : Berdeleux, qui gronde toujours ; au féminin, *berdetoire*.

Berdelage, bavardage, redites inutiles et ennuyeuses.

Je suis porté à rattacher au radical *berd* de *berdeler* le mot *berdouiller*, parler avec trop de précipitation et d'une manière peu distincte. *Berdouiller* a donné l'adjectif *berdouilleux*, qui parle mal, au féminin *berdouilloire*. *Berdouiller* me semble être un péjoratif de *berdeler*, comme *pertrouiller*, manier salement, de *pertrir*, pétrir.

BERLAFE, morceau, tranche, lambeau. De la particule péjoratif *ber* et de l'allemand *lappen*, lambeau.

Dérivés : **Déberlafer**, déchirer, mettre en lambeaux.

Déberlafure, déchirure.

BERLEUDIER, marchand de mauvaise viande. On peut rapprocher ce mot de *berlan*, brelan, venu de l'allemand *brelling*, planche, table sur laquelle on joue aux dés, et dire que, par mépris, on a assimilé un mauvais boucher, un boucher ambulant ou vendant de la viande sur des tréteaux, à un de ces hommes qui, au moyen-âge, tenaient un brelan en plein air. Mais ce n'est là qu'une conjecture.

Au même radical se rattache *berleude*, brebis maigre, viande de mauvaise brebis. Les Picards qualifient *berleude* une femme de mauvaises mœurs, et *berleudier* l'homme qui les fréquente. A ce dernier sens, *berleudier* est synonyme de *jumentier*, mot très-grossier qu'on trouve dans Corblet avec la signification de *paillard*.

Je crois qu'on peut encore rattacher au même radical le mot *berleuder* qui signifie mêler plusieurs choses en en cherchant une autre. Cette acception rappelle le brelan, en picard *berlan*, qui était un jeu de dés, et qui implique l'idée de remuer, agiter, mêler, fait qui me paraît jusqu'à un certain point favorable à ma conjecture.

BERLINGUER jouer à croix ou pile. Dérivé de *berlogue*, pièce de monnaie qui valait environ six deniers sterling.

BERLUQUE, objet très-petit, paillette ou ordure dans un liquide ou dans l'œil ; au fig. un rien. D'un radical latin *lux* — *lucis* — lumière, vue, et du préfixe péjoratif *bis* C'est, à l'origine, mauvaise vision produite par un état maladif des yeux qui font voir des objets fictifs, et, par extension, objet petit, petite ordure. Cette extension de sens est prouvée et confirmée par le fait que nous avons, en picard, le dérivé *berluquer*, perdre son temps à des bagatelles, à des riens.

Au même radical se rattachent l'adjectif *berlu*, qui ne voit pas bien, et le participe *berlué*, ébloui, qui a la berlue.

BERLURER, tromper, refaire, attraper. De la particule péjorative *ber* et de *lurer*, tromper, leurrer. L'origine de *lurer* est le moyen haut allemand *luoder* (leurre) qui s'est contracté en *luod'r*, d'où leurre en français, *lure* en wallon et en picard, *lurer*, tromper.

Je suis porté à rattacher à *lurer* le mot *luron*, décidé, gaillard, vigoureux : il y a eu extension du sens primitif de *trom-*

peur, *adroit* à celui qu'il a pris dans la suite.

BERNAFRER, gâter, blesser. De la particule péjorative *ber* et du verbe *nafrer* venu non, comme on l'a dit longtemps, du scandinave *nafar*, instrument tranchant, mais, comme l'a montré M. (t. Paris (*Romania*, 1, p. 216) du moyen haut allemand *narwe*, cicatrice. On rencontre souvent *naffrer*, blesser, dans le vieux français :

« Olliviers sent qu'il est à mort maffret. »
(CH. de ROL.)

La lettre v du moyen haut allemand *narwe* s'est conservée dans le picard *navrure*, blessure, qu'on trouve dans un extrait des *Plaids de Boves* (1507) que me communique M. Devauchelle : « Pour « raison de certaines batures et *navru-* « *res* ». Le sens primitif s'est à peu près perdu pour *bernafrer* et *navrer* ; car on n'emploie plus le dernier que dans la locution *être navré d'eau*, être inondé d'eau, et le premier au sens de *salir*.

BERNIFIQUER, mettre ou jeter dans le *bren* (*stercus*). Des deux mots *bern*, transposition de *bren* qu'on retrouve dans le français *éberner* employé par Beaumarchais, et de *fiquer*, enfoncer.

Bren qui signifie *son de farine* et *excrément*, vient du celtique, gaël. *bran*, son, auquel se rattache la gall. *braen*, mauvaise odeur. Ce mot se trouve dans le vieux français au sens de *son de farine* :

« Eschalaz, **bren**, fuerre (feurre), tulle, ne doivent point de chaucie. »
(*Liv. des Mét.*)
« Pren des deux voies la meilleur :
Laisse le **bren** et pren (prends) la fleur. »
(BRUYANT, dans MÉNAGIER.)

Quant à *fiquer*, il vient, non comme le dit Corblet, de *figere* qui, accentué sur l'antépénultième, ne peut faire que *fire*, mais de son fréquentatif populaire *figicare* régulièrement contracté en *fig'care*. *Fiquer*, enfoncer, est entré dans la composition d'une vingtaine de mots picards : *defiquer*, arracher, *infiquer*, enfoncer, *refiquer* (r'fiquer) renfoncer, etc., etc. Il s'est même transformé en *ficoter* pour former une espèce de fréquentatif qu'on trouve dans *eimberlificoter*, éblouir par de fausses promesses, ou, si l'on aime

mieux l'expression un peu lâchée de Corblet, *ficher la berlue*.

BERSILLER et BERZILLER. Il y a là deux formes ayant chacune un sens particulier : la manière de prononcer est la même. On dit d'un homme : « *I bersile tout*, » il casse et brise tout ; et d'un arbre dont les branches se rompent sous le poids des fruits qu'*il bersile de pommes, de poires*, etc. D'un autre côté on dit que le blé *berzile*, lorsqu'après une pluie il fait entendre, sous l'influence d'une grande chaleur, une espèce de pétillement semblable à celui de la braise allumée. Il y a donc deux sens, celui de *briser* et celui de *faire entendre un pétillement*. Au premier sens, *bersiller* me paraît venir de l'allemand *bersinlen*, briser, au second de l'allemand *braezelen*, rôtir en pétillant. On trouve la forme *besiller*, *bersiller*, briser, détruire, dans le vieux français.

« Mainte bone ville **besillent**. » (L. GUIART)
—« Car huis et portes en refraingnent,
    Besillent tous ceux qu'il atainrueut. » (IBID.)
—« Ils furent chaciés et **bersiliés** tous mors
    (morts.) (FROISS.)

Bersiller a, en picard, le sens de *briser, blesser, mutiler, abîmer*. On le trouve au sens de *mutiler, blesser* dans le passage suivant des *Promenades d'un franc Picard* racontant son voyage à Paris :

« Ch (ce) que j'ai vu d' pu (plus) digne ed (de)
                                    [mémoire,
Ch'est ch' palais où sont abriés (abriés, logés)
Tous chés vius (vieux) enfants de la gloire
Par el (le) fer et l' (le) fu (feu) **bersiliés**. »

Quelqu'un me faisait observer dernièrement que plusieurs mots par moi donnés dans la lettre A n'ont jamais été ou ne sont plus usités en patois, et il me citait justement *abrier*. Cette citation lui prouvera que son opinion était erronée. Il niait aussi l'existence du mot *aür*. Je ne maintiens pas qu'il ait, selon le dire de Corblet, le sens de *malheur* ; mais il existe dans le vieux français, et peut ou a pu exister dans le picard. On lit dans *Quesnes, Romancero* :

« Pour ce vaut mieux Dieu servir, je vous di,
Qu'eu li n'affiert (n'importe) ne **aeur** ne chevance. »

J'ai trouvé aussi dans le vieux français

abre, arbre, et *acraventer*, appesantir.

<blockquote>
« Ainsi pourons aler ès bois
Abres tranchier et prendre à chois. »
(WACE, ROU.)
— Flors et cristaus il acravente. »
(CH. DE ROL.)
</blockquote>

BERTONNER, parler d'une manière inintelligible, parler mal. Les Picards ne comprenant point le langage des Bretons, en picard *Bertons*, se sont imaginé que ceux-ci parlaient d'un manière inintelligible : de là *bertonner*, parler mal. C'est ainsi que *walonner* qui a même sens, est venu de ce que les Picards trouvaient singulier et mauvais le parler des Wallons, habitants des provinces méridionales de la Belgique. Aujourd'hui encore le dérivé *walonneux* est toujours en usage au sens de *qui parle mal* : on dit même *walon* pour *walonneux*.

BESINER (bziner). Se dit surtout des vaches qui prennent la fuite quand les mouches les piquent ou même quand elles les entendent seulement bourdonner.

Cotgrave donne comme équivalente de *besiner* la locution *aller à Saint-Bezet*, ne savoir rester en place, trotter continuellement, errer, vagabonder. Il donne aussi au même sens *beser* dont *besiner* semble être un fréquentatif ou un diminutif. Mais d'où vient la locution *aller à Saint-Bezet* ? A-t-elle été tirée de *bezer*, comme *Sainte-Touche* de l'action de toucher la paie ou les appointements ? Ou bien *beser* vient-il lui-même de *Saint-Bezet* ? J'avoue que je penche pour la première hypothèse. Mais tout cela ne nous apprend rien de l'origine du mot en question. Dans une note de M. Devauchelle, à qui je dois tant de documents et d'observations judicieuses, je lis ce qui suit :
« Il suffit de simuler un bourdonnement
« pour faire fuir les vaches. Ainsi, lors-
« que les enfants qui les gardent, veulent
« jouer un mauvais tour à l'un d'eux en
« faisant sauver les vaches, ils disent
« derrière elles :

« Ein (un) tahon (taon) da (dans) ein chavatte (savatte) qui foit (fait) bziner chés (les) vieux (veaux), chés vaques (vaches), Bzz ! ! bzz ! !... »

Et aussitôt les vaches de courir épouvantées la queue en l'air.

Cette communication me suggère l'idée que l'origine de *beser* qui se prononce *bser* et dont *besiner* (bziner) est le fré-

quentatif, pourrait bien être *bzz*, son qui simule le bourdonnement du taon et des mouches, bourdonnement qui fait fuir les vaches. La locution *aller à Saint-Bezet* serait *aller, s'enfuir au son bzz, au bourdonnement des taons*, et l'origine de *besiner*, fréquentatif de *beser* (bzer), serait une onomatopée dans laquelle le peuple aurait pris l'effet pour la cause, l'action de fuir pour la cause qui fait fuir. *Besiner* a donné le dérivé *rabesiner* (rabziner), revenir à la hâte du lieu d'où l'on est parti.

J'observerai, à propos de la locution *aller à Saint-Bezet*, que les Picards ont plusieurs locutions dans lesquelles ils font intervenir, d'une façon aussi étrange que pitoresque, la Vierge et les Saints. Telles sont par exemple *arriver à Notre-Dame belle heure* pour *arriver tard*, et *Sancté boin déblai !* pour *bon débarras !* Ils ont pu de *beser* former un saint imaginaire et dire *aller à Saint-Bezet* pour *besiner, s'enfuir*.

BEUD (beu), grosse poutre. Se dit surtout d'une poutre de maison, poutre qui, placée au milieu d'une division ou d'un compartiment, supporte les soliveaux, le plancher, le grenier, et tout ce qu'il peut contenir.

Beud, à Amiens *baud*, est le même mot que *baud* du vieux français, adjectif venu du haut allemand *bald*, gai, content, guilleret, qui constituait, au moyen-âge, le surnom de l'âne. *Beud*, poutre, de *bald* (le baud, l'âne), est une métaphore comme *cavron*, chevron, de *cavronem*, dérivé de *capreolus*, chevreuil, comme *asellus* (diminutif de *asinus*, âne), chantier sur lequel, chez les Romains, on posait les tonneaux, comme *equuleus* (jeune cheval), *chevalet*, cheval de bois, sur lequel on mettait à la question. Aujourd'hui encore, les Picards appellent *beudet* (diminutif de *beud*), le chevalet des scieurs de long, ainsi que l'espèce de tréteau qu'on place sous une voiture chargée quand on a dételé les chevaux. Le chevalet et le tréteau supportent l'un le poids de l'arbre, l'autre celui de la charrette. La métaphore s'est continuée et confirmée dans les deux locutions suivantes :

« *Etre beudet*, » être baudet, supporter tout, avoir toute la peine.

« *Juer ein beudet*, » jouer un baudet,

11.

jouer à qui supportera seul tous les frais ou toute la dépense.

J'ajoute qu'on appelle *beud* (beu) de volée la pièce transversale d'un attelage de chevaux à une charrue ou à une herse, pièce qui supporte seule tout l'effort de la traction.

On retrouve partout le sens primitif de *beud* (beu), poutre qui supporte seule une charge quelconque.

Beud ne se dit, en picard, qu'au sens de *grosse poutre ;* mais il a donné, au propre, *beude*, à Amiens *beude*, ânesse. *Baude* s'employait, au moyen-âge, comme adjectif au sens de *gaillarde*. Je le trouve dans l'*Anthologie picarde* déjà citée : je donne le passage, malgré sa longueur, parce qu'il contient des mots picards encore en usage :

« Et je soushaide tous boires à talent (talent, vo-
       lonté, désir.)
Et bones napes, char (viande) et tarte et poisson,
Pertris (perdrix), plouviers, widecos (bécasses)
       eusément,
Anguile en rost, lus (brochets), troites (truites),
       esturgeons
Et jone (jeune) dame très bele à demesure,
Simplète au mont (mon Je) baude sous couvreture,
Plaisant assés (assez), taillie par compas,
Se l'uel (si l'œil) li clugne, falche (fasse) un ris
       amouras. »
     (Souhaits d'un paysan.)

Beude, adjectif signifiant *gaillarde*, s'est avili promptement. Le petit vocabulaire du treizième siècle, déjà cité, traduit *procacitas*, effronterie, impudence, par *bauderie*. Aujourd'hui *beude* est, en picard, un terme grossier qui sert à flétrir une femme de mœurs dissolues.

Beudet, âne, a donné le dérivé *beudelée*, ce que porte ou peut porter un baudet et le diminutif *beudelot*, petit âne, dans certaines localités *beudelon*.

On a sans doute remarqué *faiche* pour *fasse* ; cette finale existe encore : « *I feut qu'i vienche* », il faut qu'il vienne. On la trouve dans le vieux français sous la forme *ge* :

« Je n'arai jà qui sustienge m'honor. »
       (Ch. de Rol.)
— « D'eschas, de rivière et de chasse
 Voil (je veux) que du tout aprenge et sace
       (sache.)
       (Benoît.)

Chez les Romains, les lettres *i*, *j* avaient le même son ; *i* a donc pu, selon les cas, donner *j*, *g* doux ou *ch*. En voici des exemples :

Rabies, rabjes, rages, rage.
Cumbiare, cambjare, camjare, changer, en picard *canger.*
Calopedia, calop'dja, galoche.

C'est ainsi que *faciat* a donné *faiche* dans le dialecte, *foiche* en patois, et que *veniam, veniant* ont fait *vienche, vienchent.*

BEU, beffroi. Ne se dit qu'à Amiens, dans le peuple. Abréviation de la forme *beufroi.* « Quelle heure qu'il est à che *beu ?* » disent à Amiens les hommes du peuple ; c'est-à-dire quelle heure est-il au *beffroi*, où se trouve une horloge publique.

BEUDELER (beu dler), crotter, salir de boue. Dérivé de *beue*, boue, à Amiens *baue. Beue* est d'origine celtique, Kymri, *baw*, boue. Ni *beue* en picard, ni *boue* en français n'ont donné *beuer*, *bouer*, crotter, salir de boue. Mais le picard ayant le dérivé *beudeler*, il me semble, en raison du *d*, que ce mot vient de l'adjectif celtique *boudhyr*, boueux.

BIAR, verrat, porc. Peut-être du vieil haut allemand *bêr*, porc.

BIBACHE, moucheron, cousin. Il y a là un radical *bib* qui est dans le latin *bibere* et qui implique l'idée de *boire*, Or, l'espèce de moucheron qui s'appelle *bibache* est justement celle qui affectionne spécialement le séjour des prés et des lieux humides ou le bord des bois. On trouve, dans Isidore de Séville, *biblo*, moucheron qui naît dans le vin ; mais il ne donne pas *bibache*. La finale *ache* de *bibache* décèle une finale latine *acea* — *tilliaceus*, tillache, mot picard qui signifie dur, résistant — laquelle ajoutée au radical *bib* donne *bibacea*, forme populaire supposée venue de *bibax* et ayant le sens de *buveuse* : la *bibache* est donc la *buveuse*, dénomination suffisamment justifiée par sa préférence pour les lieux humides. Dans plusieurs localités on emploie le mot *biberon* au même sens.

BIBLE. On trouve ce mot au masculin dans des *Inventaires* faits à Amiens :

« Ung *bible* en grand volume prisé X « solz » (1594).

« Ung *bible* en latin et ung Mémorial « des Histoires de France prisé ensemble « XL solz. » (1595.)

« Ung viel (vieux) *bible* couvert de cuir
« rouge. » (1616.)
(*Communic. de M. Devauchelle.*)

BIDALIN, petit cheval. Dérivé de *bidet*, mot d'origine inconnue, peut-être
d'origine celtique, gaël, *bideach*, très-
petit, *bidein*, petite créature, *bidan*,
homme faible. Nous avons aussi *bidaillon*,
mauvais petit bidet.

BIDOMAI, petit mouton. Mot composé
de *bido* et *mai*. *Bedo*, en rouchi, signifie
agneau ; *mai* est le cri ou bêlement du
mouton. En langage enfantin, le picard
dit *mai-mai* pour *mouton* : c'est une
onomatopee. Quant à l'origine de *bedo*,
bido, elle m'est inconnue.

BIEF ou BIEUF (biéfe). On appelle
ainsi une terre compacte et impropre à
aucun usage laquelle se trouve par couches sous l'humus de certaines contrées.
Orig. inc.
Bief a donné l'adjectif *biéfeuse*, *bié-
freuse*, qui se dit d'une terre compacte.

BIÉKEUP (biékeu), beaucoup, à Amiens
biécop (biéco). Mot composé. Il y a là
keup, *cop*, du latin populaire *colpus*,
coup, contraction du classique *colaphus*.
Bié vient du latin *bellus*, beau. à l'origine *biel* prononcé *bié*, comme *musel*, *tinel*, etc., qui se prononcent encore *musé*,
tiné. *Biel* existe dans le vieux français :

« **Biel** (beau) signour, li rois de France re-
quiert ma serour (sœur) à feme (femme). »
(CHRON. LE RAINS)

Keup, *cop* signifiait, à l'origine, quantité , et *biel cop* un grand coup, une
grande quantité. On lit dans Joinville :
« Nos engins getoient aux leurs et les
« leurs aux nostres ; més oncques n'oy
« (ouïs) dire qu'ils feissent (fissent) *biau*
« *cop*. » Je sais que, dans bien des localités, on dit *bienkeup* ; mais l'*n* est adventice.

Bellus a donné en picard la forme
biau, *bieu* ; on trouve la première dans le
vieux français : elle est toujours en usage
à Amiens :

« **Biaus** douz amis, de moi ayez pitié. »
(CH. DE ROL.)
— « Li chevaliers fu (fut) **biaus** et gent
(gentil). »
(LA ROSE.)
— « Au matin, il fit moult **biau** jour. »
(VILLEH.)

Biau se trouve dans le nom de plusieurs
villages de Picardie : *Biaucaisne* au XIIIe
siècle, aujourd'hui *Beauquesne*, du latin
bellus casnus ; *Biauvoir* au XIVe siècle,
aujourd'hui *Beauvoir*, *Biaufort* à la même époque, aujourd'hui *Beaufort: Bieu-
vau*, aujourd'hui *Beauval*, etc. On lit dans
une charte de 1289 : « Et n'est mie à ou-
« blier ke toutes ches ventes ont esté
« faites a le requeste dant (dom, du
« latin *dominus*) Jehan de *Biaucaisne*,
« judis canoine (chanoine) de Saint-
« Achuel d'Amiens, adonc moine et por-
« tier du Gart. » (G. RAYNAUD, *Etude
sur le Dial. pic*).
— « Item, je doue Maroie Gambed'or,
« me feme, du tierch (tiers) de toute me
« rente de *Biauvoir* tele comme je l'i ai.»
(IBID., *Charte de 1315*).

Le féminin de *biau*, *bieu*, est *belle*,
comme en français. En picard, on dit
dans plusieurs localités, *belle* pour *lune*.
Du Cange a relevé dans Papias le mot
Fibebella signifiant *lune brillante*. Il
ajoute que peut-être il faut lire *Phebe
bella*, c'est-à-dire *belle lune*, et que les
Picards appelle *la belle* la lune dans son
plein.

Bellus a dû donner la forme *bellita-
tem*, qui, contracté en *bell'latem*, a donné
en picard *biauté* à Amiens, ailleurs
biauté. On trouve la première forme dans
le vieux français :

« Ce est biautez des anges. » (**Psoautier**).
— « Passetant vespres et matin
Que sa **biauté** va à déclin. (**Lai du Conseil**).
— « Moult grans merveille estoit leur **biauté**. »
(VILLEH).

BIENVEIGNER, bien accueillir, recevoir quelqu'un avec joie. Dérivé du participe *bienveillant*, autrefois *bien-veuil-
lant*, voulant le bien.

BIGORGNER, loucher. De la particule
péjorative *bi* et de *gogner*, regarder de
travers, loucher : l'*r* est adventice, puisqu'il n'existe pas dans l'adjectif *gognot*,
qui louche. *Gogner* est d'origine germanique, (allemand suisse, *loren*, épier,
regarder :) *l* s'est changée en *g* comme
dans le vieux français *se garmenter* (se
lamenter) du latin *lamentari*, et dans
lequel l'*r* est aussi adventice.
Au même radical se rattache l'adjectif
berligogne, très-louche.

BIGUE. Terme de mépris. « *Vielle*

bigue, » dit-on, en parlant d'une femme méchante. Ce mot est le même que *bique* du français : il y a eu adoucissement de *q* en *g*.

BIHITRE, tempête, orage. Cotgrave donne comme picardes les formes *behistre*, *bechistre*, orage, et l'adjectif *behistreux*, orageux. On trouve *behistre* dans le vieux français :

> « Après fouldre, esclitre,
> Tempeste, behistre. » (MOLINET).

Le dialecte de l'Ile de France a *besitre*, désastre.

Il est évident que *bi* vient de *be*. Quant à la lettre *h*, elle est adventice comme dans une foule de mots. La forme picarde et la forme de l'Ile de France peuvent donc se ramener toutes deux à la forme primitive *besitre*. Cette forme viendrait-elle de la particule péjorative *bes* du latin *bis*, et d'une corruption de *astrum*, astre, étoile, fortune, chance, et, par extension, mauvaise fortune, orage, désastre? C'est une question que je pose en rapprochant *besitre*, *bechistre* de *désastre* et en faisant remarquer que *bes* et *des* ont la même signification péjorative. La forme *bechistre* s'explique par la permutation de *s* en *ch* signalée au mot *achermenter*.

BILLONNER. Ce mot a deux sens, d'abord celui de scier un arbre pour en faire des *billes* ou *billots*, c'est-à-dire des morceaux de toute la grosseur de l'arbre, action que le picard exprime aussi par le verbe *tronchonner*, mettre en tronçons. Il signifie en outre *frapper avec un bâton*, donner une roulée de coups de bâton : c'est un synonyme de *achermenter*. *Billonner* est un dérivé du picard *billon*, branche d'arbre, venu de *bille* par addition du suffixe diminutif *on*. *Bille*, en bas latin *billa*, *billus* dans un texte du XII⁰ siècle (Voyez Du Cange), vient du celtique : irland. *bille*, tronc d'arbre. Il a donné le dérivé *billaude*, branche, coupée pour être plantée. On lit dans les *Plaids* de Boves à la date de 1507 : « Ont « dénié lesdicts avoir prins les billaudes « ne autre bois » ; et à la date de 1522 : « Pour avoir esté trouvé coppant et abat-« tant des billaudes ès-bois. »

> (*Documents communiqués par
> M. Devauchelle.*)

Au même radical se rattache l'adjectif *billard* qui se dit d'un homme qui a les jambes mal faites ou qui marche mal. *Billard* est proprement celui qui a l'habitude d'aller en s'aidant d'un *billon* ou bâton, et, par extension, faible des jambes, mauvais ou vilain marcheur. De *billard* est venu, par permutation de *r* en *l*, le dérivé *billander*, *biander*, aller de côté et d'autre, biaiser. Le français a le verbe *billarder* qui se dit, en terme de manége, d'un cheval qui jette les jambes de devant en dehors.

BINARDAGE, action de binarder.

BINARDÉE, ce que transporte un binard.

BINARDER, transporter (des arbres). Dérivé de *binard*. Notre binard picard n'a que deux roues ; l'arbre transporté se trouve suspendu en balance sous l'essieu placé lui-même sur des roues très-hautes.

BISARD, dans la locution *temps bisard*, état du ciel couvert de nuages gris. On dit au même sens *temps bis*. *Bisard* est un dérivé de *bis* dont l'origine est incertaine. Les Picards qualifient du nom de *bisette* une femme de petite taille, par assimilation à la femelle du *biset*, pigeon un peu sauvage d'une espèce très-petite. *Bisette* s'emploie aussi comme adjectif au sens de *un peu bise*, en parlant d'une femme.

BISSON, buisson, du latin *buxus*. On retrouve la forme picarde *bisson* dans Joinville : « Quand les chevaus aus Sar-« razins avoient paour (peur) d'aucun « bisson, leur mestre (maîtres) leur di-« soient... » Démarais, au XVII⁰ siècle, dit que la prononciation française était *bisson*. *Bisson* a donné *bissonnière* dans la locution *école bissonnière*.

BITACLÉ, moucheté, tacheté. *Orig. inc.*

On dit *mitaclé* au même sens.

Corblet tire sans sourciller *bitaclé* des deux mots latins *bis maculatus*. Avec la moindre notion de la transformation des mots, on reconnaît tout d'abord que *maculatus* régulièrement contracte en *mac'latus* change *a* en *ai*, *cl* en *il*, et donne *maillé*, absolument comme *macula* donne *maille*, de sorte que *bis maculatus* ne peut faire que *bismaillé*, *besmaillé*, *bermaillé*, *barmaillé* ou *bamaillé*, ce qui nous met à cent lieues de *bitaclé*. Il est vraiment fâcheux que Corblet ait ignoré les lois de transformation : il a donné une étymologie évidemment ridicule, et, ce qui est pire, manqué celle de *maillé* qui est justement un synonyme de *bitaclé*.

BITENBOUT (*bitenbout*) dans la locution adverbiale *d' bitenbout,* tout au long, le long de. Je crois que c'est une corruption de *bout en bout*. On dit aussi, par permutation insolite de *b* en *m*, *mitenbout* : « *d' mitenbout l' route,* » le long de la route.

On trouve dans le vieux français la locution *de bout en bout* signifiant *tout au long.* Joinville dit : « Il leur fit chanter *Veni Creator de bout en bout.* »

Les lettres *b*, *m*, se rencontrent souvent l'une pour l'autre indifféremment : *Bitenbout* et *mitenbout*, *bitaclé* et *mitaclé*, *bornifle* pour *mornifle*, *bésingue* pour *mesange*, etc.

BIULÉ, altéré par l'humidité ; couvert de taches de moisissure en parlant du linge, du papier. Peut-être par changement de *p* en *b* d'une forme latine populaire *pullare*, noircir, dérivé de *pullus*, noirâtre. Ce mot me semble avoir la même origine que *buli* qu'on verra plus loin.

BITARDE. On rencontre ce mot dans deux locutions assez curieuses. On dit *cacher* (chasser) *à bitardes* pour chasser un gibier imaginaire, ou bien chasser d'une façon absurde, comme par exemple essayer de tuer des canards dans les bois ou de prendre la nuit des lapins dans un sac : j'ai vu jouer ce dernier tour à des niais ou à des idiots. On dit encore *envoyer à l' bitarde* , envoyer promener , comme quand on a affaire à un homme capable de faire des niaiseries.

La *bitarde* est l'outarde, oiseau aquatique, *avis quæ degit in aquâ*, dit Du Cange. Or, deux espèces, autrefois communes en Europe, ne s'y trouvent plus qu'accidentellement : il est donc impossible, ridicule et absurde de vouloir leur faire la chasse. Ce fait, rapproché des mœurs des bitardes qui sont celles du canard et de l'oie, explique suffisamment les locutions *cacher à bitardes* et *envoyer à l'bitarde*.

On trouve *bistarda* dans Du Cange qui écrit : « *Bistardæ* et anates contrà aves « rapaces horripilant pennas », et renvoie au Liv. 1ᵉʳ de l'ouvrage *De arte venandi* de l'empereur Frédéric II.

Bitarde, à l'origine *bistarde*, vient des deux mots latins *avis tarda*, par apocope de l'*a* et le changement de *v* en *b* : le portugais *betarda* confirme cette étymologie.

La disparition de la bitarde ne doit pas dater, en France, d'une époque bien reculée ; car on en mangeait encore en Picardie au XVIIᵉ siècle, comme le prouve le passage suivant de la *Suite du célèbre mariage de Jennain* donnant le menu d'un repas très-confortable :

« Trois grans pâtés de lière (lièvre) aveu (avec)
| forche moutarde,
Huit cod'innes (dindes) rôties et autant de bi-
| tardes. »

En picard, le dindon s'appelle *codin* (corruption de *coq d'Inde*) et la dinde *codinne* qu'on prononce *codainne*.

J'ai changé l'orthographe de ces deux vers dans lesquels les mots étaient écrits sans *s* au pluriel ; par suite le second vers est faux à cause du mot *rôlies.*

BLANFATE, blanchâtre. Dérivé de *blanc* qui est d'origine germanique : ancien haut allemand *blanch*, même sens. Le suffixe *ate* est pour *atre* : l'*r* dans cette position tombe toujours en picard. La permutation de *ch* en *f* est insolite et injustifiable. *Blanc* a donné plusieurs dérivés :

Blanquir, blanchir.

Blanquisseux, blanchisseur ; *Blanquissoire*, blanchisseuse.

Le féminin de *blanc* est *blanque* qu'on trouve encore en usage à Amiens dans un Inventaire de 1618 : « Ung hault de « chausses d'estamet gry (gris), le bas de « thoille (toile) *blanque.* » Ce mot rappelle le gué de *Blanquetaque* où, sur l'indication du traître Gobin l'Agache , Edouard III passa la Somme avant la désastreuse bataille de Crécy. *Blanquetaque* signifie *tache blanche,* ou plutôt *place blanche*, probablement parce que le peu de profondeur de l'eau laissait apercevoir le fond crayeux et blanc du gué dit de *Blanquetaque.* Une des rues d'Amiens porte aussi le nom de rue de *Blanquetaque.*

12.

BLASSER, fomenter une plaie, l'étuver ; humecter avec un liquide une partie tuméfiée et souffrante. C'est probablement avec un léger détournement de sens le mot *brasser* dont l'*r* s'est changé en *l*.

BLEUTIR, devenir bleu ; donner une teinte de bleu. Littré, sans doute d'après Corblet, donne comme picarde la forme *bleusir* qui existe très probablement, mais qui m'est personnellement inconnue. *Bleutir* est un dérivé de *bleu* venu de l'ancien haut allemand *blao*, même sens. *Bleu* fait *bleuse* au féminin. On lit dans un Inventaire de 1616 (Amiens) : « Ung « viel (vieux) cotillon de sarge (serge) « bleuze. »

(Communic. de M. Devauchelle.)

BLEYOL (bleyo), blé petit et maigre. Ce mot implique une forme populaire *bladiolum* qui, laissant tomber le *d* médial, change *iolum* en *ol*, comme *lusciniolus*, rossignol, en picard *orsignol* (orsigno) et laisse ainsi *bleyol* (bleyo), dans certaines localités *bleyou*.

Une note de M. Duvauchelle m'apprend qu'il a existé, en picard, un verbe *blaer* au sens de *ensemencer, emblaver*, et que M. Janvier, secrétaire greffier de la Ville d'Amiens à la fin du siècle dernier, a trouvé, dans les archives de Camon, une sentence rendue par le bailli d'Amiens en l'année 1296, le *jeudi devant le Candeleur*, dans laquelle on lit : « Quand les terres sont *blaées*. » C'est *blaer*, du bas latin *bladare*, (dérivé de *bladum*, blé) qui a donné, en français et en picard, le dérivé *déblayer*, en picard et en vieux français, *emblayer, emblaer*, des deux formes, *debladare, imbladare*. On lit dans une charte de 1272 citée par Brachet : « Simi- « ler in pratis postquam fuerint *debladata*. » A l'origine, *déblayer* a signifie enlever le blé, puis enlever en général, et, par extension débarrasser. De même pour *emblayer* (simb'ayer) qui a signifié *ensemencer en blé*, et, par extension, embarrasser. *Emblayer* est un mot très-commode et très expressif que le picard a conservé et que le français moderne a eu tort de laisser tomber ; car il existait dans le vieux français, comme le prouve la citation suivante :

« Se (si) ne fusson si emblé (embarrassé, gêné). Je vous éusson effraé (effrayé). »

(Ren.)

Dérivés : **Déblayures**, déblais
Déblaiment, action de déblayer
Remblayer, embarrasser de nouveau.

Un document du XVIe siècle prouve que dans l'est de la Picardie on disait *déblavé* pour *débarrassé* et *emblavement* pour *embarras*. Le *véritable discours d'un logement de gens d'armes en la ville de Ham, avec un chanson en vers picards* par Legros, bourgeois de Ham, porte :

Frère, je vo dirai toute et au long l'affoaire (affaire)
Le biau herniquement et le grand hire haire,
Le peine, le hergan et tout l'**emblavement**
Que che host (troupe) de saudards me fit dé- roainement (dernièrement).
. . . .
. . J'eus bien du mau (mal) d'en être **déblavé**. »

J'ai changé un peu l'orthographe de ces vers. On y remarquera *herniquement*, tracas, tumulte, embarras, qui était défiguré en *herquinement* dans Corblet et qui est un dérivé de *airniquer, herniquer* (V. *Airniquer*.) *Déroainement* est un dérivé de *dérain*, dernier, du latin *deretranus*, dérivé de *de retro*, derrière. *Host*, vi. fr. *ost*, armée, signifie *troupe, troupeau, grande quantité* en patois.

BLITE, niais, sot ; vaurien ; mendiant. C'est au sens de *mendiant* qu'il faut interpréter la qualification de *gros blite* donné au saint Christophe de la cathédrale d'Amiens, dans la pièce picarde intitulée *Entretien de deux paysans sur la Cathédrale d'Amiens*. Corblet fait venir *blite* du latin *bliteus* : il ignore que le suffixe *eus* donne *ge*, et qu'en conséquence *bliteus* n'eût pu faire que *bloige, bleige*, comme *laneus* a fait *lange*, *rubeus*, rouge, etc., ce qui nous met, on le voit, passablement loin de *blite*. *Blite* est tout simplement une contraction du français *bélitre* dont l'*r* est tombé comme il tombe toujours en picard dans cette position.

L'origine de *bélitre* semble être germanique, allemand *bettler* (mendiant), par métathèse *bleter* : c'est du moins l'opinion vers laquelle penchent Diez et Littré.

BLOQUEL (bloqué), petit bloc pour découper la viande. Diminutif de *bloc* dont l'origine est germanique ou celtique : haut all. *bloc* ; gaël. *bloc, bluic*.

On trouve la forme picarde *bloquel* dans le vieux français :

« Et fu apareilliés uns varlès, une
« grans hache en sa main et un *blokiel* en
« l'autre. »

(Chron. de Rains.)

BLOUQUE, boucle. Du latin *bucula* par transposition de l'*l*. On trouve ce mot dans les Inventaires :

« Ung baudré (baudrier) de vellour avec la
« blouque et morgeant (fermoir) et trois cloux
« d'argent dorez prisé IIII livres. »

(Amiens, 1557).

— « Ung chainturon (ceinturon) garni de cloux
« et blouque d'or. »

(Amiens, 1596.)

— « Ung petit chainturon de parsemeut de soie
« garni de vingt-cinq petits clous d'argent
« avecq les deux bloucques. »

(Amiens, 1598).
(Communic. de M. Duvauchelle.)

BOICHONNER (bouéchonner), s'adonner à la boisson. Dérivé de *boichon*, boisson, venu d'une forme latine populaire *bibitionem* dérivée de *bibere*, boire.

BOIN (bouein), bon. Du latin *bonus*, bon, qui a donné en picard les formes *boin*, *boen* qu'on trouve dans le vieux français, au féminin *boine*.

« Li boens serganz (sergent) kil (qui le) serveit volentiers. »

(Saint-Alexis.)

— « Ceste feste fu moult joïe (joyeuse),
    Et bele et boine. »

(Fl. et Blanch.)

— « Nus (nul) ne puet (peut) borier d'or
« chapiaus ne atuches ne ir ouus à boines pel-
« les (perles), fors de boin or. »

(Liv. des Mét.)

Dans une charte de 1304 relative à la ville d'Encre (Albert), on lit : « Seur (sur)
« chou (ce) que le dit maires, juré et
« communautez disoient ils pooient (pou-
« vaient) faire le cours de le rivière aler,
« tourner et faire nouvel cours, toutes
« les fois qu'ils vovoient et cuidaient
« (pensaient) que *boin* fust pour le pour-
« fit (profit) de leurs mares (marais)...
« Et après moult de debas, par le conseil
« de *boines* gens, nous nous sommes
« acordés en le maniere qui s'en suit. »

(Documents communiqués par
M. Daussy.)

Dans un *testament reçu par Mésire Adam, curé de Saint-Mathieu de Fouil-loy, le venredi devant le saint Thumas l'apostre*, année 1333, on lit : « Je, Ma-
« roie Grande, femme Baudoin Le Ma-
« chon, en men (mon) *boin* sens et en me
« *boine* mémore (mémoire), fais et or-
« denne men testament pour le pourfit
« (profit) de l'âme de mi (moi), en le
« fourme (forme) et en le manière qui
« s'ensuit. »

(Communic. de M. Devauchelle.)

Il paraît que la forme des testaments était, pour la formule initiale, à peu près partout la même au XIV⁰ siècle. Celui de Jean le Selier, fait à Abbeville en 1315, commence ainsi : « Je, Jehan le Seliers,
« li ainsnés (aîné), en men *boin* sens et
« en me *boine* memore, pour le salut de
« m'ame, de l'assentement et de le vo-
« lenté Ernoul le Selier, men fil (fils) et
« men oir, fais et ordene men testament
« en le fourme et en le manere (manière)
« qui chi après s'ensieut. » *(G. Raynaud,*
Etude sur le Dial. pic.)

M. Raynaud a remarqué que, dans les trente-neuf chartes qu'il donne, la forme *Boin*, *boine* n'apparaît pas avant le commencement du XIV⁰ siècle; la forme antérieure est *bon*, *bone*.

Je rencontre la forme *boen* dans une épitaphe très-curieuse extraite par Corbiet des manuscrits du P. Daire.

« Jacques Hémart, boen varlet,
    Toudis armé et toudis prest,
    Avec bonnet sur sa caboche
    Et des éperons à ses galoches.
    L'an 1500 et un quarteron,
    Il fut tué par un Bourguignon. »

Dérivés : *Boineté*, bonne qualité d'une
    chose.
Boinir, devenir bon.
Aboinir, améliorer, rendre meil-
    leur.
Raboinir, redevenir bon.
Boinement, bonnement.

Je trouve ce dernier mot dans une charte de 1339 communiquée par M. Daussy : « Jou li Maires, nous li Juré de le vile
« d Encre, faisons savoir, etc..... que
« nous avons le moitié du manoir dessus
« dict en le fourme (forme) et en le ma-
« niere que au testament dudict feu Au-
« mont de Miaute (Méaulte) est contenu,
« et à warandir (garantir) quitement
« (tranquillement) de nous et ne nos hoirs
« et successeurs *boinement* à tous jours. »

BOITEL (bouété), boisseau. Du latin populaire *bustellus*, boîte, diminutif de *busta* qui signifiait proprement boîte à mesurer les grains. Le changement de *el* en *ieu* a donné *boitieu* qui se dit dans certaines localités.

Boitel existait dans le dialecte picard. On lit dans le *Dénombrement du Temporel de l Evêché d'Amiens* (1301) : « Si « en ai a chascune fois de chascun molin « j (un) *boistel* d'orge et j *boistel* de four-« ment. » M. Devauchelle a relevé dans un Inventaire de 1598 (Amiens) : « Ung « boistel de tiercin à mesurer frenne » (farine).

A la halle aux grains d'Amiens, les mesureurs emploient encore le mot *boite* (bouéte) pour désigner une mesure de capacité qui, en réalité, n'existe point, mais qui équivaut à un demi-hectolitre. Ce fait montre que l'emploi de *boite* au sens de *mesure de capacité pour les grains* est très-ancien.

BONNE, borne. Le jurisconsulte Paulus appelle, en latin, *bodones* des *monceaux de terre servant de limites aux champs.* On trouve au VIIᵉ siècle *bodina* signifiant *borne.* C'est de *bodina* qu'est venu *bonne,* au XIIᵉ siècle *bodne. Bodina* contracté en *bod'na* donne *bonne* par assimilation regressive de *d* en *n.* On rencontre souvent la forme *bourne* dans laquelle l'*r* est adventice comme dans le français *borne.* Je la trouve dans le petit vocabulaire du XIIIᵉ siècle et dans plusieurs documents d'origine picarde.

On lit dans un accord entre Louise de Nesle, dame d'Offemont, de Mello, d'Encre, etc., et le maieur d'Encre : « Comme « procès feust meu entre nous pour rai-« son des seigneuries, saisines d'hérita-« ges, pareillement de l'auctorité de met-« tre bouffeaux, rameaulx et ramons sur « flégart de rues, de asseoir *bournes* ou « assens sur héritages. » (1518.)

— « Item, en tant qu'il touche les « *bournes* et assens que lesd. maieur et « jurez ont fait planter et mettre dedens « terre en leurs prez. » (*Ibid.*)

Je dois communication de cette charte à l'obligeance de M. Daussy. On y remarquera deux fois le mot *assens,* synonyme de *borne,* que j'ai donné à la lettre A sous la forme *asseing* qui est la forme étymolo-gique. Cette citation montre que ce mot était employé aussi bien en Picardie qu'en Flandre.

— « Veoir (voir) dire et ordonner que « partaige (partage) sera faict, ensemble « que *bournes* et desrens (limites) seront « posés entre les parties. »
(Sentence de 1642.)
(*Communic. de M. Devauchelle.*)

Il y avait à Amiens, dans le vieux quartier du Hocquet, une rue dite des *Bournes.* Un compte de 1539 porte : « Et en-« core à la dite rue du Hocquet répond « autre rue nommée la rue des *Bournes,* « tirant sur la dite rivière de Somme, en « laquelle est la tuerie et escorcherie des « bouchers dudit temporel jusques et en-« viron le pont du Cange. »

Bourne a donné dans le dialecte picard le dérivé *bourner,* borner. Une charte de 1310 porte : « Respont li procureres du dit « comte, qu'il (que lui) et si devanchier « sont et ont esté en boine saisine de « *bourner* et de desrengnier es lieus là « ou les *bournes* furent mis, si que, se il « a fait metre (mettre) les dis *bournes,* « à boine cause l'a fait. » (G. Raynaud, *Etude sur le Dial. pic.*)

Le vieux français disait *bone:*

« Et quand les **bones** y metoient, Mainte fois s'entrecombatoient. »
(**La Rose.**)

— « Et se (si) pains est aporté dedens les **bones** (limites) de la foire. » (**Liv. des Mét.**)

On trouve le dérivé *bonnage,* bornage, dans les Coutumes du Beauvaisis, et Beaumanoir dit *bonner* pour *borner :* « Don-« ques convient-il que cil (celui) qui veut « *bonner, bonne* en se (sa) terre tant seu-« lement, sans passer en le (la) terre de « son voisin. »

Je trouve *bonage* dans une sentence rendue en 1311 :

« Com débas fust mus entre le maieur « et les jurés de le vile d'Encre d'une « part et Jehan de Boulant d'autre part, « sur chou que le dis Jehan de Boulant « disoit qu'il avoit cognissance de meu-« bles, cateus, cherquemanemens et « *bonages* sur les conquans et levans et « les tenans de le rue de Boulant... »
(*Communic. de M. Daussy*).

BOQUET, petit bois. Diminutif de *bos* (bo), bois. On lit dans un acte de 1575 : « Demy journal de terre en une pièche, « tant en *boquet* que à labourer ». A Gentelles et à Cachy, on dit *buquet* pour réunion de quelques buissons et même pour buisson.

Bos (bo) ou *Bou* vient du bas-latin *boscum*, *buscum*. On trouve *bos* dans le vieux français :

> » Ung coffre de **bos**. »
> (DE LABORDE, ÉMAUX.

> « La vile (ferme, de **villa**) seoit en un **bos** :
> Mult i ot gelines et cos (**cos**, coqs). »
> (ROU.)

> « Or le metez ci sor (sur) mon dos :
> Je l'emporterai en cel (ce) **bos**. »
> (REN.)

L'*o* du latin *boscum* qui a fait *oi* dans le français *bois*, est resté *o* dans le français *bocage*, petit bois, lieu ombragé, absolument comme dans le picard *bos* :

> « Li païsau et li vilain
> Cil del **boscage** et cil del plain (plaine). »
> (ROU.)

Bos se rencontre dans un proverbe picard bien connu :

> « Pain ter (tère, tendre)
> **Bos** vert
> Flamique (tarte) à poirions (poreaux)
> Rueinne-moisons (sont des **ruine-maisons**). »

J'écris *ter* sans *e* final à cause de la rime ; mais l'orthographe doit être *tère*. En effet le latin *tenerem*, tendre, a donné, par contraction en *len'rem*, le mot *tenre*, d'où, en français, *tendre*, par insertion d'un *d* euphonique entre les deux liquides *n r*. Le picard, au lieu d'insérer un *d*, a laissé tomber l'*n* : de là *tère*. Ce fait se reproduit dans plusieurs futurs picards, par exemple dans *tarai* (je) de *tenir* pour *tiendrai*, originairement *tenrai*.

M. Raynaud a remarqué que dans les trente neuf chartes qu'il donne, il n'a pas trouvé un seul exemple de *d* euphonique devant *re*.

La forme *bos* existait dans le dialecte picard.

> « Nous, Willaumes, par la grasse
> « (grâce) de Dieu abbes de Donmartin,
> « faisons savoir ke comme Jehans de
> « Neele, quens (comte) de Pontieu etc.,
> « et Jehanne, sa femme, etc., nous aient
> « otrié (octroyé) ke nous puissions pren-
> « dre trois journeus ou quatre de *bos* en
> « une pièche... » (*Charte de* 1273, dans l'*Étude* de M. Raynaud *sur le Dialecte picard*.)

On lit dans le *Dénombrement du Temporel de l'Evêché d'Amiens* (1301) :

> « Les pacaiges et marescages de Pin-
> « kegny ; les *bos* de Mailly et de la Haie ;
> « le *bos* que on apelle de Fontaines ; le
> « *bos* de Hamery et le *bos* du Gart et les
> « warennes es *bos* devant dis. » (*V. Mém. de la Soc. des Antiq. de Picardie, t. VII.*)

Bos, du latin *boscum*, a donné les dérivés *boquion*, bûcheron, et *boquionner*, exécuter un travail de bûcheron. *Boquion* existait dans le vieux français sous la forme *boskillon* :

> « Dire vous voel (je veux) d'un chevalier
> Chevauchant, et d'un escuier,
> Et d'un **boskillon** molt preudhomme
> Qui ert (était) venus querre (chercher) une
> somme (charge)
> De busches au **bos**.
> (MAHOMET.)

Bosquillon est le nom d'une famille noble de Picardie : les armes de cette famille portent trois *serpettes* par allusion au mot *bosquillon*, bûcheron.

Dans le Ponthieu on dit *bocanier* pour *boquion*, bûcheron.

Bos a donné le dérivé *abosquier*, planter une terre en bois. On lit dans le bail d'un domaine sis à Vers-Hebécourt, année 1475 : « Toutes voies (toutefois) n'est-« il pas encoires à oublier qu'en ce pré-« sent bail ne sont pas comprinses toutes « les terres ad présent *abosquiées*. » (*Communic. de M. Devauchelle.*)

BORDAGE, chemin de hallage. C'est là le sens de ce mot dans un acte de 1613 que me communique M. Devauchelle : « Sept à huict pieds de *bordage* de chas-« cun costé de la rivière de Moreul (Mo-« reuil) pour la conduicte des bateaus. » *Bordage* est un dérivé de *bord* lequel est d'origine germanique, néerl, *bord* : il a donné les dérivés *bordager*, border, avoisiner, *bordurer*, longer, être sur le point de toucher.

BORDON, long morceau de bois mobile placé perpendiculairement au milieu d'une porte cochère pour y appuyer et fixer les deux battants. Du latin *burdo*, âne. C'est une métaphore, comme celle qui de *beud*, âne, a fait *poutre* : le *bordon* maintient et supporte les battants d'une porte, comme le *beud* soutient le grenier.

Bordon existait dans le vieux français au sens de bâton de voyage.

« Et Pieres li Hermites, li pelerin senés,
Son **bordon** en sa main, qui fu fors (fort) et
quarrés. »
CH. D'ANT.

« Et port (je porte) o (avec) moi par grant es-
fort,
Escherpe et **bordon** grant et fort. »
LA ROSE.

Les Picards appellent aussi *bordons* les grosses pousses que produit l'oseille pour donner sa graine.

BORGNESSE, femme borgne. Dérivé de *borgne* dont l'origine est inconnue.

BORNIFIQUER, appliquer un soufflet sur les yeux. Dérivé de *bornife* (corruption de *mornifle*, soufflet) combiné avec *fiquer*, enfoncer, appliquer, du latin populaire *figicare*. C'est proprement *ficher une claque*.

BORRIER, bourrelier. C'est une contraction du français *bourrelier*. On dit aussi *gorrier* par le changement (très-rare) de *b* en *g*.

BOTER, émonder un arbre. Dérivé de *bout*, extrémité : l'émondage consiste à enlever le bout des branches. On trouve *boter* dans un acte de 1641 : « Le dict ne « porra ne coper ne *boter* la haye « vifve. »

Dérivé : *Botlures* (au plur.) branches provenant de l'élagage.

On emploie *boter* au sens de *couper les bras* à coups de serpe. Quand les paysans sont en colère, ils disent à quelqu'un qu'ils le *boteront*.

Au même radical se rattache *bouterlot*, *biterlot*, ouvrier qui émonde les arbres ; mais il me semble difficile de rendre compte de la finale *lot*.

Les habitants du village de Cottenchy dans lequel il y avait jadis beaucoup de charpentiers, sont appelés, dans les environs, les *serpeux*, ceux qui travaillent avec la *serpe*, et plus souvent les *boteux à la serpe*.

BOTTERON (botron), petite botte (de paille, de blé, etc.). Diminutif de *botte* venu de l'ancien haut allemand *bôzo*, faisceau, fagot.

Botte s'emploie au sens de *part, paquet* au figuré. On dit par exemple : « Qué de « malheurs ! Cacun n'ot s' *botte*. »

BOUCHELIN, petit boucher de village. Diminutif de *boucher*, lequel signifiait, à l'origine, marchand de viande de *bouc*, comme le prouvent les *Statuts de Montpellier* (1204), lesquels défendent aux *bouchers* de vendre de la *viande d'agneau* : « *Ni el mazel de boccariâ no siâ venduda carn de feda.* »

Le mot provençal *mazel* vient du latin *macellus*, marché à la viande. Le pluriel *mucelli* a donné, en picard, *maisiaux* ou *maiseaux*, nom des boucheries de la ville d'Amiens au moyen-âge : « *Maiselli* ubi « venduntur carnes in foro Ambianensi.» (DU CANGE.) On lit dans le *Dénombrement du Temporel de l'Evêché d'Amiens* fait en 1301 : « Vechi (voici) les chens du « froc le Roi en Aamiens et des grans « *maisiaus* qui sont deu (dus) as IIII « seingneurs. »

« Un règlement de l'échevinage du « 1er avril 1282 pour la corporation des « bouchers nous apprend qu'il existait « alors deux boucheries à Amiens, *les* « *grans et petits maiseaux*, en même « temps qu'un abattoir public.» (GARNIER, T. VII des *Mém. de la Soc. des Antiq. de Pic.*)

En copiant ces divers documents j'en retrouve deux que j'ai oublié de donner dans la lettre A : ils sont relatifs au mot *amasé* et je les donne ici. On lit dans le *Registre aux délibérations de la ville d'Amiens*, année 1493, que le terrain de l'hôtel de Monceaux fut concédé à Jean de Monceaux « à la charge de le faire « *amaser* (garnir de constructions, de « *maisons*) en dedans quatre ans. »
(HIST. D'AMIENS, PAR H. DUSÉVEL.)

Une charte de 1465 relative à la ville d'Encre porte : « Et n'est pas à oublier « que se (si) ores ou pour le tamps (temps) « advenir (à venir) lad. ville volloit « *amaser* (bâtir) sur la place ou solloit « seoir le maison dud. four. »

De *amaser* était venu le dérivé *amasement*, construction. Un aveu que les échevins de Long servirent en 1562 à Jean de Croy, porte : « A laquelle der-« nière pièce de terre nous et les dits ha-« bitants pouvons prendre terre pour bas-« tir et entretenir nos maisons, *amaze-« ments* et édifices. »

Amaser a donné les dérivés *ramaser*, reconstruire, et *ramasement*, reconstruction. M. Devauchelle me communique des extraits d'un bail passé à Amiens en 1475 dans lequel on lit :

« Les preneurs ont promis et promet-
« tent de *ramaser* ledit lieu et pourprins
« bien et suffisamment de maison mana-
« ble, granges et estables, et, iceulz édi-
« fices ainsi faiz, les retenir et entretenir
« en bon estat. Pour lequel *ramasement*
« lesdits seigneurs leur ont accordé la
« tonture d'un journal de bos à coppe et
« à laye et six quesnes qu'ils pourront
« faire copper du temps et saison compé-
« tents. »

BOUDEUX, jeune veau mâle. Dérivé de *bout* (dérivé de *bouter*, pousser) qui a donné le diminutif *bouton*. Les parties génitales du veau mâle ne sont, à sa naissance, qu'une pousse, un bouton : de là, par changement de *t* en *d*, le mot *boudeux*, le veau qui a un *bout*, le veau mâle. En picard, on appelle *boutaine* le nombril des hommes et des animaux ; le rouchi dit *boudaine*, fait qui confirme l'étymologie de *boudeux* qui, à l'origine, a dû être *bouleux*. Cotgrave donne comme picarde la forme *boutine* et on trouve *boudine* dans la *Suite du Mariage de Jeannin* : c'est la reproduction du fait qui précède. J'ajoute, comme nouvelle confirmation, que nous avons le diminutif *boutinette*, petite *boutine* ou *boutaine*.

On trouve *boudine* signifiant *nombril* dans le passage suivant de Froissart :
« Flambe ardente se bouta en ce lit entre
« les linceuls, par telle manière que le
« roi fut atteint de cette flambe ; on n'y
« put oncques venir à temps, ni lui se-
« courir, qu'il ne fust tout ars (brûlé)
« jusques à la *boudine*. »

Au radical *bout* dérivé de *bouter*, venu du moyen haut allemand *bozen*, se rattache le mot *boujon*, barreau de chaise, flèche, cheville de fer. Le vieux français avait *bouzon*, flèche :

« Cil court plus tost qu'ars (arc) ne jete (jette)
bouzon. »   RONCISV.

On trouve *boujon* dans des inventaires faits à Amiens :

« Ung **boujon** de fer servant à ung bléneau. »
« Ung **boujon** de fer servant à une huche de
« bléneau prisé V solz. » (1596.)

(Communic. de M. DEVAUCHELLE.)

BOUFFEAU. J'ignore si ce mot s'emploie encore. On le trouve dans le vieux picard où il semble signifier *branche pour décorer*, *rameau servant d'enseigne à un cabaret*. C'était, à ce dernier sens, un synonyme de *bouchon*. « *Item* « lesd. maieur et jurez d'Encre aueront « l'auctorité de donner congiet (permis- « sion) de mettre *bouffeaulz*, fœuilles, ra- « meaulz et ramons aux maisons et héri- « tages ainsi tenus pour y vendre vin ou « cervoise à broche. » (Charte de l'année 1518 communiquée par M. Daussy.)

M. Devauchelle a relevé dans les *Plaids de Boves*, année 1506 : « Venot a confessé « avoir coppé en ladicte garenne trois « genoivres aussy gros que le poing d'un « homme pour faire des *bouffeaux* d'é- « glise. »

L'origine de bouffeau est inconnue.

BOUGRENT (bougrein), étoffe. C'est une contraction du vieux français *bouquerant* ; le picard a en outre changé *q* en *g*. Le *bouquerant* était une étoffe de laine : l'origine du mot est incertaine. Le vieux français disait *bouquerant*.

« Et de prendre auquetons de soie ou **bou-**
                                          querant.
                      (GUESCLIN.)

L'inventaire des ornements de Notre-Dame de Noyon dressé en 1409 porte :

« *Item* tres-infulæ quarum una est de
« serico, aliæ de *bougueranno*. »

On rencontre la forme picarde *bougrent*, *bougren* dans des inventaires faits à Amiens :

« Une robbe ronde de drap noir bordée de vellour, doublée de *bougrent*. » (1557.)

— « Deux pièches de *bougren* rouge servant à un sier (ciel) de lict (lit). » (1596.)

(Communic. de M. Devauchelle.)

BOUILLET, bouleau (*Betula alnus*). Diminutif de *boule*, venu du latin *betula* contracté en *bet'la* par changements successifs de *tl* en *ll*, puis en *l* comme dans *metula*, meule. On a eu primitivement la forme *boullet* qu'on trouve dans les *Plaids de Boves*, année 1505 : « Trouvé « widant (sortant) dudict bois atout (avec) « ung fagot de *boullet* nouveau copé. »

(Communic. de M. Devauchelle.)

La forme *boullet* existe encore dans plusieurs localités.

BOULU ou BOULI dans la locution *lait boulu, lait bouli*, bouillie, aliment fait de lait et de farine bouillis. C'était, paraît-il, un mets très-goûté de nos pauvres ancêtres ; car je le trouve au nombre de ceux que désirait avoir au 13e siècle un paysan picard :

« Et je soushaide frès (frais) fromage et civos,
Tarte à poret (poireaux), **lait bouli** et matons. (**Maton**, lait caillé.)
(ANTHOL. PIC.)

Boulir est commun au picard et au vieux français :

« Que icellni Mesnagier ait été pris et con-
« dempué à mort et à estre **bouli**. »
(DU CANGE, **bullire**.)
— « Adont fist Salehedin (Saladin) prendre or
« et argent, et le fist fundre (fondre) en une
« pouele (poêle) de fier (fer), puis li fist avaler
« en le gorge tout **boullant**. »
(CHRON. DE RAINS.)

On dit toujours en picard : *tout caud, tout boullant*, tout chaud, tout bouillant.

BOUQUE, bouche. Du latin *bucca*, bouche.

Dérivés : *Bouquelle*, petite bouche (se dit à un enfant).
Bouquée, bouchée.

Bouque est dans Beaumanoir. « Et si « doivent li cler jurer qu'ils escriront ce « qui lor sera dict des *bouques* as(aux) au-« diteurs tant seulement. » Le *c* dur picard est resté dans le mot français *embouquer*, terme de marine qui signifie entrer dans un canal ou dans un détroit, et dans *bouquer*, faire baiser de force une chose qui déplaît. Les Picards ont réuni dans deux mauvaises lignes rimées quatre mots dans lesquels le *c* dur est caractéristique de leur parler :

« Un (ein) cot (chat), un quien (chien), eune (une)
mouque (mouche),
Du br... dins (dans) t'**bouque**. » (t' ta).

BOURBATERIE, grand amas de boue ; au fig. embarras, désordre. Dérivé de *bourbe* dont l'origine est incertaine, à moins qu'on n'admette avec Littré le radical celtique *bervv*, bouillonnement, parce que, « étymologiquement, la bourbe « est une boue telle qu'on y fait bouillon-« ner l'eau en la foulant. »

BOURIQUET, petit fagot de branches d'épines. Diminutif de *bourrée* dérivé de *bourre* venu d'une forme bas-latin *burra*, amas de laine.

BOURSIAU, bosse à la tête par suite d'un choc ou d'un coup ; petite tumeur résultant d'un abcès en voie de formation. Diminutif de *bourse* venu du latin *byrsa*, sac à mettre de l'argent, et par assimilation sac membraneux, bourse en terme d'anatomie. Au même radical se rattachent :

Bourselet, diminutif de *boursiau*.
Bourselot, petit boursicaut ; compartiment d'une grosse bourse.

Ce dernier est commun au picard et au vieux français :

[Un florin] « Que je trouvai en un anglet (coin)
D'un **bourselot**. » (FROISS.)

On lit dans un Inventaire fait à Amiens en 1595 : « Une bourse à plusieurs *bour-*« *sellotz* (compartiments) de cuir. »

BOUSATIÈRE, vachère, servante qui soigne les vaches, ainsi nommée de ce qu'elle est toujours dans la *bouse. Bouse*, dont l'origine est inconnue, a donné plusieurs dérivés :

Bouseau, ce qu'une vache excrémente en une fois ; au figuré, individu sale, lourd et gauche.

Bouserer, salir, barbouiller, tacher d'ordures, et, par transposition, *brouser*, salir, noircir, d'où *brousure*, saleté, noircissure ; *brousaca*, salie, noircie. *Brousure* signifie aussi *carie du blé*; il y a eu extension du sens de sale, noirci, à celui de gâté, carié : on a pris l'effet pour la cause.

BOUTRI, gonflé, ventru. *Orig. inc.* Il en est de même de *boutife*, vessie, et de *boutiflé*, gros, gonflé, bouffi, qui ont probablement un même radical.

BOUVELET, bouvillon. Le latin populaire a dû avoir le diminutif *bovellus*, jeune bœuf, de *bos*, bœuf.

De là, à l'origine, *bouvel*, et par adoucissement de *el* en *au, iau, bouviau*. De *bouvel* le picard a tiré le diminutif *bouvelet*. M. Devauchelle a relevé dans des Inventaires : « Ung *bouviau* de poil gry avec deulz aultres petits *bouviaux*. » (1596).

— « Trois geniches (genisses) et deulz **bouvellets**. » (1596)

Le dialecte picard avait le dérivé *bovier*, conducteur ou gardeur de bœufs, vacher. Ce mot se trouve dans une épitaphe un peu longue, mais tellement curieuse que je ne puis résister à la tentation de la donner tout entier». Je l'emprunte à Corblet en remplaçant *maintes* par *moult* pour empêcher le quatrième vers d'être faux :

« Ichi, chous (sous) chete lorde tombe,
                (ishi, ici)
Gist li vacher dit Tout le Monde,
De Chalny chité (ville) de grand prix
Entre moult chités du pays.
Qu'il pache (passe) de Kairon le barque
Autant biu (bien) qu'i wardit (garda) nos
                vaques.(i, il)
Chil trépassa dans chent dix neuf (dans sa
                119e année)
Si gras de vertus comme bœuf.
Boviers, vaques, kévals et ânes,
Bin wardez (prenez garde) d'interrompre
          s'âme. » (s'Ame, son âme).

BOVE. Corblet donne à ce mot le sens de *colline factice élevée, comme monument funèbre, par les Celtes ou les Romains.* M. Devauchelle dit : *Souterrain pratiqué dans le vif et qui a souvent plusieurs branches.* Nous sommes, ou le voit, en présence d'un mot qui a deux sens complètement opposés. L'exemplaire du glossaire de Corblet dont je me sers a appartenu à un antiquaire picard très-distingué, à un travailleur infatigable qui a passé sa vie, hélas! trop tôt terminée, à étudier les documents relatifs à nos contrées, M. De Lafons, baron de Mélicocq; je trouve écrit de sa main au crayon après Bove : *Cave dans l'Artois.* M. Devauchelle et M. De Lafons sont donc d'accord, et l'un des sens est bien *cave, souterrain.* J'ai souvent entendu, dans mon enfance, les paysans de Genteiles, dire *gove* pour *cave* (du latin *cava*) par adoucissement de *c* et *g*, fait tout-à-fait régulier, témoins *gamelle* de *camella*, écuelle de bois, *galoche* de *calopedia.* On trouve même dans Du Cange la forme *cova* au sens de *grotte, souterrain :* « Ecce in is â *cová* inclusa est maxima pars militiæ Gothorum. » Mais ni le *g* de *gove*, ni le *c* de *cova* ne pouvant régulièrement donner *b*, il faut admettre une de ces permutations insolites et injustifiables comme on en rencontre assez souvent dans les patois, parfois dans le français lui-même.

Quant à *bove*, au sens de *colline factice*, c'est — pour moi du moins — un mot que je range dans la catégorie des intransigeants, et sur lequel je suis obligé

D'imiter de Corblet le silence prudent.

BRADER, vendre à vil prix, donner pour peu de chose ; échanger. Dérivé de l'allemand *brad*, rebut, *brass*, chose de rebut, à laquelle on tient peu, et, par extension, chose dont on se défait facilement. On dit en picard : « Tout est à *l'braderie* », tout est pour peu de chose, pour rien.

Dérivé : BRADEUX, homme qui a l'habitude ou la manie de faire des échanges et des ventes.

BRAGARDISE, présomption, vanité dans les paroles, luxe dans l'habillement. Je suis porté à croire que ce mot vient, par permutation de *l* en *r*, du celtique *blagh* se vanter, *blaghair* vantard.

On lit dans la *Réponse au Discours du curé de Bersy* (xvIe siècle) : « Ouar« dez (gardez) vous bien de foire (faire) « comme chelles Damoiselles qui ont tant « de poudrette, tant de pinturette et tant « de mouchettes dans leus queveux « (leurs cheveux) que j'en su (suis) tout « ahuri, et encoire (encore) il ont tant « de biaus cotterons et tant de brinbo-« rions, et enfin tant de *bragardise* (luxe, « vanité) que tout chés (ces) fredaines là « me font rassoter.

(*Communication de M. Devauchelle.*)

J'observerai à propos de cette citation que, du temps de Henri IV, les curés de nos villages devaient prêcher encore en picard, si l'on en juge par leur prose écrite. Celui de Bresle, près Corbie, donne l'attestation suivante à la fin du Registre des baptêmes par lui administrés en 1600 et 1601 : « Ce que dessus qui est *ichi* es-« cript certiffie estre vre, tesmoing mon « seigne *chi* mis. »

          (Signé) DE LE VINGNE.

On trouve à la même époque des expressions telles que celles-ci :
« Est né un enfant *fumelle.* » (Du sexe féminin.)
— « J'ai baptisé un *effant marle.* » (Enfant mâle.)

BRAINE, stérile (en parlant d'une femme). Contraction de *brehaigne* du vieux français. On peut suivre les con-

                    14.

tractions successives dans les anciens auteurs :

« Tout ensi se marieront
Et pluisour enfans naisteront...
Ensi la femme fruit fera,
Jà nul n'i sera brehaigne. »
(ROM. DE MAH.)

« Terre ert idunques veine
De tut en tut baraine. »
(PH. DE THAUN, Liv. des Créat.)

« Franzois (Français) morront, s'en ert la France
bregne. »
(RONCISV.)

BRANDEL (brandé). On appelle *brandels* les espèces de bras à l'aide desquels on fait tourner l'arbre d'un treuil de puits. *Brandel* est un dérivé du verbe *brandeler*, remuer, mouvoir, lequel a la même origine que *brandir*, agiter comme un *brand* (épée). Une note de M. Devauchelle m'apprend qu'une rue d'Amiens, nommée aujourd'hui *rue des Écoles-Chrétiennes*, s'appelait autrefois *rue du Puits à brandez.*

Le verbe *brandeler* existait dans le vieux français :

« Targes, banières, penonceaux,
Selon ce que les nés (vaisseaux) brandelent,
Eu mil parties i fretelent. »
(G. GUIART.)

BRANQUELET, petite branche. Diminutif de *branque*, branche, dont l'origine est inconnue, et qui a donné le dérivé *branqu*, branchu.

Je trouve le mot *branque* sous la forme *branke* dans une charte de 1329 : « Comme « une *branke* de l'arbre qu'on appelle le « kaisne (chêne) de Praiaus fust keuue « (tombée) en l'an de grace mil trois « chens vint et sis, lequele *branke* nos « gens levèrent et emportèrent devers « nous pour chou que nous disiemes « (disions) que ele estoit keuue sur no « terre, et li religieux de Valoyles (Val- « loires) disoient que ele estoit keuue sur « leur tere et non en le nostre, pourquoi « il demandoient avoir le dite *branke*...» (*Etude sur le Dial. pic.*, par M. G. Raynaud.)

BRAYEUX, pleurnicheur, au fém. *brayoire*. Dérivé de *braire*, pleurer, venu du latin populaire *bragire* par la chute du *g* médial. Le sens primitif est *crier*; mais on le trouve, dans le vieux français, à celui de *pleurer* qu'il a conservé en picard :

« Après en vint al li corant
U ele vit o son enfant;
Ses cheviaux trait, et brait et crie. »
(Vie du Pape Grég. le Gr.)

On lit dans le *Miserere* du *Reclus de Molliens* (XIII° s.) parlant des damnés :

« Et tout adès est au refaire.
Mil ene seront et plus assés
Et adès recommencheront...
Et adès se tourmenteront,
Toudis crieront et brairont. »

Dérivé : *Brairie*, action de pleurer.

BRÉLANTE ou Berlante, petite croix suspendue au cou des femmes. Cette croix de pierres brillantes enchassées dans l'or ou l'argent constituait jadis le seul bijou que se permissent nos mères : j'en ai vu encore beaucoup dans mon enfance.

Il y a trois étymologies en présence.

Cette croix est-elle *la brillante* ou bien *la pendante*, *la breloquante*, ou bien encore la *brélante* ? Si elle est la *breloquante*, l'étymologie est *berloquer*, pendiller, mot venu de la particule péjorative *ber*, et de *loque*, de l'ancien haut-allemand *loc*, chose pendante. Dans cette hypothèse *brelante* est une contraction de *berloquante*. Si c'est la *brillante*, l'étymologie est le verbe *briller* venu du bas-latin *beryllare*, scintiller, dérivé de *beryllus*, pierre précieuse dans Pline. Enfin on peut dire qu'elle est la *brélante* parce qu'elle est attachée à un cordon ou à un collier qui *entoure* le cou. (V. *brélement*.)

J'avoue qu'il me semble difficile de se prononcer entre ces trois étymologies. Pour la forme, *bréler* est assurément préférable ; *briller* est meilleur pour le sens. La contraction de *berloquante* en *berlante* me paraît forte. Je laisse à d'autres plus compétents que moi le soin de décider et de rendre un jugement définitif.

BRÉLEMENT (brellemeint), bandage pour contenir une hernie. Dérivé de *breller*, fixer, serrer fortement avec des cordes. On dit aussi *brélage*. *Bréler* a donné, en picard, le dérivé *bréloir* (bréleuère), tourillon placé derrière une charrette et sur lequel s'enroule la corde qui sert à breller.

BRÉQUER, tourner à droite ou à gauche ; incliner d'un côté ou de l'autre. Ce mot exprime un changement de direction : il vient de l'allemand *brechen*, briser. On dit en picard *brêque à droite* pour *tourne à droite* ; *brêque l' carrue* pour *incline la charrue* : le sens primitif est *briser*, et, par extension, changer (la direction).

Au même radical se rattachent :
Brêque - dent (brec - deint), brêchedent.
Ebréquer, ébrécher.

BREUDE, coureuse, femme de mauvaise vie. C'est probablement une contraction de *berleude* (V. Berleude) avec métathèse de *ber* en *br*.

BRIDELER (bridler), brider, serrer. Dérivé de *bride* qui est d'origine germanique, ancien haut allemand *brittil*. *Brideler* s'emploie au propre pour *brider* (un cheval) ; au figuré pour *serrer*. C'est à ce dernier sens qu'on dit d'un homme qu'il est *bridelé* dans ses habits.

BRIMBER, aller et venir, flâner, vagabonder. Dérivé de *brimbe*, morceau de pain. *Brimbe* vient de l'ancien haut allemand *bitibi*, pain, lequel, par une contraction comme celle qui du français *bettre* a fait *blite* en picard, est devenu *blibe*, puis *bribe* par la permutation si fréquente de la liquide *l* en *r* : *l'm* est adventice. Le sens de *vagabonder*, *aller et venir* s'explique par le fait que ceux qui vont demander des morceaux de pain, c'est-à-dire *brimber*, sont toujours par voies et par chemins. Ce qui prouve que *l'm* est adventive c'est que le picard et le wallon ont la forme *briber* qui signifie *mendier*, forme qu'on retrouve sur une monnaie de l'évêque des fous (Amiens) laquelle porte : « Vive qui *bribe !* » J'ajoute que nous avons en picard le mot *brife*, morceau de pain, forme qui s'explique par la permutation régulière de *b* en *f* — *caput*, *cabo*, *chef* (tête) — et qui nous ramène, pour le sens, à l'origine germanique.

Brimbe existait dans le vieux français au sens de *morceau de pain* :

« C'est elle qui **brimbes** repont (place, mêt)
En son sachet (besace), et tant y sont
Que moisies elles deviennent. »
Du Cange, **briba**.)

Je le trouve dans le dialecte picard au sens de *petite tranche, petit morceau* :

« Par ladite coustume peuvent iceulz
« eschevins afforer les vins vendus à dé-
« tail ; et, en ce faisant, ont les dits es-
« chevins droit de prendre de chascune
« pièce grande ou petite, ung lot de vin
« pour chascune fois avec une *brimbe* de
« fromage pour boire leur dit vin. »
(*Coutume d'Houdain, prévôté de Beauquesne, 1507.*)

Du sens de *morceau, tranche légère* à celui de *restes d'un repas, bribes*, au figuré *phrases prises çà et là, bagatelle, un rien*, il n'y a pas loin, et l'amoindrissement de sens est très-naturel.

Dérivés : *Brimbeux*, vagabond, mendiant, homme de rien.
Brimbette, jeune fille légère dans sa conduite : il y a eu, dans ce mot, une extension péjorative de sens comme celle qui du féminin de *gars*, garçon, jeune homme decidé, a fait *fille de mœurs dissolues*.
Brimborion, petit objet de toilette, futilité, objet sans valeur, chose sans utilité. (V. *Bragardise*), et, par extension, prières dites rapidement ou mal prononcées.

Je ne suis pas de l'avis de Littré, qui considère comme très-vraisemblable l'opinion de Pasquier tirant *brimborion* de *breviarium*. Je sais que *brimborion* a le sens de *prières* dans les *Institutions de Calvin* et dans le dialecte de l'Ile de France ; mais ce sens n'est pas le sens primitif ; et, s'il est difficile d'expliquer la finale *orion*, il ne l'est pas moins de montrer comment *brev* de *breviarium* a pu donner *brimb*, sans compter que dans tout mot la finale est chose secondaire, tandis que le radical est chose essentielle. J'ajoute qu'il est facile de passer du sens de *chose sans valeur, futilité*, à celui de *prières*, tandis qu'il me semble à peu près impossible de passer de celui de *prières* à celui d'*objet de toilette, futilité* dans la parure.

La forme de l'Ile de France était *breborion*, et Calvin, qui était Picard, écrit *briborion* : « Tous tels prestres, qui n'ont
« nul ouvrage ne loyer qu'à faire mar-
« chandise de *briborions*. »

M. Daussy, dans son *Discours sur le patois picard*, dit que mes *Etudes* seront d'un grand secours à ceux « qui s'occu-« pent de l'histoire du langage, et plus « encore peut-être à ceux qui savent pé-« nétrer sous ces vieilles formes de la « pensée pour scruter la pensée elle-« même et lui demander le secret des « choses du passe. » Puisque l'occasion s'en présente, j'en profite pour montrer que la philologie peut être aussi utile à l'histoire des peuples qu'à celle de l'esprit humain. En effet, si l'on rapproche l'histoire de *brimborion* de celle de *kyrielle*, *agios*, *adoremus*, etc., et de *raproïaux* qu'on verra plus tard, on a la preuve indéniable que la foi de nos bons aïeux du moyen-âge n'était pas aussi vive qu'on veut bien nous le dire, et que la critique spontanée, populaire, naïve, a précédé de bien loin la critique rationnelle, systématique, savante.

BRINCHE, *caprice, désir*. Orig. inc.
> Dérivé : *Brincheux*, qui a des désirs soudains. Ce mot signifie aussi *un peu fou*.

BRINGUE ou BRENGUE (bringue) dans la locution « salé comme del *bringue* ». J'ignore le sens de *bringue*. Dans ces conditions, toute recherche est impossible. *Bringue* est dans Corblet au sens de *grande femme mal bâtie* ; dans mon village, on dit *dringue*. L'origine de toutes ces formes m'est inconnue.

Un de mes amis m'observait dernièrement qu'il y avait dans le patois beaucoup plus de mots d'origine inconnue qu'on n'en rencontre dans le français. Je suis bien aise, à propos de cette observation fort juste, de citer ici un passage de l'*Histoire de la Langue française*, de Littré, comparant la langue littéraire avec les patois.

« Les différences portent sur trois « points : d'abord les mots communs qui « forment la part la plus considérable, « se présentent sous une forme qui leur « est propre, par exemple *fener* pour « *faner*, etc. En second lieu, un certain « nombre de termes qui n'ont pas leurs « correspondants dans la langue litté-« raire, sont pourtant des termes très-« légitimement français ; du moins ils le « furent jadis ; appartenant à la vieille « langue d'oïl, ils ont survécu dans le « parler local, et les patois peuvent four-« nir quelques suppléments utiles pour « l'étude de nos textes du moyen-âge. « Enfin, une autre catégorie de mots ne « se trouve ni dans le français actuel, ni « dans le français ancien, tel du moins « que nous le connaissons. De ceux-là, « plusieurs s'expliquent par le latin, et « plusieurs résistent à toute explication « et viennent augmenter ce fonds de « mots dont l'étymologie présente d'ex-« trêmes difficultés, fonds qui, suivant « la juste remarque de M. Diez, est plus « grand dans les langues romanes et « dans leurs patois qu'on ne le suppose « d'ordinaire. »

BRINION ou BRIGNON, pain fait d'un mélange de son et de farine, mais dans lequel le son domine ; pain de mauvaise qualité ; pain fait exprès pour les chiens. C'est un dérivé de *bren, son* (V. *bernifiquer*), qui avait donné, au moyen-âge, le dérivé *brénage*, redevance perçue par les seigneurs sur leurs vassaux pour la nourriture de leurs chiens de chasse, et qui était, originairement, une certaine quantité de son ou *bren*. On lit dans Michelet, *Origines du droit :* « *Brenage* vaut quinze « muids d'avoine par an. » *Brinion* ou *brignon* est un diminutif.

BRINOT, tout petit brin. Diminutif de *brin* dont l'origine est inconnue.

BRIQUASSIS. Lorsqu'on veut faire peur à des enfants afin de les empêcher de sortir le soir, on leur dit de prendre garde aux *bricassis* et aux *latusées*, c'est-à-dire à des êtres qui pourraient leur faire mal. Ces êtres sont purement imaginaires, et il n'y a là que deux mauvais calembours. En effet *briquassis* est tout simplement *briques assises*, posées ; et *latusées* n'est autre chose que *lattes usées*.

BRISSAQUE, adj., qui brise tout. Dérivé de *briser*, en picard *brisier*, venu du haut allemand *bristan*. Le suffixe picard *aque* n'a pas en français d'équivalent que je connaisse : on le retrouve dans les adjectifs *ébréaque*, étourdi, un peu fou, *polaque*, sale, *débistraque*, difforme, mal arrangé, etc. Une femme de mon village porte le sobriquet de *bousaque* dérivé de *bouse*.

On trouve, dans le vieux français, la forme picarde *brisier* :

« Tuz (tous) ses comandemenz sumes près de [furnir,
E chastais et citez *brisiez* et asaillir. »
(Th. le Mart.)

— « Et Crestien entrèrent ens par force de « toutes parts par le mur qui estoit *brisiés*, et la « cité fu prise. »
(Chr de Rains.)

BRISSAUDER (briçauder), employer ce qu'on a à des choses inutiles. On a vu plus haut que *assoder* (V. ce mot) est venu du latin *assolidare* et qu'il signifie proprement *souder, consolider, arranger*. *Brissauder* a le sens contraire ; il vient de la particule péjorative *bre*, métathèse de *ber*, et de *solidare* régulièrement contracté en *sol'dare*. Ce mot signifie proprement *mal consolider, mal arranger*, et, par extension, *employer mal ce qu'on a*. La forme primitive a dû être *bresauder*.

La transformation de *ol* latin en *au* n'a rien d'étonnant : c'est, au contraire, comme l'a remarqué M. G. Raynaud, un des caractères du dialecte du Ponthieu qui écrivait *cauper*, couper, *maure*, moudre, *vauront*, voudront, etc., mots dans lesquels *ol* latin a fait *au*. (V. *Etude sur le Dial. pic.*, p. 70.)

Ol latin donne aussi *eu* : dans bien des localités on dit *peuc* (peu) pouce, de *pollicem*, tandis que le peuple, à Amiens, dit *pauc* (pau).

Le lecteur se rappelle peut-être que le mot *assauder* a été entendu par Edouard Paris de la bouche d'une vieille femme. Ces jours derniers j'ai saisi au vol, de la bouche du maire de mon village, la forme *asseudî* au sens de *arranger, consolider*, et, huit jours après, *rasseudî* de la bouche d'un cultivateur qui me demandait si le ministère Dufaure était *rasseudé*, raccommodé : je puis donner des noms et produire mes témoins. *Assauder, asseuder, asseudî* sont absolument le même mot, avec la seule différence que *asseudî* a la finale wallo-picarde signalée au mot *abracher*.

De ce qui précède je crois pouvoir tirer les conséquences suivantes:

Le mot français *rhapsoder*, mal raccommoder, mal arranger, n'a pas été formé à l'imitation de *rhapsodie*. Sans prétendre qu'il soit d'origine picarde, fait qui serait parfaitement acceptable, je crois qu'il est un de ces mots jadis français, qui, ayant *appartenu à la vieille langue d'oïl, a survécu dans le parler local et s'explique par le latin. Rassauder* représente en effet les éléments du latin *reassolidare* contracté en *r'assol'dare*, comme *ravauder* ceux de *readvalidare* (r'adval'dare).

Par suite, le mot français *rhapsoder* devrait s'écrire *rassauder* en faisant disparaître les deux lettres *h* et *p* qui sont purement adventices et n'ont aucune raison d'être d'après l'étymologie latine ci-dessus indiquée.

BROCLET, morceau, fragment. Mot d'origine germanique, ancien haut allemand *bruch*, fragment, flamand *brok*, même sens. *Broclet* est un diminutif qui suppose l'emploi, à l'origine, d'un primitif *broc*. Le français a un diminutif qui a la même origine : c'est *broquelin*, débris de tabac dans les manufactures de l'Etat.

BRON ou **BRONC** (bron). Ce mot existe dans une locution assez usitée. Pour exprimer qu'il ne reste plus rien d'une chose, on dit qu'il n'y en a plus *n'ron n'bron*, c'est-à-dire aucune parcelle, aucun vestige, absolument rien. Nous sommes ici, à mon avis, en face de deux altérations très-fortes. Je pense que *bron, bronc* prononcé *bron*, signifie *branche* et que *ron*, ou plutôt *ronc* prononcé *ron*, signifie *tronc* ; de sorte que la locution signifie qu'il ne reste ni *tronc*, ni *branche*, c'est-à-dire absolument rien en parlant au figuré. Au témoignage de Littré, le vieux français avait *bronche* signifiant *branche* : le picard a pu avoir *bronque, bronk*, d'où la corruption *bronc* (bron), *bron*. Quant à *ron* (ron), ou plutot *ronc*, c'est *tronc* (du latin *truncus*, tronc) ayant laissé tomber son *t* initial. Cette chute se rencontre rarement, mais n'est pas sans exemple ; on dit dans mon village *ésingue* pour *bésingue* (mésange) et Yvrench, nom d'un village du canton de Crécy (arrondissement d'Abbeville) vient de *Guibrantium*, appellation qu'il porte au IXe siècle dans le dénombrement de de l'abbaye de Saint-Riquier. J'observe que cette aphérèse se retrouve, en picard, dans le mot *os* (prononcez *oze*) qui signifie tout à la fois *nous* et *vous* et qui vient

15.

du latin *nos, vos* : « *Os* irons Amiens, »
nous irons à Amiens ; « *os* irez travailler, » *vous* irez travailler. J'ajoute que
l'aphérèse de la syllabe initiale composée
d'une ou de plusieurs lettres dans les
noms de baptême est fort fréquente ,
témoins *Colas, Sabelle, Laïde, Thanase,
Douard, Gustin,* etc., pour Nicolas, Isabelle, Adélaïde, Athanase, Edouard, Augustin.

BRONGNE, tête, visage. *Orig. inc.*
Signifie aussi fluxion. A donné le dérivé
brongnée, brongnie, coup sur la *brongne.*
On trouve ce dérivé dans le *Dialogue de
trois paysans picards sur les affaires du
temps* (1649): «Guillaume, si tu paupres,
« je t'infliquerai une belle *brognie.* »
    Dérivé : *Brongner,* étreindre quelqu'un
        fortement en l'embrassant.

BRONGUER, noircir, salir. Mot très-
difficile et sur lequel on ne saurait faire
que de simples rapprochements. Serait-il
un dérivé de *bronzer?* Est-ce une corruption, par adoucissement de *q* en *g* et
addition de *n*, du français *brusquer*, passer une volaille à la flamme, et, par extension, noircir? Est-ce un dérivé venu
par contraction de l'adjectif *brousaca*,
salie, dérivé de *bouse?* (V. ce mot).
    Dérivés : *Brongure,* souillure au vi-
        sage.
        Brongoir(brongouère), masse,
        plante des marais, surtout
        sa tige chargée de graine.

Une lettre inédite de François Thuillier à M. Chauvelin, Intendant de la Gé-
néralité d'Amiens, est datée du *Jour des
Roys brongués*, par allusion sans doute
à la figure noire d'un des trois rois mages
qui vinrent apporter leurs hommages et
leurs présents à Jésus-Christ enfant.
(*Communic. de M. Devauchelle*).

BROQUES, dents de défense du chien.
On trouve dans Varron *dentes brocchi*,
dents saillantes, et Plaute emploie *brocchus* au sens de *pointe, dent aiguë.* C'est
de *brocchus* que vient *broque*, mot qu'on
trouve dans le vieux français au sens de
pointe, piquant :

  « Li leus (loup) besa le hériçon,
    Et oil l'aert à son grenon : (grenon, mous-
    A ses lafres (lèvres) s'est atakies, | tache)
    Et od (avec) ses **brokes** afichies. »
                             (MARIE DE FR.)

    Dérivés : *Ebroquer* (un chien), lui limer
        ou lui casser la pointe des
        dents de défense ou *broques*
        pour rendre sa morsure
        moins dangereuse : on fait
        toujours cette opération aux
        chiens de berger.
    Broquer, pointer , poindre,
        commencer à se montrer en
        parlant du blé qui lève ,
        d'une dent qui perce à un
        enfant. Il a, au figuré, le sens
        de *piquer de propos vifs.*
        Le *c* dur picard de *broquer*
        a persisté dans le mot fran-
        çais *brocart*, étoffe qui, à
        l'origine, était piquée, *bro-
        quée* (brochée) de dessins en
        fil d'or ou d'argent.
    Aujourd'hui les Picards disent
        broche , aussi bien pour
        agrafe que pour *broche* de
        cuisine. On employait jadis
        à ces deux sens le mot *bro-
        que*, comme le prouvent les
        extraits suivants d'Inven-
        taires faits à Amiens, ex-
        traits que me communique
        M. Devauchelle :

  « Des patenostres de corail avec les paters
« d'argent doré, avec deulz **broques** d'or, le tout
« ensemble prisé II escus XI. solz. » (1598.)
  — « Une poielle (poêle à frire), une **broque**,
« un pot au feu de fer. » (1607.)
  — « Une **broque**, un crasset (lampe). » (1612.)

On trouve *broque* au sens de *pointe,
clou,* pouvant servir à attaquer ou à se
défendre, dans une ancienne Coutume
d'Amiens qu'on voit dans Du Cange au
mot *Campiones.* Il est dit que le champion doit se présenter avec un écu de cuir
et sans bâton : « Mais point de fer, ne
« d'achier, ne *broques*, ne de fust, ne
» d'os, ne de nul autre despoise ne puet
« seur li avoir, se n'est le blouque de sen
« braieul. » Et plus loin : « Et doivent
« jurer premièrement li campions del
« apeleur qu'il n'a seur li nule *broke...* »

Rebroquer (r'broquer) un toit en
chaume, réparer ce toit, y remettre des
bâtons et des poignées de chaume qu'on
y pique ou enfonce çà et là.
  On lit dans l'*Histoire d'Amiens*, par
H. Dusevel, qu'au XV° siècle il fut défendu aux habitants de faire désormais
« couvrir les maisons d'esteules (chaume),

« herbe ou roseaux, et de *rebrocher* ou
« réparer les anciennes couvertures d'es-
« teules. » Dusevel n'indique pas où il a
pris le document qu'il cite.

Au radical *broc* se rattachent encore :

Brocleux, brocreux, morceaux de bois
formant les échelons d'une échelle, traverses qui relient les pieds d'une chaise
et en maintiennent l'écartement. Ce mot
est un diminutif qui implique, à l'origine, une forme *broquel* donnant *bro-
queu* par adoucissement de *cl* en *eu* : les
lettres *l, r* sont adventices dans *brocleu,
brocreu*, comme dans *platin*, pâtin, dérivé de *patle*, et dans *pertrix*, perdrix,
du latin *perdicem*, etc.

Broquette, petite cheville. Diminutif de *broque*. On trouve la forme *bro-
quetta* dans Du Cange au sens de *clou ;*
mais ce n'est là évidemment qu'un calque
servile de notre forme picarde.

Nous employons aussi *broquette* au
sens de *fausset* ou petite broche de bois
bouchant le trou par lequel on tire le liquide d'un tonneau : de là les locutions
tirer à le broquette, tirer au tonneau,
tirer à le boine broquette, tirer au tonneau qui contient le meilleur liquide.
Nos ancêtres employaient le primitif
broque. On lit dans les bans et *Statuts* de
la ville de Noyon pour l'année 1398 : « Les
« gens vendans vin à *broque* ne trairont
« (tireront) ne ne feront traire vin à can-
« delle de sieu (suif) ne à craisse (graisse),
« mais à candelle (chandelle) de cire. »
(V. *Une Cité picarde; par M. de Lafons*).

Un compte de la ville d'Amiens, année
1390, porte : « Item a ledit evesque droit
« de forage des vins en la cité et ban-
« lieue d'Amiens, et le droit duquel fo-
« rage est telz que quiconques y vent
« (vend) vins à *broques*, se n'est en se
« terre, on lui doibt de chascun tonnel
« un septier de ce vin à le mesure d'A-
« miens. » Par assimilation à une *ca-
nelle*, les paysans appellent *broquette* la
verge d'un enfant. Ce mot existait du
reste à ce sens dans le vieux français ;
car Monstrelet parle de la statue d'un
jeune enfant laquelle « par sa *broquette*
« donnoit eau rose. »
Les Picards disent aussi *tirer à le broquette* pour *tirer à la courte paille*, pro-

bablement parce qu'au lieu de se servir
de brins de paille, on se sert de petits
bouts de branches ou *broquettes*.

Le vieux picard avait encore un autre
dérivé, c'était *brouque*, espèce d'alêne de
cordonnier pour brocher ou cheviller les
talons des souliers. M. Devauchelle a relevé dans un Inventaire le passage suivant : « Demy mille de *brouques* à cor-
« donnier. »

(1596, Amiens).

BROU, vase des mares. Ce mot s'emploie au sens de la vase encore au fond
d'une mare ; quand elle est extraite, elle
prend le nom de *beue*, boue : le *brou* est
donc semi-consistant et semi-liquide.
Brou vient par la chute du *d* médial du
bas-latin *brodum*, venu lui-même de l'ancien haut allemand *brod*, jus, sauce, ou
du celtique, gaël : *brod*, même sens. Le
français *brouet* qui est un diminutif, a la
même origine.

Nous avons encore ici un cas d'identité
de radical entre le celtique et l'allemand.

BROUSSÉE, ondée, pluie soudaine,
mais de peu de durée. *Orig. inc.*

BRUANT, hanneton. C'est proprement
le *bruant*, l'insecte qui fait entendre un
bruit sourd en volant. On trouve, dans le
vieux français, *bruant* participe présent
de *bruire :*

« Tiex (tels) gens ne vont pas seuls en enfer le
[puant
Que leurs hoirs et leurs fames (femmes) vont
[après eux bruant.
(RUTEB).

Peut-être *bréhon, bréon*, frelon, doit-il
être rattaché au même radical, le picard
disant *bre ire* pour *bruire* : on sait que
le frelon fait entendre un certain bruit
en volant. La lettre *h* dans *bréhon* est
adventice comme dans beaucoup d'autres
mots.

BRULIN. Les paysans appellent ainsi
de la toile qu'ils font *brûler* à demi et
qu'ils étouffent dans une petite boîte de
fer blanc pour leur servir d'amadou. C'est
un dérivé de *brûler* lequel vient d'une
forme bas latin *perustulare*, contractée
en *p'rust'lare* par changement de *p*
en *b*.

BRUQUE ÉPEINE, nerprun, arbris-
seau dont les petites baies noires ont une

vertu purgative. Des deux mots latins *spina*, épine, en picard *épeine*, et *ruscus*, fragon épineux : il y a eu épenthèse de *b* donnant *brusca spina*, d'où *bruque épeine*.

BUCAILLE. Ce mot est français. M. Devauchelle a relevé dans un inventaire de 1575 l'expression *blé bucail.* : « Sept septiers et demy de *blé bucail,* » et trouvé la forme *bucquoy* pour *bucaille* dans une sentence rendue par le bailli de Boves en 1506 : « Ung cent de garbes (gerbes) de « *bucquoy* trouvées en sa possession. » L'origine du mot est inconnue; la forme *bucquoy* peut mettre sur la voie de l'étymologie.

BUGNER ou BUNER, réfléchir, chercher dans l'esprit le moyen de sortir d'un embarras ou d'une difficulté. *Orig. inc.*

On peut rapprocher *bugner*, *buner* du mot *buisnars* que je trouve dans une citation de Du Cange sous *dodus* :

> « Mais sachiés bien, c'en est la fin,
> Que dodins est et **buisnars** fins. »

Mais cela ne nous apprend rien de l'origine du mot.

BUISE, tuyau de gouttière. D'une forme bas latin *butta, buttis*, grand vase, en espagnol *buzon*, canal par où se vide un étang. « Le mot *buse*, dit Littré, se con-« fond pour la forme et sans doute pour « l'étymologie avec une autre qui signifie « navire : anc. fr. *busse, buse*; prov. *bus*; « holl. *buise*. » *Buise* a donné le diminutif *busine* qui a aussi, à Amiens, le sens de tuyau de gouttière.

Le vieux français avait la forme *buse* :

> « Une fontaine couroit moult rade (rapide) et
> « moult vive sans **buse** ne tuiel (tuyau) ne tive. »
> (FROISS.)

Au même radical se rattache *buot* qui n'a pas le même sens qu'en français. On appelle en picard *buot* un petit fuseau, qu'il soit ou non chargé de fils. On le trouve à ce sens dans des Inventaires :

> « Quelque quantité de **buotz** chargés de fils
> « de trimes. » (Amiens, 1598).
> — « Vingt-cinq **buhotz** chargés de fille » (fil). (Amiens, 1610).
> *(Communication de M. Devauchelle.)*

On appelle aussi *buot* le conduit de la cheminée et surtout la partie de la cheminée qui dépasse le toit.

On trouve *buict* dans le vieux français au sens de *passage, conduit, entrée* :

> « Eu sa meson n'ot nule entrée,
> Fors un **buiot**, quant est fermée. »
> (REN.)

BULER, beugler. Corruption populaire de *beugler* : le *g* est tombé comme dans *étraner*, étrangler, du latin *strangulare*. *Beugler* vient d'une forme populaire, *buculare* (crier comme un bœuf), dérivée de *buculus*, taureau. La même corruption se représentera au mot *muler*, meugler.

BULI, participe ou adjectif qu'on trouve dans la locution *feurre buli*, paille gâtée par l'humidité. Serait-ce un dérivé du latin *pullus*, noirâtre, noir? On sait que l'humidité altère la couleur jaune de la paille et la rend noirâtre, brune. *Buli* signifie aussi *pourri, réduit en menus brins* : ce sens s'explique naturellement par le fait de l'altération que produit l'action prolongée de l'humidité.

BULTIEU, bluteau. Dérivé du verbe *beluter, buleter*, à l'origine *bureter*, passer à travers la *bure*, tissu grossier qui servait à cet usage. On disait indifféremment *bultel* et *bulletiau*. M. Devauchelle a relevé dans des Inventaires ce qui suit :

> « Ung paugnier (panier) d'ozière (osier), un **bultel**. » (1598.)
> — « Ung prétisoir (pétrin), deulz **bultel** et ung tamy. » (1618.)
> — « Trouvé en la bulleterie une maie, ung cocquet (baril) à mettre sel, ung sacq, ung **bulleteau**. » (1611.)

Bulleterie signifiait alors *fournil* :

> « Trouvé dans la **bulterie** une maie. » (1619.)

On disait *bultoire* au même sens :

> « A esté trouvé dans la **bultoire** une mactz (maie), deulz tamys. » (1620.)

BUQUER, frapper ; donner une roulée; faire du bruit ; retentir. Corblet cite l'opinion de Grégoire d'Essigny qui tire *buquer* du latin *buccinare*, donner du cor, trompetter. Mais quiconque a la moindre notion des principes qui président à la transformation des mots, reconnaît tout d'abord que *buccinare* accentué sur la pénultième se contracte eu *buc'nare*, et donne non pas *buquer*, mais *buner*, puisque, de deux consonnes, c'est toujours la première qui tombe. L'origine de *buquer* est germanique : allemand du moyen-âge *büschen*, frapper, battre; haut palatin, *buschen*, frapper de façon à produire un bruit sourd; franconien, *bauschen*, frapper, heurter. On trouve dans le vieux français *buscher* au sens de *faire du bruit* et à celui de *frapper :*

« Vinrent messagiers invisibles qui commen-
« cèrent à **buscher** et à tempester.
(FROISS.)
— « Et Bauduins li berz **buche** (frappe) en-
core une fie » (fois.)
(BAUD. DE SEU.)

Dérivé: *Buquoir* (buquouére), canonnière en sureau avec laquelle s'amusent les petits paysans.

Je m'arrête ici pour faire une observation à propos des mots *buche* et *buquoir*. On trouve parfois dans le vieux français la notation *ch* dans des mots que le picard prononce *qu*, *k* : *sachier*, saquer ou sacquer, *huchier*, huquer (appeler) *bucher*, buquer. Faut-il prononcer *sachier* ou *sacquer?* En d'autres termes *c* est-il chuintant ou dur ? En d'autres termes encore, faut-il prononcer ces mots comme le picard les prononce aujourd'hui ? Des textes pouvant seuls éclaircir la question, en voici quelques-uns pris entre beaucoup d'autres :

« Et por o fut presentede Maximiien
Chi (qui) rex eret à cels dis soure pagiens.»
(CH. D'EULALIE.)
— « Sloume fus (feu) **chi** brulle la selve. »
(LIB. PSALM.)
— « Car l'Escripture nous despont
Ke **chi** (qui) ne fait que faire doit... »
(GUI DE CAMBRAI.)
— « Et passerent par Gazer et vinrent el **bos-**
[**chage** de Dan. »
(ROIS.)
— « Icellui Jaquet alla vers une loge ou **cha-**
[**bene** (cabane) qui estoit dans ladite vigue.»
(DU CANGE, **chabena**.)
— « Car je n'l vois raison de l'**eschiver**. » (es-
[quiver).
(COUCY.)

Partout *ch* est un équivalent de *qu* ou de *k*. Les mêmes faits se reproduisent dans des documents d'origine essentiellement picarde :

« Jehan li Courtois d'Estrées seur (sur) **Chan-**
« **che** tient de monseigneur le Vesque XXI jour-
« nel et demy de terre. »
*(Dénombr. du Temp. de l'Evéché
d'Amiens*, 1301.)

— « Li flus (fils) du **marchis** (marquis) cierca
« (parcourut) la cité pour voir si ele estoit bien
« garnie de vitaille » (vivres.)
(DU CANGE, **Circare.**)
— « Les entrées des celliers et esclaires d'i-
« ceus qui sont faites es froz de le vile de Saint
« **Richier.** »
(IBID. **Clareria.**)

Evidemment *Chanche* (nom de la Canche, rivière), *marchis* (marquis) et *Richier* doivent se prononcer *Canche, marquis, Riquier*, et *ch* est ici encore un véritable équivalent de *c* dur ou de *qu*.

Ce fait n'a rien d'étonnant si l'on songe qu'on trouve dans le vieux français la notation *ce* pour *ke*. M. Raynaud l'a montré par les exemples suivants empruntés au poëme de *Fierabras :*

« Paien **ceurent** as armes, tost furent adobé...»
— « Au destrier Richart **ceurent**... »
— « Au ceval Richart **keurent**... »

Evidemment *ceurent* doit se prononcer *keurent*, comme le latin *currunt* qu'ils reproduisent.

BURESSE, lessiveuse. Dérivé de *buer* qui, en picard, signifie *laver, lessiver*, comme on le voit dans le proverbe suivant :

« Thomas, Thomas ! (21 déc.)
Cuis ten (ton) pain, **bue** tes drape :
Tu n'eros (auras) point si tôt **bué**,
Que Noël sero (sera) arrivé. »

Buresse est probablement une contraction de *bueresse :* il suppose un masculin *buereur, bureur*, comme *enchanteresse* implique *enchanteur*.

L'origine de *buer* est inconnue; il a donné le dérivé *burie*, buanderie, blanchisserie.

BURIERE, dans la locution *boine burière*, bonne beurrière, en parlant d'une vache dont le lait donne beaucoup de beurre. Dérivé de *burre*, beurre, du latin *butyrum*.

On trouve dans le vieux français la forme picarde *burre, bure :*

« Les **burres** vont trestot devant. »
(FABL. BARBAZAN.)
— « Pleüst Dieu que je fuisse uns chiens,
Ensi que tu es, par nature ;
J'auroie du pain et dou **bure**
Au matin... »
(FROISS.)

M. Devauchelle a relevé le mot *bure, burre* dans des Inventaires. Ces extraits

16.

sont curieux en ce qu'ils nous indiquent le prix du beurre à Amiens au milieu et à la fin du XVIᵉ siècle :

— « IIII livres de **bure** au pris de dix-huict « déniers la livre sont VI solz. » (1557)

— « Ung **saloir** au **burre** où a esté trouvé « cinq livres de **burre** au pris de IIII solz la « livre. » (1576)

— « Une cheraine (baratte) a battre **burre**. » (1596)

BURON. Ce mot existe dans la locution picarde « *n' avoir n' moison n' buron* », ne posséder absolument rien, n'avoir ni une maison, ni même une misérable chaumière. *Buron* ne vient pas, comme je l'ai dit dans mon *Excursion philologique*, du latin de l'époque mérovingienne *burica* qu'on trouve dans la *Lex Alemannorum* : « Si quis *buricas* « in sylvis tam porcorum quam pecu- « dum incenderit »; mais de l'ancien haut allemand *bûr* (maison) dont *burica* et *buron* ne sont que des dérivés.

On trouve dans le vieux français la forme *buiron* :

« Et iroit le roi si avant qu'il n'y demeure-roit ni maison, ni **buiron**. »

(FROISS.)

Dans la haute Normandie, le *buron* est une chaumière, en Auvergne une vacherie. Le *burica* de la *Lex Alemannorum*, dérivé de l'allemand *bûr*, était probablement soit un abri pour réunir la nuit les bestiaux qu'on faisait paître le jour dans les bois *(in silvis)* ou dans les landes, soit une cabane pour ceux qui gardaient ces bestiaux. En tenant compte de ces faits et en remarquant que *buron* est un diminutif, je crois qu'on peut donner à ce mot le sens de habitation inférieure en importance à une véritable maison, c'est-à-dire de chaumière ou de simple cabane.

BUSINER, s'amuser à des riens, lambiner, lanterner. Corblet dit : « De même « en Roman. *Etymologie :* du français « *buse.* » Quant à citer des documents romans, Corblet n'y songe même pas ; il n'essaie pas davantage de justifier cette étymologie. Et il fait bien ; car documents et raisons lui eussent fait défaut. *Businer* est le fréquentatif de *buser* lequel n'est autre chose que *muser*, perdre son temps à des riens : il y a eu changement ou corruption de *m* en *b* comme dans *bésingue*, mésange, *barboter*, marmoter, *hornife*, mornifle, etc.

Dérivé : *Busin*, lambin ; au fém. *Businoire*, même sens.

BUTÉE, montée, chemin qui monte. Dérivé de *butter*, former une butte, une élévation. L'étymologie est le moyen allemand *bôsen*, heurter, frapper.

BUVRAI (je), je boirai. Futur du verbe *boire*. On retrouve cette forme picarde dans le vieux français. On lit dans Froissart : « Pensez à vos besognes ; car jamais « je ne *buverai* ni ne mangerai tant que « vous soyez en vie. »

A la même forme se rattachent *buvoire*, buveuse, et *buvatier*, individu qui a l'habitude de boire souvent sans en avoir grand besoin.

Les Picards ont donné le nom de *buveux d'eule* (buveur d'huile) à un papillon nocturne, parce que cet insecte se jette inconsidérément sur la flamme des vieilles lampes dites *crassets*, s'y brûle les ailes et tombe dans l'*huile*, en picard *eule*.

CABE. Les Picards emploient ce mot lorsque, voyant un objet admirable ou étonnant, ils disent qu'il n'a pas son pareil sous la *cabe* du ciel, c'est-à-dire, en langage populaire, sous la *calotte* des cieux. *Cabe* vient du latin *cappa*, manteau à capuchon dans Isidore de Séville : il y a eu changement de *p* en *b*. Le vieux français avait *cape* dans la même locution :

« N'a tel vassal sous la **cape** du ciel. »
(CH. DE ROL.)

On trouve *cappe* dans le dialecte picard au sens de manteau long agrafé par devant que portent les évêques, le célébrant et les chantres :

« **Item** doivent li paroissien demander au thrésorier **cappe** et enceaeoir. »
(*Accord entre la Paroisse et le Chap. de Long*, 13o5).

Dérivés : *Capteu* ou *capiau*, originairement *capel*, chapeau, venu d'une forme populaire *capellus* qui a laissé *capel* en provençal :

Bèn amagat sous un mantel,
Doubla bouneta et grand **capel**. »
(*Lou Siége de Cadaroussa*.)

On dit *chés capieux* pour *les hommes*, par opposition aux femmes qu'on nomme *chés bonnets blancs*.

Jadis les gendarmes étaient appelés *chés capieux bordés*, parce que leur chapeau noir était *bordé* partout d'un galon blanc.

On trouve dans le vieux français la forme primitive *capel* et nos formes picardes actuelles :

« Dunc a li arcevesques sun **capel** jus sachié. »
(sachié, ôté).
(TH. LE MART.)

— « D'avoir et de riquesches le vessel (navire) bien querqua :
Couronnes et **capiaus** et afiques i a. »
(BAUD. DE SEB.)

— « Les femmes font encore pis,
Couronnes d'or, riques (riches) **capiaus**,
Et dras de soie boins et biaus. »
(DU CANGE, CORONA.)

A *capel* se rattache le diminutif *capelet* qui, à l'origiue, signifiait *petite coiffure* consistant d'ordinaire en une couronne de roses. Ce *capelet* qu'on plaçait sur la tête de la Vierge et qui portait le nom de *rosaire* a désigné ensuite une espèce de guirlande de grains enfilés servant à faire des prières, parce qu'elle ressemble au *capelet* ou *rosaire* de la Vierge.

On trouve la forme *capelet* dans des inventaires ; M. Devauchelle a relevé :

« Ung **cappelet** de patinotte de corail à six « paters d'argent doré prisé 1 escu XL solz. »
(Amiens 1598.)

« Ung **cappelet** de patinotte à usage de femme garni de ses paters engarbés d'or. »
(Amiens 1620.)

Il a relevé aussi, avec l'expression *chapeau de boutons* (de roses), un fait de galanterie seigneuriale peut-être unique en tant que Loi ou Usage. On lit dans le *Dénombrement* de la terre d'Argœuves, année 1486 :

« *Item.* Jehan de Holleville, tellier, « tient de moy une masure amaçée... « Plus une autre masure contenant demy « journel de terre ou environ ; et me « doibt chacun an au jour Saint Remy « quatre solz et au jour Sainct Martin « d'esté un *chappeau de boulon*, lequel « je, Jehan, sénescal, seigneur dudit lieu « d'Argœve ou mes commis le donne le « jour de la feste Sainct Martin à la plus « belle fille de la feste danssant. »

Caperon (capron), faîtière, tuile d'une forme particulière qu'on place à califourchon sur le faîte d'une construction dont elle forme pour ainsi dire le *chapeau*. *Caperon* existait dans le vieux français au sens de *coiffure* : c'est un diminutif de *cape* :

— « Et font faire grans **caperons**
Et leurs cloques jusqu'à talons. »
(DU CANGE, **Clocha.**)

Il y a, à la Bibliothèque Nationale, un manuscrit de la fin du XV° siècle qui a pour titre *Rebus de Picardie illuminés.*

Un de ces rebus représente ce qui suit :
un *la* de musique, la *mort*, une *nonne*,
un *ais*, deux *caperons*, un *point*, pour
signifier : *la mort no* (nous) *n'écaperons*
(échapperons) *point*.

On appelle aussi *caperon* une espèce de
chape en cuir de buffle très-épais attachée au bout supérieur du maintien d'un
fléau à battre le blé. Pareille garniture
existe à un bout de la batte. Evidemment
caperon est un diminutif de *cappa, capa*,
qu'on trouve au sens de *caperon* de fléau
dans des documents anciens. On lit dans
le Dictionnaire de Jean de Garlande
(XIIIᵉ siècle) : « Flagellorum tres partes
« sunt, manutentum (le maintien), virga
« (la batte) et *cappa* » (le chaperon). Du
Cange cite le passage suivant tire par lui
d'un Glossaire anonyme du XIVᵉ siècle :
« *Capa* est illud quod jungit manutentum
« et virgam. » *Cappa* dans le premier
do cument est notre *caperon; capa* dans
le second indiquerait que les deux *caperons* étaient passés l'un dans l'autre ou
bien réunis par la grosse lanière que les
paysans appellent maintenant *acouple*.
(Voyez ce mot.)

Le *c* dur picard de *capteu, caperon*,
est resté dans le mot français *capeline*,
autrefois chapeau orné de plumes et d'ai-
grettes à l'usage des femmes, aujourd'hui
sorte de capote en étoffe légère , mais
chaude et souvent ouatée. *Capeline* était
aussi le nom d'une armure de tête au
moyen-âge. On retrouve cette forme picarde dans le vieux français :

« Et avoit le duc de Berri **capeline** d'acier en
la teste. »   (MONSTRELET.)
— « Armé d'une coiffette sur sa teste et d'un
grand coustel, ledit Thevenin lui oata sesdiz
grant coustel et **capeline**. »
(DU CANGE, **Capellina**.)

Ce mot est un témoignage de l'influence
du dialecte picard sur le français.

Capelle, petite église ; partie d'une
église où se trouve un autel : petit sanctuaire en dehors d'un village. Du bas latin *capella*, diminutif de *capa*, chape : la
série des sens est petite chape, sanctuaire
où était conservée la *chape* de Saint
Martin, et, par extension, tout sanctuaire
possédant des reliques:

On trouve dans le vieux français la
forme picarde *capelle*.

« Charles sera à Ais à sa **capelle**. »
(CH. DE ROL.)

— « Et si avoit une **capiele** pour oïr messe. »
(BAUD. DE SEB.)

De même dans le dialecte picard :

« Je, Robers des Autieus, fais assavoir
« que comme débas eust esté entre mi et
« les frères de l'opital S. Nicholai d'Ab-
« beville d'une capelerie qui est en men
« manage, de che que je les voloie con-
« traindre que on cantast caschun pour
« une messe en le *capele* qui... »
(*Charte de 1273. G. Raynaud, Etude sur
le Dial. pic.*)

Capele a donné les dérivés *capelerie,
capelain* :

— « Li **capelain** d'Amiens tiennent de li che
qu'il acatèrent à Bascouel. »
(*Dénomb. du Temp. de l'Evéché
d'Amiens, 1301.*)

—« Et doivent li devant maistres faire et
soutenir le *capele* à leur propre coust de
toutes coses et trouver toutes les coses qui
afierent à messe canter, et ne puent doner les aumosnes de le *capelerie* fors à
l'usage des povres ; et si est asavoir que
les rentes de le *capelerie* sont assises en
X jorneus de terre et sieent en trois pie-
ches u (au) teroir des Autieus. »
(*Ch. de 1373* citée ci-dessus.)

Le dialecte avait aussi *capellenie*. Un
acte de 1332 extrait par M. Cocheris d'un
cartulaire de Guise porte : « Le *capelle-
« nie* que il ont fondé et comment li dis
« official en a vu le burle (bulle) dou
« Pape Jehan XXII. »

On remarquera ici la forme *burle* pour
bulle par dissimilation de *l* en *r*. Ce fait
se reproduit dans *sorlez*, soulier, autrefois *sauller* : « Les mains noires et les
« *sorlez* plains de bœ (boue). »
(*Hist. de Jeh. d'Avennes.*)

Corblet donne l'épitaphe suivante dans
laquelle nous rencontrons *capelle* au sens
de petit sanctuaire, chapelle, et *capelle*,
verbe, au sens de *donner* :

« Chi gist devant cheste **capelle**
Un boulenguer nommé Boitelle.
Priez Dieu tous pour sen amelle (son âme) :
Ch'est du boen pain qu'on li **capelle**. »

Le mot *capelle* du dernier vers est la
forme picarde du verbe français *chapeler*,
venu du bas latin *capellare*, venu lui-
même du classique *capulare*. Le sens
primitif des formes *capeler , chapeler*,
était *abattre, tailler, couper* : c'est au
sens de *tailler, donner*, qu'il faut entendre ici le verbe *capelle*.

Au radical *cap* se rattache le nom d'un village important situé près de Villers-Bretonneux : c'est *Marcelcave*, qui a pour patron saint Marcel.

Selon l'abbé Lebeuf, *Marcelcave* viendrait de *Marcelli cava*. Je n'ignore point qu'il existe, dans cette localité, des souterrains qu'on dit être très-vastes. Mais en admettant — ce qui n'est point prouvé — qu'on ait appelé ces souterrains *caves*, que signifierait *cave* ou souterrain de saint Marcel ? On ne dédie point de souterrain à un saint : l'opinion de Lebeuf est donc inadmissible.

Voici la mienne :

Il a dû exister dans cette localité, à l'époque très-reculée qui a suivi sa conversion au christianisme, une chapelle ou sanctuaire sous l'invocation de saint Marcel. Au septième siècle, *chapelle* se disait *capella*. Mais ce dernier mot n'est qu'un diminutif de *capa*, lequel sans aucun doute était employé antérieurement. Or *capa*, on l'a vu, a signifié originairement *chape*, puis sanctuaire, *chapelle*. L'existence d'une chapelle en cet endroit est prouvée par une charte de 1204 : la supposition dont je suis parti devient ainsi un fait incontestable. Maintenant il est probable que les populations rurales, au lieu de prendre le diminutif *capella* quand on l'a formé, auront continué d'employer le primitif *capa*. Dans la transformation du latin en roman, *capa* a changé *p* en *v*, comme *rapa*, rave, *capillus*, cavieu (cheveu) : de là *Marcelcave* signifiant *chapelle* ou sanctuaire *de Saint Marcel*, de *Marcelli capa*, et non, comme le dit Lebeuf, de *Marcelli cava*.

Capettes (rue des), nom d'une des rues d'Amiens. Je copie la note de M. Devauchelle.

« *Capette*, boursier du collége d'Amiens aux siècles passés. Les *capettes* étaient nourris et logés dans un bâtiment particulier, sur le terrain où l'on a établi la *rue des Capettes*, il y a environ vingt ans. Les boursiers du collége Montaigu, à Paris, étaient désignés sous ce même nom et pour la même raison : leur vêtement le plus apparent consistait en effet en un petit manteau à capuchon ou *cape* d'où le diminutif *capette* qui leur fut appliqué : ce mot à Amiens s'était, dans les derniers temps, réduit à *capet*.

On a dit (*Hist. des rues d'Amiens*), que les écoliers dont nous parlons « *étaient appelés Capettes à cause du* « *bonnet piqué de couleur rouge dont* « *usaient les écoliers indigents du col-* « *lége Montaigu.* » Il y a là erreur et sur le bonnet et sur la couleur. Dubreuil, dans ses *Antiquités de Paris*, relève que maître Jean Standouc, principal dudit collége, « institua l'ordre des pauvres de « Montaigu, que vulgairement on appelle « *Capettes*, de la forme extérieure de leur « habit, qui est un petit manteau à la « façon que les portent les Jésuites, que « l'on appelait anciennement *cappe*. »

CABERDAINE, robe de dessous, jupon. On dit à peu près au même sens *calembredaine*, dont *caberdaine* semble être une contraction. L'origine de ces deux formes est inconnue.

CABERNETTE, cabane de berger, petit réduit. Diminutif de *caberne* qui vient de *cabenne* par une dissimilation de *n* en *r*, comme celle de *l* en *r*, laquelle de *saulier* (soulier) a fait *sorlet*, de *bulle burle*. (V. plus haut les dérivés de *capelle*.) Quant au mot *cabenne*, il vient du latin *capanna* qu'on trouve dans Isidore de Séville : « Tugurium parva casa est : hoc « rustici *capannam* vocant. » La permutation de *p* en *b* est déjà opérée au VIII⁰ siècle, comme on le voit dans les *Gloses de Reichenau* qui disent *cabanna* : le picard a simplement changé *a* en *e*.

On trouve notre forme picarde dans le vieux français :

« Icellui Jaquet alla vers une loge ou **chabène.** »
(DU CANGE.)

On a vu plus haut que *ch* est ici un équivalent de *c* dur.

M. Devauchelle m'observe que *caberne* a le sens de *caverne*, *grotte*. Je me fais un devoir de consigner ici son observation avec la curieuse remarque qu'il existe à Amiens, dans le faubourg Beauvais, un cabaret ayant pour enseigne : *A le caberne à leus* (loups.) J'observe seulement que le mot *caberne* n'a, en ce cas, le sens de *caverne*, que parce qu'il est pris au figuré, ou par suite d'une confusion populaire entre *caberne* et *caverne*.

On serait tenté de rattacher au même radical les mots picards *cabin*, petit réduit, appendice à une construction, et son diminutif *cabinette* : ce serait à tort. Ces mots viennent de *cabine*, terme de marine qui signifie petite chambre à bord d'un navire et d'où est venu *cabinet*.

Ce dernier mot avait jadis, en picard, un sens tout particulier : il signifiait petit autel enchâssé comme un tableau, lequel était parfois vitré. M. Devauchelle a relevé dans des Inventaires faits à Amiens :

« Deulz tableaux avecq ung petit **cabinet** où
« il y a une imaige de Jhésus prisé XL solz. »
(1610.)
— « Ung cruchifix et ung cabinet dans lequel
« il y a ung Jésus prisé IIII livres. » (1612.)
— « Un cabinet à ver (vitré) garny d'un cru-
« cifix et deux anges prisé ensemble quatre
« livres dix solz. » (1670.)

CABOCHARD, entêté. Dérivé de *caboche* venu d'un radical *cab*, du latin *caput*, tête, qu'on trouve transformé en *cabo* dans la *Lex Salica*, d'où par addition du suffixe péjoratif *oche*, le mot *caboche*, grosse tête, tête mal faite, tête dure. De *caboche* le picard a tiré *cabochard*, entêté, en ajoutant le suffixe *ard* qui marque intensité et donne un sens péjoratif : *gueulard, niflard*, etc.

Dérivé : *Ecabocher.*

Ce mot a plusieurs sens : celui d'assourdir, fatiguer de bruit, puis par extension celui de casser la tête, assommer, tuer.

J'observerai que les paysans picards appellent *caboches* des clous très-gros dont la tête est à quatre pans au lieu d'être convexe. Il y a deux espèces de *caboches* : les unes servent à ferrer les chevaux, les autres à garnir les galoches ou les gros souliers de fatigue.

CABOTER (se), rester petit. Ce mot se dit d'un arbre qui ne pousse pas bien, d'un adolescent dont la croissance s'arrête. Origine fort incertaine. Il peut paraître proche parent de *cabotin* qui a, en picard, le sens de *pantin, homme de très-petite taille.* D'un autre côté, on peut songer à *cabot*, nom d'un poisson très-petit. On lit dans une citation de Du Cange :

« Ki (qui) n'est graindres (plus grand) d'un
(qu'un) **cabot**. »

Le français a *nabot*, homme de très-petite taille, nain. *Caboter* serait-il un dérivé corrompu de *nabot* ?

Tout, on le voit, est incertitude.

CABOUILLER, balbutier, prononcer mal. De la particule péjorative *ca* et d'une corruption de *brouiller* dont le premier *r* est tombé.

Dérivés : *Cabouilleux*, bredouilleur ; au fém., *cabouilloire* , même sens.
Cabouillage, galimatias.

CABRIOTER, faire des petits, mettre bas en parlant de la chèvre. Dérivé de *cabri*, chevreau, venu du bas latin *capritum* (dérivé de *capra*) qu'on trouve dans les lois Barbares : « Si quis *capritum* sive « capram furatus fuerit », dit la *Lex Salica* : il y a eu changement de *p* en *b*. Le provençal a conservé le *t* étymologique :

« Lei biou ronflon dedins l'estable ;
Lei **cabrit** fan ren que sauta. »
(**Li Nouvé** de SABOLY.)
(Les bœufs ronflent dans l'étable, les **cabris** ne
font que sauter.)

CACHER, chasser. Du latin *captiare* qui signifiait chasser dans les derniers temps de la latinité : il y a eu changement de *tia* en *che*, comme dans *nièche*, nièce, de *neptia*. Le *c* dur latin qui est devenu chuintant dans le français *chasser* est resté dur dans le picard *cacher*. Ce *c* dur se retrouve dans le vieux français :

« Par vive force les en **cacèrent** Franc. »
(CH. DE ROL.)
— « Et Frenchiez les **cachent** et à hu et à cri. »
(ROU.)
— « Tex (tel) **cuche** (cherche) le mal d'autrui
Que li max (mal) retourne sour (sur) lui. »
(BL. et JEH.)
— « Et piéça dit-on : qui fuit il treuve qui le
cache » (poursuive).
(BEAUMANOIR.)

On trouve *cachier* au sens de *faire passer* dans une charte de 1320 : « Item, « nous abbés et couvens dessus dit, di- « sièmes (disions) que une voie qui va « parmi no teroir de Mesoutre estoit « piessente où au plus n'i pooit avoir que « une ourdière à carete et queon n'i pooit « *cachier* bestes... »
(*G. Raynaud, Etude sur le Dial. pic.*)

On trouve dans le même document *voie cachavle*, voie de passage pour les bestiaux, par opposition à *piessente*, voie étroite, *sentier* pour ceux qui passent à *pied*. On dit encore *cacher l'vaque* pour *faire avancer* la vache.

Une charte de 1448 citée par Du Cange et provenant d'un cartulaire de l'abbaye de Corbie, porte : « Afin qu'ils peussent « *cachier* et mener leurs vaques et bes- « tiaux aux dits marés (marais) pour pas- « turer. »

Cacher, au sens d'*aller à la chasse*, existe dans un dicton assez curieux. Pour exprimer le fait que deux hommes ne sont pas amis, les Picards disent : « Leus quiens n'*cachent* point ensane, » c'est-à-dire leurs chiens ne chassent pas ensemble.

Cette forme existait dans notre dialecte :

« Le lundi X° jour d'octobre 1463 fu fait cambre en laquelle fu fait mention comment aucuns des communiers de le ville avoient esté traduits à Roye par devant le lieutenant des gabelles et des fôrêts, sur ce que ledit lieutenant admettoit sus aux communiers qu'ils avoient *cachies* a harnas et as quiens (chiens), ce qu'ils ne povoient ne devoient... » (*Une Cité pic. par M. de Lafons.*)

Dérivés : *Cache*, chasse ; poursuite.

On trouve, dans notre dialecte, *cacherie* signifiant *chasse* : « Sauf à men dit signeur (sei- « gneur) et à si oirs le *cache-* « *rie* des biestes » (bêtes.)
(DU CANGE, **Cacheria**.)

Cacheux, chasseur.

Proverbe picard :

« **Cacheux**, péqueux (pêcheur)
Deux métiers d'gueux. »

Cachoire (cachouère), fouet de charretier ou de laboureur.

Cacheron ou *clacheron* ou *cachuron*, mèche de fouet ; ficelle propre à faire cette mèche.

Cachure, licou, sorte de muselière en corde pour les vaches : ce mot a donné le dérivé *décachurer*, débarrasser du licou.

Cache, quantité de blé recueilli chez les particuliers par le domestique du meunier.

Cache-manée ou *cache-meute*, domestique qui recueille le blé à moudre.

Cache-marée, chasse-marée. Une ordonnance d'élargissement provisoire délivrée par le Bailli de Boves (1507) porte :

« Jehan Massin le jonne (jeune) « demourant à Taisy (Thésy) « prisongnier à la requeste « de...., *cache-marée* de « Monseigneur de Moreul « (Moreuil) a esté élargy... »
(Communication de M. Devauchelle.)

Cache est aussi un terme de jeu de balle ou de tamis : c'est proprement la place jusqu'où la balle a été *cachée*, envoyée. On dit *boine cache* pour coup facile à gagner. Le jeu de balle s'appelait jadis *jeu de cache* : « ludus *cachiœ* seu pilœ, » lit-on dans Du Cange qui donne la citation suivante : « Ad ludum *cachiœ* solatii causâ ludentes. »

On trouve *cache* dans la locution *être au bout d'ses caches*, être à *quia*, à bout de ressources et de moyens.

Ce mot avait aussi, dans le dialecte picard, le sens d'*étendue, limite*. M. Devauchelle a relevé dans les *Documents inédits* publiés par M. de Beauvillé, un passage très-curieux dans lequel se rencontre *cache* à ce sens :

« *Item*. S'aucune personne passe par « ledit travers et ait son abit vestu si « comme cotte, surcot, houche, cloque ou « autre abit double, il ne me doit pour ce « aucune chose ; mais s'il devest, anchois « (avant) qu'il soit oultre le *cache* dudit « travers, l'un desdiz abits et en faice fardel « (paquet), je le puis poursuir ou faire « poursuir et prendre dedens le *cache* « dudit travers et le constraindre et dete- « nir prisonnier tant qu'il me ait pour ce « payé amende de LX solz ou délaissié « à mon pourfit ce qu'il seroit trouvé por- « tant. »

(Tarif des droits de travers dus au seigneur de Thennes.) (1425.)

Thennes est un village du canton de Moreuil, arrond. de Montdidier.

Racacher, ramener, faire revenir ; renvoyer (la balle) ; reprimander, d'où *racache*, reprimande. Ce mot a aussi le sens de *rabattre* (le gibier) quand on chasse dans un bois ; de là le dérivé *racacheux*, rabatteur.

Corblet dit que *racacher* vient du latin *recolligere* pour plusieurs de ses sens. Il oublie ou ignore que dans tout mot il y a deux choses qui ne vont point l'une sans l'autre : la forme et le sens. Il n'a pas même essayé de justifier la transformation de *recolligere* en *racacher*, et il a agi prudemment. En effet, *recolligere* perdant son *e* pénultième bref et changeant *o* en *eu*, *gr* en *r*, n'eût pu lui donner autre chose que *requeulir* (recueillir), mot qui, comparé à *racacher*, lui eût rappelé ce passage d'Horace :

« . . . . Amphora cœpit
Institui ; currente rotâ cur urceus exit ? »

CACHINER. Ce mot se dit d'une petite pluie fine qui tombe en fouettant : c'est un dérivé de *cacher*, parce que la pluie *cache*, fouette.

Dérivés : *Cachinade* et *cachinée*, petite pluie fine de peu de durée et de médiocre intensité.

CACONE ou CACONGNE, merise. De la particule *ca* et du bas latin *cona*, mot que Du Cange a relevé dans un vieux glossaire manuscrit qui disait : « *Cona*, « poma silvestria.* » Il y a eu restriction du sens général de *fruits d'arbres non cultivés* au sens particulier de *merise* qui est le principal fruit des arbres venant en forêt. *Cacongne* a donné le dérivé *cacongnier*, mérisier.

Par assimilation à la qualité médiocre du fruit de cet arbre, on appelle *cacongne* ou *cacone* une femme sans énergie, sans aucune bonne qualité.

CACOUILLER, plaisanter. En faisant abstraction de la finale *ouiller* qui est péjorative — *gadrouiller*, gâter, *pertrouiller*, manier salement, etc., — on trouve que *cacouiller* a le même radical *cac* que le français *caquet*, babil, qui est un diminutif, radical qui est dans l'anglais *cackle*, babil, *cackler*, babillard : il n'y a qu'un pas du sens de *babiller* à celui de *plaisanter*.

Dérivés : *Cacouilleux*, qui plaisante, qui dit des blagues.
Cacouilles (plur.) plaisanteries, blagues.

Au même radical se rattache un mot qui, par sa finale *oire*, m'a l'air d'être d'origine picarde : c'est *caquetoire*, chaise basse à dos très-élevé et sans bras.

On disait jadis à Amiens *chatelle* (chaise) *cacquetoire*, absolument comme les paysans disent encore aujourd'hui *caïelle préchoire*, chaire.

M. Devauchelle a relevé dans des Inventaires :

« Quatre **chayelles cacquetoires** couvertes de tappisserye faicte à l'éguille prisé ensemble XXV solz. »
(1580.)

— « Deulx **chaielles cacquetoires** faictes de tappisserie. »
(1595.)

— « Cinq **chaielles caquetoires** avec les dossiers garnys de tapiserye, deulx **chaielles caquetoires** sans dossier garnyes de tappisserie. »
(1596.)

Quelques années plus tard le mot *chaielle* tombe et il ne reste plus que *caquetoire* :

« Quatre **caquetoires** couvertes de tapisserie prisées XL solz. »
(1612)

— « Sept **chèses** de tappisserie fasson (façon) de **cacquetoire**. »
(1615.)

Littré ne donne qu'une seule citation dans laquelle se trouve le mot *caquetoire* ; encore cette citation est-elle d'un auteur du XVIᵉ siècle :

« Il n'y a pas d'apparence que les femmes
« aient alors le bec gelé ; pour le moins, j'en ré-
« pon pour celles de Paris qui ne se sont point
« tenu d'appeler des **caquetoires** leurs sièges. »
H. ESTIENNE.

L'historique de ce mot est, on le voit, plus riche en picard qu'en français, fait qui est une présomption en faveur de son origine picarde.

Caquetoire s'emploie comme adjectif féminin au sens de *babillarde*. On le rencontre dans la *Farce des cinq Sens* (1545) dont l'auteur anonyme était très-probablement picard d'origine :

« Et que as-tu dit ?...
Gloute, quelle orde (sale) **caquettoire** !
Tu es la plus grande mentoire (menteuse)
Que jamais huoit après liepvres. »
(Communic. de M. DEVAUCHELLE.)

CACUN, chacun. Du latin *quisque unus* par contraction en *quisqu'unus*. On trouve souvent notre forme picarde dans le vieux français :

« Quant **cascuns** ert (sera) a son meillor re-
| paire. »
(Ch. DE ROL.)

— « Puis vaist **cascuns** à son repaire. »
(Rom. DE MAHOM.)

— « Lor vie est establie à avoir **cascun** jour denrée de pain et de l'yaue. »
(BEAUMANOIR)

De même dans le dialecte picard :

« Et dira li crieres : Oiés, Oiés, de par le Roy
« de Franche, le ban le Roy ; que cascuns et
« cascune se traie arrière. »

(Anc. Cout. d'Amiens dans Du Cange.)

« Je, Jehans, sires de Vinarcourt (Vigna-
« court), reconnais ke pour le pourfit (avantage)
« me dame m'autain et sen baron (mari) et pour
« le bien de pais (paix), ke le dite me dame Ma-
« roie, sen baron et si hoir, pour le blé et pour
« l'avayne, aront, prenderont et rechevront cas-
« cun an quarante et sis livres de parisis en me
« vile de Vinarcourt. »

(Charte de 1295, **Etude sur le Dial. pic.**
par M. Raynaud.)

J'écris la seconde syllabe de *cacun* comme en français et j'écrirai plus loin *caine*, chaîne, *cair*, choir, *caisne*, chêne, etc., bien que le *c* dur picard ne se prononce pas comme en français. Je rappellerai, à ce sujet, ce que disait M. Daussy dans son *Discours sur le patois picard* à la séance publique de l'Académie d'Amiens, le 17 décembre 1876 : « Ce *c* donne « un son tout à fait particulier que les « Picards seuls peuvent articuler. Pour « trouver le moyen de le traduire à l'aide « des lettres de notre alphabet, on s'est « ingénié de bien des façons, sans jamais « réussir. C'était prendre une peine inu- « tile. Les vingt et quelques lettres de « l'alphabet européen ont, dans chaque « langue, des valeurs phonétiques diffé- « rentes, souvent variables suivant la « lettre qui précède ou qui suit. Pour « parler une langue, il faut en apprendre « la prononciation spéciale ; c'est l'affaire « de l'oreille qui écoute et de la voix qui « reproduit. L'écrire est toute autre « chose : il faut alors se conformer à « l'orthographe des mots ; car les mots « sont des personnages qui ont leur his- « toire, leurs aïeux, leurs parents, et tout « cela se retrouve dans leur orthographe « qui leur sert de blason. »

CACUSE, grosse pièce de viande de porc cuite au four. *Orig. inc.*

J'ai donné comme étant d'origine inconnue le mot *bringue* dans la locution *salé comme del bringue*, en observant que je ne connaissais point le sens de *bringue*. Ce mot vient du flamand *brijn*, saumure, par transposition de l'*n* : le sens est bon et la forme s'explique sans trop de difficulté. J'ajoute que j'ai trouvé cette forme flamande avec le sens, dans une note de mon savant et dévoué collaborateur M. Devauchelle.

Une communication toute bienveillante de M. De Guyencourt, d'Amiens, confirme cette étymologie, et — chose importante — donne la forme primitive. Je copie :

« Dans la vallée de la Somme (Long,
« Longpré, Fontaine,) on ne dit pas
« *bringue*, mais *brenne*. J'ai demandé à
« beaucoup d'habitants de ce pays s'ils
« savaient ce que c'est que *dé le brenne* ;
« tous m'ont répondu qu'ils connaissaient
« le dicton *salé comme de le brenne*, mais
« aucun n'a pu me donner la significa-
« tion de *brenne*. Je me suis souvenu
« alors qu'en anglais le mot *brine* signifie
« *saumure, chose très-salée*, et même
« que les poètes se servent de ce mot
« pour désigner la mer : *the foaming
« brine*, la mer écumante. (*Dict. angl.
« fr. de Boyer.*)

« Voyez, monsieur, si le *brine* anglais
« est l'étymologie vraie de notre *bringue*
« picard : je vous soumets mon observa-
« tion à tout hasard. »

Il n'y a pas là de hasard, mais une excellente observation ; et je prie M. de Guyencourt de vouloir bien agréer mes remerciements. J'observe seulement que l'étymologie de *bringue* est tout à la fois anglaise et flamande et que *brenne* est la forme primitive en picard, absolument comme la forme primitive de *brignon* (V. ce mot) est *brinion*, dérivé de *bren*.

CADOREUX, chardonneret. La racine de ce mot est le latin *carduus*, chardon, en picard *cardon* : Pline appelle le chardonneret *carduelis*. *Cadoreux* implique quelque forme bas latin *cardorosus* ou *cardonosus* de *cardonem*, la dernière ayant changé l'*n* en *r*, toutes les deux ayant laissé tomber le premier *r* difficile à prononcer. (*Voyez abret.*)

Cadoreux est, en picard, un terme d'amitié équivalent de *petit ami, petit poulet*, etc.

On donnait jadis le sobriquet de *cadoreux* aux sergents de ville d'Amiens, parce qu'ils portaient des culottes de la couleur du plumage des *cadoreux* ou chardonnerets.

La forme picarde *cardon* qu'on a vue plus haut, se rencontre dans le vieux français :

« Carète à cardons (doit) quatre déniers de péage. »

(Tailliar, Recueil).

— « Je suis chelle qui sans fouir (la Paresse)
Fais ès gardins **cardons** venir,
Ronches et orties lever. »
(DU CANGE, CAUDA.)

De même dans notre dialecte :

« Es preis (prés) sont les herbes dont on fait
fain (foin) si y ha (a) des **cardons**. »
(**Dial. pic. flam. 1360**.)

M. Devauchelle a relevé dans un Inventaire dressé à Amiens au XVI° siècle :

« Item, **cardons** servans au métier de pareur
(de drap) prisé LX solz. »

Et il ajoute : « Il n'y a pas bien longtemps qu'on cultivait encore les chardons en Picardie pour les employer à parer les draps. On lit dans le *Dictionnaire domestique* (1762) ce qui suit :

« Les chardons de Picardie durent da-
« vantage, parce que leurs piquants ont
« plus de force. On les sème en mars ; on
« les lève au mois d'août pour les planter
« par rayons, et on ne fait la récolte des
« têtes qu'en juillet et août de la seconde
« année. »

Dérivés : *Ecardonner*, purger une terre
des chardons.

Ecardonnoir, instrument pour
couper les chardons par le
pied.

Cardonnoy, nom d'un village
dans les environs de Montdidier.

Cardonnoy vient d'une forme bas latin *cardone.um*, lieu planté de *cardons*. On rencontre ce mot dans une charte de 1310 :

« Je, Wautiers, sires de Woiriel, fais
« savoir ke je ai vendu à Aubin de Beve-
« ri, seigneur de Soues, le rente ke je
« avo'e, prenoie ou punit prendre et avoir
« en le vile de Halencourt, hors mis et
« osté le rente que je preng u terreoir de
« *Cardonnoy*. »
(*G. Raynaud*, Etude sur le dial. pic.)

On écrit aujourd'hui *Cardonnois*, tandis qu'on écrit *Quesnoy*, *Carnoy*, *Tilloy*, etc. C'est là une orthographe vicieuse, injustifiable, qu'il faudrait réformer pour écrire *Cardonnoy* en revenant à l'orthographe étymologique qui est, du reste, celle de Cassini et des Coutumes de Montdidier.

Cardonnette, nom d'un village près d'Amiens.

CADOS (cado), fauteuil. Ce mot ne peut venir du latin *cathedra* dont le *t* médial tombe, comme on le verra à *caïelle*. C'est une contraction de *caïelle à dos*, chaise à dos, expression que M. Devauchelle a relevée dans des inventaires faits à Amiens et dans des écrits d'origine essentiellement picarde :

« Une **chaïelle à dos** servant pour asseoir les enfants. » (1575).
— « Une **quéelle à dos** de bois de chesne, une escabelle, etc , prisé ensemb'e XII solz. » (1583),
— « Quatre **chaïelles** fonssées de l'œurre avec une aultre **chaïelle à dos** aussey fonssée de fœurre. » (1590).

De même dans des poésies picardes du XVI° siècle :

« En me requemendant à vous et à vo grâce,
Je prie Diu qu'i vous doon (donne) chent escús
[en vo tasse.
Escript par Périnot l'enfantieu vo cousin,.
En no **cayelle à dos**, assis sur un coussin. »
(**Fin du Mariage de Jeannain**).
— « Ch'est vo petiot varlet derrain fleu (fils)
[Philippot
Qui vos escrit chechi (ceci) dins ce **quayelle**
[à dos. »
(**Fin de l'hist. plais. de la Jalousie de Jeannain**).

De même aussi en prose :

« Eh bien ! mes parrochiens, me vechi dins chelle **cayelle à dos**. »
(**Exorde du Disc. du curé de Bersy, XVI° s.**)
— « Eh bien ! mes frères, beyez un peu, me vechi dins chelle **cayelle** presquoire à dos. »
(**Exorde de la Rép. au Disc. du curé de Bersy.**)

M. Devauchelle a relevé dans ses Inventaires la forme *cadot*, fauteuil :.

« Quatre chése, une table basse de bo.. ung **cadot**. » (**Amiens, 1619**.)
— « Ung petit cuveron avecq une petite tinette, un petit **cadot** de bois, deux chéses vieilles et usées prisé ensemble XV solz. »
(**Camon, 1624.**)
— « Ung marthiau de fer, ung pennier (panier) d'osier, ung petit **cadot** prisé ensemble cinq souls (sous).
(**Vers-Hébécourt, 1621.**)

Dérivé : *Cadoter* (se), s'étendre non-
chalamment dans un fau-
teuil, se prélasser, et, par
extension , faire peu de
chose ou n'en prendre qu'à
son aise.

Cados est masculin : c'est la terminaison masculine qui a déterminé le genre. On a sans doute remarqué le pronom masculin *ce* employé dès le XVI° siècle au deuxième vers de la deuxième citation : « Dins *ce* quayelle à dos. »

Le troisième vers de la seconde citation nous montre que le vieux picard avait tiré de *enfant* un fort joli diminutif — *enfantieu* — qui manque au français : nos pères étaient, en cela, aussi riches que les Provençaux qui ont *enfanton*, équivalent exact d'*enfantieu*.

> « Entounas dounc dou premier ton
> **Magnificat** per l'enfanton. »
>   (LI NOUVÉ DE SABOLY.)
> « M'es esta di qu'un **enfanton**... »
>   (**Ibid.**)

CAFADER, s'amuser à des travaux manuels de peu d'importance, exécuter une petite réparation, faire peu de chose. C'est une corruption du terme de marine *calfater* : l'*l* est tombée et le *t* s'est adouci en *d*. Comparé au travail des marins occupés aux pénibles manœuvres du vaisseau, l'emploi de l'homme qui met de l'étoupe, du suif et du goudron dans les joints et les fentes de ce vaisseau, semble naturellement peu de chose : de là .e sens que *cafader* a pris en picard. Cette origine est confirmée par le dicton suivant qui ne pêche certes pas plus par excès de galanterie que par richesse de rime :

> « Femmes et vius batels, (vieux bâteaux)
> Y a tudie à **cafader**. » (**Tudis**, toujours).

Dérivé : *Cafadeux*, homme qui fait peu de chose.

CAFETU, baraque. *Orig. inc.*

CAFIGNON, trognon de pomme; objet petit, vil, méprisable. On peut rapprocher le radical *caf* de ce mot de l'allemand *schale*, écorce, pelure, et du bas-latin *scaffa* qui est dans Du Cange au sens de *cosse*, toutes choses désignant des objets de peu d'importance; mais il est difficile de faire davantage et impossible de rien affirmer.

Au même radical se rattache *caflot*, écaille de noix, et son dérivé *écafloter*, enlever l'écorce d'une noix, au figuré dépenser (son argent), manger (son bien).

CAFIOT, café à l'eau ou au lait trèsfaible, mauvais café. Dérivé et diminutif de *café*.

CAFIQUER, remuer; faire peu de chose; s'occuper à un travail inutile ou peu important. On serait tenté de voir là *ca* péjoratif et *fiquer* de *figicare* ; mais le sens de *fiquer* (enfoncer) s'y oppose. Peut-être *cafiquer* est-il une corruption de *trafiquer* qui a, en picard, l'acception de *faire peu de chose* ; mais ce n'est là qu'une simple conjecture.

CAFOUILLER, remuer; tisonner; faire peu de chose. Du préfixe péjoratif *ca* et de *fouiller* venu du latin *fodiculare* (fréquentatif de *fodicare*, fouiller, creuser) par contraction régulière en *fodic'lare* lequel perd son *d* médial, change *o* en *ou* et *cl* en *il* et laisse ainsi *fouiller*.

Dérivés : *Cafouilleux*, qui fait peu de chose, qui s'amuse à des riens; au féminin *cafouilloire*, même sens. On appelle *Marie Cafoule* une femme qui s'agite beaucoup sans faire grand chose.

Cafouilloir, tisonnier pour le poêle : c'est le *poker* des Anglais.

Cafouillage, travail peu important; vétilles, futilités. On dit des *cafouillages*, des *berdelages* pour des bagatelles, des *conversations inutiles ou peu sérieuses*. (V. *Berdeler*.)

CAFOURNOU et **CAFERNIOT**, petit caveau ménagé sous un four pour y mettre la cendre; petit réduit obscur. Du préfixe péjoratif *ca* et de *fournou*, dérivé et diminutif de *four* lequel vient du latin *furnus*, four, à l'origine *forn*. La forme *caferniot* est une corruption populaire comme *caberne* de *cabenne*.

CAFUT. On appelle *cafuts* les arbres qu'on abat dans les hautes futaies, soit parce qu'ils sont de mauvaise venue, soit parce qu'ils sont trop près les uns des autres. Peut-être de *ca* péjoratif et de *fustis*, bois. On trouve dans Du Cange le bas latin *capusa*, action de couper en morceaux; mais ce n'est pas là le sens de *cafut*. J'incline pour la première conjecture.

Par extension de sens, on appelle *cafuts* les brebis, agneaux, moutons qu'on vend quand on en a trop ou qu'ils sont de mauvaise venue.

Dérivé : *Cafuter*, abattre les mauvais arbres, vendre les mauvaises bêtes à laine, et, par extension, mettre à la réforme, éliminer, récuser.

CAGNON, femme lourde, maladroite, peu agissante. Même origine que le français *cagnard*, fainéant, indolent, que Littré rattache à l'italien *cagna*, chienne, qui avait donné en vieux français *cagne*, prostituée. Le picard a ajouté le suffixe *on* qui sert à former des diminutifs : tels sont *Louison*, Louise, *Marion*, Marie, *Pierron*, Pierre, etc. L'illustre jurisconsulte picard Pierre de Fontaines est nommé *Pierron*, dans un accord de 1269 entre le sire de Raineval et Bernard de Moreuil, document très-précieux dont je dois communication à l'obligeance de M. Daussy : « Chi défenist (finit) l'ordenanche « devant dite qui fu faite par mon se-« gneur *Pierron* de Fontaines et par « chiaus (ceux) qui furent avec li. » On rencontre *Mayon* pour Marion (Marie) dans la curieuse épitaphe d'une demoiselle décédée à l'âge de soixante-dix-neuf ans. Cette épitaphe qui se trouvait sur une tombe de l'ancien cimetière Saint-Denis à Amiens, était ainsi conçue :

« Ci gist **Mayon** Fourré
Qui garda sa virginité
Tant l'hyver que l'esté.
Requiescat in pace. »
(V. H. DUSEVEL, **Hist. d'Amiens.**)

CAGUENETTES, touffe de cheveux qui tombe et se relève de chaque côté de la tête entre l'oreille et la tempe. On dit aussi *carnettes*. Ces deux mots sont une corruption successive du français *cadenette*, coupe de cheveux mise à la mode sous le règne de Louis XIII par Honoré d'Albret, seigneur de *Cadenet*. Le changement de *de* en *gue* se retrouve dans *caguenos*, cadenas.

CAHOU, chat mâle. Est-ce le *cat* qui *hue*, qui crie ? Est-ce une corruption de l'arabe *quittoun*, chat mâle ? Est-ce, par assimilation du chat mâle au chat-huant, en picard *cahouan*, une corruption de ce dernier mot ? Tout est pure conjecture. Dans mon enfance, on appelait *cahou* un camarade d'un mauvais caractère, hargneux, batailleur, méchant, par assimilation au chat mâle qui est, dans certaines circonstances, d'une humeur très-guerrière.

CAHUITE, adj., niais, sot, imbécile. De *ca* et *huître*, en picard *huile* : l'*r* finale tombe comme dans *morde*, mordre, *naîle*, naître, et on dit : bête comme une *huile*.

CAÏELLE, chaise. La forme primitive est *caïère* qui est commune au picard et au vieux français et qui est venue du latin *catedra*, siège, chaise, par la chute du *t* médial donnant *ca'edra*, puis, par changement de *dr* en *r*, *caïère*. *Caïère* fait *caïelle* par permutation de *r* en *l*.

On trouve souvent dans les Inventaires la forme *caïelle* ; M. Devauchelle a relevé :

« Deulz **caïelles** à fou (fond) de fœurre. » (Amiens, 1558).
— « Deulz **caïelles** à font de fœurre. » (**Ibid.**)
— Deulz **caïelles** cordées, une autre **caïelle** à « fond de cuyr ; une **caïelle** à coffre, une tablé « ronde à **caïelle**. « (**Ibid.**)
— « Trois **chaïelles** fonssées de fœurre aveoq « une autre **chaïelle** à dos (fauteuil) aussy fons-« sée de fœurre. » (1596).

Caïelle a donné, dans le dialecte picard, le dérivé *caïllier*, marchand ou fabricant de chaises, qui s'est contracté en *cayer* dans le patois.

Dans le tableau des Corps et Métiers d'Arras, dressé en 1598, les *Caïllers* et les *Mandeliers* (fabricants de mannes) occupent le second rang.

On rencontre aussi la forme primitive *caïère* :

« Desous vo lit (matelas) vous faut un calit « (bois de lit) et dalès (près) le lit une **cayère** « et plusieurs bancs et sielles » (siéges).
(**Dial. français-flamands**, de l'année 1340 ou environ).

La rue des *Doubles-Chaises* à Amiens s'appelait jadis *rue de le Double Caïere*, et on lit dans le Cartulaire F de l'Hôtel-de-Ville d'Amiens, année 1457 :

« Pierre Héquet, huchier, a aujourd'hui esté « reçu maistre dudit mestier, lequel a fait un « chef-d'œuvre d'une **caïère** à preschier en « l'église Saint-Germain. »

La chaire à prêcher a reçu des Picards le nom de *caïelle préchoire* — on disait autrefois *préquoire* (voyez *Cadot*) — *chaise-préchoire*, etc., ainsi que plusieurs autres qualifications qu'il serait peu séant de rapporter.

La première citation relative à *caïere* est tirée d'un ouvrage dont M. Devauchelle me communique des extraits fort intéressants accompagnés de la note suivante :

« L'éditeur, M. H. Michelant, conservateur-adjoint à la Bibliothèque Nationale, appréciant la valeur des deux textes, dit relativement au flamand que, malgré quelques incorrections, ce dernier ne s'écarte pas de la bonne langue de l'époque. *Quant au français, ajoute-t-il, c'est du pur picard, et les nombreux textes littéraires écrits dans ce dialecte attestent combien il était répandu alors.* »

M. Michelant a donné au volume le titre : « *Le Livre des Métiers, Dialogues « français flamands, composés au XIV*ᵉ *« S., par un maître d'école de la ville de « Bruges* (1) ».

Ce titre aidera sans doute à l'écoulement de l'ouvrage; mais il est trop contraire à la vérité pour qu'il soit maintenu dans les emprunts qui lui seront faits ci-après. »

CAILE. Terme d'amitié en parlant à une petite fille. On dit aussi *couaile. Caile* est la forme picarde du français *caille*, venu d'après Brachet du latin du moyen-âge *quaquila*, qui est d'origine germanique, anc. néerl. *quakele.* Diez a relevé dans un manuscrit du VIIIᵉ siècle la forme bas-latin *quayla :* « Coturnices similes « avibus quas quidam *quaylas* vocant. » J'incline pour cette dernière origine, qui se rapproche mieux de notre forme picarde *caile.* J'ajoute qu'on trouve dans Plaute le mot *coturnix*, caille, comme terme d'amitié, et que le provençal emploie au même sens *perdigau*, perdrix.

La forme *couaile* a donné en picard le dérivé *couaillot,* homme qui prend des cailles avec une chanterelle ou avec des filets.

CAÎNE (kainne), chaîne. Du latin *catena*, chaîne, par la chute du *t* médial, changement de *e* en *i* et réduction de *aï* en *aî*.

On trouve notre forme picarde dans le vieux français, mais sans contraction :

« En caeines de fer. »　　　(Ch. de Rol.)

---

(1) Paris, Tross, libraire, 1875.

— « De cordes, de harts et de corre,
　　De kaïnes et de carcans
　　Les crucéfient en lor bans. »
　　　　　　　(Gui de Cambrai.)

— « Chacun el (au) col aura caïne bien fermée,
　　Puis les menrai à vous à Baudas (Bagdad)
　　　　　　　| la loée. »
　　　　　　　(Ch. d'Ant.)

On trouve les formes *caigne, quaigne, quingne* au sens de *chaîne d'étoffe* dans des *Inventaires* faits à Amiens. M. Devauchelle a relevé :

« Deulz estilles (métiers à tisser) garnyes chas-« cune d'une caigne à faire charge. » (serge).
　　　　　　　(XVIᵉ siècle.)

— « Deulz estillettes chargées de quingne à « faire passement de saiette.
　　　　　　　(1610.)

— « Une caigne servant à faire boye. »
　　　　　　　(1598.)

— « Du fille (fil) reteur (retors) à faire des « quingnes. »
　　　　　　　(1598. Invent. chez Nicolas Hesse, saieteur).

On trouve dans le dialecte picard le dérivé *cainure* au sens de *chaînes* servant à barrer les rues. On lit dans les *Registres aux délibérations* de la ville de Noyon : « Le XIXᵉ jour de juing fu déli-« béré que le *caynure* de le rue St Elloy « soit mise tellement qu'il appartient. » (V. *Une Cité picarde par M. de Lafons*)

Notre *c* dur picard se rencontre dans le vieux français *caignon*, diminutif de *caine.*

« E si lui mettent ou (au) col un caignon. »
　　　　　　　CH. DE ROL.)

— « Et fut pendus à un gibet tout nuef et à « un caignon tout nuef. » (nuef, neuf).
　　　　　　　(Chron. de RAINS.)

Nous avons dans le patois le mot *caignon*, mais au sens d'entrave qui maintient replée sur elle-même une jambe de devant d'une vache difficile à traire.

Dérivés : *Décaîner* ou *decaingner*, déchaîner.
　　　　Rencaîner (reincaîner), enchaîner de nouveau, remettre à la chaîne.

CAÏONNIR, devenu chenu, blanchir. L'adjectif latin *canus*, blanc (en parlant des cheveux), a donné, dans la latinité populaire, un adjectif *canutus* et un verbe *canutire*, d'où le provençal *canuzir*, blanchir, et le berrichon *chenouzir*, moisir, formes très-régulières. Il n'en est pas de même de notre forme picarde. Assu-

19.

rément elle se rattache au même radical ; mais elle a subi une altération dont il me semble fort difficile de rendre compte.

Proverbe picard :

« Tête d'fou n'caYonnit point , » tête de fou ne blanchit pas.

L'adjectif latin *canutus* a donné, dans le dialecte picard, la forme *kenu*, blanc, en parlant des cheveux :

« Pel (peau) ot fronchie (ridée) corbe eskine,
Cief (chef, tête) ot **kenu**, fache frarine. »
(**Gui de Cambrai.**)

— « Paulins le mesureur de blé a si lon-
« gement (longtemps) mesuret qu'il ne puet
« plus par che grande villeche (vieillesse) ; car
« il est tout **kenus**, » (**Dial. pic. flam.** 1340.)

CAIR ou QUEIR, tomber. Du latin *ca-dere*, même sens, par la chute du *d* médial donnant *ca'ere*. On trouve notre forme picarde dans le vieux français :

« Devant lui **carrunt** li Ethiopien. »
(**Lib. Psalm.**)

— « Il **querroit** en grande amende vers son
« signeur. » (**Beaumanoir.**)

— « Au premier cop (coup) li kaisnes, che
« dit-on, ne **kiet** mie. » (**Baud. de Seb.**)

— « Si la fraut et mist à some,
Que mors caY en la carrière. » (**P. Mouskes.**)

— « Grans vent **kiet** à peu de pluie. »
(**Rom. de Ham.**)

— « Et volons que si il avenoit que li dit fossés
« **keïst** pour deffaute d'iaue ou s'enterast par
« coulis... »
(**Lett. de Remiss.** 1313, Du Cange, colare).

De même dans les documents d'origine picarde :

« Et se le caretée **caoit** el travers. »
(**Accord par P. De Fontaines**, 1269.)

— « Sy (si) le voiture à ceux de Gentelles et
« de Cachy **caioit** depuis le moulin de Paveri
« jusquez as pierres de Moreul, le musnier de
« Paveri estoit tenu d'aller ayder à recharger,
« s'il en estoit requis de celui à qui la voiture
« estoit. »
(**Enquête à Hailles**, 1290, communic.
de M. Devauchelle.)

— « Ne n'en debueveremes (devrions) **cayr** en
« peine ne en dommage. »
(**Cartul. de Corbie**, 1300, dans
Du Cange, **cadere.**)

— « Et se aulcune **kaoit** en foraige là u il
« n'eust que vilj muis et venist à part li (tout
« seul) en carete... »
(**Dénomb. du Temp. de l'Evêché
d'Amiens**, 1301.)

On vient de voir que ce verbe faisait à l'imparfait de l'indicatif *caioit, caoit ;* le patois a intercalé une *s* et dit aujourd'hui *caisoit :* cette intercalation insolite et injustifiable se retrouve dans *bleuse*, féminin de l'adjectif *bleu*, dans *nuse*, féminin de l'adjectif *nu*.

Par suite de l'influence française, le patois a adopté le *c* chuintant dans le verbe *échoir ;* le dialecte avait le *c* dur :

« Si on tresaloit (omettait) le bissexte (jour
« bissextile), après mult d'ans Noeus **escarroit**
« entor le feste Saint Jehan, et le feste Saint
« Jehan entor le Noël. » (Alebrant.)

— « Comme Pierres, li prévos de Soucourt,
« tiegne et ait dis journous de terre qui il
« **escayrent** du fourmort de se mère séans el (au)
« tieroir de Valines en une pièche... »
(**Charte de 1310, Etude sur le Dial.
pic.**, par M. Raynaud.)

Dérivé : *Recair* (r'cair), retomber. Le *c* dur reparaît dans ce mot qui, moins usité que *échoir*, n'a pas subi l'influence française.

On trouve dans le vieux français le derivé *déchoir* avec notre *c* dur picard :

« Comme **décarrat** ma force et ma baudur. »
(**Ch. de Rol.**)

— « Se il avient que li héritage **déquieent**. »
(Beaumanoir.)

De même dans le dialecte picard. Une charte de 1325 citée par Du Cange et extraite du *Livre noir de Saint-Vulfran d'Abbeville* porte :

« **Décair** devoient de le complainte qu'il avoient faite. »

CAISNE ou QUESNE (quène), chêne. Du latin *casnus* qu'on trouve en usage dès le VI° siècle et qui n'est qu'une transformation de *quercinus* régulièrement contracté en *querc'nus*.

On rencontre notre forme picarde dans le vieux français :

« L'amour d'une baisselle n'est pas si tost gain-
| gnie :
Au premier cop li **Kaisnes**, che dit-on, ne kiet
| mie. »
(Baud. de Seb.)

De même dans le dialecte picard :

« Comme une branque de l'arbre qu'on ap-
« pelle le **Kaisnes** du Praiaus fust keuue
« (tombée) en l'an de grace mil trois chens vint
« et sis... »
(**Charte de 1329, citée au mot
Branquelet.**)

On lit dans des *Lettres du Maistre des Eaues et Forêts de Normandie et de Picardie*, année 1399 :

« En laquelle vendue (vente) sont « comprins trente arbres de *quesne*. »

M. Devauchelle a relevé dans le bail d'un domaine sis a Vers-Hébecourt, année 1475 :

« Pour lequel ramasement les dits sei- « gneurs ont accordé la tonture d'un « journel de bos et six *quesnes* qu'ils « porront coper du temps et saison com- « pétents. »

Et dans les *Plaids de Boves* (1519) qu'un nommé Houberon « est condamne « pour avoir coppé deux estalons (bali- « veaux) et botté (émondé) *quesnes*, » ainsi que Jehan Carette trouvé « cop- « pant et abattant bos, tant *quesnes* que « cherisiers. »

Dérivés : *Quesnoy* (le), autrefois *Caisnoi*, nom de plusieurs villages de Picardie, du latin *casnetum*, lieu planté de *caisnes*.

« Je Andreus, chevaliers, sires de Ponches, « et je, Maroie, dame de Rambeham et du « Caisnoi, se feme, faisons savoir à tous chiaus « qui ches lettres vesront et orront... »
(Charte de 1281, Etude sur le Dial. pic., par M. Raynaud.)

— « Item nous en tenons l'ommage le sei- « gneur d'Arainnes du chastel du **Caisnoy**, de « le vile et des hommages et appurtenanches. »
(Dénombr. du Temp. de l'Ev. d'Amiens, 1301.)

Beauquesne, en picard *Bieuquesne*, autrefois *Biaucaisne*, du latin *bellus casnus* :

« Et n'est mie à oublier ke toutes ches ventes « ont esté faites à le requette dant (dom) Jehan « de **Biaucaisne**, jadis canoine de Saint-Achuel « d'Amiens. »
(Charte de 1289. Etude sur le Dial. pic., par M. Raynaud.)

— « Robertus d'Ailly gener Marie d'Ailly pro « orto (horto) qui fuit Hauwidis de **Biaucaisne**. »
(Dénombr. du Temp. de l'Evêché d'Amiens, 1301.)

Quesnel (le), nom d'un village entre Roye et Amiens, qui implique dans le latin populaire le diminutif *casnellus*. L'orthographe ancienne était *Caisnel*. On lit dans le *Dénombrement du Temporel de l'Evêché d'Amiens* (1301) : « *Item*, « nous en tenons l'ommage le seigneur « de *Caisnel* de sen manoir du *Caisnel*,

« de le vile et des appendanches, à camp « et à vile, en hommes, en chens, en « rentes, en terres, en bos. »

L'abbaye de Valloires possédait un fief dit des *Kaisniaus* dont il est question dans une charte de 1323 : « Sachent tout « chil qui ches presentes lettres verront « ou orront que Adans, dis li Clers, est « venus en le court de hommes religieux « l'abbé et le couvent de Valoyles en leur « manoir des *Kaisniaus*... »
(*Etude sur le Dial. pic.*, par M. G. Raynaud.)

Kaisniaus est le pluriel *casnellos*.

J'observe en terminant qu'on dit d'un homme naïf, un peu idiot, qu'*il est tout droit à che quêne;* mais j ignore l'origine de cette locution, à moins qu'on ne compare cet homme à un porc qui court droit aux chênes pour y trouver des glands.

On dit au même sens avec l'accompagnement de rime habituel aux Picards :

« Tout droit à che dizieu,
Comme l' bête dé ch' dîmeu. »

« *Tout droit au dizeau comme la bête* (le cheval) *du dîmeur.* »

Le *dizeau* est un tas de bottes de blé composé de *dix* bottes.

CALENDER (caleinder), bavarder, médire. Forme picarde à finale corrompue du vieux français *chalenger*, *calenger*, accuser, venu du latin *calumniari*. Nous avons aussi *clacander*, perdre son temps à bavarder, qui paraît être une déformation populaire de *calender*.

Dérivé : *Calendier*, bavard.

CALÈNE, charançon. Corruption du français *calandre* venu du bas latin *calandrus*. Le picard n'admet point, en général, la dentale euphonique *d* devant l'*r*. Le dialecte disait *venredi* pour *vendredi*, *maure* pour *moudre :* il n'est pas étonnant que le patois ait laissé tomber le *d*, puis l'*r* dans cette position : *naîte*, naître, etc.

CALER, mettre bas en parlant du chien, du chat, etc. Du latin *catellare*, dérivé de *catellus*, petit d'un animal quelconque, par la chute du *t* médial donnant *ca'ellare*, d'où à l'origine *caeller*, puis par contraction *caler*.

On trouve dans le vieux français *chael-*

ler, *chaaler*, et notre forme picarde à *c* dur.

« D'une leisse (lice) vus vueil conter
Qui preste estoit à **chaeller.** »
(MARIE DE FR.)
—« Tant est venue, tant est alée,
Que l'autre lice a **chaalée.** »
(ISOPET, Fab. IX).
— « VII **kiens** (chiens) d'une lisse tous nou-
[viaux **kayélés.** »
(**Chron. de God. de Bouillon**)..

Il est possible que *chaeller*, *chaaler* se soient prononcés *caeller*, *caaler*, puisqu'on trouve la notation *ch* pour *k*, *qu*, comme je l'ai montré au mot *Buquer*. Cela est d'autant plus probable que, dans le *Glossaire latin-français* de Lille édité par Scheler, *catulus* est traduit par *caiel*.

Dérivés : *Calage*, action de faire des petits.
Calée, portée d'une chienne, etc. ; grande quantité (de petits).

La forme primitive de *calée* était *caellée*, comme celle de *caler* était *caeller*.

On trouve dans les *Chartes nouvelles du Pays de Hainaut* la forme *cayellée*, qui est un dérivé de *caiel* qu'on vient de voir.

« Le louvier (louvetier) pour la prinse
« d'un loup ou d'une *cayellée* devant le
« Saint Remy, ne pourra pourchasser
« qu'une lieue à la ronde du lieu de ladite
« prinse et ne prendra au plus prochain
« trouppeau de blanches bestes qu'un
« seul mouton, lequel le laboureur, s'il
« le veut faire, pourra racheter. »
(Communic. de M. DEVAUCHELLE.)

J'incline à penser que *colée*, grande quantité, n'est autre chose que *calée* avec une extension de sens ; le changement de *a* en *o* est fréquent dans le patois picard, témoins *cosso*, colza; *tro* (il), il ira, etc.

Au même radical se rattachent, à mon avis du moins, deux autres mots picards: ce sont *calot* ou *calou* et *calé*.

Lorsque, dans mon enfance, nous jouions à la boule pour gagner des noix, des liards, parfois des sous, le jeu se composait de neuf trous en terre disposés comme un jeu de quilles. Dans celui du milieu qui était un peu plus grand que les autres, on déposait l'enjeu ; puis chacun à son tour tachait d'envoyer la boule dans ce bienheureux trou qu'on appelait *calot* ou *calou*, c'est-à-dire celui qui *cale*, qui fait des petits, qui multiplie, puisque c'était lui qui donnait tout l'enjeu quand la boule s'y arrêtait. On l'appelait aussi le *pondoir*, c'est-à-dire celui qui pond, qui multiplie, qui donne, fait qui me semble confirmer l'origine de *calot*.

Cette étymologie explique le mot *calé* qui signifie *riche*, *à son aise* : on dit d'un homme *qu'il est calé*. Cela est d'autant plus probable que, quand quelqu'un a fait ses affaires et amassé de la fortune, on dit qu'il *ot ch'calot*, c'est-à-dire, en langage populaire, *qu'il a le sac*.

Ainsi s'explique aussi la locution *d'écalot* qui signifie *de trop, en sus du nombre voulu*. On dit par exemple qu'il y en a *un d'écalot*, c'est-à-dire un de plus qu'il ne doit y en avoir dans le calot, et, par extension de sens, un de trop en général.

CALIBORNE, borgne, qui ne voit pas bien. Il y a là une corruption de *borgne*, et soit le préfixe *cali*, qui signifie *de droite et de gauche*, soit *ca* péjoratif avec intercalation populaire de *li*.

CALINEAU, endroit où l'on se baigne. Du latin *canalis*, canal, chenal ; c'est un diminutif dans lequel il y a eu transposition ou métathèse : *calineau* est pour *canileau*.

CALINER, être d'une santé chancelante. Dérivé de l'adjectif *calin*, peu actif, par extension de sens. *Caliner* a aussi le sens de faire *reposer les moutons dans un champ pour le fumer* : ce sens s'explique par le fait que les moutons qui marchent toujours restent alors en repos. Quant à l'origine de *calin*, elle est inconnue.

CALIPETTE, petit bonnet de femme d'une étoffe commune, sans aucun ornement et qui prend la forme de la tête. On dit aussi *canipette* par permutation de *l* en *n*. Dérivé, sous forme de diminutif, du latin *calyptra*, cape ou voile de femme dans Festus. Les Picards, en voyant une femme de mauvaise humeur, disent qu'elle a mis *s' calipette d' travers*.

Ce mot avait encore droit de cité à Amiens il y a cinquante ans. Un compte de lingère du mois de décembre 1828 porte :

« Une petite calipette en percale ; deux calipettes à pois 1 liv. 4 sous. »
(Communic. de M. Devauchelle.)

CALIT, bois de lit. Du bas latin *cadeletus*, d'après Littré ; mais cette origine n'est pas sûre. On trouve dans les Inventaires les formes *calict, callis, caly*, etc.

« Deux **calix** de bois de quesne. »
(Amiens, 1558.)
— « Une couche en forme de **callict**. »
(Ibid. 1598.)
— « Ung **callit** de bois avec ung lit (matelas) et traversin garni de pleume (plume). »
(Ibid. 1619.)

M. Devauchelle à qui je dois cette communication a relevé, dans un Inventaire du XVIᵉ siècle, l'expression de *calit de salle* :

« Ung **calit de salle** de bois de chesne couvert de vert. »

C'était sans doute une espèce de canapé.

CALOUQUE, borgne, qui a la vue très-basse. Du préfixe péjoratif *ca* et de *louque*, louche, venu du latin *luscus*, même sens, par changement de *u* en *ou*.

CAME, chambre. Ce mot se disait à Gentelles, dans mon enfance, et se dit probablement encore ailleurs : il se rencontre dans la vieille chanson picarde citée au mot *Airniquer*. (V. ce mot.)

L'origine est le latin *camera*, toit voûté, et, par extension, chambre. *Camera* régulièrement contracté en *cam'ra* a donné *cambre* à l'origine par changement de *m'r* en *mbr*, c'est-à-dire par l'intercalation d'un *b* euphonique entre deux liquides.

On trouve, dans le vieux français, notre forme picarde à *c* dur :

« Fait soi porter en sa **cambre**. » (Ch. de Rol.)
— « Vint en le **cambre** pleine de marrement »
| (tristesse.)
(St Alexis).

— « Et quant (il) s'en parti de la **cambre**. »
(Th. le Mart.)

— « Li tiers cas, si est comme s'aucuns brise mes « huces (hûches, meubles) ou mes **cambres**. »
(Beaumanoir).

Au XIVᵉ siècle on trouve *cambre*, dans notre dialecte, au sens d'*assemblée* :

« Le XVᵉ jour de février 1393 fu fait **cambre** « par le mayeur... Le mayeur vint en le **cambre**... « Il fu ordonné en le **cambre**. »
(Une cité picarde, par M. De Lafons).

Cambre coie avait au XIIIᵉ siècle le sens de *latrines*. On trouve dans le *Livre rouge* de l'Hôtel-de-Ville d'Abbeville, année 1268 : « Il fu ordené que nus (nul) « ne fache *cambre coie* seur ieaue là u na- « vile (bâteau) passe. »
(V. Du Cange, *camera*.)

Came de *cambre* s'explique par les transformations suivantes :

1º L'*r* tombe comme dans *mordre, naître*, en patois *morde, naîte* et laisse *cambe*, forme qu'on trouve dans le dialecte :

« Jehan de Conty, pour une partie de le **cambe** qui fut Jeha . Leveske doibt 1 dénier. »
(Dénombr. du Temp. de l'Ev. d'Amiens, 1301.)
— Une siérure (serrure) à deux clés mise a le **cambe**.
(H. Cafiaux, Nic. de Dury.)

2º Le *b* de *cambe* tombe comme il est tombé dans *agamer*, enjamber, venu de *gambe*, jambe ; dans *leumer*, incliner, venu du scandinave *tumba* qui a donné *tomber* en français.

L'influence française a changé le *c* dur en *c* chuintant, et le patois, en général, dit aujourd'hui *chambe* ou *chame*.

CAMERON ou CANERON, cornette, coiffe de femme. Il y a là deux formes et deux liquides *m, n*. Observant que ces liquides permutent facilement avec la liquide *l*, je suis porté à penser que ces deux formes viennent de *cale*, ancienne coiffure ou bonnet de femme plat par en haut, couvrant les oreilles et échancré par devant : le suffixe *on* indique un diminutif. « L'origine de *cale* est inconnue « dit Littré, à moins qu'on y voie le verbe « *caler*, abaisser, enfoncer, un bonnet « ayant pu être nommé *cale*, parce « qu'on y enfonce la tête. » Tout cela n'offre rien de positif.

Dans certaines localités, on dit *canaron*, bonnet tuyauté.

CAMIEU. Terme de tisserand. Chaîne double de fil de poil de chèvre qui sert à former le duvet du velours d'Utrecht, ainsi nommée par assimilation au poil de chameau, en picard *camieu*, originairement *camel*, du latin *camelus*, même sens.

On trouve cette forme à *c* dur dans le vieux français :

> « L'éwangile meŸsme afiche (annonce)
> Plus grième cose est d'un homs riche
> En la glore de Dieu faire entrer
> Que de faire un **camel** passer
> Parmi la case d'une aguille.
>
> (Du Cange, **Camela**).

On remarquera ici nos formes picardes *cose, case, aguille.* Notre *c* dur a persisté dans les dérivés de *camel* qui suivent :

Camelot, étoffe faite de poils de chameau.

Camelin, espèce d'étoffe qu'on fabriquait beaucoup à Amiens au XIVᵉ siècle, et qui était sans doute supérieure au *camelot* en qualité et en beauté, si l'on en juge par le passage suivant de Joinville :

> « Vous estes filz de vilain et de vilaine,
> « et vous avez lessié (abandonné) l'abit
> « vostre père et vostre mère, et estes
> « vestu de plus riche *camelin* que le roi
> « n'est. »

Notre *c* dur a aussi persisté dans *camelote, cameloter, camelotier* (en picard *cameloteux*) dérivés de *camelot,* étoffe grossière, d'où le sens péjoratif de ces dérivés.

CAMOISI (camouési), moisi. On dit aussi *camoussi.* De *ca* péjoratif et de *moisi,* participe de *moisir,* venu du latin *mucere,* moisir. Ce mot a donné les dérivés *camoissié,* couvert de plaies, et *camoissier,* meurtrir. *Moisi, contusionné, meurtri* : on voit les successives extensions de sens. *Camoissié* est commun au picard et au vieux français :

> « Philippe tomba sur le pavement en telle manière que sa teste fu toute débrisiée et camoissiée et mourust tantost. »
>
> (Chron. de Nangis.)

> — « A ses herbages li Lohèrains s'en vint ;
> **Camoisié** ot et la bouche et levis (visage.)»
> (Garin le Lohèr.)

CAMORSURE, avant-train de la charrue en bois ; plus particulièrement la forte pièce de bois centrale cambrée à laquelle on accroche la volée. De la particule *ca* et de *morsure* venu par dérivation du latin *morsus,* morsure, et, en général, *tout ce qui retient.* (*V. Quicheral,* Dict. lat. fr.) Il y a aussi deux autres formes : *camonsure* par permutation des liquides *r, n,* et *camosure* par chute de l'une ou de l'autre de ces lettres.

M. Devauchelle a relevé dans des Inventaires :

> « Six **camorsures** de bois prisé ensemble LX solz. »
>
> (Amiens, 1575, chez un charron..)

> — « Une **camonsure** montée prisée XXX solz. »
>
> (Ibid , 1583.)

> — « Une échelle, une vielle **camosure** et un vieux ploutre prisé ensemble cinquante solz. »
> (Vaux-les-Amiens, 1733.)

CAMP, champ ; au plur. campagne : *dins chés camps,* dans la campagne.

Du latin *campus,* plaine. On trouve dans le vieux français notre forme picarde au sens de *champ de bataille, champ, plaine.*

> « Servez le bien, l'onor du **camp** aurez. »
> (Ronciev.)

> — « Li jour estoit biau et li **cans** si plains (uni) que... »   (H. de Valenc.)

> — « Vente de vilenage de **cans** à campart « poent bien queoir (tomber) en pris (prix) de « terre. »   (Beaumanoir.)

Le dialecte picard disait *camp* au sens de *champ clos, lice,* et à celui de *pièce de terre* :

> « Et venra (viendra) li **campions** (champion)
> « sans escu et sans baston et les lairra dans le
> « **camp.** »
> (Anc. Cout. d'Amiens dans Du Cange.)

> — « Derekief, se (si) les parties qui sont en
> « loi et en **camp** de bataille, se sont présen-
> « tées... »   (Ibid.)

Il disait aussi *campion,* champion, qui existe en vieux français :

> « Contre païens (il) fut tout tens **campiuns.** »
> (Ch. de Rol.)

> — « Et le Prévos doit prendre les deux **cam-**
> « **pions** warnis de leurs armes et les mettre
> « ou (au) parc cascuns rés du parc. »
> (Du Cange, Ibid.)

> — « Et li **campions** doivent aler ensanle (en-
> « semble) et faire cascuns sen devoir. »
> (Ibid.)

M. Devauchelle a relevé dans un inventaire fait à Amiens au XVIᵉ siècle :

> « Une maison séant au lieu que l'on dit le
> « Hoquet où pend pour enseigne : **Les Cam-**
> « **pions.** »

On rencontre continuellement *camp* pour *champ, terre, pièce de terre* dans les documents anciens :

> « Item nous en tenons l'ommage le seigneur
> « de Rivery de se maison de Rivery, de le vile

« et de ses appendanches à **camp** et à vile, en
« hommes, en terres, en yeaues, en aires. »
(Dénombr. du Temp. de l'Ev.
d'Amiens, 1301.)

— « Thumas de Nuefvile tient de Monsei-
« gneur le Vesques xx lib. de rentes par an
« pour les **cans** assis el (au) teroir de Nuefvile
« et Coulonvilier. »
(Ibid.)

— « Et quanques il a à Saissement et che
« qu'il a à le dite vile de Beeloy à **camp** et à
« vile. »
(Ibid.)

— « Et l'autre partie on doit prendre u (au)
« **camp** de le Campaigne, liquels **camps** ad-
« jouste as terres de Maurepast. »
(Charte de 1323, Etude sur le Dial. pic.,
par M. RAYNAUD.)

« **Item**, un **camp** de terre contenant deux
« journeux seant à le Fosse à Tousvens. »
(Dénombr. de la seigneurie
d'Argœuve, 1486.)

On remarquera ci-dessus le mot *campaigne*. La finale picarde *aigne* est celle
du vieux français qui disait *Allemaigne,
Espaigne*, etc. La diphthongue *ai*, en picard comme en français, vient dans ces
mots d'un *a* latin accentué ; mais on la
trouve, dans le dialecte picard, venant
d'un *e* long suivi d'une nasale : *avaine*,
avoine, de *avena*; *plain*, plein, de *plenus*,
etc.

Les mots français *campagne*, *camp*, et
les dérivés *camper* et *décamper* ont conservé le *c* dur de notre dialecte : c'est un
témoignage de l'influence de ce dialecte
sur le français.

Camp est resté dans le nom d'un grand
nombre de localités : Brucamps, Beau-
camps, Colincamps, Fouencamps, Epé-
camps, Hescamps, Surcamps, etc.

Locution picarde : « *Etre à travers
camps*, » perdre le fil de ses idées, déraisonner.

Dérivés : *Campart*, portion des fruits de
la terre perçue jadis par les
seigneurs sur les héritages
donnés à cens. Du latin *campi
partem*.

Une charte de 1220 relative à l'abbaye
de Corbie et citée par Du Cange, porte :

« Terras verò, sicut prius ad **campipartex**
« tenuerat de Ecclesiâ Corbeiensi, tenebit. »

Une autre charte de 1181, porte :

« Feudum Badoas reddebat unam minam
« frumenti et XII den. et decimam et **campart**.»
(DU CANGE.)

Notre forme picarde est, on le voit, bien
ancienne.

Camparter, percevoir cette portion
des fruits de la terre.

On retrouve ces formes dans le vieux
français :

« Cil ne fet (fait) pas de son **campart** ce qu'il
« doit qui emporte ses garbes anchois qu'eles
« soient **campartées**. »
(BEAUMANOIR).

Camparteux, employé du seigneur
qui percevait le droit de *campart* : j'ai
entendu, dans mon enfance, des vieillards
parler du *camparteux* et du *campart*.
M. Devauchelle a relevé dans les *Plaids
de Villers-Bocage*, année 1653 :

« Condemné pour n'avoir appelé le seigneur
« ou ses officiers pour compter et **camparter** le
« bled dont est question. »

Campousse dans la locution *prendre
le campousse*, prendre la fuite, littéralement *prendre les camps*, en français
campos.

Campousser, envoyer promener,
chasser, bannir.

CAMPDOULE ou CAMPDOUILLE dans
la locution *aller à l'campdoule*, errer,
roder, courir les aventures la nuit, se livrer au commerce illégal de la contre-
bande. On verra plus loin que le mot
cauquemal est d'origine semi-latine et
semi-germanique. Je crois que nous sommes ici en présence du même fait, bien
que je ne le présente que sous toutes réserves. A mon avis, *campdoule* vient de
camp, campagne, et d'un dérivé de l'allemand *trollen*, trôler, errer, d'où *droler*
en picard au sens de *errer*, *aller de côté
et d'autre*, et le dérivé *droule*, coureuse,
qualification qu'on applique à une femme
qui rode partout ou court les aventures.
Le mot a dû, à l'origine, être *campdroule*,
et signifier *qui court les champs*. Quant à
la transformation, les changements de *o*
en *ou* et de *t* en *d* sont parfaitement ré-
guliers, et la chute de l'*r* n'est pas une
difficulté : on dit aujourd'hui Vinacourt
(nom de village) qui était *Vinarcourt* au
XIV° siècle, et on sait que la liquide *R*
est une des lettres qui tombent le plus
facilement quand elle est dans le voisinage d'une autre liquide. La locution
aller à l'campdoule serait donc, si j'a-
vais raison, *aller à la coureuse des
champs*, *comme une coureuse des
champs*, absolument comme *aller à l'a-
veugle*, en français.

CAMPELLE, femme de rien. Corblet écrit *canpelle* et demande si ce dernier mot ne viendrait pas de *canis pellis*. Evidemment non. *Pellis* a donné *pel*, *piau* dans notre dialecte, *piau* ou *pieu* dans le patois. D'un autre côté *canis*, chien, a fait *quien* en picard, de sorte que *canis pellis* (peau de chien), n'eût pu donner que *quienpel*, *quienpiau*, *quienpieu*.

Je suis porté à voir ici un dérivé de *campus*, campagne, quelque chose comme l'adjectif *campalis*, paysanne, grossière, sale, et, par extension, femme de rien. L'expression *prés champeaux* du français montre que cet adjectif a existé et que je ne l'invente pas pour les besoins de la cause. Quant à la transformation, elle est fort simple : *campalis* donne *campel* au masculin comme *mortalis* fait *mortel*. J'ajoute que c'est probablement d'un adjectif *campilis*, autre dérivé de *campus*, qu'est venu le vieux français *champil*, bâtard, *champisse*, femme de mauvaise vie. On lit dans des *Lettres de Rémission* (1437) : « Lesquelz vindrent « contre les fils et les varletz du sup- « pliant en les appelant *champilz*. » Ce rapprochement me semble confirmer l'étymologie du mot picard *campelle*.

CAMUCHE, réduit, cabane de chien. Du préfixe péjoratif *ca* et du substantif verbal *muche*, cachette, souterrain, dérivé du vieux verbe *musser*, cacher, en picard *mucher*, par le changement picard de *s* en *ch* signalé au mot *achermenter*.

Camuche signifie aussi petite étable, petit réduit dans une vacherie pour y isoler le veau qu'on veut engraisser : il a donné le diminutif *carmuchotte* dans lequel l'*r* est adventice.

CANCHELER, chanceler. Du latin *cancellare*, décrire des zigzags, ne pas aller droit, par changement picard de *c* doux en *ch*.

On trouve dans le vieux français notre forme picarde à *c* dur initial :

« Son petit pas s'en torne **cancelant**. »
(Сн. DE ROL.)

—« Charles **cancele**, pour peu qu'il est cheüt.» (tombé, en pic, **queu**.)
(IBID.)

—« Heurte le bien, si qu'il **cancele**. »
PARTONOP.)

CANDELLE, chandelle. Du latin *candela*, même sens. On dit aussi *candeille*, à Gentelles *candaille*.

On trouve notre forme picarde dans le vieux français :

« Dunc a jeté à val, quant il out (eut) cel mot dit,
Desur le pavement la **candeille** en défit (défi). »
(TH. LE MART.)

—« Nus (nul) ne pourra ouvrer que de la guete « cornant au matin jusques à la nuit, sans « **candele** tant seulement. »
(LIV. DES MÉT.)

De même dans notre dialecte :

« Et si me faut sieu (suif) pour faire **candeilles**.»
(DIAL. PIC. FLAM. 1340.)

—« Les gens vendans vin à broque ne trairont « (tireront) ne ne feront traire vin à **candelle** « de sieu, ne à craisse (graisse), mais à « **candelle** de cire. »
(STATUTS DE NOYON, 1398.)

Dérivés : *Candelier*, chandelier.

On rencontre cette forme dans notre dialecte :

« **Item** puent (peuvent) les dits prendre un « grans **candeliers** et un chierge sus pour mettre « au cavêche du corps. »
(*Accord entre la Par. et le Chap. de Longpré, 1365.*)

—« Et nous manegliers dessus nommés, veu « (vû) les dons faicts par le dict à la dicte « église, est assavoir deux **candeliers** de cui- « vre sur l'autel...»
(*Traité entre l'Abb. de S. Jean et les Marg. de S. Germain*, 1452.)

Par contraction le patois dit aujourd'hui *candier*, et, par suite de l'influence française, *chandier*.

Candeleur (le), fête de la Purification dans laquelle les assistants portent ou font bénir des cierges ou *candelles* de cire. Du latin *candelorum* pour *candelarum (festum)*.

On trouve ce mot dans notre dialecte :

« Le jeudi devant le **Candeleur**. »
(**Charte de 1296** citée au mot **Bleyol**.)

On rencontre au même sens *candelier*, jour de la Chandeleur :

« Et si doit avoir Jehans do Saint-Fuscian iiij « sestiers de vin qu'il doit prendre à le taule « (table) Saint-Fremin ; et doit avoir le jour de « le **Candelier** i cierge à Nostre-Dame. »
(**Dénombr. du Temp. de l'Ev. d'Amiens, 1301.**)

— « Et les doi paYer chascun an jou (le) et mi « hoir dedens le **Candelier**. »
(**Charte de 1283, Cartul. de Corbie,** dans DU CANGE.)

On l'appelait *jour de le Candelle* à Roye (charte de 1316) et *Candelière* à Montdidier (charte de 1339).

CANICHOT, retraite, petite niche, petit trou. De *ca* péjoratif et *niche* avec le suffixe diminutif *ot*. Ce mot a donné le diminutif *carnichotte* dans lequel l'*r* est adventice comme dans *carmuchotte* de *camuche*.

CANIFLARD, adj., qui fait un vilain bruit avec les narines. Du préfixe péjoratif *ca* et *niflard*, dérivé de *nifler*, lequel est d'origine germanique, bas-allemand *nif*, nez.

CANOINE. Ancienne forme picarde de *chanoine*, du latin *canonicus*, qu'on trouve dans notre dialecte :

« Toutes ches ventes ont esté faites à le re-
« queste dant Jehan de Biaucalene jadis ca-
« noine de Saint Achuel d'Amiens. »
(Charte de 1289, Etude sur le Dial.
pic., par M. G. RAYNAUD.)

M. Devauchelle a relevé dans un acte de 1622 à Amiens :

« M. Jacques Secourion canoine de l'Eglise
« Nostre-Dame d'Amyens. »

Et dans Cocheris (Cart. de Guise, 1330) *concanoingne*, collègue de chanoines :

« Lettre de procuration comment li doyens et
« li Capities de St Quentin en Vermendois sup-
« plient au Conte de Bloys qu'il welle resevoir
« en foy et en hommage pour yaus (eux) et ou
« (au) nom de leur église Jaque de Waulaincourt
« leur concanoingne. »

On trouve dans Dusevel (*Hist. d'A-miens*) l'inscription suivante qui était placée sur la grande porte de la *Maison de Saint Nicolas aux pauvres clercs* :

« L'an mil trois cens, si comme je truis,
Et cinquante huict fu destruis
Chi lieus, et puis il fu refais
Trois ans après par les laiz (legs) faits
Du tiers des biens Maistre Guillaume
Le Barbier, qui de Nostre-Dame
Fu Canoine et Pénanchier, (pénitencier)
Qui fut officiaux longtemps ;
En avril qui bien est comptans
Leu (le) 21 moru chieus.
S'âme soit rechue ès chieux (cieux). »

Le provençal a, comme le vieux picard, conservé le *c* dur latin :

« Lous canounges, que, d'ordinari,
Soun pu gras que lou necessàri,
Chasque jour, fauta de fricot,
Vesien descounfla soun jabot. »
(Lou Siège de Cadaroussa.)

Par suite de l'influence française, le patois a adopté le *c* chuintant ; mais, comme on l'a vu plus haut, on disait encore *canoine* à Amiens sous le règne de Louis XIV.

CANTEL (canté), morceau, chanteau. Du latin *cantellus*, diminutif de *cantus*, coin, côté. On dit aussi *cantieu* par adoucissement de *el* en *ieu* : « cantel ou cantieu d'pain, » morceau de pain.

On rencontre notre forme picarde dans le vieux français au sens de *coin*, *morceau* :

« Li donne si grant cop sor son escu qu'il en abat un cantel. »
(Du CANGE, Cantellus.)

J'observe en passant que le radical *cant* se retrouve dans l'allemand *Kanthe*, côté le plus étroit, dans le celtique *cant*, bord : c'est un cas d'identité de radical entre le latin, le celtique et l'allemand. J'ajoute que le grec avait κανθός, coin de l'œil.

La signification de l'allemand *Kanthe*, côté le plus étroit, explique la locution *de champ*, sur le côté étroit, qu'on devrait écrire *de chant* : brique de chant. On trouve la forme picarde *quant* dans le *Voyage à Jérusalem* (1518) de Jacques Le Saige de Douai :

« La dite ville de Palme est pavée quasy toute de bricques de *quant*. »

Nous avons encore le mot *cantille*, alignement de briques posées de *cant* sur le faîte d'un mur.

Locution picarde : « Avoir che *cantel*, » avoir son tour pour quelque chose, par exemple pour rendre le pain béni, parce qu'on en envoie un *cantel* à la personne qui doit l'offrir le dimanche suivant. J'ai un jour, dans mon enfance, bien involontairement fait fâcher une bonne vieille femme qui revenait d'un enterrement, en lui demandant si elle était allée prendre *che cantel*.

Dérivés : *Décantourner*, déranger de son chemin, faire faire un détour, éloigner. Ce mot vient non de *cantellus*, mais du primitif *cantus*, cant, coin, et de *tourner*.

Décantourneux, celui qui détourne, éloigne.

Les habitants de Saint Saulieu portent le sobriquet de *décantourneux d'hernu*, c'est-à-dire qui éloignent le *tonnerre* et

21.

les *orages* et les font passer à côté de leur village et de leur terroir.

On a sans doute remarqué *che* pour *le* dans la locution : « Avoir *che* cantel »; et j'ai déjà fait observer l'emploi d'un pronom démonstratif à la place de l'article. J'y reviens encore et ne crois pouvoir mieux faire que de copier une excellente note de M. Devauchelle :

« Les formes *che, ches, le, les ; de che, de ches*, du, des, etc., sont fort anciennes : en voici un exemple francisé en *de ces* dans Commines (liv. IV). Notre chroniqueur, parlant de la célèbre barrière élevée sur le pont de Picquigny dans le but de rendre impossible toute surprise trop brutale entre les deux rois Louis XI et Edouard d'Angleterre pendant leur entrevue, s'exprime ainsi :

« Au milieu du pont fut fait un treillis de
« bois, comme l'on fait aux cages de ces lions ;
« et n'estoient point les trous entre les barreaux
« plus grands qu'à y bouter un bras à son
« aise. »

On retrouve ces formes en Normandie, d'après ce passage d'une chanson Polletaise : (Dieppe.)

« O veit du bord de Dieppe (O, on)
Ching ou six mélangueux ; (bâteaux pour
| la pêche du merlan.)
Ces femmes et ces fillettes
Ch'en vont-z-au devant d'eux. »

Il en est de même dans le patois de Paris et de sa banlieue. Charles Nisard, dans son *Etude*, en fournit plusieurs exemples qu'il fait suivre de cette remarque :

« Dans tous ces exemples, l'emploi du
« pronom démonstratif était inutile,
« puisqu'il n'a point été question précé-
« demment des personnes et des choses
« qu'il semble ici déterminer de nou-
« veau. *C'est une tournure picarde*;
« mais elle donne de la vivacité au dis-
« cours, et peint pour ainsi dire les ob-
« jets. »

CANTROUILLER, chanter mal ou d'une manière ridicule. Péjoratif de *canter*, venu du latin *cantare*, chanter. On a dû déjà remarquer que la finale *ouiller* se rencontre assez souvent au sens péjoratif.

On trouve dans le vieux français notre forme picarde *canter* :

« Male chanson n'en deist (doit) estre cantée. » (CH. de ROL.)

— « Messes ferez canter. » (RONCISV.)

— « Cantent li mestre clerc et cantent li clerjon. » (ROU.)

De même dans notre dialecte :

« Si savés que li cos (coq), quand il commen-
« che à canter, vaut miex que li femiele. »
(ALEBRANT.)

— « Li maistre et li frère doivent desservir le
« capelerie par trois messes cantans la semaine;
« et se chil qui la déservira defaloit de canter
« ad jours dis... »
(Charte de 1273, Etude sur le Dial. pic.,
par M. RAYNAUD.)

— « Item, je lais pour Dieu et en osmosne
« men sercot de noire burnette à vendre et à
« dénérer pour canter X requiem et le surplus
« pour acquater X paires de saullers as po-
« vres. »
(Test. reçu par le curé de Fouilloy, 1333,
déjà cité.)

— « Item, auront un autel pour canter cascun
« jour une messe ; et doit estre cantée le dite
messe à notes toutes fois qu'il appartiendra... »
(Accord entre la Par. et le Chap. de
Longpré, 1365.)

Canter se rencontre dans plusieurs dictons picards.

On dit d'une femme qui veut dominer dans le ménage, qu'*elle cante l' coq* (prononcez co).

— « *Quand ch' coq cante, l' gleine doit se taire* : quand le mari parle, la femme doit se taire. (*Gleine*, poule, du latin *gallina*.)

— « *I n' feut point qu' chés gleines cantent pus heut qu' chés coqs* : il ne faut pas que les femmes soient plus maîtresses que leurs maris, littéralement *que les poules chantent plus haut que les coqs*.

Dans son *Miserere* (13e siècle), le *Reclus de Molliens* appelle l'Enfer le *Val de le Cantepleure*. Voici le passage qui m'est communiqué par M. Devauchelle :

« Car li jnges de vérité
Purgera nostre iniquité
Par le balanche d'équité
Qui au val de le Cantepleure
Nous boute où est adversité
Sans fin à perpétuité. »

Ce val est-il le val où l'on *cante* et où l'on *pleure?* Serait-ce un *abîme?* Scheler rattache *champleure* au verbe *champler* (champlever) qui offre l'idée fondamentale d'entaille, de percement, de creusement. J'avoue que j'incline pour la première origine qui me semble plus naturelle.

Canter se retrouve encore dans plusieurs locutions :

« *Canter à cant des cants :* » c'est-à-dire à *tue-tête.*

— « *L' temps n'est mie cantant ;* » le temps n'est pas gai ; il n'y a pas lieu de chanter par le temps qui court.

Je lis dans une *Epître* de D. Charles de la Rue, benédictin de la Congrégation de Saint Maur, né à Corbie en 1684, élève du célèbre Montfaucon et son rival pour la littérature grecque :

« Oz (nous) irons coire dens (dans) nos capîtres
Canter à foire (faire) casser chés vitres :
Oz y cantrons, morgué, Pierrot,
Hoc in templo, chacun sen lot. »

(*Lot*, pot de la contenance d'un litre).

Les mots *Hoc in templo* sont, si j'ai bonne mémoire, le commencement d'un chant d'église. Corblet donne l'épître en entier dans son Glossaire : c'est là que i'ai pris cette citation dont les deux derniers vers offrent un mélange assez curieux du sacré et du profane.

C'est une tradition en Picardie que, quand la mère de notre illustre compatriote Lesueur mena son fils pour le faire recevoir comme élève à la maîtrise de la Collégiale d'Abbeville, elle dit à l'enfant qui etait intimidé : « *Cante, cante*, men fiu. »

Dérivés : *Canchon*, chanson, du latin *cantionem* par changement de *ti* en *ch*.

On rencontre *canchon* ainsi que son diminutif *cançonnette, canchonette* dans le vieux français et dans notre dialecte :

« Il covoita (désira) à oŸr lor canchous. »
(**Beaumanoir.**)

—« **Cançons** faite de m'ammie,
Tant cole sois par douchour,
S'on t'en cache, fai un tour,
Si va à l'autre partie. » (**Anthol. pic.**)

—« A l'endormir de l'enfaut, doit le norrice
« cançonnettes beles et douces canter. »
(**Alebrant.**)

—« Après vinrent devant luy deux petits des
« enfants d'autel (de chœur) et cantèrent une
« canchonnette de le quelle un de ses gentils-
« hommes tint le tenure ; et l'oy (ouŸt) vol-
« lentiers et lenr donna II obolles. »
(**Mém. des Abbés du Saint-Aubert**, 1449 :
Communic. de M. **Devauchelle.**)

Cant, chant.

On trouve cette forme dans le vieux francais :

« Li oisel commencent lor cans. » (Roncisv.)
—« Et qui menerent nus (nous): « Loenge cantez
« à nus des cans de Sion. » (**Lib. Psalm.**)
(Et qui abduxerunt nos : « Hymnum cantate nobis de canticis Sion.)
— « Coment canterum nus le cant del Segueur eu estrange terre ? »
(**Ibid.**)

(Quomodò cantabimus canticum Domini in terrâ alienâ ?)

De même dans notre dialecte :

« Or, soit u non retenus
Mes cans, il l'esteut raler
Là dont il mut au trouver. »
(**Anthol. pic.**)

Canterie, action de chanter prise au sens pejoratif, comme *diries* (plur.) rapports, médisances, deriva du verbe *dire* ; *quirie*, salete, dérivé du verbe picard venu du latin *cacare*, etc.

Décanter, chanter mal ; détonner.

Canteux, chanteur ; au fém. *cantoire*, même sens.

Cantuaire, lutrin.

Au même radical se rattache le mot *Canteraine*, denomination ancienne d'un fief de l'Evêche d'Amiens situé dans un quartier marécageux, et ainsi dit du cri ou *cant* des *raines*, grenouilles, du latin *rana*, même sens. On lit dans le *Dénombrement du Temporel de l'Evêché d'Amiens* (1301) :

« Villa Ambianensis pro censibus de **Canta-**
« **rana** x lib. in festo beati Remigii. »

« Ce nom de *Canteraine* donné à une
« partie marécageuse de la ville, dit M.
« Garnier, n'est point propre à Amiens.
« On trouve dans la charte de Guise un
« quartier également nommé *Canteraine,*
« *Chante Rayne, Canterene.* »
(**Mém. de la Soc. des Ant. de Pic. T. VII**).

On rencontre encore dans les documents du moyen âge de nombreuses traces de l'inversion latine. Je ne puis m'arrêter à faire ces remarques ; j'en préviens seulement le lecteur et en donne ici un exemple qu'on a vu plus haut :

« Doit le norrice cançonnettes canter. »
Debet nutrix cantilenas cantare.

Les exemples semblables fourmillent dans les textes.

CANVE, chanvre. Du latin *cannabus*, même sens. On pourrait penser que le patois est resté plus près du latin que notre dialecte et que le français ; car *cannabus* régulièrement contracté en *cann'bus* donne exactement *canve* par le simple changement de *b* en *v*. Mais il n'en est rien. Le dialecte picard avait, comme le français, intercalé un *r* et disait *canvre* : cette lettre a disparu comme toujours dans les finales en *dre, tre*.

Une charte de Hugon, abbé de Corbie (1339), citée par Du Cange sous *carto* porte :

« Et se on fait el terroir de Boussicourt lin ou
« **canvre**, li maires en a le terrage. »

Une autre charte d'un cartulaire de Corbie (1340) porte :

« Pour avoir leur usage commun pour aroer
« lins et **canvres**. »

Une charte de 1401 relative à la ville d'Encre dit :

« **Item**; quant au rouage des lins et **canvres**,
« nous, bien informés sur ce, avons accordé que
« les dis bourgeois en seront quite. »
(Doc. communiq. par M. Daussy.)

Dérivés : *canvrière*, champ de chanvre.

M. Devauchelle a relevé dans les *Plaids* de Villers-Boccage, année 1653 :

« **Item**, une **canvrière** chargée de canvre séant
« prés la prérie. »

Quénuis, graine de chanvre. Du latin *cannabisium*, autre forme de *cannabus*. On trouve *chénuy*, *chesnuye* dans les Inventaires ; M. Devauchelle a relevé :

« Trois septiers de **chénuy**. »
(Amiens, 1622.)
—« **Item**, trois septiers de **chesnuye**, mesure
« de Montdidier, estimés au juste prix à raison
« de 24 sols pour septier. »
(Foucncamps, 1704.)

On a déjà vu au mot *buquer* que *ch* est souvent un équivalent de *k*, *qu*. Notre forme *quénuis* se trouve en Normandie, d'après le *Glossaire de la vallée d'Yères*, par M. Delboulle qui dit *kenouis*.

Le *c* dur picard est resté dans le français *canevas*, grosse toile à broder, venu, d'après Littré, du bas latin *canevasium*.

CAOT ou CAOUT, dans certaines localités *Calout*. On donne ce nom à des javelles ou à des bottes de blé dressées en forme de cône, se touchant en haut et écartées en bas, l'intérieur restant vide et pouvant servir d'abri contre la pluie.

Le but des cultivateurs en disposant ainsi ces cônes est de préserver les récoltes contre les pluies continuelles et contre l'humidité.

Mot d'origine incertaine peut-être d'origine germanique, all. *Kaue*, réduit, avec un suffixe diminutif *ot*. On peut songer aussi à l'allemand *hut* chapeau, combiné avec le préfixe péjoratif *ca* : le patois de Liége possède le mot *ahout*, à l'abri, à couvert ; le wallon a le substantif *houtt*, abri ; enfin le flamand ancien avait *hoet*, chapeau, et le flamand moderne a *koed*, même sens. J'incline pour la seconde conjecture.

Au même radical se rattache *canhotte*, cône en carton ou en papier dont les fileuses affublent leur quenouille : l'*h* n'est pas aspirée et l'*n* est adventice comme dans *manchon*, maçon, *chimentière*, cimetière, etc.

Je retrouve le même radical dans le bas latin *cahouetus*, partie du vêtement avec laquelle les chanoines se *couvraient* la tête en hiver. Du Cange cite un *Statut* qui porte : « Et injunxit quod
« omnes et singuli canonici deferant
cahouetos in processionibus. » Et il ajoute qu'on trouve *cahuet* dans le vieux français, au sens de *bonnet*, *couvrechef*.

Au même radical se rattache *cahoulette*, cabane, abri.

Quant à la forme *calout*, calot, elle me semble venir plutôt de *cale*, ancienne coiffure ou bonnet de femme. (V. *Cameron*.)

Pour les deux formes *caot*, calot, la métaphore est la même, bien que l'origine soit différente : le sens propre et primitif est *chapeau*, abri.

CAPEIGNER ou CAPIGNER (se), se prendre aux cheveux, se battre. S'emploie aussi à l'actif. De *ca* péjoratif et *peigner* du latin *pectinare*, peigner : c'est littéralement *se mal peigner*. *Pigner* se dit pour *peigner* à Villers-Bretonneux.

On trouve la forme *capigner* dans des poésies picardes. M. Devauchelle a relevé :

« Mais je ne cudoye (pensais) mie qu'i duchié
| **capiner.**
(Disc. du Mariage de Jeannain, XVI⁰ s.)

— « Ch'est trop me **capigner**; n'es-tu encoire
į o ié ? » (odé, fatigué.)
(Enjollement de Coula et de
Miquelle, XVIIe s.)
— « Coulas capigoit tant Miquelle
Comme elle lavoit ses écuelles... »
(**Ibid.**)

Les idiomes du midi de la France ont les formes *capigna*, *capigneja*, taquiner, *se capigna*, s'attaquer réciproquement, se contrarier, se prendre aux cheveux ; *capignous*, hargneux, taquin. Dans les citations que je donne, *capigner* a le sens de *tourmenter, taquiner*.

CAPENARD, muraille qui s'élève au-dessus du portail d'une église et qui est percée d'ouvertures pour y placer des cloches. Le radical est *campana*, cloche. On trouve dans Du Cange la forme *campanarium* avec le sens de *turris ecclesiæ in quâ campanæ pendent*; mais cette forme ne donne point *capenard*. Il faut donc supposer un bas latin *campanardum* dont l'*m* est tombée pour laisser *capenard*. On trouve en effet la forme *capenart* dans un document picard :

« Iceulz de la dite confrairie porront poser
« ungne (une) cloque sur leur hospital ou (au)
« lieu où ilz avoient fait érigier une forme de
« **capenart.** »
(*Charte de 1506, Liv. noir de S. Pierre
d'Abbeville, dans Du Cange.*)

CAPERNOTIER, fusain. Les enfants prennent les baies du fusain, les enfilent et en font des espèces de chapelets ; ils donnent à ces baies le nom de *capernotes*, corruption populaire de *patenostres :* de là le nom de *capernotier* donné au fusain. Outre le sens de grain de chapelet, *capernote* a aussi celui de *petite perle*, et, par extension, de verroterie dans le genre de celle qui brille sur les chapeaux et les vêtements actuels de nos coquettes.
Dérivé : *Capernoter*. Se dit du chat qui fait entendre son *ron-ron*. On dit pour exprimer le même fait qu'il récite *sen capelet*.

CAPILLOTER, lutter corps à corps, se battre. Le radical est *cap* qu'on trouve dans le latin classique *capulare*, frapper, dans le bas-latin *capillare*, arracher les cheveux, *capillatio*, blessure : du sens de *s'arracher les cheveux* à celui de *se battre* il n'y a qu'un pas. Les *Statuts* de Fribourg portent : « Si duo cives *se* in-« vicem *capillaverint...* Si duo bur-« genses alter alterum *capillaverit.* » (*Du Cange.*) *Capilloter*, comme l'indique sa finale, est un fréquentatif.

CAPLUSE, chenille. Nous avons aussi les formes *capluche, capleuse, caplute, caplure*. Le normand dit *chattepelouse*, chatte velue; les patois lombards ont *galla, gattola*, chatte, et l'anglais a *caterpillar*, chatte velue. Notre forme picarde a dû être, à l'origine, *cattepeluse*, c'est à dire chatte *velue*, en picard *pluse*, du latin *pilosus*, poilu. Cette dénomination n'a rien d'étonnant si l'on songe que le mot *chenille* du français, vient du latin *canicula*, petite chienne; que le provençal a *canilha* qui a le même sens, et que le milanais dit *cagnon*, petit chien. Toutes ces diverses dénominations sont fondées sur la ressemblance de la tête de certaines chenilles avec celle d'un petit chien ou d'un chat.

CAPON, chapon. Du latin *caponem*, même sens. On trouve notre forme picarde dans le vieux français :

« J'ai assés capons et gelines (poules,
į gleines en pic.)
Et assés bêtes aumelines
Grosses brebiz et crasses vaches. »
(**Ren.**)
— « Ne pain, ne vin, ne char, ne capons, ne
« perdris... »
(**Ch. d'Ant.**)
— « Capons de rentes : cascuns capons pri-
« siés six déniers. »
(**Beaumanoir.**)
— « Il prist une reube (robe) à un garchon et
« se mist en la quisine à tourner les capons. »
(**Chron. de Rains.**)

De même, dans notre dialecte :
« Pierre de Talemars 1 poulet et 1 setier d'a-
« vainne à la Saint-Remy, et au Noël 1 pain et
« 1 capon. »
(*Dénomb. du Temp. de l'Ev. d'Amiens, 1301*).

Le *Dénombrement du fief du Vieux-Marché* à Moreuil (1401) porte :

« **Item.** Y a en terres aux camps que on dit les
« Courtieulx, xxIIII journeulx de terre dont
« chacun courtil faisant un journal ou environ
« doit d'anchianeté, au jour de my-mai, II dé-
« niers et sestiers et demy d'avaine, et au Noël
« II capons et II déniers. »
(**Doc. Inéd.**, par M. De Beauvillé.)

Tous les extraits qu'on verra de cette excellente publication m'ont été communiqués par M. Devauchelle qui m'adresse un vieux *Rebus de Picardie* trouvé par lui dans les *Bigarrures* de l'avocat Estienne Tabourot.

o o o o o
é é é é
sont
a a a a a
pons

(Cinq coqs (se prononce *co*) câtrés (châtrés) sont cinq capons.)

Capon se rencontre dans une épitaphe que le P. Daire dit avoir vue dans le cimetière Saint Denis à Amiens :

> « Croc de la mort qu'échapper ne pouvons
> Croqua l'élu Croquet qui croquoit les **capons**.»

Ce Croquet a dû avoir, en son vivant, une certaine célébrité comme *croqueur de capons*, et exercer la verve des beaux esprits du temps ; car on a encore l'épitaphe suivante composée sans doute après coup :

> « Chy gist Simon Croquet.
> En son vivant **capon** croquoit ;
> Et si **capon** il n'eust croqué,
> La mort ne l'auroit pas croqué. »

Non-seulement les épitaphes de ce cimetière étaient parfois singulières, mais certains monuments eux mêmes offraient des particularités fort drôles. M. Pouy a relevé dans le P. Daire que de la bouche d'un ange prêt à toucher un tombeau sortait un rouleau de papier avec ces mots : « *Qui chi* ! » c'est-à-dire : Qui est ici? De la bouche d'un squelette sortait un autre rouleau avec ces mots : « *Ch'est mi*, » c'est-à-dire : C'est moi. Venaient sans doute ensuite les noms, prénoms et qualités du défunt.

CAR, viande ; chair. Ce mot se disait dans mon enfance à Gentelles et se dit probablement encore ailleurs aujourd'hui. Du latin *carnem*, chair.

Car est commun au picard et au vieux français lequel avait, à l'origine, la forme *carn*, comme il avait *forn*, four.

> « Boens hom, lit et ostel et pain et **carn**. »
> (**Saint-Alexis**.)

— « Nen est ranctez en la meie **carn**. »
(**Lib. Psalm**.)

— « De mautalent (il) a la **car** tressuée. »
(**Ronciev**.)

— « Je ne laissai hui à l'ostel
Ne pain, ne vin, ne **car**, ne sel. » (**Rem**.)

— « Aprez en son estant le lieve (lève)
Si vous le chaint d'une chainture
Blanche et de petite faiture.

> « Sire, par chette chainture,
> Est entendu que vo (votre) **car** nete (nette),
> Vos rains, vo cors entièrement
> Devez tenir tout fermement
> Ainsi com en virginité. »

(**Ordene de Chevalerie**, Du Cange, **cingulum**).

Le provençal a conservé le *c* dur latin comme le vieux français et le vieux picard :

> « Et la fenna (femme) la plus galharda
> N'a pas mai de **car** qu'una sarda. »
> (**Lou Siège de Cadaroussa**.)

Ce *c* dur a persisté dans le français *carnier*, *carnage*, *carnassier*, *incarné*.

Dérivés : *Carnage*, temps où l'on mange de la viande.

Carnu, charnu, qu'on trouve dans le dialecte picard :

> « Et sera bien **carnus**. »
> (Alebrant.)

Carnel, charnel, forme commune au picard et au vieux français :

« Jà n'ert (sera) vaincus par nul homme **carnel**.»
(Ch. de Rol.)

— « Femme efforcier, si est quant aucuns prent à force **carnele** compaignie à femme contre le volonté de le femme. »
(Beaumanoir.)

— « Oye la supplication des amis **caroculs** de « Marotte de Flers, povre et misérable « femme, contenant que, comme elle eust été « enchantée par un varlet nommé Robin...»
(**Cartul. de Corbie**, 1865.)

Décarné, décharné, forme commune au picard et au vieux français :

« Trestout maigre et caitif et de faim **descarné**.»
(**Ch. d'Ant**.)

Carone, charogne, d'une forme fictive *caronia*, dérivé de *caro*.

Carnure, charnure, qui implique une forme bas latin *carnatura*.

Carnassière, carnier.

Carmeine, charogne dont on verra plus loin l'origine.

CARABINÉ. Ce mot a, en picard, le sens de fort, robuste. On dit en parlant d'un homme : « Ch'est un corps *carabiné* » ; et, ce qui est plus curieux, en parlant d'un vieillard parvenu à un âge très-avancé, qu'il a *l'âme carabinée dens l'ventre*. Les paysans assimilent le corps et l'âme aux anciennes carabines dont le canon était très-fort et à toute épreuve.

Je ferai remarquer en passant et une fois pour toutes que *dens*, dans, se prononce *din*. Cette prononciation picarde est conforme à l'étymologie latine, puisque *dens*, dans, vient des deux mots *de intus*, et que *dens* est la contraction de *de ens*. On trouve notre forme dans le vieux français :

« **Denz** ces chambres l'en mena. »
(**Nouv. Rec. de Fab. et Cont. ansiens**).

CARBON, charbon. Du latin *carbonem*, même sens. Cette forme est commune au picard et au vieux français :

« Quant il unt fait al rei ceste parole entendre,
D'ire devint vermeil plus que **carbuns** en cen-
| dre. »
(**Th. le Mart.**)

—« A lor cotiaus (couteaux) qu'il ont tranchans
| et afi és (A, avec),
Escorchoient les Turs aval par les prés.
Voyant paiens, les ont par pièces découpés,
En l'iaue et el **carbon** les ont bien qui-inés. »
| (el, le)
(**Ch. d'Ant.**)

—« Et avoient ils les iols (yeux) rouges comme
| **carbons.** »
(**Chron. de Rains.**)

De même dans le dialecte picard :

— « A Gilles le Diable pour III sacs de **car-
« bon** pour faire poure (poudre) aux quesnons
« (canons) acheté au mois de novembre XXIII
« solz. » (1419)-
(**Une Cit. pic.** par M. de Lafons.)
— « **Item.** De tous ceulz qui mainent **carbon**
« de terre à car, à carette, à queval, à col ou à
« brouette, ne m'en doivent rien. »
(**Tarif des droits de travers au pont de
Thennes,** 1425, déjà cité).

Dérivés : *Carbonnier*, charbonnier, forme qui existe dans le vieux français :

« A un feuc (feu) des **carboniers.** »
(**Gér. de Rouss.**)

Carbonnage, charbonnage. Une charte de 1379 (V. *Du Cange* sous *carbo*) porte : « Donnons
« à nostre très cher filz Phi-
« lippe d'Artois son franc
« maisonner de chesne, son
« ardoir emprès terre, son
« *carbonnage*... »

Dans les environs de Harbonnières (canton de Rosières) se trouvaient les grands bois du Sart aujourd'hui entièrement défrichés. Aurait-il existé là autrefois des endroits où l'on faisait du charbon de bois, et le nom du village de *Harbonnières* viendrait-il d'une forme bas latin *carbonnaria* par aphérèse de la lettre initiale comme dans Yvrench de *Guibrantium*, *retri* pour *flétri*, etc., et par addition subséquente de la lettre *H* amenée par l'aspiration ? C'est une question que je pose, en observant que l'aspiration est à peu près nulle dans la prononciation des paysans.

CARIAGE, amitié, bonne intelligence. Dérivé de *carier*, être en bon accord, aimer, dérivé lui-même de l'adjectif latin *carus*, cher, d'où *chérir* en français. « *Carier*, écrit Lacombe, est en usage en
« Picardie. On dit qu'un homme et une
« femme *carient*, quand ils sont de bon
« accord ; que Martin est le *kar* (chéri) à
« Pérette, et que Pérette *carie* avec Mar-
« tin, pour dire que l'un et l'autre s'en-
« tendent bien. » (*Dict. du Vi. Lang.*)

Nous avons, en picard, la locution *avoir cair* ou *quier*, aimer, locution fort ancienne déjà qu'on retrouve dans quatre vers placés au bas d'une page du *Véritable discours d'un logement de gens d'armes en la ville de Ham*, par Legros :

« A le Haulcourt en Picardie
En la moison (maison) de che Hardeau,
Qui a pu (plus) **quier** le vin de (que) l'eau,
Et d'en (un) gambon que se n'amie.
MDLIV.

N'ayant pas vu le manuscrit, je donne ces vers tels que je les trouve dans Corblet. Mais l'avant-dernier signifiant *qui aime mieux le vin que l'eau*, il est évident que le dernier devient inintelligible si on ne lui donne pas le sens : *et* (qui aime mieux) *un jambon que sa bonne amie*. En conséquence, je pense qu'il faut faire disparaîle *que* pour le remplacer par *de* et rectifier ainsi :

« Et un gambon de se n'amie. » (Son amie)

De pour *que* se rencontre dans le vieux français :
« N'avez baron qui mieux de lui la face. »
(**Ch. de Rol.**)

—« Onc plus belle de vous ne vit rois n'em-
| perere. »
(**Berte**).

On trouve encore au [XVIᵉ siècle dans Marot :
« ..... Qu'onc ne souffris homme de moi plus
| grand. »

Il en est de même de la locution *avoir plus cher*, aimer mieux ; *avoir aussi cher*, aimer autant :

« Et aussi cher avoit-il prendre la mort avec
| cette noble dame. »
(FROISS.)

—« Il aimeroit plus cher mourir que son mal-
| heureux cas fust connu. »
(LOUIS XI.)

Locutions picardes :

« Avoir pu quier belle panche (panse)
Eq (que) belle manche.»

Aimer mieux la table que la toilette.

—« Il ot pu quier vos talons qu'vos pointes. »

Il aime mieux vous voir partir qu'arriver.

On rencontre la forme *kier*, cher, adj. dans le dialecte picard :

« Je Pierres de Saisseval, esquiers, fais savoir
« à tous chiaux ki ches presentes lettres ver-
« rout ou orrout ke je sui hom liges à noble
« homme et men kier segneur, monsegneur
« Jehan, Vidame d'Amiens, segneur de Pin-
« kegny. »
(Chart. de 1279, Etude sur le Dial. pic.
par M. Raynaud.)

—« Qui se marie doit pour le respit Saint
« Fremin IIIJ sestiers de vin, IJ sestiers du
« plus kier et IJ sestiers du plus bas fuer. »
(fuer, prix.)
(Cout. d'Amiens).

Au même radical se rattachant *cairté* ou *querté*, cherté, du latin *caritatem* régulièrement contracté en *car'tatem*, et *caronge*, réunion d'amis, dont la finale *onge* est difficile à expliquer.

CARIBOUT ou CALIBOUT, dans la locution *porter à caribout* ou *à calibout*, porter par exemple une grosse botte d'herbe sur le dos à l'aide de deux liens passant sur les épaules, les liens étant tenus par les deux bouts. Il y a là le préfixe *cari, cali* qui a le sens de *de droite et de gauche* et dont l'origine est inconnue, et le mot *bout* : *porter à calibout* est donc porter en tenant un bout, un lien de chaque côté.

On dit aussi *porter à caricol* (carico), porter par exemple un enfant qui se maintient sur le dos du porteur en lui passant les bras sur les épaules et en les rejoignant autour du *cou*, en picard *co* (col). Il y a encore là le préfixe *cari* et *col* (co): *porter à caricol* est donc porter de chaque côté du col. On dit aussi porter à *cari-couillette* : ce dernier mot est composé de *cari* et d'un diminutif de cou.

CARIMERESSE, femme de rien, coureuse de rues. Le radical de ce mot est le latin *carmen*, charme, enchantement, au moyen âge sorcellerie. *Carmen* a dû donner *carme* et *carmer*, d'où le dérivé *carimoirau* (carimouérc), forme corrompue de *carimereur*, sorcier, dans laquelle *i* est adventice comme dans *fllibustier*, flibustier, *achariné*, acharné. *Cariméresse* formé régulièrement de *carimereur* — enchanteur, enchanteresse — a perdu son sens primitif de *charmeuse, sorcière*, pour se réduire à celui de sale, rodeuse, effrontée : On trouve dans le vieux français, comme terme de mépris, le mot *charmegneresse* qui est un équivalent de notre *cariméresse* :

« Ledit Henri appela la dite femme p...
« larronnaise et *charmegneresse*. »

Les habitants de Bertangles, village situé près d'Amiens, avaient sans doute jadis la réputation d'être *sorciers* ; car on leur avait donné le sobriquet de *carimoiraus*.

Je suis bien aise de faire remarquer ici une fois pour toutes que l'addition d'une voyelle n'est pas un fait particulier au patois, et que ce fait a des précédents historiques dans le latin même. L'addition de *a* est fréquente dans la langue des Romains ; *balatrones* (cf. *blaterones* et *blaterare*), surtout devant *r*, dans le latin populaire de la décadence: *Terebonio* pour *Trebonio*. On trouve, dans le latin de la première période impériale et après, un *i* médial : *trichilinium* pour *triclinium*, et Varron dit *balineum, balineæ* pour *balneum, balneæ*, qu'on disait du temps de Cicéron. De même pour *o* et *u*. Nées de la prononciation des consonnes, ces voyelles acquirent peu à peu une valeur phonétique.

Assurément les paysans picards qui disent *cariméresse, achariné, fllibustier, décaroller*, etc., pour *carmeresse, acharné, flibustier, décrotter*, ne se doutent même pas qu'ils imitent et continuent les Romains disant *trichilinium, balatrones, balineæ*, etc. Ce fait n'en montre pas moins que l'usage présent a son explication et sa justification dans le passé, et que les changements qui paraissent des anomalies, sont eux-mêmes ramenés à des lois basées sur des analogies observées dans la langue même d'où sont sorties les langues romanes, mères des patois actuels. En effet il suffit d'un simple coup d'œil sur les mots qui précèdent pour voir que l'addition d'une voyelle, en picard comme en latin, a lieu surtout devant les liquides *l, m, n, r*.

CARMEINE (carmainne), charogne ; viande de mauvaise qualité, viande gâtée; au figuré, femme ignoble.

Carmeine vient du bas latin *carmenum* qui, à l'origine, signifiait non pas *viande*, mais seulement *tarif du prix des viandes* fixé par des officiers publics. Aucun doute n'est possible ni sur la forme, ni sur le sens primitif, quand on lit les extraits suivants de deux statuts cités par Du Cange : « Ad evitandum fraudes, de- « cretum est quod debeant becharii te- « nere *carmenum* super carnibus, nec « simul vendere carnes ad diversa pretia « œstimatas… Et quod teneatur servare « *calmedrium* carnium fiendum per con- « sules. » Il y a eu extension du sens de *tarif pour la vente des viandes*, à celui de *viande de mauvaise qualité*, par suite sans doute des fraudes que commettaient les bouchers en mêlant à leurs viandes des viandes gâtées.

CARNACHE, fente, entaille, petite ouverture. Le radical est le bas allemand *Karn*, entaille, d'où est venu à l'origine *carnel, carniau*, puis par métathèse *créneau*.

On trouve ces formes dans le vieux français :

« Dun ne seustes que l'um lance légierement « les darz del mur et des kernels ? »
(**Rois.**)

— « Bel Acueil quiert de chambre en chambre Qui s'iert (était) as (aux) karniaus apuiés. »
(**Ren.**)

— « A chascuns des carniaus avoit une targe « de ses armes. »
(**Joinville.**)

Dérivé : *Carner*, fendre, crevasser, en parlant de la chaleur sur le mortier, le plâtre, le plafonnage.

CARNE, charme, arbre à haute tige (*carpinus betula*.) Du latin *carpinus* régulièrement contracté en *carp'nus*. Le picard est resté fidèle à l'étymologie en conservant l'*n* du latin que le français a changée en *m* par une assimilation vicieuse à *charme* de *charmer*.

Dérivé : *Carnoy*, nom d'un village près de Péronne, du latin *carpinetum*, lieu planté de carnes. On disait autrefois *le Carnoie* comme on dit *le Houssoie* pour *la Houssoie*, nom d'un village. Une charte de 1311 porte : « Et le dis messire « li cuens (comte) commist le besoingne « (affaire) à monsieur Anselme de Biau- « val et à Pierre de *le Carnoie* pour enquerre du droit de cascune partie. »)
(Document communiqué par M. DAUSSY.)

CARPENT (carpeint), bruit, tapage. Dérivé de *carpenter*, charpenter, travailler à une charpente, venu du latin *carpentarius*, proprement charron, et, par extension, charpentier. Le sens de bruit, tapage, s'explique par le fait que les charpentiers font beaucoup de bruit quand ils chevillent les différentes pièces d'une construction en bois. On trouve au même sens, dans le vieux français, le mot *carpenterie* :

« Puis s'armèrent ensemble nostre gent sei-
| gueurie,
Dont oÿssiez grant noise et grant carpenterie. »
(**Ch. d'Ant.**)

— « Là ot d'espées molt grant carpenterie. »
(**Bat. d'Alesc.**)

Carpenter est commun au picard et au vieux français :

« Philippe faisoit carpenter engiens à grant plenté. »
(**Chron. de Rains.**)

— « Por (pour) carpenter et machonner » (maçonner).
(**Beaumanoir.**)

De même *carpentier*, charpentier, dans les auteurs et les documents :

« Li carpentier qui après vindrent… »
(**Rou.**)

— « Et li carpentier erent à lor disner alé. »
(**Th. le Mart.**)

— « Et doit flancher (promettre) li carpentiers ou li machons (maçon) qu'il laserra loyaument en wardant le droit de froc de le ville. »
(**Dénombr. du Temp. de l'Ev. d'Amiens, 1301.**)

— « Le 10 novembre 1403 le clocque (cloche) nommée Gauette est placée au petit cloquer Nostre-Dame par Thibaut Bazin, carpentier. »
(**Une Cité pic. par M. De Lafons.**)

Au moyen-âge on appelait *carpentiers
rouges* les flammes d'un incendie.

« Une femme dit à un bourgeois : Vous me to-
« lez ma terre et metez en vostre granche ce que
« je deusse avoir, et vous n'en goirés (jouirez)
« jà ; car je vous envoierai en vostre granche
« les **rouges carpentiers**. »
(Du Cange, carpentarii rubri).

On rencontre les deux dérivés *carpentement* et *carpenterie*, au sens d'ouvrage
de charpentier.

« L'estraiure de dehors et de dedens du molin,
« l'arbre, roeue, rouet, et toutes les autres
« coses de **carpentement** estans au dit molin. »
(Cartul. de Corbie, 1422, dans Du Cange).

—« Marcanda (marchanda) Mons. de Corbie à
Bernard le Clerc de faire une tsaque de **carpen-
terie** en le maison et cense de Gentelle. »
(Ibid. tasohia).

Gentelles (canton de Sains) appartenait
en grande partie à l'abbaye de Corbie. Ce
village avec sept autres — Fouilloy, Chi-
pilly, Forceville, Aubigny, Monchy, Talmas, Acheux — fut donné, en 662, par la
reine Bathilde à des moines de Luxeuil
qui vinrent fonder l'abbaye de Corbie.

Carpenter a, en picard, le sens de
frapper, battre, donner une roulée. Au
propre il a donné *recarpenter*, refaire,
reconstruire, mot qu'on trouve avec le *c*
chuintant du français dans l'*Invention
du précieulx corps de Saint-Quentin*,
manuscrit du commencement du XVᵉ
siècle de la Bibliothèque de Saint-Quentin :

« Le monde qui va très-mal cloche :
Dieu en **recharpente** ung nouvel !
Cestui qui si très-fort biloche (balance, branle)
Ne tient qu'à la queue d'un vel (vel, veau).

CARQUER, charger. Du latin *carricare*
qui est dans Saint Jérôme au sens de
charger, par contraction en *car'care*,
contraction qui est déjà opérée au VIIIᵉ
siècle, puisqu'on trouve, dans les *Gloses
de Reichenau : oneratus = carcatus*.

On rencontre notre forme picarde dans
le vieux français :

« Li sires y doit mettre conseil ; car autre-
« ment porroient-ils **carquer** les autres pour eus
« alégier. » (Beaumanoir.)

— « Et lor doit **carquer** qu'il dient la cause. »
(Id.)

De même dans les documents d'origine
picarde :

« Comme li religieus de l'église de Valoyles
« eussent fait du tamps passé et fesissent prin-
« zes (prises) de kevaus **carquiés** en la manière

« qu'il est coutume u (au) païis de prendre en
« voies cachavles... »
(Charte de 1326, Etude sur le Dial. pic.
par M. Raynaud).

On lit dans les *Documents Inédits* publiés par M. de Beauvillé :

« **Item.** Que chacune masure de la dite vile
« (de Villers-Bretonneux) me doit corvée le
« nuy (nuit, veille) de Noël que on appelle
« fouée. Et qui a kar ou karette, il me doit payer
« de dix kar ou karette (charretée). Et li hoste
« qui n'ont karettte vont amasser et **carquier** le
« laigne (bois) au bos de Morgemont et l'amai-
« nent à mon hostel à Villers. »
(Dénombrement de la Terre et Seigneurie
de Villers-Bretonneux, 1387.)

Le mot *laigne*, bois, est très-remar-
quable. Il vient du latin *lignum*, bois de
chauffage, dans Horace et Pline. *Lignum*,
à ma connaissance du moins, n'a pas
passé dans les langues romanes, et il est
fort curieux de le rencontrer dans le dialecte picard.

On le retrouve sous la forme *laingne*
dans les *Dialogues picards-flamands*
(1340).

« Et sur un aistre (âtre) un boin fu (feu) de
« laingne, de tourbes ou de carbon, et deux
« kenineaus » (chenets).

Dérivés : *Carque*, charge. On trouve
les formes *carque, cargue,
carge*, dans notre dialecte:
« Porront aller, passer et rapasser par ledit
« bac à pié, à queval, à car, à carette, à wit
« (vide) et à **carques** paisiblement. »
(Cartul. de Corbie, 1362, Du Cange, carrecta).

— « Pour eux descarchier des **cargues** et des
« debtes. «
(Cartul. de Corbie, 1320 ; Du Cange, chargia).

— « **Item**, ledit Prieur puet acquérir les te-
« neures les héritages et tenir en morte main,
« sauve la **carge** de la justice que nous avons.»
(Charte de 1290, doc. comm. par M. Daussy),

Dans bien des localités on dit *cairque*,
comme *cairue* pour *carrue*, charrue.
Cette forme est très-ancienne. On lit dans
les *Dialogues picards-flamands* :

« Pristiene a grant *kerke* de Prispin
« sen baron (mari), car il est tous jours
« yvres. Il soloit estre brouteur le mil-
« leur de le ville, et s'avoit boine brouet-
« te, mais elle gist en wages pour un
« tonnel de hopembier. » (bière de houblon.)

On dit aussi *cairquer*, forme qui existait dans le dialecte :

« Quiconkes **querke** l'âme de lui à son en-
« fant... »
(Anthol. pic.)

Décarquer, décharger, du latin *dis-carricare*, contracté en *discar'care*. On trouve cette forme dans Beaumanoir :

« Je porrole **descarquier** les homes du juge-
« ment. »

De même dans le dialecte picard :

  « Nus (nul) ne devés faire passer,
    Se son fardel ne veut monstrer :
    Les pêkeurs devés cherquiier, (pêkeurs,
                | pêcheurs)
  Et faire leurs fais **desquerquier**. »
           (DU CANGE, **Cercare**.)

Décarqueux, déchargeur, *desquar-queur* dans le dialecte :

« Relicta Verrici Manasserii le **desquarqueur**
pro tenemento suo X ova. »
    (**Dén. du Temp. de l'Ev. d'Amiens**, 1301.)

Decarquage, action de décharger, qui existait dans notre dialecte :

« Les profits et émoluments du **descarquaige**
et criaige des vins. »
        (**Ch. de 1366**, DU CANGE)

Recarquer (r'carquer), recharger. On trouve dans une citation de Du Cange le dérivé *encarkier* au sens de *engrosser*.

Carquoir. Terme de jardinage. Sorte de trépied en bois pour poser la hotte. Un inventaire du XVIᵉ siècle à Amiens porte : « Une chivière (civière), ung *car-*
« *quoir*, une hotte. »

CARRÉE ou CAIRÉE, contenu ou charge d'un char, d'une charrette. Dérivé de *car*, char, venu du latin *carrus*, même sens.

On rencontre notre forme picarde *car* dans le vieux français :

« Cinquante **carre** qu'en (on) fera charier. »
           (CH. DE ROL.)

— « Se (si) **cars** ou caretes ou sommiers ou
« gens carquiés (chargés) entrencontreut en
« destrois quemins. »
         (BEAUMANOIR.)

M. Devauchelle a relevé dans des Inventaires faits à Amiens :

« A esté trouvé dedens la court un **car** à qua-
« tre roues. » (1596.)
— « Ung **car** à quatre roues prisé VIII es-
« cus. » (1598.)

Et dans les *Plaids de Boves* que Jehan de Moncheaux fut condamné à sept sols d'amende « pour avoir carié atout (avec)
« ses *cars* et cheveaux parmi les blés
« vers (verts) de Jehan le Potier. »
(1507.)

On trouve dans notre dialecte la forme *carée* :

« Quiconques vendra vin à Guise, il ne devra
« à moy et à mes hoirs de le caretée qu'un demi
« sestier de vin d'afforage et de le **carée** qu'un
« setier. »
      (**Charte de 1279** dans COCHERIS.)

On voit ici clairement la différence de signification qui existait autrefois entre *carée*, charge d'un *car*, et *caretée*, charge d'une *carrette*.

— « **Item** du débat de la **carée** à trois que-
« vaux cascun jour de l'assize... »
      (**Ch. de 1322, Etude sur le Dial.
      pic.**, par M. RAYNAUD.)

— « **Item**, quatre ou chieinq (ciuq) **carées** de
« herbage et de fan » (foin.)
      (**Ch. de 1416, Cartul. de Corbie,
      Du Cange, carea**.)

— « **Item**. Se (si) mes soulxmanaus vendent
« leurs fiens (fumiers) je les puis retenir pour
« le pris qui sont vendus. Et se ilz ne les ven-
« dent, et ilz les mainent sur aultre terre que
« de me tenue, il doivent pour chacune **carée**
« un dénier. »
      (**Dénombr. de la terre du Quesnel** (1400)
      Doc. Inéd. par M. DE BEAUVILLÉ)

Dérivés : *Carrette* ou *cairette*, charrette. On trouve la forme picarde *carette* dans le vieux français :

« En trois **carrettes** les ont très-bien guiés »
(conduits).   CH. DE ROL.

De même dans notre dialecte qui disait aussi *carier*, charrier :

« Et n'est mie à oublier que cascun les bestes
« ès dits marés (marais) porront aler pasturer
« saus aucun meffait, supposé que ès dits prés
« fuissent demourées aucunes herbes à faucquier
« ou fains à lever, pour lesquels prés à essaver
« à car, à **carette** ou à brouette nous avons
« acordé que les possesseurs porront **carier** ou
« faire **carier** hors les dits fains... »
      (**Ch. de 1411** (Encre) doc. comm.
      par M. DAUSSY.)

— « A me fille Marie je donne totes (toutes)
mes **carettes**, totes mes vakes, tote me bestaille.»
      (TAILLIAR, **Recueil**.)

Proverbe picard :

« Feut (il faut) **carier** près sen fien (fumier)
  Et marier ses filles loin. »

Carrette est un diminutif féminin de *car*. Le dialecte picard avait aussi le diminutif masculin *cariot* qui est resté dans le patois au sens restreint de petit compartiment dans lequel on place les enfants qui commencent à marcher et qui le font avancer sur ses quatre petites roues. On rencontre ce mot au sens de *chalit* dans des Inventaires faits à Amiens ; M. Devauchelle a relevé :

« Ung **cariot** de blanc bois. » (1576.)

— « Ung petit **cariot**. » (Id.)

—« Ung petit **chariot** d'oziére servant à coucher l'enfant. » (1606.)

— « Ung **chariot** de blanc bois avec ung lict (matelas) et traversin garny de plume vi liv. » (1626.)

Carretée, charretée, forme qu'on rencontre dans les documents anciens :

« Et se le **caretée** caoit (tombait) el travers de
« boue, elle doit païer iii déniers au traversier
« de Moruel. » (Moreuil.)

(**Accord par Pierre de Fontaines**, 1239.)

— « Del écorche est acordé que le **caretée** paie
« à Moruel i dénier de cauchie, et se ele décar-
« che (décharge) pour metre en l'ieaue, le **ca-
« retée** doit i dénier. » (**Ibid.**)

Careton, conducteur d'un *car*, d'une *carette*. On rencontre cette forme dans le vieux français et dans des documents picards.

« Et doivent cil qui ont fait le meffet, si comme li **caretons**, estre bani. »

(Beaumanoir.)

—« Richiers le **careton** menra du fiens sur ma
« terre quant elle sera ahannée et eu men cour-
« til (jardin) quant il sera fouis. »

(**Dial. pic -flam.** 1340.)

— « Le xxviiie jour de septembre 1414 fu fait
« cambre et vint en le dite cambre Regnault le
« Blond, **carton**, lequel fu en l'ost devant Arras
« avec v chevaux et le car de le vile. »

(**Une Cité pic.**, par M. De Lafons.)

Carretrie, remise, hangar pour les charrettes et les instruments agricoles. Un inventaire de 1744 fait à la Vacquerie porte :

« Trouvé dans une **carterye** une charrette montée. »

Carrieux, celui qui charrie.

Carrioler, charrier avec une petite charrette et un seul cheval, d'où le dérivé *carrioleux*, homme qui n'est pas cultivateur et qui ne fait que charrier. On dit aussi *carrioter* au même sons que *carrioler*.

Carti, corps de charrette. M. Devauchelle a relevé dans des inventaires :

« Une charette à deux roues avec un petit
« **carty** à fien, une herche, deux gitte à cha-
« rette, etc. »

(Vers-Hebécourt, 1624.)

— » Ung charriot prisé avec un **cartis** à cha-
« rette xx livres. »

(Pierregot, 1718.)

Décarrier, aller mal en parlant d'une charrette qui va de côté et d'autre ou ne reste pas bien dans la voie.

Racarrier, charrier de nouveau, ramener avec une charrette.

Acarrier, transporter avec une charrette, amener. Ce mot existait dans le dialecte picard :

« Et si tenoit le **carion**, c'est à-dire le disme
« de le disme, il le doit **acarier**, et doit avoir, le
« jour qu'il carie, une garbe (gerbe) de past. »

(**Charte de Hugon, abbé de Corbie**, 1339.
Du Cange, **Cario**).

On trouve *encarier* au même sens :

« Ne pooit copper ne faire copper, ne emme-
« ner ne **encarier**, ne faire emmener ne **enca-
« rier**. »

(**Cartul. de Corbie**, 1454, Du Cange,
Carreare.

Carrue, charrue, venu par la chute du *c* médial d'une forme populaire *carruca*, qu'on trouve dans les Lois Barbares :
« Si *carrucam* involat aut rumpit ro-
« tas. » (*Lex Alemann.*) — « Si quis
« caballum qui *carrucam* trahit furatus
« fuerit. » (*Lex Sal.*)

On rencontre *carue* dans les auteurs anciens et dans les documents d'origine picarde :

« **Carues** de rentes doivent estre prisies (esti-
« mées) cascune jornée à deux quevax (chevaux)
« deux sous par an. »

(**Beaumanoir.**)

— « Et traient aux **carues** tote jor. »

(**Ch. d'Ant.**)

— « De che il est acordé qu'il ne paieront
« point de che qu'il waigneront de leurs propres
« **carues** et de leurs propres bras, pour tant que
« les **carues** reviegnent cascune nuit à Raine-
« val. »

(**Accord par Pierre de Fontaines**, 1269.)

— « Item. Chascune des **carues** qui sont en
« la dite vile (de Villers-Bretonneux) arans à
« mars me doivent chascun an trois sestiers
« d'avaine. »

(**Dénombr. de la Terre et Seign. de Villers-Bretonneux**, 1387.)

— « Quiconques a en le vile de Mirevault che-
« vaux trayans (tirant, attelés) à **carue**. »

(**Compte de 1390.**)

Proverbe picard :

« Bâton bien triné (traîné)
« Veut (vaut) miux qu'**carue** mal attelée. »

« La mendicité exercée avec intelligence fait vivre plus facilement qu'une petite exploitation agricole mal dirigée.»

Carruée, ancienne mesure agraire. D'une forme bas latin *carrucata* par la chute du *c* médial. L'acte de fondation du village de Hanappes (Aisne) en 1210, traduit en 1323 dans le Cartulaire de Guise, porte :

> « Nous baillons terre à faire ville, c'est assa
> « voir : trois aissins de terre à chascon bour
> « geois qui tant en vorront avoir... et à baillier
> « les mainnages, nous donrons deus **carruées**
> « de terre, c'est assavoir : quarante-deux moies,
> « se il est mestiers. »
>
> *(Communication de M. Devauchelle.)*

Caron ou *Cairon*, charron. On trouve la première forme dans les documents d'origine picarde :

> « **Item**, Jehan le flex (fils) li *carons* I poulet et I capon. »
>
> **(Déo. du Temp. de l'Ev. d'Amiens, 1301.)**

— « Et se mairiens à **caron** passoit parmi le Nuevevile. »

> (Acc. par P. DE FONTAINES, 1269.)

— « A le parfin fu ainsi ordené et acordé que
« li bos de Raineval ne li bos que Raous mes
« fix (mon fils) tient que je li donnai à mariage,
« qu'il ne paieront à Moruel ne à le Nuevevile
« cauchie ne travers, fors que bos à **caron** pour
« ouvrer soit reons (ronds) soit taillés. »

> **(Ibid.)**

Caron a donné les dérivés suivants :
 Carronner, exécuter un travail de
  charron.
 Carronnage, travail de charron.
 Caronnet (diminutif de *caron*), petit
  charron ou fils d'un charron.

CARTELER (car tler), se déranger de la voie avec une voiture soit pour laisser de la place à une autre voiture, soit pour éviter les ornières. Ce mot est un dérivé de *quatre : carteler*, c'est, pour ainsi dire, avoir *quatre* ornières ou traces de roues, deux nouvelles à côté de deux anciennes. Le wallon a au même sens *quateler* qui a laissé tomber l'*r* de *quatre*, tandis que le picard l'a transposé. Le français dit *cartayer* : nous avons au même sens *mettre à quartier*.

CASAN (cazan), paysan, campagnard (substantif.) Je trouve ce mot dans une liste que m'adresse M. De Guyencourt. « Il est usité, observe-t-il, dans le fau« bourg de Hem (Amiens.) C'est un terme « un peu méprisant. » Un assez grand nombre de mots latins qui n'ont rien laissé dans le français, sont restés dans le langage populaire. Je crois que nous sommes ici en présence de ce fait et que *casan* est un dérivé du latin *casa*, cabane, chaumière, ou qu'il vient d'une forme bas latin *casanus*, dérivé de *casa*, comme *paganus* de *pagus*. Je sais que *a* latin accentué et bref donne *ai* : *manus*, main, *fames*, faim, et que le suffixe *anus* fait *ain* : *certanus*, certain. Mais nous sommes ici à Amiens où le peuple dit *man* pour *main*, *fam* pour *faim*, *certan* pour *certain*.

Quant au sens de *casan*, il s'explique de lui-même : c'est, à l'origine, l'homme *qui habite une chaumière*, puis, par une extension très-naturelle, *paysan, campagnard*. L'acception de mépris que ce mot présente aujourd'hui, a la même cause que celle des mots *manant, vilain* en français, *censier* ou *chensier* en picard, qu'on verra plus loin : elle est due à l'influence des idées aristocratiques des temps féodaux dont le langage conserve les derniers vestiges.

J'observerai en passant que le peuple, à Amiens, a changé *ei, in* et même *ine* en *an* : *glane* pour *gleine*, poule, du latin *gallina; prance* pour *prince; magne* pour *meine*, mine : « Il ot bien mauvaise « *magne*, » il a bien mauvaise mine. Je trouve dans la même liste le mot *bilardier* que je ne connaissais point quand j'ai donné l'étymologie de *bitarde* dont il est un dérivé. *Bitardier* s'emploie dans la vallée de la Somme au sens de chasseur maladroit, chasseur qui revient souvent bredouille. Ce dernier sens s'explique par l'observation que j'ai faite au mot *Bilarde*, (V. ce mot.) pour expliquer la locution picarde *cacher à bitardes*.

J'y trouve aussi *brevier* qui se dit dans la vallée de la Somme pour *épervier* lequel vient de l'ancien haut allemand *sparvari*, même sens. *Brevier* est une corruption d'*épervier* par pahérèse de la syllabe initiale — *Toinette* pour *Antoinette, cherolle* pour *vécherolle*, etc. — métathèse de *er* en *re* — *Fremin* pour *Firmin* — et adoucissement de *p* en *v* comme dans *boutique* du latin *apotheca*.

Puisque j'en suis aux additions, je profite de l'occasion pour en faire encore une. M. Gricourt, d'Hornoy, m'écrit à propos du mot *capenard*, que dans les environs de ce bourg, on dit *campenard*, fait important et qui confirme pleinement l'étymologie que j'ai indiquée. Je prie M. Gricourt de vouloir bien agréer mes remercîments pour son obligeante communication : j'espère qu'elle ne sera pas la dernière.

J'observerai en passant que la chute de l'*m* dans la forme *capenard* du bas latin *campanardum* n'a rien d'étonnant, et qu'on la rencontre devant les explosives labiales *p*, *b*, même dans le latin archaïque : *Seproni* pour *Semproni*. De même dans le latin de la décadence : *exeplum* pour *exemplum*, *novebres* pour *novembres*, etc. Priscien remarque que l'*m* se prononçait très-faiblement au milieu des mots devant une labiale : j'ajoute qu'elle est tombée dans *rupi*, parfait du verbe *rumpere*.

CASCARET, homme de petite taille. A donné le diminutif *cascarinet*, même sens. Ce mot est, dans La Bruyère, le nom d'un domestique, peut-être d'un de ces *petits laquais* ou *grooms* qui ont été de tout temps à la mode dans les grandes maisons :

« Appelez Cascaret; qu'il vienne porter ma
« queue. »
— « Vous madame Blandineau, vous! Vous
« faire porter la queue! »
(Bourg. de qualité, I. 5.)

CASÉE, chenille. *Orig. inc.*

CASIER, maison vieille, mal bâtie, incommode. Dérivé du latin *casa*, cabane, chaumière.

CASSEMAQUE, vieux coffre, meuble usé. Corruption, avec détournement de sens, du français *casemate*. Le changement de *t* en *qu* se retrouve dans *airêque*, arête, *gastrique*, gastrite, etc., sans être pour cela ni moins insolite ni plus justifiable que celui de *c* dur en *t* qu'on rencontre dans *chairlutier*, charcutier.

On employait jadis au même sens *casier*, dérivé de *casse*, mot qui s'est restreint au sens spécial de *caisse* à compartiments pour les caractères d'imprimerie, mais qui avait autrefois le sens général de *caisse*. *Casse* était venu du latin *capsa*, caisse. M. Devauchelle a relevé dans des Inventaires :

« Ung coffre en forme de **casier**... Ung autre
« **casier** de blancq bois. »
(Amiens, 1620.)
— « Ung **casier** de blancq bois sans couvreché
« (couvercle) dans lequel a esté trouvé...
(Ibid., 1620.)

CASTEROLE (castrole). Forme picarde populaire de *casserole*, diminutif de *casse*,

poêlon, du bas-latin *caza* venu lui-même de l'ancien haut-allemant *Kezi*, poêle.

On rencontre encore cette forme dans des Inventaires du XVIII⁰ siècle à Amiens et à Abbeville. M. Duvauchelle a relevé :

« Une petite écumette, seize tourtières, qua-
« torze **casteroles**, trois chaudrons, deux autres
« **casteroles**... »
(Amiens, 1707, chez un traiteur).
— « Deux chauderons de différentes grandeurs,
« une **casterole** ».
(Abbeville, 1760).

CATEL. Terme juridique qui était usité en Picardie pour désigner certains biens immeubles par leur nature, mais qui cependant suivaient la condition des meubles. *Catel* vient du latin *capitale*, avoir, capital, par contraction régulière en *cap'tale*, chute du *p* et changement de *al* en *el*. Le pluriel était *catels*, *cateulz*, *cateus*. On rencontre toutes ces formes dans les documents anciens :

« Et je Jehans de Varenne, sire de Vinarcourt,
« ai obligié et oblige miet mes hoirs et tous mes
« biens, **cateus** et yretages »
(Ch. de 1292, Etude sur le Dial. pic.
par M. Raynaud).
— « Se nus entreprenoit en ces coses, il seroit
« en le merchi le Roy de cors de **catel** et d'ire-
« tage. »
(Du Cange, Anc. Cout. d'Amiens.)
— « Le maire ni les jurés (d'Encre) ne puent
« prenre (saisir) le cors Jehan, sen **catel**, ne se
« maisnie. »
(Ch. de 1311, communic. de M. Daussy.)
— « Seur chou que le dis Jehan de Boulant
« disoit qu'il avoit cognissance de meubles,
« **cateus** et bonnage. » (Ibid.)

Corblet écrit *castel* et dit que ce mot *signifiait non seulement château, mais aussi les biens meubles de quelque nature qu'ils soient* : il confond *castel*, château, de *castellum* et *catel* (de *capitale*) lequel doit s'écrire sans *s* comme le faisaient nos aïeux.

CATELONGNE, couverture de laine pour le lit. Le piémontais a au même sens *catalögna*. Mot d'origine historique : il est très-probable que les premières couvertures de ce genre sont venues de la *Catalogne*, et qu'on a dit *catelogne*, couverture, comme on a dit *calicot*, toile de coton importée de Calicut, *madras*, étoffe fabriquée originairement à Madras, etc.

M. Devauchelle a relevé dans des Inventaires :

« Une **castellongne** verde prisée C solz tournois. (Amiens, 1576).

— « Une couverture verte en forme de **castel-longne**. (**Amiens**, 1598).

— « Trois **castelongues**, une verte et deux blanches prisées XII livres. »
(**Amiens**, 1611).

Il a relevé aussi :

« Une vielle robbe (robe) de **quastelongne**. »
(**Amiens**, 1576).

Quastelongne doit avoir, dans cette dernière citation, le sens de *laine, tissu de laine*, laine ou tissu semblables à la laine ou au tissu des *catelongnes*.

CATERLANGUES, adj., bavard, qui parle beaucoup. Des deux mots *quatre* et *langues ;* c'est littéralement *celui qui a quatre langues :* il y a eu métathèse de *re* en *er* dans *quatre.*(Cf. pic. *guernoule*, grenouille.) On verra au mot *catron* qu'on trouve *cator* pour *quatuor*, quatre, dans une inscription de l'Empire.

CATERNEUX ou **CATEREUX**, douteux, qui offre peu de chance de réussite; sensible au physique. Ce mot se dit aussi et surtout en parlant des aliments et des fruits susceptibles de s'altérer en peu de temps. Ces deux formes sont une corruption du français *catharreux*, maladif, et, par extension, peu sûr, peu solide. *Catereux* s'employait en français au XVII° siècle. Quant à la forme *caterneux*, elle s'explique soit par l'intercalation d'une *n*, soit par dissimilation de *r* en *n* — *catarreux, caterneux* — dissimilation qui n'a rien d'étonnant si l'on songe que ce fait se produit surtout pour les liquides (Cf. *burle* pour *bulle ; sou'er* pour *sauler*, soulier, V. *Capelle; caberne*, cabane pour *cabenne*, V. *cabernette*).

CATE SEURIS ou **SOIRIS**, chauve-souris. *Chauve-souris* vient des deux mots latins *calva*, chauve, et *soricem*, souris. Le Glossaire de la bibliothèque de Lille (XV° s.) traduit *vespertillio* par *caudesoris*, mot dans lequel le *v* de *calva* s'est corrompu en *d*. Il est probable que ce *d* est remonté à la forte *t* dans notre patois. C'est là un phénomène assez rare, mais qui n'est pas sans exemples.

CATHELEINE (Catlainne). C'est ainsi que se dit *Catherine* en picard : il y a eu permutation de *l* en *r*, absolument comme pour *caïère* devenant *caïelle*.

Cette permutation est déjà bien ancienne et remonte au moins au XIV° siècle, si l'on en juge par les citations suivantes :

« **Kateline** tient VI meskines (servantes) qui « ne finent (cessent) onques de moudre « (traire) ses vaques et laver ses cheraines » (barattes).

(**Dial, pic. flam. 1340**).

« **Kateline** vend le milleur frés bure (beurre) « qu'on puist mengier. » — (**Ibid.**).

Le changement de *i* en *ai*, *ei* est le fait du patois qui dit *poitraine* pour *poitrine*, *épeine* pour *épine*, *voiseine* pour *voisine*, etc. J'ajoute qu'il s'est opéré même à Amiens. Un codicile au testament de Marie Mille, veuve en troisièmes noces de Rault Lefebvre, chirurgien à Amiens, relevé par M. Davauchelle, porte :

« **Item**, donne à **Cathereine** Castillain, sa fille, « sa bonne faille de camelot de Lisle (Lille) « garnie de satin. » (1621.)

Les paysans des environs de Compiègne disent encore *Cathereine* :

« Ah ! si j'avois acouté no dame **Cathereine**, « je n' sais mie quemeut cha seroit passé. »
(**Lettre picarde sur le Concours de Compiègne**, par H. **Lescot**, 1877.)

On a dû déjà remarquer que la lettre *r* se change souvent en *l*. La seconde de ces lettres etant moins dure à prononcer que la première, il est naturel que la voix cherche à diminuer l'effort auquel l'oblige l'émission d'un son rude. De ces deux liquides, l'*r* seul est primitif; l'*l* n'est qu'un *r* ramolli. « Ce qui le prouve, « c'est que l'*l* est inconnu dans une des « langues les plus importantes, par son « ancienneté, du groupe indo-européen, « dans le zend, où toutes les racines san-« scrites, grecques et latines en *l* ont « pour correspondantes des racines en *r*.»

(A. **Bailly**, *Manuel des racines gr. et lat.*)

CATIAU ou **CATIEU**, château. C'est non pas, comme le dit Corblet, un dérivé de *castellum*, mais *castellum* lui-même (diminutif de *castrum*) transformé en *câtiau, câtieu*, par changement de *ellum* en *iau, ieu*. La forme primitive est *castel*, qui a persisté dans *Castel*, nom d'un village situé près de Moreuil :

« La pesquerie du cours de le rivière depuis le « molin de Morisel jusques as cloies de **Castel**. »
(Du **Cange**, **Clisria.**)

— « Et se commencheut au bout de le rue du

« Marés assés près du molin à waides eu alant
« jusques à le cauchie du pont de **Castel.** »
(Dén. du fief du Vieux-Marché
à Moreuil, 1401.)

On rencontre très-souvent ce mot dans les documents d'origine picarde :

« L'oumaige le seigneur de Linières qui est
« pers entiers et chastelains du **castel** de Pin-
« kegny. »
(Dénombr. du Temp. de l'Ev.
d'Amiens, 1301.)

— « Derekief avoec le **castel** et les autres coses
« de le baronnie de Pinkegny... »
(Ibid.)

— « Et avoec ches II **castiaus** de Vinacourt et
« de Flissicourt... »
(Ibid.)

— « Respont li procureres que bien con-
« noist qu'il a fait faire plusieurs prinzes
« (prises) de gens et de beates en ses fiés (fiefs)
« et les a fait mener à Gamaches et en ses **cas-**
« **tiaus** aillieurs...»
(Charte de 1310, Etude sur le Dial. pic.,
par M. RAYNAUD.)

Câtieu se rencontre dans le dicton pi-card :
« Ch'est ch' **câtieu** d' Bove :
Belle montre, peu d' cose. »

Le château de Boves autrefois très-fort et très-célèbre, aujourd'hui en ruines, a encore une belle apparence quand on le voit de loin. Il a soutenu un siége dont parle Guiart :

« Devant Boves fu l'ost (armée) de France,
Qui contre les Flamans contance, (contance,
| lutte)
Li mineur pas ne soumeillent ;
Un chat bon et fort appareillent, (chat, ma-
| chine de guerre)
Tant euvrent dessous et tant cavent,
Qu'une grant part du mur destravent. »
(Du CANGE, cata.)

On trouve encore *casteau* dans des actes de la fin du XVII° siècle. Un acte de baptême du Registre de la paroisse de Thésy (près Boves) à la date du 25 juillet 1691 fait mention d'un nommé « Jean « Gaillart, valet du *casteau* de Thézy. »

Dérivés : *Câtelain* , châtelain , qu'on trouve souvent dans les documents d'origine Picarde.

« **Item**, l'ommage le **castelains** de Hangest...
« L'ommage le **castelains** de Molliens... »
(**Dénomb. du Temp. de l'Ev. d'Amiens**, 1301).
— « **Item** à che que li procureres dit que li
« **castelains** de Aut et pluseurs autres gens
« vinrent à le Mote à cloke sonnée et levérent
« le cors d'un murdri... »
(**Ch. de 1310, Etude sur le Dial. pic.,**
par M. RAYNAUD).

Câtellerie, châtellenie.

« Jou (je) ai vendu et escangié toutes les jus-
« tices qui appartiennent à le **castellerie** devant
« dite. »
(**Ch. de 1208, Cartul. de Corbie** dans
DU CANGE).

— « Respont li procureres que à boine cause
« il furent bani, et que li bannissemens ne doit
« mie estre rappelés, quar (car) anchois que li
« dit bani venissent en le prison de Pontieu, il
« estoient coukant et levant (domiciliés) en le
« **castellerie** de Dommaart (Domart) là u il a toute
« justiche. »
(**Ch. de 1310, Etude sur le Dial. pic.**
par M. RAYNAUD).

Câtelet (le) nom d'une ville si-tuée entre Cambrai et Saint-Quentin. Du latin *castelletum*, petit château , diminutif de *castellum*. On trouve ce mot, à ce dernier sens, dans le vieux français :

« En un viés (vieux) **castelet** s'alèrent embus-
« chier. »
(**Ch. d'Ant.**)

— « Tout droit au **castelet** en sont venu
« errant.
(**Ibid.**)

Il y avait autrefois à Long (canton d'Ailly-le-Haut-Clocher) deux châteaux, l'un très-fort et très-important, l'autre plus petit, lequel pour cette raison, s'appelait le *câtelet*.

Castillon, nom d'une forteresse célèbre dans l'histoire de la Commune d'Amiens au XII° siècle. Ce mot est un diminu-tif de *castel* et correspond au bas-latin *castellio*, comme on le voit dans Guibert de Nogent : « Pro muro *Castel-lionis.*

Il y avait à Amiens, avant la Révolution, une paroisse dite de *Saint Firmin en Cas-tillon*, parce qu'elle était dans le quartier de la ville jadis occupé par la forteresse du *Castillon*.

Casteli, nom donné au camp romain de Liercourt.

Catis, nom donné à celui de Villers-lès-Roye.

Catiche. Ce mot me semble de-voir être rattaché au même radical que les précédents. Il est d'origine essentiellement picarde ; car on ne le trouve

que dans notre dialecte d'où
il a passé dans le français au
sens de *trou où se cachent
les amphibies sur le bord
des rivières*. Tel n'était pas,
on va le voir, le sens qu'il
avait au Moyen-Age et plus
tard dans la Picardie.

On sait qu'un *castrum* romain était un
poste fortifié entouré d'un retranchement
en terre : il impliquait par là même un
fossé et une *levée* souvent consolidée par
des *pieux* pour retenir les terres. De là
le sens de *clôture* et de *fortification* qu'a
pris le dérivé bas latin *casticia* qu'on
trouve dans un Capitulaire de Charlemagne : « Decernimus ut omnes intelligant
« non solùm claustra monasterii vel Ec-
« clesiæ atque *casticia* Ecclesiarum sub
« immunitatis defensione consistere, ve-
« rùm etiam domus et septa villarum. »
(Du Cange) Un autre document ancien
(1230) nous montre le bas-latin *casticare*
au sens de *construire en terre et avec
des pieux de bois*, par opposition à *ædi-
ficare*, construire en maçonnerie: «Scien-
« dum est quod omnes masuræ *casticatæ*
« et ædificatæ apud Colincamps mora-
buntur : » l'extension de sens est tres-
naturelle. J'ajoute que Du Cange définissant *casticare* dit : *construere palis li-
gneis*. *Casticiare*, forme chuintante de
casticare, a signifié aussi *fermer*, *barrer* : une charte de 1377 dit de l'ouverture d'une écluse qu'elle doit « *casticiari*
« solummodo palo et virgâ. » Enfin, du
temps de Du Cange, les Picards appelaient *caliches* les digues ou levées de
rivière fortifiées par des pieux de bois.

Voyons maintenant quelques documents picards :

« Comme il fut descors, contens et plais meus
« en assise entre le Dien (doyen) et le Capitle
« d'Amiens d'une part, et le Mayeur et Eskevins
« d'autre part, des **castiches** des pons (ponts)
« Kemuns qui sunt à Amiens seur le rivière de
« Somme, lesquelles **castiches** li devant Dien et
« Capitle disoient appartenir à eus... »

(**Charte de 1278.**)

— « Li maire et li esquevin d'Amiens puent
« et porront des ore en avant **castichier** ou faire
« **castichier** et refaire le **castiche** dès l'entrée du
« pont. »

(**Charte de 1296.**)

— « A droit icelluy seigneur que nus (nul) ne
« puet **castichier** en se terre et seigneurie. »

(**Compte de 1299.**)

— « Les dits fermiers doibvent entretenir et
« entretenront à leurs frais les **castiches** de-
« puis le premier estauls desseus dict jusqu'au
« dit moulin, et en fin de leurs dictes années
« les doibvent laisser saines et sauves. »

(**Bail du moulin à eau de Pavery,
sis près Fouencamps, 1350.**)
(*Communic. de M Devauchelle.*)

— « **Item**, aucun en le vile et cité d'Amiens
« ne puet **castichier** en terre ne asseur (asseoir)
« seul (seuil), muret ou closture sur le froc de
« le vile, s'il n'a demandé congié. »

(**Compte de 1390.**)

— « Sera tenu le dit fermier de retenir bien
« et souffisamment les **catices** de le rivière de-
« puis Bonnay jusques à Corbie. »

(**Cartul. de Corbie, 1416.**)

— « Nous ont aussv (les experts) rapporté
« avoir visité les **cattiches** et la rivière dudit
« molin jusques au terroir de Frooou ; en fai-
« sant quoy y ont remarqué que la rivière est
« fermée et remplie faute d'y avoir travaillé et
« que les **cattiches** sont effondrées en plusieurs
« endroits par où l'eau s'échappe... »

(**Proc. verb. de visite d'un moulin à
eau sis à Saint Romain, canton de
Poix, 1601, communic. de M. Devauchelle.**)

Castiche avait donné plusieurs dérivés :

Castichier qu'on vient de voir plus
haut plusieurs fois.

Castichement qui paraît avoir eu le
sens de *descente*, escalier, et de *clôture*.

« Quicumque facit in hac villâ, in Folliaco,
« in pratis puchenir (endroit arrangé pour des-
« cendre **puiser** de l'eau), **castichement** in
« aquâ. »

(**Chron. ms. de Corbie dans Du Cange.**)
— « Aucun ne doit mestre ne asseoir seuil ne
« **castichement** sur rue .. »

(**Hommage de l'Ev. d'Am. 1301.**)

Casticheur, architecte (d'après Ducange); espèce d'agent-voyer.

« S'il y a débat de closture entre aucuns voi-
« sins ou d'aucun yretage, li Maires envoiera les
« **casticheurs**. »

(**Charte de 1317.**)

En résumant ce qui précède, on voit
que *catiche* a signifié *digue, fossé, chaussée, clôture, barrage*, et, par extension
du sens primitif, *construction avec des
pieux et de la terre, construction en général*. Aujourd'hui le sens s'est restreint
à celui de *fossé, fossé d'écoulement*, et,
dans les environs d'Abbeville, à celui
plus restreint encore de *bordure d'herbe
autour des jardins maraîchers*.

D'après une note de M. de Guyencourt,
le mot *catiches* s'emploie à Béhencourt, Fréchencourt, etc., au sens de *terres en na-*

ture de pré. Ce sens s'explique par le fait que les travaux des *catiches* se faisaient dans les prés pour les assainir par l'écoulement des eaux stagnantes et les transformer en pâturages. J'ajoute que c'est très-probablement à des travaux de cette nature que les villages situés dans les vallées doivent d'être propriétaires d'une immense étendue de biens communaux qui leur constituent des revenus importants.

CATIÈRE. C'est, à l'origine, *trou par où passent les cats*, chats. Par extension, il signifie ouverture ménagée dans un poulailler pour l'entrée et la sortie des poules, petit passage étroit en général. Les paysans l'emploient aussi au sens du mot latin *pudenda* en parlant d'une femme. Dérivé de *cat*, chat, lequel vient du bas-latin *cattus*, même sens. *Cat* est commun au picard et au vieux français :

« Là où **Kas** n'est, li souris se revèle. »
(Leroux de Lincy, **Prov.**)

— « De castiier (corriger) **cat** qui est viens
Ne puet nus hom venir à chef. » (à **chef**, à
| bout.)
(**Ibid.**)

De même dans notre dialecte :
« Quand les souris prendront les **cats**,
Le roi sera seigneur d'Arras. »

Les Bourguignons avaient inscrit ces deux vers sur leur drapeau lorsque, en 1414, le roi Charles VI assiégeait Arras.

« **Cat** durmant (dormant), molin coi taisant,
Prélat négligent, pule inobient,
Clerc combatant, moine plaidant,
Trestout à Dieu les commant. »
. (**Anthol pic.**)

— « Encore y ha autres bestes dont on n'a
« cure de mengier : leus (loups), renars ne fi-
« chau (fouine) ne **cas**. »
(**Dial. pic. flam. 1340.**)

Cat a donné le diminutif *caton*, petit chat.

CATOIRE, (catouère) **ruche d'abeilles.** Il y a là un radical *cap* qui est dans le latin *capere*, contenir, renfermer, participe *captus*. *Captura* se trouve dans Isidore de Séville au sens de *detentio*, action de retenir, prendre. On rencontre dans la *Lex Bajuvariorum* le même mot *captura* au sens d'engin placé à dessein pour prendre les abeilles : « *cap*-
« *turæ* quæ ad capiendas apes ponun-
« tur,* » dit Du Cange. Il est fort probable, d'après ce qui précède, qu'il a existé dans le latin populaire une forme *captoria* qui, par la chute du *p* — *rupta*, route — a laissé *catoire*.

CATON, tête d'une bague renfermant une pierre précieuse. De l'allemand *kasten*, même sens, par addition du suffixe diminutif *on*. Cette forme est commune au picard et au vieux français :

« J'ai en ma main un tel anel : (anneau)
Deux pières a ens el **caston**. »
(**Lai de Mélion.**)

M. Devauchelle a relevé dans un inventaire :

« Ung **catton** d'or, une blouque (boucle) d'or,
une émeraude. »
(**Amiens, 1596.**)

CATREUX, couteau qui ne coupe pas. La dérivation de *câtrer*, châtrer, n'est pas acceptable : le sens s'y oppose d'une manière absolue. Je crois que ce mot vient de *chicatrer*, mal tailler, mal couper, par aphérèse de la syllabe initiale, comme dans les noms *Gustin*, *Sabelle*, etc., pour *Augustin*, *Isabelle*, dans *moiselle* pour *demoiselle*, dans *cherolle* pour *vécherolle* qu'on verra plus loin, dans *vesque* pour *évêque* qu'on a vu plusieurs fois dans des citations du *Dénombrement du Temporel de l'Evêché d'Amiens*.

CATRON. On sait que le pis des vaches à *quatre* bouts ou trayans : chacun de ces bouts s'appelle *catron*, dérivé sous forme de diminutif de *quatre*, du latin *quatuor*. Nos formes *carteler*, *caterlangues*, *catron*, n'ont rien d'étonnant si l'on songe que l'on trouve *cator* pour *quatuor* dans une inscription de l'Empire.

Dicton picard :

« D'loin chés vaques ont boin pis, mais chés **catrons** sont flaus. »
« De loin les vaches ont bon pis ; mais les trayans sont flasques. »
« De loin, c'est quelque chose ; de près, peu de chose. »

CAUCHE ou KEUCHE, chaux. Du latin *calcem*, même sens, par changement de *al* en *au*, *eu*, et de *c* doux en *ch*.
On trouve notre *c* dur initial dans le vieux français :

« Et il fit **cax** et pierre atraire.
(**Rou.**)
—« Dedens lesquels bos (bois) a un caufour à faire **caux**. »
(**Du Cange.**)

De même dans le dialecte picard :

« Jehans li machon (maçon) le machonnera
« et amenra des ouvriers pour tailler les pier-
« res ; mais le **cauchs** n'est point encore mesu-
« **rée.** »

(**Dial. pic. flam.** 1340.)

— « Aultres mises (avances, paiements) faic-
« tes par lesdicts argentiers pour cause d'ou-
« vraiges de machonnerie, **caulz**, moillon, bric-
« que, cailleu, pavement et paveurs VII cent
« xxxii liv. iv solz. »

(**Comptes des Argentiers d'Abbeville**, 1499.)

Dérivé : *Caufour*, four à chaux, forme qu'on rencontre dans
notre dialecte. Un acte de
1222 mentionne la vente
d'un champ appelé Goen-
camps, situé « inter nemus
« *de Priers* et spinam *des*
« *traus* et inter sartellum
« novum et *les causfors*,
« sicuti meta (limites, *me-*
« *tœ*) distingunt. »

(**Cocheris**, extrait communiqué par
M. Devauchelle.)

Le *Dénombrement du fief du Vieux-
Marché* à Moreuil (1401) porte :

« Le dit fié s'estent en le dicte ville de Mo-
« reuil... Et de l'autre les, de le dicte bonne
« (borne) en alant à lingne (ligne, c.-à-d. droit)
« parmi le porte aux Larrons, droit à une
« bonne assise au-dessus du quemin de Mai-
« sières oultre le quarrière que on dit le **Cau-**
« **four.** » (De Beauvillé, **Doc. inéd.**)

Caufour a donné le dérivé *caufourer*,
chauffer très-fort dans la locution *être
caufouré*, avoir une chaleur excessive.

On trouve *cauffourer*, au sens propre
de *faire de la chaux*, dans une citation de
Du Cange (1511.)

« Porront les dits **cauffourer** sans empirier
« les bois. »

CAUCHES ou KEUCHES, chausses. Ce
mot ne s'emploie qu'au pluriel, de sorte
qu'on ne peut le confondre avec *cauche,
keuche*, chaux, lequel ne s'emploie qu'au
singulier. C'est un substantif verbal venu
du verbe *caucher*, chausser, du latin
calceare, par changement de *al* en *au* et
de *c* doux en *ch*.

On retrouve dans le vieux français
notre *c* dur initial :

« Lur (leur) esperons ont en lur piez calcez. »
(**Ch. de Rol.**)

— « En wise (guise) d'esperons a caucié ses
patins. »

(**Poés. manusc. avant** 1300.)

— « Li rois estoit li plus large (généreux) chevaliers qui onques cauçast esperons. »
(**Chron. de Rains.**)

On trouve *cauches* dans le dialecte picard :

« Fouquier ne vend point de boines **cauches**. »
(**Dial. pic.-flam.** 1340.)

— « Cauchiez vo **cauches**. »
(**Ibid.**)

— « Et les parties venroient en cour orné
« d'armes de cuir et d'estouppes et les gambes
« astelées et warnies de **cauches** de baleine et
« de fust. »

(**Anc. cout. d'Amiens**, dans Du Cange.)

On rencontre *cauches*, chausses, *cauchons*, chaussons, *cauche-pied*, chausse-
pied, dans des Inventaires : M. Devauchelle a relevé :

« Des vielles **cauches** de drap noir à usaige
de la deffeinte. »
(**Amiens**, 1576).

— « Plusieurs **cauchons** à usaige d'homme. »
(**Ibid.** 1596)

— « Quatre **cauche-pied** de fer. »
(**Ibid.** 1596).

On rencontre assez souvent dans le dialecte *cauchemente*, chaussure. Cette forme vient du latin *calceamenta*, pluriel
neutre de *calceamentum*.

« De s'alène son œil quassa (s'alène, son
alène)
Dont il cousoit sa **cauchemente**. »
(**Reclus de Mollicns**).

— « Item je lais XL livres de tournois à dou-
« ner a la quemune aumosne de le vile d'Abbe-
« ville pour acater rente à donner chacun an
« as povres en dras et en **cauchemente** pour
« l'ame de mi. »

(**Testament de Jehans le Seliers** (1315).
— **Etude sur le Dialecte pic.**, par
M. Reynaud.)

La forme *cauchemente* n'a rien d'étonnant : on trouve, en vieux français, *oissemente* pour *ossements* :

« Si en a la tombe ravle,
L'**oissemente** qu'il i trouva. »
(**Robert-le-Diable**, Hist. litt.)

Dérivés : *Rencaucher* (rincaucher),
rechausser. On dit *rencaucher* un soc de charrue, un
coutre, etc., c'est-à-dire le
recharger de fer, lui ral-
longer le bout, le regarnir,
littéralement le rechaus-
ser.

Décaucher, déchausser en
parlant du pied, des dents
de lait qui tombent, etc.

On rencontre notre forme picarde dans Joinville qui écrit :« Et lors frère Remon « ala dire au roy qui estoit sur le pont « de la nef tout *descaus*, en pure cote. » On trouve l'adjectif bas-latin *discalcius* dans la Loi Salique.

Je trouve *descaus* et *cauché* dans une ancienne chanson picarde qui est dans Corblet, et que je donne en entier après avoir remis sur leurs pieds un certain nombre de vers trop longs ou trop courts :

1.

Al jor (au jour) du Bôhourdis des prés,
Entor (autour) des abes (arbres) j'ai tant ballé
| (dansé)
Que j'ai men soler déquiré. (**soler**, soulier.)
Trou la lirette,
Trou la liré !

2.

Per (par) el (le) corion l'ai ramassé ;
Au cordoguier m'en sus (suis) alé,
Un pied **descaux**, l'autre **cauché**.

3.

Dedens s' moison je l'ai trouvé.
« Jehannet, li bleu cordognier,
« Resemelras-tu men soler ? »

4.

La révérence il m'a tiré.
« Oui, ma Cœnrette, men Babé,
« Votre soler je referai. ».

5.

—« Et pour ço quant vo (vous) baillerai ? »
—« Sur vo visage mignolet,
Je me poirai (paierai) d'un doux boisier.
Trou la lirette,
Trou la liré ! »

CAUCHIE, chaussée. Dans certaines localités, on appelle ainsi le milieu d'une grande rue de village, l'endroit où passent surtout les voitures. D'après Diez, l'origine de ce mot serait le latin *calciata*, sous-entendu *via*, voie maçonnée à la *chaux*, en picard *cauche*. Littré préfère *calciatus*, foulé, de sorte que *chaussée*, en picard *cauchie*, serait *chemin foulé, terrain foulé* : j'incline pour cette dernière origine. On retrouve notre forme picarde dans le vieux français :

« Cil l'empire (gâte le chemin) qui deffet les **cauchies** qui furent fetes (faites) pour le quemin emender. »

(Beaumanoir.)

— « Et puis vers le chastel vont toute la **cauchie**.

(Baud. de Seb.)

De même dans le dialecte picard :

« Me sires Gilles de Polainville tient de monseigneur le Veske C jorneux de terre assise à Polainville en plusieurs pièches et le tonlieu du faucillage et la frankise de le **cauchie** d'Amiens. »

(Dén. du Temp. de l'Evêché d'Amiens, 1301.)

— « **Item.** Ay en me dicte ville de Démuin « droit de **cauchie**, c'est assavoir : d'un car car« quié deux déniers, d'uogne (une) carette un « dénier, et d'un cheval ou brouette carquiez, « de chascun ungne maille »

(Dénombr. de la Terre de Démuin, 1482, Doc. ind. par M. De Beauvillé.)

— « **Item**, toutes les voyries mouvans de la « dite Faloise en alant jusque all'endroit d'un « bucquet nommé le bucquet Cavreilier, en re« tournant arrière droit à la carrière qui est « outre le **cauchie** du dit molin, sont à " moi. »

Dénombr. de la Terre de la Faloise. (1482, Ibid.)

On remarquera ici la forme *bucquet*, petit bois, gros buisson, dont j'ai parlé au mot *boquet*. (V. ce mot.)

On trouve aussi dans le dialecte le dérivé *cauchieur*, homme qui entretenait ou réparait les *cauchies*. Un Cartulaire de Corbie (1415) porte :

« Marcanda Dampt (dom) Gilles de Chastel« long à Jehan Harlé, **cauchieur**, de ouvrer « aux cauchies de Corbie. »

(Du Cange.)

Au radical *calc* qui est dans le latin classique *calcare*, fouler, presser, se rattachent les dérivés suivants :

Cauquer, couvrir la femelle, en parlant du coq, etc. On lit dans le manuscrit d'Alebrant ;

« Et que li malles (mâle) l'ait **caukie**. »

Cauque ou *Keuque*, roulée de coups ; forte charge ; grande quantité.

Cauquemal. Ce mot, à l'origine, signifiait *cauchemar;* le sens s'est restreint, dans le patois, à celui de *drôle, singulier, original, vilain*. « Ch'est un bieu « *cauquemal*, » c'est un drôle d'individu. Son origine est assez curieuse.

On sait que nos naïfs ancêtres voyaient le diable partout et croyaient aux incubes, succubes, etc. Les *Actes de saint Mard* portent : » Alter verò dœmon as« cendebat super eam et cum pedibus « eam *calciabat*. » *Cauquemal* signifie proprement *démon qui presse, qui foule :* il est formé de deux mots, l'un d'origine latine, *cauque* de *calcare*, l'autre d'origine germanique, *mare*, démon, qui a changé *r* en *l* dans le picard.

J'observerai que notre *c* dur picard est resté dans la syllabe initiale du français *cauchemar* et que Paré écrit *coquemar* : « Démons, cacodémons, incubes, succu- « bes, *coquemars.* »

CAUDERLAS , batterie de cuisine. D'une forme disparue *cauderel* (synonyme de *cauderon*, chaudron) laquelle a. laissé dans notre dialecte le dérivé contracté *caudrelier* pour *cauderelier*, chaudronnier.

On lit dans Du Cange :

« A Nicolas, caudrelier, pour une caudière... « Mathieu Broiart marchant de chaudrelas de- « mourant à Amiens, se efforça de vendre une « paire de chaudreliers de cuivre... Viez cau- « drelas doit iiij oboles. »

— « Garniers li caudreliers vend cauderons et « autres coses. »
(Dial. pic.-fl. 1340.)

— « Caudrelatz neufs, chascun cent doibt iiii « dén. et chascun cent de caudrelatz vielz doibt « viii déniers. »
(Droits de Travers de Nesle, 1581. — Doc. inéd. par M. de BEAUVILLÉ.)

Cauderlas vient de *cauderel* contracté en *caudrel* par métathèse de *re* en *er*, addition de la finale péjorative *as* (Cf. *coutelas* de *coutel*) et extension du sens particulier de *chaudron* au sens général de tout ce qui sert à faire chauffer ou cuire, puis de batterie de cuisine. Quant à la forme *cauderel*, que je n'ai trouvée nulle part, il ne faut pas oublier qu'une foule de mots qui n'ont pas laissé de traces dans les auteurs ou les documents, n'en ont pas moins été jadis employés, et que, selon la juste observation de Littré, « les textes sont loin de représenter « toute la langue parlée. »

On trouve dans Corblet *cauderlat* et *canderlas*, sans étymologie et avec la mention : *De même en roman*. La forme *canderlas* me paraît être une singulière anomalie : il est vraiment fâcheux que Corblet n'ait pas jugé à propos de nous donner à l'appui de son dire quelque citation romane. La chose n'eût pas été facile ; mais le mérite en eût été plus grand.

Le radical de *caudron* est le latin *caldus*, chaud, en picard *caud*, forme qu'on retrouve dans le vieux français.

« Granz est li calz, si se lève la poudre. »
(Ch. de Rol.)

— « Icel jour fit mult caud et li ciel fu serin.»
(Roncisv.)

— Jà ert esconsés li soiaus (soleil)
Si en estoit li jours mains (moins) caus.»
(Ren.)

De même dans le dialecte :

« Il y avoit telle presse qu'on ne pooit mie « aller à se volenté, et faisoit si cauls que c'é- « toit mérveilles. »
(Mém. des abbés de Saint-Aubert, 1662, communic. de M. DEVAUCHELLE).

— « Emplaistre caut sur les mamelles qui » sont enflées par l'abundance de lait. »
(ALEBRANT).

Quant à *caudron*, on le trouve dans des Inventaires faits à Amiens : M. Devauchelle a relevé :

« Ung vieulz cauderon, une mande (manne).»
(1558.)

— « Trois cauderons d'érain tant grand que petit. »
(1610.)

De même *caudière*, chaudière :

« Une caudière d'érain. »
(1596.)

Cette forme est commune au picard et au vieux français :

« Moab est la caldière de la meie espérance. »
(Lib. Psal.)

— « Et metre en la caudière et sor le grand brasier. »
(Ch. d'Ant.)

— « Ces cuisines fumer, ces caudières bolir. »
(Ibid.)

Caudière est le nom donné aux tourbillons d'eau ou abîmes qui existent en plusieurs endroits de la Somme, parce que l'eau semble s'y agiter comme celle d'une chauière sous l'action du feu.

Au même radical se rattachent les dérivés suivants :

Caufer, chauffer, qui rappelle un dicton fort curieux. Quand les paysans ont les oreilles fatiguées d'une de ces interminables sonneries qui accompagnent les enterrements appelés de première classe, ils disent en souriant : « I feut (il faut) « autant d' keups (coups) d' cloque pour « monter au ciel qu'i feut d' seilles d'ieue « pour *caufer* un four. »

Ecaufer, échauffer qu'on trouve dans le dialecte :

« Li baigniers (bain) d'ewe caude, pour lon- « gement (longtemps) demorer, escaufe le cors « et désèke. »
(ALEBRANT.)

26.

Caufures, qui ne s'emploie qu'au pluriel au sens de provision de combustible.

Caleur, chaleur, forme qu'on trouve dans le dialecte :

« Lors me fut dit que Mons. (l'Evêque) me
« requeroit que ou cas que par travail de le
« grant calleur qu'il faisoit, il ne poroit célé-
« brer le jour de son entrée, que je fusse tout
« prest pour dire le messe. »
(**Mém. des Abbés de Saint-Aubert.**)

Caudiau, brouet, bouillie composée de farine et d'œufs qu'on portait jadis aux mariés. La finale implique une forme populaire *caldellum* qui a donné originairement *caudel* ou *caudiel*.

« Mais or mangez un petitet ; (un peu)
La vieille tant dist al varlet
Que li fait user un **caudiel**. »
(**Eracles**, par GAUTIERS d'Arras,
XII° S.)

M. Devauchelle m'observe que, dans le Boulonnais, on appelle improprement *soupe à caudiau* un potage composé d'éléments qu'on s'étonne de voir réunis : babeurre, boudin noir, lait, pommes de terre, oignons, avec condiments de circonstance, le tout bouilli ensemble...

J'ai fait sur la forme primitive de *bénieu*, tombereau (V. ce mot), l'observation que je viens de faire sur la forme primitive de *caudiau*, et dit qu'à l'origine il avait été *bennel*, *bénel*. Je ne m'étais pas trompé ; j'ai retrouvé cette forme dans le document suivant, qui est d'origine picarde :

« Belot Cantine pour avoir voulu atraire
« (attirer) Jehannette , fille de Witasse de
« Queux, à soy aler en le compaignie de ung
« nommé Franqueville, homme d'armes de la
« garnison de cette ville, et à faire se voienté
« d'elle, fu condempnée à estre menée mistrée
« en ung **bénel** par les carrefours. »
(**Livre Rouge d'Abbeville**, 1478,
cité par DU CANGE.)

CAUET, haricot. On emploie plus généralement *cauette*, ou, par changement de *c* en *g*, *gauette*, diminutifs de *cauet*, *gauet*.

On appelle *gaus*, en picard, les petits galets de mer dont les enfants se servent pour s'amuser ou pour jouer à différents jeux. *Gau*, dans beaucoup de localités *gueu*, vient du celtique, gaël. *cal*, du

Or, le haricot est non-seulement très-dur, mais il présente absolument la forme oblongue du galet. J'ajoute que les enfants s'amusent et jouent à différents jeux avec des haricots comme avec des *gaus*. Je crois donc que le haricot s'est dit originairement *cauet*, petit *gau* ou *galet*, par assimilation au *gau* ou *galet* de mer, et que *gauette* est un diminutif de *cauet* avec adoucissement de *c* en *g*.

CAULET, chou. Ce mot est un diminutif qui implique à l'origine une forme *caul*, du latin *caulis*, chou. Le vieux français avait *chol*; le provençal dit *caul* et le wallon a *cau*. *Caulet* est un vieux mot qui existait dans le dialecte picard :

« Es courtieus (jardins) sont les porées, rouge-
colets, cabus, porjons, oignons. »
(**Dial. pic. flam. 1340.**)

Cette citation me rappelle que j'ai oublié le mot *cabus* qui signifie aussi *chou*.

C'est un dérivé de *caput*, tête, qui a donné *cabo* dans la basse latinité. Le *cabus* est ainsi nommé de ce qu'il a une très-forte tête ; il est même probable qu'on a dit *chou cabu*, chou *à tête grosse*, puis simplement *cabus*.

M. Devauchelle a relevé dans un Inventaire fait à Amiens en 1596 :

« Ung lemy journal d'aire chargé de navet,
« collet et porion. »

La forme *cabus* se trouve dans la citation ci-dessus. M. Devauchelle a relevé aussi la forme *cabuy* :

« Une pièche d'aire séant au terroir de Rivery
« chargée de **colletz**, navetz et **cabuy**... Une
« autre pièche d'aire contenant dix-huit verges
« chargée de colletz et **cabuy**. »
(**Invent. à Amiens, 1596.**)

CAVAÏER. On donne ce nom à une meulette de blé composée de dix-sept bottes de blé superposées et placées en forme de croix ; une botte dite *bonnet* est placée à califourchon pour protéger contre la pluie le centre de la meulette où se trouvent les épis. De loin ces meulettes ressemblent à des *cavaliers*, d'où la dénomination picarde *cavaïer*.

CAVÉE, chemin creux. Dérivé du latin *cavare*, creuser : c'est proprement *cavata* sous entendu *via*, voie creusée.

Au même radical se rattache *cavin*, trou, précipice. On trouve dans Monstrelet la forme *cavain*, mais au sens de *creux* pris substantivement : « Les Pi« cards trouvèrent un *cavain* de chemin « malaisé à descendre. »

CAVET, chevet, traversin. Du bas-latin *capitium* (chevet d'église) lequel signifiait originairement vêtement couvrant la tête. Littré observe que ce mot accentué sur l'antépénultième donne les vieilles formes françaises *chevais*, *chevet*. Le picard a conservé le *c* dur latin. On trouve au XIII° siècle *cavés* :

« Et doit estre plus lonc li dormirs de celui « qui prend asses de viande que de celui qui en « prent pau (peu) ; et cis dormirs doit estre de « nuit ne mie de jor. Et soit li **cavés** du lit haus « et bien couvers de dras. »

(Alebrant).

Le dialecte picard avait aussi *cavecheul*, synonyme de *cavet* :

« Vos kemises mettés sous le **cavecheul** du « lit, vos braies dessous le lit (matelas) atout « (avec) le braieul » (ceinture des braies.)

(Dial. pic. flam. 1340).

Cavecheul me semble être un diminutif de *cavêche*, autre synonyme de *cavés*, du latin *capitium* par changement de *ti* (*ci*) en *che*. *Cavêche* existait dans le dialecte picard :

« **Item**, puent les dits prendre uns grans can« deliers et une chierge sus pour mettre au « **cavèche** du corps. »

(Accord entre la Par. et le Chap.
de Long, 1365.)

Au même radical se rattache *cavelíche*, dénomination d'une espèce de cote personnelle ou de *capitation* que les gens mariés payaient à leur seigneur dans certaines localités. M. Devauchelle a relevé dans Cocheris un extrait du *Livre noir* de Corbie qui porte :

« **Item**. Li devant dis mé aire li Abbés [de « Corbie] a en le dite vile bien mil personnes « ou plus assés lesquels ne se puent marier sans « son congié (permission), et du congié il en a « le droiture (droit) acoustumée ; et tant comme « ils sont ensanle (ensemble) par mariage, cas« cune personne paie à monseigneur l'Abbé « Il parisis de son kief, et apele on tele condi« tion en nom **wigal** (vulgaire) **cavelíche** pour

« chou que ch'est paié par kief » (kief, chef, tête.)

On disait *wlgal* (oulgal) comme on dit encore à Abbeville *Saint-Oufran* pour *Saint-Wulfran*, comme *wague — cour wague —* pour *vague*, banale, non close.

CAVÊTE, laisse pour attacher ou conduire les vaches. Corblet donne la forme *cavestre* et met entre parenthèses *capitis vestitura*. S'il a eu l'intention d'indiquer une étymologie, l'essai n'est pas heureux; car *capitis vestitura* ne peut donner que *cavêture* en picard, sans compter que le sens est fort discutable. *Cavête*, comme *cavestre*, vient tout simplement de *capistrum*, muselière dans Varron : il y a eu changement de *p* en *v* dans le dialecte, et, dans le patois, chute de l'*r* en position finale. Le provençal *cabestro*, licol, confirme cette étymologie.

CAVIEU ou CAVIAU, cheveu. Du latin *capillus*, cheveu, par changement de *p* en *v* et de *illus* en *ieu*, *iau*. On trouve, dans notre dialecte, la forme *caviau* qui est toujours usitée à Amiens :

« Pel (peau) ot fronchie (ridée) et corbe eskine, Cief (tête) ot kenu, fache (face, visage) frarine, Dens (dents) n'ot guère ; **caviaux** poi. »

(Gui de Cambrai.)

— « Or, nommerai les membres... les os, le « char et le cuir, le poil de l'homme ou les ca« **viaux**, la barbe de l'homme. »

(Dial. pic. flam. 1340).

On a dit *cavel* au pluriel dans le dialecte, comme le prouve la citation suivante :

« Et jà soit ce ke li **cavel** ne soient membre, « à parler soutilement, mais soient pour le cors « embellir... »

(Alebrant.)

Cavel est ici le nominatif pluriel *capilli*; l'accusatif *capillos* a donné *caviaus* ou *caveux* dans le dialecte, *caviaux*, *cavieux* dans le patois :

« Ses puins (poings) et ses **caveux** torjant. »
(Poës manusc. av. 1300.)

Dans plusieurs localités on dit *queveux* (q'veux), comme on disait jadis *quemune* pour *commune*, comme on dit aujourd'hui *quemander* (q'mander) pour *commander*.

Dérivés : *Cavelure* (cavlure), cheve-
lure. Du latin *capillatura*,
qui est dans Saint Augus-
tin : « Superflua et inordi-
nata *capillatura*. » Il y a
eu changement de *p* en *v*,
chute du *t* et contraction
de *eü* en *eu*. (V. *Afolure*.)

Décavelé, qui a les cheveux
épars ou mal arrangés ;
décoiffé. On trouve au
même sens *escavelé* dans le
vieux français :

« Es vous les dames des contrées,
Totes nus piés, escavelées,
Leurs vestéures desoirées,
Et leurs chières (visage) esgratiniées. »
(**Wace**, Rom. de Brut.)

CAVRON, chevron (pièce de bois d'une
construction.) D'une forme bas-latin *capronem*, dérivé de *caprum*, bouc, forme
qui est *capriuns* au VIIIe siècle dans les
Gloses de Reichenau. Vitruve emploie, au
même sens, le diminutif *capreolus*, jeune
chevreuil. *Capronem* donne *cavron* par
changement de *p* en *v*.

On trouve dans le vieux français et
dans notre dialecte la forme picarde caractérisée par le *c* dur :

« Car reprend garde à ta maison
Ke li postel (pôteau) li kieviron
Falent à poi de mesestanche. »
(**Guy de Cambrai.**)

— » Les religieus leur seront tenus livrer seu-
« lement tout le bos de l'estrayure et caverons
« d'icelle maison. »
(**Cartul. de Corbie**, 1509, Du CANGE,
caveriata.)

La lettre *e* de *caveron* dans la seconde
citation, comme la lettre *i* de *kieviron*
dans la première, ne sont pas étymologiques, mais amenées par la prononciation
de la liquide *r* qui les suit, ce qui confirme l'observation que j'ai faite au mot
Cariméresse (*V. ce mot*).

Dérivés: *Cavronnage*, action de chevronner ; ensemble des chevrons
d'un toit.
Cavronner, chevronner.
Décavronner, ôter les chevrons.
Recavronner, remettre des
chevrons à un toit.

CAWI ou COWI ou CAWIC, cochon
d'Inde (*cavia cobaya*, Desm.). Ce mot est
une corruption soit de *cavia*, soit de *cori*,
nom de cet animal chez les Indiens.

CAYON, aïeul, bisaïeul. Forme corrompue de *taïon* qui nous donne un exemple de la permutation insolite de *t* en *c*
signalée au mot *cassemaque*.

On retrouve la confusion entre les sons
t et *k* (qu) en comparant le grec τίς au
védique *kis*, au latin *quis* ; le grec τέτταρες
au sanscrit *catvâras*, au latin *quatuor*.

CAZERET ou CASERET, moule à fromage. Même radical que le français *cage-
rotte* lequel est un dérivé de *cage* venu
du latin *cavea* : il y a eu changement de
g en *s*, *z* comme dans *céruzien*, chirurgien, changement analogue à celui qui,
du latin *rationem*, a fait *raggione* en
italien, *raison* en français. J'ai entendu
cent fois des paysans dire *relision* pour
religion, *sencive* pour *gencive*. etc. La
finale *et* indique que *caseret* est un diminutif. On rencontre ce mot dans des Inventaires ; M. Devauchelle a relevé :

« Trois trancboirs, quatre platteaux et trois
« cuillères de bois avecq quatre casserets, une
« saillère prisé ensemble, V solz. »
(**Amiens**, 1624).

— « Un caseret adjugé pour un sol neuf dé-
« niers. »
(**Vente mob.** 1759, à la Vacquerie).

— « Deux caserets..- Un petit caseret en fer
« blanc. »
(**Invent. à Leuilly**, 1863).

La *Statistique de l'Aisne* (1824) contient le dérivé *cazerotier*, fabricant de
moules pour les fromages.

Cage a donné, en picard, le dérivé diminutif *cageot*, petite cage, trébuchet.

« Item, deux cageots et une cage pour oi-
« seaux... »
(**Invent. à Lihu**, 1782).

CÉLÉBE dans la locution : « Ch'est un
célébe », c'est un vaurien ; « ch'est un
vrai *célébe* » c'est un franc polisson. Célébe est l'adjectif français *célèbre* dont
l'*r* tombe toujours en position finale dans
le patois : il signifie *connu* (par polisson-
neries habituelles ou par quelque méfait).
On dit au même sens, mais en meilleure
part : « Ch'est un *fameux* » ou bien encore : « Ch'est un *acteur*. »

CENSIER ou **CHENSIER.** Terme de mépris qui signifie *homme de rien.* Dérivé de *cens, chens,* fermage, rente : le sens primitif est homme qui tient une terre *à cens,* en vieux picard *chens.* Ce mot, sous l'influence des idées aristocratiques des temps féodaux, a pris une acception dépréciative, absolument comme *villain,* du latin *villanus,* originairement habitant d'une *villa* ou ferme, qui est devenu *vilain,* adjectif signifiant *laid, sale. Censier* s'emploie encore aujourd'hui dans le département du Nord au sens de *fermier cultivateur.* On lit dans la *Parabole de l'Enfant prodigue* en patois des environs de Cambrai :

« I li folut (fallut, donc partir ; i s' mit gar-
« chon d' cour mon (chez, à la maison) d'un
« cinsier de ch' pa-is (pays) là, pour warder
« chés pourchaux. »
(Mém. de la Soc. des Antiq. de Fr. t. VI.)

J'observerai à propos de cette citation que le dialecte picard était parlé au Moyen-Age jusqu'à la frontière septentrionale de la France actuelle, depuis Dunkerque, Ypres et Lille jusqu'au cours de la Sarre. La langue officielle à Lille est qualifiée *langage pickart* dans une ordonnance antérieure à 1350 :

« Et s'il avoit malladie ou aucun em-
« pêchement ou qu'il ne seuist (sût) mie
« bien le *langage pickart...* Et s'il fust
« aucuns qui devant eschevins plaidast
« et ne seuist rien dou *langage pickart...* »

Dans un acte de 1349 Mathieu de Montmorency prend le titre de *Gouverneur général pour le roi sur les frontières de Flandres en toute langue picarde.*

Un passage de Jehan Corbichon, religieux augustin, qui a traduit au XIVᵉ siècle le *Tractatus de proprietatibus rerum* de Bartholomé de Glanville, montre que la Picardie s'étendait jusqu'au Brabant. Ce passage est un peu long ; mais comme il contient une description de la Picardie, je le donne en entier tel que me le communique M. Devauchelle d'après le manuscrit de la Bibliothèque d'Amiens :

« Picardie est une terre qui est moult
« abondant en blé et en fruiz, et où il a
« moult de fontaines et de rivières, et y
« a moult de peuple et de bonnes villes et
« de chastiaux et de citez de grant re-
« nom, si comme Biauvés, Amiens, Ar-

ras, Térouanne et Tournais. Picardie a
« la rivière du Rin par devers Orient, et
« par devers Midi elle a la haulte France,
« et la mer françoise par devers Occi-
« dent, et la mer d'Angleterre par devers
« Aquilonne. Il y a II Picardies, la haulte
« qui est plus près de France, et *la basse
« qui est plus près de Flandres et de
« Breban.* Et de toutes les II Picardies
« les gens sont de belle estature et de
« biaux visages et hardiz et de léger cou-
« rage et de bon engin et de cler enten-
« dement et de piteux cueur et de bel
« langage. »

On rencontre *chense, chensier,* dans les documents picards :

« Ils poront tenir les dits marés ou bailler à
« chense durant le terme de douze ans conti-
« neux et ensievans, commenchans à despouillier
« pour le première année en mil quatre chens
« unze. »
(Ch. de 1411 (Encre), doc. comm. par M. Daussy.)

— « Item. Les dites terres, maison et gardin,
« sont bailliés tout à un chensier avec le four
« de la dite ville de Beaufort »
(Dén. de la Terre de Beaufort en Santerre, 1407, Doc. inéd. par M. de Beauvillé.)

Dérivé : *Décenseler (se),* abandonner sa fortune à ses enfants moyennant une rente viagère. C'est proprement abandonner les biens qu'on tenait à ferme, à cens.

CERISIEU (Srisieu), ciseau. La vieille forme française est *cisel.* Je donne notre forme picarde qui est curieuse par l'intercalation de la lettre *r* qui a amené elle-même l'intercalation de *l'e,* selon la remarque qu'on a vue au mot *cariméresse.*

CERRI, céleri. Contraction de *céleri* avec assimilation régressive de *l* en *r.*

CÉRUSIEN, chirurgien, médecin. Cette altération du français chirurgien s'explique par le changement de *g* en *s, z,* indiqué au mot *caseret.*

Cérusien rappelle une épigramme picarde contre le fils d'un laboureur qui oublie son origine et prend des airs de grand seigneur. On dit de lui : « Ch'est
« l'fiu (fils) d'un *cérusien* d' village : sen
« père sainoit (saignait) l' terre à cops
« (coups) d' pioche. »

27.

A la fin du XVI⁰ siècle on disait *cirur-gien* à Amiens. M. Devauchelle a relevé dans un acte de 1575 :

« Martin Lenglier, **cirurgien**, demeurant à
« Amyens.

CHAMART, espèce de robe longue. C'est à ce sens qu'on le rencontre dans des Inventaires de la fin du XVI⁰ siècle : M. Devauchelle a relevé :

« Ung chamart de drap blancq à usaige
« d'homme. »

(Amiens, 1576).

— « Ung chamart de drap violet fachon d'A-
« miens garni de passement vert. »

(Amiens, 1576).

CHAMBUQUER, faire du bruit. Mot d'origine fort incertaine et sur lequel je ne puis faire que des conjectures.

Est-ce *buquer* (V. ce mot) combiné avec *cham*, *chan* dont l'origine m'est inconnue ?

On trouve dans Vitruve et Festus *sambuca*, machine de guerre pour lancer des pierres. Ce mot aurait-il donné dans le latin populaire un dérivé *sambucare*, frapper, et, par extension, retentir, faire du bruit, comme *canon* a donné *canonner* ?

Tout, on le voit, est pure conjecture en l'absence de documents donnant à une discussion des bases positives.

CHAMILLART, se dit d'un homme qui marche mal : « Ch'est un grand *chamillart* ». Mot d'origine historique. Il paraît que Chamillart, contrôleur général des finances sous Louis XIV, dandinait d'une manière ridicule en marchant ; de là l'expression *chamillart*, qui marche mal. Saint-Simon écrit en parlant de ce personnage :

« C'était un grand homme qui mar-
« chait en dandinant... Un air excessif
« de naïveté avec une démarche dandi-
« nante lui avaient fait grand tort et fait
« nier son esprit. »

Comment ce mot est-il venu dans le patois picard ? Chamillart, comme contrôleur général, était-il détesté particulièrement en Picardie ? A-t-on fait alors sur lui quelque chanson populaire ? Je l'ignore. Cette étymologie me paraît aussi incontestable que curieuse. J'ajoute que nous avons le dérivé *chamiller*, marcher mal, marcher en traînant une jambe, boîter.

CHANT, ce , autant que. On dit : « *Chant que j'at*, » ce que j'ai ; « *Tout chant que j'ai*, » tout ce que j'ai, *autant que j'en ai*.

On disait autrefois *cant*, du latin *quantum*, autant que. On lit dans un cartulaire de Corbie (1247) : « *Canke* je avoie, » tout ce que j'avais.

On trouve souvent ce mot dans notre dialecte :

« **Canques** à miens povres feïstes
  A moi meïsmes le feïstes :
  Or cuilliés che que vous semastes. »
(Le Reclus de Molliens.)

— **Quanques** un kevaus (cheval) ou pluiseur
« amainent de carete ou de roiele à arer doit j
« (un) dénier. »
(Dén. du Temp. de l'Ev. d'Amiens, 1301.)

Par suite de l'influence française sur ce mot qui était d'un usage fréquent, *cant* a pris un *c* chuintant et est devenu *chant*.

On remarquera dans la seconde citation le mot *arer*, labourer, du latin *arare*, même sens. On l'a déjà vu plus haut dans le *Dénombrement de la Terre de Villers-Bretonneux* : « Chascune des « carues qui sont en le dite vile *arans* à « mars... » Ce mot n'est pas resté dans le patois : il existe en français comme terme de marine qui s'emploie en parlant de l'ancre d'un navire qui ne tient point sur un mauvais fond et ne fait que le *labourer*.

Quant a été abandonné dans le français moderne, tandis qu'il a persisté dans le patois. On le trouve en usage dans le vieux français :

« **Quan** qu'il en porront agraper. »
(La Rose.)

CHAPELEUSE, rape pour chapeler le pain. Dérivé de *chapeler* venu du latin *capellare*, tailler. M. Devauchelle a relevé dans un Inventaire :

« Une cramillie (cremaillère), une **chape-
« leuse**, deux racloirs à muscade, une lan-
« terne. »
(Amiens, 1670.)

CHATONER, parler le beau français ; remplacer le *c* dur picard ou *k* dans la prononciation par le *c* chuintant ou *ch* du français en disant, par exemple, *chat* pour *cat*.

CHAUTIER ou CHOUTIER, trou pratiqué sous terre pour l'écoulement de l'urine des bestiaux soit dans l'étable même, soit tout près de l'étable. Dérivé du français *soute* par assimilation à la chambre de ce nom qui se trouve au-dessous du pont des navires. Le radical est le latin *subtus*, en dessus : le picard a changé en *ch* la lettre *s* de *soute*.

CHAVARIN, savetier. Dérivé sous forme de diminutif de *chavate*, savate, qui est d'origine italienne, *ciavatta*, savate : le picard a changé en *ch* l's du français ou le *c* doux italien. On trouve *chavatte* dans le dialecte picard dès le quatorzième siècle :

« Nicaise le chavetier va de rue en rue et de
« fumier en fumier cueller (ramasser) ses cha-
« vattes dont il fait son grant argent. »
(Dial. pic. flam. 1340.)

Dans le tableau des Corps et Métiers d'Arras dressé en 1598, les *Chavetiers* occupent le second rang. Un Inventaire du XVI* siècle à Amiens porte :

« Plusieurs paires de chavates. »

Le picard dit *chafetier* pour *savetier*.

CHÈCHE, espèce de cerise sauvage, merise. De l'allemand *kirch* par la chute de l'*r* et adoucissement de *c* dur en *ch*.

Chèche est dans le dicton picard : « *Il est à chèches* », il a le nez en l'air, il n'entend pas qu'on lui parle, il pense à autre chose.

On disait jadis *couleur rose-chèche*, c'est-à-dire *rose-cerise*. M. Devauchelle a relevé dans des Inventaires :

« Ung cotillon de sarge rose-chèche. »
(Amiens, 1610.)
— « Ung hault de chausses avecq le bas de sarge couleur de rose-chèche. »
(Amiens, 1613.)

Derivé : *Chécher*, cerisier sauvage.

CHEINT, espèce de ceinture. Du latin *cinctus* qui est dans Suétone au sens de *ceinture d'un vêtement*, par changement de *c* doux en *ch*, de *i* en *ei* et réduction de *ct* à *t*. On trouve la forme *chaint* dans une citation du XIII* siècle dans *Burguy*, et M. Devauchelle a relevé *chain* dans un Inventaire :

« Ung chain vert à usaige d'enffant prisé X
solz. »
(Amiens, 1596).

Au même radical se rattachent :
Cheinture, du latin *cinctura*, même

sens. Cette forme est commune au picard et au vieux français :

« Or sies tu femme de bordel,
Ki por chainture u por aniel (anneau, bague)
Fait à l'oume (homme) tout son plaisir. »
(Barl. et Josap.)

Cheinturelle, diminutif du précédent, qui est dans le *Jeu de Robin et de Marion* :

« Robins m'acata cotelle
D'escarlate bone et belle,
Souscanie et cheinturelle...»

Cheinturon, autre diminutif de *chainture*. M. Duvauchelle a relevé dans un Inventaire :

« Ung petit chainturon de passement de soie
« garny de vingt-cinq petits clous d'argent
« avecq les deulz bloucques (boucles.) »
(Amiens, 1596).

Les femmes portaient jadis une espèce de ceinture dite *demi-cheint* dont la partie antérieure était en or ou en argent, et la postérieure en soie ou en autre étoffe. Les pauvres se contentaient d'un métal plus commun. Une chaîne pour suspendre les ciseaux et autres menus objets s'y attachait au moyen d'une agrafe en forme d'S. Cette mode était à son déclin vers la fin du XVII* siècle. On rencontre souvent le mot *demy chaint* dans les Inventaires : M. Devauchelle a relevé :

« Ung demy-chaint d'argent monté de vellour rouge à XVIII agnelletz (anneaux) d'argent avec l'esse (S) et les platynes et la poire
d'argent doré montant à V onces au prix de
XXXIIII solz l'once, sont VIII liv. X solz. »
(Amiens, 1557.)

— « Ung demi-chain d'argent pesant six
onches au pris de quarante solz l'onche, sont
IIII escus. »
(Amiens, 1575.)

— « Ung collet de satin de soye vielle et
usée, une bourse de drap noir et ung demy-
chain à platine d'estain, le tout prisé III solz. »
(Amiens, 1576.)

— « Ung petit demy-chain d'argent pesant
cinq onches... »
(Amiens, 1613.)

— « Ung demi-ceint de rubein (ruban) avec
une chine (chaîne) à sizeau d'argent et les boucles aussy d'argent prisé LX solz. »
(Amiens, 1616.)

CHELLIER, endroit au rez-de-chaussée pour y serrer les boissons. Du latin *cellarium*, office, par changement picard de *c* doux en *ch*, et de *arium* en *ier*.

On trouve ce mot dans un passage du *huitième Registre aux Délibérations de la Ville d'Amiens*, cité par M. Goze dans son Histoire des rues de cette ville. Ce passage contient plusieurs formes picardes dont l'une — *Jacopins* pour *Jacobins* — est fort curieuse ; il offre en outre un vif intérêt historique, ce qui me décide à le donner en entier malgré sa longueur.

Le Registre en question raconte qu'au XVe siècle les Jacobins d'Amiens « ven-
« doient vin à taverne publique, ce qui
« estoit au préjudice de tous, vu qu'ils se
« refusoient à payer les droits, ce qui est
« contre l'honneur de leur ordre qui doit
« estre mendiant et tenir les saints vœux
« d'obédience, de casteté et de povreté. Et
« tenoient publiques tavernes, asseoient
« buveurs et gens de tous estats, les ser-
« voient, livroient pain, vin, viande,
« rechevoient les escots comme mar-
« chands et taverniers.

« On y envoya le commis à l'aide du
« vin qui, au bout de deux heures, dé-
« clara que les dits *Jacopins* avoient
« refusé de faire ouverture de leurs
« *cheliers*. Oy le rapport, Messieurs par-
« lèrent ensemble, y allèrent, menèrent
« les sergents et officiers du Roy et autres
« gens à ce convenables. Eulz venus au
« dit monastère, maistre Jehan de Fon-
« taine eslu leur remonstra comme c'é-
« toit mal faict à eux d'estre taverniers
« publics, en leur faisant commandement
« de par le Roy qu'ils fissent ouverture
« de leurs *cheliers*, adfin qu'on peust
« voir et visiter les dits vins, dont ils
« furent de tout récusant.

« Pour ce les dits esleus firent par
« deux serruriers ouvrir et lever les ser-
« rures des dits *cheliers* et y entrèrent.
« Ils trouvèrent XXIIII pièces de vin
« pleines et environ IX ou X wuides nou-
« velles ; et pour ce que les dits *Jacopins*
« ne voloient point payer le droit d'aide,
« et se réputoient forains, ils firent enle-
« ver une pipe de Bourgogne et mener
« sur un traignel à l'enseigne de la Fau-
« chille pour y prendre le droit d'aide
« dessus. Messieurs les esleus de retour
« en ville, les *Jacopins* y allèrent, ame-
« nèrent un tavernier pour payer la
« somme exigée, se portant caution à l'a-
« venir lui et ses biens de payer chaque
« fois qu'on l'exigerait. »

C'est du nom de ces moines que la rue des Jacobins a pris son nom : la caserne de la gendarmerie est bâtie sur l'emplacement de leur monastère qu'ils avaient au XVe siècle transformé en taverne publique.

Un passage du Code Théodosien cité par M. de Savigny nous offre un exemple de *p* pour *b*, comme dans *Jacopins* pour *Jacobins* : « Si quicumque homo ad
« duos judices, ad *puplicum* et ad priva-
« tum... »

(Hist. du Droit romain au moyen-Âge, T. 1er, p. 341.)

CHEMINON ou QUEMINON (q'minon), petit chenet. *Chenet*, du français actuel, est une contraction du vieux français *chiennet*, ainsi dit parce que cet ustensile portait à son extrémité une petite tête de *chien*. On trouve dans des inventaires, comme on le verra plus bas, la forme picarde *chinet* qui a dû être originairement *quiennet*, puisque le picard disait *quien* pour *chien*. Mais ni *queminon* ni *cheminon* ne peuvent avoir la même origine : ce sont, à mon avis, des dérivés, le premier à forme dure, le second à forme chuintante, de *queminée*, *cheminée*, avec la finale diminutive *on*.

Le vieux français avait une forme similaire : c'était *queminel*, *cheminel* :

« Jehan feri ledit Simon d'un **queminel** appelé chienet. »

(Du Cange, chenetus.)

— « Pierre Labbé print en la cheminée un chiennet ou **cheminel** tout ardent. »

(Ibid.)

Froissart écrit :

« Et renversa les busches en la cheminée sur les **cheminaux.** »

Cette forme existait dans le dialecte picard :

« Et sur un aistre un boin fu (feu) de tourbes ou de carbon et deux **kemineaus.** »

(Dial. pic. flam. 1340.)

M. Devauchelle a relevé dans des Inventaires *cheminon*, *cheminot* :

« Une teneille (pincette de foyer), une palette avec deux petits **cheminons** de fer. »

(Amiens, 1583).

— « Deulz petit **cheminon** de fer. »

(Ibid. XVIe S.)

— « Ung chinet de fer, deulz petits **cheminots** »

(Ibid.)

— « Une cramilye (cremaillère) à un branchon, deux chinetz, ung **cheminon.** »

(Ibid. 1608.)

On voit que le picard faisait une distinction entre *chenet* et *cheminon* et qu'il avait en outre la forme *cheminot*. M. Devauchelle a relevé *chinet* dans des Inventaires :

« Deulz grands **chinetz** de fer. »
(**Amiens**, 1576).

— « Quatre **chinetz** de fer, les deux garnys de pommes de cuivre par le haut. »
(**Amiens**, 1594.)

— « Deulz **chinetz** garny de quatre pommes d'arin. »
(**Ibid.** 1618.)

Il ne faut pas oublier que la notation *ch* se rencontre parfois pour *qu* tant en français qu'en picard, et qu'on trouve encore au XVI° siècle *Chambray* pour *Cambroy*. (Voyez à ce sujet les observations qui suivent le mot *Buquer*.)

CHÉMON, certainement, en vérité, c'est vrai, oui, employés dans leur sens propre ou ironiquement ou comme formule d'interrogation. Je ne connaissais pas ce mot : je ne crois pouvoir mieux faire que de copier la note que m'adresse M. Devauchelle avec les documents qui l'accompagnent.

« *Chémon* est une cacographie de *ch'est mon*. Aujourd'hui le picard use de la contraction *Est-mon* (*Emon* dans Corblet), ou de la forme *à mon* qui est employée dans les environs de Compiègne et qu'on trouve dans la préface du *Véritable Almanach picard* (1873), par H. Lescot.

On rencontre souvent ce mot dans les écrits d'origine picarde :

« Che petiot saint qui est là drière men dos,
« n'est-i point vo patron et advocat envers Diu
« pour empêquer quene fuchiez point mengés
« de ches leus (loups) qui sont parmy ches
« camps, Dien (Dieu) **chemon**? »
(**Disc. du curé de Bersy**, XVI° s.)

Dans la pièce en vers *Enjollement de Coulas* (1634) le chapelain qui va marier Coulas et Miquelle dit :

« Coulas, vous promettez et jurez de par Dieu
Que Miquelle prenez pour espouse en ce lieu ? »

Coulas répond :

« **Chemon**, je le promets n'en avoir d'autre
| qu'elle. »

C'est mon, *saveir* ou *savoir mon*, *ç'a mon*, *ce n'a mon*, *otés mon*, etc., sont des tournures familières à la langue d'oïl. Quant à l'origine de l'adverbe *mon* orthographié *mun* dans les textes normands, les étymologistes sont fort partagés. Burguy (*Gram. de la langue d'oïl*) qui rejette les étymologies grecques et latines proposées : μων, *num*, *numquid*, *modo*, *admodùm* et *mundè*, pense qu'il faut rattacher le mot au gothique *muns*, opinion, volonté, pensée, ou du moins à la racine *mun* qui se retrouve dans *munam*, croire, estimer, penser, juger. »

J'ajoute que cette racine est la même que la racine grecque μων, μεν, la même que la racine latine *man*, *men* qui ont été si productives, la même encore que le sanscrit *man*, qui signifient toutes penser. (V. *Manuel des racines grecques et latines*, par A. Bailly.)

CHENAIL. On appelle ainsi une espèce de grenier formé non de planches jointes ensemble et fixées à demeure sur des solives, mais de simples perches posées sur deux ou trois poutres. On fait d'ordinaire les *chenails* au-dessus des vacheries et bergeries, etc., pour y mettre du foin, de la paille. On dit aussi *chenair*, *cheneil*, et dans bien des localités, *chenaillère*, de même que *cenail* et *cenaillère*.

Corblet écrit *chenaire* qu'il tire de *chêne*. Quant à justifier cette origine, il n'y songe même pas. Les *chenairs*—j'écris ce mot sans *e* à dessein—se faisant avec toute espèce de bois, il est difficile d'expliquer comment et pourquoi leur dénomination serait venue du *chêne* plutôt que du hêtre, de l'orme, du charme. La difficulté devient insurmontable quand on observe que le dialecte picard a toujours eu la forme *caisne* ou *quesne* (V. ce mot), forme qui a persisté dans le patois et qui n'eût pu donner que *caisnail*. Ici, comme en bien des mots, Corblet n'a pas été au fond des choses et s'est laissé abuser par une simple ressemblance.

Chenail vient du latin *cœnaculum* par changement picard de *c* doux en *ch* et de *aculum* en *ail*, comme dans *suspiraculum*, soupirail. *Cœnaculum* signifiait *étages supérieurs*, *chambres placées à ces étages*. On lit dans Festus : « *Cœnacula vocantur ad quæ scalis ascenditur.* » Comme les misérables habitations rurales du moyen âge n'avaient, au lieu d'étages, qu'un grenier servant souvent de grange, le sens primitif de *chambre* s'est amoindri, et le grenier qui constituait l'*étage supérieur* s'est dit *chenail*. On a ensuite

appelé de ce nom l'espèce de grenier formé par des perches au-dessus des vacheries et bergeries, étage qu'on utilisa pour
y mettre du foin, de la paille, des bottes
de blé ou d'avoine.

On trouve la forme *chenail* dans un
document de 1390 cité par Du Cange sous
chenalis :

« Perrinet Duval ayant charié des gerbes de
« blé à Colète Hue, il les entassa dans un che-
« mail estant en l'ostel d'icelle Colète. »

On rencontre aussi la forme *cegnail*
dans une citation tirée d'un poëme manuscrit de la bibliothèque de M. De
Coislin :

« Li vilains monte en son cegnail. »

La forme *chenair* qui est très-usitée,
s'explique par le changement de *l* en *r*
déjà tant de fois signalé : on voit que l'*e*
final du *chenaire* de Corblet est une véritable superfétation.

Quant à la forme *chenaillère*, elle n'est
pas un dérivé de *chenail*; elle représente
la forme latine *cœnacularia*, laquelle, régulièrement contractée en *cœnac'laria*,
donne *chenaillère* par les changements de
c doux en *ch*, de *cl* en *il*, comme dans
macula (*mac'la*), maille, et de *aria* en
ière comme dans *riparia*, rivière.

J'ajoute que ce n'est point là une forme
fictive. *Cœnacularia* existe dans le latin
de l'Empire au sens de *location des étages supérieurs d'une maison*, et on
trouve dans Ulpien *cœnaculariam exer-
cere*, louer (pour en tirer profit) *la partie supérieure d'une maison*.

On rencontre dans les Inventaires les
formes *chener, chenaire, senaillère*, etc.
M. Devauchelle a relevé :

« Une trentaine de perches à faire cheners
prisées XXX solz. »
(**Halloy, 1613.**)

— « Plusieurs perches à faire chenaire. »
(**Amiens, XVIᵉ S.**)

— « Plusieurs pièces de bois au chener des
estables à brebis. »
(**Pierregot, 1618.**)

— « Les chenaillères consistant en quelques
perches et chevrons recouverts de feures d'œil-
lettes. »
(**Descript. mob. 1831. Montigny-les-
Amiens.**)

— « Item. Au dessus du dit resert (hangard)
avons trouvé dix huit pièces de bois servant de
senaile et trente bourées. »
(**Invent. à Lihu, 1782.**)

Dérivés : *Chenarder*, faire un chenair.
Chenardieu, petit arbre ou
poutre propre à servir à un
chenail.

CHENDRILES (plur.). Se prononce
cheindriles; cendre très-légère provenant
de paille ou de chaume brûlés. Diminutif de *chendre*, cendre, venu du latin *ci-
nerem*, même sens : *chendriles* a été formé de *chendre*, comme *béquille* de *bec*.

On trouve la forme *chendre* dans le
dialecte picard :

« Ermergaert gist malade ; pour che vous pri
« que vous parlés bas... On portera s'orine (son
« urine) demain au maistre (médecin). Preng
« warde que li orinaule soit net et clair ; et s'il
« ne l'est, si le frote dedens d'yauwe et de
« chendres. »
(**Dial. pic. flam. 1340.**)

M. Devauchelle a relevé dans des Inventaires :

« Quelque quantité de chendres. »
(**Amiens, 1576.**)

— « Ung salloir plein de chendres. »
(**Amiens, 1578**).

— «Ung cocquet où il y a des chandres à
« escurer. » (**Amiens, 1598**).

On remarquera dans toutes ces citations *chendres* toujours au pluriel. Aujourd'hui encore les Picards ne l'emploient qu'au pluriel : « Carier des *chendes*, semer des *chendes*. » J'ajoute que l'*r*
final est tombé dans le patois, et que,
dans bien des localités, on dit *chènes* par
la chute du *d*, chute identique à celle du
b dans *chame* de *chambe*, chambre.

Chendre a donné les dérivés suivants :

Chendron, chaux en poussière, chaux
menue, raclure du four à chaux.

Chendrier, grand morceau de linge
qu'on étend sur le cuvier pour servir à
recevoir la *cendre* destinée à être coulée
en lessive. M. Devauchelle a relevé dans
des Inventaires :

« Ung chendrier de thoile bise d'estouppe
« prisé X solz. »
(**Amiens, 16ᵉ s.**)

— «Six torchons vielz et usez, trois chen-
« driers prisé XXX solz. »
(**Amiens, 1609.**)

CHENT (chint), cent. Du latin *centum*
par permutation picarde de *c* doux en
ch. Il en est de même de *chinq, chonq*,
cinq, du latin *cinque* et de son dérivé
chinquante.

On retrouve toutes ces formes dans
notre dialecte :
« Che fu fait en l'an l'Incarnation Nostre Sei-
« gneur mil deus chens et chinquante noef. »
(**Charte** dans **Etude sur le Dial. pic.**,
par M. RAYNAUD.)
— « Ches lettres furent faites l'an de grâce
« mil trois chens et dis noef. »
(**Charte, ibid.**)
— « Sachent tout chil qui ches présentes let-
« tres verront ou orront que Adans dis li Clers
« a reconnu qu'il avoit vendu à Jehan de Men-
« tenai par juste pris (prix) boin et loyel, ch'est
« assavoir chiunquante et chiune lib. parisis
« dont il se tenoit et tient bien à paiés, quinze
« mesures de terre devisées de sen fief. »
(**Charte de 1322, ibid.**)

Chong, cinq, est toujours en usage à
Gentelles. (Arrond. d'Amiens.)
« L'an mil chonc chent et un quartron
Chy fut planté (enterré) maître Quignon.
Quand l' jugement de Diu varo (viendra),
S'à (si à) Diu plait, il revardiro (**Reverdira,**
| reasuscitera). »

Cette épitaphe déjà citée se trouvait
sur une tombe de l'ancien cimetière
Saint-Denis, à Amiens. Le nom de Quignon était assez commun dans cette ville
et l'est encore dans un grand nombre de
localités. Un chirurgien de ce nom avait
donné en 1666 à Notre-Dame du Puy un
tableau peint par le frère Luc, religieux
augustin : la devise, conçue dans le goût
des rébus picards, contenait son nom :

« Croix aimable à Jésus, quoi QU'IGNOMinieuse. »

A côté d'épitaphes en picard, uniques
peut-être en leur genre, il y avait dans
le cimetière Saint-Denis des épitaphes en
français qui méritent d'être connues et
conservées, parce qu'elles portent l'empreinte de cet esprit picard original,
railleur, essentiellement goguenard. En
voici quelques-unes :

Cy gît Marguerite Thuillier
En son petit particulier.

—o—

Cy gist Gangier dit Brelinguette,
Qui cy dessous les taupes guette.

—o—

Cy gist dessous mon confrère Estienne.
S'il est bien là, qu'il s'y tienne ;
Et s'il n'est bien, qu'il s'en revienne.

CHERAINE (chrainne), baratte. Je
crois que ce mot vient de l'anglais *churn,*
baratte, par intercalation devant la liquide *n* de *e* ou *i* devenus *ei, ai* dans la
prononciation. Les anciennes formes picardes sont *cherine, cheraine, cherinne,*
cheringne, seraine, etc. Mais la forme
primitive me paraît être *cherine* (chrine),
peut-être *cherene* (chrene) : *ine* est devenu *aine, eine* comme dans *poitraine,*
poitrine, *Catheraine,* Catherine, *voiseine,*
voisine, *méquaine* (servante) vi. fr. mes-
chine, vi. pic. meskine, etc.
On trouve la forme *cheraine* dans le
dialecte picard :
« Kateline tient VI meskines qui ne finent on-
« ques de moudre ses vaques et de laver ses
« cheraines. »
(**Dial. pic. flam.** 1340).
M. Devauchelle a relevé dans des Inventaires :
« Une cheraine à battre burre. »
(**Amiens,** 1575)
— « Une cheraymo à battre bure avec les us-
« tensiles. » (**Ibid.** 1596).
— « Une seraine toute atrinquillée adjugée 1
« liv. 10 solz. »
Vente mob. à la Vaquerie, 1759).
— « Une cheringne à battre bure. »
(**Amiens,** 1595).
— « Une cherinne avec la batterole et le pla-
« teau. » (**Ibid.** 1622).
« Une séraine avec les atrinquillures y es-
« tans. » (**Ibid.** 1622).
On remarquera ici les mots *atrinquil-*
lée, atrinquillure. Le premier montre
qu'il a existé un verbe *atrinquiller,* garnir des ustensiles nécessaires. Ce participe se retrouve dans un autre inventaire
dressé à la Vacquerie en 1744 :
« Un tombereau tout **atrinquillé.** »

CHERENCHOIR (chrainchouère), outil
propre à préparer le chanvre. Dérivé de
cherencher, peigner, carder, venu du
bas-allemand *schrantzen,* déchirer, réduit par la prononciation romane à *srant-*
zen.
Le dialecte picard avait les formes *che-*
rench, séran, *cherenchier,* serancer,
etc., etc.
« Jane le Camuse aceit (sait) bien **cheren-**
« **chier.** Elle tient ouvrant (travaillant) quatre
« **cherencheresses** ; si preste à cascune un **che-**
« **rench.** »
(**Dial. pic. flam.** 1340.)
M. Devauchelle a relevé dans des Inventaires :
« Ung vieulz canderon, une mande, ung pin-
« gne à cherencher prisé ensemble V solz. »
(**Amiens,** 1558.)
— « Ung cherenchoir à cherencher chan-
« vre. »
(**Amiens,** 1597.)
— « Ung cherent avec le fer y servant. »
(**Amiens,** 1598.)

Locution picarde : « *Avoir l'barbe comme un cheren,* » c'est-à-dire rude et longue comme les pointes d'un peigne à serancer.

Dérivé : *Cherion,* poignée de chanvre ou de lin serancé.

CHEROLLE (chrole), vesce sauvage. Aphérèse de *vécherolle,* diminutif de *vêche,* vesce. Cette chute d'une syllabe initiale se rencontre dans les noms *Gustin* pour *Augustin, Polyte* pour *Hippolyte,* etc., dans *moiselle* pour *demoiselle, ventieu* (tablier) pour *deventieu,* etc. Elle n'est point particulière au patois : on la retrouve dans le français, et, si l'on remonte plus haut, dans la comparaison de certaines formes du verbe *être* en latin, en grec et en sanscrit. Je copie un passage du *Manuel des racines grecques et latines* d'Anatole Bailly :

« *Sum = esum* pour *esumi* avec intercalation d'un *u* pour *esmi* (Cf. éolien ἐσμί, sanscrit *asmi.*)

« *Sumus = esumus* pour *esumusi* (Cf. grec ἐσμές pour ἐσμές ; sanscrit *smas* pour *asmasi.*)

« *Sunt = esunt* pour *esunti* (Cf. sanscrit *asanti.*)

J'ajoute que, si l'on descend de la forme grecque *esmi* à la forme latine *sum* en passant par les formes intermédiaires *esumi, esum,* on retrouve dans ces dernières formes l'intercalation de la voyelle *u* devant la liquide *m,* ce qui confirme l'observation que j'ai faite au mot *carimeresse.* (V. ce mot.)

CHERON (chron), tiges ou paille de bisaille battue et mises en bottes. Il est probable qu'on a assimilé cette paille à la *cherolle* avec laquelle elle a beaucoup de ressemblance. Peut-être même y a-t-il eu confusion entre les deux plantes.

M. Devauchelle a relevé dans une *Description mobilière :*

« Dans la grange, un chent de **cherons**, dix « billaudes servans de senaillères. »
(**Cempuis**, 1789.)

CHERQUEMANAGE. Ce mot qui n'a pas passé dans le patois, se rencontre assez souvent dans les documents picards du moyen âge. Il avait le sens de *recherche et détermination des limites des propriétés :* il vient de *chercher,* vieux picard *cerquer* — « Et après il fit *cerquier* le teste du mort. » (Beaumanoir) — et d'un dérivé de *manere,* résider, qui a donné *manoir, manage, mainage,* etc., résidence, propriété, ferme.

On voit dans Du Cange que *cherquemanement* était synonyme de *desrend,* mot picard qui signifie *limite, ligne de séparation.*

Un extrait de la *Charte des Privilèges de Guise* (1279) que me communique M. Devauchelle, porte :

« Se il avient que aucuns entrepraingne sur « les aisemens (voie ou place publique) de la « ville, il sera **cerquemenés** et adréchiés par le « mayeur et les échevins de la ville... Et chou « qui sera trouvé hors de **cerquemenage** de-« moura (restera) au signeur et li aissemens « à le ville. »

On remarquera ici la forme *signeur,* seigneur : elle est encore en usage à Villers-Bretonneux où l'on dit : « Mon Diu, *Signeur* ! » pour : « *Seigneur, mon Dieu* ! »

Je lis dans une charte de 1389, relative à Encre, aujourd'hui Albert :

« **Item**; quant est des bournages et **cher-**« **quemanements** des estravières et des chemins « tenus d'aultres seigneurs et de toutes aultres « personnes demourans es dis lius (lieux). »
(**Doc. comm. par M. Daussy.**)

Les hommes chargés de déterminer et maintenir les *cherquemanements* se nommaient *cherquemanants.* Une charte de l'Abbé de Corbie (1248) citée par Du Cange porte :

« Et doivent li **cerkemanants** de le vile faire « serment de warandir (garantir) bien et loyau-« ment les droitures de nostre église. »

On les appelait aussi *cerquemaneurs.* On lit dans une annotation de Le Caron sur la *Somme* de Bouteillier :

« Les mesureurs et arpenteurs appelez **cer-**« **quemaneurs** mettoient bornes aux desrens et « limites. »
(*Communic. de M. Devauchelle.*)

On rencontre *cherquemaner* dans une charte de 1310 :

« **Item**, à che que li procureres de Pontieu dit « que les gens dudit comte ont **cherkemané** et « mis bournes (bornes) à Pendé ès flés de Pon-« tieu, che que il ne puent faire... »
(**Etude sur le Dial. pic.** par M. Raynaud)

CHICATRER, taillader; découper; couper mal. Dérivé avec changement de *c* doux en *ch*, du français *cicatrice*, venu du latin *cicatricem*, marque que fait une plaie. Le patois qui n'a pas le mot *cicatrice*, emploie *chicatrure*, dérivé de *chicatrer*, au sens non de plaie fermée, mais de plaie ouverte, récente.

CHIFER, chiffonner. Du même radical que *chiffon* dont l'origine est inconnue.

CHIFLOT, gosier. Dérivé par permutation picarde de *s* en *ch* du verbe *siffler* venu du latin populaire *sifilare*, même sens, qui est dans Nonius. *Chiflot* est un diminutif : le sens qu'il a en picard s'explique par le fait que le peuple considère le gosier comme l'instrument avec lequel on *chifle*. La forme *chiffler* se rencontre dans le vieux français :

« Et dient (disent) que Mahommes et sa loiz
« ne vaut rienz, et ne s'en font se chiffler
« non. »
(Guill. de Tyr.)

Littré cite le passage suivant de Gui Patin :

« Guenaud dit que ce livre est un coup de
« chifflet qui a étourdi les cailles. »

Quant à *chiflet*, c'est un diminutif de *chifle*, sifflet, forme picarde qu'on est étonné de rencontrer dans une *Déclaration du Roi* de 1646 :

« Patenôtres de bois, moules de boutons,
« chiffles, cuillers et ouvrages de bois... »

CHIMENTIÈRE, cimetière. Du latin *cœmeterium*, même sens, par changement de *c* doux en *ch* et de *œ* en *i* : l'*n* est adventice. Nous avons aussi *chimetière*, *cémetière*.

On rencontre souvent *chimentière* dans les documents :

« Primes. Je recommant l'ame de mi à Dieu
« men créateur et men corps à entérer en le chi-
« mentière Dieu et Saint Mathieu de Foulloy.»
(Test. de Maroie Grande, 1333, déjà cité.)

— « Li maires, eschevins, bourgeois et habi-
« tants de le ville de Guise qui ont renonciet à
« une chymentière qui est dalés (près) le ca-
« pelle de le maison de le Mote pour certaine
« recompensation qu'il ont ewe (eue), c'est assa-
« voir de autre chimentière qui leur a esté
« livrée assés près de l'église Saint Marc, close
« et benite....»
(Cart. de Guise (1352) dans Cocheris, comm. de M. Devauchelle).

— « Lettre comment la masure assise en la
« ville de Corbie assez prez du moulin Braseret,
« acostant d'un costé à le rivière qui fleue et
« deschent du pont Perrin au dit molin, et
« d'autre costé aux murs de le chimentière
« Saint Albin contre une tourelle de pierre qui
« est au dit chimentière que on dist la Lanterne
« des Pareurs, fu baillie à Colart de Boves pour
« icelle amaser. »
(Ibid. Cartulaire de Corbie, 1450).

— « La rue de Noyon commence à une bourne
« assis au milieu de le dite rue assez près du
« grand chimentière S.-Denis de cette ville. »
(Compte de 1539).

L'intercalation de l'*n* devant la dentale *t* se rencontre aussi dans le provençal *cementeri* et dans le portugais *cimenterio*. J'ajoute que *chimentière* est, dans le patois picard, du genre féminin, comme il l'était à Guise au XIVe siècle d'après la seconde citation. Il en est de même dans la *Chronique de Rains* :

« Et fu li cors aportés à Saint-Denis où il fu enfouis en cimetière comune. »

Le lecteur a sans doute remarqué dans cette dernière citation *enfouis* pour *inhumé, enterré*. *Enfouir* emporte aujourd'hui une idée infamante ; il n'en était pas de même autrefois : les textes anciens sont fort curieux :

« Enfueront nous en aistres de mustiers. »
(Ch. de Rol.)

— « L'évesque chante la messe hautement,
Puis enfoïrent le vassal combattant.
(R. de Cambrai.)

— « Li auquant dient : « Rois, ne te va atargant;
Fais ton fil (fils) enfoïr à St-Germain avant.»
(Rom. des Quatre-Fils Aymon, XIIIe s.)

— « Et moru et fu enfouis ricement à Saint-
« Denis jouxte son père Loeys le Justicier. »
(Chron. de Rains.)

— « Si comenda que ses cuers (son cœur) fust
« enfouis à Roen et ses cors (son corps) fust em-
« portés à Londres et enfouis en la mère église.»
(Ibid.)

— « Et furent ses os gardés en un escrin et
« enfouis à Saint-Denis en France là où il avoit
« eslue sa sépulture. »
(Froiss.)

L'histoire de *enfouir* comme celle de *manant, vilain, chensier*, etc., montre que certains mots subissent les vicissitudes des idées et ont leurs périodes de grandeur et d'abaissement.

CHIMETTES, rejetons qui poussent sur les choux déjà coupés ; choux ayant ces espèces de rejetons.
Dérivé sous forme de diminutif du latin *cyma*, tendron, cœur de chou.

CHINOIR, tablier. Du latin *cinctorium*, dérivé de *cingere*, ceindre. *Cinctorium* s'est réduit dans la prononciation romane à *cintorium*, forme qui est dans Du Cange : « *Cintorium* pro cinctorium, cingulum. » *Cintorium* perd son *t* médial, change *c* doux en *ch*, *orium* en *oir* et laisse ainsi *chinoir*.

On trouve dans les Inventaires les formes *chinoir, cinoir, chignoir, chaingnoir* : M. Devauchelle a relevé :

« Ung chignoir d'Ostade avec deux agneletz d'argent doré prisé XXX solz. »

(Amiens, 1557.)

— « Ung chinoir de satin à deux anneletz d'argent doré à l'usage de la deffeincte. »

(Ibid. 1576.)

— « Ung chaingnoir de satin de soye à agneletz d'argent. »

(Ibid. 16ᵉ S.)

Au XVIIᵉ siècle, on rencontre plus souvent *cinoir, ceinoir, ceignoir* :

« Ung cinoir de camelot de Lille. »

(Amiens, 1618.)

— « Ung ceinoir de drap noir à usage de femme. »

(Ibid. 1612.)

— « Ung ceignoir de sarge noir. »

(Ibid. 1612.)

CHIONNER, frapper avec une baguette. Dérivé de *chion*, scion.

Littré, sous *scion*, dit : « Picard, *chion*. « D'après Diez, *scion* représente le latin « *sectionem*, de *secare*, couper ; c'est « ainsi qu'en allemand *scion* se dit « *schnittling*, de *schneiden*, couper, le « sens concret de *scion* entraînant le « genre masculin. Cette étymologie est « fort probable ; cependant, en ce cas, le « picard devrait dire *soyon*. »

Je ne suis pas, sur ce dernier point, de l'avis de Littré. Je crois que le *c* de *sectionem* ne se prononçant plus que celui de *cinctorium* (V. *chinoir*), on a dit *setionem*, lequel perdant le *t* médial et l'atone *i* placée avant la tonique, a laissé *se'onem*, d'où *scion*, en picard *chion* par permutation de *s* en *ch*.

CHIQUE, morceau (de pain). Du latin *ciccum*, peu de chose, peu, par changement de *c* doux en *ch*. On dit au même sens *chicon* qui est un diminutif.

Dérivés : *Chiquet*, petit morceau. On rencontre ce mot dans la locution: « Etre à sen *chiquet*, » vivre seul, à son à part, littéralement *être à son morceau*. Nous avons aussi *chiquette* petit morceau, et *chicot*, dénomination d'une espèce de blé dont le grain est très-petit.

Chiqueter (chicter), mettre en menus morceaux, découper ; au figuré, frapper, battre. On trouve *chiqueté* dans des Inventaires au sens de *déchiqueté*. M. Devauchelle a relevé :

« Ung pourpoinct de bombazin chicqueté dou-« blé de futenne blanche. »

(Amiens, 16ᵉ s.)

« Ung pourpoinct de toille de lin chic-« queté. »

(Ibid.)

CHIROTER. « Elle s'est *chirotée*, » dit-on en parlant d'une jeune fille qui a fait sa toilette avec beaucoup de soin. *Chiroter* est un diminutif de *chirer* (ciror), dérivé de *chire*, cire, venu du latin *cera* : il y a eu extension du sens de *chirer*, rendre propre, faire briller, à celui de soigner sa toilette.

On trouve la forme picarde *chire*, cire, dans un *Dénombrement* de 1390, relatif aux priviléges des évêques d'Amiens :

« Sont deubz (dus) chacun an au dit Evesque « par le Roy qui paye seul sur sa terre et pré-« vosté d'Amiens deux chierges de L livres de « chire.— Item par le sire de Pinquegny, vi-« dame d'Amiens, un sierge de chinquante li-« vres de chire. »

Chire se retrouve dans la locution *ganne comme eine chire*, jaune comme cire.

Dérivés : *Chirier*, marchand ou fabricant de cierges.

Chiron, petit cierge.

On lit dans les *Mémoriaux des abbés de Saint-Aubert* qu'aux funérailles de l'évêque de Cambrai, en 1439 : « il y heult « (eut) VIII gros *chirons* autour du corps « et VIII grans flambiaus que tenoient « VIII hommes vestus de noir. » (Comm. de M. DEVAUCHELLE).

CHIVOT, oignon de l'année précédente replanté pour être mangé vert ou pour avoir de la graine. Dérivé sous forme de diminutif du latin *cœpa*, oignon, par changement de *c* doux en *ch*, de *p* en *v*, — *saponem*, savon — et de *œ* en *i*, comme dans *cœmentum*, chiment (ciment). Les Provençaux disent *ceba* : le *p* est resté chez eux à *b* comme dans *sabon*, savon, de *saponem*. On trouve la forme *civos* dans le vieux français :

> « Oingnons, poiriaux, naviaus, **civos**, qui
> « viennent par eau ne par terre, doivent de
> « chascune charetée deux déniers de tonlieu. »
> (**Liv. des Mét.**)

De même dans le dialecte picard :

> « Et je souahaide frès fromage et **civos**,
> Tarte à poret, lait bouli et matons. »
> (**Anthol. pic.**)

M. Boucherie, dans sor. Glossaire de cette Anthologie, regarde le mot *civos* comme un adjectif qualifiant fromage et voit là l'adjectif latin *cibosus*. Je ne suis pas de son avis : *i* bref latin donne *oi*, et la finale *osus* fait *eux* en picard comme en français. Je crois en outre qu'il est plus rationnel de voir ici *civos*, oignons : le sens est plus clair et la construction de la phrase beaucoup plus naturelle.

CHOLE ou CHOULE. C'est le nom d'un ancien jeu qui consistait à placer une espèce de ballon à la limite de deux terroirs ; les joueurs partagés en deux camps poussaient le ballon à coups de pieds, et la victoire restait à ceux qui le gardaient sur leur terroir. Dans bien des localités, on remplaçait le ballon par une petite boule en bois — on l'appelait *galet* dans mon enfance — qu'on lançait et relançait avec une *crosse* de bois, en picard *croche*, d'où la dénomination de *jeu de croche* ou *de crochon* donnée à ce jeu.

Chole vient du latin *solea*, sandale, parce qu'on poussait et repoussait le ballon avec le pied : il y a eu changement de *c* doux en *ch*. Cette étymologie est confirmé par le fait que, dans les environs de Valogne, on appelle le jeu de chole *jeu de savatte*.

On trouve dans les anciens documents les formes *choule*, *solle*.

Du Cauge cite un accord entre l'évêque d'Amiens d'un côté, le maire et les échevins de l'autre (1323) au sujet d'une difficulté soulevée « parce que li maires prist « l'estuef (balle ou ballon) à la *chole* le « jour de quaresmel en le terre de l'Eves- « que et de l'Eglise. »

Il cite aussi une charte de 1387 dans laquelle il est question de gens « qui ont « acoustumé de eus esbattre et assembler « chascun jour pour jouer à la *solle*. »

Des *Lettres de Rémission* de 1402, portent : « Jouans et regardans jouer à le « *choule* en un jardin en icelle ville « (village) de Pucheviller. »

Puchevillers est un village de l'arrondissement de Doullens.

Dérivés : *Choler* ou *chouler*, jouer à la chole. Du Cange cite des *Lettres de Rémission* de 1381 qui portent :

> « Comme le premier jour de
> « janvier plusieurs jeunes gens
> « de la ville de Chelles en Beau-
> « voisis feussent assemblés pour
> « *chouller* à la crosse les uns
> « contre les autres. »

Cholard, grand amateur du jeu de *chole*, et, par extension, fainéant, paresseux, parce que celui qui joue beaucoup néglige ses occupations.

Cholette, petite boule en bois pour jouer à la chole.

CHOQUE, souche, pied d'un tronc d'arbre ; grosse bûche. Du latin *soccus*, soulier de bois, dont le sens primitif doit avoir été *base*, *soutien* : il y a eu changement de *s* en *ch*. Au figuré *choque* sert à qualifier un individu maladroit, lourd, stupide ; on dit de lui : « Ch'est une *choque*. »

On trouve dans le vieux français notre forme picarde au sens de *souche*, terme de généalogie :

> « S'il y a plusieurs enfants représentant un
> « décédé, iceux font une teste (tête) et **chocq**
> « (souche) contre chascuns de leurs oncles ou
> « autres auxquels ils doivent succéder. »
> (**Coust. gén.**, T. II.)

De même au propre :

> « Comme le suppliant eut desbochiez et def-
> « fouis deulz grans fresnes estans tous deulz
> « sur une **choque** (souche) en son jardin... »
> (**Du Cange, Lettres de remiss.** 1420,
> **disbocatio.**)

M. Devauchelle a relevé la même forme dans des documents anciens :

> » Lesquelles terres il conviendra esserter,
> « oster les **choques** qui y sont et mettre à la-
> « beur... »
> (**Clauses d'un bail passé à Boves** 1507).

— « Et aussy qu'ils ne porront faire escharter

« ne espater aulcunement les **choques** ou ra-
« chines des bois à peine de...»
(Procès verb. d'adjud. des bois
de Boves, 1523.)

— « Deulx **chocques** de bois, ung fais de
charbon. »
(Inventaire de 1598, Amiens.)

Choque a donné les dérivés suivants :

Choquelet (choclet) petite souche et plus
souvent copeau ; au fig. individu lourd,
peu intelligent : c'est un diminutif.

Chocard, entêté, obstiné, déraisonna-
blement opiniâtre.

Choquette, petite souche, petite bûche.

M. Devauchelle a relevé, dans des Inventaires, *choquet* et *choquettes* :

« Ung cent de fagos avec quelque nombre de
« **choquettes** de boys prisé le tout ensemble
« III livres. »
(Amiens, 1621.)

— « Un restant de bois à brûler avec des
« **choquettes** estimé dix livres. »
(Amiens, 1739.)

On disait *choquet* au même sens :

« Quelque quantité de **choquets** avec environ
« demy quarteron de fagotz. »
(Amiens, 1621.)

Le vieux français avait *chouquet*. On
lit dans *Art de Rhét.* (dans Lacurne) :

« Comme il convient faire bon feu comme
« de bois et gros **chouquetz** en busche. »

Dérivés : *Déchoqueler* (déchocler), démêler, séparer, débrouiller;
c'est littéralement faire
que quelque chose ne soit
plus emmêlé, collé, enche-
vêtré comme les racines
d'une souche.

Achoquelé, mêlé, collé, en
désordre, en parlant des
cheveux.

CHORCHIN, rejeton, surgeon. Dérivé
sous forme de diminutif du verbe *sorser*
venu de *sors*, participe du verbe *sourdre*
du latin *surgere*, s'élever, surgir : le
picard a changé les deux *s* en *ch* et ajouté
un suffixe diminutif. On dit aussi *cheur-
chon* (CF. *Surgeon*) autre diminutif, d'où,
par la chute de l'*r* difficile à prononcer, le
dérivé *cheuchonnier*, pommier sauvage,
prunier sauvage, etc., ainsi nommé parce
que le *cheuchonnier* reste pour ainsi
dire à l'état de pur rejeton ou surgeon,
au lieu d'être déplanté et replanté pour
recevoir une greffe.

CHORQUER ou CHURQUER et SUR-
QUER, prendre des souris, guetter les
souris ; guetter. Dérivé d'une forme supposée *soricare* régulièrement contractée
en *sor'care* venue du latin *soricem*, souris : il y a eu changement de *s* en *ch*.

Dérivés : *Churquette* ou *Sorquette*. piége
à souris, souricière. On dit
au même sens *cat* ou *cot en
bos*, littéralement *chat en
bois*.

Chorche, dans la locution picarde *sentir*, *puer le chorche*, c'est-à-dire sentir le rat
ou la souris.

Chorchaine, grande quantité de
souris, vermine.

Ces deux derniers dérivés
ne viennent pas de *chorquer*,
mais plutôt de *soricem* contracté en *sorcem* dont le *c* est
doux.

Churchiné ou *chorchiné*, rongé
par les souris ou les rats.

On trouve dans le vieux français un
dérivé du verbe *surquer*, mais avec un
adoucissement de *q* en *g*, comme dans
carge, charge, en picard *carque* :

« Si com li chas (chat) set (sait) par nature
La science de **surgéure**,
Nonques n'en fu mis à l'escole. »
(La Rose.)

CHUCHEUX, adj. Ce mot sert à qualifier un homme qui aime à se faire payer
à boire, qui raccroche un repas d'un
côté, un autre de l'autre : c'est un synonyme du français *parasite*. Dérivé de
chucher, sucer, d'une forme populaire
suctiare venue de *suctus*, participe de
sugere, sucer.

Dérivé : *Echucher*, épuiser. On dit d'un
cultivateur qu'il *échuche* ses
terres quand il les fait rapporter coup sur coup, sans les fumer.

Littré, d'après Corblet sans doute,
donne comme picardes les formes *chuker*,
sucer, *chucheu*, suceur. Il est évident
qu'il y a là contradiction : ni *suctiare* ne
peut faire *chuker*, ni *chuker* donner
chucheu.

CHUCHON ou CHOCHON dans la locution adverbiale *à chuchon* : « labourer à
chuchon, » être associé à deux avec cha-

cun un cheval pour cultiver la terre et rentrer les récoltes. Le radical est le latin *socius*, compagnon, associé : il y a eu double changement de *s* et de *c* doux en *ch*, et addition du suffixe diminutif *on*.

Chuchon s'emploie aussi au sens de ami intime, ami préféré.

Dérivé : *Chuchonner*, être associé avec quelqu'un, être compagnon, être grand ami. D'après Corblet, il a aussi le sens d'entretenir des relations illicites avec la femme d'un voisin.

CHUER, parler doucement ; caresser. D'un radical *su* qu'on retrouve dans l'anglais *to sue*, demander avec instance, dans l'italien *sota*, flatterie : l's s'est changée en *ch*, comme dans le français *choyer*, entourer de prévenances.

Chuer est commun au picard et au vieux français :

« Il fait trop bon le chieu **chuer**,
Tant qu'on ait la voie passée. »
(**La Rose**).

— « Male Bouche et tous ses parens
A qui jà Diex ne soit garans
Par barat estuet barater,
Servir, **chuer**, blandir, flater.»
(**Ibid.**)

CHUET, mare. Dérivé du latin *sucus* par changement de *s* en *ch* et la chute du *c* médial comme dans *focus*, fu (feu), *jocus*, ju (jeu). On a eu à l'origine *chu* qui est devenu *chuet* par addition du suffixe diminutif *et* comme dans le français *jouet*.

On trouve *sucus villæ*, eau de fumier, ruisseau de basse-cour dans Pline et dans Palladius, et *sucus* signifie *tout liquide qui n'est pas clair*. Du sens de *eau de fumier* ou *de basse cour*, on a pu passer facilement à celui de *mare* de village, la plupart des anciennes mares recevant aussi bien le trop plein des eaux des basses-cours que les eaux des chemins.

Le radical *chu* du latin *sucus* existe dans le latin mérovingien *chuorus* que Du Cange définit *aquæ decursus*, et il n'y a pas loin du sens de *decursus aquæ* à celui de *réservoir*, mare.

CLAIMEVILE ou Claineville, perquisition domiciliaire que font à la campagne le maire et le garde-champêtre pour retrouver le produit d'un vol. Des deux mots latins *clamun*, dérivé de *clamare*, crier à haute voix, réclamer, et *villa* ferme, village : on a passé du sens de réclamation pour retrouver un corps de délit à celui de perquisition. *Clamum* a existé dans le bas-latin : Du Cange le définit *actio rem sibi ablatam repetentis*. Quant à *villa*, on sait qu'il a le sens de *habitation rurale, ferme*, et que *vile* a signifié *village* pendant toute la période du moyen-âge. (V. *Banqué*).

Claim, appel en justice, est commun au picard et au vieux français :

« Et je ne cuit (**cuide**, pense) que le défen-
« dant puisse chose dire par quoi le court (la
« cour) dée (doive) esgarder que il ne li dée res-
« pondre à cel **claim**.
(**Ass. de Jérus**).

« Ce sont li franc jour qu'on ne respont mie
« à **clains**, ne qu'en ne va mie deswagier »(faire une saisie).
(**Taillar, Recueil**).

— « Action pour desrend d'héritage s'intente
« par **clain** de cerquemanage, présens deux es-
« chevins.»
(**Cout. du Cambrésis**, 1574, communic. de M. Devauchelle).

On trouve dans notre dialecte *claimer*, appeler en justice, intenter une action judiciaire, et la forme *claim*, appel.

« Et doit prendre chil qui **claime** son avoué
« par puing... »
(**Cout. d'Amiens** dans Du Cange sous **Campiones**).

— « Et après, li deffenderes se présentera li
« et sen teemoing et recordera les propres mots
« de sen **claim**. »
(**Ibid.**)

CLAIRON, éclat passager du soleil ou de la lune entre les nuages. Dérivé de *clair*.

CLAMP (clan). On appelle *clamps* les petites perches posées transversalement sur les chevrons des toits en chaume et attachées par des liens de paille à ces chevrons qu'elles relient entre eux pour leur donner plus de solidité, et surtout pour permettre d'asseoir le chaume sur le toit. Mot d'origine germanique, anc. scand. *klampt*, all. mod. *klammer*, crampon, qui a donné en terme de marine *clamp*, pièce de bois qui, appuyée contre un mat, sert à le soutenir et à le fortifier.

CLAQUE dans la locution *prendre ses cliques et ses claques*, prendre son bagage. La *claque* était une espèce de vêtement autrefois particulière aux voyageurs et à ceux qui allaient à cheval, étroit en haut, large en bas, par conséquent en forme de cloche, en picard *cloque*. *Claque* est une corruption de *cloque*, cloche (vêtement) qu'on verra plus loin.

On lit dans le *Livre Rouge* d'Abbeville (1321) :

« Avoit emblé (dérobé) une **clake** et un mantel,
« lequele **clake** elle avoit vendu à un viésier »
(marchand de vieux habits).

(Du Cange, **cloca.**)

Le changement de *o* en *a* — *cloque*, claque — se retrouve dans *dame* de *domina*, *dom* de *dominus*, *danter*, dompter, du vieux françuis :

« Pur (pour) les feluns **danter** et pur els (eux)
« chastier. »

(Th. le Mart.)

CLAQUESINER (clacsiner), souffleter légèrement. Dérivé de *claque*, soufflet, qui est une onomatopée.

CLÂTE, maçonnerie de la cheminée d'une cuisine jusqu'à hauteur d'homme ; côtés qui ferment la cheminée ; âtre, foyer. Du bas latin *clustrum* qu'on trouve dans Du Cange pour *claustrum*, clôture.

CLAU ou CLEU, clou. Du latin *clavus*, même sens. On trouve dans le vieux français *clo*. qui est toujours en usage à Amiens :

« A trois **clos** d'or ferma son gonfanon. »
(Ronciav.)
—« Et prent l'espieu à or resplendissant
A cinq **clox** d'or l'enseigne bauliant. »
(R. de Cambrai.)

On rencontre *cleu* plus souvent que *clau* dans le dialecte picard :

« De toutes les couvertures qu'il faudra tant
« rosel (roseaux), herbes, esteule, latte, **cleu**,
« tille, cavel (cheville), terre, etc. »
(Cartul. de Corbie, 1415, Du Cange, cavillœ.)

On disait autrefois *cleu* au sens de *furoncle*, *clou*, comme aujourd'hui :

« Tont le vis (visage) a couvert de bloustres,
De granz boczes et de granz **cleus**,
Et si a tant plaies et treus. » (**Treus**, trous.)
(Gautier de Coincy, XIII° s.)

Je trouve dans un passage de Gérard de Montreuil (*Vie de S. Eloi, 1294,*) la

forme *cleu* et le dérivé *clofichier*, percer de clous :

« O (avec) le saint cors (corps) trouva les **cleus**
Dont li tirans plus fel que leus (loup)
Fit le martir martirier
Et parmi le cors **clofichier**
Li chief, li pis (poitrine), les piés, les mains.
Ches meïsmes **cleus** prist li sains. »

On rencontre *cleufichier* au sens de *clouer*, *attacher*, dans une citation de Du Cange sous *clavellare* :

« Je ne crois mie
Que Jesus Cris li fix (fils) Marie
Que **cleufichièrent** en un fust
Nostre anchissor, se Dex ne fust...»
(Miracl. de la B. V. Marie, Mss.)

Le vieux français avait *clofichier* au sens de *attacher, suspendre à un clou :*

« Mais l'espée estoit fors et roide
Et avoit deus lances de long ;
De chasque part ot un grand tronc
Où l'espée estoit **cloffichiée**. »
(La Charrette.)

Proverbe picard :

« A l' Saint Gille, à l' Saint Leu (1er septembre.)
L'lampe à ch' **cleu**. »

CLICHE, petite hart de noisetier ou d'autre bois flexible encore vert fendu très-mince dont on se sert pour lier la partie du balai qui doit recevoir le manche. Dérivé du verbe *clicher* venu de l'ancien haut-allemand *kliozan*, fendre.

Comme les *cliches* servaient jadis à faire des *claies*, *cliche* a pris le sens de *claie* servant à étendre les vêtements pour les épousseter.

M. Duvauchelle a relevé dans des Inventaires :

« Une cliche à housser accoustrementz. »
(Amiens, 1610.)

— « Ung miroir, une cliche à housser accous-
« trements. »

(Amiens, 1620.)

— « Une cliche servant à housser habis avec
« des verges à housser prisé ensemble quatre
« solz. »

(Amiens, 1621.)

CLIFER, fendre. On emploie plus souvent *éclifer* qui est un dérivé. *Clifer* (se), se fendre, se dit surtout d'un bois soumis à l'action d'une forte chaleur qui le fait fendre. Ce mot est d'origine germanique, allemand *klieben*, suédois *klyfwa*, fendre.

CLIPANT, moulin. Dénomination particulière au moulin *Taillefer* à Amiens. Il y avait là autrefois une rue dite *rue à Clips de l'Abbeye*. M. Goze, dans son *Histoire des rues d'Amiens*, écrit : « Le « mot *clips*, presque latin, *clypeus*, bou- « clier, a de la ressemblance avec la dé- « nomination picarde *ech clypan* donnée « au moulin, antique fabrique d'armes. » Assurément M. Goze, dont j'ai eu l'honneur d'être l'ami, était un antiquaire d'un rare mérite, un savant aussi érudit que modeste. Mais, malgré le profond respect que je professe pour sa mémoire, je ne puis accepter l'indication étymologique qu'on vient de voir. J'avoue que *clips*, *clipan* et *clypeus* se ressemblent ; il n'en est pas moins vrai pourtant que *clypeus* n'a pu donner ni *clips*, ni *clipan* : les lois qui régissent la transformation des mots s'y opposent d'une manière absolue. En effet l'*y* bref et accentué de *clypeus* donne non pas *i*, mais *oi* : *bibere*, boire ; la finale *eus* ne peut faire que *ge* : *laneus*, lange, *rubeus*, rouge ; de sorte que *clypeus* eût donné à l'origine *cloipge*, puis *cloige* par la chute du *p*. Enfin la finale *an* ou *ant* reste inexpliquée, ce qui constitue une troisième et très-sérieuse difficulté. J'ajoute que *clypeus*, à ma connaissance du moins, n'est pas passé dans les langues romanes qui, de son synonyme *scutum*, ont tiré *escu*, écu, bouclier des guerriers du moyen âge.

Qu'il y ait eu là une fabrique d'armes, puis un moulin, c'est un fait incontestable. Un moulin du même quartier s'appelait, au XVe siècle, *clenkain, clinquant*, c'est-à-dire qui *clique*, qui fait du bruit, *qui résonne*, mot venu du néerlandais *klinken*, résonner, d'où *quincaille* qui signifiait originairement toute espèce d'objets et d'ustensiles de fer, autrefois *clincaille* et aussi *cliquaille* dans Marot.

La lettre *q* de *cliquer* a pu se corrompre et se changer en *p*. Les Picards, dans une foule de localités, disent *colipe* pour *colique*, et, dans le quartier même où se trouve le moulin dit *ch' clipant*, une rue, celle des *Parcheminiers*, s'appelle indifféremment rue des *Parquigniers*, ou des *Parpigniers* (Voyez *Histoire des rues d'Amiens*, par M. Goze, t. 1er, p. 67). J'observerai encore que le wallon qui a tant d'affinités avec le picard, a changé un *q* ou un *c* dur latin en *p* en disant *spirou*, écureuil, du bas-latin *squiriolus, scuriolus*. Il est possible que, par suite d'une corruption identique, le moulin *Taillefer* se soit appelé *ch' clipant*, celui qui clique, celui qui fait du bruit par son tic-tac ou par la nature des divers travaux que nécessitait la fabrication des armes quand il y en avait là une manufacture ou une fourbisserie. Je donne, on le voit, cette étymologie non comme une affirmation positive, bien qu'elle soit fort probable, mais comme une conjecture et sous réserve expresse d'un examen ultérieur par des hommes plus compétents que moi.

Le mot *parquiniers* est une contraction de *parqueminiers*, dérivé du picard *parquemin*, parchemin, en vieux français *parcamin*, venu du latin *pergamena* qui est dans saint Jérôme : la gutturale douce *g* est remontée à la forte *c*, *q*, fait déjà signalé et qu'on retrouve en comparant le français *gangrène* et le picard *cangréne*, du latin *gangræna*. M. Goze écrit *parquignies, parpignies*, formes dont la finale donne un exemple du changement de *er* en *i* signalé au mot *Abracher* et qui est commun au wallon et au picard.

CLIPON, bâton, petite trique. Du même radical que le flamand *klippel*, bâton court et gros, *klippelen*, bastonner.

Proverbe picard :

« Veut (il vaut) miux être porquer que cochon : O(on) n'o point si tôt ein keup (un coup) de clipon. »

Clipon a donné le dérivé *cliponner*, lancer des clipons dans les branches d'un arbre pour en faire tomber les fruits ou en détacher quelque objet accroché là par accident.

CLIQUET. Ce mot signifie *ligne brisée, retour d'équerre*. C'est un diminutif. Origine obscure. Serait-il un dérivé de *crique* avec permutation de *r* en *l*, par suite d'une assimilation au retour d'équerre, à la ligne courbe que forme une *crique*? On a déjà dû remarquer que plusieurs termes de marine sont passés dans notre patois, fait qui s'explique par le voisinage de la mer.

CLITE, terre glaiseuse fort compacte. Du latin *glitem* qui est dans Isidore de

Séville au sens de *argile grasse* : la gutturale douce *g* est remontée à la forte *c*, comme dans le français *marcotte*, dérivé de *mergus*, comme dans le picard *parquemin*, parchemin, de *pergamena*, vi. fr. *parcamin*.

Dérivés : *Clâte*, adj. Se dit d'une terre froide, serrée, compacte. La finale *âte*, équivalent de la finale française *âtre*, implique sinon une forme bas-latin *glitaster* devenu *gli'aster* par la chute du *t* médial, du moins l'addition de ce suffixe dépréciatif au radical. J'incline, je l'avoue, pour l'origine latine.

CLOGNARD, adj., qui regarde de travers ou en dessous, sournois. Dérivé de *clogner* venu du latin *clinare*, incliner, baisser, puis baisser la paupière, *cligner*, dont *clogner* est une corruption. On dit aussi *clongner* dans lequel l'*n* est adventice ; j'ajoute que cette lettre se retrouve dans le vieux français :

« Adonc [il] clocha forment (fortement) d'un pié,
L'un oel (œil) ouvert, l'autre clingué,
La teste basse et les reins haut. »
(**Bl. et Jeh.**)

Dérivé : *Clognote*, jeu de cligne-musette.

CLOGNE ou CLONNE, quenouille. Contraction de la vieille forme *quelongne* qui est dans le Vocabulaire du XIII° siècle édité par Chassant, et qui vient du bas-latin *colucula*, diminutif de *colus*, quenouille. On dit aussi *clongne*.

On trouve dans le vieux français les formes *quelongne, coloigne, coulongne*.

« Et besche et coloigne et fusel
Leur aporta pour labourer (travailler). »
(**Du Cange, conucula.**)

— « Ledit Guyot print une quelongne de cane de laquelle il laféri plusieurs cops tant que ladite quelongne brisa sur elle. »
(**Ibid.**)

— « Femmes trouvay enmi ma voie,
Dont l'une filloit sa coulongne. »
(**E. Desch. Poésies mss.**)

J'observerai qu'on appelle aussi *clogne* un bâton qui a la forme d'une quenouille et qui sert à breller une charrette. Un Inventaire dressé en 1863 par un notaire du canton de Conty porte :

« Une voiture d'août avec son moulinet, une clogne et une corde. »

Voiture d'août signifie *voiture de moisson*, voiture pour rentrer les récoltes de la moisson qui se fait en août.

CLOIAN ou CLOION, agrafe, fermoir de livre. Dérivé du vieux verbe *cloer*, fermer, du bas latin *clidare*, dérivé lui-même de *clida*, claie, qu'on rencontre dans les Lois Barbares : « Si eum inter- « fecerit, coram testibus in quadrivio in « clidâ eum levare debet, » dit la *Lex Bajuwariorum*. Quant à *clida*, il vient du celtique *clwyd*, claie.

Cloie est commun au picard et au vieux français :

« Sos (sous) une cloie s'est muciés (mucié, caché). »
(**Lai de Mélion.**)

— « Or est Raimbaus Cretons à l'estaque où s'est
| pris ;
Contremont est rampés com chevaliers gentis
De ci qu'à une cloie ; sus à genous s'est mis. »
(**Ch. d'Ant.**)

Raimbaus Cretons dont on parle ici, était un chevalier picard qui se distingua à la prise de Jérusalem lors de la première croisade en plantant le premier son étendard sur la *crête* des murailles, d'où, dit-on, son surnom *Creton*. C'était un des ancêtres de M. d'Estourmel, ancien député, aujourd'hui conseiller général pour le canton de Bray.

Ce brave chevalier n'était pas un colosse : nous avons de lui le curieux portrait qui suit :

« Raimbaus Cretons fu preus et vassaus conneüs
« Il ne fu mie haus, ne lons, ne estendus,
« Ains fu un petitet bien formés et membrus. »
(**Ch. d'Ant.**)

Je reviens à mon sujet.

On se servait jadis de *cloies* pour former, dans les rivières, des espèces de parcs destinés à retenir le poisson :

« La pesquerie du cours de le rivière depuis le molin de Morisel jusques as cloies de Castel... »
(**Du Cange, cliaria**)

Le radical picard *cloi* est resté dans le français *cloyère*, panier pour les huîtres et le poisson.

On rencontre souvent *cloie* dans les Inventaires : M. Duvauchelle a relevé :

« Une cloye de bois, une cloye d'ozière. »
(**Amiens, 1621**).

« Une cloie à housser des habillements. »
(**Amiens, 1598.**)

« Une cloie à battre laine. »
(**Amiens, 1618.**)

Le bas latin *clida* avait donné un verbe *clidare*, d'où était venu *cloer* au sens de fermer. C'est de là que vient *cloian*, *cloion*, fermoir, qu'on rencontre dans des Inventaires où M. Devauchelle a relevé :

« Des Heures à usaige de femme de velours violet à cloyans d'argent prisiées ensemble I escu XL solz. »
(Amiens, 1595.)

— « Une paire d'Heure à cloyons d'argent. »
(Amiens, 1598).

Cloion a donné le dérivé *cloionure*, clôture en charpente légère garnie non de lattes , mais de bois flexible arrangé comme celui d'une claie.

« Et pour la couverture de la grange, de deulz
« estables, cloioneure, torqueure , sollineures
« d'icelles nœuf livres. »
(Compte des travaux du presbytère d'Hornoy, 1621. — Communic. de M. DEVAUCHELLE.)

On dit *cloionnage* au même sens.

Ces deux mots sont des dérivés de *cloioner*, entrelacer, mot qui s'emploie en parlant d'une haie dont on entrelace le bois en forme de *cloie*.

De *cloer* était venu dans le dialecte picard le mot *cloeur*, homme qui faisait des *clôtures*. On lit dans Du Cange sous *clausagium* un extrait d'un document de 1265 qui porte :

« Encore doit cascuns un vendengeur as vin-
« gnes (vignes) vendenger et un cloeur as vin-
« gnes enclore. »

CLOQUE, espèce de gros jupon de dessous d'une étoffe forte et raide , ainsi nommé parce qu'étant étroit par le haut et large par le bas, ce jupon a la forme d'une cloche, en picard *cloque*. On trouve ce mot dans le vieux français au sens de *vêtement, manteau :*

« Et font faire grans caperons
« Et leurs cloques jusqu'à talons. »
(DU CANGE, Clocha.)

— « De camelin, pour la pourière,
« Avoient clokes paringaus. »
(Bl. et Jeh.)

De même dans le dialecte picard :

« S'aucune personne soit homme ou femme
« passe par le dit travers (de Thennes) et ait
« son abit vestu si comme cotte, surcot, houche,
« cloque ou autre abit double... »
(Tarif des droits de Travers au pont de Thennes, Doc. inéd. par M. de Beauvillé.)

Cloque, au sens propre, est commun au picard et au vieux français :

« Quant li bourgois oïrent la choze deviser,
La cloque de la ville ont fait tantost sonner. »
(Baud. de Seb.)

De même dans le dialecte picard :

« De rekief li desquerqueur sont tenu de venir
« à berfroy (au beffroi) quant ils oent (entendent)
« bondir le grant cloque et sont tenu de le
« sonner. »
(Coutume d'Amiens, vers 1280.)

« Item, toutte fois qu'il y a corps, puent (peu-
« vent) avoir les reversaux pour ledit corps des
« moyennes clocques pour xii dén. et des pe-
« tites clocques pour vj déniers. »
(Acc. entre la Par. et le Chap. de Long, 1365.)

— « Tantost qu'il entra en banlieue, on sonna le grosse cloque St. Géry. »
(Mém. des Abbés de S. Aubert, 1442.)

Cloque est un mot d'origine obscure. On trouve le bas latin *clocca, glogga*, dans des documents du VIIIe siècle; anc. haut allemand *clocca* au IXe siècle ; kymri, *cloch* ; irlandais *clog*. « On ne sait pas,
« dit Littré, s'il est allé des langues ro-
« manes dans les langues germaniques et
« celtiques, ou s'il a suivi le chemin in-
« verse. »

Il a donné les dérivés suivants :
Cloquer ou *cloquier*, clocher, endroit où sont placées les cloches.

« Le 10 novembre (1403) la clocque nommée
« Ganette est placée au petit cloquer Nostre-
« Dame. »
(Une Cité picarde, par M. DE LAFONS.)

— « Nous maneglicrs serons tenus maintenir
« la cloque à nous livrée à la ditte église Saint-
« Germain et que nous confessons déjà posée et
« assise au cloquier d'icelle église et pour la-
« quelle cloque faire et pendre nous avons reçu
« la somme de quarante escus d'or. »
(Traité entre l'abbaye de Saint-Jean d'Amiens et les marguilliers de la paroisse Saint-Germain, XVe s.)

Cloqueman, clocheteur public, littéralement *homme-cloche*, dont la fonction était d'aller la nuit par les rues d'Amiens avec une clochette pour recommander les trépassés aux prières des vivants. *Man* est anglais; il signifie *homme*.

On lit dans le *Dénombrement du Temporel de l'Evêché d'Amiens* (1301) :

« Le vile d'Amiens doibt pour le manoir Li-
« gier le cloqueman... »

M. Devauchelle a relevé dans une Ordonnance de l'Echevinage d'Amiens :

« Est tenu (le clocheteur) aller chacune nuict

« par la ville avec sa clochette recommander
« les trespassez aux prières de bonnes gens et
« nommer par noms, surnoms et qualitez ceux
« qui sont décédez le jour précédent, dont luy
« est baillé mémoire. Et pour son sallaire luy est
« donné deux sols pour chacune personne qu'il
« recommande la nuict. »

Un article d'Amédée Vast (*Mémorial
d'Amiens*, 1860) nous apprend que cet
usage s'est continué à Amiens jusqu'en
1775.

Cloquer ou *Cloquier*, sonner une
cloche, annoncer au son de la cloche ;
publier.

Une charte de 1414, que me communique M. Daussy, porte :

« Est assavoir que nous porrons les moebles
« et cateulz vendre en le milleure manière que
« faire se porra sans ad ce *cloquier* ne appeler.»
(**Ad**, à, pour).

Cloquette, petite cloche.

Un accord de 1365, entre la paroisse et
le chapitre de Long, dit :

« **Item**, ont et puent avoir une *cloquette* pour
« sonner à Dieu-lever » (Elévation.)

On trouve *cloquette* au sens de petit
ornement probablement en forme de fleur
monopétale telle que celle du muguet appellé en picard *muguet à cloques*.

M. Devauchelle a relevé :

« Une bourse de vellour noir à XXIIII clo-
quettes d'argent doré. »
(Amiens, 1557.)

— « Une bourse de drap noir à XXV clo-
quettes d'argent. »
(Ibid.)

Ce mot existait au même sens dans le
vieux français sous forme chuintante :

« Son jaque (jaquette) qui estoit de clo-
chettes garnis. »
(Guesclin.)

CLOUC, crapaud. Onomatopée du cri ou
sifflement de cet animal. Le gascon, m'observe M. Devauchelle, a forgé un mot à
peu près semblable : « *Cholu*, » crapaud,
qui imite son cri rauque.

COCHET, rateau à dents de bois. Il y a
là un radical *coc* qui est dans l'anglais
coker ouvrier, dans *cocez* qu'on trouve
au même sens dans Du Cange. Le *cochet*
a pu être considéré comme *l'ouvrier*,
l'aide de celui qui s'en sert pour ramasser
le blé, la paille, le fourrage ; mais il n'y
a rien de bien sûr dans cette origine.

Dérivé : *Cocheter*, séparer à l'aide du *cochet* ce qui reste de longue
paille dans le blé qu'on vient
de battre.

COCHONNIER, charcutier. Dérivé de
cochon. Ce mot s'emploie aussi comme
adjectif au sens de *sale, qui aime à être
sale*.

J'observerai qu'à Gentelles (canton de
Sains), les vieilles gens disent *couchon*,
forme qu'on retrouve dans le vieux français :

« Que nulz ne cuise ou rostisse oues (oies),
« ou vel (veau), agniaux, chevraux ou cou-
« chons, se il ne sont bons, loyaux et souffi-
« sans pour manger et pour vendre. »
(Liv. des Mét.)

CODACHER. Ce mot est un dérivé de
Cod! Cod! Codache! cri de joie que poussent les poules après avoir pondu. D'après
Corblet, il se dit aussi du coq qui chante,
et, par métaphore, de quelqu'un qui crie
en parlant.

CODIN, dindon. La dinde s'appelle *codinne* prononcé *codainne*. *Codin* est une
corruption de *coq d'Inde*, le picard ne
faisant point sentir dans la prononciation
le *q* de *coq*. Cela explique comment Bou-
flers a pu dire :

« Or de ces coqs (co), de ces nids, de ces lacs
L'amour a fait Ni co las. »

Au cas sujet, le vieux français disait
cos, qu'on prononçait sans doute *co* comme dans le picard actuel :

« Quant sire Chantecler li cos
Estoit alé... »
(Ren.)

— « La vile seoit en un bos (bois)
Mult i ot gelines et cos. »
(Ibid.)

— « Peor (peur) ot Renart de morir,
Si a esté moult effreez ;
Mes (mais) li cox est jus devalez. »
(Ibid.)

De même dans le dialecte picard :

« De tant li cos est plus viex (vieux), de tant
« il vaut miex » (mieux).
(Alebrant.)

« Si devés savoir que li cos, quand il com-
« menche à canter, vaut miex que li femiele. »
(Ibid.)

Codin a donné le diminutif *codinot,
codigneu*, petit dindon. La dinde s'appelle *codinne* prononcé *codainne*. On

rencontre ce mot dans la *Suite du cé-*
lèbre Mariage de Jennain (X VIe siècle) :

«Trois grans pâtés de liève aveu forche moutarde,
« Huit codinnes rôties et autant de bitardes. »

La dinde s'appelle aussi *pouledaine*. On
trouve ce mot dans le *Sermon d'un curé*
picard sur les vérités du temps :

« Vous vlo (voilà) chy rassanés comme un host
           | de **pouldaines** (**host**, troupe)
« Pour m'aouir sermonner chés paroles divalnes.»

CŒURFALITÉ , paresse. Dérivé de
cœur fali, paresseux, littéralement *cœur*
qui manque, sans courage au travail.
Cœur vient du latin *cor* et *fali* est le
participe de *faillir* venu du latin *fallere*,
manquer, faire défaut.

On rencontre la forme *falir* dans le
dialecte picard :

« Largheche de François, loiauté d'Englois,
Patienche d'Alemant, acointanche de Normant,
Pitié de Lombart, hardement de Picart,
Caasté de Bourghignon, sens de Breton (**caasté**,
           | chasteté)
Vins de barel, fus (feu) d'estrain et amours de
           | nonnain
     Falent du jour à l'endemain. »
              (**Anthol. pic.**)

Je trouve *cœur fali* dans un couplet
composé vers le milieu du XVIIe siècle.
Ce couplet n'est riche ni de mesure, ni
d'orthographe, ni de rime, et je ne le
donne que comme simple objet de curiosité locale :

« Dens l'parouéche ed (de) Chaint-Supplis,
Ch'est des bandes ed **cœurs-falis** :
I (ils) sont achis (assis) sur ch'pont
A canter des canchons. »

M. Pouy, qui me transmet ce couplet,
ajoute la note suivante :

« Il a été composé pour exprimer l'état
« de découragement et d'abaissement
« auxquels se laissèrent entraîner les ha-
« bitants du quartier Saint-Sulpice d'A-
« miens à la suite du siége de 1597, de la
« destruction de leur église, du défaut de
« travail, ce qui amena un grand décou-
« ragement dans la population. Inutile
« d'ajouter que les laborieux habitants
« de ce quartier ne méritent plus depuis
« longtemps ces railleries. » .

D'après M. Goze, les idées de la Réforme avaient pénétré dans cette paroisse.
Cette circonstance ne fut sans doute pas
complètement étrangère aux railleries en
question. On s'est toujours moqué de
ceux qui ne partagent pas les opinions
dominantes : c'est là une infirmité dont
la nature humaine, malgré le progrès des
lumières, n'est pas encore près d'être
guérie...

CŒURVURES ou QUERVURES, ger-
çures aux mains. Dérivé de *crever* par
métathèse de *re* en *er*, comme dans *Ber-*
taine pour *Bretagne, Verly* (nom de village) pour *Vrely*. Le sens s'explique par
le fait que la peau se fend, se *crève*. Dans
bien des localités on dit *cœurver* pour
crever.

COFIN, étui à aiguilles ; coffret; corbeille. Dérivé sous forme de diminutif de
coffre venu du latin *cophinus*. M. Devauchelle a relevé dans un Inventaire :

« Quatre **coffins** à zaguilles (sic). »
           (**Amiens, 1596**).
— « Ung verrier d'ozière (osier), un **coffin**.
« une petite mande » (manne).
           (**Amiens, 1596**).

Ici *coffin* signifie *corbeille*.

Cofin a donné le dérivé *cofinet*, petit
étui, mot qui est commun au picard et
au vieux français. On lit dans Froissart :

« J'avoie adont de cuir bouli
   Un **coffinet** bel et poll
   Qui estoit longes et estrois. »

Poll signifie ici *gentil :* il vient du latin *politus*, bien orné, élégant, beau,
gentil. Il a conservé ce sens chez les
Provençaux qui disent : *chata polida*,
jeune fille gentille, jolie fille.

COIÈRE ou COUYÈRE, col de chemise.
Dérivé de *col* (co), *cou*, venu du latin
collum, même sens.

COIFFION (couéfion), petite coiffure de
dessous. Diminutif de *coiffe*. M. Devau-
vauchelle a relevé dans un Inventaire :

« Sept coiffe et trois **coiffions** à l'usage de
« laditte deffuncte prisé ensemble deux livres
dix sols. »
        (**Vaux-les-Amiens. 1723.**)

COIRE (couére), encore. Abréviation
de *encoire*, vieux français *ancore* venu
du latin *hanc horam* par la chute de l'*h*
initial. On a vu *coire* dans l'*Epitre* de
D. Charles de la Rue citée au mot *can-*
ter :

« Oz (nous) irons **coire** dens nos capitres
   Canter à foire (faire) casser chés vitres. »

On trouve la forme *encoire* dans le dialecte picard :

« **Encoir** ne soit ma parole françoise,
Si la peut-on bien entendre en françois. »
(Quesnes de Béthunes.)
— ... « Mon langage ont blasmé li François
« Et mes chansons, oŸant les Champenois
« Et la comtesse **encoir**, dont plus me poise. »
(Id.)

Nos ancêtres disaient aussi *core* ; on lisait autrefois à l'entrée de l'église des Cordeliers à Amiens l'épitaphe suivante :

« Ci gist, entre ces deux piliers,
Le Franc, quêteur des Cordeliers,
Qui, **cor** bien qu'il soit trespassé,
Ne cesse de rompre la tête
Aux passants, en faisant quête
D'un *requiescat in pace.* »
(H. Dusével, Hist. d'Amiens.)

Cor se disait encore dans les environs de Douai il y a soixante ans.

Une chanson composée à l'occasion de la fête de Louis XVIII et citée par Corblet, porte :

« Morziu, j'sus **cor** tout écrampi
D'avoir trimé d'Calais ichi ;
Sans compter d'puis q' j'étos (étais) conscrit
Toudis des misères
Couquer dens ch'zornières.... »

On remarquera ici *étos* (j'), j'étais. La terminaison *os* se rencontre dans le Vermandois, l'Artois, le Cambrésis ; *ois* prononcée *oué* est celle de l'Amiénois, du Ponthieu, du Beauvaisis.

COISIR (couésir), choisir. Mot d'origine germanique, gothique *Kausjan*, voir, examiner. On trouve notre forme picarde dans le vieux français au sens de *apercevoir.*

« Des Sarragins (il) n'i put un seul **coisir**. »
(Roncisv)
— « Tant vont par lor journées qu'il ont Nique
| (Nice) **coisie.** »
(Ch. d'Ant.)
— « Joie ot Gerbers quant Fromont ot **coisi.** »
(Du Cange, choisire.)

Coisir avait donné *cois*, *quois*, choix, qui est commun aussi au dialecte picard et au vieux français :

« Il est au **quois** de le feme, quant ses barons
« (son mari) est mors, de laissier toutes ses
« dettes as hoirs. »
(Beaumanoir.)

On lit dans le *Dénombrement de la Terre et Seigneurie* de Villers-Bretonneux, vers 1387 :

« **Item.** J'ai et prend chascun an et au pre-
« mier jour de may eu cascune masure cotière

« de ladite vile, là ù il ara **dessous** à trois ai-
« gneaux, un aignel d'erbage. Et se plus en i
« avoit, je n'en puis-je prendre que un tant
« seulement en cascune maison, comme dit est, à
« men cois, après ce que cellui à qui les bestes
« sont en ara coisi un. »
(Doc. inéd., par M. **de Beauvillé.)**

Par suite de l'influence française, le patois a adopté le *c* chuintant et dit maintenant *choix* qu'il prononce *choué.*

COLÉRIEUX, irascible. Dérivé de *colère* venu du latin *cholera*, bile, *colère.* Cet adjectif très-commode et très-régulier manque au français qui n'a que *colère* lequel est tout à la fois adjectif et substantif.

COLICHER (se), se glisser, se faufiler. Dérivé de *coulisse*, en picard *coliche.* *Colicher* s'emploie aussi à l'actif : « i m'ot *coliché* ; » il m'a flatté, il s'est placé doucement près de moi.

COMBLE, grosse corde qui sert à maintenir sur une charrette un fort chargement de bottes de blé, d'avoine, etc. Ce mot est une corruption de *câble* : il y a eu changement de *a* en *o*, changement fréquent dans le patois et déjà plusieurs fois signalé, et addition de la lettre *m.* Cette addition se retrouve dans *brimber* (V. ce mot) de *briber*, et dans le français *comblau*, dénomination, dans l'artillerie, de grosses cordes ou *câbles* servant à traîner les canons. J'ajoute qu'à Villers-Bretonneux on dit *camberne* pour *caberne*, petite cabane, et que le français a *lambruche*, du latin *labrusca*, ce qui explique l'addition de la lettre *m.*

M. Devauchelle a relevé dans des documents :

« Ung **comble** de chanvre adjugé pour 2 liv.
« 4 sols. »
(Vente mob. à La Vacquerie, 1744).
— « Une corde ou **comble** en chanvre. »
(Description mob. à Montigny-les-Amiens, 1831.)

On lit dans le *Voyage à Jérusalem* de Jacques Le Saige, de Douai (1518) :

« Lendemain que je fus arrivé à Rome allay
« ouŸr messe en l'église St-Pierre... Après ce,
« on nous monstrat la corde où se pendit Ju-
« das. La dite corde est bien aussy grosse que
« ung **comble**, et est sur ung pilier bien hault à
» la main gauche. »
Dérivé : *Combler* (une charrette), maintenir le chargement au moyen d'un *comble.*

J'observerai que, dans bien des localités, on dit *combe*, par la chute de l'*l*, et même *come* par celle du *b* : c'est l'histoire du mot *cambre*, chambre, devenant *cambe*, *came*.

COMMUNIER. Ce mot qui n'est plus en usage dans le patois picard, existait dans le dialecte au sens de *membre d'une commune*. On lit dans une charte de 1411 relative à Encre, aujourd'hui Albert :

« Et meisment nous maire, jurés et commu-
« niers dessus dis avons mis le scel de le ville
« d'Encre à ces présentes. »
(Doc. comm. par **M. Daussy**.)

— « Le lundi Xᵉ jour d'octobre 1463 fu fait
« cambre en laquelle fu fait mention comment
« aucuns des communiers de le vile avoient esté
« traduits à Roye pardevant le lieutenant des
« gabelles. »
(**Une cité picarde**, par M. De Lafons.)

Communier est un dérivé picard de *commune*. J'observerai qu'on trouve dans notre dialecte les formes *quemune*, *quemugne*, par assourdissement de *o* en *e*.

« Jou Hues de Chasteillon, cuens de Saint-
« Pol, fach (fais) savoir que jou, de le volenté
« Marole, me feme, ai ottrié au maieur et as
« jurés et à tous mes bourgois de le quemune
« d'Encre... »
(**Ch. de 1239, communiquée par M. Daussy**.)

— « Item à che que li procureres de Pontieu
« dit que li castelains de Aut (Ault) et pluseurs
« autres gens de le quemugee d'Aut vinrent à
« le Mote qui est fiés (fief) de Pontieu... »
(**Ch. de 1310, Etude sur le Dial. pic.** par M. Raynaud.)

L'assourdissement de *o* en *e* se rencontre assez souvent dans le dialecte picard: *ordenanche*, ordonnance, *hemander*, commander, etc.

« Chi defeniat l'ordenanche devant dite qui
« fu faite par mon segneur Pierron de Fontaines
« et par chiaus (ceux) qui furent avec lui. »
(**Accord de 1269, comm. par M. Daussy**.)

— « Et se il en avoit mestier (besoin), si leur
« suije tenus à bailler forche, se il le rekeroyent,
« et sui tenus à mes traversiers et à mes eske-
« vins de kemander que il obéissent à aus et à
« leurs hoirs. »
(**Ch. de 1295, Etude sur le Dial. pic.** par M. Raynaud.)

— « Après leur doit le justiche quemander
« ki facent che qui doivent. »
(**Anc. Cout. d'Amiens, Du Cange sous campiones**.)

. On le trouve dans le vieux français :
« Pur ço voleit li reis, et il et si barun (il, lui)
Que se nul ordenez (prêtre) fust pris à méprisun,
Cumme de larrecin u murdre u treïson (u, ou)
Dunc fust desordenez par itele raison. »
(**Th. le Mart.**)

COMPROS (compro) ou COMPROUS (comprou), couperose dont se servent les cordonniers pour noircir le bord de la semelle des chaussures ; tout composé liquide apte à noircir ou à salir. Ce mot vient de l'anglais *copperas* qui est, d'après Littré, d'origine germanique. *Copperas* s'est contracté en *coppras* ; l'*a* final est devenu *o* : colza, *cossos*, iras (tu), t'*iros*, etc. Quant à l'*m*, cette lettre provient soit d'une intercalation comme celle qui de *Cottenchy* (nom de village) a fait *Contenchy* dans le langage des paysans, soit d'une confusion populaire avec *comprot*, *comprou*, qui signifie *complot* et dont le picard a changé l'*l* en *r* : *coronel*, colonel, *carculer*, calculer.

La forme picarde *compros*, couperose, se trouve dans une *Déclaration du Roi* de 1640, dans laquelle ce mot est masculin comme dans notre patois.

CONFITEBOR. Dénomination donnée au second chantre d'une église, parceque c'est lui qui entonne le second psaume des vêpres, lequel commence par le mot *confitebor*. Dans plusieurs localités on dit *dixit* pour *premier chantre*.

CONSTURE dans la locution *en consture*, vraiment, réellement. Dérivé du latin *constare*, être évident, certain, et, par une extension bien naturelle, vrai, réel. *Constare* a donné le terme de jurisprudence *conster*, être établi d'une façon certaine. *En consture* signifie en *vérité*, en *réalité*.

On dit aussi *en consnique*, en conscience, vraiment. *Consnique* a le même radical que *conscience* (en picard *conscienche*) avec la désinence de fantaisie *ique* qu'on retrouve dans *bernique*, *merdifique*, etc.

COPOIRE (copouère). On appelle ainsi une femme qui *coupe*, en picard *cope*, le velours. Dérivé de *coper*, *cauper*, dérivé lui-même du bas-latin *colpus*, coup, contration du classique *colaphus*. *Colpus* est dans la *Lex salica* qui porte : « Si quis « alterum voluerit occidere, et *colpus*

« ei fallierit. » C'est de *colpus* qu'est venu *cop* (co) à Amiens, *keup* dans la plupart des localités. La forme amiénoise se retrouve dans le vieux français :

« De **cop** férir, recevoir et doner. »
(Ch. de Rol.)

— « Ainsi furent sans **cop** férir
Desconfit li un et li autre. »
(Benoit.)

« « Sur son escu li va grant **cop** doner. »
(Roncisv.)

De même dans le dialecte picard :

« N'oès vous mie comment il tonne ? Che sont
« les plus grans **cops** de tonnoire que je oysse
« en me vie. »
(Dial. pic. flam. 1340.)

Cette forme est commune au picard et au provençal :

« La fatiga, la fam canina,
Vint (vingt) **cops** de bastoun sus l'esquina
Et lou double sus lous gigots
Soun bèn pesants pèr de bigots. «
(Lou siége de Cadaroussa).

Coper est commun au picard et au vieux français :

« Il lor **copèrent** les testes. » (Beaumanoir.)

La forme *keup* (keu), coup, se trouve dans le proverbe suivant :

« I (Il) n' feut (faut) qu'un **keup**
Pour tuer ch' leup » (loup)

On trouve la forme *cauper*, couper, dans le dialecte picard, et par suite *caupeur*, coupeur :

« Accordé est que li dit religieus prenderont
« prez au plus près de le ville d'Abbeville en
« tele manière qu'il puissent aler et venir en un
« jour en le manière qu'il est acoustumé, et
« puent **cauper** tout bos, suient estalon anchien
« ou autre. »
(Ch. de 1321, **Etude sur le Dial. pic.** par
M. Raynaud.)

— « Ogier le chippier (geolier) warde le pri-
« son où li prisonniers sont. Il y a des larrons,
« mordreurs (assassins), bougres, **caupeurs de**
« bourses... »
(Dialogues pic. flam. 1340.)

J'ai déjà fait observer que le changement de *ol* latin en *au* est particulier au dialecte picard.

Au même radical se rattachent les dérivés suivants :

Copon, petit cierge qu'on porte à un enterrement ou le jour de la Chandeleur. Un registre de Corbie (1511), cité par Du Cange sous *copellus* porte :

« **Item.** Quant aux sierges et **coppons** que
« on apporte à l'offrande en la dite église le jour
« de la Candeleur. »

Le testament de Jean Desnois, reçu par Jean Hurt, vicaire de la paroisse de Bergicourt, doyenné de Poix, en 1624, porte:

« Je vœulz que pour fournir au luminaire de
« mes obsecques, il soit fourni six livres de cire,
« scavoir : deux livres en chandelle et quatre li-
« vres en quatre torches, y comprins les **cop-**
« **pons** pour l'offrande. »
(*Communic. de M. Devauchelle.*

Il y a quarante ans les épiciers d'Amiens donnaient des petits *copons* aux enfants de leurs clients la veille de Noël.

Par assimilation à un petit cierge, on appelle *copons* les espèces de chandelles qui se forment aux bords des toits en chaume quand l'eau se congèle à mesure qu'elle dégoutte.

Coperelle, roseau des marais dont la feuille ressemble à une large épée.

Cocope. Terme enfantin pour désigner un couteau.

Recopeux (r'copeux). Ce mot se dit d'un homme qui vend très-cher des objets ou des marchandises d'une qualité inférieure ou qu'il a payés bon marché. Ce sens s'explique par le fait que *recoupe* signifie morceaux qui restent soit d'une étoffe qu'on a taillée, soit d'un pain qu'on a coupé, et en même temps de la deuxième farine tirée du son séparé du gruau. C'est un terme de mépris, et *recoper* a le sens de tromper sur la qualité et sur le prix.

Copier, tronc coupé d'un arbre, moins le pied. M. Devauchelle a relevé dans une *Description mobilière* :

« Une trentaine de bourées de branches, trois
« **copiers** de chêne, une douzaine de **copiers** et
« **tronces** de peupliers. »
(Montigny-les-Amiens.)

Cope-chou dans l'appellation *frère cope-chou*, jardinier de couvent.

COQUELET (coclet), jeune coq. Diminutif de *coq* venu du bas latin *coccus* qu'on trouve dans la *Lex Salica* : « Si quis *coccum* ant gallinam furaverit. » *Coquelet* se dit aussi du coq qui surmonte le clocher d'une église et sert de girouette ; dans bien des localités, on dit au même sens *coquet*, autre diminutif qui est commun au picard et au vieux français. Froissart dit de la Fortune que

« Plus tôt est tournée
Qu'un **coquet** au vent. »

Le coq s'appelle aussi *cocriacot* qui est une onomatopée.

Je crois qu'on doit rattacher au même radical le mot *coconier, cocongnier*, marchand ambulant qui va avec une hotte d'une forme particulière dite *coconne* acheter des poulets, des œufs dans les fermes ; mais il me semble bien difficile d'aller plus loin que le radical *coc*.

Il en est de même de *coquelote, coclote*, pierre en forme d'œuf qu'on dépose dans un poulailler pour exciter les poules à pondre.

Dans bien des localités, on dit *cou* pour *coq* (co), sans doute pour éviter toute confusion de ce mot avec *cot* (co) qui se dit pour *cat*, chat.

COQUILE, mâche, nom vulgaire de la *Valerianella olitoria*, plante alimentaire. *Orig. inc.*

CORAGE, irritation, colère. D'une forme bas latin *coraticum*, dérivé de *cor*, cœur, cet organe étant considéré par le peuple comme le siége de toutes les passions, à moins toutefois que ce ne soit une contraction d'une forme disparue *colerage*, dérivé de *colère*.

CORDELETTE (cordlette) dans la locution *être à s'cordelette*, être à son à part, littéralement *être à sa corde*, par comparaison à une bête, cheval ou vache, liée à un râtelier par sa laisse et mangeant ce qu'elle a devant elle, à sa place, à la longueur de sa *corde*, par opposition au pâturage en commun, au communisme des animaux. *Cordelette* vient de *cordelet* venu lui-même de *cordel*, corde ou laisse pour conduire ou attacher un animal. La corde qui sert à mener plusieurs chevaux attelés de file ou seulement accouplés, se nomme *cordieu*, autrefois *cordel*, comme on le voit dans un article de l'ancien Coutumier de Guines (XVᵉ siècle) qui défend de « carier sans *cordel*. »

On dit d'un homme sans intelligence qu'*il est boin à mener au cordelet*.

Cette forme est commune au picard et au vieux français :

« Et lui avoit on fait un menton d'argent, qui
« lui tenoit à un **cordelet** (petit cordon) de soie à
« à l'entour de sa teste. »

(**Froiss.**)

Au même radical se rattache *cordon*, chanvre ou lin serancé tordu par petites portions en forme de corde repliée sur elle-même. M. Devauchelle a relevé dans un inventaire :

« Soixante-quinze livres de chanvre en **cordon**, prisé la livre quatre sols. »

(**Fouencamps**, 1704.)

Il en est de même de l'ancienne expression picarde *chaise cordée* qui signifiait *pliant* et qu'on rencontre dans les Inventaires :

« Une **cheese cordée**, ung repos (berceau d'en-
« fant) avec une cheese à dos prisé le tout en-
« semble ꟃ solz. »

(**Amiens**, 1596.)

« L'usage des chaises ordinaires dans les églises, m'observe M. Devauchelle, est relativement moderne. Autrefois les fidèles y apportaient de quoi s'asseoir, qui un carreau d'étoffe, qui un siége pliant, d'autres un escabeau. »   ,

« Devotz sermons fréquenteras
Sans t'y asseoir pompeusement
Sur carreaux, mais y porteras
Ta selle à cordes humblement. »
(Quatrains sur la **Superfluité des habitz des dames**, XVᵉ s.)

CORÉE, fressure. Dérivé du latin *cor*, cœur ; estomac dans Lucrèce et Horace. Le sens primitif a dû être *ensemble des viscères de la poitrine*, ensemble que les Latins nommaient *præcordia*, comprenant originairement le cœur, puis par extension la poitrine, le sein, les entrailles. Le sens s'est restreint dans le patois à celui de *fressure*.

Je trouve notre forme picarde dans le *Voyage à Jérusalem* de Jacques Lesaige qui a vu à Rome en 1518 le *comble* auquel se pendit Judas... Le passage est un peu long ; mais je ne puis résister à la tentation de le donner en entier. Notre brave et naïf marchand écrit :

« Je vœulz escripre d'ung beau mi-
« racle lequel n'avoie point mis par es-
« crip à mon premier livre : c'est que
« j'ai veu le *corée* d'ung prestre laquelle
« on voit contre ung mur. Ce fut ung
« prestre bien devoet à la vierge Marie ;
« et alloit souvent la saluer en la sainte
« maison [de N. D. de Lorette] quant
« elle estoit au païs d'Esclavonie. Quant
« la dite maison ou chapelle fut trans-
« muée des Angeles, le dit prestre ne
« faisoit que se dellamenter, et prioit
« toujours qu'i posit savoir qu'elle estoit

« devenue. Une voix lui dict qu'il se mit
« en chemin, et que le trouveroit. Ainsy
« qu'il cheminoit trouva des Turcs qui
« lui demandèrent où il alloit, et il leur
« répondit qu'il cerchoit après la saincte
« chapelle ; et ils lui fendirent le ventre
« et lui tirèrent le *corée* hors de son
« corps. Après qu'ils l'eurent laissiet, il
« se leva et prist le dite *corée* et cheminu
« tant qu'il vint où la saincte chapelle
« estoit, et demanda des ornements
« et dit messe. Après avoir dit messe
« appela plusieurs chanoines et leur
« dit le miracle et soubit rendit son
« âme à Dieu. On lui ouvrit le ventre et
« trouva on qu'il avoit dit vray ; et
« vrayment j'ai veu la dite *corée*. »

On dit aussi *courée* qui a donné le diminutif *couriau* ou *couriot*.

CORETTE, collerette. Contraction de
collerette, petit col en linge fin ou en den-
telle dont les femmes s'ornent le cou.
Dérivé, comme *coïere*, *coïer*, de *col*, cou.

On trouve la forme *corerette* pour
collerette par permutation de *l* en *r* comme dans *cristère* pour *clistère*. M.Devau-
chelle a relevé dans des Inventaires :

« **Item**, vingt cinq **corerette** à usaige de
« femme le tout prisé VIII livres. »

— « **Item**, deux queuvechef à usaige de
« femme avecq trois **corerette** et quatre autre
« quevechef de nuit prisé L solz. »

(Amiens, 1619.)

Au radical *col*, du latin *collum*, se rattache le mot picard *colace*, nom donné
aux vacances annuelles de la justice seigneuriale de Boves, ainsi nommées parce
que, commençant à la mi-juillet, elles
finissaient à la fête de la *Décollation* de
Saint Jean-Baptiste le 29 août. M. Devauchelle a relevé dans une *Ordonnance
d'élargissement provisoire* rendue par
le bailli de Boves en 1507 :

« Et a prins jour le dit Massin jusques aux
« prochains plais (plaids) aprez **Colace** auquel
« jour il a promis retour à peine de XL solz. »

Ce mot était en usage ailleurs qu'à
Boves. Une sentence arbitrale rendue sur
contestation entre l'abbaye de Bucilly en
Thiérache et Jehan de Sothenay est datée
de « l'an mil CC et LXXX le dimenche
« aprez le feste Saint Jehan de *Colace*. »

(Cocheris, Doc. Inéd.)

CORION ou COIRION, cordon de soulier, de tablier, etc. Diminutif de *corroie*
du vieux français avec le suffixe *on*.
Coroie est commun au picard et au vieux
français :

« En ton lardier le saleras,
Et de sa pel (peau) fere porras
Coroies à copler fiaiaus. »

(REN.)

On trouve *corion* dans la chanson picarde citée au mot *cauches* : une jeune
fille dit qu'elle a déchiré son soulier et
ajoute :

« Per (par) le **corion**) l'ai ramassé. »

M. Devauchelle a relevé *coirion* dans
un Inventaire :

« Une paire de soulliers de maroquin et les
coirions de soye. »

(Amiens, 1621.)

On trouve *coron* dans Froissart au sens
de petite corde :

« Si passèrent trois varlets outre et mirent le
« bacquet (bac de rivière) et le corde à l'autre
« rive, et y attachèrent l'autre **coron**. »

Cette forme existe en picard au sens de
guide unique pour conduire les chevaux.
M. Devauchelle a relevé dans un Inventaire :

« Cinq coliaux (colliers de cheval) avec brides
« et avaloire et **coron**, le tout prisé six livres. »

(Vaux-les-Amiens, 1728).

CORNAILLÈRE, endroit très-fréquenté
par les corbeaux ou les corneilles qui y
font leurs nids : la grande avenue d'or-
mes du château de Tronville porte, dans
nos environs, le nom de *cornaillère* de
Tronville. Ce mot est un dérivé de *corneille* venu du latin *cornicula*. On dit
cornaille dans plusieurs localités, notamment à Gentelles. Cette forme qui explique *cornaillère* existait dans le vieux
français :

« Ensi avint k'une **cornaille**
S'assist seur le dos d'une oaille (brebis) ;
Dou bec l'ad féri durement,
Sa leine li oste asprement. »

(Marie de France.)

—« En tant com il se dementoit.
Liève (lève) sa tête et venir volt
Une **cornaille** à la volée. »

(Ren.)

Par métaphore on appelle *cornaillère*
le quartier d'un village où il y a le plus de
commérages et de cancans et surtout de

prises de bec. Ce mot a aussi le sens de
réunion tumultueuse dans laquelle tout
le monde parle sans pouvoir s'entendre :
un brave paysan me disait un jour en
parlant de la défunte Assemblée de 1871,
née, d'après Beulé, *en un jour de malheur,* qu'elle était *une vraie cornaillère...*

Le suffixe diminutif *iculus, icula* devient *eil, eille.* Mais il n'est pas étonnant
que *eille* soit devenu *aille* si l'on songe
que *ovicula* avait donné *oueille* en vieux
français et qu'on dit aujourd'hui *ouaille.*

J'ajoute qu'à Gentelles on dit *solail*
pour *soleil* du latin *soliculus, boutaille*
pour *bouteille* de *buticula, éraille* pour
oreille de *oricula : eil, eille* sont devenus *ail, aille,* comme dans *oueille* aujour-
d'hui *ouaille.*

CORNARD. Ce mot a en picard le sens
de *pensif, morne, un peu triste,* surtout
de *sournois.* C'est une extension ou plutôt
une conséquence naturelle du sens qu'il
a en français.

CORNEULE. Forme picarde *cornouille*
venu du latin *cornuculum,* petite corne,
à cause de la forme du fruit. Nous avons
aussi la forme *corgnolle.*

Locution picarde : « *Des corneules !*
ou *Des corneules bleltes !* exclamation
employée pour faire entendre à quelqu'un
qu'on est fatigué ou ennuyé de ce qu'il
dit ou fait. C'est aussi l'*expression* d'un
sentiment de dépit de ne pouvoir réussir
à faire quelque chose.

Des corneules ! est un équivalent de
du sucre ! en français, *du chuque !* en
picard. J'observe en passant que les Picards remplacent fort souvent *chuque*
par le nom d'une substance que les Latins appelaient *stercus* et qui n'a pas
précisément la même saveur que le sucre. Voyez sous *Bernifiquer* le nom de
cette substance et son origine.

CORNILLOT, petit cornet de papier.
Dérivé de *corne,* du latin *cornu.* Se dit
aussi des espèces de cornes que portent
les colimaçons et des papillottes ou *accroche cœur* que se font les femmes coquettes.

Au même radical se rattache *cornufi-
quer,* donner un coup de corne, qui vient
non de *cornu figere* comme le dit Corblet,

puisque *figere* ne peut donner que *fire,*
mais de *figicare,* fréquentatif de *figere,*
par contraction régulière en *fig'care.*

CORPORANCE, corpulence. Dérivé de
corps, du latin *corpus,* corps. Marot a
employé ce mot :

> « Car on dict, veu sa corporance,
> Que c'eust esté un maistre bœuf. »
>
> **(Epit. de Jehan le Veau.)**

A *corps* se rattache la locution picarde
en pilecorps, sans habit, c'est-à-dire à
casaque dévêtue. *Pile* est une corruption
de *pur :* on disait jadis *en pur corps,
en pur le corps :*

> « La manière de faire hommage si est ceste :
> « premièrement l'homme mis au net, c'est-à-
> « dire chapperon abattu et sans couteau qui por-
> « tast défense, et **en pur le corps,** c'est-à-dire
> « sans manteau. »
>
> (BOUTEILLER, **Somme rur.**)

— « Ilec le désarmèrent, et il demeura **en pur
« corps.** »

> **(Lancelot du Lac.)**

Ainsi s'expliquent encore les expressions en *pilesgambes,* en pures jambes,
les jambes nues ; *en pilesmanches,* en
pures manches de chemise, sans habit.
On trouve de même dans le vieux français *en pure cote,* en simple jupon en
parlant d'une femme, en simple justau-
corps en parlant d'un homme :

> « Deus damoiselles moult mignotes
> Qui estoient **en pures cotes.** »
>
> **(La Rose.)**

— « Li hons de poesté se présente à pié, **en
« pure se cote,** sans armeure, fors de baston et
« d'escu. »

> (BEAUMANOIR.)

CORRE ou CAURE, noisetier. Du latin
corylus, même sens, par contraction régulière en *cor'lus,* métathèse de 1 *l* donnant *colrus* dès le IXe siècle, d'où, par
le changement de *ol* en *au,* la forme
caure qui est la vraie forme étymologique, puisque le picard dit *maure,* moudre, du latin *molere,* et n'insère point
de *d* euphonique.

Les formes *caure, corre,* sont communes au picard et au vieux français :

> « De caures ouvra et d'ozières
> Coffiniaux et pantères »
>
> **(Du Cange, coffinus.)**

— De cordes de harts et de corre
> De kaynes et de carcans
> Les crucefient en lor bans. »
>
> **(Barl. et Jos.)**

Dérivé : *Corroy* (le,) nom d'une localité de l'arrondissement d'Abbeville. Du latin *coryletum*, lieu planté de noisetiers.

Caurriaus, aujourd'hui Coreaux ou Coureaux, nom d'un hameau dépendant d'Orival et d'un autre hameau dépendant de Vergies. Du pluriel du bas-latin *Col·rellus*. On lit dans une charte de 1321 :

« On sara (saura) comment u temps passé il a
« esté usé de le dite institution et tenra (tien-
« dra) che que ou trouvera par enqueste, lequele
« sera faite par Fremin de Roghebem, Henry
« de Pontoiles et Jehan de **Caurriaus**, no cler
« (clerc) ou l'un des deux avec le dit Jehan. »
(Etude sur le Dial. pic. par M. RAYNAUD.)

M. Raynaud a fait erreur en prenant Caurriaus pour Querrieu qui est orthographié *Kirieu*, *Cairieux*, *Kierriu* dans les documents anciens. Le radical du mot Querrieu est le celtique *Ker*, habitation rurale, hameau, qui a dû donner le diminutif bas-latin *Kerrellus*, diminutif comme il y en avait tant dans le latin populaire. (Voyez au mot *amiteux* l'étymologie de *Lucheux*).

Puisque je viens d'écrire *amiteux*, je répare une omission que j'ai faite à ce mot en n'indiquant pas qu'il existe dans le provençal au sens de *doux*.
On lit dans *Li Nouvè* de Saboly :

« Mai chut !.. Uno voes **amistous** (**Voues**, voix)
Dou cèu davals pietadous... » (**Cèu**, ciel).

J'allais oublier, à propos de Querrieux, un dicton qui exprime d'une singulière façon le fait que ce village touche celui de Pont-Noyelle. On dit, dans nos environs, avec l'accompagnement de rime toujours cher aux Picards :

« Enter (entre) Pont et Querriu,
I n'y a point d'quoi mettre sen cul. »

CORRIERS (rue des). Ainsi est appelée par les vieillards la rue des Corroyers (corroyeurs) à Amiens. *Corrier* est une contraction de *corroyer*, comme *coutrier* de *couturier ; parquignier* (parcheminier) de *parqueminier*, etc. Cette contraction est fort ancienne ; M. Devauchelle a relevé dans les *Coustumez de la chilé d'Amiens* (1300) ce qui suit :

« Le gent de mestier de le terre l'Evesque
« soient boulenghier, bouchier, taneur, sueur,
« merchier, **corrier**, sont tenus de warder les
« estatuts (statuts) qui sont en leur mestier au
« commandement des maïeurs des banières. »

Dans un état des rues d'Amiens dressé en 1456 à l'occasion d'aides levées pour faire la guerre aux Anglais, la rue en question est dénommée *rue des Corriers*. Ce mot est un dérivé de *corroi*, vieux français *conroi* venu du bas latin *conredum*, mot composé de *cum* et de *redum*, ce dernier d'origine germanique, flamand *rêden*, arranger, gothique *raidjan*, préparer.

COSE, chose. Du latin *causa* qui a pris le sens de *res* dans les derniers temps de l'Empire et qu'on trouve au sens de *chose* dans la *Lex Longobardorum* : « Quia
« isti *causam* faciunt, non autem mu-
« lieres. » Le picard a conservé le *c* dur latin qui *est* devenu chuintant dans le français.

Cose est commun au picard et au vieux français :

« Ne ule **cose** non la pouret omque pleier. »
(Ch. d'Eulalie.)

—« Si li requierent conseil d'icelle **cose**. »
(St-Alexis.)

—« Purquei fremirent les genz, et li pople pur-
[penserent vaines **coses**?
(Trad. du Liv. des Psaumes, XIIe **S.)**
Quare fremuerunt gentes et populi meditati
[*sunt inania ?*

De même dans le dialecte picard :

« Jhesu Cris li fiux (fils) Dieu le père
Morut pour nous, ch'est **cose** clère,
Et au tierch jours resuscita. »
(Le **Miserere** du **Reclus de Molliens**.)

— « VI **coses** sont que je point n'aim, (aime)
Dur lit, mauvais vin, povre pain,
Fu (feu) de tourbes, dangier de vilain
Et acointise de nonuain. »
(Anthol. pic. Epigr.)

— Se (si) c'est **cose** que sans l'air ne puet on
« vivre, si vous aprenderons à counoistre li
« quels airs est boins et li quels est malvais,
« pur (pour) eslire ce k'est boin pur santé
« garder. »

(ALEBRANT).

— « Et u (au) tesmognage de cheste **cose**, je
« leur ai doné cheste letre seelée de men seel. »
(Ch. de 1270, **Etude sur le Dial. pic.**, par M. RAYNAUD).

— « A toutes ches **coses** dessus dites tenir
« fermement j'ai obligié mi et tous mes oirs... »
(Ibid. Chart. de 1279).

COSSOS, colzas. Du flamand *koolsaed*, même sens. Ne s'emploie qu'au pluriel.
Dérivés : *Cossinet*, paille ou tiges de colza battu.

La permutation ou corruption de *a* final en *o* est presque de règle générale dans notre patois : *cho*, ça; *lo*, là; *seros* (tu), tu seras. Dans la description de l'ancien cimetière Saint-Denis, à Amiens, par M. Goze, on lit : « En dedans de la porte principale, « sur chacun des contreforts, d'un côté, « un avocat en costume demandait en « picard : « *Qui vo lo ?* » (Qui va là ?) « De l'autre un cadavre presque décharné « lui répondait : « *Ch'est mi.* » (C'est « moi.) Dans les environs, sur une croix, on lisait :

« J'étois comme ti (ti, toi)
« Tu seros comme mi. » (mi, moi.)
(**Hist. des rues d'Amiens**).

COTCORNU dans la locution : « Ch'est un vrai *cotcornu* », c'est un individu singulier, bizarre, original, difficile. Le français a *besque cornu*, sot, imbécile, venu, d'après Littré, de l'italien *beco*, bouc, et *cornu*. *Cot* en picard signifie *chat* ; *cornu*, dans les environs de Paris, signifiait *bizarre* au XV° siècle, et a encore cette signification en picard dans *cailleu cornu*, caillou drôlement conformé, caillou à *cornes*, et, par extension, bizarre de forme. Il est donc probable que *cotcornu* vient des deux mots *cot*, chat, et *cornu*, bizarre.

On trouve dans les *Dialogues picards-flamands* (1340) l'expression *cas cornus* au sens de *hulotte* :

« Espreviers ne faucons ne cas cornus (hulen)
« ne chuettes, ne corbiaus, ne cornelles. »

Le mot *esprevier*, épervier, d'où est venu *brevier* dans notre patois, montre que la métathèse de *er* en *re* était déjà opérée dans le dialecte picard. (V. *Brevier* au mot *Casan.*)

COTE. Les Picards appellent *cote* la toison d'une brebis, et disent : « J'ai vingt *cotes* à vendre. » Ce mot vient soit du celtique, gaël : *cot*, vêtement, soit de l'allemand *kut*, tunique, la toison ou *cote* pouvant être considérée comme le vêtement de l'animal.

A ce radical se rattache le diminutif *coteron* (cotron), jupon.

Proverbe picard :

« Un fiu (homme) qui file, eine femme qui
| claque,
Ch'est un ménage sans cotron ni casaque. »
« Quand l'homme file et que la femme conduit
« les chevaux, c'est un ménage dans lequel les
« rôles sont intervertis. »

Au même radical se rattache *cotèle*, espèce de tunique courte que portaient les paysans picards au moyen âge :

« Et je souhaide fres fromage et civos,
Tarte à poret, lait bouli et matons,
Cervoise euisse et goudale en deux pos (pot);
Car li fors vins si ne m'est mie bons ;
Et blankes couches, so illié à fors semèle
Et tous jours mais me durast ma cotèle. »
(**Anth. pic. Souhaits d'un paysan.**)

COUANE ou COUÉNE. Mot d'origine et d'orthographe incertaines. Peut-être doit-il s'écrire *couan* prononcé *couane*. On le rencontre dans les locutions suivantes :

« Ch'est un grand *couane* ; » c'est un grand mollasse, un grand poltron, en parlant d'un homme sans énergie et sans courage.

« Etre ou rester *couane* ; » être interdit, rester décontenancé.

On peut songer, pour l'origine, au mot *couenne*, peau du cochon raclée : on dit en picard *mou comme une couenne*, et il n'y a pas loin du sens de *mou* à celui de *lâche, poltron*. Mais peut-être n'y a-t-il là qu'une corruption du français *couard* dont le *d* ne se prononce point : l'*r* a pu se changer en *n*, fait qui est jusqu'à un certain point régulier, puisque les liquides permutent facilement.

COUEL (coué), vase en terre cuite qui sert à faire le pot-au-feu. Je rappellerai ici une observation que j'ai faite au début même de ces *Etudes*. « Une foule de mots « qui n'ont laissé de traces ni dans le « français, ni dans les dialectes, n'en ont « pas moins été jadis en usage dans le « parler populaire. Les textes, dit Littré, « sont certainement loin de représenter « toute la langue parlée. A l'aide de rè- « gles appliquées avec une critique ri- « goureuse, on parvient à reproduire les « formes d'où émanent immédiatement « les mots romans. Diez est pénétré de la « nécessité de reconstruire les formes du » bas-latin : il n'a pas manqué d'en mon- » trer la voie. » J'ai fait cette démonstration pour le nom du village de *Lucheux* (V. *Amiteux*), et prouvé qu'il implique une forme bas-latin *lucellus*, diminutif de *lucus*. Je crois que *couel* implique une forme bas-latin *coquellum* venue de *coculum*, vase de cuisine, comme *Lucellus* de *lucus*, comme *coopercellum* de *cooperculum* qui a fait *couver-*

chel qu'on verra plus loin. *Coquellum* laissant tomber la consonne médiane donne *co'ellum* d'où *couel*, qu'on pronince *coué*, comme *tinel*, *flayel* se prononcent *tiné*, *flayé*.

M. Devauchelle a relevé dans des Inventaires la forme étymologique *couel* et la forme *coy*, équivalent phonétique de *couel* prononcé *coué* :

« Un lemois (maie, pétrin) avec une rati-
« choire et un couvrechef (couvercle) à **couel**
« prisé XII solz. »

(**Amiens**, 1609.

— « **Item**, ung **coy**, une quenne, un pot-à-
« poires, trois mandelettes et un tableau prisé
« ensemble XXV solz. »

(**Amiens**, 1670.)

L'expression *pot-à-poires*, pot à faire cuire des poires, me donne l'occasion de signaler un changement insolite de *o* en *a* et me rappelle un sobriquet assez drôle. Les habitants de Marcelcave, village qui produisait jadis beaucoup de poires à cuire, sont surnommés les *patapoires de Marchel*, littéralement les *pots à poires* de Marcelcave, parce qu'ils faisaient une énorme consommation de poires cuites au pot dans le four et qu'ils prononçaient ce mot comme s'ils avaient eu la bouche pleine de marmelade de poires.

COULARD, adj. Se dit d'un homme qui a perdu ses forces, son énergie, ou dont la santé paraît compromise. C'est un dérivé de *couler*, s'en aller, dépérir.

COULOT ou COULIOT, petite rigole pour l'écoulement des eaux ou du purin des étables.

Dérivé sous forme de diminutif du verbe *couler* venu du latin *colare*, filtrer, qui a donné les dérivés suivants :

Coulotte, diminutif de *coulot*, même sens.

Coulin, petit fossé ménagé pour l'écoulement des eaux. Ce mot est commun au picard et au vieux français. On le trouve dans une citation de Du Cange sous *conductus* :

« Or voulons en ceste seconde partie
« traictier (traiter) des chaucées, des
« coulins, des travers, des rivages. »

Couliner (se), se glisser doucement et sans bruit.

Couloir, tamis à passer le lait, l'oseille cuite, etc.

COUPE ou COPE dans la locution *être* ou *venir à coupe, à coupe* signifiant *à point*. On dit, au propre, d'une récolte de blé, de fourrage, qu'*elle viendra à coupe* ou *à cope*, c'est-à-dire au point, au moment, au temps de pouvoir être récoltée, *coupée* : de là, au figuré, le sens de *à coupe*, à point. Dans nos villages, on appelle *bos à cope*, le bois qui doit être abattu dans l'année.

Locution picarde : « Quand i feut des sous, ch' bos est *à cope*. »

Quand on a besoin d'argent, le bois est à couper.

Au même radical se rattache un mot que j'aurais dû mettre sous *copoire*, mais que j'ai oublié par mégarde. Je répare ici cette omission.

On a vu plus haut que *coup* se dit en picard *cop* ou *keup*.

Coup dans les locutions françaises *tout-à-coup*, *sur-le-coup*, signifie *moment*, *instant*. Le picard a aussi *tout-à-cop*, *tout à keup*. De l'expression adverbiale *tout-à-keup* il a tiré un substantif. On dit dans nos environs : « A l'*akeup* lo, » à ce moment là ; « A l'*akeup* qu'il est arrivé, » au moment, à l'instant où il est arrivé.

COUPELET (couplet), sommet, extrémité, haut, faîte. Diminutif de *coupel* qui est lui-même un diminutif venu du bas latin *coppa*, *copa* lequel vient soit du celtique kymri *cop*, cîme, soit du haut allemaud *cuppe*, même sens.

Corblet dit que *couplet* ou *coupet* vient *du roman copet, dérivé de caput, tête*, non-seulement sans citer aucun exemple de la forme romane *copet*, mais encore sans essayer de montrer commant *caput* eût pu donner ce prétendu dérivé, ce qui eût été assez difficile, le *p* ne s'étant pas maintenu dans le primitif qui s'est transformé en *cabo*, *chève*, *kief*, *chef*.

On trouve dans Du Cange sous *copa* les formes *coupel*, *coupet*, *couplet*.

« Quant le suppliant eut ramassé sa hachette,
« il remonta au **coupel** (de l'arbre) et demanda à
« laditte Colette s'eile vouloit qu'il tranchast
« les branches ou qu'il les **escoupelast**. »

— « En une cité se mist qui est outre l'iaue
« de la Gironde au **coupet** d'une montagne. »

— « Bouchier li conru atout (avec) un grand
« coustel et le porfendi du **couplet** de la teste
« jusques au **front**. »

Le provençal a *coupet*, cîme, tête.

« Couma regardavon en bas
le toumbava pas sus lou nas,
Mai lou **coupet** bèn hou pagava,
Et l'os bertrand se rabinava.... «
(**Lou Siége de Cadaroussa.**)

Notre forme picarde *coupelet* est un diminutif qui a été formé de *coupel* absolument comme *mantelet* de *mantel*, *cordelet* de *cordel* (voyez *cordelette*), *fardelet* de *fardel*, *Hamelet* (nom d'un village du canton de Corbie) de *Hamel*, nom d'un village voisin. La forme *couplet* de la dernière citation est une contraction de *coupelet*.

Coupelet est aussi un terme de mesurage. On dit *mesure à coupelet*, mesure plus que pleine, dont le contenu dépasse les bords et forme un excédant, une espèce d'élévation ou cîme.

Dérivés : *Coupinette*, cîme extrême d'un arbre.

Ecoupeler, enlever l'extrémité de la cîme ou des branches d'un arbre. On a vu ce mot ci-dessus dans la première citation.

COUPLOIRE, ouvrière qui ramasse et met en javelles le blé fauché par le moissonneur.

Dérivé de *couple*. Les moissonneurs se mettent ordinairement par *couple*, un homme qui fauche et une femme qui ramasse.

Dérivé : *Découpler* (se), se séparer en parlant d'un couple.

COUQUE, sorte de patisserie qu'on fait à Abbeville d'un mélange de farine, de beurre et de sucre. Du vieil haut allemand *kuocho*, tarte.

COUQUER, coucher. Du latin *collocare* qui est dans Suétone au sens de *coucher*, par contraction régulière en *coll'vare*, changement de *ol* en *ou* et de *are* en *er*. La contraction était déjà opérée au VIe siècle, puisqu'on trouve dans la *Lex Salica* l'expression *sole colcato*, au coucher du soleil. Le picard a conservé le *c* dur médial qui est devenu chuintant dans le français *coucher*. On trouve la forme *coukier* dans notre dialecte :

« Car les estoiles se comportent,
De signe en signe se reportent,
Or se **coukent** selonc droiture,
Or renaissent selonc nature. »
(**Gui de Cambrai**, XIIIe s.)

— « Mais si le plaie est si crueus qu'il i ait
« péril de mort ou qu'il se peust essaner (perdre
« tout son sang), on li peut bien bender. Et les
« doit-on (les champions) laissier **coukier** et
« dormir. »
(Du Cange, **Anc. Cout. d'Amiens** sous **Campiones.**)

Je trouve cette forme picarde dans un *Extrait du Livre rouge* d'Abbeville, publié par M. Louandre. Le passage est un peu long, mais très-curieux par le fait qui y est rapporté, puisqu'il s'agit de l'exécution capitale d'un porc en présence des autorités municipales et après jugement préalable...

« Il advint le samedy XVe jour de dé-
« cembre MCCCCXIIII que la fille de
« Jean Guillain, elle estant *couquiée* en
« son bers et repos, fu estranglée et le vi-
« sage mengié par un petit pourchel qui
« estoit au dit Guillain. Pour lequel cas
« et par délibération du Conseil, icelluy
« pourchel fut traîné et pendu par les
« gambes de derrière le nuit (veille, jour
« précédent) de Noël XXIIIIe jour dudit
« mois l'an dessus dit et par le jugement
« des Maires et Esquevins, Mathieu Bar-
« bafust estant Mayeur. »

Au moyen âge, l'expression *couquant et levant* signifiait *domicilié* :

« Et s'il ne le trueve (trouve) d'aventure, il
« doit aler faire semonce à l'ostel où il est **cou-**
« **quant et levans.** »
(**Beaumanoir.**)

— « Respout li procureres que a boine cause
« furent bani et que li banniessemens ne doit
« mie estre rappelès ; quar, anchois que li dit
« bani venissent en le prison de Pontieu, il es-
« toient **coukant** et levant en le castelerie de
« Dommaart (Domart) là u il a toute justiche,
« haute et basse. »
(**Ch. de 1310, Etude sur le Dial. pic.** par M. Raynaud.)

COURCHÉ (être), être fâché, être en colère. Nous avons aussi le verbe *courcher*, mettre en colère. *Courcher* vient non de *couroucer*, mais du vieux verbe picard *courechier* dont il est une contraction :

« Amours est comme li fus : (feu)
Je l'crieng (crains) **courechier.** »
(**Anth. pic.**)

Le vieux français disait *corecer* :

« Lai saint iglise aveir ses decrez et ses leis ;
Elle est espuae Deu qui est sire des reis :
Ils'en **corecera**, se de rien les descreis. »
(**Th. le Mart.**)

34.

COURCHELLE, petite cour d'une maison. Du bas latin *curticella*, diminutif de *curtis*, originairement *chors, chortis*, basse-cour dans Palladius : il y a eu contraction régulière de *curticella* en *cur't'cella*, changement de *o* en *ou* et de *c* doux en *ch*. M. Devauchelle a relevé dans un acte passé en 1445 devant le maire et les échevins d'Amiens :

« Ont baillé et livré à cens annuelz et
« perpétuelz trois petites maisons, *cour-*
« *chelle*, gardinet (petit jardin) et téne-
« mens séans ès fourbours (faubourgs)
« d'Amiens en le rue de le Hautoie. »

Après la conquête de la Gaule par les hordes germaniques, *curtis* a pris la signification de résidence rurale d'un seigneur frank avec ses officiers et ses familiers, celle aussi de réunion des hommes obligés de marcher sous ses ordres : « Si
« quis in *curte* ducis occisus fuerit », dit la *Lex Alemannorum;* puis enfin celle de cour de justice. *Curtis* a donné *cort* à l'origine, puis *court* qui forme le suffixe du nom d'un grand nombre de villages : Berteaucourt, de *Bertaldi curtis*, résidence de Bertaldus ; *Armancourt* de *Armandi curtis*, etc. *Courchelle*, de *curticella*, diminutif de *curtis*, avait sans doute le sens de résidence peu importante. Ce mot est le nom de plusieurs villages des cantons de Poix, de Conty, de Moreuil ; il a donné lui-même le diminutif *Courchelette*, nom d'un village du canton d'Albert.

Au même radical se rattachent les dérivés suivants :

Cortil, Courtieu ou *Courtiu*, petit jardin, le premier d'une forme bas-latin, *cortile*. Ces deux formes sont communes au picard et au vieux français :

« Cest cortil fut moult très bien clos
De piez de chesne aguz et gros. »
(**Ren.**)

— « Nus chapeliers de fleurs ne doit cueillir
« au jour de diemenche en ses courtiux nules
« herbes, nules fleurs à chapiaus fere. »
(**Liv. des Mét.**)

M. Devauchelle a relevé dans Cocheris un extrait du Cartulaire de Guise (1344) qui porte :

« Lettre par chirographe de deux verges de
« courtil dessous les pasquiers de Morcourt
« accatées à Colart Ogier et à se feme pour assir
« un four à Flavigni... »

On lit dans le *Reclus de Molliens* (XIII° s.) parlant d'Adam :

« Il convoita par grant foiblece
La plour pome du courtil. »

Le *Dénombrement du fief du Vieux-Marché* (1401) sis à Moreuil porte :

« **Item.** Y a en terres aux camps que on dit
« les **Courtieulx** XXIIII journeulx de terre dont
« chascun **courtil** faisant un journel ou environ
« doit d'anchianeté au jour de my-may XIII dé-
« niers, à le Saint-Remy II déniers et sestier et
« demy d'avaine, et au Noël II capons et II dé-
« niers. »
(**M. de Beauvillé, Doc. inéd., t. II.**)

Dérivés : *Courtiller*, marauder dans les jardins.
Courtiner, travailler au jardin.

COUSIN. Ce mot s'emploie au sens d'*ami*. On dit de deux hommes qui sont mal ensemble qu'*ils ne sont pas cousins*.
Dicton picard :

Peut-être et quasiment (quasimeint)
Sont des cousins germains.

COUTIAU ou **COUTIEU**. Forme picarde de *couteau*, du latin *cultellus* qui a donné à l'origine *coutel*. *Coutel* (*couté*) se dit encore dans les environs d'Abbeville et il existe dans le provençal :

« On vesié pas pus per carrieiras
Ni cousiniés, ni cousinieiras
Vendre de lard, plouma d'aucels
Et faire amoula sous coutels. »
(**Lou Siège de Cadaroussa.**)

On le trouve surtout dans le vieux français :

« Li rois tint un coutel à pointe. »
(**Ren.**)

— « Devant le roy, tranchoit du coutel le bon
« conte Jehan de Soissons. »
(**Joinville**).

La forme *coutiau* est commune au picard et au vieux français :

« A lor cotiaus qu'il ont tranchans et afilés... »
(**Ch. d'Ant.**)

— « Avoient aiguisié à keus leur coutiaus. »
(**Bl. et Jeh.**)

— « Deus coutiaus vous fallent pour tallier
« vo viande. »
(**Dial. pic. flam. 1840.**)

« **Item.** J'ay sur une maison séant à Boves,
« laquelle tient ad présent Simon de le Croix,
« chacun an au jour de Noël, deux coutiaux à
« manche de pronnier (prunier) de cens de le
« valeur de XVI déniers parisis. »
(**Dénombrement de la Terre et Seigneurie de Villers Bretonneux, 1387.**)

— Le justiche fera jurer ad avoués qu'il n'ont
« brokes ne coutiaus seur aus ne autre ar-
« meure, ne ont ne herbes ne caraudes, ne fait
« sort ne sorcherie. »

(**Anc. Cout. d'Amiens**, Du Cange
sous campiones).

M. Devauchelle a relevé dans l'*Almanach perpétuel* du P. Daire une chanson
burlesque qui est probablement d'origine
picarde et dans laquelle se trouve la forme
coutiau :

— « Quand Pierre coupit
A Malchus l'oreille,
Le Sauveur lui dit
Tout bas à l'oreille :
« Pierrot. »
— « Plait-il ? Mon Dieu. »
— « Turlututu, rengaine ton coutiau. »

La forme primitive *coutel* a donné en
picard les dérivés *couteler* et *coutelée*.
Il y a soixante ans, on coupait encore les
blés avec la faucille. *Couteler* signifiait
couper avec la faucille et *coutelée* se disait d'une poignée coupée.

J'observerai en passant que *coutel* a
donné en provençal un dérivé qui, pour
le sens, se rapproche beaucoup du dérivé
picard : c'est *escoutela*, tuer avec un
coutel, égorger, mettre à mort. Le célèbre
poète Mistral l'a employé dans une pièce
de vers sur le *Massacre des Innocents* :

« Tré qu'a sachu la lei injusto
Que lis enfant de la (la, lait)
Saran escoutela,
Lou viei fustié mando sa fusto
Et sa destrau apareila... »
(**Li Nouvè de Saboly**.
Avignon, 1865.)

COUTRIER, tailleur. Contraction de
couturier, homme qui fait métier de
coudre. Autrefois les *coutriers* allaient
en journée chez les particuliers, comme
le font encore aujourd'hui les coutu-
rières.

COUVERCHEL (couverché), couvercle
de marmite, de poêle, etc. On trouve les
formes *couverchef*, *couvercer*, et, par
métathèse, *couvrechef*, *couvrecher* etc.,
dont la finale sonne toujours *é*. D'une
forme latine *coopercellum*, diminutif de
coopercolum, couvercle, par changement
de *p* en *v* et de *ellum* en *el* comme dans
tinel de *tignellum*. Le provençal a *cu-
bresel*, couvercle, qui représente les éléments du latin *coopercellum*. Le vieux
français avait *couversel* :

« Leur lit, leur habitation
Estoit soubz arbres ; les rainsel
Furent leur toit et couversel. »
(**E. Desch. Poés. MSS. dans Lacurne**.)

Le picard au lieu de changer *c* doux en
s comme le provençal et le vieux fran
çais, l'a transformé en *ch* : de là *couver
chel* qui est la forme primitive et qui se
prononce *couverché*.

M. Devauchelle a relevé dans des Inventaires :

« Ung couvrechef à four. »
(**Amiens**, 1598.)
— « Deux couvrechefz à pot. »
(**Amiens**, 1598.)
— « Un couvrecher à pot de fer. »
(**Amiens**, 1618.)
— « Une marmite de fer et le couvercer de
fer, le couvercer à four aussi de fer. »
(**Amiens**, 1618.)
— « Ung couvercef à four aussy de fer. »
(**Amiens**, 1619.)
— « Ung casier (coffre) de blancq bois sans
couvreché. »
(**Amiens**, 1620.)

De même *couverceau* qui est *couverchel* avec le changement de la finale *el* en
au comme *martel*, *marteau*, *flayel*,
fléau, etc.

« Un pot o feu et le couverceau prisé à trente
« sols. »
(**Villers-Bocage**, 1677.)
— « Une marmitte, un ouverceau et une
« cuillière. »
(**Amiens**, 1618.)

Le vieux picard avait un mot qu'il ne
faut pas confondre avec *couverchef* : c'est
cœuvrechef, bonnet de nuit pour les femmes qui n'est autre que le français *couvrechef*.

On trouve de nombreuses formes dans
des Inventaires dressés à Amiens : M.
Devauchelle a relevé :

« Deux serviettes de toille avecq deux cœu-
« vrecher. »
(1558.)
— « Ung cœuvrechef de toille de lin. »
(1576.)
— « Ung crevechef de nuict de thoille de
« chanvre. »
(1576.)
— « Cinq cœuvrechefz de nuict à usaige de
« femme prisé xv solz. »
(1613.)
— « Deux queuvrechef à usaige de femme,
« quatre autres queuvrechef de nuict. »
(1619.)

COUVERTOIR, couverture de parade pour un lit. Du latin *coopertorium* qui est dans Scévola et Végèce au sens de *couverture, tout vêtement qui couvre* : il y a eu changement de *o* en *ou*, de *p* en *v* et de *orium* en *oir*. On rencontre assez souvent la forme latine *coopertorium* :

« Calidis **coopertoriis** involutus. »
(**Veget**, de re Veter.)

— « An non posset dormiri nisi supra varium stratum aut sub peregrino **coopertorio** ? »
(**S. Bern.** de vitâ et mor. reliog.)

—Indumenta autem altaris cercitorium et duo **coopertoria** serica. »
(**Ch.** de 1019, Du CANGE, **cercitorium.**)

Du Cange cite des documents d'origine picarde dans lesquels se trouve *couvertoir*.

Un Cartulaire de Corbie porte :

« **Item**, ung **couvertoir** de vair. »

Un Registre d'Abbeville dit :

« Le meilleur **couvertoir** de lyt. »

On lit dans les *Dialogues pic. fl.* de 1340 :

« Ore faut-il des lits et **couvertoirs** et kieute-« poiates aussi pour les lits couvrir. »

M. Devauchelle a relevé dans des inventaires :

« Ung **couvertoir** de drap blain servant à mettre sur le lict. »
(**Amiens**, 1575).

— « Ung **couvertoir** de satin blancq avec des sifres (chiffres) d'argent, bordé de passement d'argent et frinches (franges) d'argent. »
(**Amiens**, 1595).

— « Un **couvertoir** blancq, un loudier, une paire de linceux (draps). »
(**Amiens**, 1622).

COUVICHE, adj. Se dit d'un œuf gâté par un commencement de couvaison ou pour avoir été conservé trop longtemps. De *couvis*, autre forme de *couvé*, participe de *couver*, du latin *cubare* : l'*s* s'est changée en *che* comme dans *cavêche*, de *cavés*, chevet, et dans plusieurs autres mots : *yeuiche*, aqueux, dérivé de *yeue*, eau, etc.

Au même radical se rattachent :

Couviller, diminutif de *couver*, au sens d'avoir une chaufferette ou *couvet*, et *couvillette*, contenu d'un couvet.

Couvoire, poule qui couve. Ce mot se dit aussi d'une femme qui a beaucoup d'enfants : « Ch'est une boine *couvoire*.»

COUVRAINE (**couvrainne**), semaille ; temps des semailles. Du bas latin *cooperana*, dérivé de *cooperire*, couvrir, par contraction en *co'p'rana* et changement de *p* en *v*. Une charte de 1242 citée par Du Cange, porte : « Remisi dictæ ecclesiæ « tres corveias in unâ carrucâ, in ver-« sanâ, in martio, in *cooperanâ*; in ver-« sanâ et *cooperanâ* cum duobus equis. » Le même auteur définit ainsi le mot *cooperana* : « Tempus quo sata cooperiun-« tur, in quibusdam provinciis *couvraine*. »

Ce mot se rencontre dans les documents anciens :

« Quiconques a carue à Rouvroy ou en le vile « de Folies doit à monseigneur le Vesque une « corvée au march (en mars) et une en cou-« vrainnes (semailles d'automne) se (si) il a « carue. »
(**Dén. du Temp.** de l'Ev. d'Amiens, 1301.)

— « J'ai sur chascune carue de le dite ville « [de Villers-Bretonneux] chascun an une corvée « au mars, une corvée à gasquière (jachère) et « une corvée en couvraines. »
(**Dénombr.** de la Terre et Seig. de Villers-Bretonneux, 1387.)

COUYER ou COÏER, collier. Altération de *collier* venu du latin *collarium*, collier (de chien) dans Varron. Nous avons aussi la forme *coyau* ou *coyeu*, collier de cheval, qui est une altération de l'ancienne forme picarde *colleau, coliau, collieu*.

M. Devauchelle a relevé dans des inventaires :

« Deulz **colleaulx** à chevaulx et aultres garnitures de chevaulx. »
(**Amiens**, 1595).

— « Une paire de roues, ung bléneau (tombereau), un **colleau** et un basset prisés XII livres.) »
(**Amiens**, 1613).

— « Cinq **coliaux** avec cinq brides, avaloire et coron, le tout prisé VI livres. »
(**Vaux-les-Amiens**, 1728).

Le picard avait aussi *colleron*, petit collier de cheval, dont *coron* dans la citation précédente est une contraction :

« Deux **collerons** prisez à III solz. »
(**Inventaire à Pierregot**, 1618).

Au radical *col* se rattache aussi le diminutif *collinette*, petit col de femme ou tour-de-cou fait en forme de *collerette*. Une *Vente Mobilière* de 1776, à Cempuis, porte :

« **Item.** Deux **collinettes** vendu huit sols. »

On appelle *chemise à collinette* celle à laquelle est attaché un petit col droit plissé ou tuyauté.

COYETTE dans la locution adverbiale *à l'coyette*, doucement, tranquillement, sans bruit. Dérivé de *coi*, tranquille, venu du latin *quietus* par la chute du *t* médian, changement de *i* en *oi* et addition du suffixe diminutif *ette* : *fille, fillette.*

Coi s'emploie substantivement pour *abri* : « Se mettre *au coi*, se mettre à l'abri. »

Etre au coi, au figuré, signifie *être mort, être enterré.*

Je trouve l'expression *à l'coyette* dans la péroraison du *Sermon de Messire Grégoire* (XVIII° siècle) :

« Faites tout cho (ce) que je vo dirai, et pis
« l' Seigneur vo dora (donnera) à tertous cacun
« aine (une) tiote (petite) cahutte dorée d' gane
« (de jaune, d'or) avuc (avec) des biaux diamans, des caYelles por (pour) vo mettre à
« l'coyette tout l' temps d' l'éternité; et pi vo
« mengerez du bon rôt, du bon chuque (sucre),
« os (vous) serez aises comme des tiots cats,
« chan (ce) que je vo souhaite à tertous autant
« qu'oz êtes. »

(Communication de M. Devauchelle.)

Dérivés : *Acoyer* (s'), se tenir tranquille, rester à rien faire.

Coitir (se), dans beaucoup de localités *quatir* (se), se mettre parfaitement à l'abri, se ramasser sur soimême pour se blottir.

Quatir, à l'actif, s'emploie au sens de *jeter* : « Jes ai *quati* à terre, » je les ai jetés par terre.

Cette dernière forme est commune au picard et au vieux français.

« Ains saut (saute) sur la creste du for ;
   Là se quati... » (blottit.)
                                    (Men.)

— « Et toujours passoient gens d'armes, et se mettoient en un aulnoy, et là se quatissoient en la couverte. »
                                    (Froiss.)

COYEU (cowé ieu), partie inférieure de chaque chevron formant la largeur de la saillie d'un toit. Dérivé de *coie* (queue) forme qui existait dans la langue d'oïl. (V. Dict. d'Hippeau.) Les *coyeux* sont en effet les bouts, les *queues* des chevrons.

CRACOTS ou CRACOUS. C'est le nom picard des scrofules ou écrouelles. « Il « est mié à *cracots* », dit-on, c'est-à-dire *rongé d'écrouelles.* La finale *ot, ou*, indique un diminutif. Quant au mot luimême, son origine me paraît très-difficile à indiquer. Est-ce *cancre,, chancre*, avec chute de l'*n*, transposition de l'*r* et addition d'un suffixe diminutif?

CRAMILLIE (cramii), crémaillère. On dit *cramellie, cramillère, cramaillé*, etc. On trouve dans Corblet la forme *crimbilli* qui doit s'orthographier *craimbillie*. Le radical est le bas allemand *kram*, crampon, crochet, qui a donné le diminutif bas latin *cremaculus* qui est dans le Capitulaire *de Villis* au VIII° siècle et d'où est venu le vieux français *cremaille* dont *crémaillère* est un diminutif. Le picard a conservé l'*a* du radical germanique *kram*.

Les formes *cramelie, cremaillie* sont communes au picard et au vieux français :

« Une cramelie de fer. »
                                    (Du CANGE, cremale).

— « Véez le ça venir parmi ceste chaussie
« A (avec) ceile jaque noire comme une crémaillie. »
                                    (Guesclin).

M. Devauchelle a relevé dans des Inventaires :

« Une cramellie à trois branchons. »
                                    (Amiens, 1557).

— « Une crameillie à un branchon. »
                                    (Ibid. 1610.)

— « Une cramillie, etc... (Pierregot, 1613).
— « Une cramillière. » Mirvaux, 1599).
— « Dreux croupe en cendre, une pelle, une « paire de pinchette, une méquinette, une cra« melie à trois mentonniers, deux marmites. »
                                    (Flesselles, 1746).

De même le diminutif *cramillon*, petite crémaillère :

« Un gril et un cramillon de fer prisé ensem« ble huict solz. »
                                    (Fouencamps, 1704.)

J'observerai en passant, à propos de Fouencamps, village du canton de Sains, que les paysans des environs disent *Flancamps*. Mon but est de montrer que le patois intercale facilement et fréquemment des lettres qui n'ont aucune raison d'être au point de vue étymologique, puisqu'au XIV° siècle on écrivait Fouencamps ou Foencamps, comme on le voit dans le *Denombrement du Temporel de l'Evêché d'Amiens* qui est de l'année 1301.

CRANQUE, crampe. Corruption par changement de *p* en *qu* du français *crampe* qui vient, d'après Brachet, de l'anglais *cramp*, même sens, d'après Littré, de l'ancien allemand *krampf*, du même radical que crampon. « Crampe, dit Littré, était adjectif : être *crampe*, avoir « les membres contractés, engourdis, « avoir la goutte *crampe*, etc. » Et il cite Jean de Meung qui dit :

« Luxure n'est de rien endormie ne **crampe**. »

Dérivés : *Décrampir* (se), se dégourdir, se délasser.

Crampi et *incrampi* (être), être engourdi, fatigué de rester dans la même position.

Crampion, adj., qui a des crampes.

La corruption de *p* en *qu* n'a pas passé dans les dérivés : elle doit être relativement moderne. J'ajoute que *crampi* existe dans l'ancien français au sens de *courbé*.

« L'un pié **crampi** et l'autre droit. » (**Ren.**)

CRANQUILLE ou CRANQUILLIE, viorne sauvage. Du même radical que *cranque* avec la même corruption de *p* en *qu*, radical d'où est venue aussi *grappe* qui est *crape* dans Beaumanoir et qui se dit encore aujourd'hui :

« Les vingnes (vignes), quant les **crapes** sont copées... » (**Beaumanoir.**)

Grappe, picard *crape*, signifie originairement *petit crochet*, sens qui a persisté dans *grappin*, *grappe* de maréchal-ferrant, etc. On sait que le viorne monte dans les haies en s'attachant avec les petits *crochets* ou vrilles dont il est pourvu.

Cranquille peut être un dérivé direct de *cramp* avec corruption de *p* en *qu*, et addition d'un suffixe diminutif. S'il vient de *crape*, il y a eu non-seulement la corruption ci-dessus indiquée, mais encore intercalation de la lettre *n*, une de celles qui sont le plus fréquemment adventices, témoins *manchon*, maçon, *chimentière*, cimetière, *Contenchy* (nom de village), Cottenchy, etc.

Au même radical se rattachent les dérivés suivants :

Cranquillé, qui a les jambes torses.

Racranquillé, qui est replié sur lui-même.

On peut rapprocher utilement *crampi*, courbé, du vieux français *grappe*, petit crochet, et *racranquillé*, replié sur lui-même : c'est une présomption en faveur de leur origine commune.

CRAON, craie. Ce mot se prononce *cran* comme Laon se prononce Lan. On ne peut le tirer du celtique *crag* ou *crage*, pierre, lequel a laissé le terme moderne de géologie *crag*, calcaire coquillier de l'étage supérieur du terrain supercrétacé : *crag* eût fait *cragon*, puisque la finale *on* indique un diminutif. *Craon*, à mon avis, vient plutôt de *craie* venu lui-même du latin *creta*, même sens : le son *ai* s'est réduit à *a*. Le vieux picard avait la forme *croyon* : un Aveu des échevins de Long (1562) porte :

« Se (si) il y avoit chemins et voyes en « damage ès dits marets, frocqs, routiè-« res, catiches, croustures, etc., lesdits « échevins peuvent pour les réparations, « amendements et entretenements pren-« dre librement pierres, *croyons*, cail-« loux et gazons. »

Dans une enquête ouverte à la Mairie d'Amiens sur la plantation du marais Traversin, on lit ce qui suit :

« A comparu le sieur Joseph Mancel « lequel a dit que la plantation de peu-« pliers dans ce marais ne réussirait « qu'autant qu'on couvrirait le sol « planté d'une couche de *craon* d'au « moins 25 centimètres d'épaisseur. En « voici la preuve : les arbres de la rou-« tière de Longpré à Montières ont pris « du développement à cause du *craon* de « la route. » (*Journal d'Amiens*, 8 mars 1877.)

Dérivés : *Craonteux* (cranieux), crayeux.

Craonière, carrière à extraire de la craie ; terrain dans lequel la terre est mélangée d'une grande quantité de craie.

Craonaille (à Boulogne), plâtre, décombres, à cause de la couleur de ces décombres qui ressemble à celle de la craie. On sait que le suffixe *aille* est un dépréciatif : *racaille*, *marmaille*, etc.

CRAPE, saleté. On donne surtout ce nom à une couche épaisse de saleté sur les mains, et à l'espèce de croute rugueuse et crévassée qui se forme parfois sur la tête des jeunes enfants. On peut rapprocher ce mot du bas latin *crappa*, ordures qui tombent du van quand on vanne le blé. Du Cange dit : « Etiamnùm Galli *crappe* fœces appellant à Belgico *krappen, excidere.* » Mais il n'y a rien de sûr.

Au figuré, on qualifie *crape* un mauvais sujet, une femme débauchée.

Dérivés : *Craper* (se) se couvrir de saleté.
    Décraper, enlever la saleté, nettoyer.
    Encraper, rendre crasseux, sale.
    Ecrapures, écorces de bois de chêne.

CRAQUELOT (craclot), sorte de gâteau ou d'échaudé très-sec, long, contourné, qu'on fait à Amiens et qui est très-goûté des paysans. Dérivé du verbe *craquer*, parce que ce gâteau craque sous la dent ou quand on le casse. Nous avons aussi la forme *carquelot* (carclot) qui est une métathèse de *craquelot*.

Au même radical se rattache *craquette*, crécelle.

CRASSET, lampe de fer qu'on suspend par le crochet de la tige qui la termine en haut. Cette forme est commune au picard et au vieux français ; mais nous avons les formes *crachet, créchet, craisset, cresset, crinchet*. Le radical est le latin *crassus*, gras, en picard *cras* : ce dernier donne *crasset* par addition du suffixe diminutif *et*. Le sens s'explique par le fait qu'on se servait de graisse — ce qui se fait encore en certains pays — pour alimenter cette sorte de lampe.

La forme *cras*, adjectif, est commune au picard et au vieux français :

    « Et je les voi les jengleors
    Plus cras qu'abbés et que priors. »
                (La Rose.)

   — « Haï, fait-il, cum (comme) il est cras,
    Et blans e tendres soz les dras ! »
      (Légende sur le pape Grégoire-le-Grand.)

— « Il (l'évêque de Cambrai) estoit cras et « matériel et fort raempli et fu suffoquiez et pris « en haste quasi ex improviso. »
        (Mém. des abbés de Saint-Aubert, 1439.)

De même *craisse, cresse :*

« Saim et craisse. »
           (Lib. psalm.)

— « Il soloit arder (brûler) en la viez loi les cresse des bestes en leu (lieu, place) d'encens. »
           (Psautier.)

On trouve dans un document cité par Du Cange le mot *crassier* au sens de *marchand de graisse*.

Crasset se rencontre dans les anciens Inventaires : M. Devauchelle a relevé aussi la forme *graisset* :

« Deulz crassetz, ung gril. »
           (Amiens, 1558.)

— « Quatre crassetz... »
           (Ibid., 1595.)

— « Item, un graisset ou lampe VI deniers. »
           (Mirvault, 1599.)

Et il ajoute : « Ce mot a passé de bonne « heure en Angleterre où il est devenu « *cresset :*

« A light brennying in a cresset. »
         (John Gower, 14e S.)

Il a relevé aussi dans l'*Histoire de Jehan d'Avesnes* (XVe siècle) un passage un peu long, mais très-curieux qui montre comment nos aïeux du moyen âge égayaient les longues veillées d'hiver, surtout celle où l'on faisait le *craisset*. Ce passage contient d'ailleurs plusieurs formes picardes.

« Femmes , filles , jonnes (jeunes) , « vielles, mariées et à marier, viennent ; « desquelles l'une pigne, l'autre fille « (file), l'autre garde (carde), l'autre des- « wide ; et en faisant chascune sa beson- « gnette, elles chantent et rient, puis « parlent de leurs amours avœcq bou- « viers, porquiers, vacquiers ; et à brief « dire, quant nous sommes tous assem- « blez, il n'est point de tel soullas (con- « tentement) que de ouyr nos bons mots. « Mais quant l'en (on) fait le *craisset* « quy se fait en la fin et au commence- « ment de l'iver, au primes esse (est-ce) « la droicte galle. » (fête, réjouissance.) « Toutes les filles de no ville apportent « chascune sa part de bure, œux, farine « et fourmaige, desquelles choses elles « font illec, en ung bon feu, rastons,

« tartes, pains-ferrez, toutes viandes (ali-
« ments), que l'on pourroit pourpenser ;
« et aussy dont il n'y a celluy quy n'en
« mengue son saoul et quy, aprez men-
« gier, ne danse à la cornemuse d'un bre-
« gier. Et, quy moult me plaist, on y fait
« beaucoup d'aultres choses, comme de
« dire des fables (contes), de jouer à souf-
» fler au charbon (jeu de *Petit bonhomme
« vit encore*) ou de recueillier (ramasser)
« les fuseaux quy souvent chéent (tom-
« bent) aux femmes quy fillent. Pour le-
« quel recueillier, tel est le droit que
« celluy quy plus tôst le recueille, baise
« (embrasse) la maîtresse à quy le fu-
« seau appartient ; et Dieu scet (sait)
« la plaisance quy me vient quant Dieu
« me fait la grâce d'en recueillier ung et
« d'y venir à temps. »

Locution picarde : « *Au crechet* », vers
le soir, à l'heure où déjà les lampes sont
allumées.

CRAVATE. Ce mot a le même sens
qu'en français ; mais il est du genre masculin dans le patois qui dit : *men cravate, un cravate blanc*. Je lis dans le
Franc-Picard (Annuaire de la Somme,
1878) :

« Titi aveu (avec) un habit à queue d'éronde,
« un cravate blanc, un capieu neu (neuf), étoit
« magnifique. »

M. Devauchelle a relevé dans des Inventaires :

« Dix mouchoirs à moucher de toille de lin
« avec ung cravate prisé ensemble soixante-dix
« soiz. »
(Amiens, 1670.)

— « Trois mouchoirs de gazillon, un cravate
« de mousseline. »
(Compuis, 1789.)

De même dans un chanson burlesque
que j'ai entendu chanter dans mon enfance à Cachy et à Villers-Bretonneux :

« Turlututu capieu pointu,
No motte (maître) o volu m' bate (battre);
J' li coperai l'gouron d' sen cul.
Pour mi foire (faire) un cravate. »

On sait que *cravate* est un mot d'origine historique : il vient du nom des
Croates, soldats mercenaires qu'on appelait *Cravates*, lesquels portaient autour
du cou une pièce d'étoffe légère. *Cra-
« vate*, dit Ménage, est un linge blanc
« qu'on entortille à l'entour du cou, dont
« les deux bouts pendent par devant ;
« lequel linge tient lieu de collet. Et on

« l'appelle de la sorte, à cause que nous
« avons emprunté cette sorte d'orne-
« ment des Croates qu'on appelle ordi-
« nairement *Cravates*. Et ce fut en 1636
« que nous prîmes cette sorte de collet
« des Cravates. » *Croate* est devenu *cravate* par l'insertion d'un *v*, comme dans
pluvia de *pluere*, *fluvius* de *fluere* en
latin, comme dans *pivoine* de *pœonia* en
français, dans *Nouvel* de Noël en provençal.

CREINER ou **CREINGNER**, grincer
(des dents). De l'ancien haut allemand
grinan, grincer des dents : la gutturale
douce *g* est remontée, dans la transformation, à la forte *c*, fait déjà plusieurs
fois signalé. Ce mot se dit aussi d'une
porte qui crie dans ses ferrements, du
frottement des ongles sur une vitre, etc.

Peut-être faut-il rattacher à ce radical
l'adjectif *grignu* qui se dit d'un enfant
méchant, souvent de mauvaise humeur,
grincheux : l'extension de sens s'explique d'elle-même.

CRÉMONE, gilet d'étoffe croisée. Serait-ce le nom d'une étoffe fabriquée originairement à Crémone (Italie) et propre
à faire surtout des gilets ?

CRENQUELER (creincler), denteler.
Dérivé de *cren*, cran, petite entaille, lequel est venu du latin *crena*, entaille,
rainure dans Pline. J'observerai que
crena étant dans Pline une leçon douteuse, on doit rapprocher de ce mot le
bavarois *krinnen*, entaille. *Crenqueler*,
comme l'indique sa finale, est un fréquentatif.

Dérivés : *Crenquelure*, dentelure.
Crenquelage, action de denteler ; suite ou ligne de crans ou
dentelures soit en ligne droite,
soit circulaire.

CRENQUET (crinquet.) « Butte dans un
village, » dit Corblet. Je ne le connais
qu'au sens de *petite montée* sur un chemin, endroit où une route s'élève subitement. A Ham, il signifie *rideau*. Au fond,
ces différentes significations ne s'éloignent pas bien sensiblement l'une de
l'autre. *Crenquet*, comme l'indique sa
finale, est un diminutif ; le radical est
crête, élévation, sommité : le picard a
changé *t* en *qu*, fait déjà plusieurs fois

signalé. J'ajoute que les paysans disent *crèque d' coq* pour *crête de coq*. Quant à l'*n* de *crenquet*, elle est adventice comme dans une foule de mots devant les gutturales.

CRÈQUE, prune sauvage qui vient sur le prunier sauvage dit *créquier* ou *épine noire*. Mot d'origine germanique, all. *krieche*, dan. *kræge*, prunelle hative.

« On mangeait des *créques* à Abbeville dans les repas du moyen-âge, » dit Corblet, d'après une communication de M. Louandre.

On rencontre ce mot dans les *Dialogues ptc. fl.* de 1340 :

« Poires , pronnes, cherises, crèkes et four-
| dines. »

Dérivé : *Créquier* , prunellier sauvage, autrement dit *fourdinier* ou *fourdrinier*.

La célèbre famille des *Créquy* avait pour devise : « *Nul s'y frotte*, » allusion évidente aux propriétés défensives du *créquier* ainsi définies par un auteur du XVᵉ siècle que cite H. Dusével dans ses *Lettres sur le département de la Somme* :

« Créquiers sont arbres qui ont poi
« (peu) de feuilles et ont foison de picans,
« et en foit-on volentiers clôture; car ils
« croissent communément en hayes, et
« sont leurs poignans tant crains que
« personne n'ose bonnement toucher à la
« haye qui en est faite. »

CREUTE, crypte, souterrain. Ce mot se dit à Nesles (arrond. de Péronne) où se trouve une église romane qui a une fort belle crypte. Du latin *crypta*, grotte, qui est devenu *grupta* dans une charte de 887 : « Insuper eidem contuli omnes « *gruptas* eremitarum. » Le *c* de *crypta* s'est conservé en picard, ou bien — ce qui est plus probable — le *g* du bas-latin ost remonté à *c* comme cela a déjà été observé. On trouve ce *c* dans le vieux français dans la forme *crute*, caveau funéraire :

« Et pur çô l'unt es crutes enterré et mucié. »
(Th. le Mart.)

Froissart emploie *croute* au sens de *grotte, souterrain*.

« Espaignolet donna conseil de jeter bois au « pertuis de la *croute* pour ensonnier tellement « l'entrée qu'on ne la post descombler. »

M. H. Cocheris, dans son remarquable ouvrage intitulé *Origine et formation des noms de lieu* (1), rattache au bas-latin *crota*, dérivé ou corruption de *crypta*, le nom de la ville du *Crotoy* (Somme) et des localités dites *Croutoy*, Les *Creuttes*, *Crouttes* dans l'Aisne.

Je suis bien aise de revenir ici sur un synonyme du *croute* de Froissart, pour en préciser la signification : il s'agit du mot *Bove* que j'ai donné au sens de *souterrain, cave*, tandis que Corblet le définit *colline factice élevée, comme monument funèbre, par les Celtes ou les Romains*.

M. Gricourt, d'Hornoy, m'écrit :

« On appelle *boves* des souterrains factices dans lesquels on entre de plain pied. Ils sont très-communs dans la partie accidentée du département de l'Aisne, dans le Vallois et dans d'autres contrées montagneuses. Ils s'élèvent de beaucoup au-dessus des vallées environnantes et sont le plus souvent creusés dans le tuf. Les *boves* ont servi et servent encore aux habitations. Souvent des constructions plus en rapport avec le progrès ont fait que les hommes ont abandonné ces souterrains ; mais ils sont utilisés pour la culture : on y installe les animaux domestiques et on y remise les récoltes. Le tuf a le privilége d'une quasi-imperméabilité, et ces bâtiments d'une époque bien primitive sont considérés comme très-sains. »

M. Devauchelle a relevé dans l'ouvrage d'un picard, Charles de Bovelle (*De differentiâ vulgarium linguarum*, 1533) la définition suivante :

« Bove, id est penu vel subterraneus locus. »

Et dans Bauduin de Sebourg :

« Par dessous le chité une chiterne i a
Qui va hors de la ville et a fait lonc tamps a.
Droit en une forest cheste chiterne va
Et delès le palais que rois Morgans fonda.
Là endroit est li bove, une huis de fer i a
Fremée noblement ; car nuls ni entera
Se de le propre clef l'uis defremer ne va.
Quant vint après disner, Bauduins se leva ;
Il vint à la royne et congiet demanda.
La dame sauf-conduit vistement li donna
Et droit à le chiterne la dame les mena....
Bauduins prist congiet, par le bove s'en va.
En plusieurs lieus ot feu qui le bove alluma. »
| (éclaira.)

<hr>

(1) Librairie de l'Echo de la Sorbonne, Paris, rue des Ecoles, 54.

33.

Le docteur Sigart, dans son *Glossaire montois*, dit *Bove*, cave. Carion dans ses *Epistoles kaimberlottes* (Cambrai, 1839) emploie l'expression *trau d' bove* pour *trou de cave*. Enfin les continuateurs de Du Cange donnent la forme latinisée *bova* au sens de *cella vinaria*, ce qui nous précise le sens de *penu* employé par Charles de Bovelles dans sa définition. Ils ont également relevé ce passage : « Comme Robert Fuscien eust d'aventure trouvé une *bove* ou cave ouverte. »

Je vois dans l'ouvrage de M. Cocheris qu'il a existé un bas latin *bova* qui, dit-il, est probablement une forme latine du celtique *baw*, boue. Mais *bova*, à cause du sens qui est *boue*, ne peut être l'origine de *bove*, souterrain, grotte, cave. En revanche, *bova* s'étant dit des lieux humides, bas, paludéens, il est probable qu'il a donné le nom du village de : *Boves*, près d'Amiens, localité située dans un immense marais.

CRIQUE. On emploie ce mot au sens de *petit, faible* : « Ch'est un vrai *crique*, » dit-on, en parlant d'un homme de petite taille et de complexion faible. *Crique* a le même radical que l'allemand *krekel*, criquet, insecte du genre acridion, et que le celtique, kymri *cricell*, même sens. Nous avons en picard le diminutif *créquellon*, qui reproduit l'allemand *krekel* augmenté du suffixe diminutif *on*. On dit aussi *créqueret* (crécret) au même sens que *crique*. *Créqueret* semble être un autre diminutif de l'allemand *krekel* par addition du suffixe *et* et permutation régulière de *l* en *r*, comme dans *houbron* pour *houblon*, *coronel* pour *colonel*, etc. Quant à *crincet* qui signifie aussi *petit, faible*, il viendrait plutôt du celtique *cricell* : la lettre *n* est adventice comme dans *pingeon*, pigeon, *manchon*, maçon, etc. Cette lettre se retrouve dans le diminutif *crinchon*, grillon, cigale, jadis usité dans le nord de l'ancienne Picardie. On lit dans les *Dialogues pic. fl.* de 1340 :

« La formis est la plus flairans hieste
« qui soit au monde tant qu'à sa petitèche
« et la plus sage ; car elle assemble en
« esté chose qu'elle despend en yver. Che
« ne fait mie li *crinchons*; il ne se pour-
« voit mie ainsi. »

On serait tenté de rattacher au même radical le mot picard *crignon*, grillon, qui est dans la locution : Avoir des *crignons* dens s'tête, » être sous l'impression d'une vive inquiétude, littéralement *avoir des grillons dans la tête*. Je crois que ce serait à tort. *Crignon* est une corruption de *grillon* venu du latin *grillus*, même sens, par addition du suffixe diminutif *on* : le *g* est ici remonté à *c*, fait assez fréquent dans le picard et déjà plusieurs fois signalé.

Une famille bourgeoise d'Amiens du nom de *Crignon* portait pour armes parlantes : « D'or à trois *crignons* de foyer au naturel posés deux à deux. » C'est sans doute du nom de cette famille, m'observe M. Devauchelle, que vient celui de la rue des *Crignons* à Amiens, comme cela est arrivé pour d'autres rues telles que celles des *Rabuissons, Louvets, Rinchevaux, Jeanne-Natière*, etc.

« Cette rue, dit M. Goze, portait sur
« son guidon ou étendard que les habi-
« tants déployaient dans les solennités,
« cette inscription :

« Heureux qui n'a crignons en tête. »

(**Hist. des rues d'Amiens**,
T. III, p. 51.)

Au même radical se rattachent les dérivés suivants :

Crignette, qui se dit d'une petite fille ou d'une femme mince, frêle, de complexion faible.

Crignu, faible, frêle, rabougri. Se dit d'un enfant dont la croissance s'arrête, d'un arbre qui ne pousse pas bien.

Ecrigné, même sens; littéralement *réduit à l'état de crignon*.

CROCRO, cartilage du nez. On dit : Bersiller sen *crocro*, » se casser le nez. Au figuré, il signifie *derniers débris d'une fortune* : « I li mengero jusqu'à sen *crocro*, » il lui mangera tout, littéralement *jusqu'à son nez*. Le picard appelle *croquant* toute espèce de cartilage ; mais comment tirer de là *crocro*?

CROIRE. On trouve dans le dialecte picard la locution *à croire* pour *à crédit* :

« François li taverniers ha (a) II tonneaux de
« de moust. Il m'a présenté à croire jusques à
« un sestiers de vin. — Sire, envoiés en querre
« (quérir, chercher) ; se vous nel (ne le) poés
« boire, je le buverai bien. »

(**Dial. pic. flam.** 1340).

Croire est le latin *credere*, confier, dont *creditum*, crédit, est un dérivé.

Locution picarde : « *Se croire*, » avoir grande estime de soi-même, se croire quelque chose.

CROISETTE, alphabet; petite croix. Dans mon enfance on disait d'un enfant qu'il en était encore à *l croisette*, c'est-à-dire à l'alphabet, parce que la première page ou alphabet des livres d'épellation avait en tête *une petite croix*. Et on disait :

Croisette
Abilboquette
No cher moite (maître)
N'o point d'barette.

Croisette est un diminutif de *croix* venu du latin *crucem*, croix.

Croisette avait jadis le sens de petite croix de chapelet. M. Devauchelle a relevé dans des Inventaires :

« Ung chappelet de patinoires de geet (jais) « garny de six paters et **croisette** d'argent « doré. »

(**Amiens**, 1608).

— « Ung chappelet de patenostre garny de « six paters et une **croisette** d'argent doré « prisé XL solz. »

(**Amiens**, 1617).

Dérivé : *Croisillon*, endroit où deux chemins se coupent, se *croisent*.

Croisure, action de placer quelque chose en croix; nom d'une des pièces des anciennes charrues.

« Deux vollées avec deux rouelles, une croi-« siure à binot. »

(**Invent. à Pierregot**, 1818).

CROMPIRE, pomme de terre. De l'allemand *grund birn*, même sens : le *g* est remonté à *c*. On dit aussi *crompile* par permutation de *r* en *l*. Ce mot est tout nouveau dans notre patois : nous le devons à l'invasion de 1815 par *nos amis les ennemis*.

CRONQUELET, bouquet de fruits au bout d'une petite branche. Nous avons aussi les formes *tronquelet* (tronclet), *cranquelet, canquelet, carquelet* et *cartelet*. La forme primitive est *tronquelet*, diminutif venu du même radical que le wallon *trok*, qui signifiait précisément faisceau, assemblage, bouquet, et dont l'origine est incertaine : il y a eu, pour les autres formes, changement de *o* en *a*, métathèse de *r*, addition de *n* devant une gutturale, etc.

Comparez, pour le changement de *t* en *c*, *tayon*, aïeul, et *cayon*, *casemate* du français et le picard *cassemaque*, le wallon *crusquin*, outil de menuisier et le picard *trusquin*, même sens.

CRUPE, petite élévation de terrain ; montée dans un chemin. Mot d'origine germanique ou celtique, scand. *kryppa*, all. *kropf*, protubérance; gaël. *crup*, ramasser. Le dialecte de l'Ile de France avait le dérivé *crupeter*, gravir, qui confirme cette étymologie pour le sens.

CRUTEAUX, premières planches de l'arbre, celles où se trouve l'aubier. Le radical est le latin *crusta*, dont le sens général est *enveloppe, revêtement*. Ces planches, se tirant de la partie extérieure de l'arbre et pour ainsi dire de son *enveloppe*, ont pris le nom de *cruteaux*, *crouteaux*, forme qui impliquerait, si l'orthographe était sûre, une forme bas-latin *crustellus*, comme *pennau* implique *pannellus*. La forme *croutelas*, qu'on verra plus bas, serait une présomption en faveur de cette conjecture, car elle viendrait de *croutel* par addition du suffixe *as*, comme *coutelas* de *coutel*, couteau.

M. Devauchelle a relevé *croute*, synonyme de *cruteau*, dans un compte de menuisier :

« Quatre croutes de sept pieds, de trois pouces « d'épaisseur et de dix-huit pouces de large ; « quatre reilles de sept pieds; treize planches « de sept pieds. »

(**Amiens**, 1705.)

— « Item. Trois chesges (chaises) enfoncées « de paille, une vieille table de **croutelat**, es-« timé ensemble dix solz. »

(**Inventaire à Flesselles**, 1755).

J'observerai que la forme *cruteaux* n'a rien d'étonnant si l'on songe que le picard dit *crute* (de pain) et *cruton*, qui est un diminutif.

Dérivés : *Ecruter*, dépouiller de la croûte.

Décrutonner, enlever dans un pain ce qui en forme la croûte.

CUEUDGROS (cœugro), gros fil enduit de poix à l'usage des cordonniers et des bourreliers. C'est littéralement *celui qui cueud* (cond) *gros*. On dit aussi *figros* de *fil* et *gros*, comme *fidavar* de *fil d'archal*. Le verbe *cueudre* (cœudre), *cœude*, coudre, conserve dans le patois la lettre *d* à tous ses temps : *cueudois* (je), *cueudrai*, *cueudu*, *cueudant*. Il n'en était pas de même dans le dialecte. On lit dans le *Reclus de Molliens* :

> « De s'alène son œil quassa
> Dont il cousoit sa cauchemente. »

CUEUTE ou **QUEUTE**, coude. Du latin *cubitus*, coude, par contraction en *cub'tus*, chute du *b* et changement de *u* en *eu*. On trouve la forme picarde *keute* dans les *Dialogues pic. fl.* de 1340 :

> « Et puis lavés vos mains, vo visage, vos
> « guenchives, vo gargate, vos bras, vos keustes. »

Et dans l'*Anthologie picarde* :

> « Ne le moine pour incliner,
> Ne chevalier pour acoler,
> Ne du keute le hurtement. »

Dérivés : *Cueuter*, pousser avec le coude. *Acueuter* (s'), s'accouder.

Le *t* du latin *cubitus* se retrouve en vieux français comme en picard :

> « Sur sun cute à un moine le sainz huem s'apuia »
>
> (Th. le Mart.)

> — « Et la mauvaise vielle s'est lez li acoutée. »
>
> (Berte.)

Rutebeuf écrit *coute*.

Le dialecte picard avait un mot qu'il ne faut pas confondre avec *cueute*, coude : c'est *keute*, du latin *culcita*, matelas, oreiller, dans le mot composé *cueute pointe*, courte-pointe, couverture *piquée*, *kieule* au XIV° siècle, plus tard *queute* de lit, *ceude pointe*, *coudepointe*, aujourd'hui *courpointe*. On lit dans les *Dial. pic. fl.* de 1340 :

> « Ore faut-il des lits et couvertoirs et kieute-pointes.

Beaumanoir dit :

> « Et en aucun liu est-il c'on pot penre (pren-
> « dre) en cascun ostel une queute por les sorve-
> « nans. »
> — « Une kiute et uns linchius » (drap de lit).
>
> (Taillar, Recueil.)

M. Devauchelle a relevé dans des Inventaires :

> « Ung matelas, une ceute pointe, une mante
> « verte. » (Amiens, 1609.)
> — « Trois pièces de tour de lict et le dossier
> « avecq les rideaux de taffetas vert, une coude
> « pointe. » (Amiens, 1615.)

Le Vocabulaire de Douai dit : « *Culcitra*, queute » (14° S.).

Le Glossaire de Lille : « *Culcitra*, queute de lit; *culcitra picta*, ceute pointe » (15° S.).

Courpointe du patois vient du vieux français *coulte pointe* par réduction de *coulte pointe* à *coulpointe* et changement régulier de *l* en *r*.

On voit dans l'Inventaire de 1609 et dans le Glossaire de Lille que le *c* vélaire devant *eu* était dur et que *ceule*, du latin *culcita*, se prononçait *queute, kieute*, fait qui confirme l'observation que j'ai faite au mot *Buquer* (V. ce mot).

CÜIÉVRE ou **CÜIEUVE** (kuïéve), couleuvre. Ce mot n'est pas une altération du français *couleuvre*, du latin *colubru*. *Colubra* avait donné une forme particulière au picard. On lit dans les *Dialogues picards-flamands* (1340) :

> « Chechi sont les biestes vénimeuses,
> « serpens, *cuelueves*, araingnes... qui de
> « ches biestes sera mors (mordu), il li
> « faut du triaque (thériaque), se che non
> « (si non) il en mourroit. »

Cuelueve se prononçait *queulcuve*, puisque la diphthongue *ue* était l'équivalent de *eu*, *œu* : *muete*, meute, *buef*, bœuf, *cuer*, cœur, etc. L'*o* bref atone latin a donc donné, en picard, la diphthongue *eu* qui s'est réduite à *u* dans le patois. L'*r* final est déjà tombé au XIV° siècle. Quant à l'*l*, elle a disparu comme dans plusieurs mots qui perdent une lettre médiale : *déringoler*, dégringoler, *déréquir*, défricher, etc.

CUIGNIE, cognée. Du bas latin *cuneata*, coin pour fendre le bois. Nous avons ici un exemple d'une finale latine *ata* donnant *ie*, fait qui se rencontre dans *cauchie*, chaussée, de *calciata*. Ce changement est le même que celui qui, au participe féminin des verbes en *ter*, a transformé *tée* en *ie* et déplacé l'accent : *auctorisie* dans le dialecte pour *auctorisiée*, *baillie* pour *bailliée*, etc.

> (V. **Etude sur le Dial. pic.** par
> M. Raynaud, p. 77.)

Cuignie est commun au picard et au vieux français :

« Besague et cuignies en und od (avec) els
| portez
Pur dépécier les uis, ses (s'il les) trovassent
| fermez. »
(TH. LE MART.)

— En tel cas ne doit en (on) pas fere l'exe-
« cussion de le justice par fu (feu), mais abattre
« à cuignies et à martiax le partie du malfeteur
« tant solement. » (BEAUMANOIR.)

— « Lors commencèrent-ils a férir et à frap-
« per contre l'huis de grandes quignies pour
« dérompre et briser la porte. » (FROISS.)

On trouve aussi dans le vieux français la forme *cuignée* :

« Et ces (ceux) de Israel veneient as Philis-
« tiens pur (pour) aguiser et adrecier e (et) le
« soc, e le picois, et la cuignée et la houe. »
(ROIS.)

Dérivé : *Cuignette*. Ce mot signifie aujourd'hui plutôt *petite hâche* que *petite cognée*. C'est encore une forme qui est commune au picard et au vieux français :

« Le suppliant haussa une cuigniète et féri
« d'icelle cuigniète ledit Lagni un cop par la
« teste. » (Lett. de Rem. 1337, Du CANGE.)

Les formes *cuignie, cuigniette* se rencontrent dans les Inventaires : M. Devauchelle a relevé :

« Une cuignye, une tarelle, une fourque. »
(Amiens, 1576.)
— « Une chivière, deulz fourquier, ung picq
« et une cuignie. » (Amiens, 1596.)
— « Ung bloquet avec une cuignie. »
(Amiens, 1621.)
— « Une petite cuigniette prisée VIII
» solz. » (Amiens, 1612.)
— « Une sarpe, une cuigneste. »
(Amiens, 1620.)

Plus tard, au XVIIIe siècle, on trouve, par suite de l'influence française, les formes *coignie, coignette* :

« Une coignye adjugée à une livre. »
(Vente mobil. à Campuis, 1789.)
— « Une coignette adjugée pour une livre
« sept sols. »
(Vente mobil. à la Vacquerie, 1744.)

Au radical latin *cuneus*, coin, d'où est venu *cuneata*, cuignie, se rattachent encore les dérivés suivants :

Cuignet, coin à fendre le bois : c'est un diminutif.

Cuigner, faire tenir quelque chose à l'aide d'un petit coin.

Décuigner, enlever un ou plusieurs coins maintenant quelque chose.

Recuigner (r'cuigner), remettre un ou plusieurs coins, resserrer à l'aide de coins.

On vient de voir dans la citation du poëme de *Saint-Thomas le Martyr*, le mot *ses* signifiant *si les*. *Ses* est une contraction de *si els* (*els*, eux, du latin *illos*.) On trouve de même *nes* pour *ne els*, *quis* pour *qui els*, *jes* pour *je els*.

« Et Sarazin nes (ne les) ont mie dutez. »
(Ch. de Rol.)
— « De maintenant nes (ne les) osent appro-
cher. » (Ronoisv.)
— « Ovrez, fait saint Thomas, quis (qui les)
ala atendant. » (Th. le Mart.)
— « S'oïr volez les lettres, jes (je les) vus sai
très bien dire. » (Ibid.)
— « Vont li Turc après aus, nes (ne les) osent
aprocher. » (Ch. d'Ant.)

Je cite ces passages pour faire remarquer le fait vraiment curieux que le picard a conservé *nes* pour *ne els*, *quis* pour *qui els*, *jes* pour *je els*.

« Tu nes amaros point ; » tu ne les amèneras pas.
« Ten père quis amaro ; » ton père qui les amènera.
« Jes amarai ; » je les amènerai.

CUIGNOL (cuigno), gâteau qu'on fait à la Noël ou au nouvel an ; pâtisserie. Nous avons aussi les formes *cuignet, cognol* (cogno), *cugnol* (cugno). *Cuignol* vient du latin *cuneolus* qui est dans Columelle au sens de *coin*, et qui est un diminutif de *cuneus*, mot sous lequel on lit dans Du Cange : « Picardi etiamnùm *cuignet*
« vocant panem lacte subactum et in va-
« rios angulos formatum. » Du Cange cite aussi le passage suivant : « Le dimenche
« d'après Noël iceulz compaignons vin-
« drent (vinrent) soupper et menger leur
« *cuignet* avec leur curé. » *Cuignol* vient de *cuneolus*, comme *orsignol* (orsigno), rossignol, de *lusciniolus* ; *filliol* (fillo) de *filiolus*, etc.

Anciennement cette espèce de pâtisserie figurait parmi les redevances en nature et on la fournissait à la Noël, comme le prouve une citation de Du Cange : « Ainfredus solvit ad Nativitatem Domini
« porcos II, fareolos II, *coniadas* VIII,
« hoc est, si rectè opinor, panes ovis et
« lacte subactos quos Picardi *cuignets*
« appellant, Gallo-Belgœ *quenieux*. »

Dans mon enfance, les ménagères faisaient beaucoup de pâtisserie à la Noël et au nouvel an : les parents s'en envoyaient mutuellement et les enfants allaient chercher leur *cuignol* chez leurs oncles, tantes, cousins, parrains et marraines.

En même temps les pauvres allaient à l'aumône. On disait alors *aller à cuignols*, comme on dit aujourd'hui *aller à flans*, aller ramasser des flans après une fête de village. De *cuing*, morceau de pain, primitif de *cuignol*, morceau de pâtisserie, est venu, par adoucissement de *c* en *g*, le verbe *aguigner, auguigner, hoguigner*, aller à *cuings*, à morceaux de pain, et, par extension, mendier. De *cuignol* est venu, par le même adoucissement de *c* et *g*, le verbe *aguignoler*, aller à *cuignols*, et, par extension, mendier. C'est probablement de *hoguigner* qu'est venu *hoguinele*, adjectif qui signifiait *mendiante* :

> « Cheste mains (main) chi truanderie
> Est nommée et coquinerie ;
> **Hoguinele** par nom le clain (appelle)
> Et qui apelle Mengue-pain. »
> (Du Cange, **coquinus**.)

J'ai entendu les vieilles gens appeler *hoguineux* ou *auguigneux* un pauvre diable qui cherche à attraper un bon morceau ou un bon repas. Ce mot implique deux idées connexes, celle de donner et de recevoir, de *présent* ou *don* fait et d'*aumône* reçue.

Au même radical se rattache *cuignon* ou *quignon*, morceau (de pain,) et peut-être, par corruption ou insertion de la lettre *r*, le mot *crignure*, entamure d'un pain.

A propos des présents qu'on se fait à la Noël, des morceaux de pâtisserie qu'on s'envoyait jadis, j'ai omis à dessein dans la lettre A un mot dont je dois parler ici : c'est *aguillaneuf, au gui l'an neuf, aguileneu, aguilloneu*, cri par lequel, selon Corblet, les enfants annoncent le nouvel an ; en Normandie *hoguinanno*, en Berry *guilané*, aumône spéciale au jour de Noël.

Corblet dit que cet usage « rappelle la « coutume des Bardes qui, après avoir « reçu le gui sacré coupé par les Druides, « le distribuaient dans les villes en an- « nonçant l'ouverture de l'année. » Cette opinion n'a aucun fondement ; elle ne s'appuie que sur une simple apparence ou similitude du mot *gui* avec une faible partie des mots cités ci-dessus : il y a là celtomanie évidente.

Selon M. Schuchardt (*Romania*, IV, p. 253), l'origine est le latin *calendæ*, qui a donné en ancien français *chalendes* signifiant Noël, génevois *calende*, jour de Noël. Le passage de *calendæ* à *aguilleneu, guiloné*, offre bien des difficultés et il faut admettre que, de bonne heure, ce mot a été corrompu.

Le mot en question signifiant *présent* spécial fait à la Noël, *aumône* donnée à l'occasion de cette fête, je demande si *aguiloneu* sous ses différentes formes plus ou moins corrompues, ne serait pas un dérivé du verbe picard *aguignoler* ou *aguinoler* avec transposition de *n*, *l*, donnant *aguiloner* pour *aguinoler*. Cette transformation est régulière ; le sens est bon et la filiation claire. J'ajoute que l'hypothèse d'une corruption primordiale, fait toujours très-grave, est ainsi évitée.

Je ne rejette pas d'une façon absolue l'opinion de M. Schuchardt ; je demande seulement qu'on examine la mienne, toujours disposé à accepter le jugement des hommes compétents, n'oubliant jamais et priant le lecteur de ne pas oublier que mes recherches ne sont que des *Études* que d'autres avec moi ou après moi développeront, rectifieront et corrigeront.

CUITÉE, fournée de pains, de briques, ce qu'on cuit en une fois. Dérivé de *cuire*, du latin *coquere*, même sens, dont le participe est *coctus*. On disait jadis *cuiture*, du latin *coctura*, action de faire cuire.

M. Devauchelle a relevé dans les *Coutumes de Fieffes*, année 1470 :

> « **Item**. Au dit lieu de Fieffes solloit avoir
> « ung fournil auquel estoient et sont banniers
> « les manants et habitants en dedens des bour-
> « nes du dit lieu ; et ne peuvent les subjectz
> « cuire ne fournier ailleurs ne avoir four en
> « leur maison sur peine de confiscation de la
> « fournée et cuiture et de amende de LX solz
> « pariais. »

Un *Aveu* des échevins de Long (1562) porte :

> « Doibt le fournier avoir de cinquante pains
> « l'un pour son portage des pâtes au four et
> « raportage des pains ès maisons des habitants,
> « et, pour cuiture, de vingt pains un. »

CULMUTE, bruit, dispute, tumulte, mouvement accompagné de désordre.

C'est le mot français *tumulte* avec changement de *t* en *c* et transposition qu'on trouve dans *étincelle* du latin *scintilla*, *bloucque*, boucle, de *bucula*.

Dans son excellente *Histoire de la Grammaire* (1), M. H. Cocheris dit en parlant du *c* français provenant du *t* latin : « La permutation de deux lettres « d'un caractère différent est toujours « assez difficile à admettre. Cependant, « le seul exemple que l'on connaît de « cette transformation n'est pas douteux. « *Craindre* vient bien en effet de *tre-* « *mere*. On remarque, du reste, chez « les paysans des environs de Paris, « une certaine propension à prononcer « *k* pour *t*, ils disent *amikié* pour *ami-* « *tié*, etc. Dans le *Médecin malgré lui*, « Molière n'a pas manqué de noter cette « habitude, lorsqu'il fait dire à Géronte « par Jacqueline : « Le compère Thomas « a marié sa fille Simonette au gros « Thomas pour un *quarquié* de vaigne « qu'il avoit davantage que le jeune Ro- « bin où elle avoit bouté son *amiquié*. »

Dans l'Artois qui fait partie du domaine picard, et dans plusieurs localités de la Somme du côté de l'Artois et du Vermandois, le *t* s'est changé aussi en *q*. Le même fait a dû se produire ailleurs et jusques dans les environs d'Amiens. M. Devauchelle me communique copie de la lettre autographe suivante, adressée par Marie des Friches, abbesse du Paraclet (près Fouencamps), à M. Durant, prieur commandataire de Saint-Ansbert de Boves (1625) :

« Monsieur, nous avons grant intérêt « (dommage) de ce que vous laissez si « long temps vostre blé en nostre charge... « Puisque ainsi est que vous ne pouvez « avoir de receveur, fette moy ung pris « resonnable, que je n'aye affère qu'à « vous et vous à moy. Car en la sorte que « nous sommes, c'est trop de tyrannie. « Suivez la mesure de Montdidier qui est « douse (douze) setiers pour mui (muid) « et non pas celle d'Amiens qui est de « XVIII setiers pour muy ; car elle em- « porte d'un *carquier* (quartier) et demi « celle de Montdidier à laquelle nous « devons. »

CUTROMBLÉ dans la locution *faire des cutromblés*, faire des cabrioles ou se rouler sur l'herbe ; exécuter un tour complet en avant en s'étayant par terre sur les mains. Corblet écrit *cutromblets* ; je n'admets point cette orthographe : on va en voir la raison.

A mon avis, il y a là deux mots : *cul* (cu), du latin *culus* et *trombelé* qui signifie *roulé*, *pelotonné*. La locution *faire des cultromblés* est un équivalent de *faire des culbutes*, littéralement *faire des culs roulés*. Quant à *tromblé*, roulé, c'est le participe du verbe picard *tronde-ler*(trondler), rouler, avec un changement insolite de *d* en *b* qu'on retrouve dans le vieux français *gembre* pour *geindre*.

Ajoutons qu'on a pu facilement passer du sens de *se rouler sur l'herbe* à celui de *faire des cabrioles en s'aidant des mains*.

On dit *cul de tremel* au sens de *cutromblé;* mais j'ignore l'origine de *tremel*.

CUPE, prune jaune-clair de forme ovale. Orig. inc.

CURÉ, coléoptère entièrement noir à reflets bleuâtres qui cherche sa nourriture dans la fiente des chevaux et des vaches laissée au grand air, ainsi nommé à cause de sa couleur noire. J'ai entendu, sous la Restauration, le peuple appeler les curés les *corbeaux*.

CUVELETTE, cuve très-petite. Diminutif de *cuvelle* qui est lui-même un diminutif de *cuve* venu du latin *cupa* par changement de *p* en *v*. M. Devauchelle a relevé dans des Inventaires :

« Douze cuviers tant grands que petitz avecq « trois cuvelettes. » (Amiens, 1618).
— « Une cuvelette adjugée six solz six de- « niers. » (Sentelie, 1694).

Au même radical se rattachent : *cuvelle*, cuve ordinaire ; *cuvâtre*, grand cuvier ; *cuveron*, petit cuvier, toutes formes que M. Devauchelle a relevées dans des Inventaires :

« Deux cuvelles, une flourière. » (Mirvaux, 1613).
— Ung cuvâtre de bois servant à faire vendenge » (Amiens, 16ᵉ s)
— Un cuveron et plusieurs petitz barilz. » (Amiens, 1617).

Dans le Tableau des corps et métiers d'Arras, dressé en 1598, les *cuveliers* (tonneliers) occupent le septième rang.

Je termine par quelques observations mes études sur les mots de la lettre *C*. On me demandait dernièrement pourquoi je ne suivais pas la méthode d'Edouard Paris, laquelle se résume en quatre mots : « *Le picard s'écrit comme il est pro-* « *noncé.* »

Cette méthode n'est pas nouvelle : c'est tout simplement celle que M. Marle a appliquée au français. Je n'en use pas parce qu'elle rompt la filiation étymologique, érige le désordre à la hauteur d'un principe, et constitue un vandalisme qui ne peut invoquer aucune circonstance atténuante.

Voilà, je crois, qui est net et clair.

Maintenant, au lieu de disserter à perte de vue, je vais montrer à quoi aboutit cette méthode : rien ne vaut un exemple.

J'écris deux vers bien connus :

« S'est an vin qu'ô Parnasse un témérair ôteur
« Panse de l'ar dés ver atindre la hôteur. »

Je demande à quoi cela ressemble. Qu'on les donne à lire à quelqu'un qui ne les connaît pas, et l'on verra s'il les comprend à la simple lecture.

Le même traitement appliqué au picard donnerait le même résultat. Je me rappelle que, quelques mois avant sa mort, Rembault me montrait la traduction en patois picard d'un des quatre évangiles dans laquelle ils ont, Ed. Paris et lui, traité les mots d'après la méthode en question (1). J'en ressentis — pourquoi ne le dirais-je pas? — cette impression douloureuse que produit la vue d'un ravage froidement et systématiquement accompli : les mots sont devenus un je ne sais quoi qui n'a plus ni forme, ni corps, ni figure, à tel point qu'il faut les étudier pour les reconnaître et que les lire couramment devient chose impossible. Ainsi en arrive-t-il toujours quand on part d'un principe dont on n'a pas rigoureusement démontré la vérité : les conséquences qu'on en tire, bien que très-logiques, aboutissent à l'absurde. C'est l'histoire des divers systèmes socialistes qui ont fait tant de bruit il y a trente ans. Pour peu qu'on y réfléchisse, on voit

qu'il en est des langues comme des sociétés : elles ont un passé qui est la raison de leur présent lequel sera à son tour la raison de leur avenir. Rompre cette filiation, ce n'est pas améliorer, c'est bouleverser et finalement détruire. Aussi le bon sens public fait-il aussi prompte justice des utopies orthographiques que des utopies sociales.

Au reste, ces tentatives qui, sous prétexte de réforme, conduisent à l'anarchie, n'ont pas même le mérite de la nouveauté ; et leur échec, on va le voir, remonte déjà assez haut dans l'histoire.

Un picard, un puissant esprit assurément, le célèbre Ramus voulut au xvi⁰ siècle réformer l'orthographe française, remplacer par des signes les *ll* mouillées, le *ch*, le *gn*, le *nt* et substituer certaines lettres à des lettres françaises.

Voici un spécimen de cette bigarrure :

« Après avoer reconu es ce j'avoe pu-
« publie de la gramers tan' grece ce la-
« tine, je prin' plezir a considerer sele
« de ma patrie, de lacele, le premier au-
« teur a été Jace du Boes exelen' profe-
« seur de medesine... »

Etienne Pasquier lui répondit :

« Voulant apporter quelque ordre à
« notre orthographe, vous y apportez le
« désordre, parce que chacun se donnant
« la même liberté que vous, se forgera
« une orthographe particulière. Ceux
« qui mettent la main à la plume pren-
« nent leur origine de divers païs de
« France, et il est mal aisé qu'en notre
« prononciation il ne demeure pas tou-
« jours en nous je ne sais quoi du ra-
« mage de notre païs. Je le voy par effet
« en vous, auquel, quelque longue
« demeure qu'ayez faite dans la ville
« de Paris, je recognois de jour à
« autre plusieurs traits de vostre pi-
« card. Je ne dy pas que s'il se trouve
« dans nostre orthographe quelques cho-
« ses aigres, l'on n'y puisse apporter
« quelque douceur, mais de bouleverser
« en tout et partout sens dessus dessous
« cette orthographe, c'est, à mon juge-
« ment, gaster tout. »

Il n'y a, après trois cents ans, rien à ajouter, rien à retrancher à la réponse de Pasquier.

---

(1) Cette traduction, si j'ai bonne mémoire, a été faite sur la prière de M. Bonaparte-Wise et imprimée à ses frais. Je ne crois pas qu'elle ait été mise dans le commerce.

D

DACHE, clou de soulier. Du celtique *tach*, clou. *Dache* a donné le diminutif *dachette*, petit clou, clou de tapissier. Il y a eu pour ces deux mots changement de *t* en *d*, fait qui se présentera encore plusieurs fois. On trouve *dachette* dans des Inventaires ; M. Devauchelle a relevé :

« Ung bahut à deux serrures couvert de cuir « noir garny de dachettes.
« **Item**, ung grand coffre à deux serrures « couvert de cuir noir garny de **dachettes**. »
(**Amiens**, 1622).

Dachette s'emploie aussi au sens de petite tumeur ou plutôt de simple bouton sur la peau : ce sens s'explique de lui-même.

On verra tout à l'heure que *attacher* et *attaquer* sont le même mot sous une forme différente. Brachet dit qu'il vient d'un radical *tacher* qui n'a laissé aucune trace dans notre ancienne langue. J'observerai qu'à côté de la forme *dach*, clou, on a l'anglais *tach*, petit clou, venu probablement du gaël, *tac*, clou, qui avait aussi *taca*, clouer. Là est, je crois, le radical de *attaquer*, forme picarde de *attacher* au sens primitif de *clouer*.

A propos de cette double forme, je suis bien aise de citer ici Brachet.

« J'ai, dit-il, expliqué dans ma *Grammaire historique*, comment le dialecte « de l'Ile de France se développa au « moyen-âge aux dépens des dialectes « voisins de la Normandie, de la Picardie, etc., et finit même par les supplanter ; comment il reçut cependant « de ces dialectes plusieurs mots qui, « existant déjà en français sous une forme française, firent alors double emploi ou prirent une autre acception. « Tel est le cas du mot *attaquer* qui n'est « autre chose que le mot *attacher*, comme cela est visible par la location *s'attaquer à* qui est identique avec *s'attacher à*. D'ailleurs, l'histoire de notre « langue le prouve, ces deux mots étaient « employés l'un pour l'autre : tantôt *attaquer* a le sens d'*attacher*, comme

« dans ce texte du quatorzième siècle : « Elle *attaque* au mantel une riche es- « carboucle. (*Baudoin de Sebourg.*) « Tantôt *attacher* signifie *attaquer*, li- « *vrer un combat.* « Tous ensemble mé- « ritent bien d'être réprimés, veu qu'ils « *s'attaschent* non-seulement au roy, « mais à Dieu. » (*Lettre de Calvin.*)

La persistance du *c* dur picard est aussi la cause des doubles formes de plusieurs autres mots. *Champagne* (nom de province) et *campagne* du latin *campania*, *champ* et *camp* du latin *campus*, *chappe* et *cape* du latin *cappa*, etc. On voit que la forme picarde a persisté à côté de la forme française comme dans *attacher* et *attaquer* dont je vais donner un exemple.

Il existait au xv° siècle un usage qui, dans certains cas, permettait à une jeune fille de sauver un homme de la mort en l'épousant au pied de la potence. Plusieurs contes populaires font allusion à cette singulière coutume.

« Cet usage, dit Henri Estienne, sem- « ble dater du Picard, auquel déjà es- « tant à l'eschelle on amena une pauvre « fille qui s'estoit mal gouvernée, en lui « promettant qu'on luy sauveroit la vie « s'il vouloit promettre sur sa foy et la « damnation de son âme qu'il la pren- « droit à femme; mais entre aut. es cho- « ses l'ayant voulu voir aller, quand il « s'aperçut qu'elle estoit boiteuse, se « tourna vers le bourreau et luy dict: « *Attaque, attaque!* Alle (elle) cloque » (boîte.)

(**Comm. de M. Devauchelle.**)

DADELIN, adj. niais, simple d'esprit. La finale *in* indique un diminutif. On dit en effet *dadèle* en parlant d'une femme. Nous avons aussi *dadelot* au même sens que *dadelin*. Ces mots semblent être des diminutifs de *dadais* lequel a été fait sur le modèle de *dada*, terme enfantin qui sert à désigner un cheval ou un bâton sur lequel un enfant se place à califourchon.

38.

DAGUE. On dit *dague d'ieue*, énorme quantité de pluie ; *i pleut à dagues*, il pleut à verse, à torrents. Ces expressions sont une métaphore par laquelle on assimile une pluie violente et intense à une multitude de poignards ou *dagues*. Cette étymologie est confirmée par plusieurs locutions absolument identiques. On dit en parlant d'une pluie violente qui fouette et tombe droit et raide qu'*il tombe des hallebardes*. Le picard dit d'une pluie de cette espèce qu'elle tombe *à glaves*. *Glave*, jadis *glaive* ou *gleive*, vient du latin *gladius*, épée, qui avait au Moyen-Age le sens de lance parce que la lance était l'arme par excellence des guerriers de cette époque.

« Tous ces (ceux) que tu ne conois,
« soupeçonne que il soient li ennemi....
« se (si) il porte *glaive* (lance), va à sa
« destre ; et se il porte espée, va a senes-
« tre. »
(BRUN. LATINI, *Trésor*.)

Ce n'est pas tout.

Charles Nisard dans ses *Curiosités de l'Etymologie française*, a relevé la locution : « *Il va tomber un garot* », c'est-à-dire une averse. Or *garot* est ici une corruption de *carreau* qui signifie *flêche*, *trait* de forte dimension, comme on le voit dans Guiart : « *Li garot empené d'airain.* » Dague, hallebarde, glave, garot ou carreau, tout cela est bien la même métaphore.

Dague a fourni le dérivé *daguer* (terme de filature), battre ou fouetter la filasse suspendue à des pinces mobiles.

J'ai donné comme étant d'origine inconnue le mot *aglaver*. J'y reviens aujourd'hui à propos de *glave*.

On dit *aglaver de soif*, avoir très-soif, et au même sens, dans certaines localités, *être aglavé de soif*.

On dit aussi, en parlant d'une grande mortalité, qu'*on meurt à glaves*, c'est-à-dire en masse.

Aglaver me paraît être un dérivé de *glave*, glaîve, épée. Etre accablé de soif, piqué de soif, avoir très-soif, mourir de soif : telle est la série des sens.

La seconde locution s'explique par assimilation d'une grande mortalité à la chute d'une pluie intense : *à glaves* équivaut ici à l'expression *en masse*.

Il est remarquable que *glaivé* se rencontre au sens de *mêlée, bataille, carnage*, ce qui nous met très-près de *tourmente, averse terrible*.

« De cest **glaive** (mêlée, bataille), de cest esfrei
Parla chascuns mult endreit sei. »
(BENOIT.)
— « . . . . Car reis
Aigrous od (avec) ses Daneis
A fait cest **glaive** (carnage) des Franceis. »
(*Ibid.*)
— « Ancui ferons grans **glaives** des cuivers mé-
| créans. »
(CH. D'ANT.)

Quant à la forme *glave*, j'observe qu'on la trouve dans une citation de Du Cange sous *distringere* :

« Un fier (fer) prist bien trenchant de **glave**,
Dedans sa cuisse le flati. »

DALOT, égoût. Diminutif de *dalle* qui avait, en picard, le sens de fossé d'égoût, latrines.

« Item, qui fait **dalles** à recevoir les eaues ou
« aisances contre mur mitoyen, il doit faire
« contremur d'un pied d'espesseur pour ce que
« les eaues des **dalles** et aussi l'ordure des im-
« mondices de telles aisances pourroient pour-
« rir le dit mur mitoyen. »
(**Cout. de Clermont en Beauvaisis**, 1539,
comm. de M. DEVAUCHELLE.)

Le primitif *dale* a, en picard, le sens d'*évier*. Frich le tire de l'ancien haut allemand *dola*, tuyau, gouttière ; Diez signale l'arabe *dalâlah*, conduite, espagnol *adala*. En résumé, origine incertaine.

DALU, niais, nigaud, crédule. D'un radical *dal* ou *dol* qu'on trouve dans le breton *dall*, aveugle ; dans l'allemand *doll*, lourd, stupide ; gothique *dwals*, et anglais *dull*, stupide, bouché. J'ajoute que les patois du midi ont *darut* au même sens que notre *dalu* picard, et que *darut* et *dalu* (peut-être *dalut*) me semblent être un même mot, les liquides *r*, *l*, permutant très-facilement, comme je l'ai déjà tant de fois fait observer. On dit d'une femme : « Ch'est une Marie-*Dalue*, » c'est une fameuse niaise. J'observe que, par antiphrase sans doute, on appelle Marie-*boine* (bonne), une femme trop légère dans sa conduite ou qui se livre à la prostitution.

DARE, faux. De l'islandais *deila*, même sens. Le vieux français disait *datle*. On lit dans Du Cange sous *dalha* :

« Le suppliant d'une faux ou **daille** frappa
« icellui Pierre environ le genoil. » (genou.)

Daille est devenu *dare* par permutation de *l* en *r* ou par suite d'une confusion populaire avec *dard*, sorte d'arme formée par un bâton garni d'une pointe de fer.

On trouve dans les Inventaires les formes *dart*, *dar*, *dard* : M. Devauchelle a relevé :

« Ung **dart**, deux fourquetz. »
(**Amiens**, 1576.)

— « Ung **dar** de fer avec ung marteau et l'en-« glème (enclume) servant au mestier de fau-« queur. »
(**Ibid.** 1596.)

— « Deulz **dardz**, une cœnche (queux), un « marteau. »
(**Ibid.** 1625.)

— « Un vieux **dard**, deux traciers. »
(**Inv. au Bosquel**, 1863.)

Dans l'île de Guernesey, le *dard* est une espèce de faucille. M. Devauchelle a relevé dans les *Rimes Guernesiaises* notre forme picarde avec plusieurs autres : *bêque*, bêche, *fourque,* fourche.

  « Ou bêque ou bâche ou tille, (doloire)
  Ou serpet ou picouais, (pic)
  Faux émoulu, **dard** ou faucille,
  Ebléteux fourque ou fiais. » (fléau.)

C'est chose vraiment curieuse, on l'avouera, que l'usage de formes picardes à Guernesey. Le même rapport existe entre notre patois et celui de Genève. D'où viennent ces ressemblances ? C'est là une question d'histoire qui n'entre pas dans mon sujet et que je me contente de poser.

DAS (da), dans. *Das* est le français *dans* avec chute de l'*n*, comme dans *grad* pour *grand :* « J'ai *grad* faim qu'il arrive, » j'ai *grand* désir qu'il arrive ; comme dans *dat seulement*, qui est le vieux français *tant seulement.* C'est ainsi encore que les Picards disent *Béjamin* pour *Benjamin.*

Je trouve *das* pour *dans* dans une *Epître* de M. J.-B. Vasseur, d'Amiens, adressée à M. G. Rembault en 1870. Voici un passage de cette boutade humoristique sur notre patois comparé au français :

  « J' nel pardonnerai jamois. (jamois, jamais.)
  Oui ; d'puis ch temps lò j'arage : (lò, là)
  Os o foit (on a fait) d' no langage, (no, notre)
  Os o foit du français !...
  —o—
—« Oz êtes (vous êtes) bien difficile,
  Vo (va) m' répondre un monsieu,
  Oz êtes bien difficile.
  L' français parlé das l' ville
  Est, ma flquette, bien bieu. » (bieu, beau.)
  —o—

—« Vo français, men brave homme,
  M'o toujours foit (fait) pitié ;
  Vo français, men brave homme,
  Vo français, ch'est, en somme,
  Du picard gadrouillé. » (**gadrouillé**, gâté.)

On a vu dans l'expression picarde *dat seulement* que le *t* du français *tant* s'est adouci en *d*. Quant à la lettre *d*, je suis bien aise de consigner ici une observation de mon collaborateur M. Devauchelle :

« Cette lettre, qualifiée *dentale faible* « dans la classification des consonnes, « devient plus faible encore dans la bou-« che des Picards de bien des localités, « lorsqu'elle est suivie d'un groupe de « voyelles dont la première est un *t* ; en « prononçant *Diu, dia, diable, diéte,* etc. « on passe légèrement et très-vite sur le « *d*, pour transformer l'*i* en un *j* forte-« ment accentué. La forte *t* subit aussi un « affaiblissement sensible dans les sylla-« bes *tien, tiot*, etc. Dans son livre, *La* « *Sténographie*, M. Lagache écrit : « Quant aux dentales, il suffira d'observer « de quelle manière on prononce les mots: « *tiens, Dieu*, etc. dans certains idiômes « provinciaux, dans le patois picard par « exemple, pour se convaincre que cette « classe a une seconde forte et une se-« conde faible. On pourrait convenir de « les représenter en caractères usuels « par *th*, *dh*, signes qui sont loin cepen-« dant de rendre la véritable prononcia-« tion de ces articulations. »

Ces observations sont très-justes. La dernière montre qu'il est impossible de représenter certains sons par des caractères de convention, et qu'en picard, comme en anglais, en italien, etc., il y a une prononciation spéciale que rien ne peut dispenser d'apprendre.

DASER, être sous l'empire d'un assoupissement prolongé, invincible, dans certaines maladies ; sommeiller en temps inopportun. Dans l'extrême nord du domaine picard, *faire daser* signifie *faire chercher* un objet qu'on a caché dans ce but par esprit de malice.

Daser dans la locution *faire daser* est la forme française d'un ancien verbe flamand *dasen* qui, dans cette langue, a un synonyme commun avec l'allemand *rasen*, enrager, être en fureur. A l'origine, *faire daser* a dû signifier *faire enrager, irriter.* De cette acception générale au sens limité de *faire chercher*, la transition est presque insensible : la bonne humeur n'accompagne guère des recherches faites pour retrouver des objets dont on a besoin.

Daser au sens d'*être sous l'empire d'un assoupissement invincible* est aussi d'origine flamande. Cette langue possédait au XVII° siècle l'adjectif *daes* signifiant *fade, morne, fou, sot* : le rapprochement entre *être assoupi* et *être morne* est loin de répugner.

DAUDIFLE, fronde. A donné le dérivé *daudifler*, brandir, dans certaines localités *dandifler, dondifler*.

Daudifle viendrait-il par corruption de *f* en *d*, du bas latin *fundibla*, fronde, qui est un diminutif de *funda?* Du Cange cite un document de 1191 qui porte: « Calculo « *fundiblæ* graviter in corpore læleban- « tur. » On appelait *fundibularii* les soldats qui se servaient de la *fronde*. Certaines machines de guerre propres à lancer des pierres se nommaient *fondèfles :* « Et aussi en autres lieux, dit « Monstrelet, furent faits plusieurs *fon-* « *défles*, bricolles et eschelles. » J'ajoute qu'on trouve dans Du Cange *fundiblare*, lancer des pierres avec la fronde, et que des documents portent : « *Fundibulabant* « *machirœ*, » et : « Alii lapides *fundi-* « *blabant.* » Du sens de *lancer une pierre avec la fronde* à celui de *brandir*, il n'y a qu'un pas, et l'extension de signification est très-naturelle.

Le changement de *b* en *f* ne constitue pas une difficulté; mais il n'en est pas de même de la corruption de *f* initiale en *d*, que je ne puis appuyer par aucune analogie et qui laisse sur cette origine un doute sérieux.

DAUSSER ou DEUSSER ou DOSSER, frotter un croûton de pain avec un oignon cru. D'après Du Cange, on trouve en vieux français *dauxe* pour *gousse*, et le dérivé *dauxer*, frotter avec un oignon cru ou une gousse d'ail :

« Jehan Planquièle demanda une **dauxe** d'ai pour **dauxer** sou pain. »

(Lett. de Rémiss. 1362.)

Mais il est évident que *dauxe* et *gousse* sont deux mots différents, le dernier assez récent dans le français et d'origine italienne, milanais *gussa*.

L'origine de ce mot me paraît obscure et je ne ne puis faire que de simples conjectures.

Apulée et Festus emploient le verbe *taxare* (fréquentatif de *tago* pour *tango*) au sens de *toucher, frapper souvent*. Aurait-on passé du sens de *toucher, frapper souvent, donner une frottée*, à celui de frotter d'ail ou d'oignon, *dauxer* dans Du Cange, *dausser* ou *deusser* dans le patois? Le changement de *t* en *d* ne fait point difficulté ; la forme va bien ; mais l'extension de sens laisse à désirer.

Nous avons en picard le verbe *aldos-ser* (frapper sur le dos, donner une roulée, une frottée), dont le radical est *dosse*, forme féminine de *dos*. L'orthographe du mot en question serait-elle *dosser*, et *dosser* ne serait-il lui-même que *aldosser* avec aphérèse de la syllabe initiale comme on en a déjà vu un assez grand nombre d'exemples ? Le sens serait *frotter le dos*, la croute du pain.

En résumé, rien de sûr.

Proverbe picard : « Quand o n'o point d'ail, i feut deusser d'ognon ; » ce qui signifie: « Il faut se contenter de ce qu'on a ; » littéralement : « Quand on n'a pas d'ail, il faut frotter son pain avec un oignon. »

Au figuré, *dausser* a le sens de *donner une réprimande* ou une *roulée*.

DÉBALATION dans la locution : « Tout est à l' *débalation* », tout est en désordre, tout va à la ruine. Dérivé de *déballer*, par transition du sens de *défaire des paquets, déballer*, à celui de *confusion, désordre, ruine*.

DÉBERTINQUER (s°), se deshabiller. De *de* privatif et *bertêque*, métathèse de *bretêque*, forme picarde de *bretêche*, partie crenelée des anciennes murailles. *Débertinquer* est, à l'origine, *défaire les bertêques*, défaire les murailles qui forment comme le vêtement d'une ville : on a passé ensuite facilement au sens de deshabiller. C'est ainsi qu'on dit *démanteler* une ville, lui ôter son *mantel* formé par son enceinte de murs. J'ajoute qu'on trouve dans le vieux français notre forme picarde *bertêque :*

— « Prirent galies et esnesques
Bien bataillies à bertesques »

(Ph. Mouskes, Du Cange.)

— « Voltes (voûtes) i ot dessous chacune bien
| taillie,
De tors (tours) et de **bertesques** si fière-
| ment garnie,
Qu'Antioche ne crient (craint) ost de cele
| partie.
(**Ch. d'Ant.**)

Il a même existé un verbe *abertéquier*, fortifier de murailles :

« Mais Montmirail est forte et bien **abertéquie.** »
(**Hugues Capet**, Du Cange.)

Au même radical se rattache le nom d'une localité de l'Oise, la *Bretèche*, qui a pris une forme française et qui vient sans doute du sens primitif *appentis fait de planches*. Il y a, dans la Seine-Inférieure, un village dit la *Bretèque*, qui a conservé la forme picarde caractérisée par le *qu* ou *c* dur.

Quelqu'un m'observait dernièrement que des passages d'auteurs anciens cités par moi comme appartenant au vieux français, n'étaient, au fond, que du vieux picard. Je suis bien aise de consigner ici la simple observation suivante que je développerai peut-être dans la préface qui précédera ces *Études*.

Le vieux français pour moi — c'est là l'avis de Littré, de Brachet, etc., — est tout ce qui a été écrit jusques vers le milieu du XIV° siècle, c'est-à-dire jusqu'à l'époque où, la centralisation royale ayant pénétré dans les provinces, le dialecte de l'Ile de France devint la langue officielle. Je parle, bien entendu, des compositions littéraires ou historiques. Celles de ces compositions qui sont d'origine picarde, présentent, il est vrai, des formes qui sont tout naturellement particulières à la province où sont nés les écrivains à qui nous les devons ; mais elles n'en sont pas moins du vieux français aussi légitimement que celles qui renferment des formes normandes ou bourguignonnes.

Ainsi en est-il, pour ne citer que les plus remarquables, du poëme de Raoul de Cambrai, des Chansons du Sire de Couci, de la Chronique de Rains, de la Chanson d'Antioche, du poëme héroï-comique de Bauduin de Sebourg, etc. De même encore pour une foule de citations qu'on trouve çà et là dans Du Cange, citations provenant de poëmes manuscrits, tels par exemple que *le Reclus de Molliens, Hugues Capet*, etc.

DÉBEYER, loucher. De *de* péjoratif et de *beyer*, regarder, examiner. *Beyer* avait donné dans le vieux français le dérivé *béance*, idée, projet, intention.

« Par eus avoit Richart **béance**
De mettre à mort le Roy de France. »
(**Guiart** dans Du Cange, **maxuca.**)

DÉBILLER, deshabiller. C'est une contraction de *deshabiller*. Cette contraction se retrouve dans *déchorcheler*, desensorceler, *découpler*, désaccoupler, *défenouiller* qu'on verra plus loin, desenfenouiller, *défler*, desenfler, *déprendre*, desapprendre, etc. L'étymologie de ces sortes de mots n'a pas assez d'importance pour que je m'attarde à l'indiquer.

DÉBLOUQUER, dégager l'ardillon d'une boucle ; détacher une courroie qui tient par une boucle à une autre courroie. Dérivé de *blouque*, du latin *bucula* (buc'la), anneau, par transposition de l'*l*, forme qu'on rencontre souvent dans les Inventaires :

« Ung baudré (baudrier) de vellour avec la **blouque.** »
(**Amiens**, 1557).

—« Ung chainturon garni de cloux et **blouque** d'or. »
(**Ibid.** 1596).

Dérivés : *Rablouquer*, rattacher.
Ablouquer, boucler, attacher,
On dit, par exemple, d'un toit en retour d'équerre qu'il est *ablouqué* sur un autre toit, quand il lui est joint, uni, attaché.

Il ne faut pas confondre *déblouquer* avec *débloquer* lequel a un autre sens, et qui vient de *abloc*, partie de solin en grès ou en pierre dure établie de distance en distance pour rendre la maçonnerie plus solide. On a vu sous *Abloc* qu'on disait jadis *édifices abloqués et solinés*. *Débloqué* signifie donc *privé de ses ablocs* en parlant des solins d'une grange ou d'une maison. Je le trouve à ce sens dans un passage du registre de l'abbé Caron, curé de Boves :

« A la fin de janvier 1757 les eaux sauvages
« sont venues à minuit en grande abondance
« par la vallée des airs, par un dégel sans beau-
« coup de neige. François Guillouart, berger, en
« a été fort embarrassé ; il a perdu sept
« agneaux dans les eaux, sa maison a presque
« été débloquée et emportée. »
(**Boves et ses Seigneurs**, par M. A.
Janvier.)

Evidemment *débloqué* est une forme du patois picard. C'est ainsi qu'on trouve dans le même passage *courature* pour *cours impétueux* :

« Le lendemain, à la même heure, la coura-
« ture des eaux a donné dans la paroisse Saint-
« Nicolas avec la même rapidité et abon-
« dance. »
(Ibid.)

Ces documents rappellent le brave curé de Bresles attestant qu'il a baptisé un *enfant fumelle* ou un *effant marle* (V. *Bragardise*) et prouvent qu'au milieu du XVIII° siècle, des hommes relativement instruits mêlaient encore aux formes françaises un assez grand nombre de formes picardes.

DÉBOUT, bout. Ce mot se rencontre au même sens dans les documents anciens : M. Devauchelle a relevé :

« A l'aultre lez (côté) vers le cappelle sey
« (s'assit) l'abbé de Saint-Aubert au débout du
« bancq, parce qu'il avoit dit le messe. »
(Mémoriaux des abbés de
Saint-Aubert, 1442.)

— « En l'estable où mengèrent nos chevaulx,
« le mengeoire avoit quarante pieds de long,
« tout d'une pièche de quesne aussi grosse à un
« débout que à l'aultre. »
(Voyage de J. Lesaige, de
Douai, 1518.)

— « Si une personne avoit les deux tiers en
« un héritage (terre, propriété), celui ayant les
« deux tiers les doit avoir tenants ensemble
« sans en faire trois loz (lots) ne trois parts. Car
« quand cy-devant il s'en faisoit autrement, il
« eschéoit aucunes fois que celui ayant les deux
« tiers les avoit à deux débouts. »
(Coutume de Mons en Hainaut,
1533.)

DÉBRIGANDÉ, débraillé, surtout en parlant de la partie antérieure du buste d'un homme. Dérivé de *brigandine*, dénomination d'une ancienne armure en forme de cotte de mailles : ce mot a signifié originairement *dépouillé de la brigandine*, puis, par extension, mal accoutré, débraillé. Nous avons aussi la forme *débringandé* dans laquelle l'*n* est adventice comme dans *débertinquer* de *bertêque*, ou amenée par une confusion populaire avec *bringand* qui se dit, en patois, pour *brigand*.

DÉBRISSURES, décombres. Ce mot me semble venir d'une forme *débrisser*, dérivé de *débris*, plutôt que de *débris* lui-même dont l'*s* finale ne se fait pas sen-

tir dans la prononciation. Peut-être *débrisser*, démolir, est-il en usage dans certaines localités, absolument comme *démolissures* (plur.), qui signifie aussi *décombres* et que je n'ai jamais entendu dire que dans nos environs.

DÉBROUSER, décrasser, débarbouiller. De *de* privatif et *brouser*, transposition de *bouserer*, salir. Le radical est *bouse*. (Voyez *Bousatière.*)

Dans certaines localités on dit *débroser* par réduction de *ou* en *o*.

DÉCADRÉNER, déranger ; au fig. déraisonner. Dérivé de *cadren*, cadran. *Décadréner* est, à l'origine, marquer mal l'heure au cadran, se déranger, déraisonner : on voit les successives extensions de sens. Nous avons aussi la forme *dégadréner* par adoucissement de *c* dur en *g*.

DÉCANGER, rompre un échange. De *de* privatif et *canger*, troquer, changer, venu du bas-latin *cambiare* qu'on trouve dans la *Lex Salica* et qui est un dérivé d'une forme *cambire*, troquer, dans Apulée. (V. *Quicherat. Dict. lat. fr.*) *Cambiare* fait *canger* par consonnification de *ia* en *ge*, changement de *m* en *n* et chute du *b* comme dans *rabies, rabjes, ra'jes,* rage.

Je lis dans le *Franc-Picard, Annuaire de la Somme*, 1877 :

« J' sus parti par l' rue Saint-Denis où qu'est l' nouvieu Tribunal bâti tout d' travers ; j' passe à le Cathédrale, j' deschends ch' Bloc : ch'est i cangé tout cho (ça), jour dé Diu ! »

Le picard a conservé le *c* dur latin qu'on retrouve, en vieux français, dans le primitif et dans ses dérivés :

« Deus ! se (si) je le pert (perds) jà n'en aurai
essange. »
(Ch. de Rol.)
— « Li tuen enemi (tes ennemis) repruvèrent
« le caugement de tun crist. »
(Lib. Psalm.)
— « Je, Pierre, fais savoir que je ai fait es-
« cange pur à pur à Jehan, c'est à savoir... »
(Beaumanoir.)

De même dans notre dialecte :

— « Par juste et loyal escange, chou pour
« chou. »
(Cart. de Corbie, 1346, dans
Du Cange, cauleria.)
— « Jou (je) ai vendu et escangié toutes les
« justices qui appartiennent à le castellerie de-
« vant dite. »
(Ch. de 1268, Cartul. de Corbie.,
dans Du Cange.)

— « Le dite Agnès a rechut soufisant es-
« cange du devant dit Fiket, sen mari, ch' est
« asavoir toute le tenure qu'il tiennent de Ysa-
« bel de Rogehan, lequel escange ledite Agnès a
« rechut, loe et aprouve. »
(Ch. de 1290, **Etude sur le Dial**,
pie., par M. RAYNAUD.)

DÉCARCASSER, battre quelqu'un avec
la dernière violence, lui rompre les os.
Dérivé de *carcasse*, qui est d'origine italienne : *carcassa*, même sens.

DÉCAROCHER, s'égarer, perdre la
raison. Dérivé de *caroche*, forme picarde
de *carosse*. Comparez *décarter*, charrier
mal, sortir de la voie : j'ai entendu l'an
dernier un paysan dire à son voisin en
parlant d'un des trois grands pouvoirs de
l'État : « I *décarie*, » il va mal, il ne suit
pas la voie, il s'égare, il se perd. *Décar-
rocher* est proprement mal conduire un
caroche, puis, par extension, s'égarer,
perdre la tête.

DÉCAROTER, enlever la crotte ou la
boue sur les souliers, les guêtres, les habits. C'est le français *décrotter* avec intercalation de la voyelle *a* devant la
liquide *r*, fait qui confirme l'observation
faite au mot *cariméresse* (V. ce mot.)

DÉCARPILLER ou DÉQUERPILLER,
démêler, séparer. Dérivé de *carpie*, charpie, venu du vieux verbe *carpir*, effiler,
du latin *carpere*, détirer, effiler.
Nous avons aussi le verbe *écarpiller*
qui se dit en parlant de l'action d'étendre
des javelles mouillées pour les faire mieux
sécher.
On dit d'un homme qu'il a les cheveux
écarpillés quand ils sont en désordre, hé-
rissés, au lieu d'être proprement arrangés.
Nous avons le fréquentatif *décarpillo-
ter* (se) au sens de *se mettre en pièces*,
faire ses efforts, prendre de la peine.

« Je m' décarpillotois à dire la vérité. »
(**Franc Picard**, **Ann. de la Somme**,
1864.)

DÉCATI. On dit d'un homme qu'*il est
bien décati*, c'est-à-dire changé (en mauvaise part), vieilli, usé, délabré. J'ai entendu appliquer cette qualification à un
individu qui avait fait faillite. C'est ainsi
que le picard emploie au propre et au
figuré *se déjeter*, en parlant d'une personne qui se courbe, se déforme sous le
poids des années ou sous l'influence du
malheur. Un avocat très-distingué du
barreau d'Amiens, M. G. Dubois, plaidant le 16 mai 1868 devant le tribunal
d'Amiens en qualité de demandeur dans
une affaire de pension alimentaire, a cru
ne pouvoir mieux dépeindre le triste état
physique de sa partie qu'en se servant de
cette expression : « Elle est toute *déje-
tée*. »

DÉCAUCHER, déchausser. Du latin
discalceare, même sens. Le picard a conservé le *c* dur latin, qui est devenu
chuintant dans le français.

« Au cordognier m'en sus (suis) allé
Un pied *descaus*, l'autre cauché. »
(**Ch. pic.** citée au mot **cauche**.)

Au figuré, la locution *aller à pieds
décaux* signifie *être misérable, devenir
pauvre*. Au même radical se rattachent :
Recaucher (r'caucher), remettre la
chaussure.
Rencaucher. On dit *rencaucher* un fer
de charrue, un coutre, un pic, etc., c'est-
à-dire le recharger de fer pour remettre
la pointe en son état primitif.
Recaucher et *rencaucher* sont au fond
le même mot; mais il est remarquable de
voir deux formes dont l'une ne s'emploie
qu'au sens propre, l'autre au sens figuré.

DÉCHAMER, déguerpir. Dérivé de
essaim qui a donné, en picard, le verbe
échamer, essaimer, par changement de *s*
en *ch*.

DÉCHARTER, déchirer, arracher,
mettre en pièces. « Il o *décharte* men cotron, » il a déchiré mon jupon. « J'ai
décharté men visagê, » je me suis déchiré, égratigné le visage. On dit absolument
au même sens *écharter*.
Le radical de ces deux mots est le bas-
latin *sartum*, défrichement, dérivé du
classique *sarrire*, sarcler (supin *sartum*),
par une extension de sens qui n'a pas besoin d'explication. On trouve *exsartare*,
défricher, dans les Lois Barbares : c'est
de lui que, par changement picard de *s*
en *ch*, est venu *écharter*, défricher à l'o-
rigine, puis déchirer. Quant à *décharter*,
il vient de *écharter* comme *dechirer* du
vieux français *eschirer*, du vieil allemand
skêrran.

On trouve la forme *escharter* dans des documents picards : les clauses d'un bail passé à Boves en 1507 portent :

« Ilz (les preneurs) ne porront faire **escharter** « ne espater les choques ou rachines des « bois. »

Au même radical se rattachent :

Décharture, déchirure.

Echarture, même sens.

Martinsart (nom de village) de *Martini sartum* ou *essartum*, défrichement, terre, domaine de Martin.

Hérissart (nom de village) de *Henrici sartum* ou *essartum*, autrefois *Henris- sart*, comme on le voit dans le *Dénom- brement du Temporel de l'Evêché d'A- miens*, qui est de l'année 1301, et dans l'*Aveu et Dénombrement* de la terre et seigneurie de Vignacourt (1298), où je trouve :

« Et nous tenons encore les hommages qui « chi après sont nommés... L'hommage le sei- « gneur de Kierriu de sen fief de **Henrissart**. « Item l'hommage me dame de Kierriu, se « mère, de sen fief qu'elle a à **Henrissart**. »

De même pour le nom des villages dont *sart* forme le suffixe : *Fransart*, Villers- *Campsart*, *Mévelessart*, *Grandsart*, *Es sart*, *Rainsart*, etc., et *Essertaux*, qui semble impliquer un diminutif bas-latin *Exsartellos*.

De même encore pour la dénomination de *bos du sart* (bois du sart), que portait une forêt aujourd'hui entièrement défri- chée, et qui, dans une haute antiquité, couvrait la plus grande partie de l'im- mense plaine du *Santerre*. Quant à l'ori- gine du mot *Santerre*, voyez la note pla- cée en renvoi au mot *Acaner*.

Je note en passant que le mot germa- nique *rœgen*, *reden*, synonyme du bas- latin *sartun*, a donné Roye, nom d'une petite ville de l'arrondissement de Mont- didier, Roye dans l'Oise, Rœux dans le Nord.

J'observerai, à propos de *Hérissart*, jadis *Henrissart*, que les vieilles gens disent encore *Héri* pour *Henri*. Je trouve *Herry* pour *Henri* dans une épitaphe que M. Devauchelle a relevée dans les *Epitaphia joco-seria*. Bien qu'elle soit sans indication d'origine, elle me semble fortement empreinte de cet esprit picard railleur et goguenard qui se trahit autant

par le fond de l'idée que par la forme des mots :

« Cy devant gist **Herry** Tortu Qui fist ceste verrière de festu ; S'il n'eust yeu (eu) si quier à boire, Il en eust faict une de voire (verre). »

Cette épitaphe n'est sans doute, comme bien d'autres, qu'une de ces boutades qui faisaient les délices de nos aïeux. Mais elle n'en prouve pas moins qu'on disait jadis *Herri* pour *Henri*. Quant à l'expli- cation des formes *Héri*, *Herri*, elle est bien simple : la première s'explique par la chute de l'*n*, comme dans *tarai* (je), je tiendrai, du vieux picard *tenrai* (je); la seconde par assimilation regressive qui fait qu'on trouve *verrai* (je) pour *venrai* (je), je viendrai.

« Le tierch d'icelles amendes sera adjugié et appartiendra à ceulz qui les [délinquants] trou- verront et verront (viendront) dénonchier et ac- cuser pardevers nous. » **(Ordonn. du bailli de Boves, 1521. Comm. de M. Devauchelle.)**

DÉCORDELER, déficeler, défaire un pa- quet maintenu par des cordes. Fréquen- tatif de *décorder* qu'on trouve à ce sens dans le dialecte picard :

« Se (si) ce est marchant qui se merle (mêle, « occupe) de telle marchandise et il y a fardel « cordé pour ce IIII deniers.... Item. D'une « brouette menans cœuvrequiés crespés en far- « del cordé IIII dén. et se c'est **descordé**, pour « tout, une obole. » **(Tarif du Travers du pont de Thennes, 1425.)**

Décordeler vient de *cordel* (V. *Corde- lette*) comme *marteler* de *martel*, mar- teau, *amoncheler* (amonceler) de *mon- chel*, monceau, etc.

DÉCOUTUMER, faire perdre l'habi- tude. C'est une contradiction de *desaccou- tumer* : on la rencontre dans le vieux français.

« Jà ne me puist aidier li Pères qui ne ment, Se (si) je ne **descoutume**, ains mon département Ce servage vilain, qu'ensi honniat la gent. » **(Baud de Seb.)**

DÉDEULER (se), quitter le *deuil*, en picard *deul*, forme dans laquelle la diphthongue *eu* est l'équivalent de la diphthongue *oe*, *ue* du vieux français laquelle se prononçait *eu*.

« Charles se gist, mais **doel** en a Rolant. » **(Ch. de Rol.)**

— « De **duel** pleure li dux (duc) et de pitié souspire. » **(Sax.)**

M. Devauchelle a relevé dans un Inventaire :

« Ung bonnet de dœul. »

(Amiens, 1583.)

L'*o* br..f accentué du latin *dolet, dolent* a fait *eu* dans le dialecte picard, ce qui explique le dérivé *deul*.

« Se (si) les gens dudit comte cauppèrent ledit
« arbre, che fut à son commandement et à boine
« cause, et à tort s'en **deut** li procureres de
« Pontieu. »

(Ch. de 1310, **Etude sur le Dial. pic.**, par M. G. RAYNAUD).

— « A le fin que il soit dit et prononchié par
« vous, seigneur arbitre et amiavle composi-
« teur, que à boine cause a fait ou fait faire li
« cuens de Dreuez pluseurs coses de quoi les
« gens monseigneur de Pontieu se **deulent** de li
« et que à tort s'en **deulent**, dit et propose li
« procureres du dit comte les fais et les raisons
« qui chi après ensievent. »

(Ibid.)

— « Sur ce que damp (dom) Alphonse de Bou-
« deville, prieur de Sainct Ausbert de Boves,
« s'estoit **deullu** et complainct en cas de saisine
« et de novelleté des religieuses, abbesse et
« couvent de l'esglise du Paraclet... »

(**Sent. du Lieut. gén. du Bailli d'Amiens,** 1439. Comm. de M. Devauchelle.)

Deul se rencontre dans la locution picarde *êlre d' dcul*. On dit : « *Il est d' deul*, » pour *il ne réussira pas, son affaire est manquée*. C'est un équivalent de la locution populaire : « *Il est dedans.* »

Damp, dom, qu'on vient de voir dans la Sentence de 1439, représentent le bas latin *domnus*, contraction de *dominus*, qui a remplacé dans la composition d'un certain nombre de noms de lieux le mot *sanctus*, saint. Tels sont Dommartin (*domnus Martinus*); Domvast (*domnus Vedastus*) ; Démuin (*domnus Audoenus*), originairement Domouen ; Domart (*domnus Medardus*), etc.

Domart s'écrit avec un *t* final. C'est là une orthographe vicieuse et absolument injustifiable au point de vue étymologique. Le dénombrement du *Travers de Boves* dressé en 1324 écrit *Dommars*, ce qui représente la prononciation actuelle des paysans.

« Cy sont les villes qui sont de mon fief de
« Boves : La Faloise, le Sauchois, Aillis, Tanes
(Thennes), **Dommars**, Hangars... »

(**Boves et ses Seigneurs**, par M. JANVIER.)

DÉDIRE. S'emploie dans les phrases suivantes : « *I* n'*dédit*, i jase comme une pie borgne, » c'est-à-dire, il ne cesse de parler. « *I* n' dit, i n' *dédit*, » il ne dit ni oui ni non.

DÉDONNER dans la locution : « On donne, pis (puis) on *dédonne*, » locution qui répond à : « On donne d'une main, mais on reprend de l'autre. »

DÉDRAGUER (se), se tirer difficilement d'un mauvais chemin boueux, surtout en temps de dégel. L'origine de ce mot est l'anglais *to drague*, enlever les dépôts au fond d'une rivière.

Locution picarde : « I foit *dédraguant*, » il fait mauvais à marcher, parce qu'on *enlève la terre boueuse* qui se colle aux semelles des souliers.

Au même radical se rattache *endraguer* (s') ou *endronquer* (s'), s'embourber: ce sens s'explique par le fait que *drague* a le sens de *boue*.

DÉDRUIR et DÉDRUSSIR, éclaircir, rendre moins dru. Dérivé de *dru*, serré, épais, avec *de* privatif. La forme *dédrussir* s'explique par le fait que le féminin de *dru* est *druse*, en picard, absolument comme *bleuse* de *bleu*, *nuse* de *nue*, etc. C'est ainsi qu'on rencontre *deuses* comme le féminin de *deux*....

« La pescherie et ferme qui se nomme la Vielz de le Caulx estant au dessus de la ville de Boves vers Hailles, publiée par **deuses** fois aux Eglises du dit lieu estre à baillier, est cejourd'hui demourée comme au plus offrant et dernier enchérisseur à Colin Fouée dit le Loutre. »

(**Acte passé à Boves**, 1505. Commun. de M. Devauchelle.)

DÉFENOUILLER (defnouiller), débarrasser des mauvaises herbes ou des plantes parasites ; au fig. débarrasser. Nous avons aussi *enfenouiller*, embarrasser : « Men gardin est enfenouillé d'harbe », (mon jardin est plein de mauvaises herbes,) disent les paysans picards.

Ces mots sont des dérivés de *fenouil*, venu du latin *fœniculum*, forme secondaire du classique *fœnuculum* : le sens de *enfenouiller* s'explique par le fait que cette plante se multiplie facilement, peut-être un peu aussi parce qu'elle exhale une odeur fortement aromatisée.

Dérivé : *Renfenouiller*, embarrasser de nouveau.

DÉFINER, terminer, finir ; au fig. mourir. C'est *définir* qui est aussi en usage : il y a eu changement de conjugaison, fait assez fréquent en picard : *truvoir*, trouver, *séquir*, sécher, etc.

On rencontre cette forme dans notre dialecte :

> « Qui bien commenche et bien défine,
> C'est vérités et saine et fine,
> En toutes ouvrages en doit
> Estre loés.... »
>
> (Du Cange, definitio.)

Définer avait donné le dérivé *définaille*, fin, achèvement ; car on lit sous le même mot :

> « L'œuvre de boine commenchaille
> Qui ara boine définaille ... »

Notons en passant que le mot *ouvrage* est resté féminin dans le patois comme il l'est dans la première citation ; on dit : « Ses ouvrages sont mal *foites* » (faites.)

Je trouve *définer*, mourir, dans une épitaphe relevée par M. Devauchelle dans les *Epitaphia joco-seria* :

> « Cy devant gist vaillant sire Nicolle Bouhier,
> « en douceur jadis bon curé de céens (Valen-
> « ciennes), qui défina l'an M CCCC XXII le
> « deuxiesme d'octembre. »

On a vu plus haut le mot *commenchaille*, commencement. C'est un dérivé de la forme picarde *commencher* qu'on rencontre souvent dans le dialecte :

> « Il fu ordonné que les maires veilleront de
> « nuit, et doit commencher li maire des car-
> « pentiers. »
>
> (Une Cité picarde, par M. De Lafons.)

> — « Ils porront tenir les dits marés ou bailler
> « à chense durant le temps et terme de douze
> « ans contineux et ensiévans li uns l'autre
> « commenchans à despouiller le première anée
> « en l'an mil quatre chent unze. »
>
> (Charte de 1411, doc. comm. par M. Daussy.)

> — « Jehan de Tronville tient de mon seigneur
> « le Veske d'Amiens les prés qui commen-
> « chent dès les marés de Glisy dusques as prés
> « du Capitre. »
>
> (Dénomb. du Temp. de l'Ev. d'Amiens, 1301.)

DÉFLAQUIR, équarrir (un arbre.) Mot d'origine incertaine. Est-ce un dérivé de *flanc*, côté, et *déflaquir* est-il proprement enlever les flancs ou côtés ? Dans ce cas, il y aurait eu chute de l'*n*, comme dans *grad* pour *grand*, *dat* pour *tant*. (V. plus haut *Das*.) Est-ce un dérivé de *flache* (terme de construction), enfoncement dans une surface qui devrait être continue ? Dans ce cas, l'origine serait germa-nique, allemand *flach*, plat. J'avoue que j'incline pour la première dérivation.

Dérivé : DÉFLAQURES (plur.) premières planches retirées d'un arbre.

Je crois qu'il faut rattacher au même radical le verbe *déflanquer* dont le sens est *retirer*. Je trouve cette forme dans le *Franc Picard*, Annuaire de la Somme, 1849 :

> « Une révolution, ch'est un pot-au-fu : chés
> « revolutionneux i (ils) n'en déflanquent misère,
> « guerre... »

DÉFOUTILLOT, petite cheville avec laquelle les fumeurs débourrent leur pipe. De *de* et d'un mot ignoble avec suffixe diminutif.

DÉFRAITIER, payer les dépenses de quelqu'un, l'indemniser, payer les frais pour lui. Dérivé de *frais*, dépenses. L'origine de *frais* est controversée. Brachet le fait venir du bas-latin *fredum*, amende pour avoir troublé la paix publique, mot d'origine germanique, danois *fred*, allemand *friede*, paix. Littré le tire de *fractum* qui est dans Du Cange au sens de dépenses. *Défraitier* vient de la forme *frait* qu'on trouve dans le vieux picard :

> « As (aux) siergans pour frait qu'il eurent
> « adonc pour leurs sielles rapparilier et pour
> « leurs brides. »
>
> (Gaffiaux, Abattis de maisons.)
>
> — « S'en suivent li frait que li ville a eus. »
>
> (Ibid.)

DÉFRÉQUIS, défrichement (d'un champ de luzerne ou de sainfoin). Substantif participial du verbe *défréquir*, défricher, venu lui-même du bas-latin *friscum* dont l'origine est germanique, allemand *frisch*, nouveau, d'où *friche* en français : le picard a conservé le *c* dur du bas-latin *friscum*. On dit au même sens *défriture*, dérivé de *fraitis* venu du bas-latin *fractitium*, champ labouré pour la première fois, défrichement, qui est un dérivé de *frangere*, rompre. *Friche* et *fraitis* sont synonymes : « Terres en *friche* ou *frac-tis* non cultivées de mémoire d'hom-me. »

> (Nouv. Coust. gén. t. 11.)

Dans bien des localités, on dit *déréquir* par la chute de l'*f*. Cette chute d'une consonne médiale se retrouve dans *déringoler*, dégringoler, *dératiner*, dégratigner, etc.

On rencontre dans le vieux français la forme *dériéquir* :

« **Dériéquir** et essarter leurs terres, vignes et jardinages. »

(**Mathieu de Coucy**, Du Cange.)

Nous avons aussi les formes *défréchir* et *dériquer*. M. Devauchelle a relevé dans un Inventaire :

« Item, a déclaré qu'il a **desfréchy** et mis en « labeur (labour) pour y planter et semer au « mois de mars ung quartier de pré. »

(**Amiens**, 1619.)

Du bas latin *frecta,. freta* qui a le même radical que *fractitium* est venu le nom des localités dites *Frétoy* dans l'Oise, *Frétin* dans le Nord, *Frettemole* dans la Somme :

« **Fractitium**, idem quod **ruptitium**, ager « aratro proscissus. »

(**Du Cange.**)

Au même radical se rattache le mot *froc* jadis employé au sens de *terrain inculte ou banal* situé près d'un édifice. D'après Du Cange, le bas latin *froccus* est une corruption de *fraustum, frostum.* Un document cité par lui porte :

« Quam [partem terræ] calumniabant, « atque in eâ brandonem posuerant; *fro-* « *cum* enim esse dicebant. »

Fraustum a pu donner *frocus* par le changement picard de *t* en *qu* ou *c* dur déjà plusieurs fois signalé.

On trouve *froc* dans notre dialecte. Un compte de 1390 déjà cité au mot *catiche* porte :

« *Item*, aucun de le vile et cité d'A- « miens ne puet castichier en terre ne « asseur (asseoir) seul (seuil), muret ou « closture sur le *froc* de le vile, s'il n'a « demandé congié. »

Du Cange croit que *flos* est pour *froc* dans le passage suivant :

« François errent tant qu'il viennent Ks flos qui à lui appartiennent. »

(**Guiart.**)

De *fros* est venu *frosser* qu'on trouve dans une Coutume de Mons au sens de bâtir dans un terrain communal près d'un édifice quelconque.

DÉFULER, décoiffer. Contraction de *desafuler* (*V. Afulure.*) Je lis dans le *Franc Picard*, (*Annuaire de la Somme*, 1848), ce qui suit :

« L'servante quitte tout, accourt à mitant « (moitié) habillée, sans chincir (tablier), toute « deffulée. »

On trouve notre forme picarde dans le vieux français et dans notre dialecte :

« Et l'empereur se **deffula** et le mercia. »

(**Christ. de Pis.**)

— « Chascun devant moi s'inclinoit et se « **deffuloit** quant on me pooit voir. »

(**Hist. de Jehan d'Avesne**, xv* siècle.)

— « Le mardy après Quasimodo, xx* jour du « mois d'avril, l'an 1406, requeste fut présentée « par plusieurs personnes et habitants de la ville « d'Amiens contre Julien de la Basterie, demou- « rant à Noyon, pour qu'il amenda, chaperon « défulé, les paroles qu'il avoit dittes contre les « habitants de la ville d'Amiens. »

(**Une cité picarde**, par M. De Lafons.)

— « Six des bourgeois de Calais alèrent au « roi Edouart en leurs dras (linges), **deffulés** et « des chaus, la hart au col. »

(**Chron. de Flandre.**)

Nous avons dans le patois la locution *à la tête défulée* qui est un équivalent de *tête nue.*

Dérivé : *Rafuler*, recoiffer.

DÉFUNCTER (défunter), décéder, mourir. Dérivé de *défunt*, vi. fr. *défunct*, du latin *defunctus.* Je lis dans le *Franc Picard, Annuaire de la Somme,* 1867 :

« Il avoit l' longue barbe comme quand « il o (a) *défunté.* »

Le rouchi qui est une branche du picard dit *défunquer.*

DÉFUSQUINER, voler, dérober. On dit aussi *défrusquiner*, dérivé de *frusquin*, terme populaire qui a le sens de *ce qu'on a d'argent, l'avoir en général.*

« D'après Charles Nisard, dit Littré, « *frusquin* signifie proprement *vêtement* « et est une altération de *futaine, fus-* « *taine, futain.* Mais cela n'est appuyé « ni par les intermédiaires ni par la « forme du mot, l'*r* n'étant pas dans *fus-* « *taine.* »

Je ne suis pas de l'avis de Littré et j'appuie Charles Nisard.

Voici mes raisons :

Le changement de *t* en *qu* ou *c* dur est fréquent en picard : *picuite*, pour pituite, *créque*, pour crête, etc. L'*r* est adventice comme dans beaucoup de mots : *fronde* du latin *funda, arme* pour *âme* dans le vieux français, *frumelle* pour *femelle* en wallon, etc. J'ajoute que l'*r* n'existe pas dans notre forme *défusquiner*, laquelle est très-probablement la forme primitive. *Défusquiner* est donc proprement et originairement *dépouiller de la fustaine*, du vêtement, absolument comme *dérober*, voler, est originairement *dépouiller de la robe*.

DÉGAIGNER, payer, rendre de l'argent qu'on doit. De *de* privatif et de *gaigner*, gagner, qui est d'origine germanique, ancien haut allemand *weidanjan*, faire paître, retirer un profit du pâturage, puis par extension de la culture, du travail.

DÉGAMBILLONNER, gigoter. Se dit des enfants qui agitent leurs petites jambes pendant qu'on les emmaillotte. Diminutif de *gambiller*, dérivé de *gambe*, jambe, venu du latin *gamba*, jarret, cuisse, puis jambe :

« Tollit altiùs crura et in flexione geniculorum atque **gambarum** molliter vehit »
(Veget. de re veter. Lib. 1.)

Le *g* dur du picard *gambe* est resté dans le français *gamberotte*, terme de danse :

« Caprioles, tours et destours, fleurettes drues et menues, **gamberottes**, bonds et sauts. »
(Carloix, XVIe s.)

De même dans *gambette, gambiller*.

Ce sont là des témoignages de l'influence du dialecte picard sur la langue française.

J'ajoute que le picard a le dérivé *gambilleux* au sens de *boiteux, qui traîne une jambe*.

Je trouve *gambillonner*, boîter, dans les *Lettres de Louis Gosseu* qui fait dire à un paysan que son âne *gambillonne un tiot cose* (un peu) *d'une patte d'drière* (de derrière).

DÉGATOUILLEUX, sensible au chatouillement ; au fig. facile à se contrarier. Dérivé de *dégatouiller* lequel est composé de *de* non privatif et de *gatouiller* qui est *catouiller* avec changement de c dur en *g*. *Catouiller* qui est aussi en usage vient du bas-latin *catulliare*, forme populaire du classique *catullire* qui a le sens de *titillari*. *Catouiller* est commun au picard et au vieux français :

« Et aucuns sont aussi comme sont ceulz qui se doubtent que les autres ne les **cateillent**, et pour ce il se **catouilent** premièrement. »
(Oresme, XIVe s.)

— « Les Gantois avoient malement fortifié ce village de trenchiz (tranchées) et de boullevers, et s'estoient là retraitz une grosse compaignie pour **catillier** (harceler) les Picards d'Audenarde. »
(Monstrelet.)

Le *c* dur latin est resté aussi dans le provençal :

« Lou pan que sourtissié dou four
Per soun odou vous **catilhava**. »
(Lou siége de Cadaroussa.)

Je trouve la forme *décatouiller* dans le *Franc-Picard*. (Annuaire de la Somme, 1878) :

« J'obliois d' vous dire qu'après l' soupe, oz
« (on) avoit versé à cacun un grand voirre (verre)
« d' vin, du fameux vin qui **décatouilloit** vo ga-
« ziot (gosier). »
(Noce de Long Bro.)

DÉGOUTIÈRE, largeur de terrain réservée pour l'égout d'un toit ou d'un mur. Dérivé de *dégoutter*. On trouve ce mot dans les documents anciens.

M. Devauchelle a relevé :

« Le dit mur n'a aucune **dégoustière**... sans
« que à l'advenir ledit N... puisse prétendre la
« jouissance de la dite **dégoustière**. »
(Plaids de Villers Bocage, 1645.)

On trouve *dégous* au même sens dans Beaumanoir :

« Es villes campestres, nul ne pot mesonner
« (bâtir) si près de moi que li **dégous** de ma me-
« son ne me demeure franz. »

L'expression *ville campestre* est un équivalent de *village*. Je suis bien aise, à propos de Villers-Bocage, de signaler ici l'origine de *Villers* qui constitue le nom de beaucoup de localités. Ce mot vient du bas latin *Villarium*, petit hameau composé originairement de quelques feux ou familles. La multitude des lieux dits Villers a nécessité un supplément de dénomination destiné à les distinguer les uns des autres. Je signalerai dans la Somme, Villers Bocage, Villers aux Erables, Villers Carbonnel, Villers Campsart, Villers Faucon, Villers Tournel, Villers Bretonneux.

Villers-Bretonneux est formé d'un village, Villers, et d'un hameau, Erville, qui lui est réuni depuis longtemps. Erville vient de *villa*, propriété, ferme, résidence, et de *Er* qui peut représenter soit le nom du propriétaire gallo-romain de cette résidence, soit l'allemand *herr*, maître, seigneur, et signifier dans ce dernier cas *résidence du seigneur*.

La lettre *r* ne se prononce pas dans Coulonvillers, Acchonvillers, Hautvillers (Somme), ni dans Biefvillers, Ervillers (Pas-de-Calais), tandis qu'elle se fait fortement sentir dans les noms ci-dessus.

On disait jadis *Villers le Bretonneux*, comme on le voit dans le dénombrement du *Travers de Boves* fait en 1324 :

« C'est assavoir que cy sont les villes qui sont de mon fief de Boves : La Faloise, Le Sauchois, Aillis, Tanes (Thennes), Dommars, Hangars.... Villers-le-Bretonneux, Cachy, Gentelle, Blangy, Trouville.... »

(**Boves et ses Seigneurs**, par M. A. Janvier.)

Les vieilles gens disent Villers-*Berton-neux*. *Bertonner*, (V. ce mot) signifie *parler mal* ou *d'une manière drôle*. Il est probable que l'appellation en question lui aura été appliquée par les habitants des villages voisins. « Du temps de la féo-« dalité, dit Corblet, certaines provinces, « certaines villes, certains hameaux se « poursuivaient d'une aversion récipro-« que. Quand les châteaux forts n'étaient « point armés en guerre, c'était l'épi-« gramme qui remplaçait l'arbalète. Il « ne faut donc point s'étonner du carac-« tère injurieux de la plupart des sobri-« quets qui caractérisaient jadis nos « villes et nos villages de Picardie, puis-« qu'ils étaient inspirés et traditionnel-« lement conservés par la rivalité des « localités voisines. »

Dans mon enfance on appelait encore ici les gens de Villers *chés panches à quate cuins*, c'est-à-dire *les ventres à quatre coins, les estomacs à quatre compartiments*, parce qu'ils avaient la réputation de manger beaucoup quand ils allaient à la fête des villages voisins, tandis qu'ils étaient très-chiches lorsque venait leur tour de rendre un repas. Les habitants nous répondaient par le dicton suivant :

« Quiot Cachu (petit Cachy)
Méchants gens.
Grand pot au fu, (**fu**, feu)
N'ot rien dedens. »

J'ajoute, pour être juste, qu'il y avait du vrai dans les deux épigrammes : les paysans apportent, dans l'appréciation des choses qui sont à leur portée, autant de bon sens que de malice.

DÉGOVER, agrandir une ouverture à un vêtement, surtout au cou, aux emmanchures ; élargir cette ouverture. Ce mot est un dérivé de *goffe*, *gofe*, avec changement de *f* en *v*. On appelle *gofe* en picard le premier trou long et large (en forme de fosse pour enterrer) que l'on creuse pour arriver à la tourbe qu'on veut extraire : le travail progressif de l'extraction transforme les *gofes* en ces immenses entailles qu'on rencontre dans les vallées de la Somme et de l'Avre. De là, selon une note de M. De Guyencourt, les lieux dits les *gofes* dans plusieurs localités, notamment à Villers Noyelle.

J'ai entendu, dans mon enfance, les paysans de Gentelles dir- *gove* pour *cave*. L'idée principale étant *trou, ouverture*, je crois que *gove* vient du bas latin *cova* qu'on trouve dans Du Cange au sens de *caverne* : il y aurait eu changement ou adoucissement de *c* en *g*.

DÉGRAIN. Au moyen âge *avoir le dé-grain* était posséder le droit de faire moudre son blé sans être tenu d'aucune redevance envers le moulin banal. *Dé-grain* avait donné le dérivé *dégrener* qui signifiait *moudre après* (quelqu'un). *Dégrain* s'est corrompu en *dégré*, et, dans mon enfance, on disait *avoir un mauvais dégré* pour *moudre après quelqu'un qui avait de mauvais blé*.

Dégrain signifie aussi ce qui reste de grain et de farine dans les meules, lorsqu'on les arrête après la mouture faite pour chaque particulier. La quantité qui reste se trouve mêlée avec la mouture suivante, laquelle, à son tour, laisse une autre quantité. Bonne, cette quantité donne un *bon dégrain* ; mauvaise, elle constitue un *mauvais dégrain*. Au figuré, *avoir un bon* ou *un mauvais dégrain*, c'est profiter ou pâtir de l'humeur d'une personne bien ou mal disposée pour des causes qui vous sont étrangères.

Le radical de *dégrain* est *grain*, du latin *granum*. *Dégrener* était proprement *retirer le grain de la trémie*, comme *engrener*, en picard *enguerner*, est le *mettre en la trémie*. On trouve dans les documents anciens *dégrain* et *dégrener* aux divers sens ci dessus indiqués. J'ajoute que le bas latin *degrana-tura* est défini par Du Cange : *jus ante alios granum suum molendi*.

41.

« Et n'est mie à oublier me sire Enguerrent de
« Gentelle, jadis chevaliers, home de Boves et
« de Corbie, tailloit (prélevait) le boistel de Pa-
« veri à Boves, et mouloit à Paveri par droit, et
« avoit le **desgrain.** »
(**Enquête à Hailles,** 1290. Comm. de
M. Devauchelle.)

— « Et est à savoir que chil de Raineval
« pueent (peuvent) **desgrener** toute manière de
« gens molans à mes molins de Moruel (Moreuil)
« fors que moi et mes oirs et Andrieu de Mori-
« sel et ses oirs, en tel manière que chil qui
« ara **engrené** peut mourre (moudre) che qu'il
« ara en le tremuie et le blé sien qu'il a el (au)
« molin ; et, après chelui, chil de Raineval qui
« seront venu el molin mourront. »
(**Aco par P. de Fontaines,** 1269,
comm. de M. Daussy.)

— « Soubz umbre dudit **dégren,** ceux à qui les
« religieux le avoient otroié, **desgrénoient** les
« dits habitants, c'est assavoir quand les habi-
« tants avoient mis leur blé au corbeillon pour
« le mettre en le trémuie et à moiture, ceux qui
« avoient le **dégren** le leur ostoient du corbeil-
« lon et y mettoient le leur. »
(**Ch. de 1448, Cart. de Corbie.**)

— « Et ara le dit fermier le **dégrein** et franc-
molu aux molins de Sailly l'yauères. »
(**Cart. de Corbie,** 1415, dans Du Cange,
desgranum.)

Sailly l'yauères est Sailly-Laurette, du
canton de Bray, arrond. de Péronne.
Laurette me paraît être une corruption
de *l'yauères* qui signifie *l'aquatique, où il
y a beaucoup d'eau,* et qui représente la
forme latine *aquaria,* dérivé de *aqua,*
eau. Cela est d'autant plus probable que
Sailly est qualifié *aquaticus* dans un acte
de 1237 par lequel Robert de Boves assi-
gne quatre livres parisis de rente à prendre par l'abbaye de Corbie à cause du
bois de Sailly Laurette, *Sailliaco aqua-
tico.* (V. *Boves et ses Seigneurs,* par M.
Janvier, p. 432).

Cette dénomination est justifiée par le
fait que ce village est situé dans un immense marais, et qu'il y a tout près de là
un Sailly le Sec, par opposition au Sailly
l'yauère.

Je note en passant que Bray, chef-lieu
du canton dans lequel se trouve notre
Sailly, vient du celtique *bray,* terre humide, fange, vase. Il en est de même de
Bray-les-Mareuil (Somme), Bray-Ma-
resch, près Cambrai (Nord), etc.

DÉGRAPPÉE, adj. fém. Se dit d'une
femme qui, après avoir eu des enfants,
devient stérile. Dérivé de *grappe* signifiant *ovaire* en picard.

DÉGRAVER, faire des égratignures.
De *de* et *graver,* creuser, dont l'origine
est germanique, néerl. *graven,* creuser.
Ce mot a donné le fréquentatif *dégra-
vonner,* comme *gambiller* a donné *gambillonner.*

DÉGRIGNER, mépriser, dédaigner.
Corblet indique l'italien *sgrignar,* se moquer. Mais ce mot n'étant point passé dans
le français, on ne voit pas comment il serait venu dans le patois picard. Je ne
connais aucun radical germanique qui
puisse aller pour le sens et pour la forme.
Considérant que le préfixe latin *de* n'a-
joute souvent ni ne retranche rien au
sens du radical, (Cf. *populari* et *depopu-
lari; plorare* et *deplorare,* etc.) peut-on
voir là le latin *decriminari,* accuser,
blâmer, puis, par extension de sens, mépriser? *Decriminari* régulièrement contracté en *decrim'nari* donnerait *dé-
griner* par simple changement ou adoucissement de *c* en *g.* Je n'affirme
pas : je pose une question. J'ajoute seulement qu'on trouve dans le bas latin
la forme *decriminare,* accuser, décider.
Le titre 4 de la loi de Rotharis, roi des
Lombards, porte : « Si quis uxorem suam
decriminaverit. »
On rencontre *dégrigner* dans le *Sermon
sur les vérités du temps :*

« David lassé de s'aouir (entendre) **dégrigner...**»

DÉGRILLER, déchoir, tomber dans
l'infortune. Ce mot a donné le dérivé
dégrillade, infortune. Serait-ce, par une
corruption de *b* en *g, débriller,* ne plus
briller, déchoir, tomber dans l'infortune?
L'extension de sens est assez naturelle.
Serait-ce une contraction de *dégrioler,*
glisser et tomber sur la glace ?

DÉGUISABE, méconnaissable, étrange.
Dérivé de *déguiser.* On sait que le patois
laisse tomber l'*l* des finales en *ble* et dit
admirabe, aimabe, etc.

DÉHÉDÉ, fatigué. Nous avons au même
sens *hodé* qui doit peut-être s'écrire
haudé et qui me semble être de la même
famille. Corblet dit à *hodé* : « De même
« en vieux français. » Il est fâcheux qu'il
n'ait donné aucune citation pour appuyer
son dire. Il apporte sur ce mot l'opinion
de l'abbé Tuet, bien qu'elle lui paraisse
bizarre. « Un paysan picard qui dit *je*

« *suis hodé*, pour dire : je suis fatigué
« du chemin, n'apprendrait pas sans sur-
« prise que ce mot *hodé* vient du grec
« οδος, qui signifie chemin... » La racine
grecque οδ, primitivement σιδ, sanscrit
sad, aller, n'a donné aucun mot qui ait
même de bien loin le sens de fatiguer. Et
puis comment ce mot serait-il venu dans
le patois picard ?

Je suis bien aise de rappeler ici une
observation de notre illustre compatriote
Du Cange : « Pour les langues modernes,
« filles du latin, il faut bien se garder de
« faire intervenir le grec ; car nulle part
« le grec n'est passé dans l'idiome vul-
« gaire, mais seulement le latin, et en-
« core le latin corrompu. »

Laissant là le grec et cherchant plus
près de nous dans le latin, je demande si
hodé, *haudé* peut venir du latin *hausta-*
tus, fréquentatif de *haustus* et si *déhédé*
viendrait de *dehaustatus*; mais je n'affirme rien. J'observe seulement que le
fréquentatif avait le même sens que
exhaurire, et que *exhaustus* signifie, au
figuré, épuisé (de forces), excédé (de fatigue.) Le changement de *t* en *d* ne fait
point difficulté : j'en ai donné plusieurs
exemples. (V. *Das.*)

On trouve la forme *odé* dans l'*Enjollement de Coula et de Miquelle* (XVIIᵉ s.)

« Ch'est trop me capigner; n'es-tu encoire odé ? »

DÉHOUSER. Se dit de l'action d'éla-
guer, sur les côtés seulement, une haie
vive qui prend trop de développement en
largeur, ce qui arrive surtout quand elle
se compose d'essences qui ne montent pas,
telles que l'aubépine, le houx, la prunelle noire ou créquier, essences qui ont
toutes des piquants. Je suis porté à voir
là un dérivé de *houx*, autrefois *hous*, venu
de l'ancien haut allemand *huliz*, arbris-
seau épineux.

La forme *huliz* a donné le bas latin
hulsetum, lieu planté de *hous*, d'où est
venu le nom de plusieurs localités dites
autrefois *Houssoy*, aujourd'hui Houssaye
dans l'Oise, Housset dans l'Aisne, la
Houssoye, près Corbie, dans la Somme, etc.

« Je, Anssiaus de Cayeu, chevaliers, sires de
« Daminois, faz savoir à tous cheux qui ches
« lettres verront ou orrunt, que, je, de l'assen-
« tement et de le volenté me dame Maroie, me
« femme, ai baillé, quité et otrié à tous jours à
« hommes religieus l'abbé et le couvent de Va-
« loiles tous mes terrages et toutes les coses que

« je avoie et reclamer pooie (pouvais) u (au)
« teroir de Mesoutre de men fief de Daminois
« par quatre muis moitié blé et moitié avaine à
« paier en hiver de tel blé et de tele avaine qui
« croisteront en leur teroir de **Houssoy**. »
(Ch. de 1383, Etude sur le Dial. pic.
par M. G. Raynaud.)

Nous avons aussi un verbe *déhouser*
qui a un autre sens et une autre origine.
On dit *se déhouser*, ôter ses guêtres, ses
houseaux. *Houseau*, autrefois *housel*, est
un diminutif du vieux français *house*,
botte, lequel est d'origine germanique,
ancien haut allemand *hosa*, chausse.

On vient de voir dans la citation ci-
dessus le mot *Cayeu* qui forme le nom de
plusieurs localités de la Picardie. *Cayeu*
—aujourd'hui *Cayeux*— est, comme l'indique la finale *eu*, un diminutif, qui implique originairement une forme *Cailloel* ou *Cailiouci* dont la finale *el* s'est
consonnifiée en *eu*. Il y a dans le canton
de Rosières un village nommé *Caix*, et
tout près un autre village appelé
Cayeux. Evidemment Cayeux est un diminutif de Caix et signifie originairement
le petit Caix, fait dont on a des analogies dans *Bussu* et *Bussuel*, *Ailly* et
Ailliel, *Domqueur* et *Domquerel*, *Sailly*
et *Saillisel*, *Moreuil* et *Morisel*, *Machy* et
Machiel, etc. Quant à Caix, il vient du
celtique *caill*, forêt : c'est l'histoire du
nom du village de *Lucheux* venu du latin *lucellus*, bois. J'ajoute qu'on trouve la
forme primitive *Cailloel* dans la *Dénombrement du Temporel de l'Evêché d'A-
miens* (1301) et qu'il y a, dans l'Aisne,
une localité qui s'appelle *Caillouel*, dont
la finale diminutive *el* ne s'est pas consonnifiée en *eu*.

Caix doit être un très-ancien village.
Il est figuré sur une carte de l'*Etat de la
Gaule au IVᵉ siècle* que j'ai vue ces jours
derniers à l'Exposition dans le Groupe
de l'Instruction publique.

Beaucoup d'autres localités doivent
leur nom à des bois.

Le cornique *cuit*, cambrien *coed*, a
donné le bas latin *co:ia* et le dérivé *co-
tiacum*, d'où Cuise dans l'Oise, Choisies
dans le Nord, Coisy dans la Somme.

Le bas latin *brogilum* a fourni Breuil
(Somme, Aisne), Bruille (Nord). *Broca*
ou *brossa* qui est de la même famille que
brogilum et qui signifie *buisson*, a donné
Broxèle dans le Nord, Broquiers dans
l'Oise, Brouchy dans la Somme.

Le celtique *bali*, allée d'arbres de haut jet conduisant à une habitation, a fourni un diminutif bas latin *baliolum* et une forme *baliacum*, d'où sont venus les noms de village Bailleul dans la Somme et dans le Nord, Bailli dans l'Oise. Baillon. autre diminutif qu'on retrouve dans Warloy-Baillon, gros village du canton de Corbie, a la même origine.

« L'origine des noms de lieux se rattache plus directement qu'on ne pourrait le croire à l'histoire de notre langage, car c'est peut être dans la nomenclature géographique qu'il existe le plus de traces des langues, aujourd'hui perdues pour nous, qui out concouru à la formation de l'idiome national. C'est de plus un sujet neuf, car c'est à peine si l'érudition s'en est occupée, et cependant il mérite l'attention de tous ceux qui s'intéressent à l'origine des choses et au système général qui a présidé à la formation de la terminologie ethnique. »

(Cocheris, Orig. et form. des noms de lieu, p. 4.)

DÉJOUQUER , faire descendre (les poules) du juchoir ; réveiller. Dérivé de *jouquer*, jucher, dont l'origine est inconnue. *Déjouquer* a, au figuré, le sens de *faire tomber quelque chose* par un coup d'adresse. Le *c* dur ou *qu* se retrouve dans le provençal comme dans le picard :

« Au lue (au lieu) de faire sa pouliço.
Farié bén mies (mieux) de s'ajouca. »
(Li Nouvè de Saboly.)

Locution picarde : « *Au déjouque* » de bon matin, dès le saut du lit.

DÉLAMENTER (se), se lamenter. Se prononce *délameinter*. C'est le latin *lamentari* avec le préfixe *de* qui n'ajoute rien au sens. On trouve ce mot dans le *Voyage à Jérusalem* de Jacques Lesaige, de Douai (1518.)

« Ce fut un prestre bien devoet à la
« Vierge Marie ; et alloit souvent la sa-
« luer en la sainte maison [de N. D. de
« Lorette] quant elle estoit au païs d'Es-
« clavonie. Quant la dite maison ou cha-
« pelle fut transmuée des Angeles, le dit
« prestre ne faisoit que se *dellamenter* et
« prioit toujours qu'il posist savoir
« qu'elle estoit devenue. »

M. Devauchelle a relevé dans Cotgrave un verbe *se démenter*, se lamenter, s'affliger, qui est encore en usage à Amiens : c'est, à mon avis du moins, une contraction de *délamenter*. (Cf. *doreux*, sensi-

ble, et *dolereux*, *brigadé*, barricadé, *prinage*, pelerinage, etc.)

DÉLI dans la locution *être en déli*, être en chaleur, en parlant de la folie amoureuse des animaux. Du latin *delirium*, delire : l'*r* est tombé dans le patois comme dans *plaisi*, plaisir, *leisi*, loisir, dans *canteu*, chanteur, *bseu*, faiseur, ou bien encore comme dans le nom du village Talmas (canton de Villers-Bocage) autrefois Talemars.

« Pierre de **Talemars** I poulet et I setier d'a-
« vainne à la Saint Remy, et au Noël I pain et
« I capon. »
(Dénomb. du Temp. de l'Ev. d'Amiens, 1301.)

Le nom de ce village me donne l'occasion de faire remarquer que plusieurs localités rappellent encore le culte des divinités payennes. C'est ainsi que, d'après M. Cocheris, Talemars vient de *templum Martis*, temple de Mars, Oisemont, (arrond. d'Amiens) de *Esi mons*, mont d'Esus, Tourotte (Oise) de *Tour bout*, *bois* consacré au dieu *Thor*.

DÉLIONS (plur.), inégalités qu'on rencontre dans le fil. Corblet donne ce mot sans étymologie et comme synonyme de *bouillons*. Il y a pourtant une distinction importante à faire entre *délions* et *bouillons*. Les inégalités dites *délions* sont celles qui se trouvent aux endroits où le fil est trop menu et n'a pas la grosseur voulue, tandis que les autres dites *bouillons* se trouvent précisément aux endroits où le fil forme des espèces de renflements subits. L'étymologie justifie et confirme cette distinction. *Délions* est en effet l'adjectif *délié* signifiant *menu, fin*, avec le suffixe diminutif *on*. *Bouillons* a la même origine que *bouillonner*, s'elever en bulles, se renfler, former une grosseur, une excroissance. C'est même ce sens de grosseur, excroissance, qui a fait donner au panaris le nom de *bouillon* qu'il porte dans le patois picard.

DÉLOFER ou DÉLOVER, vomir. On dit au même sens *dégofer*. Les deux premières formes sont très-probablement une corruption de *dégofer*, dérivé de *gofe*, signifiant *faire sortir de l'ouverture*, et, par extention, *vomir*. C'est ainsi que *dégueuler*, vomir, est venu de *gueule* qui a aussi le sens d'*ouverture*.

L'expression grossière *dégueuler* me rappelle un mot que j'ai oublié de donner à la lettre A : c'est *agoré*, adjectif signifiant *attifé, arrangé, paré.*

On dit par ironie en parlant d'une femme qu'*elle est bien agorée. Agoré* est le vieux français *agolé* : il y a eu, en picard, changement de *l* en *r*, comme dans *houbron* pour *houblon*. On trouve dans Du Cange sous *mus* la forme *agolée:*

« Li séneschaus i vait, s'ot la mure anfautrée,
Vestus d'une pelice richement agolée. »

Agolé signifie proprement *qui a une gole*, une *gueule*, une *ouverture* ; et, comme autrefois l'ouverture des pelisses et des manteaux par laquelle on passait la tête pour les vêtir, était ornée de broderies et d'un collet haut et ornementé, on a donné au mot *agolé* le sens de *arrangé, paré.* On voit dans Du Cange qu'on appelait *gula, mantelli*, l'ouverture par laquelle on passait la tête : *apertura quâ caput immittitur et quœ collum circumamicit.* Une citation du même auteur montre que le collet était richement orné :

« Richesse out (eut) d'une propre robe
A nouiax d'or au col fermée
D'une bende d'or nouélée. »

On trouve dans d'autres l'expression *goule de peliçon*, ouverture de manteau, et le dérivé *engolé :*

« Li sans (sang) en fille (coule), que forment
[est maumis
Si que les goules de son peliçon gris
En sont mouilliés. »
(Roman d'Aubery).

— « Houches, manteaus, chappes fourrées
De Sebelines engoulés... »
(Le Reclus de Molliens).

En de *engoulé* s'est réduit à *a* comme dans *acenser*, encenser.

Agolé, en picard *agoré*, est un dérivé du latin *gula*, gueule, ouverture, *gole* dans le dialecte et dans le patois actuel du peuple d'Amiens. On lit dans Beaumanoir : « S'il estoit aperte coze que mes « cevaux (mon cheval) m'emportast par « dure *gole*... » Du Cange dit : « *Gulerum* « idem quod *gula* mantelli ; » ce qui prouve que l'ouverture d'une pelisse s'appelait jadis *gole.*

Au bas de mes notes sur *agoré*, je retrouve deux mots qui manquent aussi à la lettre A : je répare cet oubli.

Alinger, fournir de linge. Dérivé de *linge.* Un contrat de mariage passé à Bailleuse en 1754 porte :

« Plus a le futur déclaré qu'il est habillé et
« alingé comme personne de sa sorte ; et ont les
« parents de la future promis la meubler et
« alinger comme fille de sa sorte. »

Amitrouille. J'ai déjà fait observer que la finale *ouiller* est péjorative dans le patois picard : *pertrouiller*, manier salement, *gadrouiller*, gâter, etc. *Amitrouille* est un péjoratif de *amitié.*

DÉLOGE, dans la locution *prendre Jacques Déloge pour sen procureu* ou pour *sen patron*, s'en aller à la hâte, s'enfuir. *Déloge* est un dérivé du verbe *déloger*, s'en aller. L'expression *Jacques Déloge* est une création populaire comme *Saint Lâche, patron des paresseux.*

« L' diabe prend Jacques Déloge teut s'grin-
[chant. »
(Franc Picard, Ann. de la
Somme, 1872)

DÉLOQUETÉ, déguenillé. Dérivé de *loque* venu de l'allemand *loc*, chose pendante, et, par extension, vêtement usé. Au même radical se rattache *déloquer*, déchirer, mettre en *loques.*

DÉMÂCATIF, dégoutant, écœurant, difficile à digérer, capable de provoquer le vomissement. Dérivé du verbe *démâquer*, vomir, littéralement *démanger*, mot composé de *de* et de *mâquer* venu du latin *masticare* régulièrement contracté en *mast'care* par la chute du *t.*

On dit en parlant d'un petit enfant :

« Bien démâquant (vomissant),
Bien venant. »

Démâquer est un terme très grossier. Il a, au figuré, le sens de *dégoiser, vomir des injures.* Une pièce de vers en patois picard donnée par Corblet porte :

« Quoi qu'chest qu' tu nous démâques ? »

On dit : « Ch'est un diabe *démâqué* d'l'Enfer », c'est un diable vomi par l'Enfer.

Dérivés : *Démâquis* (subst.) ce qui a été vomi.
Démâqueux, qui a l'habitude de vomir.
Démâquage ; même sens que *démâquis.*
Démâquoir, mascaron d'où s'échappe l'eau d'une fontaine monumentale.

42.

Par comparaison avec le filet d'eau que projette un *démâquoir* ou mascaron, le verbe *démâquer* a le sens de *excéder*, *pencher*. On dit d'un mur hors d'aplomb qu'il *démâque* d'un côté; de même pour un toit qui excède.

DÉMÂQUOIRER, porter des coups sur la bouche, sur le menton, casser les dents à quelqu'un. Dérivé de *mâquoire*, mâchoire, qui est lui-même un dérivé du verbe *mâquer* dont l'origine vient d'être indiquée.

DÉMAGANDER, démonter, démembrer, disloquer. Nous avons au même sens *démazinguer* et son fréquentatif *démazingueler*. L'origine de ces mots m'est inconnue.

DÉMANGUELER ou DÉMANGLER, démailloter, défaire. C'est probablement une corruption de *démanteler*. On a vu que le patois change assez souvent *t* en *qu* : *airêque*, arête, etc. Le *q* a pu s'adoucir en *g*.
J'observerai en passant que le *qu* devient parfois *t* an picard et en wallon. Dans bien des localités, *quien*, chien, se dit *tien*. Cela explique comment *Thenailles*, nom d'une localité de l'Aisne, est le même mot qne *Chenailles*, nom d'une localité du Loiret, formes qui représentent toutes deux une *chênaie*. (V. Cocheris, *Orig. et form. des noms de lieu*, p. 34.)

DÉMENGER (demeinger), vomir. De *de* privatif et *menger*, venu du latin *manducare* régulièrement contracté en *mand care* par adoucissement de *c* en *g* : le sens n'a besoin d'aucune explication.
Démenger au sens de causer un prurit, a donné le dérivé *démenjure*, démangeaison, qu'on trouve dans le Vocabulaire de Douai (XIV⁰ s.) sous la forme *démengeure* pour rendre le latin *pruritus*.
La forme *menger* (meinger), *mengier*, est commune au vieux français et au dialecte picard :

« Et j'ai bien mengié deux denrées
De novel miel en fresches rées. »
(Ren.)

— « Le dimenche d'après Noël iceulz compai-
« gnons vindrent (vinrent) soupper et mengier
« leur cuignet avec leur curé. »
(Du Cange, *cuneus*.)

— « Et s'il est nuis (nuit) qu'on ne voie goute,

« on doit les campions (champions) mener en
« prison et cascun mettre à par li sans désarmer
« et sans boire ni mengier. »
(Ibid., *campiones*.)
Cette citation nous montre encore des vestiges de l'inversion latine : les deux régimes *camptons* et *cacun* sont placés avant leur verbe respectif.

DÉMÊTURES (plur.). Se dit des vieux habits qu'on abandonne, qu'on ne *mêt* plus.

DEMEURANCE (d'meurance), résidence, domicile. Dérivé de *demeurer*, résider. M. Devauchelle a relevé ce mot dans un inventaire :
« Une nappe fassou (façon) panche de vache,
« laquelle Le Clercq a déclairé qu'elle croist
« que la dite nappe appartient à quelque cer-
« taine femme de villaige et qu'elle ne sauroit
« dire son nom ne sa demeurance. »
(Amiens, 1596.)

DÉMIANER, arracher, déchirer par exemple la viande avec la fourchette au lieu de la couper proprement. Origine inconnue.

DEMI-EUSIEU (demi-oiseau). Dénomination générale de tous les oiseaux du genre *sarcelle* lesquels, par leurs mœurs, semblent être moitié oiseaux, moitié poissons. *Eusieu*, dans beaucoup de localités *oisieu* (ouesieu), vient du bas-latin *aucellus*, petit oiseau, forme masculine d'*aucella* dans Apicius, laquelle est une contraction d'*avicella*.

DÉMITE, démon. « Ch'est un vrai *démite* », c'est un vrai démon, dit-on en parlant d'un enfant espiègle, polisson. L'expression : « *Sacré démite* » est une espèce de juron. *Démite* n'est autre chose que *démon* affublé d'un suffixe diminutif *ite* qu'on retrouve dans *galmite*, petit garçon, *gamin*.

DÉMORTIR (Se). Se dit de la terre qui, par suite du dégel, devint comme du *mortier*. J'observerai en passant que le picard dit *déjeu* pour *dégel*, par consonnification de *el* en *eu*, consonnification qu'il n'a pas opérée pour une foule de mots tels que *linel*, *flayel*, etc., qu'on prononce *liné*, *flayé*.

DEMPRÉS (deimprés), près. On dit : « *Demprés li*, » près de lui ; « *Tout demprés*, » tout près. Ce mot ne vient pas de *de* combiné avec *près*, mais de *de* et de *emprès*, près, originairement *en près* en deux mots, comme *de lez*. On trouve la forme *empres* au sens de *près* dans le dialecte picard :

« Sachant tout chil qui chest chiro-
« graphe verront ou orrunt que comme
« Simons le Sereuriers et Avisse le Cave,
« se femme, tiegnent a chens de Gy de
« Laviers une huisserie de pierre par
« ont on entre en le maison, lequelle
« huisserie siet dessous le porte dite Ensel
« *emprès* le tenement Honnéré de Hesdin,
« merchier.....»

(**Ch. de 1333**, Etude sur le Dial. pic. par RAYNAUD.)

Je trouve la forme *empriés* dans la *Romance du sire de Créqui.*

« Quant le nouvelle fut advenue le matin,
Le chevalier se dame a mené par le main
Empriés le viel sire sen seigneur et sen père,
L'asseurant qu'il voulsist toudis le tenir
chère. »

D'après Corblet, cette romance a été composée vers l'an 1300.

De même *empriez* dans une épitaphe relevée par M. Davauchelle dans l'ouvrage resté inachevé de J. Baumgarten : *Glossaire des Idiomes populaires du Nord de la France* (Coblentz, 1870) :

« Chy gesist, chy kouka (se coucha)
Collin, fiu (fils) Colin Bara.
Sen cors ichy sera (ichi, ici)
Tant qu'il ruscitera (ressuscitera)
Et se arme (âme) li cieul (ciel) ara,
Car Diux li perdonra :
Cil fut moult boen (bon), et sera
Kintez (chanté) por ll Alleluia.
— Willemi, se feme, empriez ll se kouka ;
Mais mie ne sai (sais) si ciule (elle) en perdis
| (Paradis) sera ;
Kar ne fut mie boen (boine, bonne) kom Bara.
Priet (priez) por cieule, kar besoeng en a. »
« MCCL. »

DÉNATURISÉ, privé de sa nature, changé dans ses éléments, falsifié. Dérivé de *nature.*

DENT (deint), dent. Ce mot est du genre masculin dans le patois picard :

« Ah ! Pour cho (ça), père José, i (ils) sont
« fameux vos dents : o (ou) diroit un coco-
« drile ! » (crocodile).

(**Franc Picard, Ann. de la Somme, 1877.**)

On le rencontre du même genre dans le vieux français :

« Tranche la teste d'ici qu'as denz menus »
(Ch. de Rol.)

— « Le nez moult très-bien fait, les danz menus
| et blanx »
(Sax.)

« Bien le mangea la rape jusqu'à dens maisel-
| lers »
(**Prise de Jérusalem**, DU CANGE, maxilla.)

— « En la boche li brise deus des danz mais-
| sellers »
(Ibid.)

DENTIER (deintier), taquiner, provoquer, agacer, défier. Du latin *tentare*, essayer, éprouver, attaquer, par changemont de *t* en *d* comme dans *dachette* de *tach ?*

La terminaison *ier* de *are* se retrouve dans *aidier* de *adjutare*, *mengier*, manger, de *manducare*, etc.

Proverbe picard : « Quand o (on) « n'*dentie* point chés quiens, o n'est « point mord. » C'est-à-dire : Quand on ne tourmente pas les chiens, on n'est pas mordu.

Dérivé : *Dentieux*, adj., qui agace, qui tourmente.

DÉORNÉ ou **DÉHORNÉ**. « J'sus *déorné*, » disent les paysans, c'est à-dire : je suis *dérangé*, *détourné* de mon travail, de mes habitudes, et, par extension, mal à l'aise. *Déorné* vient du latin *deordinatus*, dérangé, par contraction régulière en *deord'natus*. La lettre *h* est amenée par l'aspiration comme dans *trahir*, *envahir*, originairement *traïr*, *envaïr.*

DÉOTER ou **DÉHOTER** (se), ôter, enlever la pièce d'étoffe noire dont les femmes se couvrent la tête et les épaules. Contraction de *desaoter*, venu de *aotoir*, voile. (V. ce mot). *Déoter* (se) a, dans certaines localités, le sens de *quitter le deuil*, ce qui s'explique par le fait que l'*aotoir* est de couleur noire, comme on le voit dans les Inventaires :

« Ung ahotoir de drap noir, ung ceingnoir (tablier) de sarge. »
(Amiens, 1622.)

— « Une aulne de drap noir en forme d'ahotoir. »
(Ibid.)

— « Une ahottoire de sarge noire. »
(Fouencamps, 1704).

Dérivé : *Raoter* (se), se recouvrir la tête de l'*aotoir*, et, par extension, du jupon, de la blouse, etc.

La lettre *h* de la forme *déhoter* est amenée par l'aspiration comme dans *trahir, déhorné*, originairement *traïr, déorné*.

DÉÔTER. Dans l'Est de la Picardie, *déôter* signifie faire sortir, tirer une charrette d'un bourbier. On y dit *aôté* en parlant d'un voiturier dont la charrette est *arrêtée* par la difficulté des mauvais chemins. Nous sommes ici, on le voit, en présence d'un autre mot et d'une autre origine.

L'étymologie du français *ôter* est controversée. Diez et Brachet tirent ce mot du latin *haustare*, fréquentatif de *haurire*, vider, retirer, s'appuyant sur Festus dans lequel on trouve *exhaustare* au sens de *ôter* : *exhaustant = efferunt*.

Littré n'est pas de cet avis.

« *Oter*, écrit-il, se ramène directement
« par la forme au latin *obstare*. Avec
« *haustare*, le sens laisse beaucoup à dé-
« sirer et la forme a des difficultés, au
« lieu que, avec *obstare*, la forme est
« parfaitement correcte et le sens peut
« être ramené légitimement au sens ro-
« man. C'est Du Cange qui a indiqué
« cette étymologie , et quand on lit
« les exemples qu'il a recueillis sur
« l'usage d'*obstare* dans le bas latin pri-
« mitif, on n'eprouve pas de difficultés à
« admettre que *obstare* ait pris le sens
« actif de *empêcher*, d'où l'on passe à
« celui d'ôter, ce qui *empêche* pouvant
« être facilement considéré comme ce qui
« *ôte*. »

(*Hist. de la langue fr.*, t. II, p. 125.)

Il ne saurait me venir à l'esprit de me constituer juge entre les autorités que je viens de citer. Mais il me sera permis de faire remarquer que *haustare* est absolument inadmissible pour rendre compte de *ôter* dans les deux mots composés *aôter* et *de ôter*. Au contraire *adobstare*, faire obstacle, empêcher, embarrasser, et *deobstare*, débarrasser, tirer d'un mauvais pas, conviennent parfaitement et pour le sens et pour la forme.

DÉPICHER, arracher, mettre en morceaux. Contraction de *dépiécher* venu de *de* et *piéche*, forme picarde de *piéce*, du latin *petium*, pièce (de terre) dans un texte de l'année 768. On dit *piéche ed pain* pour *morceau de pain*, *pièche ed bure* pour *tartine de beurre*. On rencontre souvent ce mot au sens de *morceau de terre* :

« Jehans li maires de Parviller tient de Mon-
« seigneur le Veske en fief un manoir assis à
« Rouvroy et xvii journeus et xii verges de terre
« en v pièches. »
(**Dén. du Temp. de l'Evêché d'Amiens**, 13.1.)

On trouve *dépicher* dans le dialecte picard :

« Et doit on rewarder (examiner , prendre
« garde) que li bas'on ne li escus ne soient
« quassé (cassé) ne dépichié. »
(**Du Cange, Campiones.**)

De même *dépécheur* au sens de *violateur* :

« Il est estauli (établi) que nuls marcheans
« venans à Abbeville mespregne à destourber
« dedens le banlieue..... le meismes chil bour-
« geois aront peuu (pu) prendre lui ou ses coses,
« ils feront justiche tant de lui que de ses coses,
« comme **dépécheur** de commuigne (com-
« mune). »
(**Ch. de 1184, Liv. de l'Hôtel de-ville, d'Abbeville dans Du Cange, depescare.**)

DÉRACER, n'être pas de sa race, ne pas ressembler aux membres de sa famille. Dérivé de *race* venu de l'italien *razza*.

DÉRACHER, déchirer. D'une forme bas latin *deradicare*, arracher, par contraction régulière en *derad'care*, réduction de *de* en *c* et changement de *c* en *ch* par suite de l'influence française. On lit dans le *Franc Picard, Annuaire de la Somme*, 1874 :

« Je n' pus (peux) point écrire aveu (avec) des
« plémes (plumes) d' fer ; j' dérache ch' papier,
« e fois (fais) des pâtés comme des bouseaux
« (t' vaque. Mais j'ai coire des plémes ed (de)
« dinot (dindon). »

DÉRAIN ou DARAIN , dernier. Du latin fictif *deretranus*, dérivé de *de retro*, derrière, par contraction en *der'tranus*, adoucissement de *tr* en *dr*, puis en *rr* et changement ordinaire de *anus* en *ain*.

Ce mot et commun au picard et au vieux français :

« Si tost que la terre a sa **derraine** roie pour
« semer blé, elle quiet (choit, tombe) en déffense
« par nostre coutume. »
(**Beaumanoir.**)

— « Li première figure fait 1, la seconde fait
« 2, la tierce fait 3 et les autres ausi (aussi)
« jusc'à la **darraine**. »
(**Compul, XIII° s.**)

— « Je, Jehans Barbafust, maires, et li eske-
« vin d'Abevile, faisons asavoir à tous chaus qui
« chest cirografe verront et orront, que, comme
« Jehans de Pardieu en se deeraine maladie
« eust laissié à l'ospital Saint-Nicolai.... »
(Ch. de 1254. Etude sur le Dial.
pic., par M. RAYNAUD.)

— « Li dis sera tenus à warandir as dis aca-
« teurs contre tous tant et si longuement que le
« dit acateur et li deerrains vivans d'aulx (eux)
« aront et ara le vie ou (au) corps, si comme il
« il a reconnut... »
(Chirographe passé devant le Mayeur
et les Echevins d'Amiens, en 1340 ;
Comm. de M. DEVAUCHELLE.)

— « Disoit ledit que ce non obstant en l'an
« mil quatre cent et trois derrain passé lesditz
« jurez et habitans [d'Encre] avoient esleu (élu)
« en maire Jaque Bioquel... »
(Ch. de 1311, communic. de M. DAUSSY.)

Dérain avait donné l'adverbe *déraine-
ment*, dernièrement.

« Comme en la desblée et moissons derreine-
« nement écheus, le suppliant eust cueilli cer-
« tain grain appellé milet... »
(Lett. de Rémiss., 1410, dans DU CANGE).

— « Le peine, le hergau et tout l'emblave-
| ment (embarras)
Que che host (troupe) de saudards me fit
| deroainement. »
(Véritable discours, par LEGROS,
bourgeois de Ham, XVI) s.).

On trouve dans le Vocabulaire de la
bibliothèque de Lille (XIV° s.) le dérivé
dareineté pour traduire le latin *extremi-
tas*, bout, fin, extrémité.

DÉRATEUX , adj., voleur, chipeur.
Se dit surtout d'un chat qui a l'habitude
de dérober prestement un morceau. D'une
forme latine populaire *diraptorem*, ra-
visseur, par permutation de *i* en *e*, —
dimidium, demi, — la chute du *p*, —
rupia, route, — et changement de *orem*
en *eux*, comme dans *cantorem*, canteux,
(chanteur).

DÉPENDRILLER (se), se suspendre,
se balancer en l'air en s'accrochant par
exemple à une branche d'arbre. Dérivé
de *pendre*, d'une formation très-régulière,
puisque le picard a conservé l'*r* qui est
tombé dans *pendiller*.
Cette lettre est restée aussi dans le mot
pendrillants, pendants d'oreilles.
Au même radical se rattache *dépendeux*
dans la locution *grand dépendeux d'an-
doules*, qu'on applique à un homme
mince, de taille très-élevée, et capable en
conséquence de décrocher avec la main
une andouille accrochée à un plancher.

DÉPIAULER, enlever la peau, écor-
cher. Dérivé de *piau*, peau, venu du latin *pellis*, même sens. La forme *piau* est
commune au picard et au vieux français :

« En croix morut por noz mesfais
Que nos et autres avons fais ;
Ne morra plus, ce est la voire :
Or poons soz noz piaux acroire. »
(Ruteb.)

— « Compainz, dis-je, quelz bestes sont
Qui dehors piaus de brebis ont
Et cors de leu (loup), que peut ce estre ? »
(H. de Valenc.)

Je trouve la forme *dépieulé* dans les
Lettres de Louis Gosseu qui fait dire à
un paysan parlant de son âne : « Il est
« un tiot cose (un peu) *dépieulé* dessus
« sen dos et pis à s' penche (panse, ven-
« tre)et pis s' queue queminche (com-
« mence) à être miée (rongée) par chés
« seuris. » (souris.)

DÉPIÉTER(un arbre, une plante), enlever la terre *au pied* d'un arbre, d'une
plante, mettre les racines à nu.
Dérivé de *pied* qui a donné aussi *rem-
piéter* (reimpiéter), remettre de la terre
au pied.

DÉPOINTEUX, qualification qu'on applique à un homme qui, par une enchère,
prend une ferme à un autre : elle emporte,
dans les idées populaires, quelque chose
de deshonorant, de malhonnête. C'est un
préjugé comme il y en a tant encore dans
nos campagnes, puisque les fermages
sont, comme une marchandise, soumis
aux lois de l'offre et de la demande. « Il
« existe dans le Santerre, dit Corblet,
« une espèce de contrat tacite qui inter-
« dit aux fermiers d'enchérir ou d'accep-
« ter le marché de terres d'un autre fer-
« mier sans son consentement exprés. »
Dépointeux est un dérivé de *dépointer*
venu du latin *punctum*, point, qui a
donné les dérivés *apointer*, ajuster, ac-
commoder, arranger, *apointement*, ac-
commodement, résolution, fonction, gage.
On dit *dépointer*, en picard, au sens de
prendre la place : *dépointeux* est donc
celui qui prend la fonction, la place d'un
autre fermier.

DÉPOTOIR. Dénomination officielle
donnée à une sorte de halle élevée sur le

port d'Aval à Amiens dans laquelle on procède au jaugeage et à la vérification des boissons et fûts qui arrivent par bâteaux. Dérivé de *dépoter*, changer un liquide de fût pour en vérifier la contenance.

L'article 14 de l'arrêté préfectoral du 19 octobre 1850 porte :

« L'espace comprenant la façade du « *Dépotoir* est destiné au déchargement « et stationnement des boissons qu'on « voudrait vérifier au *dépotoir*. »

Il y a un *dépoteur jaugeur* et un *Tarif du Dépotage* des boissons établi par arrêté municipal du 26 août 1852.

DÉQUEUDRE, découdre. De *de* et *queudre*, coudre, du latin *consuere* réduit déjà à *cosere* au VIII⁰ siècle. On trouve notre forme picarde *queudre* dans Du Cange sous *digitarium* :

« Il piist sa tasse en laquelle avoit un del « (dé) à **queudre**. »
(**Lett. de Remiss. 1389**)

« *Digitabulum*, deel (dé) à mettre ou « doi (au doigt) pour *Queudre*. »

DÉRENG (derein), ligne marquant séparation; limite. De *de* et *reng*, rang, dont l'origine est germanique, ancien haut allemand *hring*, cercle, ligne circulaire. *Déreng* se rencontre assez souvent dans les documents anciens M. Devauchelle a relevé :

« .... Jou recongnois as bourgois devant dis « (de Doullens) qu'ilz ont toute justice en toute « le ville d'Authieulle, sauf chou avec mi et mes « hoirs le **desreng** et le bournage par tout men « flef. »
(**Aote de 1280.**)

— « Ainsy certiffie avoir mesuré toutes les « dictes terres présens les mayres eschevins et « greffiers et assistans susnommez qui m'ont « baillé adresses des dictes terres, des bondes « (bornes), assens (signes, marques) et des-« **rends.** »
(**Proc.-verb. d'arpentage à Essigny-le-Grand (Aisne) de l'année 1539.**)

Les *Coutumes du Cambrésis* (1574) présentent la forme *reng* à côté de *desreng* :

« Action pour **desrend** d'héritage s'intente « par clain de cerquemanage présens deux « eschevins ; mais entre héritages de jardina-« ges, prets (prés) ou terres labourables, par « clain fait présent Loy pour avoir rengz et « bornes contre son marchissant. » (voisin.)

Dérivés : *Dérengner* et *Derrengier*, fixer des limites, indiquer une ligne de séparation. On rencontre ces deux formes dans le dialecte picard.

« Respont li procureres qu'il (lui) et ses de-« vanchiers sont et ont esté en boine saisine de « justichier de tous cas qui à justiche puet ap-« partenir et espécialement de bourner et des-« **rennguer.** »
(**Ch. de 1310, Etude sur le Dial. pic.** par M. **Raynaud.**)

— « Li dit bailliu (bailli) fist adonc les person-« nes tendre leurs mains as sains (saints) et ju-« rer qu'il ne laisseroient qu'il n'allassent ledit « chemin **derrengier** en lonc et en large en le « manière qu'il avoient veu (vu) ou temps pas-« sé. »
(**Cart. de Guise, 1338, dans** Cocheris.)

On trouve dans une citation de Du Cange sous *desrenare* la forme *desrainier* au sens de *tracer*, *déterminer*.

« Quant l'emperere ot **desrainié** Le camp...
(**Rob. le Diable.**)

Déraine. Ce mot est une forme féminine de *déreng* dont le *g* ne se faisait point sentir. Il signifie ligne tracée avant la fauchage entre deux champs chargés de récoltes de même nature, mais appartenant à divers, afin d'empêcher un empiètement involontaire de la part des faucheurs.

Dérenguer (Jereinguer). Ce dérivé a le sens de *relever les grains à mesure que les faucheurs les coupent* pour en former des javelles : c'est littéralement les retirer du *reng*, de la ligne. Il a donné les dérivés *derengueux*, ouvrier qui relève les grains fauchés, au féminin *derenguoire*, ouvrière qui exécute le même travail.

Dérenguer est venu non de *reng*, mais de *rengue* (reingue), substantif féminin qui, en picard, signifie *rangée* en parlant d'une javelle continue. *Rengue* et *dérenguer* ont conservé le *g* dur qui ne sonnait pas dans *reng*, *desreng* du dialecte, et était doux dans les dérivés *desrengner*, *derrengier* qu'on a vus plus haut.

J'aime, quand cela m'est possible, à signaler l'origine des noms de village. On a vu dans la première citation la dénomination *Authieulle*, localité située près de Doullens. Il y a aussi dans le canton de Bernaville une localité appelée *Autheux*. D'après M. Cocheris, l'origine de ce dernier mot est le latin *altaria*. Je cite :

« Un capitulaire de Charles le Chauve « considère les *altaria*, c'est-à-dire les « *autels*, comme des églises d'un ordre « inférieur, des espèces de succursales. « Ce qu'il y a d'assez singulier, c'est que « ce mot n'a jamais été employé qu'au « pluriel dans la langue géographique. »

Suivent les noms d'un certain nombre de localités situées dans le Nord de la France, entre autres *les Autels* dans l'Aisne. *Autheux*, (*Autieus* dans une charte de 1273, *Auteus* au XIV° siècle dans le *Dénombrement du Temporel de l'Evêché d'Amiens*,) a évidemment la même origine : il est probable que la finale *els* de *autels* s'est consonnifiée en *en eus*, *ieus*, qui est devenu *eux* dans *Autheux*.

Quant à *Authuille* près d'Albert, ce nom se rattacherait plutôt au radical celtique *alt*, colline, par une forme bas latin *Altogilum*. De même probablement pour Authieulle.

DÉRÉSOUS (dérézous). Les paysans disent : « J'sus *dérésous*, » je ne suis plus du même avis, *je ne suis plus résolu à* faire telle ou telle chose. Ils emploient ce mot avec la préposition *de* : « J'sus *dérésous* de venir*. » Ce mot est composé de *de* privatif et de *résous* participe passé du verbe *résoudre*. En français *résous* est différent de *résolu* : il ne se dit que des choses qui se changent en une autre. En picard il a le même sens que *résolu* : « J'sus *résous* de venir » ; et se dit aussi bien au féminin qu'au masculin.

Résolu n'est pas vieux dans la langue française, ni de formation populaire, tandis que *résous* est très-vieux en picard, puisqu'on le rencontre dans la *Romance du sire de Créqui* composée, d'après Corblet, vers l'an 1300 :

« A le parfin le dame, poussé par dévotion,
Fut *résous* d'assentir au vœu de sen baron.
S'enroliéreut aveuc li itou deux de ses frères,
Et vingt sept escuyers rengés soubz le bannière. »

Cette romance porte tous les caractères du dialecte picard. Mais l'orthographe est affreuse et nombre de vers sont à remettre sur leurs pieds, comme on peut en juger par cette citation.

DÉRIVER. Se dit de l'action d'un faucheur qui coupe le bord d'un champ de blé. Dérivé de *rive*, bord. *Rive* a donné le diminutif *rivette* dans la locution *faire rivette*, faire manger par les vaches qu'on conduit sur les chemins un peu du bord des champs qui aboutissent à ces chemins.

DÉROMPURE, rupture ; hernie. Dérivé du verbe *dérompre* venu du latin *disrumpere*, briser.

Dérompre est commun au picard et au vieux français :

« **Derumpuns** les lur liens et degetums de nus (nous) le juh de els.
Derumpamus vincula eorum et dejiciamus à nobis jugum eorum.
(**Lib. Ps.**)

— « Là veÿssiez fier estor et pesant ;
Tant escu fendre, tante lance froissant,
Et **desrompu** tant hauberc jazerant. »
(**R. de Couci**, XII° s.)

— « Elle ne sait son sens ; ains crie la mort,
« batant sa poitrine, désafulle son chief, détire
« et **déront** (arrache) ses cheveulz ; assez de fois
« chiet (tombe) paumée » (pâmée).
(**Hist. de Jehan d'Avennes**, XV° s.)

DÉRONDIR (se), perdre graduellement. par l'effet de la digestion, cet embonpoint passager que l'on acquiert en faisant honneur à un bon repas. Dérivé de *rondir*, qui se dit pour *manger copieusement, se bourrer le ventre*.

DÉROUFLER, dépouiller d'un seul coup un animal de sa peau, une branche de son écorce, etc. Le radical est d'origine germanique, danois *rafle*, enlever, qui a donné *rafler* et *rifler* en français :

« Si se trenchièrent, sicume fud lur usages,
« de cultels, et **riflèrent** la char jesque il furent
« sanglenz. »
(**Rois**, XII° s.)

DÉROUTINER, déranger, faire perdre l'habitude. Dérivé de *routine* qui est un diminutif de *route*.

DÉROYER (dérouéyer), former la dernière *roie*, le dernier des sillons d'un champ labouré. Dérivé de *roie*, sillon, dont l'origine a été indiquée au mot *aroyer*.

Dérivé : *Déroiment* (dérouémeint), action de déroyer.

Dans l'extrême nord du domaine picard, *déroyer* avait autrefois le sens de *dessoler*, et *royée* celui de *sole* M. Davauchelle a relevé dans les *Coutumes de Lille*, année 1565 :

« Un censier (fermier), constant (pendant) sa
« censa de neuf ans, & et doibt avoir en chacune
« royée de terres à labeur trois despouilles de
« bled, trois despouilles d'avoine, et trois ghes-
« quières (jachères). L'on ne peut ne **desroyer**
« terres à labeur sans le consentement de l'hé-
« ritier (propriétaire de l'héritage ou terre non
« amasée) à péril de payer demi cense (fermage)
« de tel froissi ou **desroyement** par dessus le
« rendage (redevance). »

Il en était de même dans les environs de Corbie.

On lit dans Du Cange sous *diroiare* :

« Se ont les dits prendeurs tenus de labourer
« bien et deument toutes les terres par droite
« solle et compoature sans les **desroyer**, dessoler
« ni décompoter. »

(Ext. d'un registre de Corbie, 1510.)

DERVER, être impatient de faire quelque chose. Orig. inc.

DÉSÉVRER, séparer. De *de* et *sévrer* qui avait originairement le sens de *séparer*. *Sévrer* est le latin *separare* contracté en *sep'rare* avec changement de *b* en *v* et de *are* en *er*.

Désévrer est commun au picard et au vieux français. On lit dans la Traduction du Symbole de saint Athanase (*Psautier d'Eadwin, XIIe siècle*) :

« Ne mie confundanz les personnes, ne la subs-
« tance **désévranz.** »
« *Non confundentes personnas, nec substantiam*
« *separantes.* »

Le picard a aussi *déséparer* dans laquelle le préfixe *de* n'ajoute ni ne retranche rien à la valeur du radical. On lit dans le *Franc-Picard*, Annuaire de la Somme, 1870 :

« Ils alloient s' cabocher comme deux quiens
« (chiens) mawois ; mais oz (nous les) avons
« **déséparés.** »

DESSERVOIR. On nomme ainsi une sorte de bannette plus longue que large, ayant une anse à chaque bout et servant à différents usages. Dérivé de *desservir*.

M. Davauchelle a relevé dans un Inventaire dressé à Amiens en 1790 :

« **Item**, six **desservoirs** dont trois grands et
« trois petits estimés ensemble quatre livres. »

DESSIR, lever, relever, enlever. Ne s'emploie que dans la locution : « *Dessir*
des pommes », enlever les pommes du pressoir après en avoir exprimé le jus. *Dessir* est une contraction de *desassir*, le picard disant *assir* pour *asseoir*. *Assir* est une contraction de *asseïr* qu'on rencontre dans le vieux français :

« Sur son chef font un vert haume **asseïr**
« (placer). »

(Roncisv.)

— « Dessur les marcheans fist coustume as-
« seïr. »

(Berte.)

Le dialecte picard disait *assir :*

« Lettre par chirographe de deux verges de
« courtil (jardin) dessous les pasquiers de Mor-
« court accatées à Colart Ogier et à sa feme
« pour **assir** un four à Flavigny. »
(Cartulaire de Guise, 1314.)

DESSOLIS, champ qui a été dessolé. Dérivé de *sole*.

DÉTAQUER, détacher, enlever, ôter. D'un radical *tac* indiqué au mot *Dache*. On trouve cette forme dans le vieux français :

« Et li soudans prist le coulon (pigson) et li
« **destaka** la lettre de dessous l'aile et la fist
« lire. »

(Chron. de Rains.)

DÉTEURSE, entorse, au fig. contretemps, accident. Dérivé de *déleurdre*, composé de *de* et de *teurdre*, tordre, du latin *torquere*. La syllabe *eu* pour *o* — *teurdre*, tordre — se rencontre dans le vieux français :

« Il duist sa barbe et **detuerst** son grenon. »
(Ch. de Rol.)

On sait que la combinaison *ue* était, en vieux français, l'équivalent de *eu* : *buef*, bœuf, *cuer*, cœur, *muete*, meute, etc. De même dans le dialecte picard : *Moruel* qu'on a vu plusieurs fois pour *Moreuil*, en patois *Moreul*. Le mot *detuerst* dans la citation se prononçait *déteurt* comme dans le patois picard.

DÉTILLER, dépouiller de la *tille* une branche d'arbre. Dérivé de *tille*.

DÉTORQUER. Se dit de l'action d'enlever *le bât à un âne*. Dérivé de *torque* qui signifie *bât* dans le patois picard et qui a la même origine que le français *torche*, bouchon de paille, probablement parce que, à l'origine, la *torque* ou bât n'était qu'une poignée de paille grossièrement arrangée pour cet usage.

Locution picarde : « Il est bête à *tor-quer*, » c'est un âne, littéralement, bête à porter le bât, la *torque*.

Les paysans appellent parfois *torque* leur habit des dimanches et des fêtes, disant en riant : « J'ai mis m'belle *torque*. »

DÉTOUILLOIR, démêloir. Dérivé de *détouiller*, démêler, mot composé de *de* et de *touiller* lequel est venu du latin *tudiculare*, remuer, par contraction régulière en *tudic'lare*, qui perd son *d* médial, change *cl* en *il*, *u* en *ou*, et laisse ainsi *touiller* qui est d'un fréquent usage dans le patois picard. On le rencontre dans les Inventaires ; M. Devauchelle a relevé :

« Item. Un cent dessaie et feurre **touillé** « prisé ensemble douze livres. »
(La Verrière, 1741.)

Cotgrave donne la forme *détouiller* au sens de *débrouiller*. Il cite même la locution picarde : « J'ai beaucoup à *détouiller* », j'ai beaucoup d'affaires à régler, à mettre en ordre.

Un passage d'un manuscrit de la Bibliothèque d'Amiens (*Vie de Sainte Ulphe*) que M. Janvier donne en entier, porte :

« Ulphe s'en alloit par la ville, brongnie en « sa face, sa teste nue et ses cheveulx **touillés** « et espars. »
(Boves et ses Seigneurs.)

M. Janvier, dans le bel et remarquable ouvrage que je viens de citer, a recherché l'étymologie du nom du village de Boves. De mon côté, je l'ai, d'après M. Cocheris, indiquée en passant au mot *Creute*. Comme je ne suis pas de l'avis de M. Janvier et que les raisons qu'il apporte ne sont pas de nature à changer mon opinion, je suis bien aise de revenir sur cette étymologie.

M. Janvier dit : « Les chroniques et « les chartes qui les premières font men-« tion de cette localité, la nomment tour-« à-tour *Bova*, *Bovea*, *Bobe*, *Bothua*, « *Boves*. *Boves* ou les *Bœufs*, telle est « donc la dénomination latine de ce petit « coin du département dont nous trou-« vons des analogues dans les noms sui-« vants des communes de Bovelles, Bou-« vaincourt, Bouvincourt, Bovent, les « Bœufs, la Bove près Laon, etc. »

Que Bovelles et la Bove aient le même radical que Bouvaincourt et les Bœufs me semble chose difficile à admettre. Je crois même que ni Bouvaincourt, ni Bovelles, ni la Bove, ni par conséquent Bove, ne peuvent venir du latin, *boves*, bœufs. En effet, l'*o* bref latin frappé de l'accent donne *eu* ou *au* : *novem*, neuf, *mola*, meule, *mores*, mœurs, etc. *Boves* n'aurait donc pu faire que *Beuf* ou *Bœuf* sans *e*, ce qui nous met bien loin des formes *Bova*, *Bovea*, *Bobe*, *Bothua*, qu'on rencontre dans des documents qui remontent au onzième et au douzième siècle. L'origine de Bove, telle que la donne M. Janvier, est donc inadmissible, tandis que Bove du bas latin *bova*, lieu humide, paludéen, rend raison de l'*e* final et de la persistance de l'*o* venu de *au* du celtique *baw*, boue. Notons en outre, ce qui est d'un grand poids, que cette origine s'explique et se justifie par la situation de ce village au milieu d'un immense marais.

On peut, je le sais, objecter qu'on trouve la forme *Bothua*, *Botuà* ; mais cette difficulté — car c'en est une — disparaît vite si l'on songe que les manuscrits ne distinguant pas l'*u* du *v*, on peut lire *Bothva*, *Botva*. Quant au *t*, il est fort probable qu'il ne se prononçait pas, si l'on en juge par les formes *Bova*, *Bovea*, *Bobe*, etc., qui sont précisément contemporaines de celle qui seule fait difficulté.

Je n'admets pas non plus que le *Cambot* ou le *Cambos*, dénomination de trois fermes situées près de Boves, vienne des deux mots latins *campus boum*, parce que *boum*, on vient de le voir, n'a pu donner ni *bot*, ni *bos*. J'y verrais plutôt *campus bosci*, champ du bois, *champ*, *métairie*, *ferme du bois*, en picard *bos*, avec d'autant plus de raison que nous disons ici *Cambou*, parce que *bos*, bois, se dit *bou*. Cependant je ne donne cette origine que sous réserve expresse, parce que je n'ai aucun document pour appuyer mon dire, et que *bot*, dans *Cambot*, peut très-bien être le celtique *bot*, habitation rurale, de sorte que Cambot signifierait *habitation de la plaine*, *du champ*, en picard *camp*.

J'ajoute, en terminant cette longue discussion, qu'en picard *bœuf* se dit *bœu* ou *bu*, ce qui exclut le latin *boves* aussi bien pour l'étymologie de Boves que pour celle du *Cambot* ou *Cambos*. Quant à *expliquer pourquoi l'on avait représenté un bœuf en bas-relief sur les murs extérieurs de l'antique église de Boves démolie depuis plusieurs années*, c'est une question qui peut être curieuse à examiner ; mais elle n'est point du domaine de l'étymologie qui n'a que faire de faits absolument étrangers aux données positives qui la guident dans ses recherches.

DÉTRAVER, déranger, endommager, mettre en désordre. Le radical est le latin *trabes*, poutre. *Détraver* est, à l'origine, *enlever les poutres*, puis par extension *endommager, démolir*. Ce mot est commun au picard et au vieux français : on le trouve dans un passage de Guiart que j'ai cité au mot *catiau*, à propos du château de Boves assiégé par les Flamands :

« Tant euvrent dessous et tant cavent,
Qu'une grant part du mur destravent. »

DÉTURBER, troubler, déranger. Du latin *disturbare*, même sens. On trouve dans le dialecte picard la vieille forme *destourber* au sens de gêner, empêcher :

« Et est assavoir ke pour cose que messires
« Jehan de Varenne, mes hoirs, ne si anchis-
« sieurs, ne ke il ne si hoir ne meffachent d'ore
« en avant, je ne mi hoir ne poons metre main
« au travers ne à le taillie de Vinarcourt, par
« coi le dite me dame Maroye, ses barons (son
« mari) et si hoir, soyent destourbé de reche-
« voir les XLVI livrées de terre dessus dis cascun
« an. »

(Ch. de 1295, **Etude sur le Dial. pic.**
par M. RAYNAUD).

Varenne est le nom d'un village du canton d'Acheux. Il vient du bas latin *warenna* (dérivé du haut allemand *waran*, prendre garde), qui a signifié d'abord défense, puis bois auquel était attaché un droit exclusif de chasse. Il y a un village de ce nom dans l'Aisne et un autre dans l'Oise. Warnes, dans le Pas-de-Calais, a la même origine et n'est qu'une contraction de Varenne.

— « Il est estauli (établi) que nuls marcheans
« venans à Abbeville mespregne à destourber
« dedens le banlieue. »

(Ch. de 1184, **Liv. de l'Hôtel-de-Ville
d'Abbeville.**)

Destourber signifie ici *causer du trouble*.

On le trouve au sens de *détourner* dans la *Romance du sire de Créqui* :

« Mais le boin chevalier féal et très courtois
Par amistié se dame toudis reconfortoit,
L'énortant d'assentir à se sainte promesse
Sans plus l'en destourber par si grande des-
| tresse. »

DÉVALANT (subst.), descente. Substantif participial venu du verbe *dévaler*, descendre, dérivé du vieux verbe *avaler*, du latin *ad vallem*, en suivant la vallée.

Joinville emploie l'infinitif pris substantivement :

« Et ordonnèrent trois batailles sur le deva-
« ler de la montagne. »

DEVANTIEU ou DEVENTIEU (d'ven-tieu), tablier. Dérivé de *devant*, parce que le tablier se met *devant* le corps de la personne qui s'en sert.

On rencontre ce mot dans les Inventaires :

« Une robe de sarge noir et un devanteau
« prisés, X livres. »

(**Amiens**, 1612.)

— « Deux devanteaux de thoille de lin, qua-
« tre devanteaux de thoille de chanvre et quatre
« toullons (torchons). »

(**Ibid**, 1622).

— « Une boïette, un deventeau de serge, un
« tabellier de thoille. »

(**Sentelie**, 1694).

On trouve la forme primitive *devantel* dans une citation de Du Cange sous *Catta* :

« Et debet Archiepiscopus facere distribui
» cuilibet Canonico præsenti et custodi vestiarii
« unum linteum, gallicè devantel, unam con-
« cham, gallicè guate. »

Du Cange tire du bas latin *catta* le mot français *jatte* que les Picards, dit-il, prononcent *gate*. C'est là une erreur : *gatte* vient du latin *gabata* par contraction régulière en *gab'ta* et assimilation irrégulière de *bt* en *tt*.

Chose vraiment curieuse, on retrouve dans l'île de Guernesey la forme *devanté*, avec nos formes picardes *qu'vaeux*, cheveux, *biau*, beau, *men*, mon, *seu*, sûr.

« Elle avait mis l'cotillon vert,
L'neuf devanté blanc coumm' la née (neige) ;
Ses biaux longs qu'vaeux flottaient en l'air,
Demandaïz si l'cœur me battait d'jouaie (joie).
Landerira, v'là qui est bien seur (sûr)
Té v'la fis-ju, men bouton d'fleur (fis-ju, dis-je). »

(**Rimes guernesiaises**, Comm. de M. Devauchelle).

J'allais oublier qu'on dit aussi *ventieu* par aphérèse de la syllabe initiale comme dans *moiselle* pour *demoiselle*.

Je trouve cette forme dans la *Lettre sur le concours de Compiègne* (1877), par H. Lescot, qui dit en parlant des pompiers :

« Il ont des *ventieux* d'cuir blanc
« comme des scoueux (secoueurs) d'canve,
« des queues d'vaque (barbes postiches) à
« leu frimouse... »

DEVÉ (d'vé), participe passé du verbe *devoir* : « I m'ot *devé* chent écus, » il m'a dû cent écus. Cette forme s'explique par le fait d'une assimilation par analogie des verbes des autres conjugaisons à ceux de la première.

Le verbe *devoir* se trouve dans une phrase assez drôle qu'on emploie fréquemment. Pour exprimer le fait qu'un homme est criblé de dettes, on dit qu'*il doit à quiens et à gens*, littéralement *aux chiens et aux hommes*...

DÉVIER. On trouve ce mot dans le dialecte picard au sens de *quitter la vie, mourir, décéder* :

« Chi couck (gît, couche) Brojars sires del Motte.
Chil fuet (fut) kavalier de braf notte. (Cheva-
| lier de bonne réputation.)
Chil **déviat** enviers Pentecotte.
O Diex ! sejez (soyez) à sen arme ong boen
| hotte (à son âme un bon hôte).
M.CCC.XI

— « El moes (mois) de Noevembre moerut
« Jihans li Regnialmes, sires de boen nom et
« fames (réputation). Cil fot (fut) bailliu del
« kapitel (chapitre) de Kambrey molt expiert li
« an M.CCC.XVII. — Chi tot priés (tout près)
« gist si espeuze booue demisièle Marion de'
« Maire ki **déviast**... »
(**Hist. du Cambresis** par Le Carpentier.
Communic. de M. Devauchelle.)

Dévier est probablement composé de *de* privatif et de *vivre* avec changement de conjugaison, comme dans beaucoup d'autres mots : *truvoir*, trouver, *poissier*, paître, *séquir*, sécher, etc. On trouve au XIIe siècle une forme *viscat* pour *vécut* :

« Li bieneurous Job **viscat** entre les felons. »
(**Job**, p. 411.)

DÉVOIR. Verbe composé de *de* privatif et de *voir*. Ne s'emploie que dans la locution : « On se voit, on se *dévoit*, » laquelle signifie : « Aujourd'hui dans l'aisance, demain dans la gêne. »

DÉWAIGNER (se), se disjoindre. Le radical est la forme picarde *waigne*, gaîne (Cf. *water*, gâter, *warder*, garder). *Déwaigner* est, à l'origine, tirer de la gaîne, tirer en général, séparer, disjoindre. On trouve la forme *waigne* dans la *Suite du célèbre mariage de Jeannain* (XVIIe s.).

« Dépêche radement : si jamais je m'enwaigne
| (je m'emporte),
« Je ferai bien rentrer chés coutiaus dens leu
| waigne. »

Nous avons aussi, au sens de se *disjoindre*, se *disloquer*, les mots *déwairougner*, *déwarwigner* qui me paraissent être des déformations populaires de *dewaigner* avec des additions de fantaisie.

DÉWUIDOIR, devidoir. Dérivé de *dé wuidier* venu de *wide*, vide, du latin *viduus*. *Déwuidier* est proprement rendre le fuseau vide de fil : le *v* latin s'est transformé en *w* sous l'influence de la prononciation germanique, comme dans *wague* de *vacuus*, *water* de *vastare*, etc.

On rencontre les formes *deswuidier* et *déwuidoir* :

« Femmes, filles, jonnes (jeunes), vielles, ma-
« riées et à marier, viennent ; desquelles l'une
« pigne (peigne), l'autre filla (file), l'autre
« garde (carde), l'autre **deswuide**. »
(**Hist. de Johan d'Avesnes**, XVe s.)

— « Un crible de fer avec un **déwuidoir**, deux
« vielles gueules-baies (tonneaux défoncés) et
« un bois de seille. »
(**Inv. à la Vacquerin**, 1759.)

On rencontre plus souvent *deshuidoir* :

» Deulx **deshuidoirs** avec des esseignolles
« prisés deux solz. »
(**Inv. à Molliens au Bois**, 1624.)

« — Une cloie, une petite potière (étagère),
« une caisse à l'appain (lapins), ung **déhui-
« doire**. »
(**Inv. à Amiens**, 1619.)

DEZEUR (d'zeur), subst. dessus. Du latin *desuper*. *Super* a donné la préposition *seur*, sur, qu'on trouve dans le vieux français et dans le dialecte picard ; *desuper* a fait *desseure*, *deseure*, en haut, dessus : l's et descendue à *z*. (Cf. *dézigner*, dessiner.)

« Quant li lousignols jolis
Chante **seur** la fleur d'esté.
(Couci.)
— « Et doivent jurer li campions del apeieur
qu'il n'a **seur** li nule broke. »
(**Anc. Cout. d'Amiens** dans Du Cange,
campiones.)

— « Jà de crueul **au desseure** (dans l'élévation)
N'orrés (ouïrez) faire de bon recort. »

(Couci.)

— « Et est à savoir que je devant dis Bernars
« et mi oirs poons tourber es devant dis marés,
« mais que nous laissons pasturages et aise-
« ments selon che que dit est deseure »

(**Acc. par P. De Fontaines**, 1269, comm.
par M. Daussy.)

Dezeur, substantif, me rappelle un mot que j'ai oublié à la lettre A, et qui nous présente la transformation d'un adverbe en substantif : c'est *adonc* prononcé *adon* et signifiant *moment, instant*.

On dit en picard : « A l'*adonc* lò, » à ce moment là ; ou bien encore :

« A l'*adonc* qu'il est arrivé », à l'instant où il est arrivé. *Adonc* est le vieux français *adonques, adonc, adont*, etc., qu'on rencontre si souvent dans les vieux auteurs :

« **Adonc** [il] clocha forment d'un pié. »

(Bl. et Jeh.)

— « **Adont** regarda Hues d'amoureuse fachon. »

(Hug. Capet.)

— « Le sire de Commegines qui estoit **adonc**
« jeune et volontaire, disoit qu'il vouloit che-
« vauchier hors de ce village. »

(Froiss.)

Adonc qu'on prononce *adont* comme il est orthographié dans la seconde citation, vient des deux mots latins *ad tunc* qu'on trouve, au témoignage de Diez, dans de fort anciens textes au sens de *alors* : le *t* de *tunc* s'est adouci en *d*. On a une preuve certaine de cet adoucissement dans le passage suivant où *dunc* traduit *tunc* :

« **Dunc** emposerunt sur le tuen altel ve-
« dels. »

(**Liv. des Ps.**)

Tunc imponent super altare tuum vitulos.

On trouve dans le dialecte picard l'expression *dusqu'à dont*, jusqu'au moment, littéralement *jusque alors*, *à dont* représentant le latin *ad tunc* :

« Pierre va tout useus (oisif) ; car ses doïens
« (doyen, chef de corporation) li ha desfendu
« son mestier dusqu'à dont qu'il aura acheté le
« franchise. »

(**Dialogues pic. flam.** 1840.)

DÉZIGNER, dessiner. Du latin, *designare*, tracer, marquer. *Dézigner* a en picard le sens de *désigner, indiquer, montrer* et celui de *dessiner* : l'*s* s'est adouci en *z*, ce qui se fait dans le français *désigner* qui se prononce *dézigner*.

On trouve dans Regnier *dessigner*, dessiner :

« . . . . . comme un homme
« Qui **dessigne** de l'œil mille châteaux en l'air. »

DIAC, diacre. *Diacre* vient du latin *diaconus* qui a donné originairement et régulièrement *diacne* dont la finale était très difficile à prononcer. Le français a changé l'*n* en r, de là *diacre*. Le picard semble avoir laissé tomber les deux lettres finales de *diacne* pour dire *diac*. On trouve en vieux français une forme absolument semblable à notre forme picarde :

« Et li reis (roi) est vestu comme **diaque**, la teste descouverte. »

(**Ass. de Jérus.**)

. **DIDI**, bavard, grand parleur, bougonneur. On dit d'un homme : « Ch'est un vrai *didi*, » c'est un vrai bavard. Ce mot est une onomatopée moqueuse : *di, di, di*, comme *ta, ta, ta*.

DIEN, ancienne forme picarde de *doyen* (du latin *decanus*) qui est restée dans les noms propres *Dien, Ledien* assez communs en Picardie.

« E qui veut, il peut appeler dou **dien** à l'évesque et de l'évesque à l'archevesque. »

(**Beaumanoir**.)

— « Comme il fut descors, contens et plais
« meus en assise entre le **Dien** et le Capitle
« d'Amiens d'une part, et le Mayeur et les Es-
« kevins d'autre part, des catiches des pons
« kemuns qui sunt à Amiens seur le rivière de
« Somme, lesquelles catiches li devant **Dien** et
« Capitle disoient appartenir à eux... »

(**Ch.** de 1278 déjà citée à **Catiche.**)

On retrouve Dien dans *Neuilly-le-Dien*, village de l'Arrondissement d'Abbeville. Pringuez, dans sa *Géographie de la Somme*, écrit Neuilly-le-Dieu : c'est a tort, puisque d'après M. Darsy (*Bénéfices de l'Église d'Amiens*) ce village s'appelait autrefois Nœuilly-le-Doyen.

Je signale en passant l'origine de *Neuilly* et de quelques autres localités.

Le bas latin *noda* a fait en français *noue, nove, nave*. *Noue* signifie tantôt source, tantôt torrent, tantôt terre humide et grasse ; il a donné une foule de formes, telles que *Neuilly* dont il vient d'être question, La *Nouette*, *Noyal*, *Noyant* dans l'Aisne, *Noyelle* dans la Somme, le Pas-de-Calais et le Nord,

Pont-*Noyelle* qui a donné son nom à la bataille du 23 décembre 1870, *Noyellette* dans le Pas-de-Calais.

C'est aussi du bas-latin *noda* que vient le nom de la rivière dite *la Noye* qui prend sa source près de Breteuil, passe à Ailly-sur-Noye, et vient se jeter dans l'Avre au-dessous de Boves.

Un mot sur cette dernière rivière.

L'Avre prend sa source à quelques lieues de Roye, dans l'Aisne, passe à Roye, à Davenescourt, à Moreuil, à Boves, et se jette dans la Somme à Amiens. M. Cocheris rattache à la racine sanscrite *av*, laquelle marque mouvement et qu'on retrouve dans l'ancien allemand sous la forme *awa*, le nom d'un certain nombre de rivières : l'*Aff* et l'*Avon* en Bretagne ; l'*Avario*, aujourd'hui l'*Aveyron*, affluent du Tarn ; l'*Avera*, aujourd'hui l'*Avron*, affluent du Cher. Il est probable que le nom de la rivière dite l'*Avre* a la même origine.

DIGON, bougonneur. A donné le dérivé *digonner*, trouver à redire à tout, reprendre sans cesse. Mot d'origine germanique, all. *ticken*, piquer légèrement, *stich*, piqûre; angl. *to dig*, creuser, percer, aiguillonner; flam. *tic* ou *stic*, point (la piqûre). Le *t* initial s'est adouci en *d* (Cf. *dache* de *tach*, etc.) et il y a eu extension du sens de *piquer* à celui de *bougonner*, aiguillonner, piquer de paroles. *Digonner* et *digon* impliquent un verbe primitif *diquer*, *diguer*, aujourd'hui disparu en Picardie, mais qui s'est conservé dans le patois normand, qui dit encore *diguer* au sens de *piquer*, aiguillonner.

DIMENCHE (dimeinche), forme picarde de *dimanche*. Du latin *dies dominica*, jour du Seigneur, dans saint Augustin et Tertullien. On trouve cette forme dans le vieux français et dans notre dialecte :

« Ce ert (était) un **diemenche**. »

(REN.)

— « Tout droit un **diemenche**, ainsi com je « l'entens. »

(BERTE.)

— « Ce fut une **dimence** que l'ost fu estormie. »

(**Ch. d'Ant**.)

— « Est assavoir le moitié au **dimenche** après « la Trinité et l'autre le **dimenche** après la « Toussaint. »

(**Ch. de 1344, Cartul. de Corbie,** DU CANGE, **denarius**.)

— « Ladite confrairie doit seoir (avoir séance) « le premier **dimenche**… »

(**Ordonn. des Rois de Fr.**)

DINGUER, dans la locution : « Envoyer *dinguer* », se débarrasser d'une personne qui importune, la recevoir mal. Mot emprunté aux Flamands qui disent *dinghem* pour *plaider*. Il faut, pour expliquer cette locution et justifier le sens, sous-entendre *ailleurs :* envoyer quelqu'un *dinguer*, c'est l'envoyer exposer *ailleurs* ses raisons ou ses prétentions.

DINOT, petit dindon. Ce mot ne vient pas de dindon ; c'est *codinot*, diminutif de *codin* (V. ce mot) avec une de ces aphérèses de syllabe initiale — *codinot, dinot* — bien plus fréquentes en picard qu'en français. Au figuré *dinot*. fém. *dinole*, a le sens d'*imbécile, sot*. (Voyez la citation sous *déracher*.)

DIRIES (plur.), médisances, bavardages, mauvais cancans. Dérivé de *dire* avec sens péjoratif. (Cf. *brairies*, pleurs, cris, de *braire* ; *quirie*, saleté, du verbe venu du latin *cacare* ; *mentirie*, mensonge, etc.)

DISETEUX (dizteu). adj. Se dit d'un individu difficile à persuader, de l'homme aux *si* et aux *mais*. C'est probablement, m'observe M. Devauchelle, un mot qui vient du flamand *dies* (diz), qui répond à *mais, si, à condition que, pourvu que*. Quant au *t* de *dizeteux* (dizteu) dont le sens propre est *faiseur de si*, il n'a rien de plus étonnant que celui qui se trouve dans *caillouteux, cailloutage*, du français caillou, *décleuter*, declouer, du picard *cleu*, clou.

DISPUTAILLER, disputer sottement ou pour des causes futiles. Péjoratif de *disputer*. On dit se *disputailler*, se quereller.

DISSIME dans la locution « aller ou venir à *dissime* galop, » aller ou venir au grand galop. *Dissime* est pour *grandissime* par aphérèse de la syllabe initiale, comme dans *moiselle*, demoiselle, *ventieu*, deventieu, *cherolle*, vêchorolle, etc.

DITELET, petit doigt de la main ou du pied. *Ditelet* implique une forme populaire *digitellus*, diminutif de *digitus*,

45.

doigt. *Digitulus* existe ; il a pu donner *digitellus* comme *porculus, annulus* ont donné *porcellus, annellus*. *Digitellus* régulièrement contracté en *dig'tellus* donne *diglet*, puis *ditel* par la chute du *g*, enfin *ditelet* par addition du suffixe diminutif *et*.

Digitellus n'est pas une forme fictive. On la trouve dans Du Cange :

« **Digitellus**, qui est auricularis. »

Dans bien des localités, on dit *det* pour *doigt* (doué). On retrouve cette forme dans le vieux français.

« De lung (long) dei qui porte l'anel » (**anel**, anneau).

(**Lois de Guill.**)

DIU, forme picarde de *Dieu*, du latin *Deus*, même sens, qu'on rencontre dans le vieux français et dans notre dialecte :

« Cil ki son **diu** fait de son ventre... »
(**Gui de Cambrai.**)

— « Tu es tardiu (tardif) d'à **Diu** aler. »
(**Ibid.**)

— « Des biens de Sainte Eglise se complaint
| Jésus Christ,
Que on met en joiax et en vair et en gris ;
Si s'en traient leur keues Margos et Beatrix ;
Et li membre **Diu** sont povre, nu et des-
| pris. »
(**Ruteb.**)

— « A le parfin li débat dessus dit furent commis et raporté en le main de très haut et très noble monseigneur le conte de Sainct Pol dont **Dius** ait l'âme. »
(**Ch.** de 1296 [Encre] communiquée par M. Daussy.)

Du Cange cite sous *Jacobitæ* le passage suivant qui porte l'empreinte incontestable du dialecte picard : il s'agit de sectaires qui

« Ne croient pas confession
A nul autre home, s'à **Diu** non.
Quant il se confessent à **Diu**,
Près d'eux mettent encheus et fu (**fu**, feu)
Et cuident qu'aveuc la fumée
S'en aille vers **Diu** lor pensée. »

Il y a eu, dans Diu pour Dieu, réduction de *eu* à *u* comme dans *liu*, *lieu*, *viux*, vieux, *miux*, mieux, etc.

Diu me rappelle un calembourg que me fit en 1830 un de ces paysans qui veulent paraître spirituels à tout prix :

« Tu vas faire ta première communion, « me dit-il. Eh bien, je parie que tu ne « sais pas combien il y a de *Dius* à « Villers » (Bretonneux.)

— « Mais il y en a un comme partout.

— « Non : le nombre change ; tous les ans il en naît et il en meurt. »

Je compris qu'il jouait sur le mot et me rappelai qu'il y avait à Villers plusieurs familles du nom de *Dieu* à l'une desquelles je tenais par ma grand'mère paternelle, qui était une *Dieu*....

Les Picards sont très-friands de ces calembourgs. C'est ainsi qu'ils demandent : « *Combien y o t i d'Sains à l' cathédrale d'Amiens?* Quand on est étranger ou qu'on ne connaît pas le village de Sains, on ne comprend rien à la question. On vous dit alors qu'il y a dix kilomètres de Sains à la cathédrale...

De même pour le dicton suivant :

« Enter (entre) Conte et Conty
O (on) voit toujours **pois fleuris.** »

Il se trouve, entre les villages de Contre et de Conty, un côteau assez élevé pour permettre de découvrir, en toute saison, non pas des *pois fleuris*, mais le bourg de Poix et le village de Fleury.

DIXIT, dénomination du premier chantre d'une église, parce que c'est ce chantre qui entonne le premier psaume des vêpres, lequel commence par le mot *Dixit*.

DODOS, casaquin de femme plissé à la ceinture. Dérivé de *dos* par formation de fantaisie.

Le mot *dodo*, sorte d'interjection du langage des nourrices qui signifie *dors, dors*, s'emploie en picard comme en français. On le trouve dans une des variantes de l'épitaphe du *compère Estienne* citée au mot *Chent* :

« Cy gist qu'on appeloit Dando
Mon compère messer Estienne.
Il est céans qu'il faict dodo ;
S'il est bien ayse, qu'il s'y tienne. »

DOGUE, bardane. Je ne connaissais pas ce mot. D'après la note de M. Devauchelle, il est d'origine celtique puisqu'on le trouve sous la forme *dogha* au même sens chez les Gaëls d'Ecosse. En anglais des XVIe et XVIIe siècles, la bardane se nommait *dock burre* ou *burre docke*, aujourd'hui *bur-dock* ou en un seul mot *burdock*, mot composé dans lequel *doch* désigne la plante et *bur* son fruit que le

Picard, selon les localités, appelle *glateron*, *grateron* ou *laqueron*.

Dogue de l'ancien français désignait une autre plante : la *parelle* ou *patience*, qui est de la famille des polygonées :

« Bardane, **docques**, roseaux et autres herbes qui croissent es prez. »
(**Nouv. fabriq. des excel. tr. de vérité**, XVIe s.)

Dogue existe en picard dans la locution : « Poussiu comme une *dogue*, » poussif comme une dogue. Il y a ici un autre mot, une autre *dogue* dont j'ignore absolument le sens ; dans ces conditions, toute recherche étymologique devient impossible.

DOINE (douéne) dans la locution : « *Avoir l'doine*, » avoir la bourse, avoir le magot. *Orig. inc.*

DOIRER (doué rer.) Se dit de l'action d'enduire de jaunes d'œufs battus une pièce de patisserie. *Doirer* est une forme picarde de *dorer*. On la rencontre dans des Inventaires :

M. Devauchelle a relevé :

« Une picque de bois garnye d'un fer doiré
« (doré) prisée à la somme de XX solz. »
(**Amiens**, 1620.)

« — **Item**, une espée à garde doirée et four-
« reau de cuir, ung schecol (hausse-col) de fer
« doiré garny de vellour cramoisy. »
(**Amiens**, 1622.)

En Gadalique, père des deux branches dites Gaëlique d'Islande et Gaëlique d'Ecosse, le latin *aurum* se trouve traduit par *ór*, et le génitif *auri* par *óir*.

On dit *dor* pour *or* : « Ch'est du *dor*, » C'est de l'or : il y a eu agglutination de l'article.

DOL, douleur (dans le Boulonnais.) On trouve dans Du Cange *Dolus*, signifiant *douleur* ; mais ce n'est là sans doute que la latinisation de la forme française ou picarde *dol* qui n'est autre chose que *deutl*, picard *deul*, dérivé du latin *dolere*, se plaindre.

DOLONG (dolon), près de, auprès. On dit : « *Dolong* ch'quemin, » près du chemin ; « Il est *dolong*, » il est auprès. *Dolong* est une corruption de *de long* : c'est une expression comme *de lez*, *delez*, près, avec la seule différence qu'elle marque la longueur au lieu de la largeur, le côté, le *lez*, du latin *latus*.

J'écris *dolong* en un seul mot comme on écrivait jadis en un seul mot l'expression identique *delez*, *dalès* dans le dialecte picard :

« L'autre jour juer (promenez) alai
Dalès un bosket foelly.
Noble dame illoec trouvai :
Dalès li ot son ami. »
(**Anthol. pic,**)

DOQUER, frapper. D'une forme bas latin *tocare*, par adoucissement de *t* en *d*. *Tocare* est d'origine germanique ; il correspond à l'ancien haut allemand *zuchón*, arracher, frapper.

DORDRON. Se dit d'une personne ou d'un animal qui, eu égard à l'espèce, n'a pu atteindre le développement normal. *Orig. inc.*

DOREUX, sensible (au physique) ; peu sûr (au fig.) en parlant d'une affaire dont le succès est douteux ; délicat, difficile, en parlant d'un homme que peu de chose dérange ou contrarie.

« J' n'étois bien ni à droite ni à gueu-
« che, ni su (sur) men dos ni su m'pauch ;
« point moyen d' fremer l'œil. M' tête
« étoit si *doreuse*, mais si *doreuse* que
« ch'cavet (traversin) m'afoloit. » (bles-
sait.)
(*Franc Picard, Ann. de la Somme,* 1877.)

Ce mot ne vient pas directement, comme je l'ai dit ailleurs, du latin *dolorosus* contracté en *dol'rosus* : l'o de l'antépénultième n'est pas bref, et conséquemment ne peut pas tomber. *Doreux* est une contraction populaire du vieux français *dolereux* qu'on rencontre fort souvent dans les auteurs anciens :

« Irons venger la honte **doloreuse**. »
(**Quesnes**, Rom.)

— « Quant Deus ot faict Adam et mis en para-
| dis,
Pour le mesfait qu'il fist ne fut il pas ocis,
Mais en cest **dolereus** mond fut en chartre
| mis. »
(**Th. le Mart.**)

Dans un manuscrit de la Bibliothèque nationale intitulé *Rébus de Picardie illuminés,* un rébus porte une *fauque* (faulx) d'or sur des *courtines* (rideaux) et deux *œufs* ; ce qui signifie : « En court i ne « faut que *doreux*, » c'est-à-dire : *à la cour il ne faut que des gens délicats.*

Ces jours derniers j'ai saisi au vol de la bouche d'un paysan une contraction assez curieuse. Cet homme racontait à son voisin l'attentat de Nobiling et lui disait qu'on avait enfoncé la porte de la chambre dans laquelle l'assassin *s'était brigadé. Brigadé* signifie *enfermé, retranché* ; c'est une contraction de *barricadé* avec adoucissement de *c* en *g*.

Puisque *brigadé* a été omis à la lettre B, je répare une autre omission pour un autre mot : c'est *bitière*.

On appelle *bitière* l'ouverture perpendiculaire ménagée sur le devant du pantalon, depuis l'enfourchure jusqu'à la ceinture, de manière à permettre d'uriner. C'est un dérivé de *bite*, dénomination picarde du *membrum virile*, laquelle est d'origine anglaise et vient de *beet*, morceau, qui se prononce *bite*.

Au même radical se rattache *bitelot* qui est, au figuré, un terme d'amitié aussi singulier que fréquemment employé.

DORLOTS (plur.) Mot signalé comme picard par Cotgrave au sens de joyau, joli brimborion ou colifichet, broche, bague, anneau, dont la femme orne ses vêtements ou se pare elle même. Il a aujourd'hui, d'après Corblet, celui de *bijoux qu'un fiancé donne à sa fiancée.* On dit aussi *derlots. Dorlot* avait donné le dérivé *dorlotter* qui avait, selon Cotgrave, le sens de *garnir, orner,* et par extension celui de *caresser, flatter.* L'origine de ce mot est inconnue.

DORMAILLER , dormir légèrement , sommeiller. Assurément la finale *ailler* a été formée sur le modèle de la finale péjorative *aille : racaille, canaille,* etc. *Dormailler* n'a pas pourtant un sens péjoratif. C'est ainsi que j'ai trouvé la vieille forme picarde *yvernailler* pour *passer l'hiver, hiverner,* sans acception péjorative :

« En cest an mil IIII* LXXI, ou moys d'octo-
« bre, les Anglois vindrent logier à Saint Ri-
« quier pour eulz yvernailler. »
(Chron. de Pierre le Prestre.)

DOSSET, fond d'une cheminée. Diminutif de *dosse,* forme féminine qui est très-usitée en picard pour *dos : mettre su s' dosse,* mettre sur son dos ; *porter su s' dosse,* porter sur son dos. Le fond de la cheminée est considéré comme son dos, son derrière. C'est ainsi qu'ou dit le dos de la main par opposition à la paume.

Dos se dit aussi *dous,* comme *bous* bois, pour *bos.* C'est à cette dernière forme que se rattache l'adjectif composé *doulevé* dans l'expression *pain doulevé,* pain qui a la croûte supérieure levée, cette croûte étant considérée comme le *dous* ou dos de ce pain.

On retrouve *dous,* dos, sous la forme *doulz,* dans une citation de Du Cange sous *dodus* :

« Le suppliant bailla à Perrinet du **doulz** de
« la main gaulche en arrière-main sur la
« joue. »

Rabelais dit *dours* :

« Il chargea sus son **dours** les deux prétieu-
« ses coiguées. »
(Pantag.)

Dos a donné l'adjectif *dossu* qu'on applique à un homme qui a le dos voûté, au féminin *dossuse* avec une *s* intercalée comme dans *nuse,* nue, *bleuse,* bleue, etc.

Je suis porté à rattacher à *dos* le mot *dodane,* autrefois *dodasne,* mot composé de *dos* et de *asne,* âne, du latin *asinus. Dodasne* a dû signifier *talus,* levée sur le bord d'une rivière : on sait que l'expression *en dos d âne* signifie *en configuration du dos d un âne,* c'est-à-dire de telle façon qu'il y ait un talus incliné de chaque côté.

On lit dans Du Cange sous *ramiliæ* :

« Bois qui estoit croissant sur les **dodasnes**
« des fossez de la dite ville » (d'Amiens.)

Un cartulaire de Corbie (1437) porte :

« Comment Jehan Mallard fu condempné en
« amende de V solz pour avoir copé bos (bois)
« sur les **dodasnes** des fossés de la ville » (de
Corbie.)

DOUBLIER. Ce mot a eu, au moyen-âge, différentes significations. Du Cange dit : « *Duplarium,* sacculus, crumena, « Gallis olim *Doublier.* » Et il cite un document dans lequel on voit qu'une pauvre femme prie des pèlerins de porter son *doublier* à Saint Jacques. On le rencontre au même sens dans la citation qu'il donne d'un passage du *Roman d'Aubery* :

« Le chapel prent, l'escharpe et le **doublier,**
Et le bordon qui ni volt pas laissier. »

Le vocabulaire d'Evreux (XIIIe s.) traduit *manutergium* par *touaille;* celui de
Lille (XVe s.) par *doublier* : *touaille* et
doublier étaient donc synonymes. Ils ne
le sont pas tout-à-fait dans les *Dialogues
picards-flamands* (1340); car on lit :

« Encore vous falent napes et touailles et
doubliers et escorcheuls. »

Ici *doublier* répond au flamand *scotel
cleedren,* housses-assiettes.

De même dans une *Chronique manuscrite de Corbie* citée par Du Cange sous
Dibler, dans laquelle ou trouve : « Napes,
« touailles, *doubliers,* bachins, caillers,
« henas, voirres, kaves. » Cotgrave dit :
« *Doublier*, longue et large nappe damas-
« sée, ouvrée, pendanta à terre des deux
« côtés de la table où elle est *étendue en*
« *double.* »

M. Devauchelle a relevé ce mot dans
des inventaires au double sens de *touaille,
essuie-mains*, et de *housse de buffet.*

« Quatre doublier prisés ensemble XII solz. »
(Inv. à Amiens, 1596.)

— « Item, quatre douzaines de torchons,
« vingt doubliers et quatre douzaines de tablier
« de cuisine estimés trente livres. »
(Inv. à Amiens, 1750).

— « Ung petit doublier de buffet. »
(Inv. à Amiens, 1595.)

— « Ung doublyer de buffet de thoille façon
« de Venise prisé à la somme de XV solz. »
(Ibid. 1622.)

— « Ung aultre doublier de toille de lyn à
« fachon de panche de vacque prisé dix solz »
(Ibid. 1557.)

DOULE, roulée, frottée. Dérivé du verbe
douler, frapper, battre, du latin *dolare,*
façonner, tailler, et, par extension frapper. On trouve l'expression *dolare costas
fuste,* caresser les côtes à coups de bâton.

On rencontre dans les documents *douloire*, doloire :

« Une douloire adjugée à quinze sols. »
(Vente mobil. à Abbeville, 1704.)

La forme *douler* au sens de *préparer
et arranger le bois avec la doloire*, est
commune au picard et au vieux français.

« Quant li boins mestres Amauris
Le sire des engignours
Commandere des minours
Et larges en mainte manière,
Si vaillant kil portoit banière,
S'en fust alé droit as engiens,
Et faisoit là douler mairiens... »
(Ph. Mouskes dans Du Cange,
ingenium)

DOUTANCE, doute; soupçon. On dit :
« Avoir des *doutances* sur quelqu'un, »
le soupçonner. Dérivé de *douter,* du latin
dubitare, même sens. *Doutance* est commun au picard et au vieux français :

« ..... trouvera sans doutanche
Mainte cose qui fai marance. » (Maranche,
douleur.)
(Du Cange, marancia.)

— « Kikumkes vult saf estre, devant totes
« coses besoing est qu'il tienget la commune
« foi. — Laquelle se caskun entière ne garde-
« rat , senz dutance perdurablement peri-
« rat. »

*Quicumque vult salvus esse, ante omnia opus est
ut teneat catholicam fidem. — Quam nisi quisque
integram servaverit, absque dubio in æternum
peribit.*
(Symb. de S. Athanase.)

J'ai une autre leçon qui porte *dotance.*
Le vieux picard avait un certain nombre de dérivés en *ance* comme *doutance,
marance.* C'est ainsi qu'on trouve dans la
Chronique de Pierre le Prestre (XVe s.)
corence, dérangement de corps, diarrhée,
dérivé de *courir* :

« Quant ledit Pierre qai s'estoit tenu à
« Hesdin plus de quatre moys, là où il
« avoit esté fort malade tant de goutte
« comme de *corence,* fust adcertené des
« dites trèves entre le roy et le duc de
« Bourgongne, il se partit dudit Hesdin. »

DOVER, dormir, sommeiller. On trouve
dans une citation de Du Cange la forme
bas-latin *naubare,* se coucher, dormir :
« Ne qui quietus dormire sub tecto, ex-
« clusus foribus, compellatur *naubare*
« sub divo. » *Dover* viendrait-il de *naubare* par une corruption absolument injustifiable de *n* en *d?* Dans ce cas, il devrait s'écrire *dauver.*

Dérivés : *Endover,* endormir.
Endovoir, achillée à mille
feuilles, ainsi nommée parce
qu'on lui attribue la propriété d'endormir.

DRAGON, cerf-volant, ainsi nommé à
cause de la queue qui y est attachée et
qui a de la ressemblance avec celle d'un
dragon.

DRAONCLER (droncler), abcéder, sup-
purer. Dérivé de *draoncle,* du latin *dracunculus,* petit serpent, petit ver dit aujourd'hui *fillaire de Médine,* vulgairement
dragonneau. Ce petit ver placé presque

toujours immédiatement sous la peau
ne cau;e d'abord qu'un prurit incommode ; mais bientôt il s'ouvre un passage
et détermine une petite tumeur qui se
convertit en pustule et amène une suppuration. De là le sens de *draoncler*, sup-
purer, *draonclure*, suppuration.

On trouve la forme *draoncle* dans le
vieux français : Corblet cite le vers suivant :

« Ce est **draoncles** li Loherens a dit. »

Dracunculus a donné *draoncle* par la
chute du *c* médial : *securus, se'urus*, vi.
fr. et picard *seur*, sûr ; *secare se'are*,
scier, pic. soyer.

DRAVIE et DRAVIÈRE, mélange de
vesce, d'avoine, de fèves et de bisailles
semées ensemble pour être donné en vert
aux chevaux, aux vaches, aux moutons.
Cotgrave dit : « *Dravée*, toute sorte de
légume, comme fèves, pois, etc. » Ce mot
semble être une corruption de *dragée* qui
a le même sens en français. On trouve
dragie au sens de *menu grain* (vesce ou
bisaille ?) dans le vieux français :

« Nos cervoisiers (brasseur) ne puet
« (peut) ni ne doit faire cervoise fors de
« yaue et de grain, c'est à savoir d'orge,
« de mestuel (méteil) et de *dragie*. »

M. Devauchelle a relevé dans Bouthors
la forme *dravie* :

« **Item**. Les dits subjetz et habitants du dit
« Beauval qui ont affaire de **dravyes** ou verde
« vesche pour bestes, sont tenus... »
(**Cout. de Beauval, Prévôté de
Doullens**, 1507.)

DRÊCHE, audace, vulgairement toupet. « I n' manque point d' *drêche*. »
il ne manque pas d'audace ; il en a du
toupet ! Dérivé de *drêcher* au sens de
se drêcher, tenir tête, affronter, se révol-
ter contre.

On trouve la forme *drêcher*, dresser,
préparer, dans le dialecte picard :

« Ansel, met le table, leve (lave) ches voires
« (verres), résulche (essuie) le hanap, drêche à
« mengler,..... fai nous une soupe, en arons toute
« jour plus caud. »
(**Dialogue pic. fl.** 1840.)

Dérivé : *Drêchoir*, buffet.

On dit encore *drêche* au même sens.
Le Vocabulaire de la Bibliothèque de
Lille (XV° S.) traduit *propinatoriun* par
dreschoir. Je trouve cette forme picarde

dans la *Chronique de Pierre le Prestre*,
abbé de Saint Riquier (XV° S.) :

« Et au partir, ledit seigneur fiet chargier
« tous les biens meubles dudit abbé, lits, coffres,
« bancqs, **dreschoirs** et aultres mainage, tant
« qu'il n'y laissa jusques à un seul passet ne
« scabelle. »

On trouve *dreschier* au sens figuré de
redresser dans une épitaphe que le
P. Daire a relevé, dans le cimetière des
Machabés à Amiens :

« Chi gist M. Jehan le Mariés, en son vivant
« d'Amiens chanoine ; du Roy Loys fut conseil-
« ler par long temps en propre personne ; s'âme
« rendit au Roy des Roys juste le XI de Janvier
« l'an de grâce MDIII. Son cas Jésus vœuille
« dreschier. »

DREIT, dès. On dit : « *Dreit* demain »
dès demain ; « *Dreit* qu'i sero arrivé, »
dès qu'il sera arrivé. *Dreit* vient du bas latin *drictus*, contraction de *directus*, droit :
l'expression *dreit demain* s'explique par
l'extension du sens de *dreit* (*demain*)
à celui de *aussitôt* (*demain*). Quant à la
forme *dreit*, droit, elle est commune au
picard et au vieux français :

« Menez serez droit à Ais. »
(**Ch. de Rol.**)
— « Tut dreit devant la sale est à pié descen-
dus. »
(**Th. le Mart.**)

Dans la partie nord-est du domaine picard, *dreit*, droit, se dit *drot*. De là la
locution adverbiale *drot chi, drot lò*, ici
même, là. On lit dans le *Sermon d'un
curé de village* des environs de Douai (fl
du XVII° S.) publié dans les *Etrennes
Douaisiennes* vers 1819.

« Afin que filles et garchons
Arotent acouté sen sermon
A quemendé au magister
Sitôt qu'i (il) sero dens s'cayère (chaire
[à prêcher)
Pour les tenir tertous drot là
D'clore tous les portes et portas. »
(*Communication de M. Devauchelle.*)

Je trouve dans le *Franc-Picard* (Annuaire de la Somme, 1878) :

« Com' os (nous) n' povoemes (pouvions) point
[rester lò (là)
J' preinds un parti bien sage.
J' li dis : « Marchons drot chi, drot lo,
R'gaingnons no village. »

Hécart donne, dans son *Dictionnaire
rouchi*, les mots *drot*, droit, *drola*, là,
drochi, ici, et prétend que le nom de *rouchi* donné à son patois vient de la dernière forme *drouchi*.

DRÉLER, dissiper. Ce mot s'emploie surtout dans l'Artois. Serait-il un dérivé de *drille* ?

« ... Voz (vous) avez foit (fait) ripaille,
Drêlé, bu et mengié tout le bien de Jeannin. »
(Suite du célèbre mariage de Jeannin,
XVIIe s.).

— « Abord qu'il o eu tout bu, tout mié et
« tout drêlé, il o v'nu (venu) adonc dens (dans)
« ch'pahis (pays) lò ainne (une) famainne
« cruelle. »
(Parab. de l'Enf. prod. en patois d'Arras).

DRÉLINGUER, publier, annoncer. Dérivé de *drelin*, onomatopée qui représente le son d'une clochette. On a vu au mot *cloque* que *cloquier* avait le sens de *publier, annoncer. Cloquier* et *drélinguer* sont deux expressions absolument identiques.

DRIÈRE, derrière. C'est, sauf la métathèse, le même mot que le français *derrière* ; je ne le donne que parce qu'il est dans un dicton picard vraiment curieux :

« Chés poves poysans resannent l' queue
« d' no quien : i vont toujours par
« drière » : (les pauvres paysans ressemblent à la queue de notre chien : ils vont toujours par derrière), manière très-énergique et très-pittoresque de dire que les paysans sont toujours les derniers à profiter des avantages sociaux.

Drière, substantif, a un curieux synonyme : c'est *prussien* dont il est inutile, je pense, d'indiquer l'origine. On lit dans le *Franc Picard, Annuaire de la Somme*, 1877 :

« Un eute (autre) disoit : « Si oz (on) avoit des
« sansures (sangsues), feudroit (il faudrait) en
« poser à sen prussien... »

DRINGUÈLE, pourboire. De l'allemand *trinken gelt*, argent pour boire : il y a eu adoucissement de *t* initial en *d*.

DRINGUER, jaillir. De l'allemand *dringen*, pousser, faire jaillir. Du sens de *dringuer*, jaillir, est venu celui de *foirer*.

Dérivé : *Dringue*, foire.

On dit au même sens *drinsse* et *drinsser* qui me semblent être une corruption des précédentes formes.

Dringuer signifie aussi *arroser, inonder*. Je le trouve à ce sens dans la *Lettre sur le Concours de Compiègne* (1877 par H. Lescot :

« No Laïie (notre Adélaïde) aveut peur
« d' être *dringuie* par chés pompiers. »

J'ai fait remarquer que la terminaison de l'imparfait de l'indicatif était *ot* dans le Vermandois et l'Artois, *oit* (oué) dans l'Amiénois, le Ponthieu ; on voit ici qu'elle est *eut* dans les environs de Compiègne : *aveut*, avait.

Quant à la troisième personne du pluriel, je dois noter une variante importante. Tandis que la finale se prononce *ouète (avoite)*, avaient, *ote (avote), eute (aveute)* selon les localités, elle se prononce *aient* dans le Vermandois et même dans le Santerre jusqu'à Démuin, Courcelles, etc., bien que la 3e personne du singulier s'y prononce *oué* (avoit). C'est à peu près la prononciation du dialecte normand :

« E ces (et ceux) de Israel **venoient** as Philis-
« tins por aguiser le soc. »
(Rois.)

J'observe seulement que l'*n* se fait sentir fortement et que *aient* se prononce comme *ein* dans le mot *rein*. J'ajoute que le *t* est nul dans la prononciation, même quand il est suivi d'une voyelle : « I *venaient* (venain) à Nesle, » ils venaient à Nesle « Iz *allaient* (allain) à Moreul, » ils allaient à Moreuil.

L'histoire de l'imparfait français est intimement liée à celle de l'imparfait picard, et il n'est pas sans intérêt de voir l'influence que notre dialecte a exercée sur sa formation. Arrêtons-nous donc un instant sur ce sujet : je cite Littré.

« Les plus anciens textes bourguignons
« offrent une flexion en *eve : abondevet,*
« *plorevent, parlevent*, etc. Cette flexion
« qui est très-voisine de la forme latine,
« eut peu de durée et d'étendue, et fut
« remplacée, en Bourgogne même, par
« les flexions de l'Ile-de-France et de la
« Picardie, qui étaient *oie, oies, oit*. La
« Normandie avait distingué la première
« conjugaison des autres : pour celle-là,
« elle avait les terminaisons *oue, oues,*
« *ot* ; et pour celles-ci, les terminaisons
« *eie, eies, eit* ; *je cuidoue, je amoue,* et
« *je doleie, je viveie, je teneie*. A la pre-
« mière personne du pluriel, les Picards
« se servaient de *iemes : aviemes,*
« *estiemes*, tandis qu'en Normandie on

« usait de *iuns, ions*. C'est cette dernière
« finale qui a triomphé. »
« De la sorte, on a la vue de notre im-
« parfait dans ses rapports avec le latin.
« La forme la plus ancienne, grammati-
« calement, est la forme en *eve*, qui re-
« produit de très-près *abam, ebam*. Le
« normand a gardé trace des différences
« latines, ne confondant pas *abam* et
« *ebam* sous une même terminaison. Le
« picard a tout réuni sous la flexion en
« *oie*. Dans le pluriel, du moins à la pre-
« mière personne, il se rapproche plus
« que les autres du latin. Maintenant, de
« toutes ces formes, la langue moderne a
« gardé celle en *oie*, mais elle y a appli-
« qué la prononciation normande des
« imparfaits en *eie ;* seulement elle a ef-
« facé l'*e* de la seconde personne, *amoies*,
« suppression qui allait avec le change-
« ment de prononciation. »
Hist. de la langue fr. t. I, p. 130.)
Ainsi c'est la forme picarde qui a triomphé dans l'imparfait français ; mais on
lui a donné la prononciation normande.

DRINIAU, troëne (*ligustrum vulgare.)*
Le radical est le bas latin *tronus* dont
l'origine est inconnue qui a donné *troine*
en vieux français. On lit dans le roman
de *la Rose :*

« Il ne vaut pas un coutel **troine** » (de troëne.)

Driniau est un diminutif dans lequel
le *t* initial du radical *tronus* s'est adouci
en *d*, fait déjà plusieurs fois signalé. La
finale *iau* semble indiquer une forme bas-
latin *tronellus* qui a dû donner originairement *troinel, droinel*, puis *droiniau*
par consonnification de *el* en *iau — martel,* martiau — et enfin *driniau* par réduction de *oi* à *i*.

DROGUET, adj. vif, alerte. Mot d'origine fort incertaine. On peut rapprocher
ce diminutif de *druge, drude*, vigoureux,
alerte, qu'on rencontre dans les idiômes
du midi, et du celtique, gallois *druth*,
gaillard, fringant, mais on ne saurait
rien affimer sans témérité.
On trouve cet adjectif dans la *Suite du
Mariage de Jeannin :*

« . . . Quatre gros berdaliers (pansus)
Plus **droguets** que pierrots , tertous entor-
| tillés
De cacun une serviette aussi blanque que croye
| (craie)
A houppe de fin lin plus doux que fil de soye. »

DROITURER, payer les droits dûs.
Dérivé de *droiture* jadis employé au
sens de *redevanne, droit*.

« Li devant dis mésire li Abbes [de Corbie] a
« en le dite vile bien mil personnes ou plus assés
« lesquels ne se puent marier sans son congié
« (permission), et du congié il en a le **droiture**
« acoustumée. »
(**Liv. noir de Corbie** dans Cocheris.)

— « Toute le **droiture** que jou avoie au puch
« de Gentele, si comme del deskevillage et de
« chou que je ne devoie rien mettre al puch
« faire. »
(**Ch. relat. à Corbie, 1262, Du Cange,
cavilla.)**

— « Une autre lectre par laquelle appert
« Jehan Guerard avoir relevé et **droicturé**
« soixante verges de vingne » (vigne.)
(**Inv. à Amiens**, 1557.)

Droiturer signifie ici payer les droits
de *relief* autrement dits de *mutation*.

DROLLE. M. Devauchelle a relevé ce
mot dans un inventaire dressé à Amiens
en 1670 :

» Item. Deux **drolles**, huict afulettes à femme
« de thoille de lin, prisés ensemble quarante
« solz. »

Qu'était-ce que cela ? Peut-être un de
ces objets éphémères de la toilette des
dames, dont le nom est tombé avec la
mode qui l'avait amené. *Sic transit gloria mundi !*
J'ignore l'origine de ce mot.

DROP LINCHEUL (drop lincheu), drap
de lit. Il y a là deux mots : *drop*, drap,
du bas latin *drappum* qu'on trouve dans
les Capitulaires de Charlemagne et dont
l'origine est inconnue, et *lincheul*, adjectif dont j'indiquerai tout à l'heure le
sens et l'étymologie. On trouve dans le
vieux français un adjectif semblable et
qualifiant *dras* : c'est *linge*, du latin *li-
nèus*, de lin :

« **De chiers linges dras** »
(**Th. le Mart.**)

Dras linges signifie ici *étoffe de lin*.
On trouve *dras linges* au sens de *che-
mises :*

« Six des bourgeois de Calais alèrent au roi
« Edouart en leurs **dras linges**, deffulés et des-
« chaux, le hart au col.
(**Chron. de Fl.**, déjà citée).

Notre adjectif picard *lincheul* qu'on
prononce *lincheu*, ne vient ni du latin
lineus, ni du vieux français *linge*. Il re-

présente la forme latine *linteolus*, qui signifie *de toile*. *Drop lincheul* est donc *drap de toile*, drap de lit.

Voyons la transformation.

Linteolus se change en *lintiolus* lequel devient *lenciolus* par équivalence de *tio* et de *cio* ; *c* doux donne *ch* en picard ; *o* fait *eu* ; *eul* se réduit à *eu* dans la prononciation, comme dans *Saint-Acheu*, pour *Saint-Acheul*, *filleu* pour *filleul*, etc.

J'ajoute que *linteolus* n'est pas une forme fictive inventée pour les besoins de la cause, et qu'on la trouve dans Prudence, poète chrétien. (V. *Quicherat*, Dict. lat. fr.)

On rencontre *linceus*, *linchius* dans les documents au sens de *draps de lit* et sans le mot *drap* :

« Un couvertoir blancq, un loudier, une paire **de linceus**. »
    (**Inv. à Amiens,** 1622.)

— « Une Kiute et une **linchius**. »
    (**Taillar, Rec.**)

De même dans Froissart :

« Flambe ardente se bouts en ce lit entre les « **linceuls**, par telle manière que le roi fut at-« teint de cette flambe ; on n'y put oncques ve-« nir à temps, ni lui secourir, qu'il ne fust tout « ars (brulé) jusques à la boudine. »

Boudine picard *boutaine* signifie *nombril* (V. *Boudeux*.)

Drap se disait primitivement de toute espèce d'étoffe. Il a donné le diminutif *drapieu* qui a, dans le patois, le sens de langes pour envelopper un enfant. On le rencontre dans le dialecte au sens général de *linge de corps*.

« Je lais à men mari tous ses *drapiaus* « pour faire ent (en faire) sen plaisir, « ch'est-à-dire me partie tele que je l'i « puis avoir. »
    (*Testament de Maroie Grande*, 1333, déja cité).

De même *drap* au sens d'*étoffe riche*, *précieuse*.

« Le caresme ensieuvant, ledit abbé « fist venir un ouvrier de Saint Aumer « faisant cappes (chapes) et ornemens, « auquel il fist décopper et taillier lesdits « *draps* qui estoient bien riches, et en « fist faire XIIII ou XV que casubles « (chasubles) que tuniques, domatiques « (dalmatiques), cappes... »
    (*Chron. de Pierre le Prestre*.)

DROULE, coureuse en parlant d'une femme de mœurs dissolues. Dérivé du picard *droler*, flaner, errer, aller souvent dehors, venu de l'allemant *trollen*, trotter, par adoucissement de *t* en *d*.

Dérivés : *Drouiller*, avoir la courante.
    Droule ou *Drouille*, courante. Se dit d'une boue très-liquide dans la locution : « Mou comme del *droule* ».
    Drouilleuse, foireuse.
    Drouillettes (être dans ses), en parlant d'une femme qui est en grande occupation dans sa maison, qui va et vient, court de côté et d'autre pour préparer un grand dîner.
    Drouillon dans l'expression *Marie-Drouillon* qui sert à qualifier une femme négligente, mal propre.

Le vieux picard avait le subtantif *corence* au sens de *courante, diarrhée*. Je trouve ce mot dans la *Chronique de Pierre le Prestre*, à l'endroit ou ce pauvre abbé de Saint-Riquier raconte la piteuse aventure qui l'effraya tant pour lui et pour son riche bagage en l'an de grâce 1472.

« La nuit de Toussains, quant ledit « Pierre qui sestoit tenu à Hesdin plus « de quatre moys, là où il avoit esté fort « malade tant de goutte comme de *co-* « *rence*, fust alcertené des dites trèves « entre le roy et le duc de Bourgogne, il « se partit dudit Hesdin cuidant aller au « Crotoy, cuidant changier aer; et se fist « mettre et porter en ung charioth bran- « lant (voiture suspendue). Mais quant il « vint à la forest de Cressy, il rencontra « les gens de guerre qui retournoient « lors d'Eu et de Saint-Walery et dudit « Rambures, dont il fut fort esmerveillé « et espouventé. Et quant il vint à Dom- « vast, qui est près de ladite forest, il « trouva les gens des villages fuyans « merveilleusement et criant : « Au bos ! « au bos ! » Lors ledit abbé se fist mettre « hastivement par ses gens hors de son « chariot, qui le mirent à très grant « paine sur sa haguenée, à cause des « dittes gouttes, s'en ala au bos et haban- « donna son dit chariot et toutes ses « gens qui estoient fort furnys de ses ba- « ghes et de sa vaisselle, et ny demoura

« homme oudit chariot, et si passèrent
« plus de III° hommes de guerre au plus
« près, mais ilz ny prendrent onques la
« valeur dung denier : qui fust une grant
« grace que Dieu fist audit abbé. »

DRU, fort, bien portant, vigoureux.
Mot d'origine celtique, gall. *druth*, gaillard, fringant, kymr. *drud*, vigoureux.

Je trouve l'adjectif *dru*, fort, grand,
élevé, dans une Epitre de D. Charles de
la Rue, bénédictin de la congrégation de
Saint Maur, né à Corbie en 1684 :

« Mi j' m'en vos (vais) rad'ment dénicher
Ichi drière chés fordraines
D'z (des) ésieux qui sont déjò tout **drus**.
J' crois, ma foi, q' ch'est un nid d'hocheculs.
Il est su l' bord d'une pièche d'avainne.
Aussitôt dit, aussitôt prins.
Les v'lò, beyez, chés poves quiotes bêtes. »

Dérivé : *Edrué*. Se dit d'un enfant devenu assez grand pour pou-
voir se passer de soins de toute
nature. « Il est tout *édrué*. »

DUCACE. Ce mot est une contraction
et une corruption de *dédicace*. « On ap-
« pelait jadis *ducace*, dit Corblet, la fête
« célébrée à l'occasion du jour anniver-
« saire où l'église avait été dédiée. On
« donna bientôt par extension le même
« nom à la fête patronnale des villages,
« qu'on distingue pourtant en l'appelant
« *petite ducace* ». Ce mot est plus en
usage dans le Pas-de-Calais et dans le
Nord que dans les autres parties de l'ancien domaine picard.

Il n'entre pas dans le plan de ces
Etudes de rechercher l'origine des *ducaces* ou fêtes de village. Mais le lecteur
me pardonnera cette excursion sur le
domaine de l'histoire en considération de
l'intérêt que présente cette recherche.

Les ducaces ont leur origine dans la
ghilde germanique.

« Dans l'ancienne Scandinavie, ceux
« qui se réunissaient aux époques solen-
« nelles pour sacrifier ensemble, termi-
« naient la cérémonie par un festin reli-
« gieux. Assis autour du feu et de la
« chaudière du sacrifice, ils buvaient à
« la ronde et vidaient successivement
« trois cornes remplies de bière, l'une
« pour les dieux, l'autre pour les braves
« du vieux temps, la troisième pour les
« parents et les amis dont les tombes
» marquées par des monticules de gazon,
« se voyaient çà et là dans la plaine...
« Cette réunion était appelée *ghilde*,
« c'est-à-dire *banquet à frais communs* :
« c'était une sorte de communion payen-
« ne qui entretenait, par de grossiers
« symboles et par la foi du serment, des
« liens de charité réciproque. »

« Soit que cette pratique fût d'une
« énergie particulière à la religion d'Odin,
« soit qu'elle appartînt à l'ancien culte
« des populations tudesques, il est hors
« de doute qu'elle exista non-seulement
« dans la Péninsule Scandinave, mais
« encore dans les pays germaniques. Par-
« tout, dans leurs émigrations, les Ger-
« mains la portèrent avec eux ; ils la
« conservèrent même après leur conver-
« sion au Christianisme en substituant
« l'invocation des saints à celle des dieux
« et des héros... L'institution originelle
» et fondamentale, le banquet subsista ;
« la coupe des braves y fut vidée en
« l'honneur de quelque saint révéré ;
« celle des amis le fut comme autrefois
« en souvenir des morts pour l'âme des-
« quels on priait ensemble après la joie
« du festin. »

(Aug. Thierry, Œuv. comp.
t. VII, ch. V.)

La ghilde d'abord payenne, puis chré-
tienne, était, on le voit, une fête religieuse avec banquet amical, dans lequel
le souvenir des morts tenait une grande
place.

Le Christianisme transforma et sanc-
tionnna l'antique coutume germanique,
mais sans pouvoir la débarrasser des
excès qui la souillaient. Une prescription
faite en 852 par l'archevêque de Rheims
montre qu'il y avait non seulement des
repas solennels—solemnes epulæ, dit un
document ancien — mais encore des
rixes et des meurtres : « *rixæ*, sœpè
« etiam usque ad *homicida*. » Du Cange
cite les vers suivants d'un poëte du IX° S.
qui regrettait de voir des chrétiens mêler
l'ivrognerie aux pratiques religieuses :

..... « Utinam sanis agerent hœc gaudia votis,
« Nec sua liminibus miscereut pocula sanctis »

Et il remarque que, de son temps, les
hommes des classes inférieures de la
société disaient *faire ducace*, locution
qui est un équivalent exact de l'expression populaire actuelle *faire la noce*.

On retrouve tout ce qui précède dans les *ducaces* ou fêtes de village, mais avec les modifications que le temps et les mœurs apportent à toutes les institutions humaines. Nous avons la fête patronale ou religieuse ; puis la fête dansante, les banquets entre parents et amis ; enfin la messe de la commémoration des morts suivie de prières solennelles dans le champ du repos ou s'élèvent *les tombes marquées par des monticules de gazon.*

J'ajoute que parfois les rixes n'en sont pas absentes, bien que la peur du gendarme et de la Correctionnelle fassent sur les paysans une impression plus efficace que celle des prescriptions ecclesiastiqns sur leurs ancêtres brutaux et baroares.

DUQUE et DIQUE, jusque. Corruption de *dusque* venu du latin *de usque*, forme commune au dialecte picard et au vieux français :

« N'ot (il n'y eut) plus bele pucele de là **dus-**
« **ques** en Pise. »
(BERTE.)

— « Li Vesques et li Cuens cascun dans une
« nuit en l'an, ont le tent et le prise de le raje
« as anguilles à cascune escluse de la chité
« d'Amiens, puis (depuis) l'escluse Doisel et
« l'escluse de Soustraine en aval **dusque** à l'es-
« cluse Destous, et à tous les moulins qui sont
« dehors la fermeté de le chité et qui sont en-
« tre ches escluses devant dites, si comme
« au molin de Camons et au molin de S.
« Pierre. »
(DU CANGE, nocturna.)

— « Nous avons accordé que les possesseurs
« porront carier ou faire carier hors les dis
« fains (foins) par le chemin qui maine du pré
« du Prieur **dusques** en la ville (ferme) de Bre-
« bière. »
(Ch. de 1411 (Encre) comm par
M. DAUSSY.)

M. Devauchelle a relevé dans un document donné par M. Cocheris la forme *dusques :*

« S'aucuns s'enfuient de la ville ou ils dé
« laissent leurs maisons, tout li manoir laissiés
« sera à l'église pour faire de là en avant sen
« pourfit (profit) **ducques** à tant que bourgois
« sera venus qui y venile habiter et rendre la
« cense deu. »
(Charte d'Hanappes, 1211.)

De même *dique :*

—« En agambant le seuil de l'huis de se moison
Jennain ne fit qu'un saut **diqu**'au lit de Pri-
| gnon. »
(Suite du mariage de Jennain.)

— « Ho ! Diu z-en soit loué, **diqu**'à là tout va
« bien. »
(Ibid.)

Un de mes voisins décédé il y a cinq ans, chantait souvent, quand il avait levé le coude, une chanson dans laquelle il donnait à certains mots français une forme picarde. Le refrain de sa chanson favorite était :

« Amis aimabes (aimables)
Restons à tabe (table)
Diqu'à demain.
Et que l'aurore
Nous truve encore (**truve**, trouve)
Le verre en main. »

DURELOT (durlot), durillon. — Dérivé sous forme de diminutif de l'adjectif *dur,* du latin *durus*, même sens. Dans bien des localités, le féminin de *dur* est *durte,* comme celui de *nain* est *nainte.* On dit même, dans certaines localités, *noirte* pour *noire :*

« Figurez-vous que l' vaque **noirte** s'est truvée
« détoquée sans avoir bziné. »
(Franc Picard, Ann. de la Somme, 1867.)

Pour le dernier mot *bziner,* V. *Besiner.*

Je termine par quelques réflexions mes études sur les mots de la lettre D.

J'ai cité des extraits d'Inventaires dressés à Amiens aux XVIᵉ et XVIIᵉ siècles. Cs extraits dans lesquels on rencontre des formes encore en usage dans le patois me suggèrent les observations suivantes.

Ces Inventaires n'ont pas été dressés par des hommes du peuple, par des gens dépourvus de toute culture intellectuelle et littéraire : ils sont l'œuvre des greffiers, des tabellions, des divers officiers ministériels de cette époque. Eh bien, ces officiers, au lieu d'employer des formes françaises, emploient des formes essentiellement picardes : ils disent *afuloir, blouque, boyette, casterole, chendre, cauches, camorsure, car, carette, choque, chinoir,* etc. Que conclure de ces faits sinon que, dans une grande ville comme Amiens, le français, au XVIIᵉ siècle, n'avait pas encore complètement prévalu sur le picard, même dans les classes instruites, et que, jusqu'à cette époque, la bourgeoisie a mêlé aux mots français une foule de mots picards.

Si, depuis bientôt trois siècles que le peuple, à Amiens et dans les autres villes, entend les bourgeois parler le français, il continue, lui, de parler toujours son patois, un peu modifié, je l'avoue, par les relations de la vie et le développement de l'instruction primaire, combien faudra-t-il encore de temps pour qu'il abandonne le picard ? Plus de cinquante ans assurément si l'on juge de l'avenir par le passé.

Et que sera ce dans les villages ?

J'en habite un qui compte trois cent quinze habitants. Eh bien, sait-on combien nous sommes là qui parlons toujours le français ? Trois. Tous les autres, entre eux, parlent le patois à pleine bouche comme il y a cinquante ans. Tous comprennent le français ; quelques-uns le parlent passablement ; d'autres — les vieillards surtout — l'écorchent d'une façon parfois fort curieuse. Assurément la loi de 1833 qui a organisé l'instruction primaire systématiquement négligée par l'Empire et la Restauration, a modifié un peu les choses. Ceux qui ont fréquenté les écoles depuis cette époque et qui ont quelque lecture, laissent tomber un certain nombre de vieux mots qui sont de pur crû picard et par là même les plus précieux à recueillir et à conserver avant leur disparition. Mais de là à l'abandon du patois. il y a bien loin, loin probablement d'au moins un siècle. Cette situation n'est pas particulière à mon village : elle est partout la même. Est-ce, de la part des paysans, haine du progrès ? Nullement. Ces braves gens qui auraient honte d'user de leur patois en parlant à un gros bourgeois, à un notaire, à un magistrat, n'osent se servir du français avec un voisin, un égal, un ami : ils craignent de paraître ridicules... C'est, avec l'habitude prise, cette crainte seule qui empêche l'usage du français de se répandre dans nos campagnes et qui y prolonge celui du patois, malgré l'évidente insuffisance de son vocabulaire à exprimer les idées intellectuelles, morales et politiques, c'est-à-dire à donner une juste satisfaction à ce besoin impérieux d'examen, de discussion et d'échange d'idées qui est tout à la fois la source du progrès dans ses légitimes développements, le souci et la vie, le tourment et l'honneur des sociétés modernes.

Je viens de parler de la loi de 1833 qui a été à elle seule plus profitable au peuple français que toutes les victoires de Napoléon I⁰ʳ. Je demande au lecteur la permission d'ajouter les réflexions suivantes.

Cette loi est due à l'initiative de M. Guizot, alors ministre de l'Instruction Publique. Comme homme d'Etat, M. Guizot peut être diversement apprécié et jugé. Mais il a été un des plus fermes caractères de ce siècle en France, un orateur éminent, le plus grave et peut-être le plus érudit de nos historiens nationaux : il a en outre l'immense mérite d'avoir fait pénétrer dans les campagnes les bienfaits de l'instruction primaire. Pourquoi laisse-t-on dans un injuste oubli cette grande et austère figure ? Pourquoi n'élève-t-on pas un monument au fondateur des Ecoles Normales Primaires ? Pourquoi n'organise-t-on pas une souscription nationale ? Nous avons trente-six mille instituteurs qui seraient heureux de recevoir l'offrande de la reconnaissance populaire et d'y ajouter la leur. On réparerait ainsi l'oubli qui semble se faire autour d'une grande mémoire, et bientôt nous verrions s'élever à Paris, dans le quartier des Ecoles et près de la Sorbonne, la statue de Guizot tenant à la main un rouleau déployé sur lequel on lirait : « *Instruction Primaire, Loi de 1833* » J'admire et j'honore le grand citoyen qui a libéré le territoire ; mais j'admire et honore davantage celui qui a tant contribué à délivrer son pays du fléau de l'ignorance.

E

EBALOUFRER (s'), se fâcher, s'exaspérer, s'exalter. Le radical est *baloufe* (V. ce mot), lèvre (en mauvaise part), français *balèvre*. On dit en picard *foire des mouzes*, littéralement *faire des lèvres*, pour *n'être pas content, être contrarié*, ce qui nous met bien près de *s'ébaloufrer*, littéralement *se mettre en lèvres, en contrariété*, puis *se fâcher, s'exaspérer*.

Nous avons aussi les formes *éberloufrer*, et, par un changement insolite de *b* en *g* qui se représentera plus loin, *égarloufrer*.

J'ai rencontre *ébaloufré* dans le *Franc-Picard, Ann. de la Somme*, 1848.

« Mais cheux qui tiennent à foire (faire) des
« esbroufes, s'en vont dés (dans) leu gardin en
« marchant comme des ébaloufrés. »

EBARRER (s'), s'éclaircir (en parlant du temps.) Dérivé de *barre*. Pour les Picards, le temps *s'ébarre* quand le ciel *se débarrasse* des nuages formés en *barres* et devient plus clair. *Barre* vient du bas-latin *barra* qui est d'origine celtique, kymri *bar*, barrière.

Barra a signifié aussi *retranchement*. A ce sens, il a donné le diminutif *la Barrette*, dénomination actuelle d'un quartier de la ville de Corbie, situé à l'endroit où se trouvait jadis un retranchement destiné à protéger la ville de ce côté. C'est ainsi qu'un quartier ou faubourg de Saint-Riquier, s'appelle *la Ferté*, c'est à-dire *la forteresse*, parce qu'il y avait là au moyen-âge une seigneurie et un château-fort. De même *la Ferté*, dépendance de Saint-Valery sur-Somme. *Ferté* est une contraction de *fermeté* venu du latin *firmitatem*.« Quicumque castella, *firmitates* et haias fecerit, » dit un Capitulaire de Charles-le-Chauve.

« Riche est li sire qui a tel fermeté. »
(**Garin le Loh.**)

« Nous Guis de Chasteillon, cuens de Saint-
« Pol, faison savoir à tous chiaus qui ces lettres
« verrunt que nous avons livré à nos boins amis
« et féels le maieur et les jurés de nostre ville

« d'Encre tous nos fours et tous nos fourniaus,
« sauf que nous puissions avoir nostre four et
« nos fourniaus dedens le **fermeté** de nostre
« manoir d'Encre. »
(**Ch. de 1296**, doc. comm. par M. DAUSSY.)

— « Je vous croistrai forment vos héritez
De deus chastiaux et de quatre fertez.
(**Roman d'Aubery.**)

Le provençal a conservé *barro* au sens de *retranchement, muraille* (d'une ville).

« Lou commandant voulié faire breco i barri. »
(**Breco i barri**, brèche aux murailles.)
(ROUMANILLE, **Préf.** du **Siége de Caderousse.**)

Barre existe dans une locution picarde. On dit d'un homme à bout de ressources ou dans une position critique, qu'*il est à l' barre fondue. Fondu*, en picard, signifiant *tombé*, je crois que *être à l' barre fondue*, est originairement *se trouver à l'endroit où la muraille ou barre est fondue, tombée*, par conséquent en mauvaise position, à bout de moyens : on a passé du sens propre au sens figuré que présente notre locution.

Barrette, petite barre, est resté dans une autre locution.

Quand les paysans jouent aux cartes, ils marquent les coups gagnés ou jeux avec une craie sur une ardoise ou sur la table même. Arrivés à l'avant-dernier coup, ils tracent, s'ils le gagnent, une ligne ou *barre* horizontale sur les lignes perpendiculaires ; cette ligne s'appelle *barrette*, et on dit *être à l' barrette*, n'avoir plus qu'un jeu à faire pour gagner la partie. Au figuré, *être à l' barrette* signifie *être sur le point d'arriver, de réussir, d'obtenir un avantage*. Je demandais un jour à un paysan comment allait son oncle, riche octogénaire dont il attendait la mort avec ses sentiments d'héritier avide plutôt que de proche parent : « J' sus (suis) *à l' barrette*, » me répondit-il.....

La recherche de l'origine des noms de lieu étant un sujet aussi nouveau qu'intéressant, je suis bien aise de prendre occasion de *Barrette* et de *Ferté* pour signaler quelques mots de la même catégorie.

Les localités protégées jadis par des enceintes plus ou moins fortes prenaient assez souvent leur nom des défenses qui les entouraient. De là, dans l'Aisne, Mourcinq, *villa de Muro cincto* en 515, Morsain, *Muro cinctus* en 879, et probablement Morchain dans la Somme, Arr. de Péronne.

Beaucoup d'anciens châteaux-forts construits à la fin du règne de Charlemagne, et à l'époque des invasions normandes, s'appelaient *mottes*, du bas latin *mota*, parce qu'ils s'élevaient sur des *tertres* plus ou moins factices. On trouve de ces *mottes* dans les environs d'Abbeville, notamment à Fressenneville, à Cayeux, à Saigneville, à Vismes-au-Mont, au Tofflet, près de Laviers, etc. Le bas latin *mota* est resté dans le nom de plusieurs localités : *Lamotte-en-Santerre* ; *Lamotte Buleux* ; *Lamotte-Brebière* entre Amiens et Corbie, qui a pris dans nos environs la forme diminutive *l'Motelette* ; *la Motte ruinée*, écart de Quend, arr. d'Abbeville.

Du bas latin *haga*, qui est d'origine germanique, ancien haut allemand *haga*, enceinte, clôture, est venu le nom du village dit *les Haies* dans l'Aisne. Les haies formaient déjà des défenses naturelles à l'époque de l'invasion de la Gaule par les Romains. César dit en parlant des Nerviens : « *Teneris arboribus incisis atque* « *inflexis, crebrisque in latitudinem ra-* « *mis enatis et rubis sentibusque inte-* « *gris, effecerunt ut instar muri hœ* « *sepes munimenta præberent.* » *(De bello gallico.)* Neuf siècles après, les haies constituent encore des défenses, et un Capitulaire de Charles-le-Chauve porte : « Quicumque castella, firmitates et *haias* fecerit. » Une haie garnie de terre par derrière se nommait *hourdum*, d'où le diminutif *le Hourdel*, nom d'un écart de la commune de Cayeux, Arr. d'Abbeville. *Plexus*, entrelacement (dans Manilius) a fourni le bas latin *plessa* et plusieurs dérivés signifiant clôture, haie de branches entrelacées, bois, parc, jardin fermés de haies : de là *Plessier* dans l'Aisne et dans l'Oise, *le Plessier-Rosainvillers* du canton de Moreuil, et un autre *Plessier*, écart de Grivesnes, du canton d'Ailly-sur-Noye, dans la Somme.

J'ai reçu, il y a deux mois, le dernier volume des *Mémoires de la Société d'Emulation d'Abbeville*, à laquelle j'appartiens comme membre correspondant. Dans ses *Notes d'Archéologie et d'Histoire*, mon honorable et savant collègue, M. Van Robais, recherche l'origine des deux noms de Tuison et de Nouvion, qui sont des quartiers de la banlieue d'Abbeville. Pour Tuison, il propose — sous toutes réserves —Tuiscon, nom d'une divinité de la mort adorée des Germains et des Gaulois.

Je n'accepte point cette origine pour les raisons suivantes :

Tuison, dans l'hypothèse de M. Van Robais, vient de la forme latine *Tuisconem*. Mais les lettres médiales, comme le *c* dans *Tuisconem*, ne disparaissent en général que quand elles se trouvent entre deux voyelles : *necare* (ne'are), noyer, pic. neyer ; *securus (se'urus)*. sûr, pic. seur, etc. De deux consonnes, comme *sc* dans *Tuisconem*, c'est la première, non la seconde qui tombe : *rasculare*, râcler, *pascha*, pâque, etc. La chute du *c* dans le mot qui nous occupe, n'est donc pas admissible, et *Tuison* ne peut venir de *Tuisconem*.

Voici mon opinion sur ce mot qui est très-intéressant, parce qu'il provient d'un mot latin qui n'a pas passé dans les langues romanes, et qu'il appartient d'ailleurs à la catégorie de ceux dont je viens de m'occuper plus haut.

Il a dû exister, à une époque reculée, dans la partie de la banlieue d'Abbeville appelée aujourd'hui Tuison, une défense, un poste avancé, peut-être une forteresse, comme il y avait une *barrette* à Corbie, une *ferté* près de Saint-Riquier et une autre à Saint-Valery, comme il y avait à Amiens un *vastillon* (diminutif de *castel*, château, forteresse), *Castellio*, dans Guibert de Nogent. Tuison, à mon avis, représente la forme latine *tuitionem*, défense, protection, forteresse, avec un simple et régulier changement de *ti* doux en *s*, comme dans *oraison de oratio-nem*, *raison de rationem*, ou — si l'on aime mieux un nom de localité — comme dans Muison (Marne) qui était *Mutatio* au IXe siècle, et qui signifiait à l'origine *maison de poste* sur une route pour la commodité des voyageurs.

EBERDELER (éberdler), écraser. C'est
probablement un euphémisme de *émer-
deler*, réduire en m....., en marmelade. Le
changement de *m* en *b* est fréquent en
picard et a déjà été signalé plusieurs
fois.

EBERLUQUÉ, évaporé, inconsidéré,
Le radical est *berluque*, mauvaise vision
résultant d'un état maladif des yeux : il
y a eu extension du sens de *qui voit mal*
à celui de *inconsidéré, évaporé*.

EBLÉRÉ, étourdi, évaporé, et — dans
certaines localités — effarouché. Probablement du latin *ebriolatus*, un peu ivre,
par une extension de sens assez naturelle.

EBLEUIR. Forme picarde de *éblouir* à
laquelle il faut rattacher nos locutions
vir (voir) *bleu*, se méprendre, se tromper, *avoir l'bleue vue*, mal voir. *Esbleuir*
est commun au picard et au vieux français ;

« Quant perchut Esmeret, tous li sans li fourmie.
Tant fu sousprise au cuer d'amour qui la
| maistrie,
La vetie li tourble, si fu toute esbleuie,
Quant descendre cuida, à terre chiet fiastrie.»
(Baud. de Seb.).
— Che fu forte aventure, car si s'esbleuissoient
Que l'un d'encontre l'autre ravoir ne se
| pooient.
(Li bastars de Buillon).

S'esbleuissoient signifie ici *se trouvaient aveuglés*.

D'après Brachet, *éblouir* est d'origine
inconnue. Littré le rattache à l'ancien
haut allemand *blodi* que Burguy traduit
par *hebes, infirmus, timidus* : je me
range volontiers à cet avis, d'autant plus
qu'en langue d'oïl on trouve aux XII° et
XIII° siècles *s'esblouir* au sens de *s'évanouir*.

EBONDIE ou EBONDIF dans la locution *d'un ébondif, tout d'ébondie*, d'un
bond, d'un vif élan, subitement. C'est un
dérivé de *bondir* lequel vient d'une forme
bas latin *bombitare*. On dit aussi *ibondie*
comme on disait jadis *ibondée*. Pour l'e
initial, comparez *éroulllé*, rouillé, *eleu-
nettes*, lunettes, etc.
On rencontre la forme *bondie* dans Du
Cange citant Guiart :

« Ça et là avant et arrières
Gistent mangoniaus et perières.
Et la grosse pierre arrondie
Demaine à l'aller grant bondie. »

De même *ibondée, hibondée* dans les
vieux auteurs :

« XM Sarrazin à une ibondée
Ont le conte assali... »
(Baud. de Seb)
— Quatre cent Sarrazin à une hibondée
Coururent sus Richart... »
(Le Bastars de Buillon.)

Je lis dans le *Franc Picard, Ann. de
la Somme*, 1876 :

« Acoute bien. Un rot (rat) comme un
« quian (chien) seute (saute) *tout d'un
« ébondif* sus men co (col, cou). »
La forme *ébondif* est particulière au
patois d'Amiens.

EBOQUER, tailler une haie, émonder
un arbre. De *e* privatif et *bos*, bois. (Cf.
dent et *édenter*).

Au radical germanique *busch* et au
bas-latin *boscum, buscum*, signifiant tous
deux *bois*, se rattachent les noms de localité : Bouchain, Bœschepe dans le
Nord ; Boissy, La Boissière dans l'Oise ;
Bus, Bussy, La Boissière, Le Bosquel
dans la Somme.

Du même radical est venu le dérivé
bocage dans Villers-Bocage, dénomination du chef lieu de canton de ce nom
près d'Amiens, jadis *Villers au Bocage*.
« A entendre les voyageurs qui passent
« par ce village, m'écrit M. Devauchelle,
« ils sont d'accord avec les habitants pour
« dire que Bocage vient de ce qu'il y a eu
« des *bocages* dans cette commune. Oui,
« il en a eu ; mais rien n'indique ni ne
« prouve que le nombre en ait été plus
« grand que dans les autres villages qui
« portent le nom de Villers. Donc pure
« hypothèse de la part des habitans et
« des voyageurs. Mais l'hypothèse cesse
« quand, après avoir étudié les docu-
« ments et les titres de la contrée, on ap-
« prend que le Villers en question fait
« partie d'une grande étendue de terri-
« toire qui portait, au moyen âge, le nom
» de Boscage, étendue de terrain qui
« commençait derrière Vignacourt pour
« se prolonger au sud-est au delà de
« *Villers au Boscage.* »

EBORNIFLER, aveugler en appliquant
un soufflet sur les yeux. Dérivé sous
forme de fréquentatif de l'adjectif picard
borne, borgne, forme déjà fort ancienne.
On lit dans un manuscrit de 1364 inti-

tulé : « *Che sont les chens de l'église de*
« *le Capelle* ce qui suit :

« Averchin le **Berne** doit XX déniers au Noël,
« XX déniers à Pasques, XX déniers à le Saint-
« J-han seur (sur) un ténement assis au molin
« de Nouvion. »
(Mém. de la Soc. d'Emul. d'Abbe-
ville, 1878.)

EBOULINS ou **EBOULONS** (plur.) rejetons qui poussent au pied d'un arbre
ou d'une plante. Dérivé de *éhouler*.

EBRIAQUE ou **EBRÉAQUE**, mania-
que, étourdi, un peu fou. Probablement
du latin *ebriacus*, un peu ivre, avec une
extension de sens qui s'explique bien naturellement.

EBROUER, donner un premier lavage
à des linges qui sont sales. De l'allemand
brühen, laver à l'eau chaude. Au figuré,
ébrouer signifie mal recevoir quelqu'un,
lui adresser des reproches : c'est un équivalent de la locution populaire *laver la
figure*.

EBRUSSER ou **EBRUSSIER**. On dit
d'une lessiveuse au travail qu'elle *ébrusse*
ou éclabousse hors de son baquet de la
mousse ou de l'écume de savon. De même
d'un homme qui lance de la salive en
parlant. Le radical est le même que l'ancien flamand *bruys*, écume, flamand moderne *pruischen*, jeter de l'écume, qui
doivent être rapprochés de l'allemand
spruhen, envoyer en pluie fine.

On trouve en langue d'oïl *s'esbrucier*
au figuré avec le sens de *reprendre courage*, *s'exciter*, *s'animer*, *se reveiller*.
Esbrucer se rencontre plusieurs fois
dans le *Psautier d'Eadwin* qui est du
XII siècle :

« **Esbruce** tei ; purquei dorz-tu, Sire ? »
Expergiscere ; quare dormis, Domine ?

— « **Esbruce** tei, la meie glorie, esbruce tei »
Expergiscere, gloria mea, expergiscere.

Sommes nous ici en présence de deux
formes semblables, mais d'origine différente? N'y a-t-il au contraire qu'un
même mot dans le picard et le vieux
français? A-t-on pu du sens propre *écumer*, passer au sens figuré *s'animer*, *se
reveiller*, l'écume résultant de l'action
d'agiter ou de s'agiter, par exemple en
parlant de la mer qui semble dormir
quand elle est calme, qui écume quand
elle s'agite et semble se réveiller ? Il y a

probabilité pour cette explication, bien
qu'on ne puisse rien assurer positivement.

On dit aussi *ébruissier* qui a donné le
dérivé *ébruissiure*, éclaboussure.

ECAFLOT, écaille de noisette ; enveloppe des graines et de certains légumes.
Ce mot vient sous forme de diminutif de
l'ancien flamand *scheffel* qui a donné
dans le Hainaut le diminutif *scafflon*, coquille de noix ou de noisette, et les verbes
scafier, *scafoter*, faire sortir du *scafflon*.
Pour le changement primitif de *e* en *a*,
comparez le vieil haut allemand *scherbe*,
poche, bourse, et le latin du moyen âge
scarpa, d'où est venu *écharpe* en français.

Dérivés : *Ecafloter*, ôter l'écaille d'une
    noisette, d'une noix ; au fig.
    dépenser, gaspiller, dissiper.
    On dit : » Il o ieu bien vite
    écafloté sen bien, » il a eu
    bien vite gaspillé sa for-
    tune.
    Ecafette, moitié de coquille bi-
    valve de rivière dont on se
    sert pour écrémer le lait : la
    coquille a été assimilée à une
    écaille de noix.

ECAILLETTE dans la locution *à l'é-
caillette*, bras nus, habit bas. C'est une
métaphore. Quand on a retiré son habit,
on a retiré son écaille. *Ecaillette* est un
diminutif de *écaille*.

ECAILLON, échelon. Dérivé sous
forme de diminutif de *équelle*, échelle,
du latin *scala*, même sens. On trouve
dans Beaumanoir notre forme picarde
équelle :

« Cil qui jurent de Dieu et de Nostre Dame
« (la Vierge) doivent estre mis en esquèle une
» hore de jour. «

Ecaillon est commun au picard et au
vieux français :

« Puis a les escaillons moult bien amesurés. »
(Ch. d'Ant.)

Je lis dans le *Franc-Picard*, *Ann. de
la Somme*, 1874 :

« En dévalant, j' n'ai point vu qu'i manquoit
« un *écaillon* à l'équelle ; je m' sus fichu au men
« pondoir. »

Pondoir est un synonyme de *prussien*,
derrière, etc.

Ecaillon se disait encore à Amiens au XVIIᵉ siècle dans les inventaires : M. Devauchelle a relevé :

« Item, ung eschelle contenant nœuf escail-« lons prisé V solz. » (1621.)

ECAINE, écheveau. Nous avons aussi *écane*, *écaingne*, *équignée* et le diminutif *écagnon*. On trouve en langue d'oïl dès les XIIᵉ et XIIIᵉ s. les formes *esca-gne*, *escaigne*, écheveau, dévidoir. L'origine de ce mot est anglaise, anc. angl. *skeyne*, angl. mod. *skein*, écheveau, à moins qu'elle ne remonte jusqu'au celtique qui avait *sgein* au même sens. M. Devauchelle a relevé dans des Inventaires les différentes formes que voici :

« Six escaines de fille (fil) de saiette. » (Amiens, 1576.)

— « Dix esquines de fille de chanvre prisé « XV solz. » (Ibid., 1576.)

— « Douze esquingnes de fil retcœur. » (Ibid., 1583.)

Le provençal a la même forme que le picard :

« Li municipau de Cadaroussa mai prudent « que si concleutadin vengueron d'escoudoun « au camp per desembonia l'escagno. » (Roumanille, Préf. du Siége de Cadarousse.)

Desembonia l'escagno, arranger les affaires, littéralement *débrouiller l'écheveau*.

Il ne faut pas confondre *écaine*, écheveau, et *écaine*, échine, dont l'orthographe rationnelle est *équine* : *ine* se prononce *aine* comme dans *poitrine*, *mine* qu'on prononce *poitraine*, *maine*. Le dialecte picard écrivait *eskine*, mot d'origine germanique, ancien haut allemand *skina* épine (dorsale) :

« Pel ot fronchie et corbe eskine... » (Gui de Cambrai.)

Le *k* on *qu* qui est devenu chuintant en français est resté dur dans le provençal comme dans le picard.

« La fatiga, la fam canina
Vingt cops de bastoun sur l'esquina
Et lou double sus lous gigots,
Soun (sont) bèn pesants pèr de bigots. » (Lou Siège de Cadaroussa.)

ÉCAMIAU ou ÉCAMIEU. Les *écamieux* sont les fortes traverses de bois sur lesquelles repose le corps d'un chariot. Il y en a deux aux chariots ordinaires, un à la partie correspondante de chaque essieu, et un troisième au point milieu lorsque le chariot est long. A chaque bout de chaque *écamieu* se trouve une garde destinée à prévenir l'écart des *bers* ou ridelles au cas d'un fort chargement. M. Devauchelle a relevé dans une *Description mobilière* à Montigny-lès-Amiees (9 juin 1831) :

« Une vieille faulx hors d'usage, un double « écamieu de charriot, deux chaînes à herse. »

Écamiau vient du latin *scammellum*, banc. La forme primitive est *escamel ;* le sens s'explique par le fait que le corps du chariot *repose*, *est* pour ainsi dire *assis* sur l'*écamieu*.

Les paysans de nos environs appellent *écamelets* des traverses de bois qui, placées en avant et en arrière de chaque roue, et en dehors du corps d'une charrette, la rendent plus large et supportent la partie du chargement qui repose sur cet appendice. *Écamelet* est évidemment un diminutif de la forme primitive *escamel*, comme *fardelet*, petit fardeau, est un diminutif de *fardel*, *Hamelet* (nom de village) de *Hamel*, etc.

ÉCAMPOURÉ, sauvage, peureux. C'est sans doute un mot formé par analogie avec *peur*, vi. fr. *paour*.

ÉCANILLER, éveiller, exciter ; selon Corblet, chasser de chez soi, mettre à la porte (comme un chien, *canis*). Il est évident que *canis* ayant donné *quien*, chien, *écaniller* ne peut être un dérivé du mot latin : le sens serait d'ailleurs absolument injustifiable. C'est bien plutôt, à mon avis du moins, un dérivé de *que-nille*, chenille : *écaniller* me paraît être originairement, *chasser* ou *enlever les quenilles*, puis naturellement *éveiller*, parce que, au moindre dérangement, les chenilles s'agitent et se hâtent de déguerpir. On dit au figuré, en parlant d'une jeune fille, qu'elle commence à *s'écaniller*, c'est-à-dire à devenir *éveil-lée*. *Écanillé* a aussi le sens de *vif*, *alerte*, *adroit*.

ÉCAPER, échapper. Dérivé de *cape*, manteau. *Ecaper* est à l'origine *sortir de la cape*, puis par extension *s'enfuir*. Le picard a conservé le *c* dur latin qui est resté en français dans *cape*, tandis qu'il est devenu chuintant dans *échapper*. *Écaper* est commun au picard et au vieux français :

« S'uns en escarpe mors et confundus. »
(Ch. de Rol.)

— « Se truis Rolant, vis non puet esca-
« per. »
(Roncisv.)

— « N'en escapa que Pierre qui retourna ar-
« rier. «
(Ch. d'Ant.)

De même dans notre dialecte :

« Et chil qui a fait le demande doibt payer
« au Prévos 60 solz ou faire seur (sûr, certain)
« qu'il li rendra avant qu'il li escape. »
(Anc. Cout. d'Amiens dans
Du Cange, campiones.

ÉCARAS, échalas. D'une forme bas latin *excaraticum*. On trouve *caraticum*
au sens d'échalas dans la *Lex Longobardorum :* « Si quis palum, quod est
caraticum, de vite tulerit. » Non-seulement le picard a conservé le *c* dur latin,
mais il n'a pas opéré la permutation de *r*
en *l*. *Écaras* se rencontre dans les inventaires et les documents anciens : M. Devauchelle a relevé :

« Trente cincq bottes d'*écaras* prisées ensem-
« ble XXIII solz. »
(Invent. à Amiens, 1596.)

— « Plusieurs bottes d'*escharas* prisé XXX
» solz. »
(Ibid. 1619).

— « Ledit Procureur et fermiers des bois
« contre Mahiotte de St-Fuscian pour avoir
« trouvé en sa vingne (vigne) du Mont V cent
« d'*escaras*. »
(Plaids de Boves, année, 1509).

ÉCARBOUILLER (le feu), attiser la
braise, remuer les charbons, ranimer le
feu en le remuant. D'une forme bas latin
excarbunculare, dérivé de *carbunculus*,
petit charbon. *Excarbunculare* régulièrement contracté en *excarbunc'lare* chan-
ge *ex* en *e*, *cl* en *il* — *fodic'are*, fouiller —
et laisse ainsi *écarbouiller*.

Au figuré, *s'écarbouiller* a le sens de
s'éveiller, devenir vif : c'est un synonyme de *s'écuniller*. Ce mot existe dans
le provençal au sens de *égayer ;* le célèbre poète Mistral l'a employé dans le

passage suivant de la préface qu'il a composée pour les *Nouvé de Saboly :*

« Vengue lis abord de Calèndo, é touti li
« familho escarrabilavon si viado emé li galoi
« refrin dou troubaire Mounteien... »

Dérivé : *Écarbouillade*. On dit faire
une *écarbouillade*, attiser le feu, remuer
la braise pour ranimer le feu et prendre
une chaude.

ÉCAROTER, débarrasser quelque chose
de la boue sèche ou *crotte* qui s'y est attachée. Le vieux picard disait *escro-
ter :*

« Une seule pensée de la dame luy fist escro-
« ter sa robe, noircir ses sorlez (souliers), et pi-
« gner ses cheveulz. »
(Hist. de Jehan d'Avesnes, XV⁰ s.)

La lettre *a* dans la forme du patois
écaroter est amenée par la liquide *r*
comme l'*i* dans les mots *achariné*, acharné, *filibustier*, flibustier, etc. (V. *Cariméresse*). Le même fait s'était produit
dans notre dialecte dans lequel on rencontre *capitele* pour *capille*, *onkele* pour
onkle, *apostele* pour *apostle*, *egelise* pour
égltse. De même *Bieterts* pour *Bietris*.
J'ai relevé ces curieuses formes dans l'ouvrage que vient de publier sur le *Dialecte
du Vermandois*, le D⁰ Fritz Neumann,
professeur de philologie à l'Université
d'Heidelberg.

ÉCARVENTRER (écarvintrer), crever,
éventrer. Je vois dans le glossaire de la
Passion d'Arnoul Gréban publiée par
MM. Gaston Paris et Gaston Raynaud,
que le dialecte de l'Ile de France avait le
mot *craventer* au sens de *crever ;* c'est le
même mot, à mon avis, que notre *écarventrer :* il y a eu métathèse de *cra* en
car. Corblet dit : « Etymologie : *écarper*
et *ventre*. » Cette origine, à mon avis, est
fort douteuse. Je concevrais *ventrécar-
per*, parce que les mots conservent l'un
son rôle de verbe, l'autre son rôle de régime ; mais la transformation du régime
en verbe et du verbe en régime me paraît
bien difficile à admettre. En fait d'étymologie, rien n'est trompeur comme une
ressemblance. J'ai reçu il y a quelques
années la visite d'un curé des environs,
homme intelligent et laborieux, qui faisait alors des recherches sur les doyen-
nés de l'ancien diocèse d'Amiens. La

conversation étant tombée sur le nom des villages de notre canton, il voyait dans Boves le latin *boves*, dans Blangy un radical *blanc*, et trouvait que Cachy vient du mot *cacher*, tandis que cette dernière dénomination vient très-probablement d'une forme latine *Cassiacum* ou *Captiacum*, domaine de *Cassius* ou de *Captius*, nom du propriétaire romain ou gallo-romain de ce domaine. Cette conjecture est d'autant plus probable qu'on a trouvé il y a vingt ans, dans l'emplacement de l'ancienne manse seigneuriale, une foule d'objets et de débris remontant à une haute antiquité, entre autres des monnaies romaines du ɪᴠ⁰ siècle que j'ai eues entre les mains.

On verra plus loin que la finale *y* provient d'une finale latine *iacum*.

ÉCAUDURES (plur.), eau de vaisselle. Dérivé de *écauder*, laver (la vaisselle), du latin *excaldare*. *Écauder* est commun au picard et au vieux français :

> « Car il estoit jouere as dés
> Dont souvent en fut escaudés
> Sans aiwe caude ne fu. (fu, feu).
>   (J. de Condé.)

Écaudé est employé ici au figuré ; on le trouve au propre dans la *Chronique de Rains* :

> » Et commencèrent Sarrazins à gieter grosses
> « pierres et pieus agus et versérent par les
> « fenestres aigue boullant pour Chrestiens
> « écauder. »

On rencontre dans la *Suite du célèbre mariage de Jeannin*, notre forme picarde *écaudé*, échaudé, espèce de pâtisserie : le passage est très-curieux et je le donne en entier, tel que me le communique M. Devauchelle, mais en changeant un peu l'orthographe :

> « Sus une tave à part Jennain foit (fait) aporter
> Des gros watiaux moufius, des grandes ra-
> | pallies,
> Des grands platiaux de bos tout pleins de
> | gadrouillies,
> Et des fraises parmi, des largues talimau
> Des écaudés boullants claqués le cul au haut
> Dessus des plats parfonds pleins de crême
> | boulie. »

ÉCAVENTURE, encadrement d'une cheminée à l'endroit où la maçonnerie traverse le plafond. Le mot français *enchevêtrement* est un dérivé de *enchevêtrer*, du latin *incapistrare*, enlacer, venu lui-même de *capistrum*, muselière : le *c* dur latin est devenu chuintant. En picard *capistrum* a donné *cavête*. (V. ce mot.) C'est d'une forme disparue *encavêtrer*, *encavêter*, enlacer, que vient *écaventure*, encadrement qui enlace et retient la cheminée à son passage au plafond : l'*n* est passée par transposition de la première syllabe à la troisième avec d'autant plus de facilité qu'elle y était appelée par la dentale *t*.

Je signalerai ici en passant un fait vraiment curieux et assurément peu connu.

Il y a cent ans, toutes les habitations rurales n'avaient pas encore de plafond ou plancher, et on trouvait encore des cheminées en bois. Cela résulte des articles xɪɪ et xɪᴠ d'une ordonnance de police rédigée de 1770 à 1780 par le Chapitre de la Cathédrale d'Amiens à l'usage des nombreuses localités dont il avait la seigneurie :

> « Ordonnons à chacun des dicts vassaux de
> « construire des planchers dans les chambres
> « où ils couchent, à peine de soixante sols pari-
> « sis d'amende.
> « Défendons aux dicts vassaux de construire
> « à l'avenir aucune cheminée en bois, et enjoi-
> « gnons expressément aux propriétaires des
> « maisons dont les cheminées ou tuyaux de che-
> « minée se trouvent encore en bois, d'en faire
> « construire d'autres sous peine de soixante-
> « quinze sols d'amende. »
>   (La Picardie, déc. 1872, article
>   de M. Darsy.)

On appelle aussi *écaventure* les pièces de bois posées horizontalement et formant un hexagone, qui encadrent la meule gisante d'un moulin et la maintiennent dans l'immobilité. De même l'encadrement de la porte d'une cave.

M. Devauchelle a relevé :

> « A l'égard de l'arche, de la poire, lanterne,
> « escaventures, beffroy, etc., les experts les ont
> « trouvez encore de service. »
>   (Vis. et expert. du moulin de Saint-
>   Romain, près Poix, 1691.)

> — « Ils [les experts] nous ont dit et rapporté
> « que s'étant transportés dans la cuisine ils
> « avoient remarqué qu'il étoit nécessaire de
> « faire une écaventure à la cave. »
>   (Vis. et expert. de l'auberge du Ram-
>   ponneau, sise à Ponlainville, 1786.)

ÉCHÉ ou ÉCHEF, prononcé *éché*, dans certaines localités ÉCHI, ÉQUÉ, à Liége ÉQUI. Ce mot signifie *écheveau*.

Corblet écrit *échet*; c'est à tort, je crois, ainsi que le montre le français *écheveau* qui paraît être un diminutif. L'étymologie d'*écheveau* telle que la donne Brachet me semble inacceptable : le sens de *échevelé* répugne tout-à-fait à celui d'*écheveau*, mot qui est bien défini par l'Académie : « Fils repliés en plusieurs tours afin qu'ils ne se mêlent point. » Le substantif *tours* que nous fournit ce passage, nous conduit à la véritable étymologie. L'*échef* (éché) ou *écheveau* est proprement un *rond*, un *cercle* ou *anneau* composé de fils. L'ancien flamand *schijf*, flam. mod. *schijve*, désigne un objet de forme circulaire, un disque, une rouelle, une poulie, etc. L'allemand a *scheibe*, rond, disque. Là est, à mon avis, l'origine de notre *éché*, *échef*, *équé*, etc., du diminutif français *écheveau* et du diminutif champenois *échevette*. Voici les formes picardes que M. Devauchelle a relevées dans des Inventaires :

« Ung eschet de fillé (fil) de chanvre et aul-
« tres menues hardes prisé III solz. »
(**Amiens**, 1596.)

— « Plusieurs eschés de fillé de soie. »
(**Ibid**. 1616.)

— « Environ douze escex de fil de chan-
« vre. »
(**Ibid.** 1622.)

— « Deux paire d'essignoles avec quelque
« fillé en nombre de vingt eschets prisé XL
« solz. »
(**Ibid.** 1623.)

ÉCHEFRITE ou ESFRITE. C'est le français *lèchefrite* avec chute de la syllabe initiale. Cette forme se rencontre dans les Inventaires ; M. Devauchelle a relevé :

« Deux écumettes, deux échefrites avec deux
« broches à rôtir prisées cinq livres. »
(**La Vacquerie**, 1744).
— « Deux landiers de fer, unne (une) esfrite,
« une broche de fer. »
(**État des lieux de la Commanderie de Sommereux**, 1733.)

La chute de l'*l* initiale n'a rien d'étonnant si l'on songe que, dans bien des localités, on dit *iard* pour *liard*, *ieve* ou *ieuve* pour *lièvre*. De même *iue* pour *liue*, lieue : « O compte trente *iues* d'A-« miens à Paris », on compte trente lieues...

ÉCHERVELER, assourdir de bruit, empêcher d'entendre ; assommer, tuer. Dérivé de *cervel*, cerveau, venu du latin *cerebellum* par contraction régulière en *cer'bellum* et changement de *b* en *v* : le picard a transformé le *c* doux en *ch*. *Chervelle* est commun au picard et au vieux français :

« A moitié li fendi chervelle et hanapier. »
(**Du Cange, hanapier.**)

Écerveler au sens d'*assommer*, *tuer*, est commun au picard et au vieux français :

« Tant a féru et chapelé
Qu'il a le leu (loup) écervelé. »
(**Ren.**)

Je trouve notre forme *chervelle* dans l'épitaphe suivante que Corblet a relevée dans les manuscrits du P. Daire :

« Chy gist Colin et sen variet
Toudy armé toudy tout prest;
Ch'étoit un brave à la bataille
Quant avoit quemise de maille.
Il fut tué d'un Bourguignon
Qui estoit bien mawois garchon.
D'une mawoise espée rouillée
Il eut le chervelle épeutrée.
Si volés scavoir le saison
L'an mil chonq chent et un quartron. »

ÉCHEUER ou ÉCHUER, tordre le linge d'une lessive pour en exprimer l'eau. Du latin *exsucare*, extraire le suc ou le liquide, par la chute du *c* médial donnant *exsu'are* et le changement picard de *s* en *ch*.

Dérivé : *Échu*, temps propre à faire sécher le linge, les céréales.

ÉCHORTER, avorter. Ne se dit qu'en parlant des animaux, vaches, brebis, etc. D'une forme bas latin *exortare*, avorter. *Ex* est un équivalent de *exs* : *ec* de *ecs* a fait *é*, et l'*s* s'est changée en *ch*.

Dérivé : *Échortin*, avorton.

ÉCHOUIR, empêcher d'entendre, assourdir, fatiguer de bruit. Du latin *exaudire* — *exsaudire* — par changement de *s* en *ch* dans le préfixe qui marque privation ; *exhœres*, deshérité, *exonerare*, décharger. *Exaudire* qui est classique, avait le sens de *entendre de loin* : c'est déjà un amoindrissement du sens que le picard a porté jusqu'à la privation entière.

ÉCHUCHER. On dit qu'un agriculteur *échuche* ses terres lorsqu'il les fait rapporter coup sur coup sans les fumer. *Échucher* signifie *épuiser* : il vient d'une forme latine populaire *exsuctiare*, extraire le suc, au figuré dessécher, épuiser, venue de *suctus*, participe de *sugere*, sucer.

ÉCIGNOLLE. Ce mot toujours en usage se rencontre dans les inventaires et les documents sous différentes formes : *eschignolle*, *essignolle*, *essingnol*, etc. Il est masculin ou féminin selon les localités et a deux sens :

1° Sorte de dévidoir à axe horizontal qui sert à former les écheveaux.

2° Sorte de tambour horizontal de moulin à vent sur lequel s'enroule la corde avec laquelle on monte les sacs à l'étage où se trouve la trémie.

« Ung sieau (seau) de bois, des **escheignolles** « et ung rouet. »

(**Amiens**, 1557.)

— « Une cloie avec deux tréteaux, quatre « rouetz avec une **eschignolle**. »

(**Ibid.** 1598.)

— « Des **essignolles**, ung rouet, un dehui-« doir. »

(**Ibid.** 1598.)

— « Ils [les experts] nous ont rapporté qu'il « existe dans ledit moulin une **essignolle**, et que « ledit Joly, meunier, s'oblige à rétablir la pe-« tite **essignolle** d'en haut servant à lever les « fers. »

(**Proc.-verb. de visite d'un moulin sis à Grez, près Grandvilliers, en 1787.**)

Je dois à l'obligeance de M. Devauchelle non seulement les documents qui précèdent, mais encore les notes suivantes que je copie.

L'*e* initial de nos formes picardes est adventice. Le *Dictionnaire domestique* (1762) dit *chignolle*, espèce de dévidoir à trois ailes. L'étymologie est le latin *ciconia* qui est dans Isidore au sens de *traverse mobile au bout d'une perche à laquelle tient un seau pour puiser de l'eau.* Ce mot a bien changé pour venir jusqu'à nous avec sa signification actuelle.

Un vocabulaire latin-français cité par Du Cange dit : « *Ciconium,* soignole de puis. »

Un autre vocabulaire du XIII⁰ siècle, édité par P. Labbé en 1661, dit : « *Cico-*« *nium,* choigne de puiz. »

Un autre vocabulaire latin-grec porte : « *Ciconia,* μηχανη. »

Cette dernière acception — machine, instrument — a été ensuite réservée et appliquée exclusivement aux *manivelles*. Cotgrave écrit : « *Sineulle,* manivelle qui « sert à imprimer le mouvement aux « roues ou à d'autres instruments du « mêmegenre. » Le normand *chignolle* signifie aussi *manivelle*. L'idée actuelle de machine servant à imprimer ou à communiquer un mouvement de rotation s'applique aussi bien au dévidoir pour les écheveaux qu'à l'*écignolle* d'un moulin.

Relevons pour terminer que, dans le vieux picard, le nom de la *cigogne* (du latin *ciconia*) était *chuine, chuigne*. « *Cyco-*« *nia,* chuine, » dit le vocabulaire de Douai qui est du XIV⁰ siècle. « *Ciconia,* « cuyne, » dit un siècle plus tard celui de la bibliothèque de Lille. On ne saurait supposer une confusion avec *cygne* ; car on trouve plus loin : « *Cinus* (cygnus) « cyne. » Le doute sur ce point, s'il eût pu exister, aurait été levé par le fait suivant.

Dans un acte latin de 1124 où il est question du village de Chuignes, près Bray (Somme), et qu'on appelait sans doute *Les Chuignes,* le rédacteur rend cette dénomination par *Ciconiæ :* « *Ingelramus* « *altare de Ciconiis donavit.* » De même dans un acte de 1142 : « *Multa apud Ciconias comparavit.* » (Voyez l'*Arrondissement de Péronne* par l'abbé Decagny.)

Enfin il y a *Chuignolles,* village situé tout près de Chuignes. Mais pour Chuignolles, la latinisation était *Civinnioli* (1124) *Cevinniolæ* (1243) par un *v* ou par un *u.* Toutefois dès 1184 on trouve *Choinnoles,* puis *Cuignoles* en 1214, *Chwignoles* en 1243, *Chuignolles* en 1301, *Chignoles, Chuignolles* au XV⁰ siècle.

A cette note si substantielle de mon collaborateur j'ajoute pour confirmer l'étymologie qui précède que, d'après M. Cocheris, le mot *saigne* en languedocien signifie *puits à roue*, et que le latin *ciconia* a donné dans différentes provinces les noms de localité *Cigogne, Sognes, Seugnes, Chogne, Sognoles, Soignolles.* Ces deux derniers noms sont des diminutifs comme *Chuignolles* de *Chuignes.*

Les paysans disent *Chuainne* pour *Chuignes*, comme *poitrainne, meinne* pour *poitrine, mine.*

ECLAINCHE ou ECLINCHE, épaule. Ce mot existait en langue d'oïl au sens de *gauche : esclenque, esclenche,* gauche, dans Burguy ; *esclence, esclanche,* gauche, *bras esclant* dans Hippeau.

Faut-il supposer que l'adjectif, comme dans plusieurs cas, a supplanté le substantif, et qu'on a dit simplement *éclanche* pour *bras* ou *épaule gauche,* puis pour les deux épaules indifféremment ? Quant à l'étymologie, elle est certaine ; ce mot vient du nord, ancien haut allemand *slinc*, gauche, flamand *slinck,* même sens.

« Il est remarquable, m'écrit M. Devauchelle, que le picard donne à ce mot la signification *d'épaule,* tandis que tous les ouvrages, depuis le XVI° siècle jusqu'à l'édition du Dictionnaire de l'Académie française de 1835, lui ont donné — à une seule exception près — celle de *gigot de mouton.* Aucun des auteurs de ces dictionnaires ne rappelle l'ancien sens du mot qui est *côté gauche.* Mais on le retrouve encore au XV° siècle dans une œuvre qui a été élaborée dans le nord de notre contrée, les *Evangiles des Quenouilles :*

« Quant ung enfant est né et prest pour
« porter baptisier, soit filz ou fille, sur
« le bras où premier est mis prent-il l'a-
« dresce et inclination ; car, quant vous
« perchevez (voyez) une personne *esclen-
« chie* (gauchère), au porter baptisier il
« fut premier couché sur le *bras esclenc,*
« dont il tient à son préjudice. Et pour
« tout ne pœult l'en faillir (ne doit-on
« pas manquer) de premier couchier
« et porter l'enfant sur le droit lez »
(côté.)

ECLAINDIR, resplendir, reluire. Du même radical latin *exclarere,* briller, éclairer, que le vieux dérivé picard *éclaire,* soupirail donnant la lumière à une cave.

« Les entrées des celliers et essaliers d'iceus

« qui sont faites ez froz de le ville de Saint-Ri-
« chier. »

(Du Cange, clareria.)

Eclaindir et *éclaire* sont deux mots parallèles.

ECLIER ou ECLEYER. On dit qu'un cuvier ou un tonneau *s'éclient* lorsque, par l'effet de la chaleur, les planches se disjoignent. La langue d'oïl avait *éclicer* et *éclier* qui étaient synonymes, et qui viennent, d'après Burguy, du vieil haut allemand *sclizan. scleizan,* briser, déchirer. A mon avis, *éclier* n'est autre que *éclicer* avec chute du *c* médial comme dans *déréquir* de *défréquir,* défricher, *deringoler,* dégringoler, etc.

Au même radical germanique se rattache le vieux verbe de forme picarde *esclicher.* Au moyen âge, *esclicher un fief* était, dans les anciennes coutumes de nos contrées, en détacher une portion, le diviser, le démembrer : on retrouve bien là le sens du radical germanique.

On lit dans la *Somme* de Bouteiller :

« Si c'estoit en païs où la coustume souffre
« que le fief soit esclichė de autant que le quint
« peut valoir, scachez que l'esclissement sera
« tenu aussi haultement que le propre fief. »
« — « Et si ne porront iceulx ne leurs oirs ou
« ayans cause vendre, transporter, esclichierne
« aultrement alyéner ladite maison, masure,
« jardins, terres, prez et fossez. »
(Bail passé en 1474 devant les Auditeurs royaux à Amiens, communic. de M. Devauchelle.)

ECLITRE ou ECLITE , éclair (de la foudre). Ce mot nous vient du Nord : suédois *glistra,* anglais *to glister,* briller, éclater. Dans le nord de l'ancien domaine picard, on dit *écliter,* faire des éclairs. Le *g* du radical germanique est remonté à *c,* phénomène déjà plusieur fois signalé. *Eclitre* est commun au picard et au vieux français :

« Après fouldre, esclitre
Tempeste, béhistre... »
(Molinet.)
— « Et si commence li airs à obscurer,
Et à plovoir et forment à toner,
Et cil esclistre l'un après l'autre aler. »
(Ogier l'Ardenois.)

ECLOY, urine. Ce mot est signalé comme picard par Cotgrave et Robert Estienne. Les formes des XII° et XIII° siècles sont *écloi, écloy* et *escloie* dans le

Glossaire d'Hippeau. On rencontre *ex-cloy* dans la *Farce nouvelle d'un amou-reux* (XVIe s.) dont l'auteur était picard, si l'on enjuge par les mots picards qui s'y trouvent : *my*, moi, *arter*, arrêter, etc.

> « Cette bouteille vous prendrez
> Où j'ai laissé de mon *excloy*,
> Puis le porterez à maistre Eloy
> Qui est médecin bien appert
> Afin qu'il vous die en expert
> Dont (d'où) ce grand mal ici me vient.»

Ce mot a persisté dans le Hainaut où, d'après le Dr Sigart, on dit *éclo*, par ré-duction de *oi* à *o* comme dans *éto* (j'), j'é-tois.

Robert Etienne tire *écloy* de *ex* et *lo-tium*, urine. Cette origine est inadmissi-ble par la raison que l'*x* du préfixe *ex* disparaît dans les mots composés de cette particule et d'un radical commençant par une *l* : le *c* reste ainsi absolument in-justifiable.

On m'indique un radical latin *excl* qui est dans *excludere*, faire sortir, rejeter, *exclusum*, ce qui est rejeté, *exclusa*, écluse; mais la finale *oi*, *oie*, devient inexplicable.

Peut on admettre que l'*l* de *écloi* est un *r* adouci ? Ou bien aurait il existé un latin populaire *excletum*, *excleta* pour *excre-tum*, *excreta*? Dans l'une ou l'autre de ces conjectures, notre mot viendrait d'une forme primitive *excretum*, *excreta* (plur. neut.) signifiant *ce qui est rejeté*, *déjec-tions*, avec d'autant plus de raison que, d'après Quicherat, on trouve dans Celse le verbe *excernere* au sens de *rendre par évacuation*. La forme romane primitive, dans mon hypothèse, aurait été *escroi*, *escroie*, qui seraient devenus *escloi*, *es-cloie*, par permutation de *r* en *l*. (Cf. pic. *angola*, *miloir*, etc., et le français *ango-ra*, *miroir* ; *cayère*, chaise, dans notre dialecte et *caïelle* dans le patois ; de même surtout *Catheleinne* pour *Cathe-rine*).

Tout cela, je prends soin de le décla-rer, est simple conjecture.

Écloi est aujourd'hui, je crois, d'un usage peu fréquent; on emploie bien plus souvent *urine* et surtout *pissiate*, dont l'origine n'a pas besoin d'être indiquée.

J'observe en passant qu'on trouve *orine* pour *urine* dans le dialecte picard :

> « Esmergaert gist malade; pour che vous pr
> « (prie) que vous parlés bas... On portera s'*orine*
> « (son urine) demain au maistre » (médecin.)
> (**Dial. pic. flam. 1840.**)

De même *orinaul*, vase de nuit à col incliné pour les malades qui restent au lit :

> « Prenez warde que li *orinauls* soit net et
> « et clair; et s'il ne l'est, si le frotez dedens
> « d'iauwe et de chendres. »
> (**Dial. pic. flam. 1840.**)

ECOLER, instruire. Dérivé de *école*, venu du latin *schola*, même sens. *Ecoler* est commun au picard et au vieux fran-çais :

> « La pucelle fut bien apprise;
> Le Saint Esprit l'a *escolée* »
> (GAUT. DE COINCY.)

— « Icelui Jehan prist et *escola* Jehan de la « Mote. »
(**Lettr. de Remiss. 1331.**)

ECOQUER, écraser en foulant aux pieds, presser, bosser. Forme picarde de *écacher* caractérisée par la persis-tance du *c* dur ou *qu* de la finale. *Eca-cher* vient du latin *coactare*, presser : le changement insolite de *ct* en *qu* dans le picard se retrouve dans le vieux picard *empêquer*, empêcher, qu'on verra plus loin et qui vient de *impactare*.

Dérivé : *Ecoqures* (plur.), balle d'a-voine, epis cassés, grains écossés, etc. restés au fond d'une voiture de grains qu'on vient de décharger.

Je crois qu'on doit rattacher au même radical le mot *écoucher*, broyer le lin ou le chanvre en le frappant avec violence pour faire sortir de l'écorce toute la par-tie ligueuse des tiges. Ce mot qui existe aussi en Normandie me paraît être une forme chuitante de *écoquer* : peut-être est elle venue de l'Ile de France.

Dérivé : *Ecouche*, instrument en bois en forme de large couteau qui sert à broyer les tiges. M. Devauchelle a relevé :

> « Item un machoir à macher chanvre, un
> « poesez (sorte de chevalet) et une *escouche*
> « prisés ensemble quinze sols. »
> (**Invent. à Fouencamps, 1704**)

— « Un poissez, deux mailloire (maillet à « manche très-long), une *escouche*, un vieux « bacquet et trois tamis. »
(**Invent. à Flesselles, 1749.**)

ECOSSER. Les paysans disent :
« L'soleil *s'écosse,* » le soleil se couche.
D'après Nicod, les Picards disaient encore au XVIIe siècle : « Le soleil est
esconsé, » couché. *Esconser* vient du latin *abscondere* (cacher) dont le supin est
absconsum (arch.) On trouve aux XIIe et
XIIIe siècles en langue d'oïl les formes
abscondre, esconser, cacher, *abscons,
escous, esconsé,* caché, *esconse,* lanterne
sourde. Ce dernier mot est resté à Lille,
et s'emploie encore, d'après Corblet, dans
les environs de Valenciennes.

La forme actuelle *écosser* s'explique
par la chute de l'*n* ou par assimilation de
n en *s.*

Voici les formes qu'on rencontre en
vieux français et en picard :

« Mais la nuis vint, solaus (soleil) prist à
       sconser.»
              (Ogier l'Ardenois.)

— Jà ert (était) *esconsé* li solaus.
Et si estoit li jours moins caus » (chaud.)
                     (Ren.)

— « Vesci une *esconce* qui bone est à mones
« (moines) por lor candelles porter argans (ar-
« dant). »
        (Villars de Honnecourt, 1248.)

— « Lesquelz compaignons allumèrent la
« chandelle et la mirent dedens une *esconce* ou
« lanterne. »
            (Lettr. de Remiss. 1451.)

On disait *écoussé* dans les environs
d'Amiens. M Devauchelle a relevé dans
une Ordonnance du bailli de Boves, année 1523 :

« Que doresnavant nul ne voit (n'aille) carier
« atout (avec) chariotz ou charette dedens le
« bois de Boves paravant soleil levé et depuis
« soleil *écoussé* sous peine d'amende. »

Cette forme est restée dans le provençal
au sens de *se cacher, disparaître :*

     « Dins nostei ribiero
     N'i a plus gea de foun ;
     Leis aigo soun fiero,
     La terro *s'escoun*d. »
           (Li Nouvè de Saboly.)

ECOSSURE, cosse, gousse, silique de
légumes, épluchure. Dérivé du verbe
écosser venu de *cosse* dont l'origine est
inconnue. Je lis dans la traduction de la
Parabole de l'Enfant prodigue, par M.
Delahaye, ancien bibliothécaire d'A-
miens :

« I (il) s'en fut donc et s'fit parcours
« (garçon de ferme) d'un poysan qui
« l'mit den (dans) s'ferme et li fit gardoer
« ses porcs. — I li auroet foi (fait) bien
« plaisir d'bourrer s'penche (panse) des
« *écossures...* »
     (Mém. de la Soc. des Antiq. de Fr. 1835).

Nous avons au même sens le diminutif
écossin. Une traduction inédite de la
même parabole adressée en l'an X à M.
le Ministre de l'Intérieur, sur sa demande,
par la *Société d'Emulation d'Amiens,*
porte :

« Lò (là) il étoit teinté (tenté) d'rem-
« plir s'panche des *écossins...*»

Si M. Delahaye avait consulté deux ou
trois vrais paysans pour faire sa traduction, il est probable qu'il aurait changé
quelques formes qui sont bien plus françaises que picardes. Ainsi on dit partout
warder et non *garder, plaisi* et non *plaisir.* J'ai mis *fut* au lieu de *fu,* d'un au
lieu de *den :* à quoi bon défigurer inuti-
lement les mots et faire croire au lecteur
qu'il est en face d'un langage hiérogly-
phique ? Si l'on supprime le *t* de *fut*
parce qu'il ne sonne pas dans la prononciation , il faut pour la même
raison supprimer le *c* de *donc,* le *t* de *mit*
et de *fit,* l's de *parcours,* de *porcs,* l'*e* et
l's à la fin de *écossures.* On reste dans la
logique, mais on tombe en plein dans la
Babel phonographique : *Abyssus abyssum
invocat.*

De même si M. Delahaye voulait représenter la prononciation picarde, *s'en*
et *den* (dans) devaient s'écrire *s'in* ou
s'ein, dins ou *deins.* Quand on a la prétention de représenter les sons, il faut
employer les lettres qui les rendent fidè-
lement : qui veut la fin doit vouloir les
moyens. Mais comme on arrive ainsi à
accomplir pour les mots un véritable
Massacre des Innocents, cet excellent et
judicieux M. Delahaye a reculé devant
une pareille perspective.

J'allais oublier qu'on appelle aussi
écossins (plur.) le mélange d'épis de blé
mal battus, de cosses ou de grains de
mauvaises herbes que le van sépare du
bon grain et de la balle : c'est un synonyme de *hotons* qu'on verra plus tard.

ECOURS (écour), tablier de femme. A
donné le diminutif *écourcheu* ou *écorcheu,* même sens, comme *cavés,* chevêt,
traversin (v. ce mot) a donné *cavecheul*
dans notre dialecte. *Ecours* nous vient
du Nord, allemand *schurz,* tablier, fla-

mand *schorsse*, garde-robe ou tablier de femme. On trouve la forme *escorcheul* dans les *Dialogues pic. flam.* de 1340 :

« Encore vous falent napes et touailles et
« doubliers et escorcheuls. »

On lit dans la *Suite du Mariage de Jeannin* :

« Un petit coze après vechi le femme-sage
Qui de sen *écorcheul* en torquant sen visage
Tout plein de sueur, dit : « Hola... »

Et dans les *Étrennes tourquennaises* sous le titre : *Les Buveuses de café* (Lille, sans date, Vanakere, imp.) :

« Zabeth et s' commère
Pour cha font ben mieux :
Port't à l' lombardière (brocanteuse)
Baye et *escorcheu*
Pour boir' tout l' semaine
Quand qu'ell's ont denné (dîné)
Aveuc leu vigeaine (voisine)
Unn' tasse d' café. »
(Communication de M. Devauchelle.)

ÉCRAIGNE. Le sens primitif est *cabane, maisonnette* ; l'origine est le bas-latin *screona* qu'on trouve comme synonyme de *tugurium* dans un capitulaire cité par Du Cange. La racine est la même que celle du latin *scrinium*, buffet, et du vieil haut allemand *scrinî*, buff-t, armoire : l'idée qu'elle exprime est celle de *mettre à l'écart, serrer*. Il est probable que le *screona* a été à l'origine un de ces réduits dont parle Tacice au XVI° chapitre de son admirable livre *De moribus Germanorum* :

« *Solent et subterraneos specus ape-*
« *rire, eosque multo insuper fimo one-*
« *rant, suffugium hiemi et receptacu-*
« *lum frugibus, quia rigorem frigorum*
« *ejusmodi locis molliunt.* » (Ils ont aussi l'habitude de creuser des réduits souterrains qu'ils recouvrent d'une grande quantité de fumier : c'est *un refuge contre l'hiver*, un silo pour les grains ; car dans ces sortes d'excavations, l'âpreté du froid s'adoucit.)

Corblet définissant *écraigne* dit : « Ce
« sont des huttes presque souterraines
« dont la toiture excède à peine le niveau
« du sol et où l'on se réunit en hiver pour
« travailler. » Il y a déjà bien longtemps qu'il n'existe plus d'*écraignes* en Picardie, et que le sens de ce mot s'est restreint à celui d'*assemblée*, comme on le voit dans les *Evangiles des Quenouilles.*

« Quand la froide saison estoit venue,
« si se traioit (se retirait) le soir au con-
« sistoire que l'on dit en France *sé-ie*, en
« Artois la *siète* et en Haynau l'es-
« *criène*. »

Nos ancêtres se réunissaient le soir pour travailler soit dans des caves, soit dans des souterrains appelés *muches* qui sont fort nombreux en Picardie et dont un certain nombre ont des chambres assez spacieuses, comme on le voit dans les *Cryptes de Picardie*, par M. Bouthors : c'était là que les femmes et les jeunes filles filaient, causaient, s'amusaient. Nos grand'pères ne se faisaient pas faute d'y aller badiner et faire le joli-cœur ; car une Ordonnance de police du Bailli du Temporel du Chapitre de la Cathédrale d'Amiens (XVIII° s.) porte :

« Défendons aux jeunes hommes et
« garçons d'aller trouver les femmes et
« les filles à la veillée dans les endroits
« où elles travaillent à peine d'amende
« arbitaire selon l'exigence du cas. »

D'après une note de M. De Lafons, on disait *escrone* dans les environs de Roye au XVI° siècle, comme le prouve le titre d'une Déclaration de 1574 qu'il a écrit au crayon sous *écraignes* dans le Glossaire de Corblet dont je me sers.

ÉCRAMURE, toute la crême produite par le lait qu'on a laissé reposer un ou deux jours. Dérivé de *écramer*, écrémer. Je donne *écramure* et *écramer* parce que l'*e* est remonté à l'*a*, comme dans le vieux picard *sarge*, serge, du latin *serica*, comme dans *alle* du patois pour *elle* : « Alle vient, » elle vient. On rencontre parfois dans certaines localités *an* pour *om, on* : *Cambien*, combien, *nan*, non, etc. De même *a* pour *o* : *babeinne*, bobine. Cela n'a rien d'étonnant si l'on songe que l'*o* latin est remonté à l'*a* dans *dam* en français, du latin *domnus*, et que nous avons dans l'Aisne une localité appelée *Dampleux*, de *Domnus Lupus*, Saint Loup, en picard *Leu*.

Le *p* dans *Dampleux* est adventice comme il l'étoit jadis dans *Dompmart*, de *Domnus Medardus*. Domart s'écrivait encore *Dommaart* au XIV° siècle, comme on le voit dans une charte de 1310 : « Item, à che que li procureres de Pou-

« tieu requeroit que li bannissemens que
« li bailheus de Saint-Valery fist à *Dom-*
« *maart...* » (*Etude sur le Dial. pic.* par
M. Raynaud). Ce n'est que plus tard
qu'on rencontre ce *p* adventice qui n'é-
tait qu'une fantaisie des scribes. M. Faton De Favernay, Conseiller à la Cour
d'Amiens, m'écrivait dernièrement qu'en
faisant des recherches dans les vieux
titres d'une de ses propriétés située à
Saint Léger-les Domart, il avait trouvé
Dompmart dans tout le cours des XVe,
XVIe et XVIIe siècles. « Mais en arrivant
« à des titres de 1754 et 1765, ajoute-t il,
« on rencontre l'orthographe actuelle
« Domart. »

Je remercie M. De Favernay de cette
communication qui me permet de préciser l'époque où a apparu et disparu dans
le Ponthieu une lettre qui n'avait aucune
raison d'être étymologique ou euphonique, mais qui est restée dans le Vermandois dans la forme *Dampleux*.

M. Raynaud a signalé comme un trait
caractéristique de notre dialecte le changement possible en *am* de l'*o* latin atone
suivi d'une *m* : *damage*, dommage, de
domaticum; pramis, promis, de *pro-
missum* :

« S'il defaloit de mi en dedens, serommes
« tenu de rendre as dis religieus quatre vins dis
« livres de pairesis ke j'ai rechut d'aus, avec
« tous les cous et **damages** .. »
    (Charte de 1289, Etude sur le Dial. pic.)
— « Saichent tout (sachent tous) ke je à le
« prière du devant dit vidame [de Picquigny]
« m'assent et le vœll, gré, otri et conferme en
« le fourme et en le manière devant dite, et
« le **pramet** en bone foy à tenir, warder et
« warandir à tous jours... »
    *(***Charte de 1280, ibid.***)*
— « Et toutes les coses desus dites nous les
avons **pramis** tenir en boyne foy. »
    **Ch. de 1304, Doc. relat. à Encre, comm.
par M. Daussy.)**

ÉCRASELER (écrazler), écraser. Fréquentatif de *écraser*, lequel est d'origine
germanique, suédois *Krasa*, broyer.

ÉCREU, lisière (de drap) ; au plur.
chaussures de lisières qu'on divise en
bandes pour les tresser à plat et en former l'espèce de tissu que nous nommons
écreu. Ce mot nous vient du Nord, anc.
flam. *schroode*, bande, allem. *schrote*,
lisière de drap. Je trouve la forme *écreux*,

chaussures de lisière, dans le *Franc-Picard*, Ann. de la Somme, 1876 :
  « J' m'en sus allé rue des Sœurs-Grises acater
des écreux. »

ÉCROCHURE. Terme de jeu de choule
ou de croche. Ce jeu consiste à lancer
avec la *croche* une petite boule de bois,
et à lui faire finalement toucher un but
déterminé, comme une borne, un arbre.
Une *écrochure* est un certain nombre de
coups de *croche* fixé à l'avance selon la
distance pour atteindre le but et gagner
la partie. *Écrochure* est un dérivé de
crocher, jouer à la *croche*. Quant à *croche*, forme picarde de *crosse*, elle vient
du latin du moyen-âge *crucea*.

Les espèces de pieux qui servent à
maintenir les appuis des claies formant
un parc pour les moutons, s'appellent
aussi *croches*.

On trouve notre forme picarde *croche*
au sens de *bâton épiscopal* :
  « Et puis li mist on le **croche** en main. »
    (Chron. de Rains.)
— « Car si comme es livres lisommes (lisons)
Il ot (St-Eloy) disciples si preudhommes
Qu'il pluisoure glises fondèrent,
Et aucun d'eus gouvrenèrent
Moustiers de grant religion ;
Aucun eurent prélacion,
Et portèrent **croches** et mitres,
Vesque et seigneur de moult capitres. »
    **(Gér. de Montreuil, Vie de saint
Éloy, XIIIe s)**

Je donne ce passage tel que je le trouve
dans Corblet qui l'a relevé dans les papiers de Dom Grenier. Si la leçon est
sûre, il nous offre deux exemples d'a-
phérèse d'une syllabe initiale : *Vesque*
pour *évêque* que j'ai déjà signalé plus
haut, et *glise* pour *église*.. On pourrait
croire que cette dernière aphérèse est
une licence poëtique ; mais on la retrouve
dans la prose, comme on le voit dans une
charte de 1270 :
  « Jou, a le requeste del devant dit Thomas,
« si revestu l'abbé et le couvent de le devant
« dite **glise** et mis en corporel possession, en
« tel manière ke li devant die Thomas ne si
« oirs ne pueent en ches coses riens reclamer,
« ne le devant dite **glise** par eus ne par autres
« molester. »
    **(Etude sur le Dial. pic. par
M. Raynaud.)**

Cette forme est commune au dialecte
picard et au provençal :
  « .... lis orgue de touti li **gleiso** entamenon à
« plen canoun sia èr infestouli »
    (Mistral, Préf. des Nouvé de Saboly.)

Le même fait se représente dans le nom d'une localité de l'Eure : *Glisolles* qui était *Ecclesiolæ* au VIIIe siècle.

ÉCUMETTE ou ÉQUEUMETTE, écumoire. Dérivé sous forme de diminutif de *écumer*, qui vient de *écume*, ancien haut allemand *scûm*. M. Devauchelle a relevé dans des Inventaires :

« Une **escumette**. »
(**Amiens, 1576.**)

— « Une **escumette** d'erraiu. »
(**Ibid. 1583.**)

— « Deulz broches, une **escumette**, une « poiele. »
(**Ibid 1621.**)

— « Une petite **écumette**, seize tourtières, « quatorze casteroles... »
(**Ibid 1707, chez un traiteur.**)

On remarquera dans les Inventaires de 1583 et de 1621 la notation *ceu* pour *queu*, absolument comme dans les exemples cités sous *Buquer* : « *Ceurent*, courent, du latin *currunt*. »

« Payen **ceurent** as armes, tost furent ado- « bés. »

ÉDRUIRE, mettre dehors, aérer. Du latin *extrudere*, pousser dehors, par l'adoucissement de *t* en *d* déjà tant de fois signalé.

ÉFAILLER, effaner, retrancher les principales feuilles des légumes sur pied ou des autres plantes qui se développent avec trop de vigueur. C'est probablement une corruption de *effeuiller*. Au figuré, ce mot a le sens de *envoyer promener, expulser, chasser*. On dit aussi *mettre à l'éfaille* :

« Napoléon **mettra à l'efaille** tous chés en- « fenouilleur. »
(**Franc-Picard, Ann. de la Somme, 1850.**)

ÉFANT. Forme picarde dans certaines localités du mot *enfant* dont l'*n* de la première syllabe est tombée comme dans *acenser*, encenser, *agamer*, enjamber, etc. On lit dans le *Franc Picard, Ann. de la Somme*, 1865 :

« J' vois un grand saint noir étampi tout con- « tre l' paroit (muraille) qui tient un **éfant** à ca- « rico (à califourchon sur les épaules). »

Il s'agit ici du saint Christophe de la cathédrale d'Amiens qui a toujours eu le privilége d'intriguer les gens du peuple. Pour *carico*, voyez sous *caribout*.

Proverbe picard :
« Quiot (petit) **éfant**. quiot mau : (**mau**, mal.) « Grand **éfant**, grand mau. »

Cette forme se rencontre assez souvent dans les anciens actes de baptême :

« Le VI de juillet du dict an (1598) j'ay bap- « tisé un **effant** marle (mâle) lequel a eu nom « George... »
— « Le Ve jour d'apvril an que dessus (1601) a « esté faict un baptême d'un **effant** marle lequel « a eu nom Anthoine. »
(**Montigny-Nampont, doyenné de Rue.**)

L'acte de baptême administré à Saint-Remy d'Amiens, le 21 décembre 1539 porte aussi *ung effant*. On trouve cette forme dès le XIVe siècle. M. Devauchelle a relevé dans les *Documents Inédits* publiés par M. Cocheris :

« Lettres par chirograffe de la ville de Guize « faisant mention comment Jehan Crespiaux de « Guise et Maroie, se feme, et Pierre ses fleux « (son fils) recongnurent que il avoient vendu « à Mons. le duc de Bretaigne un capon que le- « dis Crespiaux et si **effant** avoient cacun an sor « l'estre que Mons. acata à Caisin de Ven- « duile. »
(**Cartul. de Guise, 1350.**)

On rencontre aussi la forme *einfant* dont la première syllabe *ein* reproduit exactement le son *in* du latin *infantem* :

« Esquelles lettres et traitié (contrat) dudit « mariage est contenu que ce que on en devoit « acater seroit douaire à sa dite femme et héri- « tage aux **einfants** qui de leur mariage yste- « roient. »
(**Saisine** donnée en 1400 par le bailli de Picquigny.)

Dérivé : *Enfanchon*, petit enfant. Le dialecte picard avait aussi l'adjectif *enfantius*, enfantin ; le Vocabulaire de Douai (XIVes.) dit « *Infantilis*, enfantius. On le retrouve au sens de *jeune, qui aime à jouer, caressant* dans la *Canchon de Miquelle* qui fait suite à l'*Enjollement de Colas* (1634) :

« Ch'est un boin varlotiau (garçon) Pu (plus) **enfantin** que s'mère : J'li dorai (donnerai) un watiau Et pi (puis) plein un lot (pot) d'bière. »
Communic. de M. Devauchelle.)

ÉFREUTER, effrayer. Dérivé de *freu*, frayeur, dont l'*r* final est tombé comme dans *leu* pour *leur*, *monsieu* pour *monsieur*, *canteu* pour *canteur*, chanteur, etc. On dit d'un homme hardi qu'il n'an' *peur*, n' *freu*. Le *t* de *éfreuter*, dérivé de *freu*, n'est pas plus étonnant que celui du français *caillouter*, de *caillou*, etc. Quant à *freu*, de *frayeur*, ce n'est pas une forme inventée pour les besoins de la cause ; je trouve *freur* dans la *Chronique de Pierre le Prestre*, abbé de Saint-Riquier (XV° siècle), qui était picard :

« Et estoit pour lors l'abbé de Saint Riquier
« en leur ostel d'Abbeville et Anthoine d'Auxi
« et ses cevaus logeant avec luy ; lequel An-
« thoine ne luy en descouvrit oncques rien du
« fait, et quant ledit abbé vit le dangier et crier
« à l'arme piteusement, il ot si grant **freur** et
« paour conques depuis ne porta parfaite
« santé. »

ÉFROUER, émietter, triturer bien fin ; frotter entre les poings la partie d'un vêtement couverte de boue sèche jusqu'à ce que celle-ci en soit détachée. Ce second sens n'est que l'extension du premier. Cotgrave donne la vieille forme *frouer* comme synonyme d'*effrouer*, et ces deux mots sont de la langue d'oïl et figurent dans le glossaire d'Hippeau, au sens de *froisser*. *Frouer* est probablement une corruption du vieux français *froier*, frotter, du latin *fricare*, par la chute du *c* médial donnant *fri'are*.

ÉGLISETTE, petite église, chapelle. Diminutif de *église*, venu du latin *ecclesia*. La *Vie de sainte Ulphe*, manuscrit de la Bibliothèque d'Amiens, porte :

« Là feist (fit) le bon Domice aprez sa mort
« plusieurs beaux miracles, et fust en ce lieu
« édifié une petite **églisette** au nom dudit Do-
« mice. »

(**Boves et ses Seigneurs**, par M. Janvier.)

Le mot *église* se retrouve dans les noms de localité qui suivent :

  Witaineglise, dépendance de Framicourt, arrondissement d'Abbeville.

  Belle Eglise, dépendance d'Arquèves, arrond. de Douliens.

Les mots *capelle, autels, autieus*, montrent l'influence religieuse dans la formation des noms de lieu. Outre les chapelles, les autels et les églises, il y avait autrefois l'*oratorium* qui avait à peu près le même sens que *chapelle*. « C'était, « dit M. Cocheris, un *oratoire* qui a com- « mencé par attirer autour de lui des pè- « lerins, des voyageurs, et qui a fini par « devenir un petit centre de population.»

Oratorium a donné plusieurs formes selon les localités : il y a *Auroir* dans l'Aisne, *Oroer* et *Orrouy* dans l'Oise.

Il en a été de même du *monasterium* et de son diminutif *monasteriolum*. De là *Monthiers* dans l'Aisne, *Forestmontiers* près d'Abbeville, *Montreuil sur-Mer* dans le Pas-de-Calais, et *Montières*, dépendance d'Amiens, qu'on trouve appelé *Monasterium, Monasteriis* dans le *Dénombrement du Temporel de l'Evêché d'Amiens* dressé en 1301 :

« Item pro ix virgis terræ quæ fuit Ydosle de
« **Monasteriis** ij denarios. »
— « Robertus de Aïlliaco pro xxxij virgis
« terræ retrò **Monasterium** ij denarios. »

Plusieurs localités doivent leur nom à des fondations monastiques ; telles sont dans l'Aisne *la Converserie*, habitation de frères convers, l'*Aumônerie*, la *Charité*, la *Moinerie*.

Les *Maladreries* étaient au moyen-âge des établissements hospitaliers pour les lépreux ou *ladres*. Nous avons près d'Amiens *la Maladrerie*, en picard *Maladerie* par la chute du premier *r* difficile à prononcer. Cette chute est déjà bien ancienne, puisqu'on trouve *maladerie* dans une sentence de 1310 :

« Item à che que li procureres de Ponthieu dit
« que li baillieus de Saint-Waleri et plusieurs
« autres vinrent et aprochèrent tout de nouvel
« à un arbre estant u kemin (au chemin) assés
« près de le maladerie de Gamaches et cauppè-
« rent et emportèrent ledit arbre...
  (**Etude sur le Dial. pic.** par **M. Raynaud.**)

A l'époque des Croisades, beaucoup de seigneurs, à leur retour de la Terre Sainte, donnaient à leurs terres un nom qui rappelait les lieux où ils avaient combattu ou les villes qu'ils avaient visitées. « C'est ainsi, dit M. Cocheris, que le « seigneur de Saint-Verain (Nièvre), « donna à certains fiefs les noms de « *Bethléem* et de *Betphagé*, et au ruis- « seau qui arrosait sa seigneurie le nom « de *Jourdain*. » La même influence s'est fait sentir dans la Picardie : de là très-probablement dans l'Aisne le hameau de *Jérusalem*, et dans la Somme *Bethléem*, petit écart de Lanchères, arrondissement d'Abbeville.

ÉGNASER (égnazer), écraser un objet autant qu'il est susceptible de l'être. C'est un synonyme de *émormeler* qu'on verra plus loin, et probablement un dérivé de *nase* (naze) qui a, en picard, le sens de *mucus nasal* : *égnaser* est proprement *réduire à l'état de nase.*

ÉGRAFIGNER, égratigner. Ce mot n'est pas, à mon avis du moins, une corruption de *égratigner*, fréquentatif de *gratter* lequel vient du latin du moyen âge *cratare*. Je le rattacherais plus volontiers à un radical germanique, soit au néerlandais *graven*, creuser, soit à l'ancien haut allemand *grif*, serre, griffe, mais de préférence au premier, parce qu'il a donné en picard *grau*, égratignure. *Egrafigner* se disait en Picardie au sens du français *égratigner*, former sur une pièce de satin diverses figures avec des instruments faits à peu près comme des canifs ébréchés. J'ajoute que les ongles des mains s'appellent *graus* ou *greus*. M. Devauchelle a relevé :

« Ung chapperon de sarge de Beauvais garny
« d'une couverture de satin **égrafigné**. »
(**Invent. à Amiens**, 1618.)

Les Provençaux ont le verbe *graufigna*, *engraufigna*, égratigner avec les ongles.

« Tusta l'un, met l'autre sous el,
Graufigna aqueste, mord aquel. »
(**Lou siége de Cadaroussa**.)

— « Lous autres, à cops de capels,
Adrechamen lous embourguavon,
Lous mourdien, lous **engraufignavon**. »
(**Ibid.**)

ÉGRIGNER (s'), se plaindre, formuler des reproches en criaillant. Ce mot nous vient du nord, flam. *grijnen*, pleurer, crier, piailler ; allem. *greinen*, grimacer, pleurer, sangloter. Il a donné le dérivé *égrignard*, criard, piailleur, qui a le sens de *geôlier* dans la location : « Il est « boin à mettre à l' porte d'une prison « pour servir d'*égrignard*. »

Nous avons aussi un verbe *s'égrigner*, se mettre en petits grains ou *grignets*, se dissoudre en petites parcelles, se réduire en poussière menue ; mais c'est un dérivé de *grine*, particule, parcelle, qu'on verra en son lieu.

Égrigner est dans le Glossaire de Corblet avec un sens autre que ceux qui précèdent ; mais la définition qu'il en donne est restée pour moi inintelligible.

ÉGRO (vent d'), vent d'ouest. Une première question se présente : est-ce bien là l'orthographe du mot ? Ne serait-ce pas *vent des graus*, *vent des grocs* ou *des crocs* ? Pour Amiens, ce vent vient du côté de la mer vers l'embouchure de la Somme. Le celtique avait *grou*, sable, et un écart de Quend (arr. d'Abbeville) s'appelle *le Bout des Crocs*. Peut-on poursuivre les recherches de ce côté ? C'est là une simple indication que je donne, non une étymologie que je propose.

ÉGRUGEOIR. Je copie Corblet :
« Chaire à prêcher. Se dit en plaisan-
« tant. »

« On l'a dit, m'écrit M. Pouy, du curé
« de l'église Saint-Martin d'Amiens lors-
« qu'il est monté en chaire pour publier
« les bancs de mariage de Grasset : « Co-
« lard monte dens s' n'*égrugeoir*. »

ÉHOUPER, battre seulement la *houppe* ou sommet des bottes de blé ou d'avoine. Dérivé de *houppe* pris au sens de *sommet, haut.*

ELANGRÉ, mince, effilé. « Ch'est un « graud *élangré*, » dit-on en parlant d'un homme de taille élevée, mais mince de corps. Ce mot vient soit d'un verbe aujourd'hui inusité *s'élangrer*, tomber en langueur, dépérir, devenir maigre, soit de l'adjectif picard *langreux*, qui ont pour origine commune le latin *languere*, être malade, affaibli, sans force.

ÉLITIN, toute chose rejetée à l'écart, mise au rebut, et, par extension, reste. Le suffixe *in* indique un diminutif avec une idée péjorative, comme dans *écossin*, *échortin* qu'on a vus plus haut. *Elitin* a le même radical que *élire*, *élite*, du latin *eligere*, mais avec un sens pris en mauvaise part. Il est surtout en usage dans le nord du domaine picard, où l'on dit précisément *élire* des carottes, des choux, etc. c'est-à-dire les nettoyer ou débarrasser de ce que ces légumes présentent de malpropre ou d'impropre à la nutrition avant de les faire cuire.

On rencontre *élitin* au sens de *écossures*, *écossins*, dans la traduction en patois d'Arras de la *Parabole de l'Enfant prodigue* envoyée en 1807 au Ministre de l'Intérieur par le Préfet du Pas-de-Calais :

« Et drolò (là) il eroit été ben âge (bien aise)
« d' bourrer s' peanche (panse) des **élitains**
« q' miouëttent (mangeaient) chés cochons. »

ÉLOQUER, secouer, ébranler. Forme picarde de *élocher*. *S'éloquer* signifie aussi *se donner beaucoup de mouvement*. Littré tire le mot français du latin fictif *exlocare*, au sens de *changer de lieu, de place*. Cette origine ne me satisfait pas ; le *c* médial étant tombé dans *locare* (lo'are), louer, donner à location, je ne vois pas comment il aurait persisté dans *élocher*, *éloquer*, ni comment l'*o* atone qui est bref ne serait pas devenu *ou*. Je crois que ce mot est d'origine germanique, moyen haut allemand *lücke*, branlant : l'*e* est adventice comme dans une foule de mots.

ÉLUSER, amuser. D'un radical latin *lus* qui est dans *lusus*, ébats, divertissement, amusement.

> Dérivé : *Élusette*, jouet d'enfant ; au fig. bagatelle.

EM et **EN** préfixe. Ce préfixe provient de l'*in* latin : *emblayer* (imbladare) ; *enfiquer*, enfoncer (infigicare), etc. Il se prononce *in, ain, ein*, comme dans *Rhin, pain, rein*.

Un assez grand nombre de mots se rencontrent indifféremment avec *é* pour *en* (ein) et réciproquement : *étampir* et *entampir*, dresser; *entomi* et *étomi*, étonné, engourdi, etc. Ce fait est déjà ancien en picard et remonte au dialecte dans lequel on le retrouve.

> « Item sur le descord des forages, nous
> « maire et jurés [d'Encre] irons et envoierons
> « de nos j,rés ensaier (essayer, goûter) des
> « vins et y mettrons pris (prix) raisonnable
> « selon ce que les denrées vaulront » (vau-
> « dront).
>
> (Acc. de 1339, Doc. comm. par **M. Daussy**.)
>
> — « Ung messel escript en vélin enluminé
> « d'or enchampi (échampi) à deulz cloans d'ar-
> « gent. »
>
> (**Invent. du Trésor de l'église St-Martin**
> **de Picquigny**, 1467.)

On rencontre de même dans le patois *i* pour *in* dans le mot *iventaire* : les paysans disent *foire iventaire*, faire inventaire.

EMBAUCHER ou **EMBEUCHER**, serrer, entasser des buttes de blé, d'avoine, etc. dans une grange. Ce mot a donné le dérivé *embauchure*, compartiment ou travée d'une grange, qui est d'un emploi fréquent et qu'on rencontre dans les Inventaires :

> « Plus nous a [le mari survivant] desclaré,
> « pour la descharge de sa conscience que pen-
> « dant la commenuté (communauté) ont [lui et
> « sa défunte épouse] fait et construit paren-
> « semble trois **embauchures** d'estables du côté
> « de Firmin Lefebvre, »
>
> (**Fouencamps**, janvier 1704.)

J'ai rattaché ce mot au radical *bauque* (V. ce mot), qui signifie *poutre*, parce que ce sont les poutres qui forment la division d'une grange en travées ou *embauchures*. On trouve en effet *bauche* au sens de *largeur* dans un acte de 1375 :

> « Et doit ledit Raoul ou ses oirs faire sur ledit
> « lieu une maison sur rue de xxiv pieds de
> « parne (sablière, picard perne, c'est-à-dire de
> « longueur) et de xii pieds de **bauche** (de lar-
> « geur) dedans deux ans prochains. »
>
> (**Doc. inéd.**, publiés par M. **Cocheris**.)

Evidemment *bauque* et *bauche* sont le même mot pris dans une acception différente, l'une au propre, *poutre*, et l'autre au figuré, *largeur*.

Bauche du vieux français serait-il le même mot que *bauque* du picard, pris au sens non-seulement d'*atelier*, mais encore et surtout primitivement à celui de *travée de grange, compartiment* ? Y aurait-il là deux mots semblables quoique d'origine différente ? Peut-on rapprocher de *embaucher*, mettre en grange, et de *bauche* ou *bauquc*, le gothique *baua*, bâtir, édifier, allemand *bauen*, même sens ? Ce sont là des questions qui me semblent difficiles à résoudre. Dans tous les cas, notre verbe *embaucher* montre sans aucun doute possible que *bauche* a dû avoir l'acception de *grange*. Du sens de *poutre* à celui de *compartiment*, il y a loin, je le reconnais. Mais est-il impossible qu'on y soit arrivé en passant par celui de *travée, division marquée par chaque poutre* sur la largeur de la grange ? Je ne le crois pas : on rencontre précisément dans la langue d'oïl (Glossaire d'Hippeau) la forme *embauchure* au sens de *travée*.

J'insiste sur ce mot moins pour chercher son origine que pour montrer qu'il a dû signifier *travée* de grange. L'incertitude est d'autant plus grande que Cotgrave donne à *bauche* un tout autre sens, comme on va le voir bientôt.

Littré et Brachet rattachent à *bauche* les mots *embaucher*, faire entrer dans un atelier, *débaucher*, faire sortir d'un atelier, et, par extension, entraîner dans le désordre. Telle n'est pas l'opinion de

M. Devauchelle : je me fais un devoir de
lui laisser la parole :

« Les acceptions suivantes, que nous a
« conservées Cotgrave et qui doivent être
« les primitives, offrent la vraie significa-
« cation du radical du verbe *se débau-*
« *cher*, dont le synonyme français *se dé-*
« *ranger*, vient appuyer ce qu'on avance
« ici.

« Cotgrave dit :
« BAUCHE, rangée, rang; chemin étroit;
  « ligne de pierres ou de
  « briques dans une maçon-
  « nerie.
« BAUCHER, ranger, mettre en ordre,
  « régler, placer d'une ma-
  « nière égale.

« Les adjectifs *désordonné, déréglé,*
« synonymes de *débauché*, indiquent
« eux mêmes que l'idée du radical de ces
« mots est l'*ordre*, la *règle* ou *ligne de*
« *conduite. Débaucher* et *se débaucher*
« ne sont donc pas *faire sortir de la*
« *maison* ou *quitter l'atelier*, mais *sor-*
« *tir du bon chemin, s'écarter de la li-*
« *gne*, ce que confirment l'italien *disvia-*
« *re*, l'espagnol *discaminar*, le flamand
« *verleyden* et l'allemand *verfuhren*, si-
« nifiant tous *débaucher* et dont les ra-
» dicaux répondent à *voie, chemin, con-*
« *duit* ou *conduite, direction.*

« Une acception remarquable de *dé-*
» *baucher* qui a cours dans le Hainaut, a
« été relevée par le Dʳ Sigart, qui dit,
« dans son Glossaire Montois : « *Débau-*
« *cher* (verbe actif) désoler. » Avant lui,
« Bottin avait déjà signalé que, dans les
« Pays-Bas, *se débaucher* n'indique pas
« toujours un dérèglement de conduite,
« et qu'il a aussi le sens de *décourage-*
« *ment, affliction.* Cette même acception
« se retrouve avec un degré de force un
« peu moindre dans le verbe français
« *déranger* employé au figuré avec le
« sens de *troubler.*
« L'*atelier* de M. Brachet n'a donc rien
« à faire ici. »

EMBERDOUILLER, emmêler, enchevêtrer. Il y a là trois mots : *en* comme
dans *embarrasser, ber* péjoratif comme
dans *berlurer, bernifiquer* (V. ces mots),
et *douiller* qui n'est autre chose que
touiller, mêler, agiter, et, par extension,
mêler. L'origine de *touiller* a été indiquée au mot *Détouilloir* : le *t* dans celui
qui nous occupe s'est adouci en *d*, phénomène déjà plusieurs fois signalé.

Le sens propre de *berdouiller* est *mal
mêler* ; mais il s'emploie au figuré à celui de *brouiller, embarrasser.* On dit d'un
homme qui se trouble dans ses paroles,
qui se brouille ou s'embarrasse dans ses
dires, qu'il *se berdouille* ou *s'ember-
douille.*

Berdouiller a donné le substantif verbal *berdouille*, mélange de mars composé de vesce, avoine, pamelle, bisailles,
toutes plantes qui, croissant ensemble
confusément, s'emmêlent, s'enchevêtrent
d'une façon incroyable. On rencontre cette
forme picarde dans des Inventaires ; M.
Devauchelle a relevé :

« Item. Les labours et semences d'un journel
« de terre rendis en **berdouille** estimés quatorze
« livres quatre sols. »

(**Coisy**, 1782.)

— « Item. Trois cents bottes tant lentille que
« **berdouille.** »

(**Cardonnette**, 1782.)

— « Deux mesures de **berdouille** estimées
« quarante sols. »

(**Ibid**, 1784.)

EMBERLIFICOTER, séduire par de
fausses promesses, amuser de paroles
dans le but de tromper ; embarrasser. Du
préfixe *en*, de *berlue*, fausse vision, et de
ficoter, fréquentatif de *ficher, mettre :*
emberlificoter est littéralement *ficher en
berlue.* Ce mot est commun au picard et
au patois des environs de Paris qui dit
embarlificoter. On lit dans les *Haran-
gues des habitants de Sarcelles à Mgr
l'Archevêque de Paris*, 1731 :

« Stapendant velà de sa part
Une fille à forfait pardue
Et par toute Tarre connue
Pour avoir été la Guenon
D'un abominable Démon.
Encore si cet impudique
Pour la pardre ût mis en pratique
Les fariboles, les biaux mots
Par lesquels tous les jours ces sots
Embarlificotent ces sotes
Ou bian ces pauvres indiotes,
Ça seroit bian mal, Monseigneur ;
Mais, morgoy ; tout homme est pécheur.»

Il s'agit dans cette citation du P. Gi-
rard, Recteur du couvent des Jésuites à
Toulon, qui avait séduit une demoiselle
Cadière, sa pénitente.

On sait que, dans les environs de Paris, l'*e* devant une liquide se prononce

tellement ouvert qu'il remonte à l'*a* : *pardue*, perdue, *tarre*, terre, *bian*, bien, etc.

EMBERNAQUER (s'), se salir. Le radical est *bren* au sens de *stercus* : il y a eu métathèse de *bre* en *ber*. (Cf. *eberner* en français.) La finale *aquer* est péjorative comme dans *enfournaquer* (enfourner) qu'on verra plus loin.

Le radical que je viens d'indiquer se trouve dans deux bouts rimés qui semblent avoir eu pour but de réunir quatre mots bien caractérisés par le *c* dur : *chat, chien, mouche, bouche* en français.

> « Un cot, un quien, une mouque
> Du b... dens t' bouque. »

EMBERTELÉ. On dit ironiquement d'un homme mal habillé ou habillé sans goût qu'*il est bien embertelé.* Le radical est *bertelle*, forme picarde de *bretelle* : *bien embertelé* est un équivalent de l'expression populaire *bien ficelé.* J'ajoute, pour confirmer cette etymologie, qu'on dit *être mal dans ses bertelles*, n'être pas à son aise dans ses habits, être serré, gêné; au figuré, être dans l'embarras ou de mauvaise humeur.

D'après Brachet, *bretelle* est d'origine inconnue. Littré rapporte l'opinion de Diez qui le tire du vieux français *brêt*, piége à oiseau, et celle de Genin qui a signalé le napolitain *bertola*, besace portée sur l'épaule et pendant devant et derrière. Il cite aussi *bretela*, croupière, dans le patois de Coire, et ajoute : « Ce sont là des rapprochements. »

Puisqu'il y a doute, je demande la permission de faire aussi un rapprochement et une question. Le flamand a le verbe *breydelen*, brider, serrer, gêner. *Bertelle* ne serait-il pas un dérivé avec métathèse de *re* eu *er*, fait fréquent en picard, et changement de *d* en *t* ? La *bertelle* peut être considérée comme la bride du pantalon, ce qui le retient; ce mot se dit même de liens ou de cordes servant à porter un fardeau, comme dans l'expression *porter à bertelles* sur le dos une grosse botte d'herbe, de foin, à l'aide de liens passant sur chaque epaule. Quant au changement de *d* en *t*, c'est-à-dire d'une douce en sa forte, je suis bien aise d'en faire l'objet de quelques observations.

Cette espèce de changement n'est pas rare dans le nord du domaine picard jusque dans le Hainaut où un de mes amis, bon philologue et observateur très-judicieux, a souvent entendu dire *Pelche* pour *Belge, tape,* table, pour *tave, chaisse* pour *chaise,* etc. Les Picards disent généralement *pertrix* pour *perdrix,* et cela depuis des siècles, comme le prouve le passage suivant qui est du XIIIᵉ.

> « Et je soushaide tous boires à talent
> Et bones napes, char et tarte et poisson,
> **Pertris,** plouviers... »
> **(Anthol. pic. Souhaits d'un paysan.)**

On a vu sous *Chellier* qu'on trouve trois fois *Jacopins* pour *Jacobins* dans un *Registre aux délibérations* de la ville d'Amiens (XVᵉ s.). Les habitants du Hamel, près Corbie, disent généralement *viante* pour *viande, monte* pour *monde.* Cette dernière forme se rencontre dans le vieux français et dans notre dialecte :

> « Le Seigneur qui le mont estora. »
> **(Roncisv.)**

— « Simplète au mont, baude sous couverture. »
> **(Anth. pic. V. Bend.)**

J'ai entendu dans cent endroits dire *pemmes* (pommes) *à chitrer* pour *à cidrer*, à faire le *cidre. Cidre* lui-même est devenu *chile* dans une foule de localités. Un canton du terroir de mon village dit *fief de l'Eperon* (il appartenait jadis à une famille noble de ce nom) et qui figure sous cette dénomination sur la matrice cadastrale, s'appelle *pié de l'Eperon* dans le langage des paysans.

Si j'émettais ici une théorie ou si je formulais une loi nouvelle, la main me tremblerait et je reculerais devant une pareille témérité. Mais il s'agit simplement d'une tendance toute locale, surtout de faits qui me semblent appuyer l'étymologie que je soumets au jugement des hommes compétents, et je crois que c'est pour moi un droit de m'en prévaloir en même temps qu'un devoir de les signaler à leur attention. Quant à expliquer ces faits, c'est une autre question. Faut-il n'y voir qu'une simple confusion de sons provenant de l'ignorance absolue de l'origine des mots et du défaut de lecture? Cette confusion est-elle récente ou déjà ancienne? Dans ce dernier cas, elle serait due à l'influence germanique. On sait que les contrées qui ont formé jadis la Picardie, ont été le chemin des invasions germaniques et le premier siège de l'établissement des diverses populations franques. Aujourd'hui encore les Allemands remplacent souvent dans les mots français les douces par des fortes, disant aussi *Pelche* pour *Belge*, *ponchour* pour *bonjour*, etc. Leur *Pon Tié* pour *Bon Dieu* est connu partout.

Quoi d'étonnant du reste dans le cas qui nous occupe, c'est à dire dans le fait de *d* remontant accidentellement à *t* ? Ce fait n'est pas particulier au patois et se retrouve dans le latin même, comme le témoigne Quintilien qui écrit : « Quid T « litteræ et D quædam cognatio ? Quare « minùs mirum est si in vetustis operi- « bus urbis nostræ et celebribus tem- « plis legantur *Alexanter* et *Cassan- « tra*. »

EMBLAYER, embarrasser, empêcher, gêner. D'une forme latine (du Moyen-Age) *imbladare*, ensemencer en blé, puis, par extension de sens, embarrasser. La métaphore existe depuis fort longtemps dans la langue d'oïl qui avait les formes *emblader, emblaer, emblaver, emblayer*, ensemencer en blé, et *emblaer, embléer*, embarrasser.

« Se ne fusson si emblaé (gêné, embarrassé)
Je vous eüsson effraé. »   (Ren.)

La Coutume du Temporel de l'abbaye de Blangy-en-Ternois nous présente dans le même passage les formes *emblaier*, embarrasser, gêner, et les substantifs *emblai*, embarras, *déblai*, débarras.

« Item Ont acoustumé de tout temps faire « commandement à tous les subjects dudit « Blangy de wuidier et mettre à desblay les « flégards et rues dudit Blangy... Et s'ilz sont « trouvés emblaiés ou empeschez de bos ou « autres emblais et empeschements durant la- « dite feste, le bos ou emblays demourra con- « fisqué.»
(Communication de M. DEVAUCHELLE.)

Embloyant s'emploie fréquemment au sens de *gênant, embarrassant* et surtout de *encombrant*. Quand les paysans se voient débarrassés de la présence d'une personne gênante ou ennuyeuse, ils disent avec l'accompagnement de rime qu'ils affectionnent toujours :

« Sancté,
Boin déblai. »

Ce qui signifie simplement : *Bon dé-barras*.

Locution picarde : « Il est plus *emblayant* qu'*emblayé*, » en parlant d'un importun ; c'est à-dire : Il est plus gênant que gêné.

EMBLEYEUX, vaniteux, poseur, faiseur d'embarras Dérivé de *emblée*. En picard, *emblée* signifie *présomption, vanité, orgueil*, ce qui explique le sens de l'adjectif *embleyeux*.

Je lis dans le *Franc Picard, Ann. de la Somme*, 1876 :

« Les uns volaient (voulaient) s' mette « (se mettre) en première division : y o « (il y a) toujours des *embleyeux*. »

Le féminin de *embleyeux* est *embleyoire*.

On remarquera dans la citation qui précède la forme *volaient*, voulaient, qui se prononce *volein* : c'est la forme du Vermandois. Ailleurs on dit *voloient* qui se prononce *voloîle* : c'est l'ancienne forme picarde, tandis que l'autre se rapproche de la forme normande :

« Et ces (ceux) de Israël *venoient* as « Philistins por aguiser le soc... »
(Rois.)

J'observerai, à propos de la même citation, que l'*a* final (il *a*, il *ira*, etc.) n'est devenu *o* que dans l'Amiénois, le Ponthieu et le Beauvaisis : partout ailleurs il est resté *a* :

« A l'fin r'vnu (revenu) lu li même, i digeau : « Combien n'y a-t-i d'varlets mon (chez) men « père...»
(Parab de l'Enf. Prod, en patois de Cambrai.)

— « No ami, i fora (il faudra) qu'vous met- « teschien (mettiez) no bourique d'sus vo gazette « pour l' veïue (vendre) : vou direz à chés gens « qui n'en voront (qui en voudront) qu'i n' a « coire qu'eine (une) vingtaine d'énées, mais « qu'i y en a qui vitent (vivent) diaterment pus « (plus) viux (vieux) que cha...»
(Lettres de Louis Gosseu, en patois de Saint-Quentin.)

Diaterment est *diantrement* avec chute de l'*n* et prothèse de *re* en *er*.

EMBOURDÉ, ett . *Orig. inc.*

EMBRAMÉ, irrité, qui est en feu, en parlant d'un apostume, d'un furoncle en leur état d'inflammation. Se dit aussi du visage où le sang s'est porté en abondance par l'effet d'une longue course, du vin, d'une violente colère.

« J'étois à mousse, tout embramé u' colère ;
« l' sang m'étoit monté das (dans) mes dents. »
(Franc Picard, Ann. de la
Somme, 1878.)

On trouve en langue d'oïl (Glossaire d'Hippeau) la forme *embramé* au sens de *courroucé, tourmenté*.

Evidemment *embrami* et *embramé* sont le même mot avec une finale différente. Son origine serait-elle le flamand *gram*, irrité, lequel n'est autre chose que l'allemand *gram*, même sens ? Y a-t-il eu changement insolite de *g* en *b* ?

J'ai fait remarquer sous *Abracher* que la finale wallonne *î* se rencontre pour *er* dans les environs d'Amiens : *mengî*, manger, *dangî*, danger, etc. On la rencontre aussi au participe passé des verbes en *er*, notamment à Villers-Bretonneux, Aubigny, Hamel, etc., où l'on dit : « Il o ieu sen niz *mouqui* », il a eu le nez mouché, « I n'o point *poyi* », il n'a pas payé. Cette finale se rencontre dans les verbes qui étaient terminés en *ier* dans le dialecte picard : *aidier*, *baillier*, etc., dont le participe se terminait en *ié* : dans sa difficulté à prononcer cet *ié*, le patois, dans certaines localités, a déplacé l'accent tonique, l'a transporté sur l'*i* et a laissé tomber l'*e*.

C'est ainsi du reste que le dialecte a changé la finale *iée* en *ie* dans la forme féminine du même participe, disant *aagie* pour *aagiée*, *baillie* pour *bailliée*, etc.

« Sachent tous que je Ferrans d'Araines, sires
« de Drommesnil, les devant dites ventes weil,
« gré et conferme et l'amortis de mi et de mes
« oirs a tousjours as die religieus comment k'il
« avienge que Jehane, me nieche, soit de mort
« ou de vie, anchois k'ele ait sen aage (âge) de
« tenir tere, en tel manière ke quant ele ara sen
« aage, s'ele ne veut otrier les ventes dedens
« demi an aprés che k'ele sera aagie... »
(Ch. de 1289. Etude sur le dial. pic.
par M. Raynaud.)

A la même catégorie de mots appartient *cauchie*, chaussée, route, qui existait dans le dialecte et qui est resté dans le patois :

« Me sires Gilles de Polainville tient de Monseigneur le Vesque C jorneus de terre assise « à Polainville en plusieurs plèches, et les apele « on les alnes, et le tonlieu du faucillage et la « frankise de le cauchie d'Amiens. »
(Dénombr. du Temp. de l'Evêché
d'Amiens, 1301.)

EMBRANQUER (s'), s'embarasser (de quelqu'un ou de quelque chose.) Dérivé de *branque*, branche ; *s'embranquer* est primitivement *se fourrer dans des branques*, puis par extension s'embarrasser. La locution picarde *être bien embranqué* correspond, pour le sens, à la locution française *être dans de beaux draps*.

Embranquer s'emploie à l'actif au sens de entreprendre plusieurs choses à la fois : de là le dérivé *embranqueux* qui se dit d'un homme faisant plusieurs métiers ou plusieurs *branches* de commerce.

Au radical *branque* se rattachent *ébranquer*, couper les branches d'un arbre et le dérivé *ébranqures* (plur.) branches coupées. On rencontre ces formes dans les anciens documents ; M. Devauchelle a relevé :

« Gilles Macquerel [est condamné] pour avoir
« esté trouvé esbranquant quesnes és bois. »
(Plaids de Boves, 1521.)

— « Mahieu Caverois avoit coppé et esbran-
« quié une haie ou buisson estans assez près du
« bois de Grenast. »
(Cocheris, Doc. Inéd. Lettr. de Rem. 1550.)

EMBRICOLER, mettre la bricole à une vache ; au fig. entortiller, faire tomber dans un piége. Dérivé de *bricole* dont l'origine est inconnue.

EMBRON, maladroit, propre à rien, incapable. Cette forme existait en vieux français au sens de *pensif, méditatif, triste*.

« Unques n'i vont doner respons,
Mais tuz pensis et tuz embrons. »
(Benoit.)
— « Ains trueve les gens si embrons
Et si crueus et si felons. »
(Du Cange.)

Embron paraît être aujourd'hui particulier au patois picard. Il s'est sensiblement éloigné de sa signification primitive. Cependant on a pu passer du sens de *pensif, incliné*, à celui d'*immobile, embarassé*, et arriver ainsi au sens actuel de *incapable* (d'agir), *maladroit, propre à rien*.

EMBRONGNIER, barbouiller, salir, noircir. C'est peut-être un dérivé, avec une extension de sens, de l'adjectif *brun*, qui est l'ancien haut allemand *brûn*, même signification. Je trouve la forme *brongnie*, salie, noircie, dans la *Vie de sainte Ulphe*, manuscrit de la bibliothèque d'Amiens.

« Ulphe s'en alloit par la ville, brongnie en sa « face, sa teste nue et ses cheveulx touillés et « espars. »

(V. **Boves et ses Seigneurs**, par M. JANVIER.)

Brongnie est un nouvel exemple d'un participe féminin ayant la finale *ie* pour *iée* dont j'ai parlé sous *Embramé*.

ÉMICHON ou ÉMUCHON, limaçon. On dit aussi *lémichon*. Les deux premières formes présentent une chute de syllabe initiale comme dans *échefrite*, *lèchefrite*, *teuve*, lièvre, *iard*, liard, etc.

Cette chute, on l'a sans doute déjà remarqué, est bien plus fréquente dans notre patois que dans notre dialecte et que dans le français, et n'atteint pas seulement la lettre *l*. Dans l'Amiénois et le Ponthieu, les paysans disent : « *Ho* ou *ha* « n'iro point », cela n'ira pas. *Ho* n'est autre chose que *cho*, ce, cela, forme picarde du vieux français *ço*, originairement *iço*, du latin *ecce hoc* : le *c* de *cho* est tombé. On pourrait croire que *ho* est le latin *hoc*, qui signifie aussi ce, cela. La forme *ha* montre qu'il n'en est rien, puisque *ha* n'est autre chose que *cha*, ce, cela, du latin *ecce hac* : même chute de lettre initiale.

On rencontre la forme *cho*, cela, dans une charte picarde de 1219 :

« Tot **cho** (tout cela) a reconeut Rassens en « se plaine veue. «

(**Chartes du Vermandois**, publiées par Le Proux.)

Nous avons encore ici un reste de l'inversion latine : le régime *tot cho* est placé avant le verbe, le sujet *Rassens* après.

Cho me rappelle un mot que j'ai oublié de donner à la lettre *C*.

Les paysans de mon village et de quelques autres dans les environs donnent aux gens du peuple d'Amiens le sobriquet de *chiqchogs*. J'avoue que j'ai cherché longtemps d'où pouvait venir ce sobriquet et que je me croyais en face d'un de ces mots réfractaires à toute analyse qu'on rencontre si souvent dans les patois. Pauvres étymologistes, nous cherchons parfois bien loin ce que nous avons sous la main ! Les paysans, qui ne sont pourtant pas des Athéniens, ont la manie de trouver ridicules tous les mots qu'ils n'emploient pas ; ceux de mon village appellent les Amiénois les *chiqchogs* parce que ces derniers disent *chi*, *cho* : le *q* est adventice comme dans beaucoup de mots qui prennent dans la bouche des illettrés quelque consonne confortative. (Cf. *empierger*, embarrasser, dérivé de *piège*.)

ÉMIOTER, réduire en miettes ; mettre du pain en petits morceaux. On dit au même sens *émiocher*. La locution *émioter du lait*, signifie *mettre dans du lait des petits morceaux de pain* pour les faire tremper et manger ensuite le tout comme une soupe. *Emioter* est un dérivé de *miote*, diminutif de *mie* lequel vient du latin *mica*, parcelle. On trouve dans Pétrone *mica panis*, miette de pain, et Brachet cite une formule du VIIᵉ siècle qui oppose *mica* à *crusta* : « A foris tur- « pis est crusta, ab intus *miga* nimis est « fusca. » Au figuré, *mie* est une négation qu'on rencontre continuellement dans le vieux français et qui a persisté dans le patois picard. « Je n'en ai mie, « dit Brachet, signifie proprement : « Je « n'en ai pas une parcelle ; » les Latins « employaient déjà *mica* au même usage : « *Nullaque mica salis*, » dit Martial. »

Mie était d'un usage fréquent dans le dialecte picard. Une ancienne coutume d'Amiens donnée par Du Cange sous *campiones* se termine ainsi :

« Et pour che que memore d'homme « ne peut *mie* retenir tout, et que cheste « Loi n'est *mie* souvent usée, l'a on chi « notée et mise en escrit. »

Les grévistes d'Anzin disaient en juillet dernier aux autorités civiles et militaires : « Rendez l's einfants, o ben la ré- « belle (grève, révolte) finira *mie*. »

(*Journal d'Amiens*, 25 juillet 1878.)

Je ferai ici une observation à propos de la finale *ie* dans *mie*.

A Amiens, Picquigny, Abbeville, etc., les finales *ie*, *i*, *y*, se prononcent *î*. Mais dans une foule de localités, on les prononce *ein, eun : mein*, mie, *ouein*, oui, *ichun*, ici, *Aubignun*, Aubigny, etc., ou même *u* avec un son nasal fortement accentué : *Blanju*, Blangy, *Corbu*, Corbie, *Cachu*, Cachy ; la finale de ce dernier mot rime avec *u* de *pot au-fu*, pot au-feu, dans un dicton déjà cité :

> « Quiot Cachu, (petit Cachy)
> Méchants gens ;
> Graut pot-au-fu,
> N'ot rien dedens. »

Puisque je viens d'écrire Aubigny, j'en prends occasion de faire une autre observation.

Les anciens étymologistes voyaient le latin *ignis*, feu, dans les finales *egny*, *igny* des noms de village. « Egny dans « *Ivregny*, écrit M Labourt dans ses « *Lettres sur le Château de Lucheux*, « doit avoir été le même mot qu'*agni* des « Indous, *ignis* des Latins, *igné* des « Français. » C'était là, on va le voir, une pure illusion.

« Ausone nous apprend dans une de ses « *Epîtres*, dit M. Cocheris, que son père « Jules avait une terre qu'on appelait « indistinctement *Villa Julii* ou *Julia-* « *cum*, et il qualifie le domaine de saint « Paulin, son disciple, de *Villa Paulini* « ou de *Pauliacum*. Les Romains don- « naient donc une valeur ethnique aux « noms de personnes en remplaçant le « suffixe ordinaire de ce nom par le suf- « fixe ethnique *iacum, acum*. » *Aubigny* (canton de Corbie) est originairement *Albiniacum*, domaine d'*Albinus*, nom du propriétaire romain ou gallo-romain de ce domaine. *Drugy* (près d'Abbeville), *Drusiac* au IXe siècle dans le dénombrement des biens de l'abbaye de St-Riquier, est primitivement *Drusiacum*, domaine de Drusus. De même *Montigny* (Nord, Somme) vient de *Montaniacum*, domaine de Montanus ; Barizis (Aisne) se disait *Barisiacum* en 662, et ainsi de suite à l'infini. On voit que *ignis* — qui du reste n'a pas passé dans les langues romanes — n'a absolument rien à faire ici. Il est en outre évident qu'il y a eu déplacement de l'accent tonique comme le montre *Drusiacum* qui est *Drusiac* au IXe siècle, aujourd'hui *Drugy*.

Le suffixe *acum* a donné *ai, ais, ay* : *Bernacum*, Bernay, arr. d'Abbeville. Toute l'étendue boisée qui s'étendait jadis entre le Laonnais et le Parisis, s'ap-pelait *Sylvacum* qui est resté dans *Servais*, localité de l'Aisne. Le primitif *Sylva*, forêt, a laissé *Selve*, *Pleine-Selve* dans l'Aisne, et le dérivé *Selvigny* (Nord) qui représente une forme latine *Selviniacum*. Dans le Pas-de-Calais, le *iacum* a fait *ecque*, comme on le voit dans *Blandecque* de *Blandiacum*, domaine de Blandus, *Eperlecque* de *Sperliacum*, *Coïecque* de *Coiacum*, etc.

EMMAINGNÉRE. On dit d'un homme qu'*il est bien* ou *mal emmaingnéré* pour signifier qu'il est adroit ou maladroit. Ce mot est un dérivé de *maingnière*, manière, forme qu'on rencontre dans le *Sermon* d'un curé *sur les Vérités du temps* :

> « Vos v'lò chi rassannés comme un host de poul-
> | daines
> Pour m'aouir sermonner chés paroles divaines.
> Etou j' vos vous préquer d'une boine maingnière
> Et m'étendre ed (de) men long sur un' belle
> | maquière. » (matière.)

Le dernier mot de cette citation est un nouvel exemple du changement de *t* en *qu* déjà bien des fois signalé, notamment sous *culmute*.

L'origine de ce mot est le latin scolastique *maneria* (dérivé de *manus*) qui est dans Abélard au sens de *genre*. manière.

On trouve la forme *mennière* dans une charte de 1249 :

> « Et se cille Agnes ou ses remennants en avoit
> « damage ne cous par le défaute de le waran-
> « dise (garantie) de celui Raoul ou de sen hoir,
> « ne s'ele en estoit grevée n'ocoisonnée par le
> « raison de doayre ne en autre mennière.. »
>
> (**Chartes du Vermandois** publiées par Le Proux.)

On rencontre dans des chartes du Ponthieu la forme *manère* dans laquelle l'*e* latin ne s'est pas diphthongué en *ie* :

> « Item je lais à le dite Maroie, me femme,
> « tout l'estorement de nos hostel, en tele ma-
> « nere et par tel condicion que le dite Maroie me
> « fera faire un anuel en l'église de Saint-Se-
> « pulcre, »
>
> (**Testam. de 1315**, Etude sur le Dial. pic., par M. Raynaud.)

EMMARVOYER (faire), tourmenter, chagriner. Corruption de *émerveiller* avec extension de sens.

EMMATRELÉ, enrhumé du cerveau. Ce mot est signalé comme picard par Cotgrave, Nicod et Louis d'Arsy. Corblet dit : « De même en roman. » Mais il ne donne aucune preuve de son assertion ; ce qui eût été. je crois, assez difficile. Ce mot existe dans le patois des environs de Mons sous la forme *emmaquerné* qui présente un changement déjà plusieurs fois signalé de *qu* en *t* (Cf. *quien*, chien et *tien*) et métathèse de *er* en *re* (Cf. *Fremin et Firmin*)

Cotgrave définit ce mot : « Enroué, enrhumé du cerveau, suffoqué, étranglé par un rhume. » Cette dernière signification fait songer au flamand *smacht*, étouffé, suffoqué. L's peut donner *es, é,* puis *en, em,* puisqu'on trouve, dans une des *Chartes d'Aire* publiées par M. Natalis de Wailly, *ensient* pour *escient* : « Li maistre ne doivent hébergier en » l'hopital, à leur *ensient*, ribaut, ne « houlier, ne fole feme. » Mais comment rendre compte de la finale, surtout de l'*r*? Le rhume produisant un embarras cérébral, souvent le mal de tête, *être emmatrelé* serait-il proprement *avoir martel, être martelé?* Il y aurait eu transposition de l'*r* donnant *emmatrelé* pour *emmartelé*

ÉMORMELER , écraser, réduire en marmelade. Ce n'est pas un dérivé de *marmelade*, mot 1'origine espagnole, peu ancien dans le français, et qui eût donné *emarmelader ;* mais il a probablement le même radical : c'est un mot parallèle.

La forme *mormeler* est commune au picard et au vieux français :

« Doivent toujours [les moines] lez au pilier
Siaumes [psaumes] rungler et mormeler. »
(Gautier de Coincy.)

Je lis dans le *Franc-Picard, Ann. de la Somme,* 1872:

« Ch' marissau (maréchal) o été chercher une
« barre d' fer ; i li o attaqué (appliqué) su l' dos
« un keup (coup) à l'émormeler. »

ÉMOUQUOIRES , mouchettes pour éteindre une chandelle. Dérivé de *émouquer,* forme picarde de *émoucher* du latin *muccare.* M. Devauchelle a relevé :

« Ung chaudellier d'airain avecq les esmouchoirs aussi d'airain. »
(Invent. à Amiens, 1683.)

EMPAFER, gorger de nourriture. Probablement de l'expression populaire *bâfre,* repas abondant, dont l'origine est inconnue : l'*r* dans cette position tombe en picard ; la labiale douce *b* sera remontée à la forte *p*, fait assez fréquent dans le nord de la France, et que j'ai signalé au mot *embertelé.* Ce mot se retrouve dans le patois de Liége qui dit *épafer,* gorger, soûler, donner à manger avec excès, s'*épafer,* se remplir jusqu'à la gorge.

EMPALTOQUER , mettre en paquet avec un sens péjoratif. C'est probablement une déformation populaire de *empaqueter* par transposition fantaisiste des consonnes des deux dernières syllabes. C'est ainsi que *chifonner* est devenu *fichonner* dans notre patois.

EMPANIR ou EPANIR. J'ai fait remarquer sous *em, en,* préfixe, que le picard présente plusieurs formes dans lesquelles *é* est pour *en* et réciproquement : *étampir* et *entampir, entomi* et *étomi. Empanir* et *épanir* reproduisent le même fait. *Empanir* signifie *sevrer* (un enfant); c'est proprement *le mettre au pain* au lieu de le nourrir à la mamelle. Les Amiénois disent *pan* pour *pain.* comme *man* pour *main, fam* pour *faim.* Cette prononciation est aussi celle du provençal :

« Tout èra net couma la man,
Fauta de pitança et de pan. »
(Lou Siège de Cadaroussa.)

Pan, man du provençal viennent directement du latin *panis, manus.* Il n'en est pas de même de *pan, man* qui se disent à Amiens ; le dialecte picard avait *pain, main* : le changement de *ain, in,* en *an* est le fait du patois amiénois qui dit *poitragne,* poitrine, ailleurs *poitrainnc, prance* pour *prince* lequel se dit partout ailleurs.

EMPÊQUE, obstacle, difficulté, embarras. Dérivé du vieux picard *empêquer,* empêcher, venu d'une forme bas latin *impactare,* dérivé de *impactus* participe de *impingere,* embarrasser : il y a eu changement de *a* en *e* et de *ct* en *qu.*

On trouve dans notre dialete les formes *empêquer, empêquement.*

« Et ne puent lesdites issues ne entrées estre
« empeckiées. »
(Ch. de 1304 (Encre) comm. par
M. Daussy.)

— « Et se (si) il avenoit que mi excequiteur

« fussent molesté ou contraint pour le cause de
« chest mien testament par le deffaute de men
« hoir que il l'empeeskast à paier en le manière
« que il est devisé...»
(Testament de 1315, Etude sur le Dial.
pic. par M. Raynaud.)

— « Et jura adonc le devant dite Agnès et ses
« flus (son fils) qu'il creoient que li abbes et li
« couvens de Valoiles eussent tenu le terre de-
« vant dite L ans et plus et que droit n'avoient
« à le terre requerre ne faire metre empecke-
« ment, anchois estoit li droit de l'église. »
(Ch. de 1286, ibid.)

Le *h* s'est changé en *ch* dans le patois par suite de l'influence française et on dit aujourd'hui *empêcher*. Mais on trouve encore *empêquer* au XVI° siècle dans le *Discours du curé de Bersy*.

« Che petiot saint qui est là drière men dos,
« n'est-i point vo patron et advocat envers
« Diu pour empêquer que ne fuchiez (soyez)
« point mengés de chés leus (loups) qui sont
« parmy chés camps ? »

EMPERSURER, mettre de la fressure dans du lait pour le faire tourner en fromage. Dérivé de *persure* qui est la forme picarde de *fressure* et dans laquelle il y a eu métathèse de *re* en *er* et permutation de *f* en *p*. *Empersurer* se dit au figuré au sens de *tromper*, *séduire* (une femme) : c'est un euphémisme comme notre expression picarde *embaracher*.

EMPERTELÉ. Les paysans disent : « Mé v' lò bien *empertelé*, » me voilà bien *embarrassé*, populairement *dans de beaux draps*, littéralement *bien empêtré*. Je crois en effet que ce mot est un fréquentatif de *empêtré* (*Cf. écraseler* de *écraser*) avec transposition de l'*r* donnant *empertelé* pour *empêtrelé*. Cette transposition n'a rien d'étonnant si l'on compare le latin *temperare*, *scintilla* et le français *tremper*, *étincelle*.

Il y a une différence dans la manière de prononcer les pronoms *me*, *te*, *se*, en français et en picard. De même pour l'*e* en général à la fin des mots. Dans *me*, *te*, *se*, l'*e* se prononce comme dans le français *bonté*, *aimé*, tandis que dans *bonté*, *aimé*, il est ouvert : *bonté*, *aimé*. C'est là, à mes yeux du moins, un reste de l'influence de la prononciation latine de *atem*, *atus*. Il y a déjà plus de trois siècles qu'un de nos compatriotes, Charles de Bovelles, a noté cette prononciation. « Ambiani (habitants du diocèse

« d'Amiens) in litterâ E id vitii habent
« ::, quotiens hæc in fine dictionis
« ceciderit, tam in latinis vocibus quam
« etiam in sermone vulgi, vix norint
« cavere quin eam resonent in sono *ai*
« ut : *Domine* — Dominai ; *mouillé* —
« mouillai. »
(De Differ. vulg. ling. 1533.)

Depuis que Charles de Bovelles a fait cette observation, l'influence française a changé un peu les choses ; l'*e* se prononce beaucoup moins ouvert dans le Beauvaisis, le Vermandois et dans la partie sud du département de la Somme.

Ailleurs, en général, il se prononce encore à peu près comme il y a trois cents ans. « Dans les environs de Mol- « liens-le-Vidame et d'Airaines, m'écrit « M. Gricourt, il est ouvert jusqu'au « point d'approcher du son *a* : *bonta*, « *charita*, etc. » Il en est de même du côté de Rue et de Montreuil-sur-Mer.

Je prends occasion des pronoms *me*, *te*, *se*, pour expliquer un mot et une locution·

On dit, en picard, à un chien qu'on veut faire venir près de soi : « *Té*, Médor, *té*. » *Té* n'est pas ici un pronom ; c'est une corruption de *tiens*, prends. Cette origine est confirmée par le fait qu'on dit *tène* en Provence, *ten* (tin) dans le Berry.

Mè, pronom, se rencontre dans une locution fort curieuse.

Quand les paysans veulent lancer leur chien sur un autre chien pour se défendre contre l'animal étranger, ils crient : « *Samè*, *samè*, Médor. » Il y a là deux mots : *Sa* et *mè*. Pour le second, nulle hésitation possible : c'est le pronom personnel *me* prononcé *mè*. Quant à *sa*, c'est le reste du mot latin *salva*, impératif de *salvare*, sauver, protéger ; *sa me* signifie donc : *défends-moi*. C'est ainsi que les Provençaux, dans des circonstances identiques, crient à leur chien : « *Para me*, » c'est-à-dire *défends-moi*. En effet *para* est l'impératif du verbe latin *parare*, lequel un peu détourné de son sens primitif, a donné *parer* qui exprime l'action de se disposer à éviter ou à repousser un coup. On pourrait objecter, je le sais, que *sal* de *salvus*, *salvare* a fait *sau* dans *sauf*, *sauver* ; mais j'ai un texte qui prouve qu'au XII* siècle on disait *saf* de *salvus* :

« Kikunques vult estre saf... »
Quicumque vult salvus esse...
(**Psautier d'Eadwuin**, passage cité sous doutance.)

EMPIRIER, gâter. Forme commune au picard et au vieux français et qui est un dérivé de *pire*.

« Cil l'empire [le chemin] qui teffet les cau-
« chies qui furent fetes (faites) pour le quemin
« amender. »
(**Beaumanoir.**)

— « Pourcel (porcs) ne doivent en nule saison
« estre soufert en prés, porce qu'il l'empirent
« de fuullier. »
(**Ibid.**)

— « Et pour ce que lesditz bledz estoient fort
« empiriés de calendres, ledit abbé le mist à
« quatorze sols la rasière, parquoy len (l'on) en
« mena grant nombre à Abbeville. »
(**Chron. de Pierre-le-Prestre.**)

Nous avons en outre le mot *rempirier*, devenir encore pire, aller encore plus mal qu'auparavant. « Ch'temps o coire *rempirié*, » le temps est devenu encore pire qu'il n'était déjà.

EMPOTINER, salir, noircir. Serait-ce un dérivé de *potin*, nom donné à la dernière qualité de cuivre, susceptible de prendre vite un aspect malpropre ?

EMPOUILLÉ, chargé de récolte sur pied. On dit : « Terre *empouillée* de blé, de trèfle, etc. » Un champ *dépouillé* étant un champ *nu*, *pauvre*, il est probable que le peuple aura, par opposition, formé *empouillé* au sens de *garni*, *revêtu*, *enrichi* (de récolte).

EMPULÉ. Se dit d'un bâteau *enfoncé* dans le sable. Le breton a *poul* au sens de *fosse*, *cavité*, *profondeur*. Le flamand a *poel* bourbier, fondrière, qui se prononce *poul* comme le mot breton, et qui remonte peut être au celtique. C'est à ce radical que se rattache probablement notre mot picard *empulé*.

EMPUNAITER et **EMPUTER**, infecter, rendre puant. *Emputer* vient de l'ancien adjectif *pute*, puant, sale, du latin *putidus*, fétide, adjectif qu'on rencontre souvent dans les vieux auteurs :

« Et ma seror (sœur), la pute meretris,
Par qui je sui si vilment recueillis... »
(**Bat. d'Aleschans.**)

— « Je ne fai rien de **pute** chamberière
Qui ait esté corsaus ne maaillère,
A toutes gens communax garsonnière. »
(**Raoul de Cambrai.**)

Empunaiter est un dérivé de l'adjectif *punais* qui vient du radical *put* (de *putidus*) et d'un suffixe *nais* pour *inais* qui est le latin *inaceus*. On trouve en langue d'oïl la forme *empunaisier*, empuantir. (V. Glossaire d'Hippeau.)

EN, prononcé *ein*. Forme picarde du pronom indéfini *on* dans l'Artois, le Cambresis et le Vermandois. On dit : « *En* n'iro mie, » on n'ira pas. Ailleurs on dit *o* : « *O* voiro » on verra. On sait que *on*, anciennement *hom*, *om*, n'est autre chose que le latin *homo*, homme, qui avait déjà le sens de *on* dans le latin de la décadence, comme on le voit dans Grégoire de Tours : « Ut inter tabulas adspicere *homo* non posset. » L'*o* s'est adouci en *e* comme dans *je*, au XI* siècle *jo*, au IX* siècle *io*, *eo*, du latin *ego* par la chute du *g* médial.

Je trouve la forme *en*, on, dans la *Chronique de Pierre le Prestre* (XV* s.)

« Item, depuis l'an mil IIII* XLIV
« pourra *len* voir les croniques plus au
« long en ce présent livre jusques à l'an
« LXXI là où *len* porra trouver de no-
« tables fais et entreprises faittes tant
« par le Roy de France, le Roy d'Angle-
« terre comme par le duc Phelippe de
« Bourgongne. »

Et dans les *Evangiles des Quenouilles* (XV* s.) :

« Et pour tout ne pœult (peut) l'*en* faillir de premier couchier et porter l'enfant sur le droit lez » (côté droit.)

On a déjà vu bien des fois les formes *men*, *ten*, *sen*, mon, ton, son, du latin *meum*, *tuum*, *suum* contracté en *mum*, *tum*, *sum*. De même que l'*o* de *om* s'est adouci en *e* dans *en*, on, de même le son *um* (on) de *mum*, *tum*, *sum* s'est adouci en *en* dans nos formes *men*, *ten*, *sen*, formes très-anciennes puisqu'on trouve *sen* dans le *Fragment de Valenciennes* (X* s.) à l'endroit où il est dit que Dieu donna à Jonas « un èdre (lierre) sor *sen* « cheve (son chef, sa tête) quant umbre « li fesist e repauser se podist. »

ÉNAVRILLÉ, deshabillé pour travailler à l'aise, comme on le fait au printemps. Dérivé de *avril*.

ENCAINER et ENQUIGNER. Formes picardes de *enchaîner*, du latin *catena* ; la seconde vient de *caïne* qu'on rencontre dans le dialecte picard :

    « De cordes, de harts et de corrés,
    De kaïnes et de carcans
    Les crucefient en lor bans. »
                (Barl. et Josaphat)

Il y a eu réduction de *aï* à *i*.

Cette réduction se représente dans un autre mot que je signale en passant : c'est *et pis*.

On dit : « J'irai à l' messe *et pis* (pi) à vépes, » j'irai à la messe *et* aux vêpres. *Et pis* signifie *et* en picard ; *pis* est *puis* avec réduction de *ui* à *i*.

On trouve *et pi* dans la *Canchon de Miquelle* (XVII° s.)

    « Ch'est un boin variotiau (garçon)
    Pu (plus) enfantiu que s' mère :
    J' li dorai (donnerai) un watiau
    Et pi plein un lot (pot) d' bière. »

ENCANTIS, pendant, en même temps. Corruption de *entandis* qu'on verra plus loin.

ENCASSER ou ENCACHER, enchasser. Ce mot implique la forme picarde *casse* du latin *capsa*, coffre, dont le *p* est tombé comme dans *rupia*, route. La forme primitive doit être *encasser* qui est devenue ensuite *encacher* par changement de *ss* en *ch*. M. Devauchelle a relevé :

    « Deux enchensoirs d'argent pesant sept marcs
    « et demi, un chief à semblance de femme où
    « sont plusieurs reliques encassées. »
          (Inv. du Trésor de l'egl. St-Germain d'Amiens, 1439.)
    — « Ung tableau encaché en verre. »
          (Inv. à Amiens, 1586).

ENCAUCHER ou ENKEUCHER, lessiver le blé de semence dans de l'eau de chaux. Dérive de la forme picarde *cauche* ou *keuche* venue du latin *calcem*, même sens.

ENCHAYER. Forme picarde de *essayer* avec *en* pour *é* (Voy. *Em, en*) et changement de *s* en *ch*. On trouve dans le dialecte *ensaier*, essayer, goûter (le vin), et d'autres formes semblables :

    « Item sur le descord des forages, nous maire
    « et jurés [d'Encre] irons ou envoierons de nos

jurés ensaier des vins et y metterons pris « (prix) raisonnable »)
          (Charte de 1389, doc. comm. par M. Daussy.)
— « Li maistres ne doivent hébergier en « l'ospital, à leur ensient (escient), ribaut ne « houlier ne fole feme. »
          (Chartes d'Aire publies par M. Natalis De Wailly.)

Le patois dit *envaler* pour *avaler*, ajoutant ainsi une *n*, tandis qu'il la retire dans *inventaire* pour dire *iventaire*.

ENCHENS. Forme picarde de *encens* qu'on rencontre dans le vieux français :

    « Quant il se confessent à Diu
    Près d'eus mettent enchens et fu (feu)
    Et cuident qu'aveuc la fumée
    S'en aille vers Diu lor pensée. »
          (Du Cange, **Jacobitæ**.)

Le picard dit *acenser* pour *encenser* : *en* s'est réduit à *a* comme dans *tenrai* (je), tiendrai. aujourd'hui *tarai* (je.) Le Glossaire de Lille qui est du XV° siècle traduit le latin *thus* par *enchens*. On vient de voir sous *encasser* le dérivé *enchensoir* qui n'est plus guère en usage : aujourd'hui on dit *acensoir*.

ENCHEPER (s'). S'entraver, se prendre dans les traits en parlant d'un cheval; au figuré, être embarrassé. On dit à ce dernier sens : « I n'est point *enchepé* d' mentir, » il n'est pas embarrassé, gêné de mentir.

Le radical de ce mot est le latin *cippus*, tronc d'arbre, billot, qui est d'origine cellique, gaël, *ceap*, tronc : le *c* doux latin s'est changé en *ch* dans le dérivé *encheper*, de *cep*, et dans *chipier*, geôlier, qu'on rencontre dans notre dialecte :

    « Ogier le chippier warde le prison eù li pri-
    « sonnier sont : il y a des larrons, mordreurs,
    « bougres, caupeurs de bourses. »
          (Dialogues pic. flam, 1840.)

Le sens de *chippier*, geôlier, s'explique par le fait que jadis *cep* signifiait *pièce de bois échancrée où l'on engageait les pieds du prisonnier pour le tenir plus sûrement en prison :*

    « Se li crieurs mesprent es choses de leur
    « mestier, le prevost des marchands le fet me-
    « tre el cep tant qu'il oit (ait) le meffet bien
    « espeni. »
          (Liv. des Mét. XIII° S.)

Dérivés : *Enchèpe*, embarras, obstacle. *Déchéper*, débarrasser un cheval qui s'est pris la jambe dans les traits.

ENCHIFERNURE, rhume de cerveau. Dérivé de la forme picarde *enchiferner*, enchifrener, qu'on rencontre dans Dangeau (XVII° S.)

« Le rhume lui avait tellement embar-
« rassé le nez, il était si fort *enchiferné*,
« qu'il ne pouvait prononcer les *n*. »

Selon Brachet, *enchifrener* est d'origine inconnue. Littré le fait venir du préfixe *en* et de *chanfrein* par l'intermédiaire de *chinfreneau*, le sens, qui était général, dit-il, s'étant particularisé au rhume assimilé à un *chanfrein*. Pour lui, l'*enchifrenure* est un embarras dans le nez par suite d'un rhume de cerveau, tandis qu'en picard c'est le rhume lui-même.

L'origine indiquée par Littré ne présentant point une certitude absolue, il est permis d'en chercher une autre. Je pose donc les questions suivantes.

Le rhume de cerveau étant surtout caractérisé par un *écoulement*, n'y aurait-il pas là un radical *chif* qui est dans le flamand *schifffelen*, couler, s'écouler petit à petit ?

Le patois de l'île de Guernesey qui a tant de rapports avec le picard (V. *Dare*) a le mot *chifenne*, roupie du nez.

Enchifrener aurait-il signifié originairement *mettre en écoulement, en roupie* ? Dans cette hypothèse l'*r* serait adventice comme dans tant d'autres mots, ainsi qu'on le verra sous *Etruque*.

ENCHIMENT, intelligence. Serait-ce une contraction de *enseignement* avec changement de *s* en *ch* et réduction de *ei* à *i* comme dans *pigner*, peigner, *signeur*, seigneur, etc.? Du sens de *enseignement* à celui d'*intelligence*, le passage n'est pas impossible, l'intelligence des choses étant un fruit de l'enseignement qu'on reçoit.

ENCHOITE, maladroit, inhabile, incapable. Orthographe incertaine, origine également incertaine. Si le préfixe est *in* — *inchoite* — on peut songer au latin *insuetus*, inaccoutumé, et, par extension, maladroit, incapable : il y aurait eu changement de *s* en *ch*. Serait-ce une corruption des deux mots *en chevêtre*, en bricole, en embarras ! En l'absence de documents, tout est simple conjecture.

ENCOIRE. Forme picarde de *encore* qu'on rencontre déjà dans notre dialecte :

« Que (car) mon langage ont blasmé ll François
Et mes chansons, oiant les Champenois
Et la comtesse encoir, dont plus me poise. »
(**Quesnes, Rom.**)

— « Encoir ne soit ma parole françoise... »
(**Ibid.**)

— « Ledit Pierre, abbé de Saint-Riquier, en-
« coires en laditte ville de Saint-Omer et voiant
« qu'il n'estoit encoires aulcune apparence de
« paix, doubtant (craignant) aussi fort la mort
« à cause de la maladie qu'il avoit, obtint
« du prinche et de la princhesse un mande-
« ment... »
(**Chron. de Pierre-le-Prestre**, XV° S.)

ENCORSER, avaler, manger. Dérivé du vieux français *cors*, corps, du latin *corpus* : encorser est proprement *mettre en corps* ou plutôt au corps.

Nous avons aussi *recorser* (se), se restaurer, manger. Une vieille paysanne assez riche, mais fort avare, racontait un jour à ma mère qu'en allant à Amiens, elle s'était *bien recorsée* avec une livre de cerises et le morceau de pain qu'elle avait emporté dans sa poche...

ENDAIN ou **ENDIN**. Se dit dans les environs de Vervins d'un *petit tas* de foin tel qu'on en fait lors de la fenaison. *Orig. inc.*

ENDIZELER, mettre des bottes de blé, d'avoine, etc., en *dizeaux*, c'est-à-dire en un tas composé de *dix* bottes. Dérivé de *dizel*, forme primitive de *dizeau*, en picard *diztau* ou *dizieu*. On rencontre la première de ces deux formes dans la *Chronique de Pierre le-Prestre* (XV° s.)

« Et cependant, oudit moys daoust, le Maris-
« sal de Gueldres, a tout (avec) une route de
« gens, se vint bouter en léglise et abbéie dudit
« Saint-Riquier ; et pour ce que luy ne ses gens
« n'entendoient le langage, ilz s'enfermoient
« songneusement en laditte abbéie... Pendant
« la messon (moisson) dudit aoust, ses gens
« firent grant dommage et grandes pertes au
« poure pœuple, car ilz avoient grans sacqs
« quilz portoient aux champs, et copoient seu-
« lement les espiz des bledz qu'ilz trouvoient
« en dizziaulx, en garbe ou à soier, et pareille-
« ment aux avaines. »

Cette citation est un peu longue ; mais on y trouve plusieurs formes encore en usage aujourd'hui : *songneusement*, soigneusement ; *garbe*, gerbe ; *soier*, scier ; *avaine*, avoine.

ENDOGUER (s'), se remplir de nourriture au point d'étouffer. *Orig. inc.*

ENDOVÉ, engourdi, endormi ; au figuré, nonchalant. Dérivé de *dover*, venu d'un radical *dof*, *dov*, dont le sens primitif répond à celui de *affaiblissement*, *perte* (de force), *privation* (d'une faculté;) gallois *dôf* et *dov*, dompté, doux, tranquille ; bas-breton *dova*, rendre docile ; écossais *dover*, à moitié endormi, engourdi ; islandais *daufur*, sourd ; flamand *doof*, sourd ; allemand *taub*, sourd, engourdi, *tauben*, étourdir.

ENDRONQUER (s'), s'embourber. Corruption de *endraguer*, dérivé de *drague*, dont l'origine a été indiquée sous *dédraguer*.

ÉNEUCHER. (s'), s'étrangler en mangeant gloutonnement. Dérivé de *os* ; *s'éneucher* signifie originairement se mettre un os dans le gosier, et, par extension, s'étrangler en mangeant : il y a eu changement picard de *s* en *ch*. Le vieux français disait *énosser*.

« Uns leus (loup) qui fut de male part,
Glout et enfruns et de mal art,
S'énossa par mésaventure
D'un os d'une chièvre moult dure. »
(*Isopet*, II, fabl. 1.)

— « Quar pleüst ore au vrai cors Dié
Que un chien en fust énossé. »
(Du Pecheor, fabliau.)

On sait que le picard change facilement le son *au*, *op*, *ot*, en *eu* : *yaue*, eau, et *yeue* ; *cop*, coup, et *keup* : *ergau*, dispute, querelle, et *ergueu* qu'on verra plus loin.

ENFILÉE, réunion d'objets de même nature enfilés en forme de chapelet. Cette forme se rencontre dans des Inventaires où M. Devauchelle a relevé :

« Une vieille boëtte à sel, quatre enfilées de
« poix et deux enfilées de fèves, le tout estimé
« douze sols. »
(Cempuis, 1783.)

Enfilée est un substantif participial de *enfiler* dont le radical est *fil*, du latin *filum*. Il s'emploie aussi au figuré au sens d'*adresse à persuader* : « I (il) n'manque point d'*enfilée*. »

Enfilure qui est de la même famille, se rencontre dans la locution picarde *vir l'enfilure*, voir la tournure que prend une affaire.

De même *enflure*, trame (d'une étoffe) qui est une contraction de *enfilure*, et un synonyme de *lanchure* et de *duite*, ce dernier dérivé de l'ancien verbe *duire*, conduire, guider.

M. Devauchelle a relevé :

« Sur ce que les maistres du mestier de
« sayeterie nous ont présenté requeste conte-
« nant que les maistres tisserants de draps
« d'icelle ville s'ingéroient de faire chacun jour
« de la nouvelle marchandise que l'on appelle
« baye, qui se fait, assavoir : la chaîne de fil sec
« et l'enfileure de fil gras...»
(**Ordonn. de l'Echevinage d'Amiens**, 1568.)

— « Deux bottes d'enfilures pesant ensemble
« VIII livres et demye. »
(**Invent. à Amiens**, 1596.)

— « Une babine (bobine) de fil d'enfileure »
(**Ibid.** 1620.)

— « Ung buffaict à deux huisset (porte) dans
« lequel a esté trouvé deux babines et deux com-
« mençon de fillé (fil) d'enfileure, le tout
« soixante solz. »
(**Ibid.** 1621.)

ENFIQUE, bâton terminé en pointe servant au *jeu d'enfique*, autrement dit *jeu de fique en cul*. Dérivé de *enfiquer*, enfoncer, venu d'une forme latine *infigicare* par contraction régulière en *infig'care* et réduction de *gc* à *c* dur ou *qu*. On trouve dans le vieux français la forme *enfichier*.

« Où n'eûst cierge ou lanterne enfichée. »
(**Roncisv.**)

— « Je sui enfichiez au limon de la mer. »
(**Psautier.**)

Dérivés : *Défiquer*, arracher, retirer. *Renfiquer*, renfoncer.

On rencontre la forme picarde *fiquer* dans le *Modus* qui est du XIVᵉ siècle :

« Fay pieus (fais des pieux) et les fisque de
« reng (en ligne) à plain pié l'un de l'autre. »

ENFLE, tuméfaction, enflure. Dérivé de *enfler*. On lit dans le *Franc-Picard, Ann. de la Somme*, 1877 :

« Les uns disoient : « Ch'est un résipèle (éré-
« sypèle ;) d'eutes : « Ch'est une enfle d'ydro-
« pisie. »

Encore une chute de syllabe initiale dans *résipèle* pour *érésypèle*.

Je prie le lecteur de ne pas oublier que *en* se prononce *ain*.

ENFOURNAQUER (s'), se fourrer(dans un lit, dans un tas de paille, etc., etc.) C'est *enfourner* avec une finale péjorative *aquer*, comme dans *embernaquer*, salir, qu'on a vu plus haut.

ENFOUSTAQUÉ. Je ne connaissais pas ce mot. Je le trouve dans les notes que m'adresse mon dévoué et savant collaborateur, M. Devauchelle, et ne puis mieux faire que copier :

« On dit être enfoustaqué , être préoccupé « fortement; être hébété. Ce dernier état de « l'esprit est souvent une conséquence du pre- « mier : une grande préoccupation rend stupide, « indifférent pour tout ce qui est étranger à « à son objet. Les deux sens de notre mot, en « apparence contraires, se lient donc naturelle- « ment.

« Mais d'où vient le radical foustaqué qu'il « faut d'abord réduire à foustas, avant de lui « trouver un père. Ce père est le verbe flamand « voersteken, ficher au devant, que Plantin « (1573) traduit par le mot latin præfigere, et « qui se prononce fourstaiq'n, le n final se fai- « sant à peine sentir : l'r est tombé comme il « arrive si souvent en picard. Voer est une pré- « position qui signifie devant, et steken signifie « piquer. Enfoustaqué (être) signifie donc être « piqué, aiguillonné devant, en vue d'un évé- « nement dont les conséquences peuvent être « fâcheuses, en un mot être préoccupé. »

On remarquera que l'*r* du flamand *voersteken* est tombé dans le picard *enfoustaqué.* Cela n'a rien d'étonnant si l'on songe que cette lettre s'ajoute ou se retranche dans un assez grand nombre de mots. C'est ainsi, par exemple, qu'on trouve *turnique* pour *tunique,* dans la *Chronique de Pierre-le-Prestre* qui était picard :

« Item, et si fist faire ledit abbé, pour ser- « vir aux demy-doubles et aux dimenches, XVl « chappes, quatre casubles, deux turniques et « deux domatiques. »

On rencontre au contraire *Fédéric* (qui se dit encore aujourd'hui) pour *Frédéric* :

« En ce temps print le duc de Bourgoingne « appointement avec l'empereur Fédéric, aprez « qu'ils avaient eu plusieurs rencontres. »
(Ibid.)

Il y a entre Villers-Bretonneux et Démuin un bois d'où, le 27 novembre 1870, le général prussien Bentheim s'avança sur le premier de ces villages avec son infanterie et soixante pièces de canon pour arrêter les progrès de l'attaque française. Les paysans l'appellent bois de *Mogemont* : on disait autrefois *Morgemont.*

« Et li hoste qui n'ont carette vont amasser « et carquier le laigne (bois) au bos de Morge- « ment et l'amainent à mon hostel de Vil- « lers. »
(Dém. de la Terre et Seigneurie de Villers-Bretonneux, 1387.)

ENFUTAILLER, mettre en fût. Dérivé de *futaille.* On rencontre ce mot dans des inventaires :

« Trois muids de poirée non enfutaillée... « Donze muids de cidre nouveau non enfu- « taillé. »
(Invent. à Cempuis. 1761.)

ENGANER, tromper. D'après Littré, ce mot vient de *in* et du bas latin *gannare,* se moquer, *gannum,* moquerie : on retrouve *inganar* en espagnol, *ingannare* en italien, au sens de se moquer. La forme est la même; mais le sens offre quelque difficulté. Sans rejeter cette étymologie, je demande si l'on ne pourrait pas rapprocher *enganer,* tromper, d'un radical *gan* qui est dans l'irlandais *ganghad,* fausseté, tromperie. C'est là, je le sais, une donnée bien insuffisante; mais ici le sens est bon.

La langue d'oïl avait le verbe *enganer,* tromper, et les substantifs *engan, engannerie, engagne, engaine,* tromperie, ruse.

Il est remarquable que *engan* ait été employé dans les actes du moyen âge en latin, bien qu'il eût été facile, semble-t-il, de le rendre par un équivalent également latin. Du Cange donne une charte d'un roi d'Aragon dans laquelle on lit :

« Ego rex convenio vobis Dominæ Ma- « riæ... totum prædictum honorem te- « nere et habere et expletare in pace sine « vestro *engan.* »

Et plus loin *engan* est latinisé : « Quod « vobis valeam et vos adjuvem bonâ fide « et sinè *enganno.* »

On trouve la forme *engané* dans *Adenes li Rois* (XIII° S.)

« Ha, Diex, dist-il, pères de majestés, Com Karahues s'est vers vous mal prouvés, Qui si nous a trays et enganés. »

Un Maire d'Abbeville à la fin du XIII° siècle s'appelait *l'Enganeres,* le trompeur ou le rusé, comme on le voit dans une charte de 1292 :

« Je, Malheus l'Enganeres, maires, et li es- « kevin d'Abbevile, faisons savoir à tous chiaus

« qui chest chirografe verront ou orront
« que... »
(Etude sur le Dial. pic. par M. RAYNAUD.)

M. Janvier, secrétaire-greffier de la
Mairie d'Amiens à la fin du siècle dernier, a relevé *engandreux*, trompeur,
dans une *Délibération de l'Echevinage*
de cette ville à la date du 26 février 1475.
(XII° Reg. T.) Ce mot implique une
forme *engannereux*, venue de *engannerie* qu'on a vu ci-dessus, et un changement de *n'r* en *ndr*, fait assez curieux,
puisque le dialecte picard repoussait en
général les lettres intercalaires, disant
par exemple *poure*, poudre, *venredi*,
vendredi.

« Che fu fait en l'an de l'incarnation Nostre
« Segneur mil CC et LXXII, le premier ven-
« redi de may. »
(Etude sur le Dial. pic. par M. RAYNAUD.)

Il est probable que le *d* dans *engandreux* (qui est de la fin du XV° siècle)
est dû à l'influence française dont l'action se faisait alors sentir partout, surtout dans les villes.

Serait-ce à un sentiment naturel d'euphonie ou à une simple déformation fantaisiste qu'il faudrait attribuer le *d* dans
les mots *bouffonderie*, bouffonnerie,
farce, *pissonderie*, poissonnerie, *cochon-
derie*, cochonnerie, charcuterie, etc.,
qu'on rencontre dans la bouche des gens
du peuple à Amiens? Je signale le fait à
l'attention des juges plus compétents que
moi.

ENGANTER (s'), rester oisif, rester ac-
croupi près du feu. Les deux côtés des
larges cheminées des maisons de village
s'appellent *gantes*. *S'enganter* est proprement se mettre près des *gantes*, rester
près du feu à se chauffer ; de là le sens
figuré *rester oisif*.

ENGARBER, mettre les unes sur les
autres des bottes de blé, d'avoine, etc,
Dérivé de *garbe*, forme picarde de *gerbe*,
venu de l'ancien haut allemand *garba*,
même sens. Cotgrave donne *engarber*, au
sens de *couvrir, recouvrir*. On trouve
engarbé au sens de *serti, enchâssé* dans
un Inventaire où M. Devauchelle a relevé :

« Un petit quarquant (carcan, collier) d'agatte
« engarbée d'or prisé X livres. «
(Amiens, 1619.)

De même, par suite de l'influence française, la forme *enjarbé* :

« Ung chappelet de pattinottre de corail en-
« jarbé d'or garny de six paters et d'un petit
« tableau (médaille) d'or émaillé, et une agatte
« au mellieu (milieu), prisé le tout ensemble
« XL livres. »
(Ibid., 1617.)

ENGARIÉ, engagé, entraîné. On a vu
qu'on trouve *en* pour *e* préfixe et réciproquement. Le berrichon a *évarié*,
troublé, en délire, que Littré (Hist. de la
langue fr., t. II), rattache au latin *varius*
par une forme bas latin *evariatus*, en
observant que Du Cange donne des exemples dans lesquels *varier* est verbe actif
et signifie *faire changer d'avis*. Du sens
de *faire changer d'avis* à celui de *engager, entraîner*, il n'y a qu'un pas qui a
pu être facilement franchi. Le berrichon
évarié et le picard *engarié*, (originairement *égarié*) ont donc pour origine commune un bas latin *evariatus*, et non,
comme le dit Corblet, *invadiatus*, lequel
n'a pas la lettre *r* et ne peut donner que
engagé. Quant au changement de *v* en *g*,
comparez *Gascogne* de *Vasconia*, *gou-
pillon* de *vulpeculionem*, etc.

ENGAVELOIRE. On donne ce nom à
une moissonneuse dont le travail consiste principalement à former les javelles, puis à les porter au lieur lorsque celui-ci les met en bottes ou gerbes. Ce
mot est un dérivé de *engaveler*, dérivé
de *gavelle* venu du latin *capella*, poignée, du même radical de *capulus*.

Corblet orthographie *im, in* (ain) le
préfixe *em, en : imbanqué, impéke,
inchèpe, infiquer*, etc. Cette orthographe représente bien la prononciation ; mais elle n'est point rationnelle
et peut amener une confusion regret-
table, parce qu'on peut prendre *im,
in*, pour un préfixe remplissant un rôle
négatif, comme dans *impotent, infirme*,
etc. C'est en parcourant une série de
mots écrits de cette façon que j'en retrouve un par moi oublié en son lieu : je
répare tout de suite cette omission.

On dit : « J'ai été *encraissié*, » j'ai été
contusionné, littéralement *encraissié*,
engraissé, par allusion aux tumeurs que
causent les coups.

ENGE, race, espèce. On dit par ironie en parlant d'un enfant chétif, malingre : « Ch'est une belle *enge !* » C'est une jolie espèce, un beau spécimen ! Dérivé de *enger*, se multiplier, dont l'origine est inconnue. *Enge* est commun au picard et au vieux français.

> « . . . Amis, si tu sçavoies
> Que c'est grant chose de loenge
> Et com prisie en est li *enge*,
> Plus chier l'auroies à l'avoir. »
> (**Buisson de Jonesce.**)

Enge a (à Chaulnes) le sens de *engeance* : on dit en parlant d'un enfant turbulent, mal élevé : « Quelle *enge !* »
(*Comm. de M. Lefèvre-Marchand.*)

Le dérivé *énengé* signifie *rempli de mauvaises herbes* : c'est un synonyme de *eufenouillé*.

Enge est orthographié *inge*, c'est-à-dire comme il se prononce, dans une ancienne chanson en patois de Turcoing qui eut au siècle dernier un certain succès dans notre contrée, puisqu'on la trouve dans les meilleurs salons d'Amiens en 1774.

> « Te (tu) peux ben croire fermement
> Que j' n'aime nen (pas) Tonnette ..
> Ell' m'a l'autr' jour fait un affron,
> Qu'ell' m'a bradé (gâté) men linge.
> Quand qu'elle aroit cheut patacon,
> Ell' n'aroit nen de m'n *inge*. »
> (**Amoureux berneux** dans les **Etrennes Tourquennoises.**)

Le siècle dernier était tout au genre pastoral : on ne rêvait que moutons, bergères et bergers. Naturellement on faisait parler les personnages dans leur langage maternel. A Amiens, on pouvait donc sans déroger emprunter la note gaie au patois picard. C'est dans ce langage qu'un *Compliment* fut adressé *au Duc de Chaulnes, Gouverneur-Général de la Province de Picardie, au bal donné en la salle du spectacle d'Amiens, l'an 1753.* C'est également en patois picard que des nouveaux mariés de la haute société se laissaient complimenter. Gresset fut de ce nombre. En pareille circonstance la note grivoise est quelque peu permise. Aussi ne faut-il pas s'étonner d'entendre l'auteur dire à notre illustre compatriote : « T'éros enfin che soir Lolotte *in-folio...* » Lolotte était Mademoiselle Charlotte Galand, fille d'un négociant, ancien Maire d'Amiens.

On voit à la même époque une grande dame d'Amiens demander la chanson de l'*Amoureux berneux à Messire Galand de Longuerue, ancien Capitaine de Cavalerie et Chevalier de l'Ordre royal et militaire de Saint-Louis,* qui lui envoie de Camon les paroles et la musique notée, essaie de lui donner quelques préceptes sur la manière de prononcer le picard, puis s'arrête en disant : « Mais pardon, « Mademoiselle, je m'aperçois de la ridi- « cule témérité qu'il y a à moi, bien peu « avancé dans l'étude du picard, de vou- « loir vous indiquer les finesses d'une « langue que je vous ai entendue moi- « même parler avec autant de grâce que « le plus pur français. »

Cette lettre fait partie des papiers de famille de M. Faton de Favernay, Conseiller à la Cour d'Amiens, qui en doit la conservation à l'obligeance de M. Devauchelle.

ENGLÈME ou ENGLEUME. Forme picarde de *enclume* (du latin *incudinem*), par changement de *c* en la douce *g*. M. Devauchelle a relevé :

> « Une **engleume** de fer à battre dar. »
> (**Invent. à Amiens,** 1576.)

> — « Une **englesme** et ung souflet avec une « bigorne servant à usage de maressal. »
> (**Ibid.** 1596.)

> — « Ung dar de fer avecq un marteau et « l'**englème** servant au mestier de fauqueur. »
> (**Ibid.** 1596.)

Ces formes se retrouvent encore aujourd'hui :

> « Un jour qu'il [le maréchal] étoit agvalé sur « l'englème de s' forge... »
> (**Franc-Picard, Ann. de la Somme,** 1872.)

> — « D'un marichau (maréchal) alle o foit « (elle a fait) un des pus grands foiseux d'bra- « bants du monde : en buquant (frappant) su « ch'l'**engleume** aveuc li, alle o cangé du fer « en or. »
> (**Lettre de M. Honoré Lescot,** 1878.)

On retrouve dans le vieux français l'adoucissement de *c* en *g* signalé plus haut :

> « Au serpent a geté un cop merveille grant ;
> Sur le mot le féri, mais ne valut noiant,
> Nient (rien) com une **englume** ne va le cuir pas-
> [sant. »
> (**Baud. de Seb.**)

Dérivé : *Englemieu*, petite enclume : c'est un diminutif.

ENGORGANT, pâteux, qui gêne ou embarrasse la *gorge*. On dit der vaches qu'*elles s'engorguent* lorsqu'elles mangent des pommes qui passent difficilement et pourraient ainsi provoquer la suffocation.

Engorguer est la forme picarde de *engorger*. Il est curieux que notre forme se rencontre dans une ancienne coutume espagnole qu'on trouve dans Du Cange :

« De duobus molendinis quorum unum super
« aliud sit constructum, si illud quod est infe-
« rius engorgat quod est superius. »

ENGOVÉ, perdu dans des vêtements démesurément amples. Particulièrement en parlant d'une femme, c'est dire que sa robe, au lieu d'être dégagée autour du cou, monte beaucoup trop haut. Un homme est *engové* quand il semble disparaître dans un habit dont le col est très-haut. Ce mot est un dérivé de *gove*, nom donné chez nous à une cave non maçonnée et au premier trou que l'on creuse pour commencer à extraire la tourbe : il signifie littéralement *encavé*, enfoncé. L'origine de *gove* a été indiquée sous *Dégover*.

ENGRÉNOIR, petite cage dont la partie supérieure qui est en toile, se ferme à coulisse comme l'entrée de certains sacs. C'est un synonyme de *porte-oisieu* et un dérivé du verbe *engréner*. Ce mot est fort ancien, puisqu'on le trouve en langue d'oïl au XII° siècle (V. Gloss. d'Hippeau) sous la forme *égrainoire* et avec le sens de *sorte de cage*.

Les formes *égrenoire* et *engrenoir* montrent qu'on trouve *en* pour *e* et réciproquement. C'est ainsi qu'on dit, selon les localités, *enduqué* ou *éduqué*. Je voyais l'autre jour dans une citation de Du Cange *emparenté* qui est devenu *apparenté* dans le français moderne :

« La femme Bernart fu moult bien emparentée. »

   — « Lors se volt li Dus marier
     Pour ses amis emparenter. »

ENGUEUSER, tromper en faisant tort. Dérivé de *gueux* dont l'origine est inconnue.

ENGUILLEBAUDER ou **ENGUILLE-BEUDER**, engager quelqu'un (dans une mauvaise affaire) ; le décider à faire quelque chose (qui n'est pas avantageux) ; séduire par des paroles, tromper. Dérivé de *billebaude*, confusion, désordre, par changement insolite de *b* en *g*. Comparez pour ce changement *ébaloufrer* et *égarloufrer*. J'ajoute que les paysans de nos environs appellent *Riguemont* un village situé près de Corbie, dont la vraie dénomination est *Ribemont*, autrefois *Rebulmunt*, comme on le voit dans une charte de 1168, par laquelle Robert, évêque d'Amiens, confirme à Hugues de Fouilloy la possession des biens qu'il avait sur ce village (*Dignit. de la Cathéd. d'Amiens*, par l'abbé ROZE.)

Le nom d'une localité célèbre par ses eaux minérales nous offre le même changement en français : Saint-Galmier vient de *Sanctus Baldomerus*. (V. *Cocheris*, p. 142.)

Je trouve la forme *enguilbeulder* dans le *Franc Picard, Ann. de la Somme*, 1850 :

« Voyons que t'te baille une erchon (leçon)...
« Si j'povois t'enguilbeuder ! »

ENHANTER, assembler (des pièces de bois) ; emmancher ; arranger ; ajuster au propre et au figuré. Dérivé de *hante*, mot d'origine germanique, vieil haut allemand *hanthabe*, manche, lequel s'est contracté en *hanth'be* d'où *hante*, forme commune au picard et au vieux français :

« Entre ses mains tenoit s'hante fraisnie. »
              (Ch. de Rol.)

En vieux français *hante* avait le sens de *bois de lance* : il se dit en picard pour *manche d'une faulx*. Le dérivé *enhanté* se rencontre en vieux français au sens de *emmanché* :

« Une foene (trident) doit estre enhantée en
« une lance comme la hante d'un glaive. »
           (Modus, dans Lacurne.)

Enhanter s'emploie au figuré au sens de *habiller*, *ajuster*. J'ai entendu un jour une vieille paysanne infirme dire à sa fille qui était obligée de lui mettre ses vêtement : « Baye un peu comme tu m'os en-« hantée ! » c'est-à-dire : Regarde un peu comme tu m'as ajustée ! J'observe seulement que ce mot se prend en mauvaise part quand il est employé au figuré.

Dérivés : *Déhanter*, désunir, disjoindre, désajuster au propre et au figuré.

Renhanter, assembler de nouveau (des pièces de bois), rajuster au propre et au figuré. Les Picardes disent : « Je m' sus *renhantée*, » je me suis rajustée tant bien que mal.

J'ai fait plus haut une observation sur la prononciation picarde des pronoms *me*, *te*, *sc*. En voici une autre sur le pronom *tu* qui est devenu *te* dans les environs de Turcoing et de Tournai.

Le premier vers de l'*Amoureux berneux*, chanson citée sous *Enge*, porte :

« Te peux ben croire fermement... »

Je retrouve quatre fois *te* pour *tu* dans les *Chonq Clotiers*.

Les *Chonq Clotiers* (les Cinq Clochers) sont un chant populaire tournaisien en patois picard : l'auteur est M. Adolphe Leray. Ayant appris par un journal qu'une délégation ouvrière de Tournai avait chanté ces curieux couplets en allant prendre le chemin de fer pour se rendre à l'Exposition, j'écrivis à la municipalité de cette ville qui m'adressa, par l'entremise de M. Delmée, éditeur de l'*Econo-mie*, une copie de la main même de l'auteur. Quelques jours après je recevais l'édition — paroles et musique — qu'en a publiée M. Lecomte-Bocquet, éditeur à Tournai. Je donne ces détails pour montrer que le picard vit encore à l'extrémité de son ancien domaine.

Voici le couplet dans lequel je trouve *te* pour *tu*. C'est le premier.

« Tornai feseot (faisait) mes espérances.
Vl'à qu'on m'dit : « Te dos (dois) t'embêter;
Et si te veux des jouissances
Ch'est à Paris qu'i (il) faut aller.
          Là te riras,
          Là te verras
Tous les farceurs, comédiens, canchonniers ;
Faut quitter Noter-Dame avec ses chonq clo-
                              | tiers. »

ENHEULER, donner l'extrême-onction. De *eule*, *heule*, forme picarde du français *huile*, du latin *oleum*. Le sens s'explique par le fait qu'on se sert d'huile pour administrer l'extrême-onction Les paysans picards disent d'un homme qui a reçu ce sacrement *qu'il est graissié*, ou bien que *ses seulers sont graissiés*.

Enheuler a un synonyme : c'est *estré-montionner* dont il est inutile d'indiquer l'origine.

Eule est resté dans un dérivé qui est devenu un nom de famille : c'est *Leulier*, le fabricant ou le marchand d'*eule*. Mais écrit avec une *h* et deux *l*, ce nom signifie ouvrier qui fait des *heulles*, c'est-à-dire des tuiles. On lit dans la *Chronique de Pierre-le-Prestre* :

« Monseigneur fist paver toute l'église
« de grands carels de Hollande, et re-
« couvrer de *heulles* et de plonc au plus
« nécessaire. »

Un certain nombre de noms de famille proviennent de l'exercice d'une profession ; en voici quelques-uns qui sont de forme essentiellement picarde : *Péqueux*, pêcheur; *Boquillon*, bûcheron ; *Magniez*, meunier; *Lemerchier*, le mercier; *Caron*, charron ; *Carpentier*, charpentier ; *Cachelev*, louvetier, littéralement qui *cache* (chasse) le *leu*, le loup ; *Fustier*, charpentier (dérivé du latin *fustis*, bois); *Houlier*, ouvrier qui extrait de la bouille, *Fauqueux*, faucheur.

D'autres ne sont que des noms de localités précédés originairement d'un nom de baptême.

« . . . lequele huisserie siet emprès le tene-
« ment Honneré de Hesdin, merchier. »
          (Ch. de 1333, Etude sur le Dial. pic.,
                    par M. RAYNAUD.)

— « Hues Courtois, fiex (fils) Courtois d'Es-
« trées, tient en fief XXII mencaudées de
« terre. »
          (Dén. du Temp. de l'Ev. d'A-
                    miens, 1301.)

On écrivit plus tard en un seul mot *Dehesdin*, *Destrées*, qui désignaient primitivement le lieu d'origine de l'individu ou de ses ancêtres.

Le nombre de ces noms est considérable : *Debray, Decagny, Decoisy, Degouy, Devaux, Desains, Dewailly, Decaix, De-caïeu, Deflesselle, Duquesnel, Devismes, Demailly, Dhangest, Devauchelle, Dheilly, Deberny, Daveluy, Dhavernas, Dhardi-villers, Daire, Desaintpol, Daussy, De-beaumont, Debeauvais, Darras*, etc.

Parfois la préposition *de* a disparu, et il ne reste plus que le nom de localité : *Jumel, Digeon, Ponche, Molliens, Beau-*

mont, *Beauvais, Fontaine*, etc. Je connais à Villers-Bretonneux un épicier dont le nom de famille est *Famechon*, probablement parce que sa famille provient du village de ce nom. Il est, lui, originaire de Toutencourt ; on ne le connaît à Villers que sous le nom de *Toutencourt* : il y a quatre cents ans on l'aurait appelé dans les actes Pierre ou Nicolas *de Toutencourt* qui serait devenu ensuite *Detoutencourt*, comme dans le premier cas, ou se serait réduit à *Toutencourt*, comme dans le second.

Quelques noms de région sont devenus des noms de famille : le commandant de la garde nationale de Paris en 1792 se nommait Santerre; j'ai connu un M. Vimeu, et l'honorable président du conseil d'arrondissement d'Amiens s'appelle M. Ponthieu. J'ajoute que nous avons des Defrance, des Dartois, des Deflandre, etc. On rencontre partout des Picart, des Normand ; l'ancien curé de Blangy-Tronville était l'abbé Flamand.

ENHUI, aujourd'hui. Se prononce selon les localités *ainnui* ou *énui*. Du latin *in hodiè*, *in* ayant donné *en* et *hodiè* ayant fait *hui* au sens de *ce jour*. On trouve en vieux français *ce hui* pour *ce jour* :

« Dont je vous ai conté ce hui
Comment de longh puis a sachié (tiré)
L'iauwe (eau) dont est venus à chef. »
(Ren.)

Je rencontre *enhui* dans l'*Epître* de D. Charles de la Rue, bénédictin de la Congrégation de Saint-Maur (XVIII° s.) :

« Vo fêt' qu'oz n'ons apprins qu'enhui
Noz o rendus pus (plus) ahuris
Qu'un cot (chat) qu'est prins par un' soiris. »

ENNÉE ou ÉNÉE. Forme picarde de *année* (du latin mérovingien *annata*, durée d'un an) qu'on rencontre dans notre dialecte au XIII° siècle :

« Le dite partie estoit tenue envers ledit abbé
« de VIII s. de pareis et les avoit paiés par
« X années. »
(Chartes du Vermandois, par Le Proux.)

Je la retrouve dans l'*Epître* de D. Charles de la Rue cité au mot *Canter* :

« Toutefois j'vos sohaite boine ennée. »

De même le dérivé *éniversaire* dans une citation de Du Cange sous *jornale* :

« Je en lais journel et demi pour mon servige
« faire le jour de mon éniversaire. »

Les formes *ennée, en, an, jenvier*, etc., ont donné lieu dans ces derniers temps à une discussion sur la transformation de *am, an* latin, et sur la prononciation de *en* (in) en picard. La question a été examinée par le Dr Neumann, professeur de philologie à l'Université d'Heidelberg. Comme c'est chose assez curieuse pour bien des gens de voir un savant d'outre-Rhin s'occuper de chartes picardes et de la pronononciation de notre patois, je donne la traduction du passage relatif à *en* (in).

« Les recherches de Paul Mayer et les
« investigations faites par Lucking don-
« nent comme certain ce résultat qu'à
« l'époque d'où datent nos chartes
« (XIII° siècle), il ne subsistait plus de-
« puis longtemps déjà aucune différence
« entre *en* et *an* qui tous deux
« étaient devenus *an*, ce qui n'établit
« pourtant pas comme chose dès mainte-
« nant certaine que *a* (e) devant les na-
« sales ait pris une valeur de voyelle
« nasale. On ne peut que supposer que
« cette relation, qui existait générale-
« ment, existait aussi dans le domaine
« de la langue picarde. M. Raynaud est
« cependant, au moins en ce qui con-
« cerne le dialecte du Ponthieu, d'une
« autre opinion. Il croit notamment que
« ce n'est pas le son *an* qui a chassé le
« son *en* (in), mais au contraire que c'est
« *en* qui a pris la prédominance. Il ap-
« puie cette opinion principalement sur
« la prononciation du patois picard mo-
« derne qui donne *en* (in), et sur quel-
« ques exemple d'écriture, tels que *jen-
« vier, pitenchiers*.

« Nos chartes donnent aussi de ces
« exemples : *Jehen, genvier, ennées,
« menger, en* (an). Cette dernière ortho-
« graphe (*en* pour *an* latin) ne prouve
« d'abord que très-peu ou même point du
« tout. A une époque où l'orthographe
« était incertaine, sans règles, et livrée
« aux caprices de chacun, alors que *en*
« et *an* avaient pris le même son dans la
« langue parlée, on pouvait, dans l'écri-
« ture, employer indifféremment l'une
« ou l'autre orthographe. Ce qui pour-
« rait avoir plus d'importance pour faire
« apprécier la prononciation d'autrefois,
« ce serait l'argument tiré de la pro-
« nonciation dans le picard moderne.
« Mais cette prononciation moderne

« est-elle réellement *en* (in) remplaçant
« les syllabes originaires *an* et *en*? Dans
« quelle contrée de la Picardie cette pro-
« nonciation est-elle en usage? S'étend-
« elle à tout ce qui est aujourd'hui du
« domaine du patois picard? Nous ne
« saurions répondre à ces questions d'une
« façon sûre : les renseignements nous
« font défaut. Car il nous paraîtrait ris-
« qué de nous appuyer sur le Glossaire
« de l'abbé Corblet qui manque complé-
« tement de système et ne peut inspirer
« aucune confiance.

« Nous devons donc nous tenir sur la
« réserve, et nous ne pourrons fixer notre
« opinion sur le point en question que
« quand nous aurons acquis de gens
« compétents la notion exacte de la pro-
« nonciation du picard moderne.»

(**Phon. et Fléx. du Dial. du Vermandois.**)

Je n'ai point la prétention de me mettre
au rang de ceux que mon confrère allemand appelle compétents. Je vais pourtant essayer de lui donner quelques-uns
des renseignements qui lui font défaut.

Am latin a donné *am* en picard :
gamba, gambe; *campus*, camp; *dam-
nare*, damner, etc.

An latin donne généralement *an* : *cantare*, canter; *sanguinem*, sang; *infantem*, éfant ou enfant, etc. *An* germanique
fait an : *hanthabe*, hante (manche d'une
faulx); *banc*, banc, etc.

En latin donne *en* prononcé *in*, *ain*,
ein, comme dans *Rhin*, *main*, *rein* : *vendere*, vendre (vindre); *sementia*, se-
menche (semeinche); *prudentem*, prudent (prudain); *grandi mente* grandment
(granmain), etc. Je ne connais point d'exception à cette transformation.

Il n'en est pas de même de celle de *an*
latin : elle présente, on va le voir, plusieurs exceptions.

On trouve *ennée*, année (du latin *annata*) dans notre dialecte au XIII° siècle,
dans le patois au XVIII°, et les paysans
disent encore *ainnée* ou *énée*. On dit
ainnuité, annuité, dans les environs de
Compiègne : de même *Aingleterre*, Angleterre, *aingoize*, angoisse, *aintienne*,
antienne, *aintiquité*, antiquité, *caindi-
dat*, candidat, *cadrain*, cadran, *painche*,
panse, *Jainne*, Jeanne. Ces trois derniers
mots s'emploient aussi dans les environs
d'Amiens et de Saint-Quentin. Un de mes

amis a entendu dire *jainvier*, janvier,
du côté de Doullens : on trouve la forme
jenvier dans une charte du XIII° siècle
et dans la *Chronique de Pierre-le-Prestre* qui écrivait aussi *Englois*, *Flameng*,
Anglais, Flamands.

J'ajoute qu'on lit dans Du Cange sous
parabolare la citation suivante emprun-
tée au *Roman d'Aubery* :

« **Flamaine** parolent et li auquant **Ainglois**.»

On dit partout *mainger*, manger, de
manducare, *rainqueune*, rancune, de
rancura, latin du moyen-âge, mais du
même thème que le classique *rancor*,
rancune, dans Saint Jerôme.

On peut ajouter à ces mots *tain*, tan,
tainer, tanner. Mais ce mot est d'origine
inconnue, par conséquent en dehors du
cas qui nous occupe.

En voici quelques-unes de la même catégorie que *ennée* du XIII° siècle, *ainnée* ou *énée* du patois.

Ainnieu ou *aingnieu* ou *ainieu*, anneau, du latin *annellus*. On dit *agneu* à
Chaulnes.

Vainner ou *véner*, vanner, de *vannare*, vein, van, de *vannus*. On trouve
venner dans Méusgier et *ven* dans le
Martyre de Saint Estienne, XV° s.

Painneau ou *péneau*, morceau de toile
ou chiffon dont les paysans s'enveloppent
les pieds en guise de chaussettes, du latin *pannellus*, diminutif populaire de
pannus. On trouve *penneau* dans le *Modus*, XIV° s.

A ces faits j'ajoute quelques observations :

La syllabe latine *an* dans *annata*, *annellus*, *vannare*, *pannellus*, ne se prononce pas comme dans *angustia*, *anti-
quitas*, *manducare*, etc., mais bien plutôt comme dans les mots français *canne*,
panneau, *Jeanne*, lesquels se prononcent
cane, *paneau*, *Jane*. En d'autres termes,
an n'est pas franchement, absolument
nasal; l'*a* est à peu près détaché de l'*n*,
et on prononce cet *a* comme dans le mot
français *âne*. En était-il de même à l'é-
poque de la transformation du latin en
roman? Le fait me paraît probable.
Peut-être une *n* était-elle tombée dans le
latin populaire : Littré dit que *anneau*
vient de *annellus* ou *anellus*. On trouve
dans notre dialecte *aniel*, anneau, *éniversaire*, anniversaire, *anuel*, annuel, *Jane*,
Jeanne, etc. L'*a* se trouvant isolé dans

les formes romanes de la Picardie, comme il l'était peut-être déjà dans le latin populaire, il est facilement descendu à *ai* : de là *ainnée* (*ennée* du dialecte) ou *énée*, etc.

J'ai une preuve de cet adoucissement dans une inscription qui se trouve sur la cuve baptismale de l'église de Saint Sépulcre à Montdidier, et qui dit *ain* pour *an* :

« Je fuz chy mie (mise) et assy en l'ain mil
« C xxxix. »

(V. Hist. de Montdidier, par
M. DE BEAUVILLÉ.)

Le même phénomène s'était, du reste, produit dans le latin même, comme on peut s'en convaincre en comparant *scandere* et *ascendere*, *descendere*, surtout *annus* et les dérivés *perennis*, *biennis*, *quinquennalis* : quelques-unes des exceptions que présente en picard la transformation de *an* latin ne restent donc pas sans analogies.

Dans *manducare*, *angustia*, *rancura*, etc., la syllabe *an* s'appuyait sur la syllabe suivante, et était franchement nasale. Aussi devient-il fort difficile, pour moi du moins, d'expliquer comment le son *an* est devenu *en* (ain) dans *menger*, *aingoize*, *renqueune*, etc. J'observe seulement que, dans ce dernier mot, le son *en* (ain) ne paraît pas être bien ancien, puisqu'on trouve *rancure* en 1290 :

« Et se aucune vilaine chose a esté faite par
« quoi aucune rancure soit entre aus... »

(Chartes d'Aire publiées par
M. NATALIS DE WAILLY.)

Je termine en signalant le fait suivant. La lettre *n* de *Jean* est tombée dans *Jean-Baptiste*, de sorte que, dans les environs d'Amiens, on dit *Ja Batisse*, bien que, quand il est seul, le mot *Jean* reste intact.

ENQUE. Forme picarde de *encre* du latin *encaustum* : le picard n'a pas intercalé un *r* comme le français. *Enque* qu'on prononce *inque*, est commun au picard et au vieux français :

« Quier (cherche, apporte) mei, bels fredre
« (frère), et enque et parchamin et une penne
« (plume). »

(Alexis, str. 57. XIe s.)

— « Mais, pour Dieu, va me quere enque et
« bon parchemin... » Enque et bon parchemin
« li a lors apporté. »

(Alexis, str. 140, XIVe s.
communic. de M. Devauchelle.)

ENQUIQUINER. Ce mot n'a pas d'équivalent exact en français ; c'est quelque chose comme *agacer*, *provoquer*, *défier*, *fâcher*, *irriter*, *se moquer*. Du reste, je ne l'ai jamais entendu prononcer que dans une circonstance particulière. Quand deux individus se sont bien querellés, ont échangé force gros mots, et qu'arrive le moment où l'on va passer des injures aux coups, il advient presque toujours que l'un dit à l'autre : « Je t'enquiquine », c'est-à-dire : je t'em...de. Notre mot ressemble au latin *inquinare*, souiller ; mais l'atone brève *i* placée immédiatement avant la tonique tombe et amène une contraction, de sorte que *inquinare* ne peut donner *enquiner*. Le vieux français avait *quine*, grimace. Faire une grimace à quelqu'un est bien un signe de moquerie, de défi, une espèce d'insulte et de provocation ; mais comment sans intermédiaires passer de *quine* à *enquiquiner* ?

ENSANNE, ensemble. *Ensemble* vient du latin *in simul*. Le vieux français et le vieux picard disaient *ensanle*.

« Jamais certes nous ne verrons
Ne ensanle ne parlerons. »

(Poës. Mss. av. 1300.)

— « Et li campions doivent aler **ensanle** et
« faire cacun sen devoir. »

(Anc. Cout. d'Amiens, Du Cange,
campiones.)

— « Item. Je lais pour Dieu et en osmone à
« Bauduin le Machon, men mari, me partie
« d'une maison que nous avons acquis en-
« sanle. »

(Testament de 1333, déjà cité.)

Ensanne vient de *ensanle* par assimilation de *l* en *n*. C'est ainsi que *étranler*, étrangler, a donné *étranner*, que *ébranler* a fait *ébranner*, et que *Fiennes* (nom de village) vient de *Fienles* :

« Je, Bauduins de **Fienles**, fais savoir à tous
« chiaus qui ches lettres verront... »

(Ch. de 1289, Étude sur le Dial. pic.,
par M. RAYNAUD.)

Je lis dans le *Franc-Picard*, Annuaire de la Somme, 1850 :

« N' parlons point tertous **ensane** comme des agaches. »

Le provençal a la même forme que le picard :

« Pastoureu, touteis ensen
Courren à Betelen. »

(Li Nouvè de Saboly.)

On rencontre la forme *ensianne* dans la *Suite du célèbre mariage de Jeannin;* je donne le passage en entier en changeant un peu l'orthographe :

« ... Il [le fils de Jeannin] avoit se toye
Comme ont chés compagnons leuz équerpe de
[soye
Sus l'épaule, où pendiaient trois biaux gros
[nœuds d'amour:
Un riolé de blanc et de bleu alentour,
Un piolé de rouge, un aute (autre) de gris-ganne
Tenné en bren dequien, et tous les trois ensianne
Merqués par un côté..... »

(Communication de M. Devauchelle.)

ENSILLER ou ENSEILLER, employer, dépenser, dissiper. « On sait, dit Littré, « que quelques mots qui ont passé du la- « tin dans le français primitif, ont changé « d'acception. » (*Hist. de la langue française*, T. II, p. 210.) C'est ainsi qu'*exsilium* a donné *essil* en vieux français avec la signification, non de *bannissement*, mais de *ruine, destruction.* Du Cange écrit : « *Exilium*, dissipatio, « destructio; *exillare*, destruere, dissi- « pare. » Un document porte: *Exillum* « non facient de domibus, de boscis. » Villehardoin dit : « Ne remest nule rien « à *essilier.* » On lit dans la Chronique de Flandres : « Puis alla vers Péronne « ardant et *essillant* tout le païs. » Du Cange écrit : « Les Picards se servent en- « core de *essiller* au sens de *dissiper* son « bien. »

On rencontre *essil* au sens de *destruction, carnage* :

« Onques lions ne leus warous (leus, loup)
Ne fist si grant essil de proie. »
(**Robert-le-Diable**, cité par Du Cange.)

J'ajoute pour terminer qu'on trouve dans Beaumanoir *essilleur de bien,* dissipateur. Ces citations expliquent comment *essiller* en est venu à signifier *dépenser, employer,* et on peut suivre ainsi les successifs amoindrissements de sens. Il est évident que, dans notre forme picarde actuelle, l'*n* est adventice comme dans *ensayer,* essayer, *ensient,* escient, qu'on a vus sous *Em, En,* ou bien encore comme *enfondrer* pour *effondrer* qui se rencontre déjà dans Froissart qui était picard :

« Le sire de Chintenois avoit une plombée « dont il enfondroit les bacinets qu'il attei- « gnoit. »

(Du Cange, **plumbatæ**.)

ENSOILÉ (ensoué lé) dans la locution être *ensoilé,* être altéré, avoir soif. Dérivé de *soif,* du latin *sitis,* soif, que le picard prononce *soi* (soué), c'est-à-dire sans faire sonner l'*f*. Cette lettre n'existant pas dans la prononciation, le dérivé a pris une *l*, comme il eût pu prendre une autre lettre. (Cf. *berbitier* de *berbis; éfreuter* de *freu,* etc.)

ENSORTER, avorter. Cette forme est employée dans le canton de Villers-Bocage où l'on dit aussi *ensortin,* avorton. On voit ici que le picard emploie indifféremment *e* et *en,* puisqu'on dit ailleurs *échorter, échortin.*

ENTANDIS. On dit : « *Entandis* messe, » pendant la messe. *Entandis* fait donc ici l'office de préposition. Dans certaines localités, l'*n* est tombée, et l'on dit : « *étandis* messe, » pendant la messe : c'est une nouvelle preuve que le picard prend *e* pour *en* et réciproquement.

J'ai donné dernièrement comme étant d'origine inconnue le mot *enge.* Je reçois à ce sujet la communication suivante qui me paraît excellente et que je m'empresse de donner : je la dois à l'obligeance de M. Robert De Guyencourt, d'Amiens.

« J'ai fait quelques recherches pour « tacher de découvrir l'étymologie de ce « mot et je viens vous faire part de ce « que j'ai trouvé.

« *Enge* signifie, dites-vous, race, es- « pèce.

« Wachter dans son *Glossarium ger-* « *manicum* donne aux vieux mots ger- « maniques *inga* et *ing* le sens de *fils,* « *descendants,* qui se rapproche beau- « coup de la signification de notre mot « picard. On r·trouve le mot *ing* avec « cette même signification dans un grand « nombre de noms de villages flamands « terminés par *inghem : Vaudringhem* « — Vaudri-ing hem — demeure de la « famille de Baudry. C'est ce même mot « *ing* qui, combiné encore avec un nom « propre, a donné les mots *Merowings,* « *Karolings,* c'est-à dire, descendants de « Merovée, de Karl. Je crois donc que le « mot *enge* peut être d'origine germa- « nique et venir de *inga, ing,* qui signi- « fiaient *fils, descendants.* »

Je remercie M. De Guyencourt de cette communication : il est bon que les jeunes gens intelligents et studieux aident dans leur rude labeur ceux qui ont blanchi sous le harnais. Quant au désir qu'il m'exprime de voir rassembler en un volume mes recherches sur notre patois, je puis lui annoncer que la première partie paraîtra aussitôt que la lettre F sera terminée.

ENTIQUER, enfoncer. D'un radical germanique *steck* qui est dans *stecker*, poinçon, *stecken*, piquer, flamand *steken*, ficher. Ce dernier a donné originairement *estiquer*, lequel est devenu *entiquer* par changement de *es, é* en *en* : on a passé facilement du sens de *piquer* à celui de *enfoncer*.

On rencontre la forme *entiquer* dans des documents picards :

« S'il y avoit chemins et voyes en « domage es ditz maretz (marais), frocqs, « routières, catiches, croustures, passa- « ges par où l'on va et charrie, les ditz « échevins et jurez peuvent pour les ré- « parations prendre librement pierres, « terres, croyons (craie) et cailloux, sa- « blons, gazons, tourber, picquer, houer « en tous lieux, même *entiquer* pon- « chons, faire estanquer partout. »

(Aveu servi en 1562 par les échevins de Long à Jean de Croy.)

On trouve l'expression *bien entiqué* comme équivalent de *bien planté, bien empêtré* :

« ..... Hay ! (aYe)
Qué pité ! Me faut-il acouquer sans personne !
Me povre pénilière, me panche ! » Sur che cri,
Voyant que ch'est à boin, Jennain saute du lit
Et s'en queure (court) tout droit moison de
| Mariette.
« Marie, êtes-vous là ? Marie, oh ! Mariette,
« Parlez donc ? « — Qué qui n'y a ? » — Me v'chi
| **bien entiquié** !
« Hé ! Venez, e'os volez, Prignon vent acouquié»
| (accoucher.)

(**Suite du célèbre mariage de Jeannin,** 1648.)

Au même radical se rattache probablement *étiquette* qui est, d'après Brachet, d'origine inconnue. La langue d'oïl avait *estiquette* au sens de *petit pieu servant à certains jeux*. On trouve dans Palsgrave (1530) la forme *esticquette*, pôteau. « A l'époque où un pôteau s'ap- « pelait une *étiquette*, m'écrit M. Devau- « chelle, cette dernière dénomination a « pu passer facilement à l'inscription que « portait le pôteau indicateur, et cela « d'autant mieux que cette inscription « était la seule raison d'être du pôteau. « Puis le nom s'est appliqué à toute au- « tre espèce d'inscription. » Et il ajoute qu'on rencontre encore la forme *entiquette* en usage à Amiens au XVIIe siècle :

« Ung grand sac intitulé sur l'**entiquette** : Pappiers concernant la terre et seigneurie de Cenlls.»

(**Invent.** juillet 1615.)

La forme primitive *estiquer* s'est conservée dans le nord du domaine picard. On dit dans le Hainaut *s'estiquer* au sens de se fourrer dans un endroit où l'on est gêné, où l'on n'aurait pas cru pouvoir passer.

Dérivés : *Entique*, piquet, petit pieu.
Rentiquer, renfoncer.
Détiquer, arracher. Cette der-
nière forme montre que le primitif est *estiquer, étiquer*.

ENTOMI. engourdi au propre et au figuré. Mot d'origine germanique, allem. *stumpf*, émoussé, obtus ; flam. *stump*, obtus; lourd, hébété. Cotgrave donne la forme primitive *estomi* signifiant *pétrifié, engourdi, rendu insensible, gourd*. On dit *étombi* dans la Flandre wallonne où s'est conservé le *b* provenant du *p* germanique; cette forme se retrouve aussi dans certaines localités de la Picardie. Froissart parle de gens « qui ont les « membres comme *entomis* et engour- « dis. »

On lit dans le *Franc Picard, Ann. de la Somme*, 1850 :

« Une glaine (poule) qui seroit queute (tom- « bée) an mitant d'un pouillier (poulailler) rem- « pli de renards, n'éroit point été pus (plus) « étombie qu' mi. »

ENTRADE, dans la locution *droit d'entrade*, droit que paie un fermier lors de son premier bail pour *entrer* en jouissance. Dérivé de *entrer* avec une finale *ade*, comme dans *glissade*, de glisser, etc.

ENTURLÉ, lourd, sans énergie, un peu sot. *Enturlé* est pour *entourlé* lequel n'est autre chose que *entourblé*, forme picarde composé de *en* et de *troublé* avec métathèse de *rou* en *our*. On trouve *tourbler* pour *troubler* dans Baudoin de

Sebourg qui écrivait en dialecte picard :

« La veue li *tourble*, si fu toute es-
« bleuie... »

Le *b* est tombé comme dans *tranner* de *trembler*, *sanner* de *sembler*, etc.

On a passé du sens primitif de *troublé* à celui de *lourd*, *lourdeaud*. Le vieux français avait la forme *entulé* qui avait laissé tomber l'*r* :

« Uns vilains entulés et riches
Qui moult estoit avers et ciches. »
(Ren.)

Avers dans cette citation signifie *avare*. Le picard dit *avarice* ; mais il a l'adjectif *avéricieux*.

ENVRIMÉ. Contraction de *envenimé* avec changement de *n* en *r*.

ÉOUTEUX, moissonneur. Dérivé de *août* pris au sens de *moisson* par adoucissement de *a* en *e*.

ÉPAGNOTER (s'), se trémousser, se réjouir, se divertir, folâtrer, danser. Dérivé de *épagneul*, picard *épagno* ou *épagneu*, petit chien ainsi nommé parce que cette race provient de l'*Espagne*, et dont on imite pour ainsi dire les ébats quand on s'*épagnote*. Le *t* du dérivé s'explique par le fait que le wallon qui est une branche du picard, dit *épagnote*, épagneul. On sait que Rabelais écrit *espagnol*.

On lit dans le *Dialogue entre Hélène et Pierrot* en patois d'Arras, 1814 :

« Amis, ginglons, fringuons, danchons,
Epagnotons nous, fertillons,
Rions, versons, trinquons, beuvons :
Que dens unn' si bielle fiète (fête)
No joie seuch' (soit) complète. »

Je trouve ce mot dans le commencement d'une vieille chanson picarde dont je dois communication à l'obligeance de M. de Guyencourt, d'Amiens :

« Ch'est aujourd'hui la fête à...
Cacun s'épagnotre.
J'aurons pour foire (faire) l' plaffe,
Un fond à cul d' blanc dro (drop, drap). »

L'expression *fond à cul* est une corruption de *fond de cuve* du vieux français. Il est vraiment fort curieux qu'elle ait persisté dans le patois picard. J'ignore absolument sa signification et son origine, et je me contente de citer les documents suivants qu'on trouve dans Du Cange :

« Pour fourrer une cotte hardie et **fons de**
« **cuve** qu'il [le roi] ot eu compaignie avec M.
« le Dauphin. »
— « Pour le corps du Roy un **fons de**
« **cuve**. »
— « Et estoit vestu d'une cotte hardie et
« d'un manteau à **fonds de cuve** fourré. »

ÉPANIR, sevrer. « De même en roman, » dit Corblet, mais sans citation qui appuie ce qu'il avance. Dans le Hainaut on dit *épanir*, *épénir* en parlant des enfants auxquels on ôte leur nourrice afin qu'ils ne tettent plus. Le radical de ce mot est le flamand *speen*, *spene*, tétin, le petit bout de la mamelle; lait de femme. « *Spenen*, sevrer, ôter la tette à un enfant. *Ablactare puerum, à mammâ disjungere*, dit Plantin (XVI° siècle.)

ÉPARSIN, éparpillement ; choses laissées çà et là; confusion, désordre. Ce mot a aussi le sens de *cancan*, *nouvelle répandue partout*. C'est, sous forme de diminutif, un dérivé de *épars*, répandu, disséminé, du latin *sparsus*, participe de *spargere*. Ce dernier mot a donné *épardre*, qui est commun au picard et au vieux français :

« Il se misent au fuir et s'esparsent li uns çà
et li autres là. »
'H. de Valenciennes, XIII° s.)
— « Les catholiques s'espardent par le bourg. »
(D'Aubigné.)

— « Primes, j'advoue tenir unne (une) masure
« amasée contenant un journel ou environ... à
« cause de laquelle masure je dois au jour de
« St Remy par chascun an vingt solz, au jour
« de Noël enne poulle, en mars unne corvée de
« bras, espardre et amasser les foings (foins) du
« seigneur, etc. »
(Dénombr. servi à Bauduyn, seigneur
de Fossemant, vers 1613, Mss.)

Au figuré le mot est joli dans ce passage d'un ancien fabliau où une jeune fille dit :

« S'on me regarde,
Dites-le moi.
Trop suis gaillarde,
Bien l'aperchoi.
Ne puis laissier que mon regard s'esparde.
Car tes (tel) m'esgarde
Dont moult me tarde
Qu'il m'ait o (avec) soi. »

ÉPAUTRER ou ÉPEUTRER, créver, écraser. Ce mot est peut-être un dérivé de la vieille forme picarde *peu*, *pieu*, qu'on retrouve dans *Aucassin et Nicolette* :

« Li quevalier et li serjant s'arment et

« queurent (courent) as portes et as
« murs por le castel desfendre, et li bor-
« gois montent as aleoirs des murs, si
« jetent quariax et *peus* aguisiés. »

Épeutrer aurait signifié originairement *frapper d'un pieu*; mais il n'y a là
rien de sûr.

On rencontre ce mot dans une épitaphe
tirée par Corblet des manuscrits du
P. Daire.

> « Il fut tué d'un Bourguignon
> Qui estoit bien mawois garchon :
> D'une mawoise espée rouillée
> Il eut le chervelle épeutrée. »

On donne aux arpenteurs le sobriquet
d'*épautreux d'roques* , litteralement
écraseurs de glèbes, parce qu'ils écrasent
les glèbes ou *roques* qui les gênent dans
leurs opérations.

On rencontre *épeutrer* au sens d'*ouvrir* (largement) dans une pièce de vers
intitulée *Ch' nouvieu beudet d' Ba-
laam* :

> « A ch' mot lò tout chacun ed (de) rire épeu-
> tre s' bouque. »

Je ferai ici une observation à propos
du mot *chervelle* de la citation en
vers.

J'ai donné plus haut le mot *écherveler*,
au sens de *tuer*, *assommer*, mais sans
exemple propre au picard. Depuis j'ai
reçu une édition allemande d'un poëme
fort curieux en dialecte picard dans lequel je rencontra notre forme au sens
primitif de *fendre la tête, faire sortir la
cervelle* :

> « Quant Aucassins oŸ dire Nicolete qu'ele s'en
> « voloit aler en autre paŸs, en lui n'ot que cou-
> « rechler. « Bele douche amie, dit il, vos n'en
> « irés mie, car dont m'arriés vos mort. Et li
> « premiers qui vos verroit ne qui vos porroit, il
> « vos prenderoit lués et vos metteroit à son lit
> « si vos asoignenteroit. Et puis que vos ariiés
> « jut en lit à home s'el mien non, or ne qui-
> « diés mie que j'atendisse tant que je tro-
> « vasse coutel dont je me peusse ferir el cuer
> « et ochire. Naje voir, tant n'atenderoie-je
> « mie, ains m'esquelderoie de si lonc que je
> « verroie une maisiére u une bisse pierre, s'i
> « hurteroie si durement me teste, que j'en feroie
> « les ex (yeux) voler, et que je m'eschervele-
> « roie tos. »
>
> (**Aucassin et Nicolette**, publié par H.
> Suchier, **Paderborn**, 1878.)

J'engage les amateurs de notre vieux
langage à se procurer cette édition ; ils
auront le plaisir de lire un fort joli petit
roman du XIIIe siècle, et surtout de voir
combien les Allemands mettent de patience, de soin et de savoir dans l'étude
comparative des formes de la vieille langue d'oïl et de ses dialectes dans lesquels
le dialecte picard occupe une place si
importante.

Maisière dans la citation qui précède
signifie *clôture, mur en pierres sèches* :
il vient du latin *maceries*, et a donné la
dénomination de plusieurs localités :
Mezières dans l'Aisne, *Mezières* dans la
Somme (arr. de Montdidier) et le diminutif *Mezerolles* (arr. de Doullens). Il y
a aussi une ferme dite *Mezières-les-Bus*
dans les environs de Montdidier.

ÉPAVES (plur.) On sait que les bois
gagnent toujours du terrain sur les propriétés limitrophes, parce que les racines
se traînent et produisent des rejetons.
On appelle *épaves* les portions ou lisières de bois situées en dehors des limites
du bois et appartenent en conséquence
au propriétaire de la terre limitrophe.
Épave vient du latin *expavidus*, effrayé : il ne s'appliquait dans l'ancien
français qu'aux animaux, non aux choses : un animal *épave* était un animal
égaré, errant. On le trouve dans le dialecte picard au sens de *étranger, qui
n'est pas du pays, errant, voyageur*,
en parlant d'un homme. On lit dans une
charte de 1411 que m'a communiquée M.
Daussy : « Et n'est mie à oublier que
« l'inventoire des biens des *espaves* ou
« *étrangiers* du Ryaume qui ne sont pas
« demourans en ladite ville [d'Encre,
« aujourd'hui Albert] et des estrangiers
« passans le quemin non subgiés (sujets,
« habitants) de ladite ville qui vont de
« vie à trépas... »

Aujourd'hui *épave* se dit de *choses perdues* : *épaves* du patois signifie donc
bois perdu pour le propriétaire du bois
qui a gagné sur les champs, *lisiére de bois*.

Au radical latin *pav* qui est dans *pa-
vor*, peur, *expavidus*, effrayé, etc., se
rattachent les dérivés suivants :

Épaveuder, effaroucher.
Épeuter, effrayer.
Épeute, épouvantail.
Épeutaire et *Epeutoir*, épouvantail.
Épeutener (épeutner), effrayer. Se dit
à Hornoy, m'écrit M. Gri-
court.

Épeutenaire, épouvantail. Le même correspondant ajoute qu'on dit d'un homme habillé d'une manière grotesque qu'*il o l'air d'un épeutenaire.*

Le provençal a une forme tout à fait semblable au premier de ces dérivés :

« L'armado d'Avignoun vira brido, et anê espavourdido...»
(Roumanille, Préf. du Siége de Cadaroussa).

Je trouve *épeute* dans le *Franc Picard, Ann. de la Somme*, 1864 :

« I m' sane (il me semble) à vir (voir) qu'chés lois ch'est des épeutes à mougnets » (moineaux).

Nous avons aussi les verbes *évauder, éveuder*, chasser, mettre en fuite, qui sont une contraction de *épavauder*.

On rencontre *épaveudé* dans une pièce de vers intitulée l'*Orage*, que Corblet donne dans son Glossaire et qui a été reproduite par Baumgarten dans son ouvrage resté inachevé : *Glossaire des Idiomes populaires du Nord de la France* (Coblentz, 1870).

« Ch'étoit dens chés cauds jours que laissiant
| cair leu fanes
Chés blés i meurissoit' emmi chés camps tout
| ganes :
Pourpensant su men chés, ej poussois men royon:
Mais vlò qu'un gros hernu carrié pa l' vent d'a-
| mont
Buque un cop qui randonn' jusqu'au fond d'chés
| vallées
Et foit gambillonner chés bêt's épaveudées. »

ÉPENTE, espace de temps. Orig. inc.

ÉPÈQUE, pivert. Mot d'origine germanique, all. et flam. *specht*, pivert. L'anglais a au même sens *pecker*, dont la signification littérale est *qui donne des coups de bec* : son *woodpecker* répond à notre picard *bêquebos*.

EPÈRE. On dit *tracher* ou *foire épère*, tracer, faire une ligne de démarcation entre deux champs chargés de récoltes. Ce mot est le même que *repère*, substantif verbal venu du latin *reperire*, trouver : il y a eu chute de l'*r* initial.

Locution picarde : « I n'en reste n' trache, n'*épère* », il n'en reste absolument aucun vestige, littéralement *ni trace, ni repère*.

La chute d'un *r* initial se retrouve dans un autre mot, et je suis bien aise de la signaler ici. Quand un charretier picard veut faire reculer un cheval, il lui dit : « *Cule, cule* », c'est-à dire : « R'cule ». On voit que l'*r* est tombé comme dans *épère* pour *repère*.

ÉPERLINGUER, mal recevoir quelqu'un, le renvoyer durement. Le radical de ce mot est le latin *elongare*, éloigner : il y a eu changement du son *on, un* en *in* (ein) comme dans *men* (mein). *ten, sen, mon, ton, son*, de *meum, tuum, suum*. *Per* dans *éperlinguer* est probablement le préfixe intensif *par*, dont l'emploi était fréquent dans le vieux picard, puisqu'on trouve dans la *Chronique de Pierre-le Prestre* les expressions *pardé-moli, partué, pardécapité*, etc.

Je m'aperçois ici que j'ai oublié de donner en son lieu le mot *élingue* et son dérivé *élinguer*.

Élingue existe en français, mais au sens de corde qui sert à charger et à décharger les navires, gros filin pour mettre un canot à la mer. En picard il signifie *fronde*, d'où le sens de *lancer* qu'a son dérivé *élinguer*. Ce mot nous vient du Nord, flamand *slinghe*, fronde, *slinghen*, lancer, ruer : il existait en langue d'oïl.

On trouve dans Du Cange sous *fundibula* : *eslingue*, fronde.

Et dans Guiart : « Par quoi aus chaillos (cailloux) *eslinder*. »

M. Devauchelle a relevé dans le *Livre des Rois*, XII⁰ siècle :

« E (et) les castels pristrent e les citez e les
« fermetez, e les bones cultures cuverirent de
« pierres, e les bones funtaines estupèrent, e
« les arbres ki fruit portouent (portaient) col-
« pèrent..., e li eslingur avirunèrent la maistre
« cited e grant partie en destruistrent. »

La leçon latina porte : *Et civitates destruxerunt*, etc... *et circumdata est civitas à fundibulariis et magna ex parte percussa.*

Nous avons aussi le mot *élingué* au sens de *répandu*, en parlant d'un bruit, d'une nouvelle : le sens du latin *elongare* et du flamand *slinghen* se prêtent également à la dérivation.

ÉPERNEAU ou ÉPERNIEU ou ÉPARGNIEU, souche vive qu'on conserve dans les haies ou dans les bois pour servir de délimitation. « Les éperneaux, dit M.

« Bouthors, sont les garants de la limite
« vraie. » (*Maximes du Droit rural.*)

Un de mes amis s'appuyant sur le fait
qu'on trouve en vieux français *esperne*
pour *épargne (et lor embloient lor esperne)* et que, dans les coupes de bois ou
le renouvellement des haies vives, on
épargne ou conserve les souches délimi-
tatives, voit là un dérivé du verbe *épargner* : l'*éperneau* est pour lui l'*épargné*,
le conservé. Cette origine ne me satisfait
pas : la finale *eau*, *ieu* reste absolument
injustifiable, parce que *é* ne peut devenir
eau, *ieu*. Pour moi, ce mot est d'origine
celtique et se rattache au radical *spern*,
épine, qui a dû donner dans le latin populaire une forme *spernellus*, d'où *épernieu*. On a vu qu'au IXe siècle les haies
constituaient des espèces de retranche-
ments ; rien d'étonnant que l'épine qui
est très-robuste et qui a des propriétés
défensives naturelles, y ait été l'essence
dominante. L'*a* de la forme *épargnieu*
n'est pas une difficulté ; l'*e* devant *l, r,
m*, devient facilement *a* : *alle*, elle, *war-
glos*, verglas, etc.

Je trouve la forme *épargnieu* dans un
Dialogue entre quatre champêtres in-
séré dans le *Mathieu-Laensberg Picard*
de 1849 :

« Il [le Maire) doit foire (faire) épluquer ches
« capluches, défende qu'o (on) prenche (prenne)
« de le marle, du craon, empêcher qu'o-z-en-
« leuve chés hayes séques (sèches) ou vertes,
« chés étocs, épargnieux... »

Le latin *spina*, synonyme de *spern*, a
donné le radical du nom de village *Épi-
neuse* dans l'Oise.

Beaucoup d'autres localités doivent
leur nom à des arbres : *l'Arbre-à-mou-
ches*, en picard *l'Abre-à-mouches*, dans
la Somme, *l'Arbret* dans le Pas-de-Calais viennent eux-mêmes de *arbre*.

Du latin *concisa*, taillis, est venue *la
Concie* dans l'Oise ; de *choca*, souche,
Chocques, *le Choquet* dans le Pas-de-
Calais ; de *brugariœ* venu lui-même du
celtique *brug*, buisson, *la Bruyère* et *la
Breviaire* dans l'Oise.

Buxus, buis, par ses dérivés *buxetum,
buxeria*, a fourni *Boussois* dans le Nord,
Buxières dans l'Oise, et probablement
Bouchoires, près Roye, dans la
Somme.

De même de *alnus*, aune, et de ses dérivés, sont venus *Alnes*, *Aulnoy*, *Lau-*

nay dans le Nord ; *Auneuil*, dans l'Oise,
Aulnois dans l'Aisne, et sans doute
Oneux, près d'Abbeville, dans la Somme.
Cette dernière forme représente le diminutif *Alnellus* qui a donné en Belgique
un *Oneux*, un *L'Honneux* et deux *Lo-
neux* : *o* dans ces formes est une corruption de *au*.

Betula, bouleau, a donné le collectif
betuletum, lieu planté de bouleaux, d'où
les localités dites *Belloy* dans la Somme,
l'Oise et le Pas-de-Calais.

Castenières dans le Nord, autrefois
Castenariœ, se rattache au latin *caste-
nea*, châtaigne, en picard *cataine*.

Puisque je viens de parler des bois et
des arbres, j'observerai en passant que
plusieurs noms de famille se rattachent
au règne végétal. Tels sont *Duquesne,
Decaisne*, du chêne; *Dubos*, du bois; *Cardon*, chardon ; *Gauguier*, noyer ; *Choquet*, petite souche, copeau ; *Pronier*,
prunier ; *Bocquet*, petit bois ; *Roisin*,
raisin ; *Porion* ou *Poirion*, porreau; *Chivot*, oignon.

ÉPEULE, bobine chargée de trame que
le tisseur place dans sa navette. Mot d'o-
rigine germanique, all. *spule*, bobine,
flam. *spoele* (spoul), bobine pour la navette. A Lille on dit *épuelle*.

On rencontre les formes *épeule, épaule*
dans les Inventaires : M. Devauchelle a
relevé :

« Deulx douzaines d'espœulles. »
(Amiens, 1595.)

— « Ung rouet à filler, un autre rouet à faire
espeulle. »
(Ibid., 1612.)

— « Un rouet à faire des espaules adjugé à
onze sols. »
(Vente mob. à Coisy, 1780.)

ÉPEUYÈRE. On appelle ainsi dans une
chemise ou dans une blouse la pièce qui
se trouve placée sur l'omoplate. C'est une
corruption de *épeullière*, dérivé de *épeule*,
forme picarde de *épaule*, du latin *spa-
tula*.

ÉPIATER, casser (à fleur de terre) du
bois sur pied. C'est un dérivé de *patte* et
une corruption de *épater*, forme qu'on
rencontre dans des actes publics où M.
Devauchelle a relevé :

« Ils (les adjudicataires) ne porront faire es-
« charter ne espater aulcunement les chocques
« ou rachines... »
(Adj. des coupes des bois de Boves, 1523.)

On trouve la vraie forme étymologique dans une adjudication des bois de Bours sis à Villers-Bocage (1748) :

« ... Ne pourront couper lesdits bois qu'en « saison convenable et qu'à blanche taille sans « les espatter. »

Épiater a aussi le sens de *fouler aux pieds, écraser avec les pieds.*

ÉPILLON (épyon), dard de l'abeille, de la guêpe. Le latin *spiculum* a donné *espieil*, épieu, pointe, en vieux français. *Épillon* vient d'une forme populaire *spicullonem*, ou n'est — ce qui est plus probable — qu'un diminutif de *espieil.* On dit *épinon* dans certaines localités ; cette forme se rattache au radical latin *spina*, épine, pointe.

Dérivé : *Épillonner*, piquer ; au figuré exciter, presser.

ÉPINCHES, subst. fém. pl. On l'emploie au sens de pincette de foyer et de tenailles. Dans certaines localités, on l'emploie aux deux sens au singulier. Ce mot est un dérivé du verbe *pincher*, pincer, qui est d'origine germanique, néerl. *pitsen*, pincer : il y a eu intercalation de *n*, changement de *s* en *che* et addition de *e* initial, comme dans *érouillé*, rouillé, etc. M. Devauchelle a relevé :

« Une cramelye à un branchon, une es-« pinche. »
(Invent. à Amiens, 1598.)
— « Une pallette de fer avec des espinches « de fer. »
(Ibid., 1616.)
— « Huit espinches à cordonnier. »
(Ibid., 1596.)
— « Trois marteaux, deux espinches de fer, « ung picq. »
(Ibid., 1619.)

De même *espincettes*, pincettes de foyer :
« Des espincettes d'airin. »
(Ibid, 1598)

Cet *e* adventice se rencontre dans un assez grand nombre de mots anciens ou encore en usage : tels sont par exemples *escourtine* (écourteinne) pour *courtine* (de lit) qui ne se dit plus, et *échenaillère* (V. *Chenail*) qui se dit toujours.

« Ung loudier, ung tour de lict de sarge verte « avecq les escourtaines. »
(Invent. à Amiens, 1613.)
— « Une couche de bois de chesne... avec les « escourtines. »
(Ibid, 1613.)

— « Quantité de paille sur les eschenailliers « adjugée à vingt-cinq sols. »
(Vente mob. à Coisy, 1780.)
— « La moitié des eschenaillières du han-« gard adjugée à trois livres sept sols. »
(Ibid.)

Cet *e* se rencontre souvent devant une consonne sifflante ; on le trouve aussi devant d'autres consonnes.

ÉPINÉ, tourmenté. On dit : « Il est épiné, » il est agité, tourmenté, inquiet. Dérivé de *spina*, épine. Je trouve cette forme dans le *Franc-Picard, Ann. de Somme*, 1876 :

« Feue défunte no mère, que l' bon Diu ait « s' n'âme (son âme) das sen Paradis, étoit par-« fois si épinée, si échouie... »

Cette forme est déjà bien vieille, puisqu'on la rencontre dans la *Voie du Paradis* de Baudoin de Condé.

« Pour Dieu convient que soit
La chars (chair) pénée et travellie
Et espinée et aguillie
Et pointe (piquée) de mainte pointure. »

Nous avons aussi *épinant*, irritant, agaçant, vexant, qui se dit surtout en parlant d'un enfant difficile, exigeant, ennuyeux : « Il est épinant. »

L'*i* du latin *spina* est resté *i* dans *espine*, *espiné* de notre dialecte, mais le patois a changé l'*i* du dialecte en *ei*, *in*, de sorte qu'on dit *épeine*, *épinne* (épeinne). On rencontre la première forme dans un Inventaire dressé à Amiens, en avril 1622 :

« Ung tableau de thoille (toile) garny de bois « où est pourtraict (représenté) ung jeune ju-« venceau quy tire une épeine à son pied.»

ÉPIOT ou ÉPIOU, petit épi, épi grêle et peu fourni de grains. C'est un diminutif de *épi*, du latin *spicus*, forme masculine de *spica*, épi. On sait que dans bien des localités le son *ot* se change en *ou*.

Spica a donné le bas latin *spicarium*, grange, dépôt de blé, champ de blé : de là les noms de localité *Spycker* dans le Nord, et dans l'Aisne *Épieds* qui était *spicaria villa* au IXe siècle.

ÉPILLE, épingle. *Épingle* vient du latin *spinula*, petite épine, petite pointe, diminutif de *spina*, épine. *Épiule* a le même radical ; mais il vient de *spiculum* par la chute du *c* médial donnant *spiulum*.

Les Picards disent : « Ch' moite s'ha-
« bille aveu des épiules », littéralement :
le maître s'habille avec des épingles : ce
qui signifie que la femme domine dans le
ménage.

Je lis dans le *Franc Picard, Ann. de
la Somme*, 1867 :

« I li ot acaté une épiule pour tenir sen charle
« (châle) aveu sen portrait d'sur. »

M. Devauchelle a relevé dans un inventaire dressé à Amiens, en janvier 1596,
chez un marchand passementier :

« Plusieurs quantités d'épiulles prisées V solz. »

On trouve aux XIIe et XIIIe siècles
(Glossaire d'Hippeau) *espille* et *espieule*,
epingie, *espiller* et *espieuler*, epingiier,
Notre *epiule* du patois n'est antre chose
que *épieule* de la langue d'oïl dont *eu*
s'est réduit à *u*. (Cf. français *aveugler*,
pic. *avuler*).

A l'epoque de la barbarie germanique,
l'épine remplaçait l'épingle ou plutôt
l'agrafe : « *Tegmen omnibus sagum,*
« *fibulâ, aut, si desit,* epinâ *consertum.* »
(**Tacite, De Mor. Germ.**)

ÉPOILLIER, épiler. Dérivé de *poil*,
venu du latin *pilus*, même sens.

ÉPONNER (s'), faire des efforts, se fatiguer beaucoup. Ce sens est figuré ; le
sens primitif est *pondre difficilement*
et en faisant de grands efforts en parlant
d'une poule. Il me semble difficile d'expliquer cette forme picarde, bien qu'on
trouve en vieux français *ponnoit*, pon-
dait :

« Pinte parla qui plus savoit
Celle qui les gros œs (œufs) **ponnoit.** »
(**Ren.**)

ÉPOULEMANDE, ouvrière qui prépare
les *canettes* ou bobines pour le tisserand.
On appelait *épouleman* à Lille l'ouvrier
qui faisait le même travail (V. Glossaire de
Debaire du Bac.) *Epouleman* est littéralement *homme de bobine*, qui prépare les
bobines : c'est un composé comme *cloqueman* qu'on a vu sous *Cloque.*

Notre *époulemande* est la féminisation
— quant à la finale — du *man* tudesque :
le *d* est adventice comme dans le picard
mande, manne, panier, et dans le diminutif *mandelette*, petite manne.

Dans le nord du domaine picard on appelait *épouleman* le jeune ouvrier qui
préparait les *épeules*. On lit dans les
Bans de l'Echevinage d'Hénin-Liélard,
XIIIe siècle :

« Et si, ne soit nus (nul) si hardis teliers,
« bourgois, ne habitans, ne vallés à telier, ne
« espoulemans de laiegne dras, ki face ban ne
« assise (assemblée) se par esklevins ne le font. »

On trouve dans une *Ordonnance des
Magistrats de Lille* du 2 juin 1741 :

« Les pères et mères qui auront engagé leurs
« enfants pour apprentifs ou comme époulmans
« ne pourront les retirer de chez les maîtres
« avant l'expiration du terme de leurs engage-
« ments. »

Une ancienne chanson lilloise dit :

« Il a pris s'n époulman, l'a jeté pa' l' ferniéte
Mais s' mère elle a venu dir' des sottis' au
| matte... »
(**Comm.** de M. Devauchelle)

ÉPOURER (s'), secouer la poussière
pour s'en débarrasser. Se dit des poules : « Chés glaines s'*épourent*, » quand
après s'être couchées dans la poussière,
elles hérissent leurs plumes et secouent
leurs ailes. A l'actif, *épourer* a le sens
de *semer, répandre, divulguer* une nouvelle ou un cancan : ce sens est figuré.
Ce mot est un dérivé de *poure*, forme picarde de *poudre*, du latin *pulverem*, et il a
la signification de *poussière* et de *poudre*.
Nous avons même le verbe *pourer*, donner, produire de la poussière. Le vieux
picard disait *poure* pour *poudre à canon*,
et on dit encore *poure*, poudre de chasse.
Une lettre du Bailli du Vermandois (1417)
adressée aux échevins de Noyon, demande « qu'on charge sur chare deux des
« meilleurs et des plus gros quenons (ca-
« nons) qui soient en le ville. » Et il est
ajouté : « Ne visez mie tant à la grosseur
« comme au meilleur ; et si envoyez des
« pierres et de la *poure*. »

(*Une Cité picarde*, par M. de Lafons.)

Dérivés : *Épourie*, vanterie, forfanterie,
embarras. On dit *foire ses
épouries*, faire ses embarras,
populairement et littéralement *faire sa poussière.*
Époureux, vantard, faiseur
d'embarras. Je rencontre cette
forme dans le *Franc-Picard,
Annuaire de la Somme*, 1850 :

« 1 donne une boine bornife à s' n' (son)
ami l'**époureux.** «

ÉPRESSER. Se dit pour *presser*. On voit que le patois a ajouté un *e* initial qui n'exprime nullement privation, puisqu'on dit : « Os serons *épressés*, » nous serons pressés, serrés, mal à l aise.

EPSER (epcer.) Ce mot n'est autre chose que *fesser* avec une métathèse dans laquelle l'*f* s'est changée en *p* Il en est de même de *epsie*, vessie ; *ebsache*, besace ; *ebzeux*, faiseur, etc

Locution picarde : *Avoir l'epsé*, avoir le frayon, c'est-à-dire un écnauffement douloureux pour avoir été à cheval ou fait une longue marche dans les chaleurs de l'été.

Je trouve *epsé*, fessé, dans un dicton assez drôle qui se répétait ici dans mon enfance :

> « A l'école,
> Panch' molle ; (panse)
> Cul battu
> J' n'irai pus ; (plus)
> Cul epsé
> J'y courrai. »

ÉIUCHER, vider, épuiser. Dérivé de la vieille forme *puch*, puits, du latin *puteus*, qu'on trouve dans le dialecte picard :

> « Toute la droiture que jou avoie au **puch**
> « de Gentelle, si comme del dekevillage et
> « de chou que je ne devoie rien mettre al (au)
> « **puch** faire. »
> (**Ch. de Corbie**, 1212, Du CANGE, **cavilla**).

La forme *épucher* est commune au picard et au vieux français :

> « Danc, dist Merlin, comandez, sire reis.
> L'ewe espuchier par quatre duiz ou treis. »
> (**Rom. de Merlin**).

> « — Richart, ne que espuchier
> Puet on la mer d'un tamis. »
> (**Matzner**).

Dérivés : *Épuche*, pelle creuse en bois pour rejeter l'eau qui entre dans un bateau : elle sert aussi à conduire le bateau.
Épuchette, dimin., petite pelle servant au même usage.

On rencontre la forme *épuche* dans un Inventaire dressé à Amiens, en 1616. M. Devauchelle a relevé :

> « Deulx navirons (avirons), une **espuche**, deulx bateaux. »

On trouve le dérivé *espuchée*, contenu d'une *épuche* :

> « Chascune bastelée de sel qui mo .te à mont

> « (amont) le pont du Grand Pont doit une **espu-**
> « **chée** suffisante de sel pasrant. »
> (**Ordonn. de l'Eschevinage d'Amiens**, 1653.)

On a dû remarquer ci-dessus la forme *puch*, puits, du latin *puteus*, dans laquelle la notation *ch* est pour *s*. Cette notation n'est pas rare dans le dialecte picard où l'on rencontre *souplich*, surplis, *décauch*, décaus, j'*euch*, j eus, etc.

> « Et li capelain doivent venir en capitle à
> « Aire et jurer qu'il warderont les drois ke li
> « capitle a en le glise de Saint Venant .. Et si
> « doivent estre en cape ou en **souplich** les di-
> « menches »
> (Ch. de 1241 dans les **Chartes d'Aire** publiées par M. Natalis de Wailly.)

> — « J'euch fain et vous me saülastes ;
> Si euch soif et vous m'abeverrastes. »
> (**Miserere du Reclus de Mollicns**, XIII° s.)

Le passage dans lequel je rencontre *décauch* est un peu long, mais très curieux. Le comte Garin dit à Aucassin que, s'il persiste à vouloir épouser Nicolette, il n'ira pas en paradis, mais en enfer. Celui-ci lui répond :

> « En paradis qu'ai je à faire ? Je n'i
> « quier entrer, mais que j'ai Nicolete,
> « ma très douche amie que j'aim tant.
> « Qu'en paradis ne vont fors tex gens
> « com je vos dirai. Il i vont chil viel
> « prestre et chil viel clop et chil manke,
> « qui tote jor et tote nuit cropent en coes
> « viés creutes, et chil à ches viés capes éré-
> « sées et à ches viés taquelés vesteures, qui
> « sont nus et *décauch* et estrumelés, qui
> « moeurent de faim et d'essil et de froit
> « et de messises. Ichil vont en paradis ;
> « aveuc chiaux n'ai jou que faire ; mais
> « en infer voil jou aler. Car en infer vont
> « li bel clerc et li bel quevalier qui sont
> « mort as tornois et as riques guerres, et
> « li sergant et li franc home. Aveuc ciax
> « voil jou aler. Et s'i vont les beles da-
> « mes cortoises que eles ont deus ou trois
> « amis avoc leur barons, et s'i va li ors
> « et li argens et li vairs et li gris, et s'i i
> « vont harpeor et jogleor et li roi del sie-
> « cle. Avoc ciax voil jou aler, mais que
> « j'aie ma très douche amie aveuc mi. »
> (*Aucassin et Nicolette*, XIII° s.)

ÉQUELLE. Forme picarde de *échelle* (du latin *scala*) caractérisée par la persistance du *c* dur en *qu*. On rencontre ce mot dans des Inventaires. M. Devauchelle a relevé :

« Item. Deux longue esqueille, une d'orme et une de tilleux » (tilleul).

(Flesselles, 1749.)

Le Glossaire de Lille (XV⁰ s.) rend *scala* par *esquelle*.

Au même radical se rattache *escaillier* (esca ié) qu'on employait jadis au sens de *rayons d'une bibliothèque* :

« Ung escaillier à mettre des livres. »
(Inv. à Amiens, 1608.)

A Amiens et dans bien d'autres localités, le picard dit *escaliers* au pluriel, bien qu'on ne parle que d'un seul : « Il est queu (tombé) en bos (bas) des *escaliers*. »

ÉQUEMPERCHE. D'après une note de M. De Lafons en marge de *écoperche* dans mon Glossaire de Corblet, cette forme existait en 1731 dans les environs de Compiègne au sens de *échalas pour les vignes*. On dit ici *écoperche* au sens de *perchoir*. Ce mot existait en langue d'oïl aux XII⁰ et XIII⁰ siècles (V. Glossaire d'Hippeau) et signifiait alors *bâton, perche*. On rencontre la forme *escorberge* dans Du Cange sous *escoparius* : « Lates et *escorberges*. » L'adoucissement de *che* en *ge* s'était produit à Amiens au XVII⁰ siecle. Un acte intitulé *Composition entre Monsieur Favre, évêque d'Amiens et Messieurs du Chapitre de la Cathédrale*, 23 mars 1671, porte :

« Sur la proposition à eux faite de changer
« l'escoperge, poutre ou entrebende qui tra-
« verse d'un côté à l'autre le chœur de la dite
« église soutenant douze chandeliers sur les-
« quels sont posés douze cierges, pour oster
« la difformité que cause la dite escoperge... »

D'après Littré, l'étymologie est l'ancien français *escot*, bâton, et *perche*.

ÉQUEUER, couper la queue. Dérivé de *queue*, du latin *cauda*.

ÉQUIGNER (s'). On dit d'un homme contrarié, mécontent, qu'il s'*équigne* ou s'*équainne*, pour signifier qu'il fait la mine. Le vieux français avait *échiné* signifiant *hérissé de poils raides et piquants* et dont le radical est le vieil haut allemand *skina*, épine, pointe. *Hérissé* est le sens propre ; *équigner* du picard est le sens figuré. Je trouve cette forme dans le *Franc Picard, Annuaire de la Somme*, 1872 :

« Ch'marquié (marché) conclu, i s'est en allé tout en s'équignant. »

ÉQUIGNON, petit morceau de bois pointu dont les enfants se servent pour suivre et indiquer les lettres en épelant. Dans mon enfance, chaque jeune écolier avait son *équignon*, qu'on appelait aussi *merque*, marque. *Équignon* est un diminutif. On le trouve dans Cotgrave comme mot picard sous la forme *esquignon* au sens de *touche*, sens qui est jusqu'à un certain point celui de *merque*.

L'origine de ce mot est germanique, ancien haut allemand *skina*, épine, pointe.

Il faut rattacher au même radical le mot *équinée*, qui se dit en Artois d'un morceau de porc pris à l'*échine* pour faire un rôti au four.

On trouve en vieux français au sens d'*échine*, *dos*, la forme *esquinée* qui présente le *c* dur ou *qu* picard.

« Estor de Salorie a le lance avalée (abaissée)
Un chevalier en fiert de telle randonnée
L'achier li embarra pardedens l'esquinée. »
(Li Bastars de Buillon, XIV⁰ s.)

ÉQUIPER. S'emploie — un peu en mauvaise part — au sens de *faire saillie* au delà des dimensions ordinaires. C'est ainsi qu'on dit d'une personne très-maigre que *ses os équipent*. Un nez *équipe* quand il est démesurément long.

Le Glossaire d'Hippeau donne la forme de la langue d'oïl *esquipper*, rejaillir, sauter. L'anglais a le verbe *to skip*, sauter, bondir, laisser échapper. L'allemand a *schieben*, pousser dehors, faire sortir. Là est l'origine de notre *équiper* picard. On rencontre dans le poëme de Blancardin (XII⁰ s.) la forme *eskiper* au sens de *s'éloigner*, ce qui nous conduit à celui de *faire saillie* :

« Li baron ont les nes (nefs) porprises
Et entrent ens communément ;
Puis lievent les voiles au vent
Par desuur les mas (mats) contremont.
De terre eskipent, si s'en vont.

On peut comparer utilement *équiper*, sauter, s'éloigner, faire saillie, et le français *saillir* qui a les deux sens de *sauter* et de *s'avancer en dehors*.

ÉQUISSER ou ÉQUICHER, éclabousser, faire jaillir ou lancer de l'eau sur quelqu'un. Le radical est dans le latin *excutere*, secouer, agiter, rejeter, dont le supin *excussum* a pu donner une forme populaire *excussare*, d'où *équcher*, *équisser*, *équicher*. Ce mot a aussi le sens de *repousser*, *mal recevoir* quelqu'un.

Dérivés : *Équichoir*, seringue en sureau avec laquelle les enfants s'amusent.

Équisse, seringue.

Dans un des manuscrits de la Bibliothèque nationale intitulés *Rebus de Picardie illuminés*, un rébus représente une *mère folle*, une *esquisse* et un *souci*; ce qui signifie : Fol est qui se soucie.

Nous avons aussi les formes *équiche* par changement de *ss* en *ch*, *étiche* par permutation de *q* en *t* (Cf. *quien*, chien, et *tien*) et *éclincher* qui est une corruption de *équicher*.

On trouve la forme *étichoir*, seringue, dans le *Sermon de l'ancien curé d'Arquèves* :

« O voiroimes (nous verrions) un peu si i (ils)
« iroient coire aveu des étichoirs par l' treu
« del séruse (serrure) del porte éteindre l' lam-
« pe, et pis (et puis) navrer chés gens d'ieue. »
(Comm. de **M. Devauchelle.**)

ERCHON. Forme picarde de *leçon* : il y a eu changement de *c* doux en *ch* et de *l* en *r*, puis métathèse de *re* en *er*. (Cf. *ervenir*, revenir, *elvrier*, levrier, *clvure*, levure.

On rencontre le *ch* picard dans la forme *lechon* qui existe en vieux français :

« Sans lui je ne puis pas apprendre :
Je ne saroie lechon rendre. »
(V. **Littré, Hist. de la Langue fr.**,
t. II, p. 317.)

On lit dans le *Franc-Picard, Ann. de la Somme*, 1850 :

« Voyons donc que j' te baille une erchon. »

ÉRELLE. Forme picarde de *oreille*. On dit aussi *oirelle* (ouérelle), à Gentelles *éraille*, comme *solail* pour *soleil*, etc.

On rencontre dans le dialecte picard la forme *orelle*; de même *consel*, *œul*, etc., etc.

« Et je soushaide le mort as médisans
Si que jamais nuls naistre ne peüst,

Et, s'il naissoit, qu'il fust si meskéans
Que iex ne bouche ne oreille n'eüst. »
(**Anth. pic.** XIII° s.)

— « Aucassins s'en est tornés
Moult dolans et abosmés
De s'amie o le vis cler.
Nul ne le puet conforter
Ne nul bon consel doner. »
(**Aucassin et Nicolette**, XIII° s.)

— « Fenme ne puettant amer (aimer) l'oume,
« com li hom fait le fenme... Car li amors de
« le fenme est en son œul et en son catron
« (bont) de sa mamèle; mais li amors de l'oume
« est ens el cuer plantée dont (d'où) elle ne puet
« issir. »
(**Ibid.**)

ERGAU ou ERGUEU, querelle, dispute. On dit selon les localités : « I m'o cherché *ergo* ou *ergueu*,» il m'a cherché querelle. Du même radical, avec une extension de sens bien naturelle, que le français *ergoter*, fatiguer de syllogismes dont la conclusion est le mot latin *ergò*, donc. Pour le changement de *au* en *eu*, comparez *martiau*, marteau, et *martieu*. *Op* lui-même donne *eu* dans beaucoup de localités : *cop*, coup, à Amiens, ailleurs *heup* prononcé *heu*, etc.

Je crois qu'il faut *hergau* — Corblet a mis *hergau* — dans l'exorde du *Véritable discours d'un logement de gens d'armes en la ville de Ham*, par Legros (XVI° s.)

« Frère, je vo dirai toute et au long l'affoire,
Le biau hern'quement et le grand hire-haire,
Le peine, le **hergau** et tout l'emblavement
Que che host de saudards me fist déraine-
|ment,
Quand i s'en vint flanquer dens me pauvre
|cahute
Ermé de longs picots, aussi de hecquebutes,
Atout (avec) un billetin faussé et contrefoit
Cuidiant por s'anicher trouver chy sen lit
|foit,
Et qu'en les atendant j'avois bouté tout cuire.»

Je me suis permis de corriger un peu l'orthographe de ces vers qui est affreuse dans Corblet où l'on trouve par exemple *diré* pour *dirai* ; *sandar* (plur.) pour *soudards* ; *ho*, troupe, pour *host* ; *gran* pour *grant* ou *grand* ; *paine* pour *peine* ; *sanichez* en un seul mot pour *s'anicher*, etc., etc.

ÉRIFLURE, égratignure, écorchure. Mot d'origine germanique, danois *rafle*, enlever, d'où le picard *érifler*, enlever (la peau), faire une écorchure. On trouve dans Du Cange sous *croquum* la forme *escriflure* :

« Icelluy Guillaume férit ledit Raoul d'un
« baston en la joe et lui fist une petite escri-
« flure. »

(Lettr. de Remiss. 1381.)

ERMÉNOCH (erméno). Forme picarde de *almanach* : il y a eu permutation de *l* en *r*, changement de *a* initial en *e* (Cf. *ergent*, argent) et de *a* final en *o* comme *tro* (il), il ira. On dit aussi arménoch.

Je rencontre la forme *erméno* dans le *Franc-Picard*, *Ann. de la Somme*, 1868 :

« Das (dans) l'**erméno** d'mil huit chent soi-
« xante sept , l'euteur (l'auteur) avoit l'air
« d' nous donner une erchon d' gramaire »
(grammaire).

Par une singulière et inexplicable anomalie, les paysans qui disent *ergent blanc* se servent du pronom personnel féminin dans le proverbe : « I feut (il faut) pren-« dre l'ergent pour ch' qu'*elle* veut » (vaut). C'est ainsi que dans ma paroisse et dans bien d'autres, on appelle *la clergé* la réunion des personnes qui figurent dans les cérómonies de l'église, curé, chantres, enfants de chœur. Cette dernière anomalie doit être déjà bien ancienne, puisqu'on la rencontre au XIIIe siècle dans Gui de Cambrai :

« Hé, clergie, com tu ies **basse** !
De mal faire n'es-tu pas **lasse** ? »

(**Barl. et Josaphat.**)

J'ai été tenté de donner en entier le passage dans lequel je prends cette citation ; c'est un des morceaux les plus curieux que je connaisse dans le dialecte picard. J'ai reculé devant la crainte de blesser des convictions que je respecte sans les partager. A ceux qui s'imaginent que la papauté et le clergé n'ont commencé à être attaqués que par Luther, je conseille de lire la satyre de Gui de Cambrai : ils verront que la décomposition du régime catholico-féodal est de deux siècles antérieure à la Réforme, et que, dans cette page véhémente de notre trouvère picard, on rencontre déjà nettement formulées les accusations d'où est sorti le mouvement qui a amené la révolution religieuse du XVIe siècle. Ce qu'il y a de plus curieux, c'est que ce poëme dans lequel les hauts barons ne sont pas ménagés, a été composé pour complaire à un chevalier, Guillaume, sire de Markais, et à sa noble épouse, Marie de Haplaincourt... J'ajoute, non sans quelque honte pour nous, gens de la vieille langue d'oïl, que nous devons sa publication à la Société littéraire de Stuttgart...

ÉRO ou ÉROU. Dans une foule de localités, on dit d'un homme maladroit, qui ne sait rien faire ou qui n'a pas d'énergie : « Ch'est un vrai *éro*. » Ce mot est tout simplement le français *zéro* avec chute de la consonne initiale.

Cette chute se retrouve dans le participe *été* du verbe être. Les paysans de nos environs disent : « Os ons *té* travailler, » nous avons été travailler. *Té* pour *été* se dit encore à Tournai, comme le prouve un passage des *Chonq Clotiers*.

« L'premier qui m'a dit un' parole
Quand j'étos intré dins Paris,
Cha té l' neveu Monsieur Dugnole.
Comme éch' garchon étot surpris !
   I' me r'luqueot (i', il)
   I' me rwétiot.
Tout à un queop (coup) quand il m'a bien rwétié,
I dit : « Viv' Noter-Dame avec ses chonq clo-
                  | tiers ! »

De même dans les environs de Compiègne : je lis dans une lettre de M. H. Lescot au *Progrès de l'Oise*, nov. 1878 :

« Comme vo rédacteu de ch' **Prongrès** il o té
« à chelle ducasse del moison (maison) Dela-
« haye... »

ÉROINCE, ronce. — Cette forme est particulière au patois ; elle présente un *e* initial adventice et un changement du son *on* en *oin* ou *ouen* (Cf. *men*, *ten*, *sen*, du latin *meum*, *tuum*, *suum*.) Le dialecte disait *ronche*, du latin *rumicem* contracté en *rum'cem* :

« Je suis chelle qui sans fouir (la Paresse)
Fais ès gardins cardons venir,
Ronches et orties lever. »

(**Du Cange sous Cauda**.)

— « Aucassins ala par le forest de voie en
« voie, et li dextriers l'en porta grand aleüre.
« Ne quidiés (croyez) mie que les **ronches** et les
« espines l'esparnaissent... Li sans (sang) li
« issit des bras et des costes et des ganbes si
« qu'on peüst suir (suivre) le trache du sanc
« qui caoit sor l'erbe... Et quant il vit que li
« vespres (soir) aprochoit, si comencha à plorer
« por chou qu'il ne le trovoit. »

(**Aucassin et Nicolette.**)

Au radical bas latin *runchus* se rattachent *Roncières*, nom d'une localité de l'Oise. *Ronsoy*, grand village de l'arrondissement de Péronne, représente un collectif *rumicetum* (lieu plein de ronces) qui, contracté en *rum'cetum*, change *um* en *on*, *c* doux en *s*, *etum* en *oi*, et laisse ainsi *Ronsoy*.

ÉROUILLER. Forme picarde de *rouiller*. On lit dans l'*Histoire de Jehan d'Avesnes*, XV° siècle :

« De prime face il mist à table devant lui son
« couteau lonct et esrouillé, duquel il tranchoit
« si lours morseaux qu'on en eust bien fait
« quatre. »

On trouve la forme *érullé* dans laquelle l'*l* n'est pas mouillée :

« Une allebarde érullée. »

    (Invent. à Amiens, 1596.)

Cette forme n'a rien d'étonnant si l'on songe que dans bien des localités, on dit *roule* pour *rouille*. *Roule* a aussi la signification de *rhume* : « J'ai une quiote *roule*, » un petit rhume. *Être érouillé* signifie être *enrhumé :* avoir la voix *érouillée* est avoir la voix gênée, sourde, par suite d'un commencement de rhume.

ÉROUTER, broyer (les tiges du lin sèche.) L'*e* initial est adventice. *Router* vient d'une forme populaire *ruptare*, venue elle-même de *ruptum*, supin de *rumpere*, rompre, briser. *Ruptare* donne *router* par changement de *o* en *ou* et réduction de *pt* à *t*, comme dans *rupta*, route ; *acaptare*, acater (acheter) etc.

Le nom de l'instrument servant à broyer les tiges du lin était *rupe* en vieux français, *rupa* en latin du moyen-âge. Un document du XIII° siècle porte : « Hæc sunt « instrumenta mulieribus convenientia : « forfices et acus et theca, fusus... *rupa* et « linipulus. » Un autre du XVI° siècle dit : « Quoddam instrumentum quod *rumpit* « linum, gallicè *rupe*. » Ce dernier mot semble se rattacher plutôt à *rompre* qu'à *router*, *érouter*.

ERPOU ou **ERPON,** berceau d'enfant. C'est le mot français *repos* avec métathèse de *re* en *er*. On rencontre la forme primitive *repos* dans un *Extrait du Livre rouge d'Abbeville*, publié par M. Louandre :

« Il advint le samedy XV° jour de dé-
« cembre MCCCCXIII que la fille de Jean
« Guillain, elle estant couquiée en son
« bers et *repos*, fu estranglée et le visage

« mengié par un petit pourchel qui estoit
« au dit Guillain. »

La forme *erpon* fait songer au latin *crepundia*, jouets d'enfants. Mais il faut admettre la chute du *c* et une extension de sens trop difficile à justifier.

ERVELEUX, gai, gaillard, un peu polisson. Le dialecte de l'Ile-de-France avait *resverie*, réjouissance. On trouve en vieux français *revel*, divertissement, qui s'est conservé au même sens en anglais. Notre adjectif picard est un dérivé de *revel* avec métathèse de *re* en *er*.

Erveleux s'est transformé dans bien des localités en *arvareux*, *alvareux*, formes corrompues qui se sont, à leur tour, corrompues en *aribareux*, *alibareux*, par changement de *v* en *b* et insertion d'un *i* amené par la prononciation. Ces corruptions n'ont rien d'étonnant si l'on songe que les patois ne s'écrivent point, et n'ont aucune règle, aucune autorité qui fixe la forme des mots et empêche leur altération.

Je rencontre l'adjectif *reveleux* dans une lettre de Louis Gosseu qui fait dire à un paysan parlant de son âne : « Il est
« un tiot cose (un peu) dépieulè dessus
« sen dos et pis à s'peinche (panse,
« ventre); mais cha ne l'empêche pau
« (pas) d'être coire bel et bien *reve-
« leu.* »

Cette lettre est écrite en patois des environs de Saint Quentin : on voit qu'on y dit *peinche* pour *panche*, ventre.

ES prononcé *ê*. J'ai donné ce mot à la lettre A sous la forme *ais* qui est la vraie orthographe étymologique, puisqu'il vient du latin *apis*, abeille, et que *a* bref accentué donne *ai : amo*, j'aime. Mais on le trouve orthographié *ez*, *eps*, et parfois au sens d'*essaim*. M. Devauchelle a relevé :

« Deulz ruques d'ez. »

    (Inv. à Amiens, 1576.)

« Une ruque (ruche) d'ez. »

    (Ibid, 1595.)

— « Si aucuns eps ou mouches à miel s'en-
« vollent hors leurs vaisseaux, et celuy à qui
« elles appartiennent les poursuit tant qu'elles
« soient assises, elles luy demeurent et n'en
« perd la seigneurie. »

    (Cout. du Bailliage d'Amiens.)

Ce mot prête au calembourg. Quand un Picard fait une proposition commençant par ces mots : « J'ai unne idée, » on lui répond : « Unne idée (un nid d'*és*), ch' « n'est point un nid d'gai » (geai). De même : « Unne idée (un nid d'*és*) c'heat « pire qu'un nid d'mouques. »

Bien des gens s'imaginent que les charades, rébus, etc., qui font aujourd'hui fureur, étaient inconnus de nos aïeux. Il n'en est rien. En voici une preuve assez curieuse : c'est l'inscription scellée sur la façade de l'Hôtel-de-Ville de Saint-Quentin dans laquelle on trouve la date de construction :

« D'un mouton et de cinq chevaux
Toutes les testes prenderez, (têtes=
     [initiales) **MCCCCC**
Et à icelles sans nulz travaux
La queue d'un veau joindrez,   **V**
Et au bout adjousterez
Tous les quatre pieds d'une chatte : **IIII**
Rassemblez, vous apprendrez
L'an de ma façon et la date
          MCCCCCVIIII (1509)

J'ajoute que cette inscription est due à notre illustre et savant compatriote Charles de Bovelles, seigneur de Sancourt, près Ham, natif de Saint-Quentin, chanoine de l'Eglise d'Amiens en 1499 et de celle de Saint-Quentin en 1500.

ESBROUFIER. Se dit pour *esbroufeur, faiseur d'embarras.* Je lis dans une *Lettre picarde* de M. Lescot (1878) :

« I y aveut (il y avait) là un **esbroufier** qui « diseut... »
          (**Patois des environs de Compiègne.**)

ESCALATRIN. Ancien diminutif picard de *escarlate* ou *escarlète*, sorte d'étoffe de laine qu'on fabriquait autrefois. M. Devauchelle a relevé :

« Un bas de chausse d'**escalatrin** rouge... »
          (**Invent à Amiens, 1583.**)
— « Un hault de chausse d'**escalatrin** bleu. »
          (**Ibid., 1583.**)

J'ignore l'étymologie de *escarlate, escarlette.* Ce n'est pas la couleur de l'étoffe qui lui a fait donner son nom puisque l'on trouve dans Maurice de la Porte : « *Escarlate* azurée, bleue, turquoise, perse. »

ESCAMETTE, petit banc. Diminutif du vieux picard *escame* venu du latin *scamnum,* banc. M. Devauchelle a relevé :

« Une **escamette,** deux caYelles à fon de foeur-« re. »
          (**Amiens, 1558.**)
— « Une petite **escamette** de bois de chesne. »
          (**Ibid., 1576.**)

C'était le nom d'une rue d'Amiens que par corruption nous appelons rue des *Cannettes* :

« Une maison size rue de l'**Escamette** à « Amiens... »
          (**Acte du 8 oct. 1597. V. Histoire d'Amiens, par le P.** DAIRE.)

Un mauvais dicton courait il y a quarante ans sur les habitants de cette rue :

« Das (dans) l' rue des **Canettes**
« Y o (il y a) tant d' putains que d' sonnettes. »

Le primitif *escame, escambe* se rencontre souvent dans les Inventaires :

« Une petite **escame** à mectre à l'huys de « lad. maison servant pour asseoir ung « homme. »
          (**Amiens, 1557.**)
— « Une escaballe, deux petites **escambes.** »
          (**Ibid., 1583.**)
— « Une chesse à coffre, une petite es-« camme. »
          (**Ibid, 1619.**)

ESCARES (plur). On dit d'un homme : « I foit des *escares* », c'est-à-dire des embarras, en exécutant des espèces d'évolutions, en prenant des positions prétentieuses. L'origine de ce mot est le bas latin *scara* qu'on trouve dans Du Cange au sens de *disposition d'une armée, ordre d'attaque,* et qui n'était que l'allemand *schaar,* même sens. De là, en vieux français, le mot *esquierre* au sens d'*escadron* :

« Du chief de l'une des **esquierres.** »
          (GUIART.)

On a pu passer facilement du sens de *disposition* d'une armée, à celui d'*évolutions,* puis d'*embarras, étalage, prétentions,* que *escares* présente en picard.

Le vieux picard avait un autre *escart* ou *escarre* ou *esquart,* mais à un sens bien différent et qui était masculin ou féminin, selon la science ou le caprice des scribes. L'*escarre* était une sorte de chalit sur la forme duquel nous n'avons pas plus de renseignements que sur son origine. M. Devauchelle a relevé dans des inventaires :

« Une **escarre** de couche de bois de chesne, une pailliace, ung lict et deux traversins. »
(**Amiens**, 1598.)

— « Un couche de bois de chesne en forme « d'**escar** prisée xxx solz.
(**Ibid.** 1608.)

— « Ung **escard** de couche à ung pillier, ung « lict, ung matellas, ung loudier, une couver- « ture verde, un petit orillier... »
(**Ibid.** 1621, chez un Tourneur.)

ESCARMOTER, casser la tête à quelqu'un, l'assommer. Cette forme est la même que *escarboter* qu'on trouve dans Cotgrave : le *b* et *m*, on l'a déjà vu, se rencontrent assez souvent l'un pour l'autre en picard. Le sens primitif est *broyer*, *écraser*. « *Escarboté*, broyé ou écrasé ; « *escarboter* une pomme, broyer ou écra- « ser une pomme, » dit Cotgrave ; on a passé facilement du sens de *broyer* à celui de *assommer*, *tuer*.

Y a-t-il là un radical *carb* qui est aussi dans *écrabouiller* (V. ce mot) du picard, dans le français *écrabouiller*? Le radical serait-il l'allemand *scharben*, réduire en morceaux? Il me semble difficile de se prononcer.

Es provenant de *s* latin ou germanique (*scabellum* escabeau ; *skiuhan*, esquiver) s'est conservé dans un certain nombre de mots picards et dans quelques mots français : *espèce* de *species* ; *espace* de *spatium*, etc. L'*e* que les langues novolatines placèrent avant l'*s* n'était pas chose nouvelle ; il y avait un précédent dans le latin de la décadence, puisque les inscriptions africaines et les inscriptions chrétiennes de Rome présentent cette prosthèse d'une voyelle initiale. « On « trouve le plus souvent un *i* devant les « groupes *sc*, *st*, *sp* : *iscolasticus*, *iscrip-* « *ta*, *istipendiis*, *Ispartacus* ; quelquefois « c'est un *e* : *Extefaniæ*. L'*i* apparaît « vers le second siècle, et devient plus « fréquent vers la fin du quatrième, et « pendant le cinquième. Plus tard, c'est « l'*e* qui le remplace, et c'est l'*e* que « nous trouvons devant la sifflante « suivie d'une explosive sourde dans « les langues novo-latines. »
(**Grammaire de la langue latine**, par
MM. Guardia et Wierzeyski, 1876.)

On rit des paysans quand on les entend dire *estation* pour *station* ; *estatue* pour *statue*, etc. ; ils ne font que continuer une tendance qui a plus de seize cents ans. J'ajoute que le vieux français avait, avec beaucoup d'autres semblables, les formes *estation*, *estatue*. Je rencontre la première dans le *Livre des Rois* (xiie s.) et la seconde dans la traduction (xiie s.) du psaume bien connu *In exitu Israel*.

« Après vendras al munt Damne Deu, ù li « Philistin unt leur **estation**. »
Post hæc venies in collem Dei, ubi est statio Philistinorum.

— « Les **estatues** des gens argent et or, ovres « de mains de humes. »
Simulacra gentium argentum et aurum, opera manuum hominum.

Littré dit à ce propos : « C'est nous, « gens d'à présent, qui avons besoin d'ex- « cuse, enfreignant pour *statue* et quel- « ques autres mots la règle d'euphonie « qui a mis l'*e* épenthétique dans les mots « de ce genre : *esprit*, *espérer*, etc.
(*Hist. de la langue fr.*, t. II, p. 444.)

ESCARPOGNER ou ECARPOGNER, rosser, battre, maltraiter. On dit au même sens *écarper*, forme secondaire de *écarpir*, mettre en pièces, venue du latin *excarpere* par changement de conjugaison. *Escarpogner* me semble être une espèce de fréquentatif avec affaiblissement de sens.

ESCHANGLE, bardeau. J'ignore si ce mot est encore en usage. On le rencontre dans un inventaire dressé à Amiens chez un couvreur en l'année 1621 :

« Quinze bostes d'**eschangles** avecq quinze « bostes de lattes prisé LX solz. »

Ce mot vient du latin *scandula*, bardeau, en langue d'oïl *escande*, *eschangue* aux XIIe et XIIIe siècles (Gloss. d'Hippeau.) Du temps de Du Cange, le peuple disait *essangle*.

Echandole du français est un diminutif.

Certains mots qui sont tombés dans une partie de l'ancien domaine picard, ont persisté dans une autre. La langue d'oïl avait, par exemple, *esclander* (dérivé d'*esclandre*), scandaliser ; on trouve *esclandrir* dans Rob. Estienne et dans Cotgrave au sens de *diffamer* ; *esclandir* dans Trogny. Ce mot n'a rien laissé, à ma connaissance du moins, dans l'Amiénois et ses environs ; mais on le retrouve

61.

au Nord et au Nord-Est de l'ancienne Picardie, avec le sens un peu restreint de *faire une esclandre, ébruiter ce qui devait rester caché, répandre un mauvais bruit.*

ESCOPOIRE. On appelait ainsi autrefois une sorte de brosse servant pour donner l'apprêt aux étoffes ; le radical de ce mot est le latin *scopæ*, brindilles, balai. On le rencontre dans des Inventaires où M. Devauchelle a relevé :

« Item, deulx escoppoire l'une servant à em-
« pesser (empeser) le charge (serge) largue et
« l'autre le sarge Cherte (serge dite de Char-
« tres) avecq deulx paire de vergue à nouer
« prisé X solz. »   (Amiens, 1622).

ESCOUDET dans l'expression *cop d'escoudet*, coup de secousse, coup subit, vif. Dérivé sous forme de diminutif du vieux mot *escousse*, venu du latin *excussa*, substantif participial de *excutere*, secouer.

Le verbe *escouer*, secouer, qui se dit toujours en picard, se retrouve dans le vieux français :

« Isengrin escout la tête. »   (Ren.)
— « Contre Adonis escout la tête. »
                    (La Rose)

Au même radical me paraît se rattacher *esqueusse*, journée de travail longue et pénible : le sens primitif est *secousse* dans l'acception de *fatigue, peine.*

Dérivés : *Escouoir*, panier à secouer la
salade.
Escouette, bâton garni d'une
queue de vache pour chasser les mouches qui importunent les bestiaux.

On dit aussi *escouette* au sens de panier à secouer la salade. M. Devauchelle a relevé les deux formes dans des Inventaires :

« Une chaize garnie de paille, une esconère à
« salade. »   (Amiens, 1670.)
— « Item, un vieu tamis de crains, une es-
« couette à salade. »
                    (Flesselles, 1766.)

ESCRÉPIN. Forme picarde de *escarpin.*

« Une paire d'escrépins. »
                    (Invent. Amiens, 1583.)
— « Item. Une paire d'escrépins. »
                    (Ibid. 1782.)

Corblet dit : « *De même en roman et en champenois,* » mais, comme toujours, sans appuyer son dire sur aucune citation, ce qui eût été chose assez naturelle, bien que fort difficile.

Brachet fait venir *escarpin* de l'italien *scarpino.* Telle n'est pas l'opinion de M. Devauchelle qui m'écrit ce qui suit.

Les Français n'ont pas emprunté ce mot aux Italiens, et cela pour deux raisons. La première est que dès le XII° siècle ils le possédaient déjà. On le trouve en effet usité en langue d'oïl, fait suffisant, à lui seul, pour exclure l'origine italienne. La seconde, c'est que *scarpino* ne figure même pas dans les dictionnaires ital. fr. du commencement du XVII° siècle, et qu'on ne trouve cette forme que dans Duez qui est de 1664. La forme italienne n'est donc pas ancienne.

Retournant la proposition de Brachet, on peut dire avec plus de vraisemblance que l'italien qui avait la forme *scarpetta*, escarpin, *scarpette*, chaussures, a pris le diminutif *scarpino* du français *escarpin* qui n'est lui-même qu'un diminutif. Pareil emprunt nous a été fait par l'espagnol qui sans aucun changement dit *escarpin*, chaussure. J'ajoute qu'en espagnol, pas plus qu'en français, *escarpin* n'a de famille. En italien au contraire le radical *scarpa* a produit un certain nombre de dérivés, mais qui sont de création peu ancienne.

Ceci dit sur l'origine prétendue italienne du français *escarpin*, voyons avant de retourner au picard *escrépin*, l'historique du mot français et en même temps son ancien synonyme *escafignon* qui est aussi un diminutif.

« Pour ce qui est des escarpins, dit le
« bibliophile Jacob, on les a chez nous
« appelés aussi tantôt *escaffins*, tantôt
« *escafignons.* » Burguy a relevé les formes de la langue d'oïl *escarpin*, escapin, *eschapin*, espèce de soulier, pantoufle. De son côté Hippeau dans son Glossaire des XII° et XIII° s. a relevé *escapin*, escarpin, *escafignon*, chaussure légère. On trouve aussi *chapin* dans une variante recueillie par M. Paulin Paris dans son édition de *Garin le Loherain* (XII° s.)

« Toute dolante hors de la chambre issit,
Désafublée, chaucie d'escarpins. »

— . . . . . . à eschapins s'en vint.
— . . . . . . chuchie en escapins.
— . . . . . . chaucie en chapins.

De même *caffignon* pour *escafignon* dans Palsgrave (1530,) *scarpin* sans *e* dans Calepinus (1584) : « *Calceolus = gallicè* : Petit soulier, *scarpin* ; dans Nicod *escalpin, escaffignon = calceus*, et de même dans Cotgrave *escarpins*, chaussons.

Plus près de nous on trouve dans Richelet (1710) : « *Escafe*, coup de pié au cu. » Dans le midi de la France, on dit *escafi*, coup de pied ; enfin *escafignon* est synonyme de *soulier* dans la langue verte.

J'arrive maintenant à l'étymologie.

C'est évidemment la forme de l'objet qui lui a valu ces différents noms empruntés à des radicaux différents. Ainsi, pour *escafignon*, le radical est *scapha*, canot, barquette, et autres objets qui en ont à peu près la forme. Le type latin *scapha* qui n'a pas fait fortune en français, existait au XVe siècle dans le bas-breton *scaph*, petite nef. Pour *escrépin*, qui est, on l'a vu, très-ancien en picard, le radical est le flamand *schelpe*, coquille de noix, de moule (*Plantin*, 1573) avec metathèse de *chel* en *cré*, changement de *l* en *r* et addition du suffixe diminutif *in*. Cette dernière hypothèse se trouve appuyée par un ancien terme du Hainaut signifiant *petit bateau* : « *Ecrépoir* : sorte de petit bateau. » (Dictionnaire d'Hécart.) On trouve aussi en langue d'oïl *escarpoise*, sorte de bateau (Gloss. d'Hippeau.) D'un autre côté, il y a dans Du Cange *scarpus*, employé à la fin du XIe siècle pour signifier une sorte de chaussure de fatigue, de voyage. Peut-être *scarpus* n'est-il que la latinisation d'un primitif *esquelpe, esquerpe*, d'où serait venu le diminutif de la langue d'oïl.

ÉSEMPE (ezinpe), mésange. Corruption de *mésange*. Cette forme est remarquable par la chute de la consonne initiale *m*, phénomène moins rare eu picard qu'en français. La forme *embezingue* du Ponthieu s'explique par métathèse de *me* en *em* : le dialecte disait *me feme*, ma femme, *me fille*, ma fille ; le patois dit *ém* prononcé *éme* : *ém'femme, ém'fille*, comme il dit *emzurer*, mesurer. Cette métathèse se retrouve dans *epser*, fesser ; *ebzeu*, faiseur ; *eqmise*, chemise, etc. Quant au *b*, il est adventice.

La chute d'une consonne initiale me rappelle un mot oublié à la lettre A. On appelle *anchue* la trame d'une étoffe ; c'est un synonyme de *enflure* qu'on a vu plus haut. *Anchue* est *lanchure* dont l'*l* est tombée comme dans *iard, liard* ; *iéve, lièvre*, et qui a perdu l'*r* absolument comme *lièvre* devenu *iéve*.

Je viens d'écrire plus haut le mot *chemise*. J'ai fait observer sous *Emberteler* que, dans le nord du domaine picard, les douces remontent parfois aux fortes. Ce fait paraît déjà ancien, et je suis bien aise d'en donner quelques preuves.

J'ai trouvé dans Du Cange sous *Stagnum* la forme *Jacopin* pour *Jacobin*, comme dans la *Délibération de l Eschevinage d'Amiens* citée sous *Chellier* :

> « Oneques en ordene de Precheur
> De **Jacopin**, frère meneur... »

Du Cange observe que Scaliger a trouvé dans des inscriptions anciennes *p* pour *b* : *apsens* pour *absens, apsolutum* pour *absolutum*. Aujourd'hui encore les paysans disent *apsolution, apsolument, apsence, apsenter, apsent*.

On rencontre *braf* pour *brave* :

> « Chy conck (gît) Brojars sire del Motte.
> Chil fuet cavalier de **braf** notte. (réputation.)
> (Épitaphe de 1311 déjà citée.)

On sait que, dans une foule de localités, on dit *fromache, bruvache, vierche, cierche*. Je trouve ces deux dernières formes dans une chanson en patois d'Arras dont je dois communication à l'obligeance de M. Jeunet, directeur du *Journal d'Amiens*. Une paysanne partant avec son mari pour aller voir la fête communale d'Arras, lui dit :

> « Nous irons vir (voir) en arrivant
> L'églis' Noter-Dam' des Ardents.
> I paroît qu' ch'est resplendissant :
> En (on) y voit la **Vierche**
> Apportant un **cierche**
> Qu'a fait dens no bonn' vill' d'Arra
> Tant d' miraq' (miracles) pendant ch' choléra. »

Cette tendance est déjà ancienne puisqu'on trouve *sauvache* pour sauvage dans *Aucassin* et *Nicolette* :

> « Nicolète se dementa mout, si com vos avés
> « oï. Elle se comanda à Diu, si erra tant qu'ele
> « vînt en le forest. Ele n'osa mie parfont entrer
> « por les bestes **sauvaches** et por le serpen-
> « tine. »

Voici maintenant *quemisse*, chemise :

> « Et doivent li maistres et li frères [de l'hôpi-
> « tal] jesir par eus en un liu et les femes en un

« autre, et ne doivent mie aler li home ou dor-
« toir des femes ; si doivent li homes jesir en
« leur famulaires, et les femes en leur Ke-
« misses. »

(Charte de 1290, dans Natalis De WAILLY).

Cette charte contient le passage suivant :

« Et ne doivent [les frères] mengier que trois
« fois car (viande) le semaigne, c'est à savoir le
« diemenche, le demars et le dieus. »

Demars signifie *mardi* : c'est le *dimars*
des Provençaux, du latin *dies Martis*,
jour de Mars.

Dieus signifie *jeudi* : c'est le *dijo* (did-
zo) des Provençaux, du latin *dies Jovis*,
jour de Jupiter.

C'est chose vraiment curieuse de rencontrer ces formes méridionales dans une
charte picarde.

ÉSEU dans l'expression *nom d'éseu*,
exclamation, espèce de juron familier
aux paysans. Je pense que l'orthographe de cette expression est *nom de seu* et
que *seu* (zeu) est une corruption de *Dieu*.
On a vu sous *Azir* que la permutation de
d en *z* devant une voyelle au milieu des
mots et même au commencement, était
fréquente dans le latin populaire : *zes*
pour *dies*, *zaconus* pour *diaconus*, etc.
On peut comparer le picard *azir*, brûler,
du latin *ardire*, le provençal *suzar*, suer,
de *sudare*, etc.

Mais si — ce que je ne crois pas —
l'orthographe était *nom d'Eseu*, il faudrait rapporter cette exclamation ou juron à *Esus* ou *Hésus*, nom donné par les
Gaulois au Dieu de la guerre. Je rappellerai à ce propos que nos ancêtres pendant fort longtemps sont restés payens
en bien des choses, quoi qu'ils fissent
profession d'être chrétiens. Encore au
VII° siècle ne s'imaginaient-ils pas être
en communication directe avec les divinités de l'Olympe ? « Avant toute chose,
« leur disait St Eloy, je vous avertis et
« vous conjure de ne pas garder les cou-
« tumes sacrilèges du paganisme... Que
« personne n'ait la témérité de croire ou
« d'invoquer les démons, ni Neptune, ni
« Pluton, ni Diane, ni Hercule, ni Mi-
« nerve, ni ne mette sa confiance dans
« des objets aussi absurdes. Que per-
« sonne ne chôme le jeudi comme jour de
« Jupiter, à moins qu'il n'arrive ce jour-
« là quelque fête... Qu'aucune femme ne
« se pende au cou de l'ambre et n'invoque

« Minerve ni autres objets d'aussi mau-
« vais augure, soit pour filer, soit pour
« teindre, soit pour faire quelque ou-
« vrage que ce soit... Que personne ne
« donne au Soleil ou à la Lune le nom
« du Seigneur, ni ne jure par ces deux
« astres. » (V. *Dom Grenier*, Introd. à
l'Hist. de Picardie.)

ESLAVASSES. Ce mot existait en langue d'oïl et dans le vieux picard. On le
trouve dans le Glossaire d'Hippeau au
sens de *crue d'eau, pluie d'orage* (XII°
et XIII° s.) Le Vocabulaire de la bibliothèque de Douai (XIV° s.) traduit *alluvio* par
eslavasse. M. Devauchelle a relevé dans
les *Plaids de Boves*, année 1506 :

« Marchié pour remplir la fosse contre le pont
« qu'y avoient fait les eslavasses. »

Evidemment ce mot est un des nombreux dérivés de *laver*. J'ai voulu, dans
un récent voyage à Boves, savoir s'il y
était encore en usage : il y a disparu et a
été remplacé par l'expression *ieues-ra-
vages*, eaux sauvages, littéralement *eaux
qui ravagent* ou causent des dégâts.

ESPACE, durée de temps, est féminin
dans le patois picard. Il en était déjà de
même au XV° siècle ; car on lit dans la
Chronique de Pierre-le-Prestre :

« Le duc estant à Abbeville, fut logié de sa
« personne en l'église et prioré de Saint-Pierre,
« et séjourna en ladite ville une grant espace
« de temps. »

ESPERLUETTE, nom donné au signe
ou monogramme &, répondant à ET, conjonction. Comme ce signe était autrefois
figuré à la suite du Z de l'Alphabet des
enfants, la leçon n'était complète qu'avec
le mot *esperluette*. Ce mot existe chez
les Lorrains ; on dit *perluette*, *per-
louette* en Champagne et dans le Hainaut. Il a en Champagne le sens de *et
cœtera*. Quant à l'étymologie, les renseignements sont insuffisants pour guider
les recherches. Des deux formes *perluette*
et *esperluette*, quelle est d'ailleurs la
bonne ? La première a-t-elle pour origine
le participe *parlu* signifiant *lu entièrement* et augmenté d'une finale diminutive ou de la conjonction *et* prononcé
ète ?

ESPOURI, effrayé, surpris. Dérivé du
vieux mot *paour*, peur, avec contraction
de *aou* en *ou*.

ESPRINGUER, sauter de joie. De l'allemand *springen* sauter. Ce mot est commun au picard et au vieux français :

« Tantost **espringuez** et balez. »
(**La Rose.**)

ESSAI dans l'expression *feurre d'essai*, paille de blé battu retirée du ratelier des moutons après qu'ils en ont mangé toutes les fanes. La langue d'oïl avait *essaie* au sens de *paille, fourrage* : ce sens s'est restreint en picard. J'ignore l'origine de ce mot qu'on rencontre dans des Inventaires où M. Devauchelle a relevé :

« **Item**. Est deub (dû) pour **essayes**, fermages
« et autres choses par Marie-Anne Duberneil,
« huit livres huit sols. »
(**Campuis**, 1777.)

— « Environ un cent de feurre d'**essaye**. »
(**Renneville**, 1790.)

On rencontre la forme *ensai* dans le *Dialogue des Quatre Gardes champêtres*, 1849 :

« Che maire il o soin qu'o ne feume (fume)
« point das ches rues, ni qu'o foiche (fasse) des
« toits d'éteuille, de gliots, d'**ensai**... »

ESSANER (S') ou ESSAINER (S'), perdre son sang. *Saigner* vient d'une forme latine (populaire) *sanguinare* qui est dans la *Lex Saxonum* : « De ictu nobilis... livor et tumor si *sanguinat*. » Le picard dit *saner* ou *sainer* par la chute du *g* (Cf. *étraner* et *étrangler.)* Le préfixe *e* marque intensité.

On lit dans une ancienne coutume d'Amiens :

« Mais si le plaie est si crueus qu'il y ait péril
« de mort ou qu'il [le champion] se peust **essaner**,
« on li peut bien bender » (la plaie.)
(**Du Cange, Campiones**).

ESSAFI, altéré de soif. Du flamand *sap*, suc, sève, avec *e* privatif : *essapi* (être) est proprement être privé de suc, de liquide, avoir la gorge sèche, être altéré de soif. Quand nos moissonneurs ont épuisé leur provision de liquide, ils provoquent artificiellement la sécrétion salivaire en roulant un petit caillou dans leur bouche : ils appellent cela *se dessapir*. On lit dans le *Franc Picard, Annuaire de la Somme*, 1865 :

« Rien à boire pour s'**dessapir**. »

Dessapir signifie *désaltérer* : on emploie, dans plusieurs localités, *essapir* au sens de causer une grande soif.

Les ménagères de mon village emploient aussi *essapir* au sens de *faire sécher* du linge à l'air ou près du feu, fait qui confirme l'étymologie proposée. J'ajoute que ce dernier sens n'est pas particulier au picard, puisqu'on le retrouve dans *essopi*, essorer, du patois de *Plancher les Mines* dans la Haute-Saône, comme on le voit dans le Glossaire du Dr Paulet.

Je rattache notre mot picard *essapi* au flamand plutôt qu'à tout autre idiome, parce que la Picardie confinait jadis à la Flandre et était en constants rapports avec elle. Mais le radical du mot existe dans l'anglais *sap*, suc, sève, *sappy*, humide, plein de sève; allemand *saft*, sève, suc; gaël. irland. *sabhlach*, salive ; bas-breton de Tréguier *sabr*, sève ; on le retrouve dans le latin *sapa*, sève, et dans le sanscrit *sava*, suc exprimé.

Le radical *sap* se retrouve sans finale dans une fort ancienne glose au sens de sérosité, en latin *humor*. « Retro in ca-
« pite sunt hæc fontinella et duo cor-
« nua quibus vicinæ sunt aures per
« quas colera purgatur. »
Glose. « Colera : humor calidus et sic-
« cus qui purgatur per aures; *sap del*
« *orail*. »
(**Dict. de Jean de Garlande**, XIIIe S.)

ESSERPILLER, émonder (un arbre.) Ce mot est un diminutif qui implique une forme *serper*, couper avec la serpe, comme *fendiller* implique *fendre*. Quant à *serpe*, c'est un substantif verbal dérivé du verbe latin *sarpere*, tailler, émonder. Les habitants de Gentelles (canton de Sains) disent *sarpe*, forme qu'on rencontre en vieux français :

« Sa **sarpe** et sa cognie prist. »
(**Ren**.)

ESSOILER (essouéler), couper dans un champ de blé toutes les tiges de seigle qui s'y trouvent. *Essoiler* est un dérivé de la forme picarde *soile*, du latin *secale* qui était transformé en *segale, sigale*, au VIIIe siècle, et qui a donné *seigle* en français. On a vu plusieurs fois déjà que le *g* médial tombe fort souvent en picard : *déringoler*, dégringoler, *étraner*, étrangler, etc.

Nous avons aussi le verbe *essoiler* (s') au sens de s'échauffer la peau, s'excorier même, par l'effet du frottement sur le linge de corps trop rude ou autre vêtement. Les personnes trop grasses sont en outre sujettes, en été, lorsqu'elles marchent trop longtemps, à *s'essoiler* la face interne des cuisses. J'ajoute — on verra plus loin pourquoi — que les paysans disent au même sens : *se coper*, se couper (la face des cuisses.) Je trouve le mot en question dans le *Franc-Picard, Ann. de la Somme*, 1864 :

« Si ch'étoit un martyr d' beudet (un
« pauvre baudet) qu'o n'est point capabe
« d' s'acquevaler dessus sans peur *d'es-*
« *soiler* et d'enfourquer sen croupion... »

M. Devauchelle m'a adressé sur ce mot une excellente note ; je ne puis mieux faire que la copier :

« On doit signaler de suite ici l'ortho-
« graphe vicieuse du verbe *s'essoiler*, en
« ce que le pronom *se* y est employé
« deux fois. La bonne forme a dû être *se*
« *soiler*, comme le prouvent l'adjectif
« *soilé*, écorché, et le substantif *soilure*,
« écorchure par frottement ou échauffe-
« ment. La déformation de *se soiler* en
« *s'essoiler* est le résultat de la pronon-
« ciation du pronom *se* que les Picards,
« en bien des cas, articulent comme s'il
« était écrit *ece*. Avec cette prononcia-
« tion, on fut amené à ne voir qu'un seul
« mot dans *essoiler*, verbe qui prit alors
« un nouveau pronom *s'*. »

« Ce verbe, au surplus, sous l'une ou
« l'autre de ses formes, n'a pas encore
« été relevé, que je sache, en langue d'oïl ;
« mais le substantif *soilure* existe en
« vieux français :

« **Soilure** et escorchure faicte à la peau. —
« **Intertrigo.** »
(Rob. Estienne, 1549.)

— « *Soilure*, écorchure ou froissure de la
« peau. »
(Cotgrave.)

« Quant au sens d'*échauboulure* donné
« par Corblet au substantif *soilure*, il y a
« erreur évidente. La mention : « *De*
« « *même en roman*, » ne s'appuie sur
« aucune preuve.

« On peut considérer comme étant de
« la même famille l'adjectif *soile*, mûr au
« point de pouvoir *se détacher* facile-
« ment, en parlant d'un fruit, d'une noi-
« sette, etc., que Corblet, sans justifica-
« tion, écrit *soéle*. Nous disons, par
« exemple, d'une noisette, qu'elle est

« *soile*, lorsqu'on peut facilement l'enle-
« ver de son alvéole ou fourreau.

« L'idée fondamentale des mots qui
« nous occupent est, on le voit claire-
« rement, celle de coupure, séparation,
« division.

« L'étymologie de notre adjectif *soile*
« est vraisemblablement le latin *sectile*,
« dérivé de *secare*, couper, scier. »

J'ajoute pour confirmer cette origine que *sectilis* signifie *bon à couper, susceptible d'être coupé*, et que *soiler* et *soilure* sont des dérivés.

ESSUTÉME, temps sec, temps propice pour faire sécher le linge à l'air. Le radicale est *essu*, substantif participial de *essuer*, du latin *exsucare*. La finale *téme* se retrouve dans *coutéme*, coutume, du latin *consuetudinem* : *essutéme* a dû être fait sur le modèle de *coutéme*. La forme *essuer* est commune en picard et au vieux français :

« Je la vueil an soleil porter (la peau)
  Por le cuir en faire **essuer**. »
(Ren.)

ESTAFFE dans la locution *rechuvoir s'n estaffe*, recevoir un ou plusieurs coups assez graves pour être mis hors de combat et rendre inutile toute tentative de défense. *Estaffe* est donc une volée de coups de bâton, une roulée. Dans le Hainaut *attraper s'n estaffe*, est recevoir un mauvais coup, être tué.

Ce mot est d'origine germanique, allemand *stab*, bâton, anglais *staff*, même sens, flamand *staf*, bourdon de voyage ou de fatigue, *bourdon dans lequel est un estoc caché*, dit Plantin (XVI° s.)

ESTANFIQUER (s'), se planter là debout. Des deux mots latins *stantem* (acc.) se tenant debout, et *figicare*, placer, fixer, dont l'origine a déjà été indiquée plusieurs fois. On trouve en vieux français la forme *estant*, substantif, au sens de *action de se tenir debout, séant*.

« Aprez en son **estant** le lièvre (lève). »
(Ord. de Chev. dans Du Cange,
cingulum.)

ESTAPLE. Ce mot est encore en usage dans le Vimeu au sens de *franc-marché, foire*. Mot d'origine germanique, allem. *stapel*, amas, tas, d'où *stapela*, amasser ; angl. *staple*, entrepôt, dans la basse latinité *stapula*, place publique où les marchands sont obligés d'apporter leurs marchandises pour les vendre : de là on a passé facilement au sens de *foire*, *marché*, *place*, d'où, au moyen-âge, *estaplage*, droit de marché, *estapler*, mettre en vente sur un marché. Toutes ces formes se rencontrent dans les vieux documents :

« Il prizent (prirent) à iaus en ostage toute
« le maison entièrement ainsi comm ille se
« porte devant et deriere qui siet en l'estaple
« serant de le maison Wion de Fonsomme. »
(Chartes du Vermandois, publiées
par Le Proux.)

— « Recepte faitte à cause de l'estapple deue
« à la ville, c'est assavoir que cascun marchant
« forrain faisant venir vin par caroy en le ville
« vendu à l'estaple doivent pour caschun car II
« s. VI dén. »
(Compte de l'Argentier de Boulogne-sur-
Mer, 1416.)

— « Chacune pièce de vin estaplée au marché
« doit quatre deniers pour droit d'estaplage,
« dont la moitié appartient à Monsieur l'Eves-
« que d'Amiens, un quart à la Ville et un quart
« à Monsieur Sainct-Win. »
(Ordonn. de l'Eschevinage d'Amiens,
comm. de M. Devauchelle.)

J'ignore quel était le saint qualifié ici *Monsieur Sainct Win*.

Le radical germanique est resté dans la langue géographique. « *Etaples*, au-
« jourd'hui canton de l'arrondissement
« de Montreuil-sur-Mer (Pas-de-Calais),
« *Staple*, canton d'Hazebrouck (Nord),
« *Etampes* (Aisne), *Stapula* au douzième
« siècle, étaient primitivement des villes
« de commerce où l'on amassait une
« grande quantité de marchandises
« comme on le fait aujourd'hui dans nos
« entrepôts. »
(H. Cocheris, Orig. et Form. des
noms de lieu.)

ESTAPRIER. J'ignore la signification et l'étymologie de ce mot relevé par M. Devauchelle, dans un inventaire dressé à Amiens, le 6 octobre 1621 :

« Ung vent (van) avec ung **estaprier** prisé XX
solz. »

Peut-être ce mot s'est-il conservé dans certaines localités. Prière à ceux qui en connaîtraient le sens de vouloir bien me faire parvenir leurs renseignements.

ESTENDELLE, espèce de bâche en toile grossière sur laquelle on étendait jadis les graines pour les faire sécher ou les écosser. Dérivé de *étendre*. M. Devauchelle a relevé :

« Huit **estendelles** prisé ensamble I escu XX
solz. »
(Invent. à Amiens chez un hortillon,
1596).

— « Trouvé en trois **estendelles** quinze livres
« de graine de porion (poireau), à trente solz
« la livre. » (Ibid. 1613).

— « Ung vent (van), deux eschelles, trois
« **estendelles** de thoille d'estouppe... »
(Ibid. 1619).

Au même radical se rattache *estendée*, qui semble avoir eu la double signification de *chaîne ourdie considérée dans sa longueur* et de *ourdissoir*.

Ce mot se rencontre souvent dans les Inventaires et des Ordonnances :

« Item, avons aussi ordonné que la longueur
« sera prinse des **estendées** des dites saies... et
« se aucuns saieteurs ont **estendées**, elles seront
« visitées... »
(Statuts des saieteurs d'Amiens, 1480.)

— « Item, trois estilles, une à sarge et les
« deulx aultres à camellot, prisés ensamble IIII
« escus... Item une **estendée** servant au dit
« mestier... »
(Inventaire à Amiens, 1596.)

— « Une estille avec une **estendée** et une
« latte, le **tout eu bois de chenne**. »
(Ibid. 1620.)

ESTINQUETTE, sorte de mousseline dont on faisait au siècle dernier des mouchoirs de cou pour les femmes.

M. Devauchelle a relevé :

« Donne et lègue la testatrice à... son autre
« niepce une robe avec son jupon de damas cou-
« leur caffé, avec deux coëffures, deux paires de
« manchettes et deux **estinquettes**, dont une de
« chaque espèce sera propre et l'autre mé-
« diocre. »
(Testament de Marie-Ursule Caron,
22 décembre 1776, Amiens.)

Estinquette est un mot d'origine historique et une corruption de *Stinkerque*. Ce nom a été donné à cette espèce de mousseline en l'honneur de la victoire de *Stinkerque* (1692). C'est ainsi que de nos jours on a donné des noms de batailles gagnées à un certain nombre de nuances nouvelles de couleurs : *Magenta*, *Solférino*, etc. La prise du Trocadéro en 1823 a aussi donné lieu à un vocable nouveau dans le langage des modes d'alors :

« Colas, tu voirras ches faros (farauds)
Aveuc leus bleux trocadéros...
(Entret. de Jacqueline et Colas, Fête
d'Arras, 1824, comm. de M. Devau-
chelle.)

J'ignore le sens précis de *trocadéro*. Etait-ce cravate, coiffure ou sorte d'habit ?

ESTIPUT. On rencontre ce mot dans une Ordonnance de police du Bailli du Temporel de la cathédrale d'Amiens vers 1770 : « Défendons de laisser vaguer, al-« ler par les rues, aux abreuvoirs et « lieux publics ou y conduire aucun che-« val ou autres bestes entachées d'*esti*-« *put*, rosgne, morve à peine de 60 sols « parisis d'amende. »

Le typhus étant une sorte de fièvre et le picard n'employant *fièvre* qu'au pluriel, est-il possible qu'on ait dit *les tipus* qui serait devenu *étiput* ?

ESTRAINTE. Ce mot appartient au vieux picard dans lequel il avait le sens de *ceinture très large* On lit dans les *Dialogues pic. flam.* de 1340 :

« Donas (Donat) le pourpointier me ferai (fera) « un pourpoint et unes estraintes. »

Hippeau rend *estrainte* par *sorte de vêtement, caleçon.* Mais le mot flamand *lendemier* ne permet pas d'adopter son interprétation. Le radical *lenden* signifie *reins* ; de plus D'Arsy donne positivement *lendenier* = ceinture large. *Estreinte* est un dérivé de *étreindre*, serrer : il a persisté dans le nord du domaine picard sous la forme diminutive *étrenderiau* qui se dit dans le Hainaut au sens de bandage qu'on place sur le nombril des nouveaux-nés avant la chute du cordon ombilical.

ESTRÉE, chemin. Du latin *strata*, chemin pavé, route. Ce mot a fourni la dénomination d'un grand nombre de localités : Estrées Saint-Denis, dans l'Oise ; Estrées-Deniécourt, Estrées-les-Crécy, Estrées-en-Chaussée, Estrébœuf, dans la Somme ; d'autres Estrées dans l'Aisne, le Pas-de-Calais, le Nord, et, d'après M. Cocheris, les diminutifs Estrelles, Estraon dans l'Aisne, Estreux dans le Nord, Etrun dans le Pas-de-Calais.

Je viens d'écrire le mot *Estrébœuf*, nom d'une localité de l'arrondissement d'Abbeville, située près de l'embouchure de la Somme. Je suis bien aise de placer ici quelques observations.

Ce mot se prononce *Estrébœu*.

Il ne vient pas du latin *bovem*, bœuf, mais du danois *bœ*, qui signifie *demeure*. *Estrébœuf* est donc *demeure de la route*, *située près de la route*. « *Bœ*, dit M. Cocheris, a été employé par les envahisseurs « normands , pour désigner quelques-« unes des localités qu'ils ont fondées ou « baptisées. Seulement, un *f* final ajouté « par euphonie, a changé la physionomie « du radical. »

(Orig. et Format. des noms de lieu.)

Il y a en Normandie un assez grand nombre de localités qui ont la terminaison *beuf*, autrefois *bœ* : *Quillebeuf*, *Criquebeuf*, etc. Je suis porté à croire que le village dit *Lesbœufs* (arr. de Péronne) se rattache au même radical, et qu'il a signifié originairement *les demeures* : on verra plus loin que le mot germanique *hem* qui signifie aussi *demeure*, a fourni la dénomination de plusieurs localités.

ESTRÉPER, arracher. Du latin *extirpare*, même sens, par métathèse de *ir* en *re* (cf. *fremer*, fermer, de *firmare*). *Estréper* est commun au picard et au vieux français :

« N'i remaneit (restait) rien à rober, Ni les vignes à estreper. »

(Benoit.)

— « N'est à trois lieues près des portes Remese (restée) de vigne cépée Qui ne soit arse ou estrepée. »

(Du Cange, estrepamentum.)

ESTRIN et ESTERLIN. Ces mots appartiennent au vieux picard et ont été relevés sous différentes formes par M. Devauchelle dans de vieux inventaires :

« Des patinostres d'estrin à dix pater d'ar-« gent doré, à dix dizieau de patinostres d'es-« train. »

(Amiens, 1576.)

— « Des patinostres d'estrain rouge. »

(Ibid, 1583.)

— « Item. IIIIxxXVI (c.-à-d. 96) patinostres « d'estrelin prisé X sols. »

(Ibid, 1583.)

Estrelin est évidemment un diminutif d'*estrin*. Quant à notre *estrin*, c'était le *strin* de quelques lexiques anciens, le *strink* des bas-bretons modernes, dont le sens est *cristal*.

Strink, cristal, pierre transparente, dit Le Gonidec dans son dictionnaire bas-breton (1821). *Strin*, pierre précieuse, dit D'Arsy (1643). *Strin*, faux diamant, dit Cotgrave (1611).

Le vieux flamand avait *sterre*, perle précieuse, toute autre chose pentagone, hexagone, etc. Là peut-être est le radical de notre *estrin* et de son diminutif *esterlin*. *Sterre* signifiant tout objet de petite dimension *taillé à facettes*, aurait reçu chez nous le sens limité de cristal naturel ou taille.

ÉTALONNER, laisser dans les coupes des taillis les baliveaux destinés à devenir des arbres. Dérivé de *étalon*, baliveau. Après la seconde coupe, l'étalon changeait jadis de nom et s'appelait *pérot*, petit père ; après la troisième, il se nommait *tayon*, grand-père. M. Devauchelle a relevé :

« Les adjudicataires laisseront les dits bois
« suffisamment étalonnés à raison de quinze
« étalons par chaque quartier. »
(**Proc. verb. d'adjudic. à Courcelles-sous Moyencourt, 1751.**)

— « Quiconque couppe ou abbat ès bois d'au-
« cun seigneur aucun chesne estallon, tayon ou
« pérot, il commet une amende de soixante sols
« parisis : et est un chesne dit et nommé **pérot**
« quand il a deux aages (âges) de la couppe de
« bois, et **tayon** quand il a trois aages d'icelle
« couppe. »
(**Cout. de la Prévôté de Montreuil.**)

— « Quiconque coupe ou abbat aucun chesne
« qui soit de deux âges qu'on appelle pérot...
« Et s'il estoit chesne de l'âge du bois tant seu-
« lement que l'on dit estalon. »
(**Coust. génér. du Boulenois, art. 33.**)

Le mot *étalon* est d'origine germanique, flam. *Stael*, *Steel*, tige d'arbre, qui se rattache à l'ancien haut allemand *Stihil*, bâton.

ÉTAMPIR, mettre debout, dresser. Les paysans disent d'une personne qui reste debout sans bouger au delà du temps permis par la circonstance qu'*elle reste lo (là) étampie comme un chierge d'confrérie*. On sait qu'un cierge de confrérie ou corporation reste dressé toute l'année devant la statue du saint qui en est le patron. Ce mot est d'origine germanique, all. *stamm*, angl. *stem*, flam. *stam*, qui tous signifient *tige*, *tronc*. L'allemand à l'adjectif *stammig*, robuste, que l'on peut rapprocher de l'expression française *bien planté* en parlant d'un homme solide, robuste, en picard *bien étampi*. On trouve en vieux français

estanpes, au sens de *colonne*, *pilier*, par similitude à un *tronc*, à une *tige*, à ce qui est *debout*, *droit* et *fort*.

« De devant le forest ot un pont tornéis
Sor l'aighe de Charie qui vient de Valbrunis.
Les **estanpes** del pont sunt de marbre polis,
Et les soulives sunt totes à or massis ;
Les planques sunt d'ivoire... »
(**Li romans d'Alixandre**)

Je lis dans la *Romance du sire de Créquy* :

« Stapendant tout cascuns sur le pont **estam-
« pis**. » (XIII° s.)

Je trouve dans le *Franc-Picard*, *Ann. de la Somme*, 1865 :

« Quand i resteront lò (là) **étampis** comme
« des étanchons au mitant (milieu) del route... »
— « J' vois un graud saint noir [saint Chris-
« tophe] **étampi** tout contre l' paroit (muraille)
« qui tient un éfaut à carico. »
(**Ibid.**)

Dérivés : *Étampissoir*, sorte de petit chariot d'enfant, sans roues, à rebords en forme de tablettes, dans lequel on *étampit* un enfant qui ne marche pas encore, mais qui sait se tenir debout.

Rentampir, redresser ; au fig. reprimander, remettre à sa place.

Le terrain (aujourd'hui bâti) qui s'étendait de la porte Beauvais (Amiens) à la rue du Long-Rang, s'appelait en 1833 *Ch' camp d' mère l'Étampie*. J'ignore l'origine de cette dénomination.

ÉTAPIEU, arbre coupé bas et ramifié qui sert de limite dans un pré ou dans une haie vive. Du flamand *stapel*, souche, tige, pyramide. La langue d'oïl avait *estappe*, pieu, perche (V. Gloss. d'Hippeau.)

Ce mot a eu aussi le sens de *pupitre*.

« Hæc sunt instrumenta clericis necessaria :
« libri, pulpita... »
(**J. de Garlande, 1230.**)

La glose du MS de Bruges traduit *pulpita* par *letruns* (lutrin), et celle du MS de Lille qui est du XV° s. par *estapiaux*.

ÉTARTELER. On dit : « Il *étartèle* ses gambes pour bien s' caufer, » il *écarte* les jambes pour se bien chauffer, en parlant d'un homme qui prend bonne position devant le feu. On dit d'une femme qu'elle *s'étartèle* quand elle prend beaucoup de place pour s'étaler. *Étarteler* a aussi le sens de *étendre* : « Il *étar-* « *tèle* du burre sur sen pain, » il étend du beurre sur son pain. L'origine de ce mot me semble douteuse. *Étarteler* est-il étendre comme une *tarte* ? Est-ce un fréquentatif de *écarter* (Cf. *écraseler, écraser*) avec le changement de *c* en *t* déjà tant de fois signalé (Cf. *crusquin* et *trusquin*, outil de menuisier, *équicher* et *éticher*, etc. ?) J'avoue que je penche pour cette dernière origine.

ÉTAQUE, pieu. Mot d'origine germanique, flam. *stake* ; anc. fris. *stake* ; angl. sax. *staca*, pieu, poteau. Ce mot est commun au picard et au vieux français ; il existait en langue d'oïl sous les formes *estac, estaque, eslache*, etc. (V. *Hippeau*.)

« Moult fu grans li charois contreval les larris
« Qui menoient les trés, estaques et cordis. »
(Bastars de Buillon, XIVe s.)

— « Trente et deus ans regnastes et demi ensé-
| ment,
Puis vous vendi Judas trente pièches d'argent,
En baisant vous livra à le juïse gent ;
Puis fustes à l'estaque lolés vilainement,
Esraqués (craché) au visage... »
(Ibid.)

— « Or est Raimbaus Cretona à l'estaque où s'est
| pris ;
Contremont est rampés com chevaliers gentis
De ci qu'à une cloie ; sus à genons s'est mis. »
(Ch. d'Ant.)

J'ai dit plus haut que *Raimbaus Cretons* était un brave chevalier picard qui se distingua à la prise de Jérusalem lors de la première croisade en plantant le premier son étendard sur la crête des murailles.

— « Lettres de rémission en faveur de « Jehannette de Héranguye, de l'aage de « XVI ans, détenue prisonnière pour « avoir laissé mourir par son fait et sans « baptême un enfant né de son ventre, « laquelle condempnée à mourir fut liée « à l'*estache* pour estre exécutée, et bien- « tôt après desliée et destachée et reme- « née ès prisons, pour avoir esté recla- « mée par Hénuin Buignet de Grain- « court, âgé de 22 ans, qui pour la pitié « du cas promet la prenre en nom de « mariage, comme sa femme et espouse. » (*Doc. inéd.* publiés par M. Cocheris.)

Brachet tire le français *estacade* de l'italien *steccata* (de *steccare*, palissader).

Littré le rattache avec raison, à mon avis du moins, à l'origine que j'ai donnée plus haut, d'autant mieux que les formes de la langue d'oïl se prêtent d'elles-mêmes à la dérivation.

Une erreur de pagination m'a fait oublier de mettre en son lieu le mot *épaler* qui signifie aujourd'hui *mesurer*. On trouve en langue d'oïl *espal*, étalon des poids et mesures ; *espaler, espaeler*, étalonner, échantillonner ; *espaelement*, mesurage. (V. Gloss. d'Hippeau.) Le radical *espal* a eu jadis plusieurs sens qu'il est bon de voir dans les documents suivants qu'a relevés M. Devauchelle.

« Les habitants ayant grains de muisons les « peuvent recevoir en leurs maisons et greniers « à la mesure et espal qu'ils en auront, sans « pour ce appeller ni avoir la mesure des me- « sureurs sételiers. »
(Ordonn. de l'Échevinage d'Amiens.)

— « Par les espals du pain faits depuis cent « cinquante ans il se trouve que, par année « commune, en un setier de bled il y a vingt « cinq livres de pain blanc et seize livres de « bizette (bis-blanc) et ainsi le prix du pain « doit être selon le prix du bled, comme il s'en « suit... »
(Ibid. Livre noir, 1578.)

Ici *espal* exprime l'opération au moyen de laquelle on trouve le rapport qui existe entre une quantité de blé et son produit en pain cult pour établir la taxe.

On appelait aussi *épal* la comparaison d'une mesure officielle de telle localité à la mesure officielle de telle autre localité : de là le dérivé *épaler*, mesurer (en comparant).

« En la dite ville d'Amiens la mesure au ver- « jus nouveau s'épalle au pot de la goudalle... « La chaux et le charbon s'épalent à la mesure « de l'avoine... »
(Ibid.)

— « Il [le sergent à verge de l'échevinage] « a en sa garde les mesures originalles des « grains, vin, bière et goudalles et autres, et « les fers et coings pour marquer et flatrir les « mesures... Et pour les sallaires d'espaller, jus- « tifier et flatrir une mesure où s'imprime le fer « chaud, luy est ordonné... »
(Ibid.)

« Les dits sételiers doivent, au préalable que « mesurer grains de leurs mesures, faire icelles « espaller et adjuster à la mesure originalle et « estalon estant en la Maison commune de la « dite ville d'Amiens. » (Ibid.)

Ce mot avait, on le voit, le sens de *vé-rifier*, *étalonner*.

Dans le Hainaut *épaler* signifie *mesurer les grains*. On rencontre aussi les dérivés suivants :

Répaler, remesurer les grains pour savoir si les quantités annoncées sont justes; vérifier une mesure pour y ajouter ou y retrancher afin de la rendre conforme à l'étalon.

Répalache, action de rajuster, de *répaler* les mesures.

Répaleux, celui qui *répale*, qui ajuste les poids et mesures.

Toutes ces acceptions montrent que *épaler* n'est pas, comme l'indique Corblet, un dérivé de *pas*, et que ce mot ne signifie point *mesurer par pas* ou enjambées. Le radical répondrait plutôt au latin *par*, semblable, égal, la parité étant ce que l'on a en vue dans tous les cas cités : l'*r* a pu descendre à la douce *l*. Quant à l'*e*, il serait adventice comme dans *épurer*, *éprouver*, etc.

Je répare les omissions aussitôt que je les aperçois. Quand j'arriverai à la fin de mes *Études*, j'indiquerai dans un supplément à quelle page se trouve le mot qui n'aura pas été mis à sa place dans l'ordre alphabétique.

ÉTAVE. Forme picarde de *étable*, du latin *stabulum*, même sens : le *b* s'est changé en *v*, et l'*l* est tombée comme dans *aimabe*, aimable, *diabe*, diable, qu'on verra plus bas.

On lit dans une lettre de Louis Gossen :

« Il [le baudet] est un tiot cose dépieuié.....
« Mais cha nel empêche pau d'être coire bel et
« bien reveleux, quand qu'i reste à rien foire
« (faire) et pis bien nourri dans no étave. »

Dérivés : *Étaveler*, mettre (les animaux) à l'étable.

Étavelée, ce qu'une étable contient de bétail.

Établette, petite étable : le *b* est resté dans cette forme.

On dit *établette* dans les environs de Douai. Je lis dans la *Tentation de saint Antoine* :

« Et les v'lò (voilà) tertous à sonner à l'porte,
« risque à casser celle cloquette. Ch'l'homme
« [saint Antoine] i sorte (sort), et v'lò qu'un (on)
« fait danser ch'povre viu grand'père malgré li.
« Un (on) l'tire par sen cordiau, si bin (bien)
« qu'quand l'aubade est finie, i n'en peut pus

« (plus). Après cha, deux tros (trois) diabes i
« vont denu (dans) ch'établette querre (prendre)
« ch'tiot (petit) cochon, et i li mettent l'fu (feu)
« à s'queue. »

Du bas latin *stabulæ*, remises où couchaient les animaux, est venu le nom d'une localité de l'Aisne, Étaves, qui s'appelait *Stabulæ* en 1045.

Les constructions à l'usage des animaux ont fourni le nom de plusieurs localités dans la Picardie.

Du bas latin *berbicaria*, bergerie, est venu *Brébières* dans le Pas-de-Calais, et un autre Brebières, dénomination d'une grande métairie — aujourd'hui détruite — près d'Albert, dans la Somme.

Au radical *capra*, chèvre, et à ses dérivés *caprariæ*, *capriniacum*, lieu où l'on rassemblait les chèvres, se rattachent *Chèvres*, *Chevreux*, *Chevresis*, *Chevregny* qui est *Capriniacum* en 893, dans l'Aisne.

Hangarium, espèce de maréchalerie où l'on ferrait les chevaux, a donné *Hangard* (arr. de Montdidier) dans la Somme, à moins que ce mot ne provienne de *angaria*, synonyme de relai de poste aux chevaux.

Nous retrouvons le bas latin *scuria*, écurie, (du vieil haut allemand *skura*), dans *Écuiry* (Aisne), *Écuires* et *Écurie* (Pas-de-Calais).

Armentaria, lieu de réunion des troupeaux, est resté dans *Armentières* (Nord).

Ces constructions à l'usage des animaux étaient situées à proximité de constructions à l'usage des hommes qui les soignaient.

Le latin *casa*, cabane, a donné *Chezy* dans l'Aisne. Son synonyme *attegia* est resté dans *Athies* (Aisne), *Attiches* (Nord), *Attichy* (Oise).

Du bas latin *boeria*, *boria*, métairie, sont venus *Boiries* et *Boiry* dans le Pas-de Calais, *Boheries* dans l'Aisne.

De l'ancien haut allemand *bort*, planche, est venu le bas-latin *borda*, maison d'habitation, métairie, qui a donné *borde*, maisonnette, métairie, ferme. Ce dernier mot qui a été très-productif dans le Midi, ne semble avoir fourni chez nous que *Bourdon*, nom d'un village situé près de Picquigny.

L'anglo saxon *ham*, *heim*, demeure, a fourni *Hames* dans le Pas-de-Calais,

Ham dans la Somme. De la même forme *ham* est venu le diminutif *Hamel*, nom d'un village situé près de Corbie, et *Hamelet* qui est un diminutif de *Hamel*, nom d'un village qui est tout près de là. A la forme *heim* se rattachent *Hem* près Doullens, *Hem Monacu* près Peronne, et le nom du faubourg de *Hem*, à Amiens.

Dans le Nord, le radical *hem* se trouve souvent augmenté d'un nom d'homme : *Killem*, demeure de Kilian, *Uxem*, demeure de Hugues, etc. Le même fait se reproduit dans la Somme, où nous avons *Béhen, Frohen, Etinehen.* Peut-être *Bé* dans *Béhen* est-il *bel*, beau : *Béhen* dans ce cas signifierait *belle demeure*.

Il semblerait, d'après un ancien dicton, qu'on ait prononcé jadis *Hem* (Hein) en parlant de la ville de *Ham*. Voici ce dicton :

> « Hem,
> « Sans een catieu et s'n'abbaye,
> « Hem
> « N' seroit qu' du bren. »

ÉTELÉ (etlé). Les paysans disent : « L' cieu est *estelé* », le ciel est étoilé. Cette forme est commune au picard et au vieux français :

> « Le ciex (ciel) fu cler et estelé
> (**Ren.**)
> — « Il vous fust avis que la terre
> Vosist emprendre estrif et guerre
> Au ciel d'estre miex estelée. »
> (**La Rose.**)

telé est un dérivé de la vieille forme *estele* qui existait dans le vieux français :

> « Clère est la lune, les esteiles flambient »
> (**Ch. de Rol.**)

ÉTENTE (éteinte). On dit *étente d'nerf*, distension excessive d'un nerf, laquelle le rend douloureux et incapable d'agir. Ce mot est un substantif participial venu de *étendre*.

ÉTERQUÉ, étonné, stupéfait. Nous sommes ici en présence d'une métaphore d'aussi bon aloi que celles de *stupéfié*, *pétrifié*, etc. Le sens propre de *éterqué* paraît être *figé, avoir le sens figé* ; le mot vient probablement de l'ancien flamand *stelckeren* ou *sterckelen*, « figer, comme quand le sang ou la graisse se fige, » dit Plantin (1573). Le radical du flamand est *sterck*, fort, pris au sens de *dense*.

ÉTERQUIR, élargir, étendre. Par métathèse, on dit aussi *étréquir*. Mot d'origine germanique, allemand *streete*, étendue, *strecten*, étendre : il se dit surtout d'une personne qui allonge les jambes pour se mettre à son aise, ou qui s'étale devant un bon feu.

ÉTEUILLERE, champ de chaume. Dérivé de *éteule* venu du latin *stipula*.

Éteule est aujourd'hui du bon français. Mais il n'en était pas de même autrefois, d'après Charles de Bovelles qui nous apprend qu'*éteulle* avait cours chez les Picards, de préférence à *chaume*, tandis qu'au contraire celui-ci était plus usité dans les autres provinces : « *Esteulle*, « quâ voce Belgæ plus cæteris Gallis « utuntur... *chaulme*, quâ voce Parrhisii « et Franci plus quàm Belgæ utuntur. »

On rencontre *éteule* dans la locution *être dens d' belles éteules*, n'être pas à son aise, se trouver en grand embarras. Cette locution s'explique par le fait qu'on marche difficilement dans un champ encore couvert de chaume, parce que l'*éteule* des blés coupés à la faucille y reste épaisse, droite, haute, et pique les jambes.

ÉTIMIER, étagère pour la vaisselle. Dérivé de *étain*, parce que la vaisselle que l'on plaçait en vue, était eu étain, du moins les plats, les pots. *Étimier* n'a rien d'étonnant si l'on songe que le picard dit *étimer* pour *étamer*. On rencontre ces formes dans les Inventaires où M. Devauchelle a relevé :

> « Un sceau à main, un *estimier*, trois pan-
> « gniers et une vielle paire de souliers. »
> (**Amiens**, 1670.)
> — « Une metz à faire le pain, un *étimier*, une
> « lanterne. »
> (**Ibid.** 1788.)
> — « Quatre trois-pieds de fer, un *étimier* con-
> « tenant trente-huit assiettes, un plat de terre
> « blanche... »
> (**Molliens-au-Bois**, 22 frim.. an XII.)
> — « Ung chandelier de fer blancq estimé en
> « forme de plateine (de bougeoir) façon d'ar-
> « gent. »
> (**Amiens**, 1619.)

Étimier était le nom donné au potier d'étain : « Jacques Alavoine, marchand « *étimier* au dit Amiens, » est l'un des témoins au contrat de mariage Le Couturier passé à Amiens le 2 août 1689.

A Arras c'était *étaignier*. Dans le *Tableau des Corps et Métiers* de cette ville dressé en juin 1598, les *Estaigniers* figurent au 40ᵉ rang.

ÉTILLE (étil), métier à tisser à la main. Ce mot était jadis le terme officiel. L'*Encyclopédie du Commerce* (1762) dit : « *Estille* : terme usité dans les sayette-« ries d'Amiens pour désigner un mé-« tier. » On lit dans les *Statuts des Sayeteurs d'Amiens* (4 juin 1480) :

« Nous avons ordonné à cause de ce que à « présent ils [les ouvriers sayeteurs] ne pœu-« vent ancoires trouver maisons propices, qu'ilz « ouvreront (travailleront) par congié és lieux « où ils poroient mectre et asseoir leurs es-« tilles... »

Une Ordonnance de l'Echevinage d'A-miens porte « deffenses à tous ouvriers de « tiltre (tisser) à lumière, de vêpres « (soir) ou de matin, ne tenir crasset, « huile ou cresse autour de son *estille*..» (12 avril 1618.)

Cette forme se rencontre dans les Inventaires :

« Cincq estilles à passement. »
(Amiens, 1596.)
— « Une grande estille à usage de tisserand, « ung hordisoir...» (Ibid. 1598.)
— « Item. Une étille ou métier à faire pannes « en laine, tout monté...»
(Vente mobil. à Coisy, 1780.)

De même le diminutif *étillette*, métier de moindre dimension :

« Deux estillettes servant à faire passe-« ment. » (Amiens, 1598.)

Dans certaines localités, on disait *stile*: un inventaire dressé à Raineville, près Amiens, le 23 avril 1790, porte :

« Trouvé dans une autre chambre, à côté de « la cuisine, deux stiles tout équipées, dont une « montée d'une chaisne, et aux environs 20 li-« vres de chamiaux avec 8 livres de lanchures, « une mande remplie de biots... »

Locution picarde : « *Remonter sur l'é-tille*, » se remettre au travail, retourner à ses occupations, reprendre le collier de misère.

L'origine de *étille* me semblait être l'allemand *stelle*, place, lieu, établisse-ment, avec une extension du sens. Il n'en était rien, comme on va le voir par la note suivante que m'adresse M. Devau-chelle. Je copie :

Etille paraît n'être qu'une forme fémi-nine parallèle à outil. Cela ressort des documents suivants.

Le Fabliau *De l'Oustillement au villain* dans lequel figurent tous les outils dont le vilain a journellement besoin, se ter-mine ainsi : « Explicit de l'*Estillement* au villain. » Ainsi le même mot offre dans cette pièce les deux formes *Estil...* et *Oustil...*

Les *Bans d'Hénin-Liétard* (XIIIᵉ S.) nous fournissent les formes *Œstille*, *Œustille*, ce qui confirme l'origine com-mune de ce mot avec *outil*.

« Si vous fait on a savoir que cascuns « bourgois et habitans... puet avoir II « *œstilles* ou trois pour leur preu faire... « Et si ne soit tisserans nus (nul) si « hardis ki de ligne (lin) ne de laingne « (laine) œuvre, ki venge (vende) l'*œus-« tille* à home de forain pour porter hors « de ceste vile...»

La forme exceptionnelle *stile* s'explique par d'autres raisons.

D'abord il faut se rappeler que le mot *métier* a la double acception de *profes-sion* et de *machine* à l'aide de laquelle on exerce cette profession. D'un autre côté, on disait autrefois *stil* ou *style* pour *pro-fession*, surtout au nord du domaine pi-card : « Couvreur de son *stil*, charpen-tier de son *style*, » etc. Il est fort proba-ble que *stile* et *métier* avaient les deux sens de *profession* et d'*instrument*.

« Sy a promis le dit Andrieu nourrir et ali-« menter en sa maison la dite Adrienne, sa « fille, et le dit Pasquer, son futur mary, pour-« veu que le dit Pasquer luy aidera à travailler « de son stil de mareschal. »
(Contrat de mariage de l'année 1604, Acte comm. par M. Bouthors, Prop. agric. à Villers-Bocage.)

Un manuscrit du XVIᵉ siècle vendu le 18 mars 1879 en l'hôtel du commissaire-priseur de Paris, porte :

« LE JOUVENCEL. Nouvellement faict et com-« posé par ung chevallier honnorable (Jean du « Bueil) pour introduyre et donner couraige et « hardiment à tous jeunes hommes qui voulent « le noble stylle (métier, profession) et exer-« cice des armes. »

On dit d'un ouvrier vif, adroit : « Il est bien *estillé*, » c'est-à-dire originairement *bien outillé* ou qui sait bien son métier, son *stil*, comme dans les documents qui précèdent.

ÉTOC (éto) ou ÉTOU ou ÉTOULT (étou). Ce mot signifie *sot*, *maladroit*. Il peut avoir deux origines différentes, mais éga-lement justifiables, selon l'orthographe qu'on adopte. *Etoc* ou *étou*, de l'allemand *stok*, bâton, signifie *souche* au propre, *maladroit* au figuré : il y a, dans ce dernier cas, une métaphore comme dans *choque* (V. ce mot), qui signifie aussi *maladroit*. *Etoult*, v. fr. *estoult*, wallon *sitou*, vient du latin *stultus*, sot, et, par extension, maladroit.

Ces différentes formes, tant au propre qu'au figuré, sont communes au picard et au vieux français. Par extension, on les rencontre au sens de *poteau, pieu*, comme on le verra plus loin dans les documents picards.

> « Cote ot (avait) descirée
> Et bien crois qu'il gelot ; (gelait)
> Toute eschevelée
> S'apuioit à un estoc
> Desouz la ramée,
> Si n'ot mie de serquot... (surcot). »
> **(Rom. et Past.** des XIIᵉ et XIIIᵉ s. publ. par Bartsch, Leipzig, 1870.)

— « Bonne ente en bon estoc deit bien fructifier. »
(Th. le Mart.)

— « Carles n'ert estous ne veules. »
(Ph. Mouskes.)

— « Et sont les uns plus procains et les autres « plus loingtains selon ce que ils sont plus près « ou plus loin de la première racine ou souche « ou estoc. » **(Oresme.)**

On rencontre dans les documents picards les formes *estoc, estaul, estog, estol*, etc., et par changement du son *oc, au* en *eu*, la forme *esteu*. M. Devauchelle a relevé :

« **Item.** Nus ne puet faire pucheoirs ne ferir « (enfoncer) estoc (pieu) ès yeanes du devant « dit seigneur l'Abbé [de Corbie] en le dite vile « sans congié... »
(Cout. de Corbie, année 1300 dans Cocheris.)

— « **Item.** Doivent les religieuses [du Para- « clet] faire un fossé par quoi le rivière puist « avoir son cours, et les estaugs des deux bouts « faire boins et estavies...
(Bail du moulin de Pavery, près Boves, 13 fév. 1350),

— « Les intimées ont vérifié que le moulin « nouvellement rédiffié estoit au mesme lieu « où estoit le vieil moulin de qui se recognois- « soit les vestiges, fossés, estols et pillotis des « ruines. » **(Factum** pour les Relig. du Paraclet, 1627.)

— « La charpente de la grange est deffec- « tueuse ; il convient y emploier, pour la faire « subsister, les pièces de bois qui suivent : deux « bau vêtu, deux solles traversines, deux ven- « trières, une sablière, un estaux de six pieds « de haut... (**Expertise** à Flesselles, 1745.)
« Pour fixer entreux la ligne d'entredeux sont « convenus ce qui suit : le dit X.. a permis à la « dite Anne... de poser et assir son bâtiment à

« huit pouces près de l'**étaux** de la dite remise « du côté de l'occident... »
(Accord à Vaux-Amiénois, 1757.)

« Les dites quatre verges tenant d'un côté « à... et d'autre part sur la Grande rue allant « en ligne entre les deux **esteux** des maisons « sur la cour... »
(Partage à Flesselles, 1766.)

Dans nos environs *étau, éteu*, au sens de *pôteau* de charpente, est devenu *étieu*.

L'expression *bau vêtu* dans l'*Expertise* de 1745 signifie *poutre recouverte, vêtue* : c'est la poutre d'un pignon, ainsi nommée, parce que jadis elle était recouverte ou vêtue par le bas des petites poignées de pailles dites *moiselles* (demoiselles) à cause de leur ressemblance à des poupées ou demoiselles. Pour *bau*, poutre, voyez *Baud*.

Étoc a donné plusieurs dérivés :

Étoquer ou *Entoquer* une vache, une chèvre, un cheval, c'est-à-dire les mettre au piquet dans un pré ou un champ, pour les empêcher de manger plus loin qu'à la longueur de leur corde.

Au figuré, on dit *étoquer* au sens de *stupéfier, rendre muet d'étonnement*, mettre un individu dans un état tel qu'il ressemble à un *étoc*, à une bûche.

Déloquer, détacher un animal mis au piquet ou *étoc*.

Rentoquer, attacher de nouveau à l'*étoc*.

Étoqure, partie de pré ou d'un champ de verdure que l'animal mis à l'*étoc* peut paître selon la longueur de sa corde.

Il a existé un diminutif *estoquiau*. M. De Lafons parlant de travaux faits en 1462 à l'horloge de la ville de Montreuil, a relevé ce qui suit :

« La tourte de la grande roeue ; la roeue de « tourte qui fait sonner les heures ; les esto- « quiaux de la fermeture des barbeaux... »
(Artistes et Ouvriers du Nord de la France, p. 100.)

Ces *estoquiaux* étaient probablement des dents ou chevilles.

La langue d'oïl avait un autre diminutif : « *Estouquet, Estoucquet*, petit pieu, souche de vigne. » (Hippeau)

L'ancien picard possédait un autre dérivé : *Estoquis*, expression opposée à celle de taillis. M. Devauchelle a relevé :

« Par la dite coustume, se aucunnes bestes y « sont trouvées paissant et mengant, assavoir

« ès taillis jusques à trois ans, ceux à qui les
« dites beetes appartiennent sont tenus paier
« amende... Se c'est en estoquis, depuis la
« Saint-Remy jusques au mois d'avril, X sols
« parisis de chascunes beetes... »
(**Coutume de Houdain, prévôté
de Beauquesne, 1507**).

— « Incontinent plainte de cerquemanage
« faite, le plaindant et l'adjourné ne pourront
« fosser, coupper ny abattre les anciens bois,
« estocquis ni aultres... »
(**Chartes du pays et comté
du Hainaut, 1619**).

Locution picarde : *Vendre sur l'étoc*,
vendre sur pied en parlant des récoltes
de blé, avoine, etc.

ÉTOUPER, boucher, fermer. Mot commun au picard et au vieux français. On
trouve au bas latin *stuppare* (dérivé de
stuppa, étoupe), au sens de *boucher*. Le
radical *stop* se retrouve aussi dans le flamand *stoppen*, boucher, et dans l'anglais
to stop, fermer, boucher. J'ajoute que le
substantif *étoupe* n'est point passé dans
ces langues.

« Everaerds le vieus warlier (racoutreur
« d'habits) scait bien estouper un mantel
« trouwé » (**Dial. pic. fl., 1340.**)
— « La forsenerie d'els sicume la semblance
« de forsenerie de serpent, sicume de reitel surd
« estupant sa oreille. »
« *Furor eorum sicut similitudo furoris ser-*
« *pentis, sicut reguli surdi obturantis suam*
« *aurem.* »
(**Psautier d'Eadwin, XIIe s.**)

Une charte de 1290 relative à Encre
[Albert] porte :
«Item sur ce que nous disions que nous poyons
« (pouvions) estoupper et avoient nos gens
« estouppé cell fossé... »
(**Doc. comm. par M. Daussy.**)

ÉTRAIN, paille, chaume. Du latin
stramen, litière. Ce mot est commun au
picard et au vieux français :
— « Vins de barel, fus (feu) d'estrain,
Et amours de nonnain,
Falent du jour à l'endemain. »
(**Anth. pic.**)

Estrain se rencontre dans le dialecte
picard au sens de *chaume*. On lit dans les
Chartes du Vermandois, publiées par
Le Proux :
« Pierres li flus (fils) Willame Pentrain doit
« seur deus maizons l'une d'estrain et l'autre de
« tuile... »
(**Ch. de 1218.**)

Dérivé : *Éternir*, faire la litière : il y a
eu métathèse. On dit au même
sens *étramer* étendre, épar-
piller, semer çà et là.

Étramures (plur.) paille, fourrage, propres à faire de la litière.

On trouve la forme *étramer* au sens de
couvrir, joncher dans *l'Histoire de Jehan
d'Avesnes* (XVe s.)

« Toutes les rues estoient tendues et ornées
« de draps, le pavement estoit **étramé** de vert
« et umbroié d'arbres plantés en plusieurs
« lieus. »

De même *éternir* au même sens :
« Par dedenz une belle sale
Prenoie ma refection,
De tables et de bancs garnie,
Selon la saison esternie
Estoit de jonc, d'herbes ou de fueilles
Et ou temps d'hiver de despueilles
Des blez. »
(**La Vieille**, par Richard de Fournival,
mort en 1260, trad. du XIVe s. par
Jehan Lefebvre.)

On sait que jadis l'usage était de couvrir les parquets de joncs, d'herbes, de
paille, etc. Le censitaire du Pré Malac-
quis appartenant à la ville d'Amiens devait fournir entre autres redevances :
« chacun jour de samedy, depuis le jour
« de l'Ascension jusques à la Saint-Remy
« ensuivant, ès maisons de Monsieur le
« Mayeur, anciens Mayeurs et Hostel
« commun, deux bottes d'herbes; chacun
« jour de lundy et vendredy en l'Hostel-
« de-Ville tant pour la salle que pour le
« Plaidoyer deux bottes ; et en chacun
« jour de l'Eschevinage deux bottes. »
(**Recueil d'Ordonnances, p. 161.**)

Revenons à *estrain*.
Je rencontre dans le dialecte picard la
locution *gésir à pur l'estrain*, coucher
sur la paille, dans *Aucassin et Nicolette*
à l'endroit où un valet de charrue raconte la perte de son meilleur bœuf :

« J'étois liués (loué) à un rique vilain ; si ca-
« choie (conduisais) se carue : quatre bués
« (bœufs) i avoit. Or a trois jors qu'il m'avint
« une grande malaventure, que je perdi le mel-
« lor de mes bués, Roget, le mellor de me ca-
« rue ; si le vois (vais) quérant. Si ne mengai
« ne ne bue (bus) trois jors a passés; si n'os
« (ose) aler à le vile, c'on me metroit en prison,
« que je ne l'aie de quoi saure, De tot l'avoir du
« monde n'ai je plus vaillant que vos véez sor
« le cors de mi. Une lasse mère avoit; si n'avoit
« plus vaillant que une keutisele, si li a on sa-
« quia (tirée) de desou le dos; si **gist à pur**
« **l'estrain** ; si m'en poise assés plus que de mi.
« Car a voir va et vient ; se j'ai or perdu, je gaa-
« gnerai une autre fois, si sorrai mon buef,
« quant je porrai, ne ja pour chou n'en plourerai

« (pleurerai). Et vos plorastes por un quien de
« longaigne ! »
— « Et que valoit tes bues ?
— « Sire, XX sous m'en demande on, je n'en
« puis mie abattre une maille.
— « Or tien, fait Aucassins, XX que j'ai chi
« en me borse, si sol ten buef.
— « Sire, fait-il, grans mercis ! Et diz (Dieu)
« vos laist trover che que vos querés. »

ÉTRANNER, étrangler. On a vu que le
patois laisse parfois tomber une consonne médiale : *déringoler*, dégringoler;
déréquir, défricher, pour *défréquir*,
etc. C'est ainsi que *étrangler*, du latin
strangulare, laissant tomber le *g*, a
donné primitivement *étranler*, lequel par
assimilation regressive de *l* en *n* est devenu *étranner*, absolument comme *ensanle*, ensemble, est devenu *ensanne*. La
forme *étranler* n'est pas inventée pour
les besoins de la cause; car elle existait
en vieux français et en picard.

« Lors saina li rois le morsiel (morceau)
Et li quens (comte) le mit en sa bouce,
Et fut esramment **estranlés.** »
(Du Cange sous Corned.)
— « Li lions qui gardoit le sanc Nostre Seigneur
Les estranla tous deux...» **(Baud. de Seb,)**

On lit dans une Ordonnance de l'Echevinage d'Amiens sur la boucherie, année
1317 :

« Ne pœut [le boucher] nulz beste accater, à
« son essient qui soit soupechonnée de maladie
« ne entéquie de maladie, ne **estranlée** de leu
« (loup), ne beste qui ait gambe brisie. »
(V. Aug. THIERRY, t. I, p. 371.)

Dans un travail comme celui que j'ai
entrepris, les erreurs sont inévitables.
C'est une nécessité et un devoir de les signaler et de les rectifier aussitôt qu'elles
sont reconnues. Je reviens donc ici sur
deux mots : *emmarvoyer* et *avenée*.

Emmarvoyer n'est pas une corruption
de *émerveiller*. Le radical composé est de
la langue d'oïl : « *Marvoyer*, s'écarter de
la droite voie; perdre le sens. « (Gloss.
d'Hippeau).

Voyer n'a pas besoin d'être expliqué :
c'est le latin *viare*, faire route.

Mar est une ancienne particule péjorative répondant à *mal à propos*, *à tort*, et
qui n'est peut-être que *mal* avec changement de *l* en *r*.

On trouve *marvoyer* dans Baudoin de
Condé (XIII⁰ s.) au sens de *perdre la
tête*, *s'égarer* :

« Compagnons, je suis moult destrois
De paour de ces trois mors (morts) là.

Voiés de chacun que mors (mort) l'a
Fait lait (laid) et hideus pour veoir.
Trop sont lait, rallons ent no voie
K'a poi (peu) de paour ne **marvoie.** »
(Communication de M. Devauchelle.)

J'arrive à *avenée* (avnée), exhalaison,
odeur bonne ou mauvaise, mais plus souvent mauvaise.

M. Robert de Guyencourt, d'Amiens,
m'écrit :

« Vous avez accueilli ma dernière lettre d'une
« façon si bienveillante, que je me sens tout en-
« couragé à vous communiquer encore une ob-
« servation relative au mot picard **avenée,** dont
« vous vous êtes occupé il y a déjà longtemps
« et qui a une origine douteuse.
« Pendant un voyage que j'ai fait dernière-
« ment en Espagne, j'ai entendu prononcer dif-
« férentes fois le verbe **avenenar** avec le sens
« de **empoisonner.** Je crois incontestable que
« **avenenar** se rattache au radical latin **vene-
« num,** poison. Or **avenenar** fait au participe
« passé féminin **avenenada;** la terminaison **ada**
« espagnole est équivalente à la finale latine
« **ata,** qui se traduit en français et en picard par
« **ée** : il nous reste donc **avenée.**
« Je ne veux point dire que notre mot picard
« **avenée** tire son origine de l'espagnol; mon
« intention est uniquement de démontrer, au
« moyen de **avenenar,** que **avenée** se rattache
« au radical latin **venenum.** »'

Ces observations sont très-justes. J'a-
joute, pour les confirmer, qu'on trouve
dans Lucrèce le verbe *venenare* au sens
de *empoisonner* (l'air), et que *avenée* est
le substantif participial d'un verbe d'origine latine, verbe qui a disparu en picard, mais qui a persisté en espagnol.

ÉTRINER. Forme picarde de *étrenner*
qu'on retrouve en vieux français :

« L'aloette caute d'amor.
Si **estriae** l'aube del jour. »(Parthonop.)

ÉTRIPÉ. On dit d'un homme : « Ch'est
un *étripé*, » c'est un *efflanqué* pour indiquer qu'il est mince de corps, fluet.

Etripé vient de *tripe* avec *e* initial
privatif.

ÉTRIQUE, pièce de bois en forme de
coutelas avec laquelle le faucheur —
après l'avoir enduite légèrement d'un
mélange d'eau et de sable — repasse,
adoucit et aiguise le taillant de sa faulx.

Je ne connaissais point ce mot; il m'est
transmis par M. Daussy qui l'a saisi au
vol de la bouche d'un cultivateur du Santerre. *Étrique* est un dérivé d'un verbe
étriquer, frotter, venu de l'allemand
streichen, frotter, et, par une extension
bien naturelle, aiguiser.

Au même radical se rattache le mot *rétriquer.*

Il arrive souvent qu'au milieu d'un repas, on prend un verre de cognac pour faire descendre ce qu'on a absorbé et se donner encore de l'appétit : cela s'appelle *rétriquer.* *Rétriquer* est proprement *frotter de nouveau,* et, par extension, *raiguiser* (l'appétit).

I.e verbe *étriquer,* d'où est venu *étrique,* existe dans le Nord du domaine picard. « *Étriquer,* aiguiser, adoucir le « taillant de la faulx, » dit Hécart qui ajoute : « On trouve *estrique* dans les « anciens écrits. »

Nous avons encore deux autres verbes *étriquer :*

1° *Étriquer,* battre à coups de trique. Mot d'origine germanique, anc. fris. *strika,* frapper; flam. *stricken,* fouetter; all. *streich,* coups de verge. Barguy pense que l'allemand du moyen-âge *striche,* substantif verbal de *streichen,* est l'origine du mot français *trique,* gourdin, avec perte de *s* initial.

2° *Étriquer* (s') se dit d'un cheval qui s'allonge en s'appuyant fortement sur les jarrets pour donner un grand coup de collier. Ce mot vient de l'allemand *strecken,* étendre.

On pourrait, si l'on jugeait les mots d'après leur ressemblance, croire que le mot picard *étricoises,* tenailles, — *tricoises* en français, — a le même radical que *étrique,* *étriquer :* il n'en est rien, comme on le verra plus loin.

Je donne d'abord des documents :

« Deux paires d'**étriquoises** estimées cinq « francs.» (**Etat estimatif du matériel d'un maréchal-ferrant, Villers-Bocage, 1845.**)

« **Estric,** ce qui sert à resserrer, **Estrique,** « étui de bois renfermant le fer d'une faux. « existaient en langue d'oïl aux XII° et XIII° siècles. (**Gloss. d'Hippeau.**)

Cotgrave (1611) donne la forme *estricquoyes,* pinces de fer. On trouve au même sens *estriquoires* dans Palsgrave (1530.)

On voit que l'idée exprimée répond à celle de *resserrer, étreindre.* On sait en outre que la désinence *oir, oire,* répond à *qui sert à. Étriquoire* signifie donc *qui sert à étreindre, à serrer.* Littré dit que *tricoises* du français est une altération de *turcoises,* tenailles à la turque. Sans rejeter d'une façon absolue cette origine, je demande si *turcoises* ne se-

rait pas une altération de *étricoises* qui est lui-même une altération de *étricoires* et s'il n'y aurait pas là un radical latin *strict* exprimant l'idée de *serrer, étreindre.* Les formes des XII° et XIII° siècles qu'on a vues plus haut, et qui sont bien antérieures à celles que donne Littré, me paraissent favorables à cette conjecture. J'ajoute que la corruption de *r* en *s* — *étricoires, étricoises* — se retrouve dans plusieurs mots picards, par exemple dans *séruse* pour *serrure :* le voisinage du premier *r* a amené la dissimilation du second.

ÉTRIVER, contrarier, désobéir. Dérivé du vieux mot *estrif,* lutte, combat, avec une légère modification de sens. L'origine de ce mot est l'allemand *streif* lutte. Le dialecte de l'Ile de-France avait *estrif,* opposition, *estriver,* aller contre, s'opposer. (V. *La Passion* d'Arnoul Gréban.)

On rencontre cette forme dans l'*Ars d'Amors* de notre compatriote Jacques d'Amiens, édition publiée à Leipzig en 1868 par le Dr G. Korting, et dont je dois communication à l'obligeance de M. Pinsard, architecte à Amiens :

« Se t'amie est trop orghilleuse,
Trop parleresse et trop noiseuse,
Sueffre (souffre) le débonnairement,
Tous jors soies à son talent ;
Garde se pais c'est cortoisie
A ton ami et à t'amie :
Peu est de gent, u n'ait à dire,
Por çou t'amie ne despire,
N'estrive par parole à li,
Otroie li tout, je t'en pri. »

Le picard dit encore *orguilleux* comme au temps de Jacques d'Amiens dont l'œuvre qui me semble être du XIV° siècle, appartient au dialecte picard.

ÉTRONGNER, rompre, casser, déchirer. *Etrongner,* c'est par exemple casser les fanes d'une carotte, enlever les feuilles d'une betterave, mais en laissant la carotte et la betterave en terre. Par extension, ce mot signifie aussi *abimer, détériorer :* on dit *capieu étrongné,* chapeau renfoncé ; *caïelle étrongnée,* chaise cassée. Ce mot est un dérivé de *tronc* avec préfixe privatif.

ÉTRUQUE, souche, reste d'un tronc d'arbre, éclat de bois, écharde. Mot d'origine incertaine. Serait-ce l'allemand *stuck,* morceau, pièce, reste? Le sens n'est pas mauvais ; mais il faut admettre l'intercalation d'un *r*. Serait-ce un dérivé d'un verbe *étronquer*, dérivé lui-même de *tronc* ? Mais il faut admettre la chute de l'*n*. En l'absence d'intermédiaires et de documents, il est prudent de se tenir sur la réserve. J'avoue pourtant que je penche pour la première conjecture, parce qu'on rencontre un assez grand nombre de mots dans lesquels l'*r* a été intercalé : *arme*, *âme*, en vieux français ; *frumelle*, femelle, en wallon ; *fringale* dans le langage populaire pour *faim valle*; *défrusquiner* en français et *défusquiner* en picard ; *fronde* en français du latin *funda*, *trésor de thesaurus*, *perdrix*, pic. *pertrix* de *perdicem*, etc.

EULIÈRE ou EUILLÈRE, adj. dans l'expression *vaque euillère* ou *euilère*, vache stérile. Ce mot se dit ici non d'une vache stérile, mais seulement de celle qui n'a pas fait son veau dans l'année ; il paraît provenir, par aphérèse, de l'ancien terme *taulière* avec changement, ordinaire en picard, de *au* en *eu* *Taulière* est lui-même une contraction de *laure-lière*, qui se dit en Normandie : « *Tau-* « *relière* (vache), attaquée de fureurs « utérines et qui est inféconde », lit-on dans le Glossaire de L. Du Bois. La chute du *t* initial dans notre forme picarde *eu-lière*, *cuillère*, paraît être une confusion de l'oreille ignorante qui dans ces mots : *S' vaque est teulière*, a pu entendre simplement : *S' vaque est euilère*.

EUSIEU ou ÉSIEU. Formes picardes de *oiseau*, comme *euson* est celle de *oi-son*. On rencontre celle-ci dans la *Suite du célèbre mariage de Jeannain*.

« Ou un tas, s'o volez, de ches œusons tournis
Qui vont paître en part eux dens ches prés de
[Chani. »

Dans bien des localités, on dit *oisieu* (ouésieu) ou simplement *ésieu*. *Eusieu* s'emploie surtout du côté d'Hornoy et dans le Vimeux où l'on rencontre de même la forme *eureille*, oreille.

EÛT. Forme picarde de *août* dans les mots composés *mois d'eût* (mois d'août), moisson ; *après eût*, (après août, après la moisson), arrière saison, et dans *var-let d'eût*, ouvrier de moisson.

ÉVARNIR. On dit : « Ches gleines (ge-lines) sont *évarnies* », les poules sont effarouchées. Je ne connaissais pas ce mot : Je le trouve dans une liste que m'adresse M. De Guyencourt, d'Amiens, avec la note : « Se dit dans la vallée de la Somme, à Long, Longpré, Fontaine, etc. » *Évarnir* me paraît être d'origine germanique, anglo-saxon *warnian*, avoir soin, avec le préfixe *e* marquant privation : *être évarnies* en parlant des poules, est originairement *être sans défense* contre une attaque quelconque, et, par extension de sens assez naturelle *être effarou-chées*.

ÉVÉNUÉ. Se dit d'un homme à bout de forces, fatigué, ou qui se sent défaillir. Du même radical latin (*ex* et *vanus*) que le français *évanouir* : il y a eu adoucissement de *a* en *e* et changement de conjugaison. J'ai une preuve de ce changement dans la *Chronique de Pierre-le-Prestre* (XVe s.)

« Aprez l'on le mena à l'église à très grant « difficulté, et lui *esvanua* et faillit le cuer « (cœur) eu disant messe. »
J'ai déjà fait observer que cet abbé de Saint-Riquier était picard.

ÉVENURE (evnure). Ce mot a le sens de *mal d'aventure*. Il s'emploie aussi au sens d'*élève* : « V'lo une belle évenure !» voilà une belle élève ! dit-on par ironie en parlant, par exemple, d'une génisse maigre, mal conformée. De même en parlant d'un enfant rachitique.

Evenure n'est autre chose que le substantif participial *venue*, du verbe *venir*, avec métathèse de *ve* en *ev* (Cf. *epsie*, vessie, etc.) et intercalation d'un *r*. La vraie orthographe serait *evnure* ; mais le mot paraît faire une trop drôle de figure.

Cette métathèse se trouve dans la forme *éqmise* chemise, *kemise* dans le dialecte. *Eqmise* se dit à Amiens, à Abbeville, etc. Je le rencontre dans la chanson de la fête de saint Crépin, dont je dois communication à l'obligeance de M. Fouy, d'Amiens.

« Il est d'main Saint Crépin,
Men cousin,
Chés cordonniers se frise',
Pour aller vir (voir) Catin,
Men cousin,
Qu'o (qui a) pissié dens s' n'ékmise. »
Il en est de même dans une foule de mots : *esmaine*, semaine ; *esmenche* (esminche) semence ; *orsignol* (orsigno) rossignol ; *et.ailles*, tenailles, etc.

Cette métathèse est déjà ancienne, comme le prouvent les documents :

« Nicolete oï le lorseilnol canter en garding,
« si se sovint d'Aucassin sen ami qu'elle tant
« amoit. » (Auc. et Nic.)
— « Des estenailles, ung crasset, le tout de
« fer. » (Invent. à Amiens, 1595.)

Dans bien des localités on dit *ed* (ède) pour *de* : « Juge *ed* paix, » juge *de* paix; « barre *ed* fer, » barre *de* fer, etc.

De même, au commencement d'une phrase, *edmain*, demain, *cdvant* devant, *edpuis;* depuis, etc.

EVERNIR (S') tomber à plat ventre, les quatre membres étendus, surtout en parlant des jeunes enfants. On trouve l'expression *à demi éverni* signifiant *incliné en avant*, comme cela se produit quand une personne hâte sa marche. M. Devauchelle a relevé :

« Comme i disoit ohechl, velà qu'il aperchoit,
A demi éverni, che gros qui avanchoit
Marchant à longs andains et grandes agambées.»
(**Suite du Mariage de Jeannin, XVII° s.**)

J'ignore l'origine de ce mot.

ÉVERTIN, vif, alerte. C'est, sous forme de diminutif, un dérivé de *évertuer* (s'), se donner beaucoup de mouvement et dont le radical est le latin *virtus*.

Le dialecte picard avait le substantif *esvertin*, vertige, tournoiement de tête, dont le radical est le latin *vertere*, tourner, qui a donné *vertigo*, vertige, étourdissement. Je rencontre cette forme dans *Aucassin et Nicolette* et donne le passage entier qui est en vers et pouvait se chanter comme l'indique la suscription :
« *Or se cante* ».

« Quant or voit li quens Garins
De son enfaut Aucassins
Qu'il ne pora départir
De Nicolete au cler vis,
En une prison l'a mis
En un chelier sosterin
Qui fu fais de marbre bis.
Quant or i vint Aucassins,
Dolans fu, ainc ne fu si.
A démenter si se prist
Si com vos porrés oir.
« Nicolete, flors de lis,
« Douche amie o le cler vis,
« Plus es douche que roisins
« Ne que soupe en mazerin.
« L'autr'ier vi un pelerin ;
« Nés estoit de Limosin,
« Malades de l'esvertin,
« Si gisoit ens en un lit.
« Moult estoit par entrepris,
« De grant mal amaladis.
« Tu passas devant son lit,
« Si soulevas ton traïn
« Et ton pelichon ermin,
« Ta quemise de blanc lin
« Tant que ta gambette vit.
« Garis fu li pelerins
« Et tos sains, ainc ne fu si.
« Si se leva de son lit,
« Si rala en son païs
« Sains et saus et tos garis. »

ÉVOYÉ. Se dit d'un oiseau qui n'a pas encore les plumes de l'âge adulte. Probablement du préfixe *é* marquant défaut, privation, et de *voie*, chemin. *Evoyé* serait *qui n'a pas son chemin*, qui ne vole pas encore.

ÉWAQUER, tremper le linge dans l'eau sans le laver complètement. De l'allemand *waschen*, laver.

EXTRADIER (s'), ESTRADIER (s') ou ESTRAGUER, faire des gestes extravagants. Quand les paysans de Villers-Bocage (arr. d'Amiens) veulent s'exprimer en français, ils disent au même sens *s'estravaguer*. Ces mots signifient en outre : se débarrasser d'étreintes dans une lutte, ce qui n'est possible que par force gesticulations. Au figuré, c'est se tirer adroitement d'un mauvais pas. On rencontre aussi la forme *extradir* : un de mes amis l'a entendu employer en parlant d'une poule qui, séparée de ses poussins par un obstacle insurmontable pour elle, allait et venait en tous sens d'un air inquiet.

Ces mots sont une corruption et une contraction de *extravaguer*. La contraction est déjà bien ancienne, puisqu'on trouve *estraer* dans Hippeau, *estraïer* dans Burgoy au sens de *extravaguer*.

Je suis bien aise de m'arrêter ici un instant pour examiner un reproche qui m'a déjà été adressé plusieurs fois, et qui est formulé dans une lettre signée : *Un Picardisant amateur* avec l'en-tête *Conseil Général de la Somme.* « M. Jouan-« coux, y est-il dit, abuse de l'étymologie « latine, et il a des tendances trop systé-« matiques. »

J'appartiens à une école philosophique qui ne se paie pas précisément de phrases sonores ni d'affirmations tranchantes, mais qui a l'habitude d'examiner les faits avant d'émettre un jugement : j'applique ici cette manière de procéder.

Pour être réunis dans un glossaire, les mots qui le composent n'en restent pas moins aussi absolument indépendants l'un de l'autre que les instruments agricôtes d'un Concours, les tableaux d'une Exposition, ou, si l'on aime mieux, les biens meubles et immeubles dépendants d'une succession. Ne prenant, pour être bref, que la première comparaison, je pose cette question : Peut-on se faire une idée juste d'une réunion d'instruments sans les avoir examinés un à un, sans avoir vérifié leur construction particulière, leur mécanisme spécial, leur mode d'agir propre, sans s'être rendu un compte exact de leurs qualités et de leurs défauts ? Évidemment non. Eh bien, il en est de même des mots d'un glossaire : il faut les prendre un à un, les examiner un à un, les discuter un à un, prouver que tel ou tel ne doit pas être rattaché à telle ou telle origine, puis dresser une statistique. Rien de tout cela n'ayant été fait, je demande ce que devient l'appel comme d'abus formulé contre moi, et je réponds : Il vaut juste ce que, sans préalable examen de détail, vaudrait l'appréciation des instruments d'un Concours, des tableaux d'une Exposition, des biens d'une succession, c'est-à-dire neant.

Faut-il conclure de là que j'aie la prétention de ne pas me tromper dans les mots que je rattache à l'élément latin ? Nullement. Je sais si bien qu'il m'est arrivé de me tromper, que je me suis déjà bien des fois rectifié, et il est facile de remarquer que j'ai intitulé mon travail non pas *Glossaire du patois picard*, mais simplement *Etudes pour servir à un Glossaire*, études que d'autres — je l'ai dit et redit — rectifieront, corrigeront, compléteront avec moi ou après moi... Mais est-ce ma faute si tant de mots picards ont leur origine dans le latin ? Car tout se ramène à une question de statistique après examen et discussion contradictoire des mots pris un à un. Où sont sur mes *Etudes* l'examen et la statistique de ceux qui prétendent que j'abuse de l'étymologie latine ? Et s'ils n'ont pas ces éléments indispensables d'une appréciation exacte, comment osent-ils exprimer un jugement ! La persistance de l'élément latin dans le langage populaire les étonne ; ils ont un bon moyen de dissiper l'étonnement que leur cause ce fait : c'est, non pas d'en parler avant de l'avoir examiné, mais de l'examiner avant d'en parler.

J'arrive aux prétendues *tendances systématiques*.

On conçoit qu'un historien, selon qu'il est monarchiste ou républicain, essaie de présenter les faits nous un jour favorable à ses opinions : il a en vue soit la glorification de la forme de gouvernement qu'il préfère, soit le triomphe du parti politique auquel le rattachent ses convictions. Mais quel mobile, je le demande, pourrait pousser un étymologiste à préférer, de parti pris, des origines latines à des origines germaniques ou celtiques ? Nos ancêtres ont parlé le celtique, puis un latin plus ou moins corrompu, auquel se sont mêlés un assez grand nombre de mots amenés d'abord par les invasions germaniques, puis par les relations de province à province : ce sont là des faits acquis à la science. Quant à des motifs de préférence relativement à l'origine des mots de notre patois, je n'en vois aucun qu'on puisse raisonnablement me prêter, et ceux qui articulent ce grief, seraient fort embarrassés si je les priais de vouloir bien me renseigner à ce sujet.

C'est du reste une erreur, et—pourquoi ne le dirais-je pas ? — une vraie naïveté de penser qu'on puisse obéir à des tendances systématiques. Tout mot, quel qu'il soit, est composé d'éléments positifs, de lettres, voyelles et consonnes. Croit-on qu'en face de ces éléments, l'étymologiste soit libre de rattacher un mot à un radical latin plutôt qu'à un radical germanique ou celtique ? Il faut, pour se faire de pareilles imaginations, n'avoir pas la moindre notion des conditions que, sous peine de nullité, doit remplir une étymologie, ignorer notamment qu'il y a des règles fixes de permutation, des changements qui sont ordinaires, d'autres possibles, d'autres absolument inadmissibles. Loin qu'on puisse dominer les éléments des mots, ce sont eux au contraire qui vous dominent et vous conduisent à un résultat qui, bon ou mauvais, n'a pu être ni préconçu, ni voulu, absolument comme dans une opération d'arithmétique les chiffres mènent à un résultat qui n'est ni préconçu, ni voulu. On peut, je ne le sais que trop, se tromper dans une étymologie comme dans une opération d'arithmétique. Mais entre faire erreur sur un mot, sur dix mots, et obéir à des tendances systématiques, il y a un abîme, et conclure de simples erreurs à des idées préconçues, à un parti pris, est une manière de raisonner que ni la logique ni la justice ne peuvent admettre.

F

FABULETTE, conte, récit. Diminutif de *fable*. Notre forme est remarquable par l'intercalation de la lettre *u* devant la liquide *l*, fait qui confirme l'observation qu'on a vue sous *Cariméresse.*

FACHON. Forme picarde de *façon*, du latin *factionem*, manière de faire. On la retrouve en vieux français et dans les documents :

« Adonc regarda Hue d'amoureuse **fachon.** »
(Hug. Capet.)

— « Au page de mondit seigneur [le Commandeur] pour cuir à refaire son pourpoint et « pour le **faichon** et filé II sous X déniers ; « pour une paire de sollers III sous. »
(Comptes de la Commanderie d'Elerpigny, près Péronne, 1439.)

— « Ung aultre doublier de toille de lyn à « **fachon** de panche de vaque X sols. »
(Inv. à Amiens, 1557.)

— « Un bas-contre de viollon aveuq (avec) « l'archet, **fachon** d'Arras. »
(Ibid, 1618.)

On rencontre aussi le dérivé *fachonner*, façonner :

« Une bouffette de soy (soie) cramoisy **fachonnée** de filz d'or. »
(Inv. à Amiens, 1583.)

On trouve dans la *Chronique de Pierre-le-Prestre* (XVᵉ s.) la locution *gens de fachon*, gens de bien, gens de qualité :

« De Roye, incontinent que le duc et ses gens « furent ung petit rafreschis, ils [les Bourgui-« gnons] se tirèrent hastivement devant Beau-« vais ; mais les Françoys vindrent oudit lieu à « grosse puissance ; et, à l'approce que le duc y « fiat pour asségier ladite ville, la cuidant pren-« dre de force, il y eut moult de notables faits de « guerre, là où il mourut plusieurs **gens de grand** « **fachon.** »

On sait que Pierre-le-Prestre était picard.

FAFÉES. Subst. fém. plur. On dit : « Foire (faire) des grandes *fafées*, » ou : « Rire à *fafées*; » c'est-à-dire faire de grands éclats de rire, rire à gorge déployée, rire en faisant tout le bruit et toutes les contorsions dont on est capable.

Ce mot paraît être une onomatopée tirée de la prononciation imparfaite de celui qui, riant très-fort, veut néanmoins parler. On emploie dans le Hainaut le verbe *fafeyer* ou *fafier*, signifiant *prononcer d'une manière peu distincte* (Hécart) ; *parler comme les personnes ivres ou comme les apoplectiques dont la langue est paralysée d'un côté.* (Dr Sgart.) On nomme là aussi *fafeyeux* ou *fafiard* celui qui *fafée.*

On trouve dans *Trogny* (1640) le mot *foffée*, mais avec le sens de *grande quantité.*

De même dans La Curne au XVIIIᵉ siècle avec la mention : « Se dit encore « dans quelques provinces. » Il ne se dit qu'au premier sens en Picardie.

FAGA ou FAGUE, nonchalance, paresse. Mot d'origine douteuse. Peut-on le rattacher à *faindre*, se lasser, d'où *feignant* ? Vient-il de l'ancien flamand *vaeck*, faim de dormir, dans Louis d'Arsy (1643), flamand moderne *vaak*, prononcé *fâc* ? J'avoue que je penche pour cette dernière origine, à moins qu'il ne se rattache à l'anglais *to fag*, se lasser, se fatiguer.

FAGACHE ou FAGASSE, espèce de fagot de qualité inférieure. Du même radical que *Fagot* avec une finale péjorative comme dans *molasse* de *mol.* Un jugement rendu en l'an VI par le Tribunal correctionnel d'Amiens, condamne un habitant de Poves à dix livres de dommages-intérêts pour avoir soustrait *dix fagaches.* En 1870 le notaire de cette même localité disait *fagasse* dans ses Annonces ou Insertions ayant pour objets des ventes de bois abattus.

J'observerai que dans bien des localités *fagot* se prononce *fagout* : on trouve même cette dernière forme dans un inventaire dressé à Villers Bocage en 1630. (*Communic. de M. Devauchelle.*)

FAILLE. Corblet donne de ce mot une définition erronée et se trompe — on le verra plus loin — en disant que l'origine de la *faille* remonte à la domination espagnole. La *faille* n'est autre chose que l'*ahotoir* et que le *paile* des environs de Mailly, Bapaume, etc. Le Dr Sigart dit : « *Faille*, vêtement de femme qui lui couvre la tête et une partie du corps.»(Gloss. Montois.) Hécart écrit : « *Faille*, morceau d'étoffe fine en laine ou en soie que les femmes mettaient sur leur tête et qui leur descendait jusqu'aux genoux. »

Le Vocabulaire de la Bibliothèque de Douai qui est du XIV° siècle, et par conséquent bien antérieur à la domination espagnole dans nos contrées, porte : « *Penula* = faille. Palsgrave (1530) définit la *faille* : vêtement que la femme met par dessus ses autres habillements. Pour Cotgrave (1611), c'est le voile que portent les nonnes et les veuves de la meilleure condition.

Du temps de Du Cange, les Flamands nommaient *faille* une espèce de manteau à capuchon qui couvrait la tête et le corps tout entier. (V. sous *Phala*.)

M. Derauchelle croit que ce mot est d'origine celto-cymrique, gallois : *fal* (subst.) ce qui entoure ; gaël. écoss. *falaich*, voile ; gaël. irland. *falach*, voile.

On le rencontre dans les documents où l'on trouve aussi le diminutif *faillon*.

« Une faille de satin à l'usaige d'icelle deffunte. »

(Inv. Amiens, 1583.)

— « Ung faillon de soye bordé de vellours à l'usaige de la deffeincte.»

(Ibid., 1583.)

— « Une faille de drap garenche (garance) prisé quarante solz. »

(Ibid., 1624.)

— «Une vefve (veuve) ne pourra estre exempte de la qualité de vefve immiscuée (qui s'est immiscée dans la succession de son mari) n'est (si ce n'est) qu'après le trespaz de son mary et au plus tard le jour du service d'iceluy, elle compare (comparaisse) devant la justice du lieu.., Et illec (là) estant deffulée' ou osté (ôté) sa faille ou heucke, et en dessaindant (déceignant) sa ceinture, mecte (mette) icelle avec ses clefs et bourse ès mains de ladite justice, faisant serment de non avoir...»

(Coutumes de Namur (1564), art. 3.)

Heucke dans cette citation signifie *mantelet à capuchon* : c'est le flamand *huycke*, manteau de femme à capuchon qui se portait, d'après Plantin, dans les Flandres, les Pays-Bas, le Brabant.

FAIM, désir. Les paysans disent : « J'ai *faim* d'aller vir l' fête, » j'ai envie d'aller voir la fête. Les vieux auteurs originaires de Picardie l'employaient au même sens :

« Et se (si) aucuns a faim de savoir qui chil fut qui commencha cest livre... »

(Beaumanoir)

— A peine pouvoit le roi dormir pour faim de voir celle qui puis fut sa femme. »

(Froiss.)

FAINE (fainne), fouine. Du latin *fagina*, martre des hêtres, dérivé de *fagus*, hêtre. On trouve la forme *fagina* dans un article du Concile de Tarragone : « Nulli canonici vel clerici vestes rubeas vel virides de martis, de *faginis* portare prœsumant. » *Faine* est commun au picard et au vieux français :

« Piaus (peaux) de faine, piaus de chat sauvage... »

(Liv. des Mét. XIII° s.)

— « Une houppelande à homme fourrée de foynes. »

(Du Cange, faina.)

FAITISSURE, ce qui constitue le faîte d'un toit et tous ses accessoires. Dérivé de *faîte* qui vient du latin *fastigium*.

« Dans les environs d'Hornoy, m'écrit M. Gricourt, on dit *faîtir* au sens de couvrir une construction. »

Dans quelques localités, notamment à Villers-Bocage, *faitissure* a le sens de *tuile faîtière*, et constitue un synonyme de *caperon*. On le rencontre à ce sens sous la forme *foétissure* dans un Inventaire dressé à Amiens chez un couvreur en 1621 :

« Quelque quantité de foétissures et venneaux... Quinze foétissures et trente venneaux. »

On appelle *faîtage* l'excédant du tabac qui surmonte la tête de la pipe bourrée : c'est un synonyme de *couplet*.

Je prends occasion du mot *faîte* pour faire une observation.

L'emploi de la métaphore dans la dénomination des principales pièces de bois d'une construction présente des particularités vraiment curieuses.

La forte pièce sur laquelle repose inférieurement toute la charpente, s'appelle *sole*. Or *sole* vient du mot latin *solea*, sandale, sabot des bêtes de somme. La métaphore donne donc au bâtiment, grange ou maison, des PIEDS.

Sur la *sole*, absolument comme les jambes sur la sandale ou le sabot, sont posées et emmanchées les pièces appelées *poteaux* en français, *potieux* en picard. *Potieu* (vi. fr. *postel*) est venu du latin populaire *postellus*, diminutif du classique *postis*. Or *postis* signifie *montant, jambage* : nous avons bien là des JAMBES.

Au dessus des *potieux* se trouve transversalement placée la pièce sur laquelle reposent et s'appuient les chevrons : c'est en français la *sablière*, en picard la *perne*. Or *perne* vient du latin *perna*, qui signifie *cuisse* dans Ennius, *cuisse de porc vivant* dans Pline : les *pernes* constituent donc de véritables CUISSES.

Ce L'est pas tout.

Entre la *perne* et le faîte, à égale distance de ces deux maîtresses pièces, se trouve placée parallèlement à elles, une pièce importante qu'on appelle *ventrière*.

Évidemment ce mot vient de *ventraria* tiré par le peuple du classique *venter* (ventre) qui avait du reste donné *ventrale*, ceinture dans Pline. Nous avons ici le VENTRE, venant après les *cuisses*, comme celles-ci après les *jambes*, comme les jambes après les *pieds*.

La métaphore va plus loin.

Tout bâtiment se termine par le *faîte*, du latin *fastigium*, sommet, crête, *tête*. Chez les Romains, le faîte des temples était décoré d'ornements variés, souvent surmonté de statues, surtout le *fronton* (du latin *frontem*) qui en était comme le *front*. Nous avons bien là la TÊTE dont le *fronton* ou *front* était presque toujours percé d'un *oculus* ou *œil*, comme on le voit encore dans le pignon qui forme la façade principale des vieilles églises romanes. J'ajoute que *façade* est lui-même un dérivé de *face*, du latin *faciem*, visage.

En résumé on trouve à une construction des *pieds*, des *jambes*, des *cuisses*, un *ventre*, une *tête*, et, si elle a quelque importante destination, une *face*, un *front*, un *œil*.

FALÉSE, ruse, tromperie, mauvais tour, manque de parole. C'est le latin *fallacia*, fourberie. Nous avons le même mot à un autre sens. On dit ici *foire des faléses*, faire des fautes en jouant aux cartes, commettre des légèretés dans sa conduite : la signification semble indiquer que le radical serait le verbe *foillir*, manquer, en picard *falir*, qu'on retrouve dans *cœur-fali*, paresseux.

FALANT. On dit : « L' temps est *falant*, » le temps est mou, accablant. L'origine est *falir*.

FALISE. Forme picarde de *falaise*, mot d'origine germanique, anc. haut all. *felisa*, rocher. Nous appelons aussi *falises*, non-seulement les rochers escarpés des côtes de la mer, mais ceux qui se trouvent sur le bord des vallées, à Daours, à Picquigny, etc.

Falise est commun au picard et au vieux français :

> « Mainte falize a sur la mer posée
> Haulte et blanche... »
>> (Eust. DESCHAMPS, XV° s.)

> — « Tant soit fort li mur ne massis
> Ne en haut lieu et bien assis
> Et hostiaux sor falise murée... »
>> (Baud. de Condé dans DU CANGE, falesia.)

> — « On ne peut le castel assiéger que d'une « part pou çou que il siet sour (sur) une fa- « lise. »
>> (DU CANGE, Ibid.)

Falise est resté dans le nom de village *Pinchefalise*.

Nous avons aussi la forme *faloise* qu'on retrouve dans le nom de localité *la Faloise* (arr. de Montdidier), qui s'écrit toujours comme au XV° siècle :

> « Item, toutes les voiries mouvaus de ladite
> « Faloise en alant jusque à l'endroit d'un buc-
> « quet nommé le bucquet Cavrelier, en retour-
> « nant arrière droit à la carrière qui est entre
> « le cauchie (chaussée, route) dudit molin, sont
> « à moi. »
>> (Dénombr. de la Terre de la Faloise, 1462.)

FANCHON. Nom de baptême d'une femme qui n'est qu'une corruption de *Françon* avec changement de *c* doux en *ch*, comme dans *Fréchois* qui se disait pour *François* à Villers-Bretonneux dans mon enfance.

Ce mot se dit aussi pour *poupée* : « Beye donc qué (quelle) belle fanchon ! » Regarde donc quelle belle poupée ! *Fanchon* serait-il *enfanchon* avec chute de la syllabe initiale *en* ? On a vu que cette chute est bien plus fréquente en picard qu'en français.

On dit en parlant d'une femme mal accoutrée ou habillée d'une façon grotesque : « Ch'est une vraie *fanchon.* » Comme les petites filles habillent souvent leurs poupées d'une manière grotesque, il est probable qu'on a assimilé une femme mal accoutrée à une *fanchon* ou poupée.

FANGUE, voile de femme de la campagne. C'est un synonyme de *ahotoir* et de *faille* : il est particulier à l'Artois. L'origine de ce mot est l'ancien haut allemand *fano*, morceau d'étoffe, qui a dû donner un bas latin *fanica* lequel contracté en *fan'ca*, a fait *fangue* par adoucissement de *c* en *g*. Pour la forme *fanica* de *fano*, comparez *burica*, de *bûr*, d'où *buron.* (V. ce mot).

FAONNAGE (fannage), action de mettre bas des quadrupèdes de petite et de moyenne grandeur. Dérivé de *faonner* venu de *faon* qui se rattache au radical latin *fœtus.* On dit d'une jeune chienne qui met bas pour la première fois qu'elle est à son premier *faonnage.*

Dérivé : *Faonnée*, portée. J'ai saisi ce mot au vol ces jours derniers de la bouche d'un paysan qui, apprenant que la chienne de chasse de mon neveu avait mis bas onze petits, disait qu'elle en avait eu une *boine* (bonne) *faonnée.*

Dans bien des localités on prononce *fa-onnage, fa-onnée*, absolument comme on prononce *ta-on.*

FAQUIN, individu dont la mise est soignée, un élégant. Ce mot est aussi adjectif. Il avait jadis deux sens, celui de *portefaix* et celui de *mannequin* servant de but dans les courses. L'élégant, se tenant raide comme un mannequin, il est probable que par comparaison assez naturelle, on lui a donné le nom de *faquin* dans ce dernier sens.

FARAUTERIE, élégance dans les habits, recherche dans la manière de se vêtir et de se parer. On dit avec louange en parlant d'une jeune fille qu'elle n'a point de *farauterie.* Au pluriel, ce mot s'emploie en général en parlant de belles robes, de beaux chapeaux, etc. C'est un dérivé de *faraud*, adjectif dont le féminin est *faraute* et dont l'origine est controversée et incertaine. Selon M. le comte Jaubert, *faraud* ne serait autre chose que *fiéraud*, un peu fier, avec une teinte de ridicule. M. Francisque Michel le fait venir de l'espagnol *faraute*, qui est à la tête d'une affaire. M. Le Héricher dans son Glossaire normand le rattache à l'islandais *fadr* et donne la citation suivante dans laquelle se trouve la forme *faraud* :

« And his hatire was wele faraud. »
(R. Manyng. Chron. hist. of England.)

Dérivé : *Farauter*, faire le faraud, être élégant dans ses habits.

M. Francisque Michel dans ses *Etudes de Philologie comparée sur l'argot*, fait la remarque suivante :

« On disait autrefois **farauder** dans le sens de **faire le monsieur** :

« Leur champ se tient aux Porcherons,
« Où vont luronnes et lurons
« **Farauder**, rire et gigoter. »
(**Les Porcherons**, chap. Ier.)

Farauter pour *farauder* n'a rien d'étonnant si l'on songe que le picard, surtout au nord de son domaine, change parfois les douces en fortes : *chite*, cidre, *viante*, viande, *filante*, filandre, etc.; comme *Pelche* pour *Belge, apsolution, apsent* pour *absolution, absent*, etc.

FARDE. Ainsi se nomme l'œuf sans coque que pondent certaines poules, particulièrement à la fin de la période ordinaire de la ponte, c'est-à-dire à l'arrière-saison. Ce mot a donné le dérivé *farder*, pondre des fardes. *Orig. inc.*

FARDELET, petite botte d'herbes qu'on porte sur le dos au moyen de liens passant sur les épaules, quantité d'herbe que les femmes enveloppent dans leur tablier et portent sur la tête ou sous le bras. Ce mot est un diminutif de *fardel*, fardeau, qui est commun au vieux picard et aux vieux français :

« Lors se sont andui esveillié.
Si ont moult bien apareillé
Comme marchéans lor fardel,
Et Primaut a pris un bardel
Et si l'a à son col pendu. »
(Ren.)

— « **Item**. D'une brouette menans linge, si « comme draps de lit, broyes, touailles et cœu-

« vrechiez amples, pour chaque pièce une obole;
« et si ce est marchant (marchand) qui se merle
« (mêle) de tel marchandise et il y a fardel
« cordé, pour ce IIII déniers... Item. D'une
« brouette menans cœuvrequiez crespés en far-
« del cordé IIII déniers. »

(Tarif des droits de Travers au pont de Thennes, 1425.)

D'après Corblet, *fardel* était jadis le nom particulier d'une sorte de vin récolté dans le Beauvaisis. J'ignore l'origine de cette dénomination.

Fardelet vient de *fardel* comme *capelet*, chapelet, de *capel*, comme *Hamelet* (nom de village) vient de *Hamel*, nom d'un village voisin. (Arr. d'Amiens.)

J'observerai ici que le picard a un assez grand nombre de mots dont la finale *el* ne s'est pas changée en *eau*, *iau*, *icu* : tels sont *râtei* (*raté*), râteau ; *monchel* (monché), monceau, du latin *monticellus ; tinel* (tiné), long morceau de bois pour porter les seilles, du latin *tignellum ; musel* (musé), museau, dérivé du latin *musus* qu'on trouve à ce sens dans un texte du VIII° siècle. Dans certaines localités des environs de Corbie le son *é* est devenu *i*, de sorte qu'on dit *rati, monchi, tini, musi.*

La terminaison diminutive *el* s'est conservée aussi dans plusieurs noms de village : *Morisel*, diminutif de *Moreuil ; Machiel*, diminutif de *Machy ; Bussuel*, diminutif de *Bussu ; Domquerel*, diminutif de *Domqueur*, etc.

Le provençal a conservé cette finale :

« Las brisas de chaque moussel
Je sautavon sus lou espel. »
(Lou Siège de Cadaroussa.)

— « Hélas ! Adounc lou mendre fraire,
Un clerc, que servissié l'autel,
Avié la pansa d'un vedel. »
(Ibid.)

FAUCONNIÈRE ou FAUCONGNIÈRE, gibecière. On lit dans un Inventaire dressé à Amiens en 1619 :

« Une fauconguière de cuir prisée xx solz. »

FAULX ou FAUX. Dénomination d'une ancienne mesure agraire de l'Est de la Picardie. Cette mesure répondait à l'étendue de terrain couvert de foin, etc., qu'un homme pouvait couper en un jour avec la *faulx* : de là son nom. L'*Arpentage de la cense d'Essigny le Grand* (Aisne), exécuté en 1539, porte :

« ... A esté mesuré le prêt (pré) du dict sei-
« gneur séant en dessoubz du molin contenant
« une faulx et demye; tenant à une faulx et
« demye appartenant aux religieux, abbé et
« couvent de l'abbaye... »

FAUQUE ou FEUQUE. faulx. Ce mot ne vient pas du latin *falcem* dont le *c* doux ne pouvait donner *qu* : c'est plutôt un dérivé de *fauquer*, comme *cauque*, roulée, rossée, de *cauquer.* La forme *fauquer*, faucher, vient du latin *falcare*, même sens. Elle est commune au picard et au vieux français :

« Et Bauduins li bers ne s'i est alentis;
« Ensi c'on fauque blez ou temps qu'il est mu-
« Fiert les piés du cheval... » [ris,
(BAUD. DE SEBOURG.)

— « Quiconques sera trouvé faucquant ou
« cœuillant ou portant esteulle (chaume) paiera
« an seigneur II sols et perdera l'esteulle. »
(Ch. de Privil. d'Oisy, Prév. de Beauquesne, 1216.)

On rencontre le substantif *fauque*, faulx, dans un autre document de la même Prévôté :

« Tous et chascun des habitans de Sanghin
« pœuvent en iceulx marais prendre et cœuil-
« lier à le fauque autant d'herbe que besoing
« leur est... »

Dérivés : *Fauqueux* ou *Feuqueux*, faucheur.

On lit dans un Inventaire dressé à Amiens en 1596 :

« Ung dar (faulx) de fer avec un marteau
« et l'englême servant au mestier de fau-
« queur. »

Fauquage ou *Feucage*, fauchage.

On lit dans les *Comptes de la Commanderie d'Eterpigny*, près Péronne (1438) :

« . . . Tant pour fausquages et fenages de
« prez (prés) comme pour cariages de foins pour
« le provision de l'ostel de mon dit seigneur. »

Et dans Du Cange sous *falcatura :*

« Aveuc ce demourroit l'erbage et fau-
« cage au droit desdits complaingnants. »

On dit au même sens *fauquison.* M. Devauchelle a relevé *fauquaisse* au même sens dans les *Plaids de Villers Bocage*, année 1648.

Fauquet, petite faulx. Ce mot existait en langue d'oïl, non au sens de *petite faulx*, mais plutôt à celui de l'instrument appelé aujourd'hui *faucart.* On lit en effet dans Du Cange sous *falcetus* la citation suivante :

« Un fauquet ou raverlon en façon de serpe
« enmanché en un long baston. »

Cotgrave (1611) a relevé ce mot comme appartenant au picard qui l'employait alors au . juré au sens de *bancroche, qui a les jambes tortues.*

Fauchille ou *feuchille,* faucille, qu'on rencontre dans les anciens documents :

« Item, pour une **fauchille** IIII deniers. »
(**Comptes de la Léproserie de Tanfel,** près Picquigny, 1315.)

— « Une vielle **fauchille...** »
(**Inv. Amiens,** 1588.)

— « Deux **fauchilles,** un ratel. »
(**Ibid** , 1610.)

Fauchillon, petite faucille.

On lit dans les *Coutumes d'Orville, Prév. de Doullens,* 1507 :

« Ont de coustumes les bourgois de ladite
« ville d'aller au bois sans porter quelque fau-
« chillon pour coper herbe pour leurs bes-
« tiaux... »

On emploie au figuré le mot *fauchillon* au sens de *petit éclair.* On dit aussi que les éclairs font des *fauchilles,* c'est-à-dire des zigs-zags capricieux.

Le *c* dur de nos formes *fauque, fauquer, faucage,* est resté dans le français *faucarder,* couper avec l'instrument dit *faucart* les herbes qui croissent dans les canaux.

FAUSSETERIE ou **FEUSSETERIE** (fostrie), action déloyale, tromperie, supercherie. Villon (qui était Picard) disait *fausserie* au même sens :

« Se fusse des hoirs Hue Capel
Qui fut extraict de boucherie,
Oŋ ne m'eust, parmy ce drapel,
Faict boyre à celle escorcherie.
Vous entendez bien joncherie ?
Ce fut son plaisir voluntaire
De me juger par **fausserie.**
Etoit-il lors temps de me taire ? »

Fausserie était un dérivé de l'adjectif *faux : fausseterie* dérive du substantif *fausseté.*

Une plaisante expression se rattache à l'adjectif *faux.* On disait jadis : « *estre de* « *la confrairie de St-Fausset,* » être fourbe.

(**Modus et ratio** cité par LA CURNE).

A *Fausseterie* (fostrie) se rattache le verbe *faustrier,* tromper au jeu, tricher, lequel est une contraction de *fausseterier,* et l'adjectif *faustrieux,* tricheur.

A *fausseté* se rattachent *faussetine* (ostrainne) déloyauté, et *faussetiner,* agir avec ruse ou déloyauté.

La langue d'oïl avait *fausine* (par *s* dur) au sens de tromperie.

(V. HIPPEAU.)

A Maubeuge on dit *feussetrille* pour *feusseterie* au sens de tromperie, fraude, chose artificielle. Le Dr Sigart donne un exemple de l'emploi de *feusseterie* dans une phrase dont je corrige un peu l'orthographe par trop défectueuse : « S' fille « a un biau estoumac ; mais elle a de le *feusselerie,* » c'est-à-dire : Sa fille a une belle poitrine ; mais elle a de la fraude ou remplissage.

Notre pcëe Hector Crinon disait aussi *festrille,* d'où *festrier,* tromper (dans Corblet.)

« Ch'est acater un cat dens un sac'et
Qu'ed preind' un' fille à caus' de s' bell' toilette,
Quand i' s'en enge et pis qui l' dépaquette,
Enfoustaqué, tout glorieux d'ess conquête,
Queqfos ch' peuve homme i n' treuve qu'un
| chouclet,
Pis d'el festrille edzous l' belle étiquette. »
(**Communication de M. Devauchelle.**)

FAUSTRIQUER, tromper au jeu. Ce mot vient du flamand *valstric,* piége, trébuchet, par la diphthongaison ordinaire de *al* en *au.* C'est l'histoire de *attraper* venu de *trappe.* On trouve dans le Dictionnaire de Genève (1704) le substantif *fallstrick,* piége, en latin *laqueus.*

Il est remarquable que le picard seul ait tiré un verbe de ce mot, tandis que le flamand et l'allemand se sont tenus au substantif. Notre verbe constitue une de ces jolies métaphores qu'on rencontre presque aussi nombreuses dans les patois que dans la langue classique.

FAUVETTE, fève blanche. Le radical de ce mot est le latin *faba.* Dans l'île de Guernesey on dit *fauvet,* tige de fève, chez nos voisins de la vallée d'Yères *feuvette,* fève de haricot.

FAVELOTTE ou **FÉVELOTTE,** espèce de fève dont le grain est petit et rond et qu'on donne aux bestiaux telle qu'on la récolte, c'est-à dire en tige non battue. On l'appelle aussi *faverolle.* Ces formes sont des diminutifs dont le radical est le latin *faba.*

On lit dans le Cartulaire de l'abbaye de Fervacque, année 1285 :

« De terragio terre que fuit Margareta Flourie

« in loco qui dicitur à **le Faverolle**, in territorio
« de Faiel. »

(**Doc. inéd. par M. Cocheris.**)

Un inventaire dressé à Amiens en 1596
porte :

« Ung septier de **faverolles** prisé xxx solz. »

On appelait autrefois *faverole* une
plante particulière (*lathyrus tuberosus*)
dont les racines sont des tubercules que
« les Allemans appellent *noix de terre*.»
(*Hist. des Plantes*, Lyon 1689.) Ce passage explique cette définition de Louis
d'Arsy : « *Faverote* : Eerdtnote, noix de
terre. »

On retrouve l'*a* des formes *favelotte,
faverotte, faverolle*, dans le nom de
plusieurs localités qui se rattachent au
latin *faba*. Tels sont *Favières* (Somme,
Pas-de-Calais) qui représente le dérivé
latin *fabaria*, lieu planté de fèves ; *Faverolles* (Aisne, Somme) qui est un diminutif. *Faverollæ* en 1114 et 1130, *Fava-
rollæ* en 1192 et 1198, *Faveroles* dans des
actes de la même époque.

FAYARD (fa yard), fagot fait de branches ayant encore leurs feuilles. Dérivé
de *fay*, hêtre, du latin *fagus* : le sens
s'explique par le fait que cette espèce de
fagots se fait surtout avec des branches
de hêtre.

Au radical *fay* se rattachent plusieurs
noms de localités :

Fayet, Faillouel, Laffaux, (autrefois
Leucofao) dans l'Aisne.

Ferfays, Rougefays dans le Pas-de-
Calais.

Le Fayt dans le Nord, *Fay-les-Hor-
nois, Fay*, dépendance de Vergies, *Fay*,
dépendance d'Estrées-Deniécourt dans la
Somme.

FÉBRUARIOT. Ce mot signifie *février* : c'est un diminutif. On dit aussi
févriot. Mais j'observe qu'on ne rencontre ces mots que dans les deux proverbes
suivants :

« Février, **févriot**,
« Si tu gèles, t'engeleras mes tquiots » (petits).
— « Fébruariot,
« Si tu gèles, gèle point mes plots » (petits).

On dit aux enfants que les grives chantent cette phrase quand elles commencent
à couver.

FÉCINS (plur.) Ainsi se nomme la vase,
le produit du curage des eaux. Ce mot est
un diminutif dont le radical est le latin
fæcem, lie, bourbe, sédiment. Un ancien
jurisconsulte picard, Claude Le Caron,
l'a employé dans son *Commentaire sur
les Coutumes de Péronne* :

« Le fossé passant dans le fond d'autruy, que
« le voisin qui recevoit la première eaue entre-
« tenoit et faisoit curer... les **fessins** sont re-
« ceus par celuy auquel le fond appartient. »

FEIN, foin. Du latin *fœnum*. Forme
commune au picard et au vieux français :

« Nus (nul) marchans de **fein** ne puet ne ne
« doit porter **fein**. »

(**Liv. des Mét.**)

— « Et n'est mie à oublier que cascun les bes-
« tes es dits marés (marais) porront aller pastu-
« rer sans aucun meffait non obstant quelque
« deffense qui feeite y soit, supposé que es dits
« prés fuissent demourées aucunes herbes à
« faucquier ou **fains** à lever ; pour lesquels prés
« à essavez à car, carette, à cheval ou à brouette
« nous avons accordé que les possesseurs por-
« ront carier ou faire carier hors leasdits
« **fains**... »

(**Ch. de 1411** [Encre], doc. comm.
par M. **Daussy**.)
— « Ung parcaveil (traversin, taie d'oreiller)
« garny de **fain**. »
(**Invent. à Amiens, 1583.**)
— « Touvé dedans la grange quelque quan-
« tité de **fen**. »

(**Ibid. 1596.**)

On voit dans le Glossaire d'Hippeau
que la langue d'oïl avait la forme *fan*,
comme le patois d'Amiens a aujourd'hui
pan, man, fan, etc., pour *pain, main,
faim*.

Dérivé : FENER (fner), récolter le foin.

« Et quant li maires semonst les corvées pour
« **fener** les prés... »
(**Dén. du Temp. de l'Evêché d'Amiens, 1301.**)

Loc. pic. « Il est *fené* (fné), » il est perdu, c'en est fait de lui, littéralement : il
est fané.

Fenailler (fnailler) battre avec violence, administrer une bonne roulée. Le
battage du foin pour en obtenir la graine
exige vingt fois plus de peine que le battage du blé. De là sans doute l'expression
figurée *fenailler* dont la finale *ailler* est
péjorative. (Cf. *Disputailler*, disputer
sottement.)

FEINTISE, feinte, en Hainaut *feintisse*,
dans le Cambrésis *feintiche*. Dérivé de
feindre.

On lit dans les *Epistoles Caimber-lotes* :

« Ah ! oui, che Fissiau, qui me dit-on se dé-
« grattaint s'n oreille, vo feintiche alle (elle)
« est cousute (cousue) de blainc filet » (de fil
blanc).

On voit ici que le son *an* de l'adjectif *blanc* (anc. h. all. *blanch*) s'est changé en *ain* à Cambrai qui fait partie du domaine picard. C'est une exception à ajouter à celles que j'ai signalées sous *Ennée*.

FÉLE, chat. Je n'ai jamais entendu ce mot de la bouche d'un paysan ; mais il est dans le Glossaire de Corblet, qui n'a dû le donner qu'à bon escient. Il vient du latin *felis*, chat.

J'observe seulement que l'orthographe adoptée par Corblet est mauvaise, et que, *e* long accentué donnant *ei* — *plenus* plein, etc. — on doit écrire *feile*.

FÈME ou FENME (femme). Forme picarde de *femme* dans un assez grand nombre de localités et qu'on rencontre dans notre dialecte :

« Et le rendirent à ostage à Riobart et à Lié-
« gart se feme par VIII s. et III capans (chapons)
« à le Saint-Jehan. »
(Ch. de Saint-Quentin publiées par LE PROUX.)

— « Et ne doivent mie aler li home au dortoir
« des femes : si doivent li home jesir en leur fa-
« mulaires et les femes en leur kemisses. »
(Ch. d'Aire (1290) dans N. DE WAILLY.)

On lit dans une *Coutume d'Amiens* ci-tée par Du Cange sous *offerre* :

« Nus n'offre sen acat qui ne veut, et qui an et
« jour le tenroit, puis il aroit acaté, nus n'aroit
« l'acat par le bourse tant fust proismes. Item
« s'aucuns veut offrir le vente de sen yretage, il
« le convient offrir au plus proisme, et convient
« que cil qui l'yretage vent (vend) soit hom
« soit feme, se chest (c'est) feme et ele a baron
« (mari), il convient qu'il soit présens aveuc sa
« feme, comme advouez de sa feme. »

A Bussy-lès-Daours (arrondissement d'Amiens) on prononce *féme*.

On rencontre *femelet* pour *femelette*, probablement au sens de *femme de con-dition humble*, dans l'épitaphe de Nicolas de Rely et de son épouse :

« Chi li mort (la mort) a mi (mis) mort Cola
K'on disait de Rely : Diex fach li sola ! (soulas)
Chil foet (fut) braf, prous, piex, hélas !
Mikelet (Michelette) Manniers gist priès de là.
Mas (mais) tro (trop) mingnota, tro karola :
Femelet miex vau (vaut) toenc estre ke tot
| chela. »
(Comm. de M. Devauchelle.)

A *femelle* (du latin *femella*, diminutif de *fœmina*) se rattache un verbe usité dans le Nord du domaine picard : c'est *femeler*, tirer les plantes mâles d'un champ de chanvre.

FEMIER. Forme picarde de *fumier*, du latin *fimarium*, dérivé de *fimus*, fu-mier. On rencontre cette forme dans le vieux français :

« Renoars vit le femier reverser. »
(BAT. d'ALESC.)
— « Qui vodroit un femier covrir
De dras de soie ou de florètes ? »
(LA ROSE.)
— « Et s'en vont vers Vendenc à grant routes
Par biaux chemins et par femiers. »
(DU CANGE, fimarium.)

J'entendais un jour la conversation de deux paysans qui parlaient d'un de leurs voisins :

« — Mon Diu, mon Diu, disait l'un, est-i possible d'avoir si mauvaise haleine ! »
« — I carie (il charrie) peut-être femier aveuc s' bouque » (sa bouche), répondait l'autre.

Femier me rappelle que *baru* (V. ce mot) a donné le dérivé *barucher* au sens de *charrier fumier*. Ce dérivé s'emploie dans les environs de Chaulnes.

Un autre mot a été oublié à la lettre B.

On dit *filer une bochette*, filer une bo-bine (de laine). *Bochelle* est un diminutif de *boche*, bosse. On a ainsi nommé la bo-bine des fileuses au rouet, par comparai-son avec une bosse ou renflement.

FENAQUE, adj. Pour exprimer qu'une plante ne pousse pas bien, on dit qu'elle n'est pas bien *fenaque*. On dit en parlant du poisson : « I n'est pas bien *fenaque*, » il n'est pas très-frais. Ce mot ne s'emploie donc que dans un sens négatif. La finale *que* vient elle d'une finale primitive *te* comme dans *airèque* pour *arête* ? Indi-querait-elle une finale latine *aster* ? Quant au radical, peut-on songer à la racine latine *fe* qui est dans *feo*, pro-duire, primitif probable de *fetus, fecun-dus, fœnum, fœnus* ? Aurait-il existé un bas-latin *feraster*, dérivé de *ferax*, fertile, d'où *fenaque* par changement de *r* en *n* et de *tre*, *te* en *que* comme dans *airèque*, arête ! Du sens de *qui pousse bien, robuste* a-t on pu passer à celui de *frais, bon* ? Je soumets ces questions aux hommes plus compétents que moi.

FENDRET (findret), couteau de boucher. Dérivé de *fendre*. Au même radical se rattache *fendure*, fente.

FENTON, copeau ; morceau de bois
fendu ou coupé de petite dimension.
Même origine que *fendret*. Ce mot est
ancien ; mais nous avons changé en *t* le *d*
du vieux type : les continuateurs de Du
Cange donnent *fendon*, morceau de bois
fendu. (V. sous *fonditus*.) C'est un nouvel
exemple d'un *douce* remontant à sa forte,
fait que j'ai déjà plusieurs fois signalé,
notamment sous *Embertelé*.

Dans mon enfance, les municipalités ne
se chargeaient pas des frais de chauffage
des écoles ; chaque élève apportait son
fenton ou sa tourbe.

Les fabriques ne payaient pas non plus
les chantres ; l'instituteur était payé par
les particuliers qui lui donnaient qui un
setier de blé, qui une mesure, qui un
quartier. J'ajoute qu'on ne lui fournissait
pas souvent la meilleure qualité : de là des
difficultés. Un propriétaire donnait un
jour à l'instituteur de mon village un setier de blé mêlé de criblures. Celui-ci de
se récrier et de dire qu'il ne pouvait
chanter pour de pareil blé. « No co (notre
« coq) cante bien pour del (de la) pamel-
« le ! » lui répondit le vieux propriétaire.

FER, FERRAGE, FERREUR. Anciens
termes officiels à Amiens et dont voici la
définition qu'en donne avec exactitude
le *Manuel historique du Commerce*
(Lyon 1762).

Fer. Terme de Manufacture en usage
dans la sayetterie d'Amiens ; il signifie
ce qu'on nomme ailleurs un *coin* ou une
marque, c'est-à-dire le poinçon avec lequel on plombe les étoffes. *Ferrer* une
étoffe, c'est la marquer ou la plomber.

Ferrage. Droit qu'on paye aux Esgards
ou Jurés de la sayetterie d'Amiens pour
marquer les étoffes et leur apposer le
plomb.

Ferreur, celui qui plombe et qui marque les étoffes. On l'appelait aussi *Egard-
ferreur*.

Puisque je viens d'écrire le mot *fer*,
j'observerai que, d'après M. Cocheris,
(*Origine et Form. des noms de lieu*) les
mines de fer ont fourni la dénomination
de plusieurs localités appelées *Ferrière*.
Nous avons une localité de ce nom à deux
lieues d'Amiens.

FERDAINE ou FERDAINGNE. Formes
picardes de *fredaine*. D'après Brachet,
ce mot est d'origine inconnue. Littré demande s'il faut y voir quelque rapport
avec le bourguignon *vredai*, aller çà et là,
ou plutôt avec *fredon*, la *fredaine* étant
à la conduite ce que le *fredon* est au
chant. M. Devauchelle m'adresse sur ce
mot une note qui mérite une attention
sérieuse et que je m'empresse de donner.

Je copie :

Quelle a été la première acception de
fredaine ?

Entre autres définitions Richelet donne
celle-ci : « Petits tours d'amour, de ga-
« lanterie et de jeunesse : *lascivia, licen-*
« *tia*. »

Avant lui Brantôme appelait *fredaines*
les dissolutions de Messaline, et écrivait :
« Combien de temps [Claudius] porta-t-il
« les *fredaines* et sales bourdelleries de
« Valeria Messalina laquelle... » (*Dam.
Gal*. dis. 1.)

Faire des *fredaines* signifiait-il donc
se livrer à la débauche ?

Voilà ce qu'il faudrait savoir avant
toute recherche étymologique.

Il existe une expression fort remarquable au double point de vue de la forme
et du sens, que Rabelais a inventée et
qui répond au latin *coire* : c'est *fredinfredailler* qui a une relation évidente
avec *fredaine*. Les éditions modernes
portent *fretinfretailler*; mais Cotgrave
(1611) et Howel (1660) donnent fort bien
fredinfredailler, le premier avec la mention : *Rabelais*, au sens de l'anglais *to
leacher*, le second à celui du français
paillarder.

L'ancien flamand avait le verbe *vrijden*, faire l'amour, (V. Trogny et L.
d'Arsy.) qui paraît être dérivé du nom
de la Vénus du Nord : *Freda, Frée,
Freya*.

Wace, dans son *Roman du Brut* (XIIe
s.) met ces paroles dans la bouche d'un
saxon :

« Nous avons, fait-il, pluisors Dels (Dieux)
  A qui nous devons faire autels...
  Entre ces D·x, que di vous ai,
  Cultivons nous divesse (déesse) **Frée**,
  Qui par tot est mult honorée.
  Li ancien por faire honor
  Li ont sacré le siste (6e) jor,
  Si l'ont par grant altorité
  De Fréai Freedai nomé

Un MS cité par La Curne porte *Freda*
au lieu de *Fréat* :

« Si l'ont par grant auctorité
De *Freda* freeday nommé. »

Je n'ajoute que deux mots à cette note
si substantielle de mon collaborateur.

Si *fredaine* vient du nom de la Vénus
du Nord ou du flamand *vrijden*, il reste
évident que les études sur les patois servent parfois à faire découvrir l'origine
des mots de la langue française.

Il en serait de même si le radical de
fredaine était l'allemand *freude*, joie,
plaisir, que me signale M. Robert de
Guyencourt, et qui est probablement de
la même famille que le flamand *vrijden*,
si l'on considère que l'allemand a le mot
composé *freudenmadchen*, fille de joie.

FÉRIU. Ce mot est un synonyme de
crasset, lampe. Il y a cependant une distinction à faire. Le *crasset* est la lampe
complète, avec son petit plateau destiné
à contenir l'huile et la mèche ; le *fériu*
est le corps de lampe sans le plateau, ou
plutôt la machine servant à recevoir et à
porter le plateau. L'origine de ce mot est
le latin *fericulum*, machine servant à
porter quelque chose, qui a donné originairement *férieu*, comme *axiculus* a
donné *essieu*, aujourd'hui *essiu* en picard. Richard de Fournival, qui était
picard, disait *gourpius* pour *goupil*, du
latin *vulpeculus*, et *orteu* (fr. orteil) du
picard, vient de *articulus*.

On rencontre en langue d'oïl *férieus*,
espèce de vase (V. Hippeau). Notre *fériu*
est, en effet, dans la partie inférieure qui
reçoit le plateau, une sorte de petit vase,
à tel point qu'on peut, comme je l'ai vu
faire bien des fois, y mettre la mèche et
un peu d'huile.

FERLAMPER ou FERLAPER, boire
avec avidité. Du préfixe intensitif *fer* qui
joue en picard, en flamand et en allemand
le même rôle que le préfixe *per* en latin,
et de l'allemand *lappen*, laper, qui paraît
être une onomatopée. Au figuré, notre
mot picard a le sens de *dépenser*, *dissiper* (son bien ou son argent) en ripailles.
On dit : « I *ferlape* sen bien, » il dissipe,
il mange, ou plutôt il boit son bien.

Dérivé : *Ferlapeux*, buveur, gourmand,
dissipateur. Nos voisins de

la vallée d'Yères (Seine-Inf',
arr. de Dieppe), disent sans
préfixe *lapeux*, *lapard*, adj.
ivrogne, tandis qu'ils disent
comme nous *ferlamper*, boire
comme un ivrogne.

(V. *Glossaire* de M. Delboulle).

Nous avons aussi le dérivé *ferlampier*,
goujat, mauvais sujet, polisson, homme
de rien. Corblet recherchant l'origine de
ce mot, écrit : « On donnait autrefois le
« nom de *frère lampier* à ceux qui entre-
« tenaient les lampes des églises. Comme
« ils appartenaient toujours à une très-
« basse classe, le mot *ferlampier* devint la
« désignation d'un homme du peuple de
« mœurs grossières. » Littré donne à peu
près la même origine au mot français
frelampier, homme de peu et qui n'est
bon à rien. Je ne suis pas de l'avis de ces
Messieurs. Je crois que *ferlampier* et
frelampier sont le même mot, et qu'ils
ont leur origine commune dans le picard
ferlaper : la lettre *m* n'est pas une difficulté, puisque l'allemand *lappen* a donné
laper et *lamper* (boire), et qu'on a pu
très-facilement passer du sens de *buveur*,
goujat, à celui de *homme de peu*, *propre
à rien*.

FERLAPE, morceau mince, beaucoup
plus long que large, d'une chose qui de
sa nature offre peu de résistance, comme
par exemple une étoffe, la peau, etc. Mot
d'origine germanique précédé du préfixe
fer, anc. all. *lapp*, all. mod. *lappen*,
lambeau, pièce ; flamand *lap*, pièce de
drap, de linge, d'où *verlappen*, rapiécer.

Il est fort remarquable que le picard
emploie le préfixe pour le substantif,
tandis que le flamand ne le met qu'au
verbe.

Il est fort probable que *Berlafe* (V. ce
mot) n'est qu'une autre forme de *ferlape*
par mutation de *f* en *b* et de *p* en *f*.

FERLÉE, givre, frimas, gelée blanche.
Dans l'Amiénois, on dit *freille* ou *frelle*
au même sens.

Ce mot, à part la métathèse, a été relevé par La Curne dans un auteur picard
du XIIIe siècle, Gaultier de Coincy, prieur
de Vic-sur-Aisne. Il donne d'abord :
« *Ferlée*, s. f. frimas. » Puis il cite le

passage de Gaultier d'après un manuscrit :

« Hardis sergenz de grant manière
En un d'ax (d'eux) a plus de mellée
Qu'en un yver n'a de frelée. »
(Ste Léocade, f° 89.)

Frelée, pic. *ferlée*, est le substantif participial d'un verbe (aujourd'hui inu-sité) *freler* venu du bas latin *frigillare*, dont le radical est *frigus*, froidure. L'existence de ce bas-latin est prouvée par le dérivé *frigilla*, oiseau d'hiver, pinson. Quant à *freille*, *frelle*, il répond à un bas-latin, *frigillum*, froid peu in-tense.

FERLIMOUSE. Se dit pour *frimouse* dans bien des localités. Notre poëte Cri-non employait cette forme au sens de *face, visage.*

« Dens no miroir quand ej (je) ravise em (ma
[tache
Riante edvant, aujourd'hui qui grimache,
Che n'est pus (plus) mi !.. Ches grands yux ren-
[fonsés
El (la) **ferlimouse**
Tout' défoite (défaite) qui mouse,
Ch'est bien mes traits, mais mes traits effacés!»
(**Le Malade**.)

Dans la *Satire* XXX, il lui donne le sens de *beauté du visage* :

« El content'ment, l' vrai bonheur est en nous,
Et non dens ch' bien, dens l' luxe ou l' ferli-
[mouse ;
Par ses vertus veut (vaut) miux hounorer s'blouse
Q' muchi (cacher) ses vice' edsous ses bieux
[pal'touts. »

On trouve cette forme à la fin du XVII° siècle :

« Il me semble que je reconnais cette freli-
« mouse, ou je me trompe. »
(**Suite du Théâtre Italien**, T. III,
p. 212. 1697.)

Cotgrave donne les formes *phlimouse, phryllelimouse* dont la dernière se rap-proche de *ferlimouse*. (V. Littré.)

Boiste (1836) donne : « *Flimouse*, vi-sage large, rebondi. »

Flimouse serait-il donc une constra-tion de *frelimouse ?*

Dans cas, la forme primitive serait *fre-limouse.*

Il est à remarquer qu'en picard ni *ferlimouse*, ni *frimouse* n'emportent au-cun mauvais sens : sans épithète, ils ont la signification de *visage*. Si *frimouse* est une contraction de *frelimouse*, comme

prinage de *pélérinage*, ce mot n'est pas un péjoratif de *frime* par la double rai-son que *frime* s'emploie le plus souvent en mauvaise part, et que la finale *ouse*, à ma connaissance du moins, n'est pas péjorative. Le radical du mot qui nous occupe me semble donc être *mouse* (vi-sage, museau, lèvre) qui existait (V. Hip-peau) en langue d'oïl au sens de *museau*. Quant au reste du mot : *freli*, par méta-thèse *ferli*, par contraction *fli* ou *fri*, est-ce un adjectif déformé au point d'être devenu méconnaissable ? Le fait est pro-bable ; mais je n'affirme rien.

La forme *frimouse* n'est pas ancienne dans la langue française. On la rencon-tre dans *la Henriade travestie*, œuvre d'un picard, Fougeret de Monbron, né à Péronne en 1698, qui lui donne le sens de *lèvres, joues*, fait qui confirme les observations précédentes.

« Près de ces lieux où nos monarques
Vont gîter, quant il plaît aux Parques,
Où l'on voit un si beau trésor
De breloques, de similor,
Où de tartes et de talmouses
On se barbouille les frimouses,
Près de Saint-Denis, en un mot,
Des Espagnols paroissoit l'ost » (ost, armée).
(**Communication de M. Devauchelle**.)

FERLOQUE dans la locution adver-biale *une ferloque*, un brin, un peu. Du préfixe *fer* et de l'ancien haut allemand *loc*, chose qui pend, ancien flamand *locke*, floc, lopin. Cotgrave (1611) dit : « *Fre-loque* : lambeau, guenille qui pend au bas d'un vêtement ». Trogny (1640) dit : «*Freloque* : des freloques, bouts non tis-sus d'une pièce d'étoffe ; certains fils qui pendent des haillons, guenilles ». Dans le langage actuel des jeunes enfants de Paris, une *freloche* est ce filet très-léger avec lequel ils attrapent des papillons.

On rencontre *ferloque* au sens de *frange, ornement d'habit*, dans une ci-tation de Du Cange sous *flocus*, fait qui prouve que son emploi est déjà ancien :

« Le suppliant avoit roigné ou coppé certaines
« ferloques et draps de diverses couleurs. »
(**Lettres de Rémission**, 1899.)

« De là, ajoute Du Cange, *freloquié*, « paré d'ornements », comme on le voit dans le passage suivant :

« Un chapperon de brun vert et une coquille
« freloquié. »
(**Lett. de Rémiss** , 1421.)

Dérivés : *Ferloquer*. Quand les paysans ont des souliers beaucoup trop amples, ils disent que leurs pieds *ferloquent* dedans , c'est-à-dire vont et viennent de ci, de là, opèrent un mouvement de va-et-vient. On dit d'un homme un peu ivre qu'il va *ferlique ferloque*, c'est-à-dire tantôt d'un côté, tantôt de l'autre. De même, au figuré, d'une affaire quelque peu douteuse, d'un homme dont la conduite laisse à désirer.

Déferloqué, déguenillé. Le préfixe *dé* n'est ici qu'explétif.

On rencontre l'expression *ferlique ferloque* et *déferloqué* dans les poètes picards :

« Tout l'temps d'sa vie, ech pus (le plus) défer-
| louqui
Ch'pove sus z'abos (aux abois) comme ch'riche
| banqui
Sur che vieu d'or ils ont leus z'iux (yeux)
| braqui. »
(Crinon, Sat. XXX.)

On sait que *i* est pour *é, er : banqui*, banquier ; *braqui*, braqué.

« Che bon pasteur s'y prit si bin (bien)
Pour rassanner (rassembler) ses paroissiens ;
Il fait sonner toutes les cloqnes
Eune (une heure) de long ferlique ferloque.
Les paroissiens y sont venus
Tout comme quand un (on) queurre au
fu (feu) »
(Sermon naïf de la fin du XVIIᵉ s. déjà
cité.)

D'après Brachet, le mot français *brelo-que* est d'origine inconnue. Telle n'est pas mon opinion. Il y a une grande analogie entre la locution picarde *aller ferlique ferloque*, aller mal, et la locution française *battre la breloque*, déraisonner.

Je crois que *breloque* (pic. *berloque*) et *ferloque* viennent tous deux du même radical germanique ou flamand, la *breloque* étaut un objet qui pend et va tantôt d'un côté, tantôt de l'autre, d'une façon fort irrégulière. J'ajoute qu'en wallon (V. Remacle) *ferloque* est synonyme de *breloque* au sens de bijou, curiosité de peu de valeur. Quant à la mutation de *b* en *f* et réciproquement, je ne la crois pas une réelle difficulté ; on en a vu un exemple dans *ferlape* qui vient du même radical que *berlafe*, la différence n'étant,

comme ici, que dans la première lettre du préfixe. C'est ainsi qu'on trouve *ferluque* et qu'on dit *berluque*, bagatelle, un rien, une petite paille, une misère, un atome. De là, au XVᵉ siècle, le nom de *freluque* donné à une monnaie de petite valeur que le duc de Bourgogne avait fait courir dans le Boulonnais. J'ajoute que cette monnaie s'appelait aussi *freluquet*, pic. *ferluquet*, mot qu'on a employé ensuite pour signifier homme léger, frivole, et dont le sens s'est étendu pour prendre celui de coquet dans sa toilette.

Le picard emploie le féminin *ferluquette* à ce dernier sens. Je rencontre cette forme dans l'*Amoureux berneux*, pièce citée plus haut :

« Ah ! Tu n'es mi' dens ten boin sens
Comm' font ches ferluquettes ;
Te (tu) peux ben croire fermement
Que j' n'aime nen (pas) Toinette. »

FERLU. On dit en parlant d'un homme : « En v'lò un *ferlu*, » en voilà un drôle, un original, un singulier, un farceur. Ce mot est la forme picarde du vieux français *frelu* : il y a eu métathèse comme dans *ferlée, frelée*. On le rencontre dans une citation de Ménage qui lui donne à tort le sens de *hérétique* :

« C'est un maheutre et un frelu
Pire qu'un Turc et Mammelu. »

Ce mot nous vient du Nord. Sa signification actuelle s'écarte quelque peu du sens primitif qui est *perdu*.

Ses formes en langue d'oïl sont *fore-lore, frelore, ferlu*, comme on le voit dans Hippeau. « *Frelore*, perdu, gâté, dit « Burgoy, de l'allemand *verloren*, per-« du, et de là même racine que l'anglo-« saxon *forloren*. » Cette dernière forme se retrouve dans le patois de Genève. La forme *frelu* est restée dans le patois de Champagne au sens de *misérable, gueux*. Cotgrave donne *frelore* et *frelus*, ce dernier avec une *s*, ce qui explique le féminin picard *ferluse* qui existait peut-être de son temps : le sens qu'il donne est *ruiné, défait, misérable, délaissé, perdu*.

FERMIOTIN, petit fermier, chef d'une exploitation agricole peu importante. Ce mot est un diminutif de *fermier*.

FERNÈTE et FERNEUTE. Formes picardes de *fenêtre*, remarquables par la transposition fantaisiste de l'*r* final qui, au lieu de tomber — *morde*, mordre ; *naîte*, naître — est passé à la première syllabe. Le même fait a eu lieu dans le wallon qui dit *fernîte*.

La forme *ferneute* est employée dans les environs de Compiègne. Je lis dans une *Lettre picarde* de mon correspondant, M. H. Lescot, au *Progrès de l Oise* (Décembre 1879) :

« Por vos coper cort, est-jou donc vrai qu'oz
« ez té (que vous avez été) por vos batte (battre)
« aveuc che grand gazetteux (journaliste)
« d'Noyon qui o (a) des ferneutes (lunettes) à
« ses yux ? »

FERQUEU ou FERGUEU ou FEU-QUIEU, fougère. La finale de ces formes indique un diminutif dont le radical est le latin *filix* fougère (Vi. fr. *feugère*) lequel a donné les formes bas latin *filicaria* et *fulgaria*, fougeraie ; *felgaria* que Du Cange a relevé dans une charte du X° s. au sens de *lieu rempli de fougères*. De là les noms de localité qui suivent : *Flesquières* dans le Nord, *Feuquières* dans la Somme lequel est *Filicaria* en 856, et son diminutif *Feuquerolles*. De là encore *Flesselles*, qui est *Flaisserit* en 1120, *Flaisctères* en 1163, *Floischel* en 1190. De même *Flesserolles*, lieu dit entre Coisy et Villers-Bocage, qui est un diminutif.

Le *s* doux de *Flesselles* n'a rien d'étonnant si l'on songe que Froissart, qui était picard, disait *flechière*, fougère :

« On te frote, grate et estrille
Et puis on te fait ta littière
De blanc estrain ou de flechière. »
(**Le Débat dou Cheval et dou Levrier.**)

Puisque j'en suis à des noms de localité, je donnerai ici mon opinion sur une étymologie très-controversée : il s'agit de la petite bourgade de Lihons-en-Santerre.

Un de mes correspondants, M. Lefebvre-Marchand, maire de Chaulnes, membre distingué de la Société des Antiquaires de Picardie, a publié récemment sur l'*Etymologie du mot Santerre* une brochure très-intéressante et pleine de documents. Il voit dans le mot *Lihons* — c'est du reste l'opinion de Dom Grenier— les deux mots *Leti Hunorum*, Lètes-Huns, c'est-à-dire Lètes de la nation des Huns, peuples cultivateurs en même temps que soldats qui auraient défriché le Santerre.

Jusqu'à ce que des données historiques soient produites, montrant, à une époque précise, l'existence dans cette région de la population en question, cette origine restera comme tant d'autres une pure hypothèse : je crains bien que la coïncidence de noms —Huns et Lihons— n'ait égaré dans ses recherches le savant Dom Grenier, et à sa suite M. Lefebvre-Marchand.

Nous débarrassant de toute idée préconçue et laissant de côté toute considération historique comme toute tradition sans appui positif, examinons comment les anciens documents désignent Lihons.

D'après le *Dictionnaire topographique* de M... Garnier, les plus anciennes formes connues (XII° s.) sont *Lethun, Lehunum, Lehons, Lehuni Lihons, Lihuns, Lehun, Letohuni, Lehuns, Lehen.* De ces dix formes, huit ont la finale *un* ; deux seulement se terminent en *on*. Après l'an 1200, toutes les finales sont en *on*.

Voilà des données sûres.

Le mot anglo-saxon *thun* correspond au latin *villa* pris au sens restreint de *ferme, métairie* : on le retrouve soit seul, soit en composition, dans plusieurs noms de villages appartenant au domaine de la langue picarde : *Audincthun, Hardenthun*, etc. Or *thun* se rencontre précisément dans *Lethun* qui est la plus ancienne forme (1108). Le *t* n'existe pas dans les suivantes ; mais il reparaît dans *Letohuni* (1164) : il est donc primitif et n'est tombé dans les autres que comme tombe le *t* médial : *meur*, mûr de *maturus* ; *Matheus* (XIII° s.) pour *Mathieu*, etc. En conséquence *thun* dans *Lethun* me paraît être originairement *ferme, domaine*, comme *Ham* de *hem*, comme *Athies* (de *attegia*) cabane, comme *Etaves* de *Stabulæ*, etc.

Quant à *Le* de *Lethun*, on pourrait croire que c'est l'article *le* et que *Lethun* signifie *la ferme, le domaine*. Il n'en est rien. Au XII° siècle, l'article, au cas sujet, était *li* : *li cuens*, le comte. *Lethun* paraît être un mot composé dans lequel *Le* est le reste d'un nom propre, et signifier *demeure, domaine de Le...*, propriétaire dont le nom nous reste inconnu : se serait l'histoire de *Hardenthun, Killem, Bernaville*, etc. On remarquera que *Le* a persisté dans huit formes sur dix pendant tout le XIIe siècle : l'*e* est ensuite facilement descendu à l'*i*. Quant au son *un* de l'anglo-saxon *thun* et à celui du latin *hunum*, il a pu devenir *on* aussi bien que rester *un*, comme on le voit dans *Noviodunum*, Noyon, *Cervidunum*, Cervon (Nièvre), *Augustodunum*, Autun, etc.

Je crois avoir rendu compte exact de toutes les lettres du mot en question et lui avoir donné un sens parfaitement acceptable. Ainsi s'évanouirait, si j'avais raison , toute cette fantasmagorie de Huns, de batailles, de sang versé, de défrichement du Santerre par des soldats barbares. Au lieu de chercher dans l'histoire et dans la tradition des données aussi incertaines qu'insuffisantes, on s'appuie, dans mon opinion, sur des éléments positifs et sur des analogies irrécusables : c'est là, du reste, l'avantage de la méthode comparative, seule admise aujourd'hui dans les recherches étymologiques.

FERTILLE ou FERTILE dans la locution : « Couquer à la *fertille*, » coucher dehors, dans les champs, en plein air. Forme picarde de *frétille* que M. Fr. Michel (*Etudes sur l'argot*) a relevé dans un passage des *Sérées* de G. Du Bouchet :

« Cela estoit bien deu à Mico pour faire cou-
« cher un homme à l'erre (sur le chemin) ou sur
« la fretille, ou sur la dure, pour estre abesti. »

On le rencontre dans un Noël bourguignon :

« Fanne, coraige,
Le Diale a mor.
Après l'oraige
J'onsle bea jor.
Dei préa d'ici repose emmaillotai
Su lai fretille.

(Femme, courage, le diable est mort. Après l'orage, nous avons les beaux jours. Dieu près d'ici repose emmailloté sur la paille.)

Pour Cotgrave, la sens de *fretille* est paille. De même dans le *Dictionnaire de la langue verte* (1867). Il a un sens plus étendu dans le Dictionnaire fr. breton de L'Armeyre (1756) qui dit : *Fretille*, petite meule de paille, fougère et autres choses « semblables ».

J'établis ici le sens de *fretille, fertille ;* quant à son origine, elle reste inconnue, à moins qu'on n'admette que le latin *fistula* qui, d'après Burguy, a donné *frestele*, chalumeau, par l'intermédiaire de *fistella* avec intercalation d'un *r*, peut avoir aussi, de la même façon, donné *fretelle* à l'origine, puis *fretille* par adoucissement de *e* en *i*.

FERTOUILLER, remuer, tripoter, barboter. Ce mot est composé du préfixe *fer* et de *touiller*, mêler, venu du latin *tudiculare*, même sens. La transformation de *tudiculare* en *touiller* a été indiquée sous *Détouilloir*.

Notre poëte Crinon a employé *fertouiller* au figuré.

« Che pus frod d' nous, quand l' gloire all' (elle)
                                        [li fertouille,
    I sent s'n éraille un peu qu'all' dégatouille. »
                                        (Satyre X.)

Dans le Hainaut, on dit *ferdouiller* par adoucissement de *t* en *d*, et au sens restreint de *agiter l'eau comme font les enfants pour s'amuser*. (V. Hécart.)

Notre *fertouiller* a donné le dérivé *enfertouillé*, synonyme de *emberdouillé*, embarrassé (au figuré.) On rencontre ce mot dans une chanson citée par Grégoire d'Essigny dans son *Mémoire sur l'origine du patois picard* :

« Pardi ! dit-il en bieu lengage,
    Te voilò bien enfertouillé.
    Un tiot filet d' complimentage
    N'est-i point bientôt berdouillé ? »
                (Comm. de M. Devauchelle.)

FESSE dans la locution : « N'y aller que d'une fesse, » faire quelque chose à regret, à contre-cœur, sans entrain, sans courage.

FÉTEUX, qui va aux fêtes, qui aime à fêter, à s'amuser. Dérivé de *fêter*. Le vieux picard avait le dérivé *festage* au sens de *chomage*. On lit dans un document de 1369 relatif au Ponthieu et cité par Du Cange sous *festagium* :

« Festages des fours et molins payez et raba-
« tus aux fermiers d'iceluy à Vincent Charles
« de Martaingneville qui rabatuz li ont esté de
« la ferme pour 60 jours qu'il fu en festage pour
« les Englez, pour une semaine que ledit molin
« fu en festage envers Toussaint pour l'ost de
« Tournehen, et que les Englez passèrent Blan-
« quetasque. »

Ce mot rappelle une des plus curieuses

coutumes du Moyen-Age : je veux parler de la *fête de l'âne* qui se célébrait à Beauvais le 14 janvier, en mémoire de la fuite en Egypte. Une jeune fille magnifiquement parée et assise sur un âne entrait dans le sanctuaire de la cathédrale et allait se placer près de l'autel du côté de l'Evangile. Alors commençait la messe au milieu d'un grand concours de peuple. L'*Introït*, le *Kyrie*, le *Gloria* et le *Credo* finissaient par de formidables *hinhan* répétés en chœur par tous les assistants. Une Rubrique manuscrite que je traduis, porte : « A la fin de la messe, le célébrant « se tournera vers 'es fidèles, et au lieu « de dire *Ite missa est*, il poussera trois « fois le cri *hinhan*. Quant au peuple, au « lieu de répondre *Deo gratias*, il répon- « dra trois fois *hinhan, hinhan, hinhan.*» Dieu sait s'il s'en donnait à pleins poumons !

On chantait aussi la fameuse Prose qui célébrait les éminentes qualités de l'âne. Je donne la première strophe qui était, comme les autres, en latin, mais dont le refrain était en français.

> « Orientis partibus
> Adventavit Asinus
> Pulcher et fortissimus
> Sarcinis aptissimus.
> Hez, sire Asne, car chantez;
> Belle bouche rechignez,
> Vous avez du foin assez
> Et de l'avoine à plentez. »

Pour plusieurs bons esprits, cet âne qui est beau, fort, docile, sobre, content de peu, propre à tous les services, était la personnification du peuple, sa glorification éphémère, quelque chose comme le monde d'alors, renversé pour un jour. Cette fête rappelait jusqu'à un certain point, les Saturnales de Rome.

FÉTOISE (fétouése), s. fem. La tige et les branches sèches du colza battu. Mot d'origine inconnue, à moins qu'il ne soit de la même famille que *fétu.*

FÉTON. J'ignore la signification et l'origine de ce mot que M. Devauchelle a relevé dans des inventaires dressés au siècle dernier dans les environs d'Amiens :

« **Item.** Une mesure et un vend (van) avec « une vielle camossure (v. ce mot) et un « féton. »   (Vaux-amiénois, 1728)
— « **Item.** Un féton; deux frettes à timon. »
                                   (Ibid. 1761.)

FEUCHINE, brassée de bois, fascine. Ce mot est *fascine* avec changement de *a* en *eu* et de *c* doux en *c* chuintant : il se dit dans les environs de Molliens-Vidame (Arr. d'Amiens.) Le wallon a *fachêne* au même sens.

FEUQUEUSE. Ainsi se nomme en picard la plante dite *prêle* ou *queue-de-cheval.* D'où lui vient cette dénomination? Est-ce de ce que ses branches, déliées et dépourvues de feuilles, ressemblent aux pattes de l'araignée appelée en picard *feuqueux?* Cette herbe ayant quelque ressemblance avec la *fougère*, en picard *ferqueu*, notre mot serait-il de la même famille que *ferqueu, Feuquières* qu'on a vus plus haut? J'avoue que je penche pour cette dernière conjecture.

FEURRÉ. Ancien terme qui signifiait *garni de feurre.* Dans mon village et dans les environs on dit encore aujourd'hui *ferrer* une chaise, c'est-à-dire la *pailler* : on disait sans doute jadis *feurrer.* Le radical de ce verbe est *feurre* qui est d'origine germanique, vieux scandinave *fodr,* fourrage.

On lit dans un inventaire de 1583 dressé à Amiens.

« Deux cheelles-à-doz (chaises à dossier) « fœurrées. »

Le dialecte de l'Ile-de-France avait *ferre,* au sens de *paille.* (V. Gloss. de *la Passion.* d'Arn. Gréban.)

FEURRIÈRE. Une *feurrière* est la même chose qu'une *paillasse* en français : elle renferme la paille longue et forme le dessous de la literie. Au contraire on entend par *paillasse* en picard, le matelas du pauvre composé de petite paille d'avoine, ou seulement de la balle du grain. On rencontre encore ce mot dans les Inventaires actuels :

« Une **feurrière**, une paillasse, etc. »
                     (Inv. au Bosquel, 1er déc. 1863)
— « Une **feurrière**, etc. »
                          (Inv. à Hornoy, 1869.)

FEURRIES, s. fém. pl. pailles endommagées et devenues impropres à la nutrition des bestiaux. Ce mot se rattache au même radical que les deux précédents; mais c'est, par la terminaison, une espèce de péjoratif qui vient du verbe *feurrer*, comme *mentirie,* mensonge,

vient de *mentir*, comme *quirte* du verbe
donné par le latin *cacare*, comme *diries*,
bavardages, cancans, de *dire*, etc. C'est
là, je crois, un procédé de formation particulier au picard. Dans les environs de
Compiègne on dit *politiquerie* pour *politique*, du verbe *politiquer*, faire de la politique ; ce mot est de formation récente.

Les continuateurs de Du Cange (V. sous
foreria) ont relevé le mot *feurerie*, mais
au sens de *lieu où l'on garde les four-
rages*.

FEUSSE dans la locution *feusse
du'te* qui a le sens figuré de fausse démarche, pas de clerc, faute, erreur grave.
Le sens propre est : *faux coup de navette :* quant à l'étymologie, on connaît
la signification de *dutte* et de *feusse*,
forme picarde de *fausse*.

On rencontre cette locution dans le
*Dialogue des quatre gardes champê-
tres*, 1848 :

« Quand o (on) s'apercheut que ch' Conseil
« municipal n' vo (ne va) point sen dreut (droit)
« quemin, qu'l foit (il fait) quéque (quelque)
« feusse duite, o li foit foire le tram-boyelle
« (la culbute). »

Je ferai observer, à propos de *feux*,
faux, que le paysan picard a fait la remarque suivante : « I n'y o point après
un *feux-dévot* pour reprende s eutes (les
autres). » ,

FEUTE, subst. fém. Je ne connaissais
pas ce mot. Il m'est transmis par M. Devauchelle, et je ne puis mieux faire que
de copier son excellente note.

Les charbonniers de la forêt de Crécy-
en-Ponthieu donnent ce nom à la meule
ou au tas de bois préparé pour être con-
verti en charbon. Dans le pays de Bray,
la forme est *faude*. On trouve le substantif *faudée* en français du XV⁰ siècle :
« Le suppliant venoit du bois couvrir et
« mettre à point une *faudée* de charbon
« qu'il y avoit fait » (La Curne). Dans
l'Amiénois nous disions *fauder* : « Por-
« ront braser, *fauder* et cauffourer, sans
« empirier les diz boz (bois) et ne por-
« ront rien coper du gros mairieng »
(*Cartul de Corbie*, 1419). On trouve aux
XII⁰ et XIII⁰ s. (V. Hippeau) *fauder* au
sens de *plier* et de *faire du charbon;
faude* à ceux de *claie* et de *charbonnière*.
Enfin Du Cange, sous *falda* a relevé dans

un Règlement de 1563 pour la forêt de
Compiègne, l'expression *faulde des charbonniers*. Plus près de nous, le *Dictionnaire domestique* (1764) porte : « *Faulde*.
« Nom donné aux fosses charbonnières ;
« il signifie aussi un *parc* ou un lieu où
« l'on retient le bétail. »

C'est vraisemblablement par analogie
avec ce dernier sens que *faulde* a aussi
été donné à l'enceinte ou emplacement
où l'on dispose le bois qui doit être con-
verti en charbon. Puis, par un trope assez commun, il a signifié ce que renferme
la *faulde*, c'est-à-dire pour le premier
cas un *troupeau*, pour le second un *bû-
cher*. Ce qui le prouve, c'est que *fald*,
type de *faulde*, a signifié *claie*. Or, on entoure de claies les charbonnières. « Les
« Flamands, dit Bullet, appellent encore
« *faulde* ou *faude* un fourneau à char-
« bon entouré de clayes. » (V. *fald*). Dans
le Hainaut, le charbonnier est appelé
faudreux : « Faudreux, ouvrier qui fait
le charbon de bois dans les forêts, » dit
Hécart.

Donnons maintenant quelques citations
au sens de *troupeau*, de *parc* et de *claie* :

« Et vint Saül à unes faldes de berbiz... »
(Et venit Saül ad caulas ovium.)
(**Liv. des Rois**, XII⁰ s.)

—« D'un lairon (larron) cunte (je conte) qui ala
Berbiz embler, que il espia
Dedens la faude à un vilain. »
(**Marie de France**, XIII⁰ s.)

Du Cange donne sous *falda* des documents où se trouvent les expressions :
« Portavit *faldas* » et : « faulde des char-
« bonniers, » et il ajoute : « Quibus locis
« *faldæ* sunt crates seu *cleiæ faldarum*
« quibus silvæ vaccariæ et carbones
« clauduntur et continentur. »

Le sens de *claie* paraît n'avoir été lui-
même qu'une extension de l'acception primitive du mot *fald* (pli) laquelle existe
encore chez quelques peuples et que nous
avions aussi à Amiens au siècle dernier,
comme on le verra plus bas. L'origine de
fald doit être rapportée au celto-cymrique, semble-t-il. Mais ce mot s'est répandu un peu par toute l'Europe avec
différentes acceptions partant toutes de
l'idée primordiale de *pli* : gallois *fald*,
pli, étable, parc, enceinte ; gaël écoss.
faltan, pli ; dan. *fald*, claie, enceinte ;
angl. *fold*, pli, parc ; anc. all. *faldan*,

plicare (Gloss. du moine Kéron); ital.
faldare, plier, *falda*, pli, un bord, pan ;
provençal, *faudo*, giron, tablier.

« *Faudage*, dans les manufactures d'A-
« miens, signifie la même chose que
« *pliage. Fauder* une étoffe est la *plier*
« en double dans sa longueur, en sorte
« que les deux lisières se touchent. »
(Dict. domest. Tom. II, 1764)

Fauder s'emploie encore au même sens
à Amiens.

FEUTER, commettre une *faute*. On
rencontre cette forme dans la traduction
de la *Parabole de l Enfant prodigue* envoyée l'an X à M. le Ministre de l'intérieur par la Société d'Emulation d'A-
miens :

« I feut (il faut) à queuq (quelque) moment
« que j' m'en voiche, que je m' n'aille trouvoir
« men père ; j' li dirai comme cho : « Men père,
« j'ai feuté contre ech (le) chiel et pis à l'ein-
« contre d' vous. Je n' sus mie pus daingne
« (digne) qu'os (que vous) m'appelèche vo
« fiu. »

On dit aussi *feute* pour *faute*.

FEUTEUL. Forme picarde de *fauteuil*,
mot d'orig ne germanique, ancien haut
allemand *falstvol*, siège, bas-latin *fal-
deslolium*, fauteuil, dans un texte du
IX° siècle. On lit dans un Inventaire
dressé à Amiens en 1760 :

« Un grand chaudron de cuivre, un feu-
« teuil, un lict de camps, trois tambourets... »

FEUVE. Forme picarde de *fève* (du
latin *faba*). On la rencontre constam-
ment dans les Inventaires :

« Une mesure à fœufve, de tierchain. »
(Amiens, 1576)
— « Un journel de terre chargé de fœuves. »
(Ibid, 1817.)
— « Sept septiers de fœuves prisé trente sols
« le septier. »
(Ibid, 1619.)

FEUVRIER (le mois de *février*). Cette
forme s'explique par le changement de *e*
en *eu*, comme dans *feuve*, fève ; *orfeuve*,
orfèvre, etc, On lit dans un Inventaire :

« Item. Trois pièces justificatives des titres
« de noblesse du dit deffunct : la première en
« faisant connaitre l'origine, la seconde étant
« une Ordonnance de M. Bignon, Intendant
« d'Amiens, du 26 feuvrier 1697... »
(Gempuis (Oise), 17 déc. 1781.)

FIABLE, adj., personne à laquelle on
peut se fier, en qui on peut avoir confiance. Ce mot existe dans le patois lorrain au sens de *croyable*. Près de nous,
dans la vallée d'Yères (Seine Inférieure),
il ne s'emploie qu'avec la négation.

Froissard, qui était Picard, disait
fiable, fidèle, *fiableté*, confiance, *fiable-
ment*, avec confiance.

FIAT, subst. m., ou FIATE, s. fém.,
confiance. Ce mot est masculin dans
Cotgrave ; de même dans le *Dialogue des
deux gardes champêtres* (1845) :

« Ch'est un tas d'hortoplots : enhui i foit' d'un
[sens,
Os (on) est tout aburi que d'main ch'est entré-
[ment :
I n'y o point d' fiat à eux... »

A Cambrai, on dit *fiainte* :

« Est-jou qu' ches Caimber'ots, ches Lillos,
« ches gens d'Arra et les autres, qu'il l'acatrôt
« che live (livre) miux que ch' l'armena Ma-
« thieu-Lenaberg, et qu'ain (on) arot (aurait) pus
« (plus) de fiainte à ches promeases..? »
(Epistoles Caimber'ottes, 1839.)

Dans le Hainaut, on dit *fiate*, comme
en Picardie, au sens de *confiance* : « I
« n'y o mie d' *fiate* à chu (ce) qu'i dit. »
Hécart a relevé ce proverbe : « L' *credo*
« est bon, mais l' *fiate* n' veut (vaut)
« rien »; nous pouvons croire ce qu'on
nous dit, mais nous ne nous y fions pas.

Assurément ce mot a le même radical
que *fier*, du latin *fidare*. Mais peut-être
fiate est-il *fiaute* par réduction de *au*
à *u*, et se rattache-t-il au vieux français
féauté, par rétrogradation de l'accent
tonique, fait qui s'est produit dans les
noms de lieu (Cf. *Drusiacum*, Drusiac au
IX° s. aujourd'hui Drugy. Arr. d'Abbeville), etc.

FICHEU ou FISSIEU, FICHAU ou
FISSIAU, putois. Dans bien des localités,
on donne aussi ce nom à la belette : la
confusion s'explique par la conformité
de goût, d'habitudes, de qualités et de
défauts qui existe entre ces animaux.

L'abbé Corblet s'est étrangement mépris en rattachant ce mot au languedocien *fichouiro* : il a pris le Pirée pour un
homme. La *fichouiro* du Midi est bien
une *fouine*, mais la *fouine trident* !

Le mot qui nous occupe vient du Nord;
son type est le flamand *vische, visse*,
« sorte de belette grande ou fouine, » dit
Plantin (1573). Actuellement encore les
paysans Flamands disent *fiche, fiss*,
« confondant sous ce nom le putois et la
belette, » dit le Dr Sigart. Cotgrave (1611)

donne : « Patois : A *fisch,* » et : « Fissau :
A *fisch.* » La forme *fissau,* comme notre
ficheu, est un diminutif. On la rencontre
déjà au XIV⁴ siècle :

> « Encore y ha (il y a) autres bestes dont on n'a
> oure de mengier : leus (loup), reuard ne ficham.»
> (Dial. pic. fl. (1310) déjà cités.)

Ficheu est resté dans le nom de famille
Ficheux. C'est ainsi que le règne animal
a fourni *Lecat,* le chat ; *Lequien,* le
chien, *Laignel,* l'agneau, *Pinchon,* pinson, *Vaquette,* petite vache, *Baude,*
ânesse, *Goret,* petit cochon, *Pourchel,*
pourceau, *Queval,* cheval, *Crignon,* grillon, *Legay,* le geai, *Malot,* bourdon, *Lagache,* la pie, *Leleu,* le loup, *Gayet,* petit geai, *Corbelet,* petit corbeau.

Au même radical se rattache l'ancien
français *fisselière,* sorte de piége propre
à prendre les chats sauvages et les putois. On lit dans Du Cange sous *fis-
cina* :

> « Une fisselière à prendre bestes que on ap-
> « pelle fissiaulx. »
> (Lettr. de Remiss. 1446.)

On dit d'un homme alerte qu'il est *vif
comme un ficheu.* De même d'un homme
adroit, rusé, qu'il est *malin comme un
ficheu.* On voit dans Hécart que les paysans du Hainaut disent *ficheler,* attraper
subtilement, ou sans chuintement *ficeler,*
friponner, escamoter des bagatelles,
« comme fait le ficheu, » dit le Dr Sigart.

D'un autre côté le *Dictionnaire de la
langue verte* donne avec c : « *Ficellier,*
homme rusé, retors, qui vit d'expé-
dients. » Et aussi : « *Ficelle,* adj. et
subst. malin, rusé, habile à se tirer d'affaire. » A cette occasion, l'auteur, M.
Alfred Delvau, rappelle ce passage de la
chanson de *Cadet-Rousselle* :

> « Cadet-Rousselle a trois garçons :
> L'un est voleur, l'autre est fripon ;
> Le troisième est un peu ficelle. »

L'expression *fichelle* est employée, en
picard, soit au masculin soit au féminin,
absolument au même sens. On lit dans
les *Epistoles Caimberlottes* (1839) :
« Vos' n'avez poussé une fameuse dens
« vo gazette d' Dimenche passé. Vo doc-
« teur Lechelle (Herschell) i m'a tout
« l'air d'un *fichelle* qui perdrot (pren-
« drait) chelle Leune (la Lune) avec ses
« dents, si qu'alle vodrot s' laicher
« faire. »

Considérant que le picard a conservé
une foule de mots terminés en *el,* — *ratel,
musel,* etc. — et que la finale *el* est antérieure à *iau, œu, eu* ; considérant en
outre que les idées de ruse, d'adresse
et de tromperie sont inhérentes au
mot *fichel, ficheu,* animal malin
et fripon, je demande s'il n'est pas permis de rattacher nos expressions *fichel*
ou *fichelle,* trompeur, rusé, *ficheler,* attraper, plutôt au primitif *fichel,* putois,
qu'à la *ficelle* du marchand cordier prise
au figuré. C'est surtout l'expression *ficheler* signifiant *attraper subtilement,
friponner, escamoter,* qui me décide à
poser cette question, d'autant plus que le
français *ficeler* n'a aucunement ces significations, bien qu'il soit un dérivé de
ficelle.

FICHONNER. Les paysans disent :
« T'os *fichonné* s'robe, sen bonnet, » tu
as chiffonné sa robe, son bonnet. Ce mot
est très-curieux en ce qu'il présente une
transposition fantaisiste de *ch* et de *f,*
puisque *fichonner* n'est autre que *chifonner.* Le même fait a déjà été signalé
dans *empaltoquer* pour *empaqueter.* On
retrouve de même une transposition de
voyelles dans *dégirer* qui se dit pour *digérer.*

FIEN, fumier. Du latin *fimum,* boue,
fange, fumier. Cette forme est commune
au picard et au vieux français :

> « Dieu me conseille ici qui tudis m'est pro-
> [chiens,
> Qui l'orgueilleus abat, le povre oste des
> [fiens. »
> (Th. le Mart.)

> « Item. Se (si) mes soulx manans vendent
> « leurs fiens, je les puis retenir pour le même
> « pris (prix) qui sont vendus. »
> (Dénombr. de la Terre du Quesnel,
> 1400.)

Proverbe picard :

> « Feut (il faut) carier près sen fien
> Et marier ses filles loin. »

Le contraire, dans les deux cas, est
toujours fort onéreux.

Locution picarde : « Foire pus d'*fien*
qu'o n'o d' litière, » faire plus de fumier
qu'on n'a de paille, c'est-à-dire plus de
dépenses qu'on n'a de ressources. On dit
au figuré : *Foire sen fien,* faire ses embarras.

Nous disons ironiquement d'un individu sans fortune qui a le goût de la dépense : « S'il avoit del paille, i feroit du *fien*. »

Le vieux picard avait le dérivé *fiente-ron*, ramasseur de *fien*. On lit dans une *Ordonnance de l'Eschevinage d'Amiens* :

« Il est deffendu aux hortillons et fienterons
« d'aller querir avec leurs charettes, bleneaux
« (tombereaux) on brouettes aucuns fiens ou im-
« mondices... »

FIER. On dit, lorsque le vent souffle un peu froid, âpre, qu'il fait *un quiot air fier* ; et, lorsque la température baisse que le temps se *renfiérit*.

Fier, par extension, a aussi en picard le sens de *grand, excessif* ; c'est ainsi qu'on dit : J'ai uu *fier* mau (mal) d'tête.»

Le diminutif de *fier* est *fiérot* ou *fié-rout* selon les localités, au féminin *fiérotte* partout.

On trouve *fiéron* dans Crinon ; le passage est un peu long, mais très-curieux :

« I sane (semble) à vir que l' femme alle a té (été)
| foite
Pour foire aller ech (ce) qu'alle (elle) appelle ech
| moite (maître),
Ch' moite de ch' four quand ches fians i sont
| d'hors (dehors)
Pis (et) del maison quand el (la) femelle all' dort.
Dens (dans) sen ménage el meilleur' pâte ed (de)
| femme
I feut (faut) qu'all' fuche (soit) ech moite et pis
| chell' dame :
Pour éviter la guerre et l' carillon
Un bien appris d'vro (levra) boissier pavillon,
Boissier l' toupet edvant el q'mise ronne (ronde)
Qui foit la lo (loi), et qui gouverne el monne
| (monde),
Et tel fiérou qui crie et qui s'emporte
En roulant d'z lux (yeux) prêts à vous étraner,
Edvant chell' femme ed peur in (on) l'vot (voit)
| traner. »
(Satyre XVI.)

FIEUVES, subst. fém. pl. Forme picarde de *fièvre*. Dans le Cambrésis, la consonne douce *v* est remontée à la forte *f* :

« L'avez-vos récapé biel (belle) ch' Maite ?
« J'en trane (tremble) sincore les fieffes. »
(Epistoles Caimberlottes, 1839.)

FIEU ou (par réduction de *eu* à *u*) Fiu (monosyll.) Forme picarde de *fils*, par changement de *il* en *ieu*, changement qui n'a rien d'étonnant si l'on songe qu'on trouve en langue d'oïl *goupieu* pour *goupil* et que Richard de Fournival disait *gourpius*. (Cf. fr. *outil* et pic. *outiu*.)

On rencontre dans les anciens documents tantôt *flu*, tantôt *fieu* :

« Je, Jehans, Aelis me feme et Willaumes
« mes fius (mon fils), reconnaissons... »
(Ch. de 1270, **Etude sur le Dial** pic. par M. Raynaud.)

— « ... et jura adonc le dite Agnès et ses
« fius... »
(Chart. de 1284, Ibid.)

« Nus (nul) ne peut estre Maires d'Amiens II
« anéez (deux années) ensievans l'une après
« l'autre ; ne nulz frères serouges (beau-frère),
« ne pères, ne fieulx, ne genres (gendre) ne
« cousins germains ne poent estre esquevins
« ensaulle en une anée. »
(Anc. Cout. d'Amiens, art. 12, XIIIe s.)

— « Alixandre évesques, siers (serviteur) des
« siers de Dieu, à nos chers fieux Lambert et
« ses frères malades à Douai... »
(Tailliar, Rec.)

« El (le) berquer ed' (de) no village
l jura (jouera) del pipe-à sa ; (cornemuse)
L' fieu d'no clerc, garchon fort sage,
Des bel canchons i cant'ra. »
(Poés. de P. Dextoeux, cordonnier à Desvres, 1811).

On rencontre la même forme dans une épitaphe composée pour ridiculiser les visées prétentieuses des gens qui étalaient jadis sur les tombeaux d'interminables kyrielles de prénoms, titres, qualités, dates, etc.

« Ci gist Jacquet le fieu de s' mère,
Qui trépassa l'an qu'il mourut.
Sen tayon vint devant sen père.
Alla, revint, mangea et but,
Ci gist Jacquet le fieu de s'mère,
Qui trépassa l'an qu'il mourut. »

L'inscription de la cloche de Boulogne-sur Mer présentait deux fois la forme *fieu* :

« Estourm !
Je ai a non (nom.) Jehans me fis [ent]
Lisos li pères et li fieus. »

Jachob Lisos ches lettres fist :
Fieus fu au maistre qui me fist. »
M.CCC.XLIII

Fiu a le sens de *gars, garçon* dans la locution : « Ch'est un boin *fiu*, » c'est un garçon robuste, un rude gars.

Nous appelons *fiu d' fête* le jeune homme qui court les fêtes de village et qui a l'habitude de soigner sa mise : de là la locution : Etre mis comme un *fieu* d' fête, c'est-à-dire être bien mis, être endimanché.

Proverbe picard :

« Che père amasse (ohe, le)
Che fieu démasse. »

C'est à-dire : A père avare enfant prodigue.

On remarquera ici *démasser* contraction de *desamasser*.

Dans le canton de Sains (Arr. d'Amiens) on appelle les habitants du village de Saint-Fuscien *chés fius d' moines* (les enfants de moines) par allusion au couvent d'hommes qui s'y trouvait autrefois.

Notre poëte Crinon a employé *fleu* au sens de *jeune homme*.

« Gn'a (il n'y a) pas d' dangi que l' fill' (fille) qui
         | sent l' bren d' vaque
Vourot (voudrait) d'un fieu qui n'érot (n'au-
         | rait) que s' baraque ! »
       (Satyre III, **Le temps passé.**)

FIFERLÉ, adroit, rusé. Ce mot se rattache à l'allemand *pfiff*, ruse, finesse ; mais il me semble difficile, à défaut d'intermédiaires, d'expliquer sa finale *erlé*.

FIFERLIN. Ce mot s'emploie au sens de *rien, pas la moindre chose*. On dit, par exemple, en parlant de boire ou de manger : « J'n'ai point prins un *fiferlin*, » je n'ai rien pris. On l'emploie dans le Hainaut au sens de *bagatelle, atome* (V. Dʳ Sigart). Il est d'origine tudesque : le sens ancien qui était *champignon*, s'est réduit à celui de *peu de chose, rien*.

   « Fungus. Ein **Pfifferling**. »
               (**Calepinus**. 1584.)
   « **Pfifferling**, un champignon, **fungus**. »
         (**Genève**, 1704 et Dict. de Francfort.
          1714.)
   « **Pfifferling**, bagatelle. »
                 (**Eichoff**.)
   « **Pfifferling**, un zeste. »
         (Dict. all, fr. de Thibaut, Leipsick,
          1821.)

Dans la vallée de la Somme (Piquigny, Fontaines, Long, etc.), me dit M. De Guyencourt, on emploie *fiferlin* au sens d'*oiseau très petit*. Les chasseurs disent: « J'n'ai point tué un *fiferlin*. »

Le peuple de Paris dit *fifrelin* qui est de la *langue verte*, mais au sens de *monnaie imaginaire valant cent fois moins que rien*. M. Emile Zola l'a employé dans l'*Assommoir* :

   « Alors seulement traînant sa paire de ripa-
« tons éculés, elle descendit la rue de la
« Charbonnière. Son dîner courait joliment de-
« vant elle... Pas un **fifrelin**, plus un espoir,
« plus que de la nuit et de la faim. Ah ! une belle
« nuit de crevaison !... »

Au lieu de dire *fiferlin* au sens de *monnaie imaginaire*, le picard dit *fiferlet* à celui d'*objet qui n'existe pas*.

« A Montoavilliers (arrondissement d'A-
« miens) m'écrit M. Devauchelle, on s'en
« sert seulement un jour de l'année, le 1ᵉʳ
« avril, à l'occasion des mystifications
« ordinaires du traditionnel *Poisson*
« *d'Avril*. Un niais arrive-t-il dans une
« maison, on l'envoie chez un vo'sin, un
« compère, demander *une poyelle à deux*
« *fonds pour foire* (faire) *des ratons*, ou
« bien on lui dit qu'on va faire du *flipe*
« et qu'il arrive juste à point pour en
« profiter ; mais il faut auparavant en-
« tamer une pièce de cidre et on manque
« d'un *fiferlet* pour mettre à cette pièce.
« On envoie donc notre particulier chez
« le compère voisin prier celui-ci de
« vouloir bien prêter un *fiferlet*, c'est-
« à dire un objet qui n'existe pas. Ce
« dernier, à son tour, l'envoie dans une
« autre maison, et ainsi de suite. On de-
« vine le reste. »

FIGROS ou FIGROUS. Il y a là les deux mots *fil gros*, gros fil à l'usage des bourreliers et des cordonniers : la lettre *l* est tombée comme dans *fildacar*, fil d'archal.

FILE. J'ai déjà observé que le picard n'aime pas à mouiller les *l* et qu'il dit *œul*, œil, *Moreul, Berteul* (Breteuil), etc. C'est ainsi que dans bien des localités de l'Amiénois, on dit *file* pour *fille* : « No quiote *file*, » notre petite fille. On rencontre cette forme en vieux français ; je copie la phrase telle que la donne Littré :

   « Si le père truvet (trouve) sa file en avulterie
« (adultère) en sa maison... »
                 (**L. de Guill.**)

FILET, fil à coudre ou à tisser. C'est un diminutif de *fil* ; il est commun au picard et au vieux français :

  « Prens, fet la reine (grenouille) cel filet;
   Sil (si le) lie fort à son galret » (jarret).
                (**Marie**, XIIIᵉ s.)
   — « Fileit de cavene (chanvre) d'où que li
files soit... »
               (**Taillier**, Rec.)

Un chapitre des *Ordonnances de l'Echevinage* d'Amiens est intitulé : « Pe-
« seurs de lin, chanvre, etc., et des *filets*
« en procédant. » (*Recueil*, p. 131).
   — « Et si aucun fillé est treuvé frec et

« mouillé pour frauder le poids, il sera bruslé
« en plein Marché, et sera le vendeur amen-
« dable de... »   (Ibid.)

On appelle aussi *filet* un petit chemin ou sentier étroit établi à dessein et entretenu en ligne droite dans un bois.

Dans le Vermandois on dit *un filet* pour *un peu* : « Attendez *un filet*, » attendez un peu, un instant.

Filet se rencontre dans une expression singulière.

Raquer sen filet est une manière d'affirmer avec serment fort en usage parmi les enfants non-seulement dans nos contrées, mais encore en Belgique. Le Dr Sigart, dans son *Glossaire Montois*, dit : « *Saquer* (tirer), *cracher sen filet* : serment enfantin. *Ej* (je) *tire em filet*, « j'en fais serment En parlant ainsi l'enfant porte la main à la gorge et la serre « en laissant tomber un peu de salive « filante. »

Dans nos environs, les enfants se contentent de *peucher* (serrer entre le *pouce* et l'index) *leu gaziot* (leur gorge) et de cracher un simple *filet* de salive.

M. Déchristé, dans ses *Souvenirs d'un homme de Douai* (1857) écrit :

« Din l' temps qu' nos allotes à l'é-
« cole, quand qu'y avot un tiot garchon
« ou bien une tiote fille qui racontottent
« quéque cose qu'un (on) n' volot point
« coire (croire), un (on) leu dijot : Raque
« un peu ten cœur et ten *filet*, ten crême
« (chrême) et ten baptême comme quoi
« qu' te dis vrai !... Alors ch'garchon ou
« bin chelle fille i tirottent leu piau d'
« leu cau (cou) aveuc leu pauche (pouce)
« et leu do d'après (doigt d'après, c'est-
« à-dire l'index) d' leu main doite (droite)
« et en même temps i raquottent ; tous
« l' z autes (les autres) i z' arrwettiottent
« (regardaient) ch'*filet* blanc par tierre
« (terre), et ch'étot tout : un (on) étot
« bin sûr qu'i n' mentot (mentait) point,
« pache (parce) qu'un (on) n'arot jamais
« osu (osé) dire une mentirie d' chelle
« manière là. »

Au radical *fil* se rattachent les dérivés suivants :

Filerie, endroit où l'on *file*, chambre où les fileuses se réunissent.

Filetier ou *Filatier*. Dans le Nord, les deux termes sont usités avec les deux sens de *filateur, fileur*, et de *marchand de fil*.

Le *Manuel hist. ou encycl. du Commerce* (1762) porte :

« *Filatier, filatière*, ouvrier et ouvrière
« qui filent la laine appelée *fil de sayette*.
« Celui qui fait commerce de ce fil est
« aussi appelé *filatier*. »

C'était le terme officiel à Amiens au XVIe siècle : « Deffendons à tous les ha-
« bitants de la dite ville de faire [comme
« courtiers] la revente du fil de sayette
« appartenant aux *filatiers*... »

Filoire (filouère), fileuse.

On rencontre ce mot dans un Inventaire dressé à Amiens en 1619 :

« Item. Ung aultre tableau où est enpeind (représenté) une filoire, prisé XL solz. »

Fil-en trois signifie *eau de-vie à trois sous le petit-verre*.

FILOU. Subst. et adj. Ce mot est français ; mais il a, en picard, un sens particulier : il signifie *celui qui amadoue, flatte, caresse dans un but intéressé*. Les gens du menu peuple disent en parlant des jeunes enfants, et cela en fort bonne part : « Avoir un quiot air *filou*. » De même, par affection et avec le meilleur sourire, appellent-on un jeune enfant : *quiot gueu, quiot coquin*. *Filou, gueu, coquin*, dans leur signification propre originaire, répondent à *mendiant*. Il n'est donc pas extraordinaire de les voir prodiguer par le peuple aux enfants du jeune âge qui toujours *demandent* toute espèce de choses.

D'après Littré, on n'a sur l'origine de *filou* que de simples conjectures. M. Devauchelle m'adresse sur ce sujet une note très-substantielle qui montrera, je l'espère, une fois de plus que l'étude des patois n'est pas inutile à l'histoire de la langue française.

Je copie :

Filou apparaît tard dans le français. Le plus ancien document connu où il figure, remonte à Louis XIII. C'est un arrêt du Parlement de Paris du 16 août 1623 dans lequel les voleurs sont qualifiés *hommes qui se disent filous*. On ne trouve du reste ce mot dans aucun des vocabulaires dus à Palsgrave, Rob. Estienne, Cotgrave, etc.

Mais quel sens précis les malfaiteurs dont parle l'arrêt en question, donnaient-ils à la qualification de *filou*, lorsqu'ils se l'attribuaient eux-mêmes ! M. Fr. Michel ne nous l'indique pas. Ce qu'il faut seulement retenir de cet arrêt, c'est qu'en 1623 on pouvait ouvertement *se dire filou ;* et cela évidemment parce que cette expression n'avait pas encore alors la signification qu'elle a reçue depuis.

L'ancien sens du mot nous est révélé par son étymologie. L'origine de *filou* est néerlandaise. *Fiel,* prononcé *fil* (il y a des siècles que *e* du groupe *ie* ne s'articule plus en flamand) signifie dans cette langue *mendiant, pauvre misérable.* La finale *ou* que nous avons ajoutée, se retrouve dans *grigou, matou,* qui ont la même origine ; elle est le résultat d'une audition défectueuse du mot type.

Fiel (fil) a reçu postérieurement un *t* additionnel (fielt), d'où le substantif *fielterije,* mendicité, lequel a changé d'acception chez les Flamands et est devenu synonyme de *friponnerie, filouterie.*

L'origine que l'on vient d'indiquer est clairement démontrée par les citations suivantes :

« Fiel-gueu, caignardier : mendicus, vilis, « homo furax nebulo. »

(Plantin, 1573.)

Le lecteur voudra bien remarquer cette date.

— « Fiel, Fielt : un gueu, caignard, caignar-« dier, caimand. »

(Louis d'Arsy, 1643.)

— « Fielterije, brimberie »

(Ibid.)

— « Fielt : coquin, fripon, balitre, marand. »

(Holtrop, 1787.)

— « Fielterije : friponnerie, filouterie. »

(Ibid.)

Pour *grigou* que j'ai cité en passant, l'origine est également néerlandaise ; il vient par contraction de *gierig* au *gierich :* en flamand le *g* est toujours dur. Plantin (1573) dit : *Gierig,* avaricieux, avare, dont le radical est *gier,* vautour.

Il en est de même de *matou* dont on a en vain cherché l'origine. Plantin dit : « *Maet* (mât), compagnon avec un autre « à quelque œuvre. » En *langue verte* ou argot parisien, on appelle un libertin un bon matou. « *Bon matou,* libertin », dit M. Delvau.

FINER, achever, terminer. C'est *finir* avec changement de conjugaison. On dit aussi *fénir.* On trouve la première forme

dans la Chronique de *Pierre-le-Prestre :*

« Et fu de rechief le duc de Bourgongne mis en « desroy, lui et son armée ; et de fait y fina sa « vie par mort. »

Et dans la *Vie de Sainte-Ulphe :*

« Scache que tu l'aras pour ton espoux en « paradis, quant tes jours seront finés. »

(V. Boves et ses Seigneurs, par M. JANVIER.)

FINQUER ou FUNQUER, fumer. D'une forme latine *fumicare* (venue de *fumare*), par contraction en *fum'care.* (Cf. *figicare* de *figere*)

Je ferai observer, à propos de *fumer,* que l'*u* de ce mot est devenu *eu* ou *e,* et qu'on dit *feumer, femer,* selon les localités. C'est ainsi qu'on dit *leune* ou *léne* pour *lune* ; *pleume* ou *pléme* pour *plume,* etc.

FIOLE, feu follet. Au figuré ce mot s'emploie au sens de *malin, trompeur.* C'est ainsi qu'on dit d'une femme : « Ch' est une vraie *fiole.* » Ce sens s'explique par le fait que les paysans croient que la *fiole* ou feu follet fait quitter le chemin la nuit aux voyageurs pour les égarer et les conduire à une rivière.

La *fiole* étant, dans les idées populaires, une espèce d'être animé et doué de volonté, ce mot se rattacherait-il au même radical que *fée* du latin *fata? Fata* a-t-il donné un bas-latin *fatiola,* diminutif qui, par la chute du *t* médial, aurait fait *fetole,* puis *fiole ?* Cette conjecture que je dois à M. Robert de Guyencourt me semble très-plausible.

FIQUE ou FINQUE dans l'expression : « *Ma fique* ou *ma finque,* » ma foi. Ce mot est une déformation de *foi.* Comme il était jadis défendu de jurer par Dieu, par sa foi, etc., on a défiguré ce dernier mot pour échapper aux peines édictées contre les blasphémateurs. *Fique* a donné le diminutif *fiquette* qui se dit au même sens :

« Oz et" (vous êtes) bien difficile, Vo (vo) m' répondre un monsieu, Oz et" rien difficile : L' françsis parlé das (dans) l' ville Est, ma fiquette, bien bleu (beau). »

(Epitre de J.-B Vasseur, déjà citée.)

Je trouve la forme *finque* dans une chanson que donne Grégoire d'Essigny à la fin de son *Mémoire sur le patois picard* :

« A moins fat-jou que je m' berluse,
J'ons l'honneur d' vous connoîte ; émon ?
Ma finque, ej (je) vous demande escuse,
Mais j'vous preuds por (pour) ch'tiot Cupidon. »

FIQUER, ficher, enfoncer. D'une forme latine *figicare* (venue de *figere*) par contraction en *fig'care*, réduction de *ge* à *c*, et changement de *c* dur en *qu*. Cette forme est commune au picard et au vieux français :

« Fay (fais) pieux et *fique* les de reng à plain
« pied l'un de l'autre. »

(Modus.)

Je rencontre *fiquer* dans une chanson picarde que donne Grégoire d'Essigny à la fin de son *Mémoire surl'origine du patois picard* :

« I feut (il faut) qu'j'ageinche por et (pour ta)
[fête
Un mot d' cant (chanson) avuc un bouquet :
Tu boutros (mettras) l'un eddens (dans) un'
[boîte,
Tu fiq'ros l'eutre à ten corchet (corset). »

Le *c* dur picard ou *qu* était resté dans le vieux dérivé français *ficard*, nom d'une sorte de lampe fixée au bout d'un bâton pointu. On lit dans Du Cange sous *ficare* :

« Toutes les torches furent rallumées, c'est
« assavoir nouvelles torches et *ficards* et fal-
« lots. »

Dérivés : *Fique*, petit bâton pointu, petit piquet.
Fiqueron, diminutif du précédent. L'extrémité de la canne des pêcheurs à la ligne est garnie d'une pointe en fer qui s'appelle aussi *fiqueron*, parce qu'on l'enfonce dans la terre.
Fiquet, autre diminutif.

Le dérivé *fique* se rencontre dans le *jeu de pieux*, dit *fique-en cul, flique en-cul* ou *flincul.*
Je cite Corblet : « On fixe dans la terre,
« en le lançant, un bâton pointu long
« d'un demi-mètre. Un autre joueur jette
« son bâton près de celui de son cama-
« rade, en essayant de l'abattre. Celui
« qui le premier a abattu le bâton de
« l'autre, a gagné. Le perdant se sauve
« jusqu'à un endroit désigné, et le ga-

« gnant le poursuit en le poussant par le
« derrière de la pointe de son bâton. »

Le verbe *fiquer* a donné une foule de dérivés : *Enfiquer* (infiquer), enfoncer ; *affiquer*, asséner ; *défiquer*, retirer de, arracher ; *décafiquer*, même sens ; *renfiquer*, renfoncer ; *surfiquer*, ficher sur; *estrafiquer* (s'), se mettre en travers ; *estanfiquer* (s') se placer debout ; *bernifiquer*, jeter dans le bren (*stercus*) ; *bornifiquer*, flanquer une claque, etc.

Le diminutif *fiquet* est resté dans un nom de famille assez commun en Picardie. J'ajoute qu'il est fort ancien, puisqu'on le rencontre sous la forme *Fiket* dans une charte de 1290 :

« Le dite Agnès a rechut soufisant escange
« du devant dit **Fiket**, sen mari, ch'est assavoir
« toute le tenure qu'il tiennent de Ysabel de
« Rogehan. »

(Etude sur le Dial. Pic., par
M. Raynaud.)

Il suffit de feuilleter l'*Annuaire de la Somme* de ces quinze dernières années pour voir qu'une foule de noms de famille ne sont originairement que des noms d'ustensiles de cuisine, d'instruments de travail, d'objets usuels, etc. En voici quelques-uns pris au hasard : *Caudron*, chaudron ; *Glachon*, petite terrine ; *Goblet*, gobelet ; *Louchet*, bêche ; *Cochet*, râteau ; *Hocquet*, petit croc à fumier ; *Carelle*, charrette ; *Hecquet*, petite porte en treillis servant d'avant-porte aux maisons ou aux étables ; *Postel*, poteau, *Capron*, tuile faîtière ; *Catoire*, ruche d'abeilles ; *Fauquet*, petite faulx ; *Boistel*, boisseau ; *Tonnel*, tonneau ; *Bloquet*, petit bloc; *Cadot*, fauteuil, etc.

Le nom de Fauquet me rappelle que j'ai oublié de donner sous *fauque* le diminutif *fauquon*, même sens, qu'on rencontre dans la *Passion de Saint-Quentin* :

« Armer se fault d'escutons
De jacques, de haubregeons,
De fondelles, de plançons,
De cuiraches, de juppons,
Dars de flesches et de bouxons,
De bracquemars, de ponchons,
De pieqs, de becqz, de **fauquons**. »

(**Hist. du Théâtre de Saint-Quentin**,
par M. Georges Lecocq).

FLACON. On dit d'un homme : « Ch'est un *flacon*, » c'est un flatteur (en mauvaise part). Ce mot est un dérivé de *flaconner*, flatter. Quant à *flaconner*, il n'est autre chose que *flagorner* : le *g* est remonté à la forte *c*, fait déjà plusieurs fois signalé, et le *r* médial est tombé à cause du voisinage de la liquide *l*.

Nous avons aussi *flacon* au sens de cendre très-légère produite par la combustion de la paille et que le moindre souffle de vent enlève et emporte ; mais c'est une corruption du français *flocon*, diminutif d'un radical *floc*, du latin *floccus* ; on a assimilé la cendre en question à des flocons de neige.

Je rencontre *flacon* dans la pièce de vers intitulée *l'Orage*, et citée sous *Epaves* :

« C'pendant ches laboureux ont beyé par drière:
Ech' nuag' monte, i s'rétend, is' goufl». El (le)
| vent d'arrière
Es (se) flanque eddens, l'aoqu', dans ses noirs
| tourbillons
El bahute ed (de) biatrac comme un' pigné
| d'flacons. »

FLAFLATTE. Terme enfantin qui signifie *caresse* et qui vient de *flatter*.

FLAGARD, espace perdu d'un chemin, d'une rue, d'une place. Corruption de *flégard* qu'on rencontre souvent dans les documents picards et qui vient de l'islandais *flag*, espace de terre nue, sans gazon.

« Est deffendu aux hortillons et fleuterons d'aller quérir aucuns flens avant les rues que jusques après six heures du matin... Il leur est enjont si tost qu'ils les auront déchargez sur la terrasse du bout du Doo, les mettre en leurs batteaux et les amener où ils auront besoin sans les laisser plus long temps sur le flagard. »

(Ordonn. de l'Echevinage d'Amiens.)

Deux pages plus loin le même document dit *flégard*.

— « Si aucun pique fouit ou houe au fond et en la terre du flégard d'aucun seigneur ou empesche ledit flégard en le closant ou appropriant à lui... »

(Anc. Cout. du Boulonnais.)

FLAHUTE. Forme picarde de *flûte* dans beaucoup de localités. Notre forme n'a rien d'étonnant si l'on songe qu'on trouve *fleute* (flute) en vieux français et le verbe *flaüter* en trois syllabes :

« Tex (tels) amours sont tantost seües
Qu'il les flaütent par les rues. »

(La Rose.)

D'après Diez, *flaüter* est, par transpo-

sition de *u*, *flatuer*, dont l'origine est le latin *flatus*, souffle.

FLAIRINER, flairer (avec un sens un peu péjoratif.) Ce mot est un fréquentatif de *flairer*, du latin *fragrare*, exhaler une odeur (en bonne part, plus rarement en mauvaise part.) *Flairiner* a, comme *flairer* (pic. *flairier*) le sens de *mettre le nez partout, rôder*.

Dérivés : *Flairineux*, adj. qui flaire partout. rodeur ; au fém. *flairinoire*.

Flairinée, subst. partic. odeur (bonne ou mauvaise.)

Je lis dans l'*Annuaire de la Somme* (1879), sous le titre : « *A travers l'Exposition* :

« Mais i (il) nous arrive une boine flairinée;
« nous v'lò (voilà) das (dans) ches boutiques à
« pommades. »

FLAITIEUR. Ce mot appartient au vieux picard ; mais peut-être est-il encore en usage dans certaines localités. Le *flaitieur* était l'homme qui prenait le poisson avec l'engin appelé *flais* ou *flait*. *Flait* se rattache au bas-latin *plecta*, c'est-à-dire au radical d'où est venu *Plessier* ; il y a eu changement — assez rare — de *p* initial en *f* : on trouve *flecière* au sens de *entrelacement de petites branches*.

« De flecières et de genieste
Fist une loge... »

(Ph. Mouskes.)

De *flait*, engin fait de petites branches entrelacées, est venu *flaitieur* qu'on rencontre dans une charte de 1290 :

« Debas fu contre les peskeurs à flais manans
« à Abbeville de che que li flaitieur ne pooient
« ne devoient peskier à flais »

(Livre rouge de l'Hôtel-de-Ville d'Abbeville.)

FLAMIQUE ou FLANMIQUE, pâtisserie grossière, peu consistante, que font les ménagères quand le four est aux deux tiers chauffé. Cette pâtisserie tenant tout à la fois du *flan* et du pain, je pense que le mot en question vient de *flan* et de *mique*, miche, lequel vient du flamand *micke*, pain (de froment).

Dérivés : *Flamiquer*, faire des *flamiques*, et, par extension, toute espèce de pâtisserie.

Flamiqueux, au fém. *flamiquoire*, qui fait ou qui aime à faire de la pâtisserie.

On rencontre la forme *flamiche* dans Du Cange sous *flamica* :

« Prindrent une flamiche tant seulement de
« la valeur de cinq deniers tournois. »
(Lett. de Remiss. 1382.)

Loc. pic. On dit d'un homme sans force et sans énergie : « Il est mou comme une « *flamique*, » ou bien : « Ch'est une vraie « *flamique*. »

Proverbe picard :

Pain tère (tendre),
Bos vert,
Flamique à poirions (poireaux),
Sont des rueinne (ruine) moisons.

On trouve dans Crinon la forme picarde *flamique* :

« Pour tout régal nous n'avons qu'del **flamique**,
Du pain deussé l' grous (gros) del bec d'un
| bourrique. »
(Satyre VI, Misères des paysans.)

— « In (on) n' vivra pus (plus) qu'ed (de)**flamique**
(et d' watcheux ! »
(Satyre VIII, Bonheur des pauvres.)

Le mot *flan* qu'on a vu plus haut vient du latin *flatonem*, tarte (dans Fortunat). On le rencontre dans la locution *foire des flans d' beue*, faire des flans de boue, c'est-à-dire une chose qui ne peut servir à rien.

Au même mot se rattache *flanée*, tarte faite avec du fromage blanc et des raisins. Se dit dans le Boulonnais.

FLANQUET, flanc. Diminutif de *flanc*, il ne se dit guère qu'en parlant des animaux. On trouve en français du XIVᵉ siècle la forme *flanchet* en parlant des hommes :

« Icelluy Colart en soi virant et tournant fut
« attaint ou (au) **flanchet** de son ventre d'un
« petit coustelet. »
(Lett. de Remiss. 1376, dans
Du Cange, **flanchus**.)

Notre poète Crinon a employé ce mot :

« El (le) temps passé, quand il allot à l' ville
Ch'étot sus s'n' âne, aussi viux que l' famille,
Qui n' fasot guère ed (de) seuts ni de ruades
Quand ech (le) censier, comme avu (avec) des
| ép'rons,
Li gatouillot les **flanquets** d' ses talons. »
(Satyre XIV.)

FLAQUANDER ou FLAQUEUDER, patauger dans l'eau des chemins ou des ornières. Dérivé de *flaque* lequel est d'origine germanique, flamand *vlaque*, mare. Dans l'Artois, on dit *fliquander*.

Locution picarde : « I y o taque et *flaque*, » il y a circonstance pour une chose, circonstance pour une autre ; littéralement : il y a des endroits où il y a place pour poser le pied à sec, d'autres où l'on ri... de le poser dans l'eau.

FLAU, flasque, mou. On trouve ce mot dans le dicton suivant :

« D'loin ches vaques ont boin pis ;
« mais ches catrons (trayants) sont
« *flaus*, » c'est-à-dire : de loin c'est quelque chose, de près bien peu de chose, littéralement : de loin les vaches ont bon pis, de près les trayants sont flasques.

Flau est d'origine germanique, flamand *flauw*, faible, qui avait donné *floe* en vieux français.

« De travail et de peine fut forment faible
« et floe »
(Berte).

FLAUBER, donner une roulée. Mot d'origine germanique, hollandais *flappen*, souffleter.

Notre poète Crinon a employé *fleuber* au sens figuré de *flageller* en parlant de femmes (en picard *bonnets blancs*) de mœurs dissolues :

« A l'peu qu'i gn'a je cros (crois) que j'rends
| service
En démasquant et pis (puis) **fleubant** su (sur)
| l'vice,
En f'sant (faisant) rougir ed (de) honte et
| de remords
Ches bonnets blancs qui trafiq't ed leus (leurs)
| corps. »
(Satire XVI.)

FLAYEL (flayé) ou FLEYEL (fleyé) ou FLI (dans le Vermandois), fléau à battre le blé. Ce mot n'est pas, comme le dit Corblet, un dérivé de *flagellum*, mais *flagellum* lui-même transformé en *flael, flayel, fleyel*, par la chute du *g* médial et celle de la finale atone : il est commun au picard et au vieux français :

« Qui porte tinel, qui porte hache,
Qui **flayel** et baston d'espines. »
(Du Cange, **flagellum**.)
—« Ensi fierent de hasches com vilain de **flael**.»
(Sax.)

Au figuré, la consonnification de *el* en *eu, ieu*, s'est opérée, et l'on dit, en parlant d'un mauvais sujet, d'un enfant polisson : « Ch'est un *fleyeu*, » (un fléau.)

Nous avons aussi le verbe *flayeller*,

frapper, donner une roulée, qui existait en vieux français :

> « Li diable sur elz cureint
> Et flaelleient et bateient. »
>
> (Marie.)

FLÈPE (subst.) On dit d'une femme qu'elle a une robe *à flèpes*, c'est-à-dire *à lambeaux dont le bout est effilé*. *Flèpe* se dit aussi au sens de brin de fil ou de charpie qui s'attache sur un vêtement ou une étoffe. Enfin ce mot signifie petite quantité, peu, un brin : « Il n'o point une *flèpe* d'boin sens, » il n'a pas le moindre bon sens. Il se rattache a un bas-latin *frepatus* dont le sens est *qui a des effilés*. Du Cange dit : « Frepatœ vestes, Gallis *habits troués, déchirés*. » Notre picard *flèpe* est le *frèpe* du vieux français avec permutation de *r* en *l*. (Cf. *angola*, angora, *miloir*, miroir, etc.)

> « Qui m'a chargé de cette frepe
> Et du bordon et de l'escherpe ? »
>
> (Ren.)

Guiart (XIVᵉ s.) l'employait au sens du substantif *effilé, frange, ornement* ou *parement* :

> « Fust tout l'ost du Roy atournez
> De biaux garnements et de ferpes. »

Le *l* du picard se trouve dans la forme *flesperie*, friperie, donnée par Du Cange, ainsi que dans le *Recueil* de Tailliar qui porte :

> « Et si c'estoit viés feleprie, si doit le pelichon ung dénier. »

Locution picarde : « Aller à *flèpes*, » aller en guenilles.

Dérivés : *Éfléper*, écharpiller.
Déflépé, qui est déchiré, qui est en mauvais état en parlant d'une robe, d'un habit. J'ai entendu dire d'un homme ruiné : « Ch'est un *déflépé*. »

Il est évident que *de* n'ajoute, ni n'ôte rien au sens de ce dernier dérivé, puisqu'il a absolument le même sens que le précédent. Nous avons en picard, comme je l'ai observé plus haut, de nombreux exemples de ce fait.

FLÉQUEUX. Ce mot se dit dâns les environs de Compiègne ; il a le sens de *chevalier de l'arc* : c'est un dérivé de *fiéche*, lequel est d'origine germanique, moyen haut allemand *flitsch*, même sens.

L'ancien picard avait *fléqueur* et un verbe *fléquer*.

On lit dans une *Ordonnance de l'Echevinage d'Amiens* :

> « Lesdits lieurs et fléqueurs sont au nombre
> « de huict; pour leur sailaire leur est ordonné
> « pour chacun chariot de marchandise qu'ils
> « chargeront et fléqueront cinq sols. »

D'après Corblet, les *fléqueurs* étaient les hommes qui déchargeaient les voitures : ils jouissaient d'un droit nommé *flécage*.

Peut-être le nom de *flequeurs* a-t-il été donné aux déchargeurs, parce qu'ils se tenaient, pour attendre les voitures, sur les places publiques ou dans les rues, c'est-à-dire sur les *flégards*. Alors *fléqueur* se rattacherait au même radical que *flégard*.

FLEUME, crachat, pituite. Corruption de *flegme*, du latin *flegma*, humeur, mucus. Cette forme est commune au picard et au vieux français :

> « Dieu scet (sait) que ma vieillesse endure
> De froit et reume (rhume) jour et nuit,
> De fleume, de toux et d'ordure. «
>
> (Eust. Desch. XVᵉ s. dans La Curne).

On remarquera ici la forme picarde *reume*, rhume.

FLEURAGÉ. Se dit d'une étoffe à *fleurs*.

FLÈVE. On dit : *Cair flève*, tomber faible, avoir un évanouissement. Ce mot vient du latin *flebilis*. On retrouve en vieux français des formes semblables à celle du picard.

> « Mais nous voyons mainz poures cuy om
> « n'en trouveroit mie de si flave cuer (cœur) et
> « si triste. »
>
> (Serm. de saint Bernard.)
>
> — « A floive vois (voix) piteuse et basse
> Requiert et prie Nostre-Dame
> Que sequeurre sa lasse dame. »
>
> (Gautier de Coinsy.)

FLIPÉ, boisson composée de cidre et d'eau-de-vie à laquelle on ajoute du sucre en la faisant bouillir. Son nom lui vient, dit-on, du nom de son inventeur qui s'appelait Flipe, contraction de Philippe.

FLOCHE, soie non torse. Contraction de *filoche* dont le radical est *fil*. Au même radical se rattache *éfiloquer*, forme picarde de *effilocher*.

FLONQUER, plier : « Ches branques *flonquent,* » les branches plient (sous le poids du fruit). Ce mot est le même que *plonquer,* du latin *plumbicare,* avec changement — très-rare — de *p* initial en *f.* Le même changement a été signalé sous *flaitieur.*

FLOQUER. Ce mot a deux acceptions et deux origines. On dit en parlant de chaussures beaucoup trop amples : « Mes pieds *floquent* dens mes seulers, » mes pieds vont de ci, de là, sont trop à l'aise. Je crois que *floquer,* dans ce cas, est simplement *flotter* avec le changement plusieurs fois signalé de *t* en *qu.* On dit d'une robe trop large qu'elle *floque.* *Floquer,* dans ce cas, signifie *être ample* au-delà d'une mesure raisonnable, par assimilation au *froc* que portaient jadis les moines.

Floquer est ici un dérivé de *froc :* il y a eu changement de *r* en *l* comme dans *flèpe* pour *frèpe.* Du Cange observe que, de son temps, les Picards disaient *floquer* en parlant d'un habit trop ample.

FOFU, feu follet. *Fofu* n'est autre chose que *fol fu* (feu); le *l* est tombé comme dans *figros,* fil gros, qu'on a vu plus haut. On dit *fafu* dans certaines localités.

Je trouve dans Corblet la communication suivante qui est de M. Louandre.

« Ce météore que l'on désigne aussi
« sous le nom de *capieu rogné,* est en-
« core considéré par le peuple comme
« un esprit malfaisant qui se plaît à éga-
« rer les voyageurs pendant la nuit, et
« qui pouffe de rire quand il y parvient.
« Dans la vallée, il les entraîne vers les
« trous à tourbes ou sur le bord de la
« rivière pour les y faire périr. Mais on
« peut se préserver de ses embûches,
« soit en fichant un bâton ou un couteau
« dans la terre, soit en y enfonçant une
« aiguille. On dit que ce moyen est le
« plus sûr, parce qu'on a le temps de s'é-
« loigner, pendant que le *fofu* s'arrête
« pour regarder l'aiguille et tourne au-
« tour, en s'efforçant de passer par le
« trou. »

FOIRIEN. On dit *marchand foirien* pour *marchand forain.* Le mot français vient d'une forme bas-latin *foraneus,* étranger ; mais le mot picard est un dé-rivé de *foire,* du latin *feria,* fête, et, par extension, *marché.*

FONCET, ce qui reste au *fond* d'un sac.

FONDRIEU, trou. Forme picarde de *fondrière.* Comparez pour la terminai-son le français *fougère* et le picard *ferqueu.*

FONTINURE, source. Mot d'origine latine : *fons, fontis,* source. A ce radical se rattachent les noms de localités *Fonches,* près Roye, (*Fontes super Engon* en 920, *Fonces* dans un diplôme de Char-les-le-Simple) et son diminutif *Fonchette,* qui est *Foncetta* en 1161. (V. Dict. top. du Dép. de la Somme par M. J. Garnier.)

FONTURE. Terme de bas-étamier. La *fonture* du métier-à-bas est la partie qui en constitue ce que les ouvriers appellent son *âme,* c'est-à-dire le mécanisme — plombs, aiguilles, platines, etc. — qui exécute le tricotage. *Fonture* se rat-tache au verbe *fondre :* cette dénomina-tion vient de ce que les *plombs* se font dans un moule avec de l'étain *fondu.*

FORBOUTIER, habitant d'un *faubourg,* en picard *forbou* ou *fourbou.* *Forboutier* a été formé de *forbou* comme *berbitier* (V. ce mot) a été formé de *berbi,* brebis. Quant à *forbou,* autrefois *forbourg,* il vient du latin *forisburgus. Forbourg* est commun au vieux picard et au vieux français. On lit dans un acte dressé en 1144 devant le maire et les échevins d'Amiens :

« . . . Ont baillé et livré à cens annuelz et
« perpétuelz trois petites maisons, courchelle
« (petite cour), gardins et ténemens séans ès
« *fourbours* d'Amiens en le rue de le Hau-
« toie. »

Dans son remarquable ouvrage : *La Vie municipale au XV*, M. de Calonne cite un document (1463) qui porte :

« A maistre Pierre Phelippart, sergent de la
« haulte justice, paié 10 sols pour son salaire
« d'avoir enfoui en terre deux pourceaux qui
« avoient desquiré et rongié à leurs dens (dents)
« un petit enfant ès *fourbours* d'Amiens. »

FORCHIR, devenir fort, prendre du développement. Dérivé de *forche,* forme picarde de *force,* qu'on rencontre souvent dans les vieux auteurs et dans les documents.

« Fourfait as, con (qu'on) t'arde ou escorche.
Toi, ne ton savoir, ne te forche
Ne pris (prise) mais vaillant un espi. ».
(**Jean Bodel**.)
— « Et se il en estoit mestier (besoin), si leur
« sui je tenus à bailler **forche**, se il le reke-
« royent. »
(Ch. de 1295, **Etude sur le Dial. pic.**,
par M. RAYNAUD.)

Dérivé : *Renforchir* (rinforchir), renfor-
cer, reprendre des forces.

FORDRAINNE, fruit de l'épine noire,
du prunier des haies ou créquier. L'orthographe est *fordrine* dans les anciens
textes, *fourdine* dans Nicod. On sait que
le patois prononce *ainne* la finale *ine* :
poitrainne, poitrine ; *cousainne*, cou-
sine, etc.

L'origine de ce mot m'est inconnue.
J'ai rencontré les formes *fourdine*, *fordine* qui montrent que le deuxième *r* est
une intercalation :

« Maradot qui fut plus noirs que **fourdine**... »
(**Chron.-rim. de Godefroi de Bouillon**,
Gloss. par GLACHET).
— « Si oel (ses yeux) furent noir com (comme)
« **fordine**. »
(**Roman de Perceval**).

Je trouve *fordraine* dans une *Epître*
de D. Charles de la Rue, bénédictin de
la congrégation de Saint-Maur, né à
Corbie en 1684 :

« Mi (moi), j' m'en vos (vas) rad'ment dénicher
Ichi drière ches **fordraines**
D'z (des) ésieux qui sont déjo tout drus. »

Corblet rapporte l'anecdote d'un paysan picard qui, jouant sur le mot *prone*
qui se dit chez nous pour *prune* et pour
prône, disait à son curé : « Vos prônes
« ne valent mie des *fordraines*. »

Il a existé un collectif bas-latin *fordinetum* ou *frodinetum*, signifiant *lieu
planté de fourdiniers*, puisque nous avons
dans le canton de Picquigny (arr. d'A-
miens) le village de *Fourdrinoy*, qui est
Fordinetum en 1066 dans l'acte de fondation de la Collégiale de Picquigny,
Furdinetum en 1120 dans une charte
d'Enguerrand, évêque d'Amiens.

Le deuxième *r* n'avait pas encore été
intercalé au commencement du XIV° siècle, puisqu'on lit dans le Dénombrement

du Temporel de l'Evêché d'Amiens qui
est de l'année 1301 :

« Item, nous en tenons l'ommage le seigneur
« de **Fourdinoy**, sen manoir de **Fourdinoy** et
« tout ce qu'il a à **Fourdinoy** à camp et à vile,
« en terres, en capons et en bos. »

FORGEON, forme picarde de *forge-
ron*, par suite d'une contraction comme
celle qui de *paleron*, *pèlerinage*, etc., a
fait *paron*, *prinage*.

FOSSIER, fossoyeur, croque-mort. Dérivé de *fosse*. Ce mot est resté un nom
de famille dans le canton de Moreuil.
On lit dans une *Ordonnance de l'Echevinage d'Amiens* (XVI° s.)

« Le **fossier** est tenu faire les fosses en terre
« de la profondeur de quatre ou cinq pieds. »

FOUFETER, faire mal un travail quelconque, l'exécuter avec négligence et
maladresse. Dérivé de *fouffes*, qui a, en
rouchi, le sens de *chiffons*, *choses de peu
de valeur*. Ce mot a dû se dire, à l'origine, d'un travail à l'aiguille mal exécuté, comme quand on ne coud que des
chiffons ; le sens s'est étendu ensuite à
toute espèce de travaux.

Dérivés : *Foufetage*, action d'exécuter mal
un travail.
Foufeteux, qui travaille mal, qui
gâte l'ouvrage ; au féminin
foufetoire.

FORIÈRE, lisière d'un champ labouré. Cette portion du champ est aux deux
extrémités et se laboure en travers de la
longueur. Du Cange dit : « *Pars terræ
« quæ latus suum alterius fini seu capiti
« opponit : in campis arabilibus, sulcos
« habet transversos.* » Glachet dans son
Gloss. des Chron. rim. écrit : « *Forière*,
lisière d'un bois, d'un champ. » Et il cite
le vers suivant :

« Là se fièrent es Turcs com (comme) leux
(loups) sur la **forière**. »

Froissart dit : « Et prirent la *forière*
du bois. »

Le radical de ce mot est le vieux scandinave *fodr*, fourrage, qui par extension
a signifié *pâturage*. On trouve *forière* à
ce dernier sens dans les *Coustumes générales*, t. I°ʳ, p. 832.

« Que nul ne voise (aille) scier (scier) ne
« prendre herbe ès bois ne ès **forières** d'autrui. »

On sait que jadis on menait les vaches

paître sur le bord des bois et des champs aboutissant à des chemins : le sens primitif de pâturage s'est restreint à celui de lisière (inculte), puis à celui de lisière cultivée et labourée transversalement.

FOUILLANT. On dit *quien fouillant*, chien enragé. *Fouillant* est le participe présent d'un verbe *fouiller, follier*, dérivé de *fou, fol*. Les Provençaux disent *tsin* (tsine) *foil*, chien enragé, chien fou.

L'adjectif *fol* a donné aussi, en picard, le verbe *foulir*, être fou de quelque chose, être amoureux fou. On dit : « Pierre *foulit* d'Adèle. » Ce mot signifie aussi *avoir grande envie* : « Louise *foulit* de s' marier. »

Notre poète Crinon a employé le mot *fouilli* au sens de *être fou de* :

« In (on) est **fouilli** après ches libertaines »
(libertines).
(**Satyre XX, le Mariage**.)

FOUIRONNER, couper le chaume, faire l'*éteule*. Ce mot est *fouir* avec une finale diminutive, ce qui s'explique par le fait qu'en coupant le chaume, on remue légèrement la surface de la terre.

FOURME. Ce mot s'emploie comme négation. On demande : « Y o-t-i des beues das ches rues ? » c'est-à-dire : « Y a-t-il de la boue dans les rues ? » Et on répond : « *Fourme*, » ou bien : « I n'y en o *fourme*, » c'est-à-dire : Non, il n'y en a pas ; littéralement : « Il n'y a pas (même) l'apparence. » *Fourme* est le latin *forma*, forme, apparence.

On rencontre *fourme* au sens de *manière, forme judiciaire*, dans les anciens documents :

« Jou li Maires, nous li Juré de le vile d'Encre,
« faisons savoir que nous avons le moitié du ma-
« noir dessus dict en le **fourme** et en le manière
« que au testament dudict feu Aumont de
« Miaute (Meaulte) est contenu. »
(Ch. de 1339, doc. communiqué par
M. Daussy).

FOURQUET, trident en fer, à manche court, qui sert à charger le fumier dans les tombereaux et à l'étendre dans les champs. C'est un diminutif de *fourque*, lequel vient du latin *furca*, fourche, forme qu'on rencontre dans notre dia-

lecte, surtout au sens de *fourche de justice*.

« Et demourront les **fourques** sur le royon là
« où li dis sires les a levées. »
(**Ch. de 1320, Etude sur le Dial. pic.**
par M. RAYNAUD.)

A ce radical se rattache le nom du hameau de *Fourques*, dépendance d'Athies, qui était *Furces* en 1170, *Forques* en 1220.

Dérivés : *Fourquette*, fourche en bois, à deux pointes, dont se servent les ouvriers qui battent en grange ou qui travaillent à la fenaison,

Fourquer, donner, à l'aide de la fourche longue à deux pointes de fer, des bottes de blé à celui qui est dans une charrette.

Fourcon. C'est le *fourgon* du français : le picard a conservé le *c* dur. Il en a été de même dans le dérivé *fourconner*. Au figuré on dit : « Tu seros *fourconné*, » tu seras damné, tu iras dans l'enfer.

Le dialecte picard avait un autre dérivé que le patois n'a pas conservé : c'était *afforquer*, qui signifiait *aboutir en formant la fourche*, en parlant de chemins qui s'entrecroisent. Je lis dans *Aucassin et Nicolette* :

« Nicolete o le cler vis (au beau visage)
Des pastoriaus se parti.
Si acoilli son quemin (chemin)
Tres parmi le gaut (bois) folli
Tout un vies sentier anti
Tant qu'à une voie vint
U (où) **aforquent** set (sept) quemin
Qui s'en vont par le païs. »

FRAINNE, farine. Ce mot est une contraction de *farine* ; la vraie orthographe est *frine* dont la prononciation picarde est *frainne* (Cf. *poitrainne*, poitrine ; *voiseinne*, voisine, etc.). En langue d'oïl, on trouve la forme *ferine* (V. Hippeau), et même *ferin*.

« Or avint un jor aissi (aussi)
Que tot lor vivre lor failli
Fors qu'un poi (peu) de **ferine** aveient
Dont un sol pain faire pooiant. »
(**Li Chastoiement**, XIIIᵉ s.)

73.

« Tant trovèrent garnesun (provision)
Blé, ferin et bacun,
Des que un an en la chité
Vitaille eurent à plenté »
(The conquest of Ireland, circa 1200.)

On rencontre dans les Inventaires la forme *faraine* et la contraction *frainne* : M. Devauchelle a relevé :

« Ung sacq auquel a esté trouvé ung septier de
« farainne prisé XVI solz. »
(**Amiens**, 1576.)

— « En la dite moie (pétrin) a esté trouvé
« deux septiers de fraiune ou environ »
(**Amiens**, 1576.)

Ironiquement les Picards disent d'un homme incapable qui fait l'entendu : « I beye (il fait attention) a ch' son et « laisse couler l'*frainne.* »

FRAIQUE. Une Picarde dit : « J'sus *fraique,* » je suis mouillée. Un Picard dit : « J'sus *frais,* » je suis mouillé. Nous avons aussi le dérivé *fraiquir,* mouiller d'eau. Le radical de ces mots est l'anglosaxon *fresc,* frais : comme la pluie et l'eau sont rafraîchissantes, on a étendu le sens de *frais* à celui de *mouillé d'eau.*

Je rencontre le dérivé *rafraiquir* (se) dans *Li estoires de chiaus qui conquisent Constantinoble* par le chevalier picard *Robert de Clari,* œuvre curieuse et édition fort rare dont je dois communication à l'obligeance de M. Robert de Guyencourt :

« Adont si alèrent tant qu'il vinrent à une
« chité ; Poles avoit à nom ; illuecques arrivèrent;
« si se rafresquirent, y séjournèrent un peu tant
« qu'il furent bien rafreski et qu'il eurent acaté
« de nouvelles viandes (vivres) à mettre sur
« leurs nes » (nefs).

Au même radical se rattache *fraiqueteume.*

On dit : « Aller à l'*fraiqueteume,* » aller dans des endroits où l'on peut se mouiller. De même : « Marcher dens ches *fraiqueteumes,* » marcher dans les récoltes ou dans les herbes après la pluie ou une forte rosée. Ce mot a été formé sur le modèle de ceux dont la finale vient d'une finale latine *udinem,* tels que *couteume,* coutume ; *amerteume,* amertume, etc.

Je trouve la forme picarde *fresque* dans *Aucassin et Nicolette.* Le passage est un peu long, mais fort joli et plein de formes encore en usage :

« Quant Nicolete oï Aucassin, ele vint à lui, car ele n'estoit mie lonc (loin). Elle entra en la loge (cabane) si li jeta ses bras au col si le baisa et acola.

« Biax doux amis, bien soiiés vos trovés ! »

— « Et vos, bele douche amie, soiés li bien trovée ! »

Ils s'entrebaisent et acolent, si fu la joie moult bele.

« Ha, douche amie ! fait Aucassins, j'estoie
« ore moult blessié en m'espaulle, et or ne
« senoh (sens) ne mal ne dolor, pui que je vos
« ai. »

Ele le portasta et trova qu'il avoit l'espaulle hors du liu. Ele le mania tant a (avec) ses beles mains et porcacha, si com dix (dieu) le vaut qui les aimans aime, qu'ele revint à liu. Et puis si prist des flors et de l'erbe fresque et des foelles (feuilles) verdes, si le loia (lia) sus au pan de sa quemise, et il fu tox garis.

« Aucassins, fait ele, biaus dox amis, prendés
« consel que vous ferés. Se vos peres fait de-
« main eherquier cheste forest et on me trouve,
« que que de vous aviegne, on m'ochira. »

— « Chertes, bele douche amie, j'en esteroie
« moult dolans. Mais se je puis, il ne vos ten-
« ront jà. »

« Il monte sor son qoeval et prent s'amie devant li, si se metent as plains cans (champs). »

FRAYEUX, adj, qui coûte cher à nourrir ou à entretenir. Dérivé de *frais,* dépense.

FREMER, forme picarde de *fermer,* du latin *firmare.* On la rencontre dans le dialecte :

« Là en droit est li bove ; une huis de fer i a
« Fremés noblement. »
(**Baud. de Seb.**).

— « Si firent le porte de le vile (ville) fre-
« mer. »
(**Li Estoires** par ROBERT DE CLARI).

— « Or estoit li pors (port) de Constantinoble
« moult bien fremés d'une moult grosse caaine »
(chaîne.) (**Ibid.**)

FREMI dans l'expression *lait fremi,* soupe au lait. Une des significations de *fremir,* en vieux français, était *bouillir :* ce sens est resté dans le picard et explique l'expression en question.

FREMION ou FORMION, fourmi. Diminutif de *fremi* venu par métathèse du latin *formicus,* forme masculine de *formica.* On trouve en vieux français les formes *fremi, fromie.*

« ... plutôt en un tas de paille
Si m'aïat Dieu et Saint Remi
Trouveroit on oef (œuf) de fremi. »
(**La Rose**).

— « Dist la fromie : Or, chante de mei. »
(**Marie.**)

Les Picards disent qu'ils ont des *fremions* dans un membre, lorsque ce membre étant engourdi, ils y éprouvent une espèce de frémissement qui ressemble au chatouillement que causeraient des fourmis se promenant sur ce membre.

Je trouve, dans le *Double Nostradamus picard* de 1879, notre forme picarde *fremion* dans la fable *la Cigale et la Fourmi* :

 « Une seutrelle (sauterelle)
  Sans chervelle,
  Après avoir canté
   Tout l'été,
 S' truva flar'ment moneuse
 Quand vint l' saison pluvieuse :
Point d' pain, point d' fu (feu), pus (plus) d'ar-
       [gent.
  Qué (quel) tonrment !
All' (elle) s'en vo (va) donc crier fameinne
 Mon de (chez) ch' fremion, sen voisin,
  Li disant d'un air calin :
« Ch'est mi, vo quiote (petite) voiseinne,
« Qui viens vous empréter (emprunter)
« Quéque sais quoi (chose) pour s' sustenter
« Jusqu'au r'enouvieu. » (renouveau.)

Dérivés : *Fremionner*, fourmiller, pulluler.

  Fremionnée, grande quantité.

Je lisais l'an dernier la fable qui précède à un vieux paysan qui la goûta fort et qui me dit : « Oui, i feut toujours foire une quiote *amasse* », c'est-à-dire : il faut toujours avoir une petite *provision*. *Amasse* que j'ai oublié dans la lettre A, n'est pas un amas, un tas, un monceau ; c'est un substantif verbal féminin qui vient du verbe *amasser*, réunir, faire provision : il a au pluriel le sens de *économies*, et l'on dit d'un homme qu'il fait des *amasses*. *Amasse* a aussi le sens de *embarras gastrique* causé par des aliments pris en trop grande quantité ou imparfaitement digérés.

FRENCHER (frincher.) Forme picarde de *froncer*. Pour le changement du son *on* en *en* (ain ou in), comparez *men*, *ten*, *sen* pour *mon*, *ton*, *son*. *Frencher* a le sens de *plisser* ; on dit *corette frenchée*, collerette plissée; *bonnet défrenché*, bonnet (de femme) déplissé.

Dérivés : *Défrencher* (le front), cesser de le contracter.
  Refrencher (r'frincher), replisser, contracter de nouveau (le front).

FRÉNIQUE, accès de colère, frénésie. Se rattache au même radical que *frénésie*.

FRÉNOYE. Forme picarde de *frênaie*. Le radical est le latin *fraxinus*, frêne, qui a donné le collectif *fraxinetum* d'où le nom de quatre localités dites *Fresnoy* dans la Somme. *Fresnières*, dans l'Oise, se rattache au même radical.

Il y avait autrefois, entre Villers-Bretonneux et Démuin, un petit bois dit *bois de la Fernaie* : il est probable que *Fernaie* était une métathèse de *Frenaie*. Un quartier du faubourg Noyon à Amiens s'appelle *la Fosse ferneuse : Ferneuse* serait-il ici pour *freneuse ?* Dans ce cas *fosse ferneuse* signifierait *endroit bas planté de frênes*. Cette conjecture me semble d'autant plus probable qu'il y a, dans l'Oise, une localité appelée *Freneuse*. Toutefois je n'affirme pas positivement; car, par changement de *v* en *f*, *ferneuse* pourrait être pour *verneuse*, de sorte que *fosse ferneuse* signifierait *endroit bas planté d'aunes*. J'ajoute, en passant, que *verne* vient de l'armoricain *gwern*, latin *vernus*, et que ce mot est le nom de notre savant et sympathique compatriote Jules Vernes.

FREU. On dit d'un homme hardi et courageux : « I n'o n'peur, n'*freu*, » il n'a ni peur, ni frayeur. *Freu* est le vieux français *freor* avec chute du *r* final comme dans *leu* pour *leur* : « Leu moison, » leur maison. On rencontre notre forme *freu* dans la *Chronique de Pierre le Prestre* (xv⁰ s.)

FRIGARD. Je trouve ce mot dans une liste que je dois à l'obligeance de M. Pinsard ; sa signification est *dictionnaire*. Quant à son origine, elle m'est inconnue. Aurait-il existé jadis un dictionnaire fort en usage dont l'auteur se serait appelé Frigard ? On dit un Littré, un Quicherat.

FRINGOTER, sauter de joie. La finale *oter* indique un fréquentatif. Notre mot a probablement le même radical que *fringant*, *fringuer*, qui vient, d'après Littré, du latin *frigere*, sauter, bondir, avec *n* intercalé.

FRIOTER, faire la belle, la jolie, l'élégante. La finale *oter* indique un fréquentatif dont le radical *fri* est dans le vieux français *frire*, fretiller. On rencontre *frire* à ce dernier sens dans un curieux passage du *Jeu de Saint·Nicolas* de Jean Bodel qui écrivait en dialecte picard au XIII° siècle. Un crieur public attire les consommateurs au cabaret en vantant le vin nouveau et disant :

« Voi (vois) comme il mengue son escume,
Et saut (saute) et estincelle et frit. »

FRISELER. On dit d'une jeune fille qu'elle est bien *friselée*, c'est-à-dire *frisée*. Notre mot est un fréquentatif de *friser*, comme *écraseler* de *écraser*.

FRONCHIE, mélange de lait ou de crème et de fromage ou de purée de pomme, de poire, etc. Ce mot se rattache à *froisser* pris au sens de *frotter* de manière à produire un écrasement : il y a eu changement de *ss* en *ch* et addition de *n*.

L'addition de *n* est un fait aussi fréquent à peu près que sa chute. Je suis bien aise d'en donner quelques exemples : *manchon*, maçon ; *fonsé*, fossé ; *chimentière*, cimetière ; *Contenchy* (nom de village), Cottenchy ; *Saint Grantien* (nom de village), Saint-Gratien. Ce fait se rencontre dans les mots *peinture* de *pictura*, *rendre* de *reddere*, etc.

Le *n* est tombé dans *Béjamin*, Benjamin ; *Aschaire*, Anschaire, *patalon*, pantalon, *Hariette*, Henriette, *éfant*, enfant, *grad* pour *grand* quand les paysans disent : « J'ai grad faim qu'il arrive, » j'ai grande envie qu'il arrive. De même *arheumé*, enrhumé, *aragé*, enragé, etc.

FROUETTE, miette, petite parcelle. Ce diminutif se rattache au vieux français *froter*, d'où vient le picard *effrouer*, réduire en menus morceaux.

FRUQUER ou FLUQUER, grignoter, manger peu, broyer en rongeant. On dit : « Chés vaques *fluquent* ou *fruquent* un peu, » les vaches mangent un peu. Au figuré, ce mot a le sens de *ramasser* : « Il o *fluqné* d'un côté, d' l'eute, » il a pris de côté et d'autre. Il vient de *fruticare* (frut'care), dérivé de *fruticem*, jeune pousse, au sens de *manger* les pousses. C'est ainsi que *brouter* est venu de l'anglo·saxon *brustian*, bourgeonner.

On dit *fluquer* par permutation de *r* en *l*. Ce dernier a donné le diminutif *fluxiner*, manger très-légèrement. *Fruquer* a donné, dans le Vermandois, le dérivé *frucage*, nourriture, que notre poète Crinon a employé en parlant de la nourriture des hommes :

« Aussi ch'peuvrail (pauvre) a-t-i bien tant
                              d'courage,
Quand i s'agit ed (de) passer ch'mauvais pas,
Qu'ech grous (le gros) censier qu'il a sen seu
                              (saoul) d'*frucage*. »
(Satyre XVII.)

FRUSSER, presser. Le radical de ce mot est le latin *fressus*, brisé, écrasé. Notre *frusser* picard est une contraction de la vieille forme française *fruisser*, rompre, briser.

« Fruissent images et toutes les idoles. »
          (Ch. de Roland.)
— « Et qui *fruisse* la paix le roi. »
          (L. de Guill.)

FU. Forme picarde de *feu*, par réduction de *eu* à *u*. (Cf. *ju*, jeu, *bu*, bœuf, *miux*, mieux, etc.)

On rencontre souvent cette forme dans notre dialecte :

« VI coses sont que point je n'aim, (aime)
Dur lit, mauvais vin, povre pain,
Fu de tourbes, dangier de vilain
Et acointise de nonnain. »
          (Auth. pic.)

— « Il vont prendre en le chité par nuit nes
« (nefs) ; si les font il toutes bien emplir de
« bleu seske (sèche) leugne et de lardons de-
« dens le leugne, si font il bouter le fu
« ens. »
          (Robert de Clari, Li Estoires.)

Fu se rencontre dans *fu d'os*, feu de la Saint·Jean. « Ces feux s'allumaient avec « des herbes et des immondices de toutes « sortes, mais principalement avec des « os d'animaux. De là le nom de *fu d'os*, « qui finit par désigner tous les feux de « la Saint-Jean, quels qu'en fussent les « matériaux. » (*Corblet*, d'après une étude de M. Breuil sur *le culte de Saint Jean-Baptiste*.)

FUT-CHE ! Bah ! Qu'importe ! Fi ! Soit, il importe peu, d'accord, n'en parlons plus. . Corblet écrit *fuche* ; c'est là évidemment une orthographe vicieuse puisqu'il y a là deux mots : *fut* et *che*, dont le sens est *cela soit-il*, *que cela soit* qu'importe ? On remarquera seulement que le picard emploie, dans cette l cation, le passé pour le présent, absolument comme quand il dit : « *Fut li, fut un eutre*, soit lui, soit un autre. Dans bien des localités on dit *feut* pour *fut*.

On connaît ce court dialogue :

« Picard, ta maison brûle ! »
— « Fut che ! j'ai l'clef dés m'poche. »

— « Feut bien qu'je vous disonche que d'joie,
« que d'plaisi os avons d'vous vir enhuy au bleu
« mitant d'ches braves gens d'Picards qui vous
« aiment du fin fond d'leu âme. Mais nous est
« avis qu'i n'feut mie taot d'chimagrées. No
« compliment n'sero peut-être point trop bien
« tourné, mais fut che ! »

(Compliment pour la Duchesse de Berri
composé pour les Dames du Marché
qui lui en adressèrent un autre en
vers picards : Amiens. 1825.)

FUMELLE. Forme picarde de *femelle* dans un grand nombre de localités. Cette forme existait en vieux français et dans notre dialecte :

« Et en ce droit descent jointure de mâle et
« de fumelle que nous appelons mariage. »
(Liv. de Justice.)

— « Le mâle n'a la fumelle en mépris. »
(Marot.)

— « La nature del oliphant si est qu'il ne
« doute (redoute) nule beste fors le dragon ;
« mais il a (il y a) entre aus deus naturel haine,
« si que quand la fumelle del oliphant doit
« faonner... »
(Richard de Fournival.)

On a vu sous *Bragardise* que les curés disaient jadis *enfant fumelle*, et que des actes de baptême portent : « Ce jour... a « été baptisé un *enfant fumelle*... » Certains officiers municipaux employaient la même expression : je lisais ces jours derniers dans un acte de l'état-civil de Gentelles de l'année 1793 la déclaration de naissance d'un *enfant femelle*...

FUROLER, jeter des exhalaisons enflammées. Se rattache probablement à *fu*, feu, avec une finale diminutive et un *r* intercalé.

FUTÉE. On dit d'un homme : « Il o « foit s' *futée*, » il a fait son feu, il a jeté son éclat ; au fig. le moment de sa splendeur est passé. *Futée* est le substantif participial d'un verbe *futer* (aujourd'hui inusité) qui se rattache à *fu*, feu : le *t* n'est pas plus étonnant que celui de *caillouter* de *caillou*, *filouter* de *filou*, etc.

FUTER. Ce mot s'emploie au sens de *fouiller* les poches d'un homme qu'on soupçonne d'avoir dérobé quelque chose. Ce mot se rencontre plusieurs fois dans Monstrelet au sens de *dérober, piller* : « Les seigneurs avec leurs gens *fustèrent* « plusieurs maisons. » On le trouve dans Nicod au sens de *ravager, emporter par rapine*. Mais ce n'est pas là le sens de notre mot qui n'est probablement qu'une contraction de *fureter*.

Ici se termine la première partie de mes *Études* sur le patois picard.

J'y ai consacré quatre années d'un travail continuel et opiniâtre, feuilletant la plume à la main d'énormes in-folios, relevant avec soin les vieilles formes picardes dans les livres ou dans les documents, examinant et classant les notes que m'adressent mes correspondants.

On m'a dit cent fois : « A quoi bon un pareil travail ? »

Je réponds :

Pourquoi réunit-on dans notre magnifique *Musée de Picardie* tout ce qui peut servir à l'histoire de cette province . les vieilles monnaies, les vieux tableaux, les vieux débris de sculpture et d'architecture, les objets divers provenant de l'époque gallo-romaine ou simplement du moyen âge ?

C'est que la sculpture, la peinture, l'architecture ont un double intérêt : intérêt de curiosité et intérêt historique.

Il en est de même du patois picard.

N'est-il pas curieux de voir que l'immense majorité des mots employés par les gens du peuple se rattachent, par notre dialecte, au latin vulgaire, à la *lingua romana rustica* du VI° siècle ?

N'est il pas curieux de remarquer que certaines formes, en usage aujourd'hui dans notre patois, sont communes à ce patois et au vieux français ?

N'est-il pas bien plus curieux encore de voir que certains mots latins qui n'ont pas passé dans le français, ont persisté dans le picard, témoin par exemple le verbe *touiller*, mêler, qui vient de *tudiculare* employé par le polygraphe Varron ?

N'est-il pas curieux de rencontrer dans le picard un assez grand nombre de mots d'origine germanique qui n'existent point

en français comme *couque, estaffe, rétriquer*, etc. ?

Le français se répandant de plus en
plus dans les classes populaires et le patois devant disparaître dans un avenir
plus ou moins éloigné, n'est-il pas temps
de conserver une foule de mots qui, s'ils
n'étaient pas réunis dans un glossaire,
feraient un jour défaut à l'histoire du
langage en Picardie ?

Je ne puis mieux faire, pour montrer
l'importance des patois, que de citer l'o-
pinion de Littré :

« Il n'est pas besoin aujourd'hui de
« préambule, dit-il, pour recommander
« l'étude des patois et les tirer de l'oubli
« et du dédain où ils étaient demeurés.
« Depuis les éclatants exemples qui ont
« montré combien la philologie pouvait
« être utile aussi bien à l'histoire des
« peuples qu'à celle de l'esprit humain,
« on a, sans retard, passé des filons prin-
« cipaux aux filons secondaires et pour-
« suivi la mine dans toutes les directions.
« Les faits de langue abondent dans les
« patois. Parce qu'ils offrent parfois un mot
« de la langue littéraire estropié, on a été
« porté à conclure que le reste est à l'a-
« venant, et qu'ils sont, non pas une for-
« mation indépendante, mais une corrup-
« tion de l'idiome cultivé, qui, tombé
« dans des bouches mal apprises, y subit
« tous les supplices de la distorsion. Il
« n'en est rien ; quand on ôte ces taches,
« on trouve un moyen sain et entier...
« Les patois sont, à un certain point de
« vue, contemporains du français ; ils
« plongent, comme lui, par leurs racines,
« dans le latin dont toute langue romane
« dérive... Beaucoup de mots et de tour-
« nures survivent dans les différents pa-
« tois; en lisant les glossaires, en causant
« avec les ouvriers et les paysans, on

« trouve que le vieux langage est moins
« mort qu'on ne le croyait... A toutes
« sortes d'égards, les patois sont donc
« dignes de curiosité et d'intérêt : ils
« répondent à un ordre spécial de re-
« cherches pour lesquelles ils sont indis-
« pensables (1). »

Si l'importance du patois picard se
mesure à celle du dialecte dont il est
issu, cette importance est considérable.
Sans prendre à la lettre ce qu'ont écrit
du langage picard des auteurs justement
considérés, je citerai ici quelques passages assez curieux : « C'est le génie clair
« et méthodique de ce jargon et sa pro-
« nonciation un peu sourde qui domi-
« nent aujourd'hui dans la langue fran-
« çoise (2) », dit Rivarol. G. Fallot a
écrit : « Le dialecte picard eut, grâce à
« ses trouvères, une immense influen-
« ce (3) ». Génin dit : « L'influence pi-
« carde a été prédominante dans le fran-
« çais, à cause du nombre considérable
« de poëtes fournis par la Picardie au
« Moyen-Age (4) ». Si j'avais vingt ans
de moins, je ferais une *Histoire de la
littérature picarde au Moyen-Age ;* les
matériaux abondent : puisse ce simple
avis engager un jeune homme intelligent et studieux à tenter l'entreprise !
Quant à moi qui commence à sentir les
premières atteintes de la vieillesse, je
vais me remettre pour quelques années
encore à mes *Etudes* sur notre patois,
heureux si je puis mener à fin un travail
qui a pour moi un si grand intérêt philologique et patriotique.

18 mai 1880.

---

(1) Hist. de la Langue française, t. II.
(2) Discours sur la Langue française, 1784.
(3) Recherches sur les formes grammaticales
au XIII siècle.
(4) Variations du langage français.

FIN DE LA PREMIÈRE PARTIE.
